Karlheinz Dietz und Gerhard H. Waldherr (Hrsg.)

Berühmte Regensburger

Berühmte Regensburger

Lebensbilder aus zwei Jahrtausenden

Herausgegeben

von

Karlheinz Dietz und Gerhard H. Waldherr

Universitätsverlag Regensburg

Die Deutsche Bibliothek – CIP-Einheitsaufnahme

Berühmte Regensburger : Lebensbilder aus zwei Jahrtausenden /
hrsg. von Karlheinz Dietz und Gerhard H. Waldherr. -
Regensburg : Univ.-Verl. Regensburg, 1997
ISBN 3-930480-67-0

Karlheinz Dietz u. Gerhard H. Waldherr (Hrsg.)
Berühmte Regensburger
Lebensbilder aus zwei Jahrtausenden
© Universitätsverlag Regensburg GmbH 1997
Umschlag: Grafikstudio Hans Bauer, Regensburg
Satz: Vollnhals Fotosatz, Neustadt/Donau
Herstellung: Erhardi Druck GmbH, Regensburg

ISBN 3-930480-67-0

Inhaltsverzeichnis

Karlheinz Dietz / Gerhard H. Waldherr
Vorwort 9

Karlheinz Dietz
Biographische Splitter aus der Römerzeit
(1.–3. Jahrhundert) 11

Lothar Kolmer
Tassilo III. – „Herzog, König, Mönch"
(741– nach 794) 20

Kurt Reindel
Arnulf – Herzog von Bayern
(† 937) 27

David Hiley
Arnold von St. Emmeram – Komponist der „Historia Sancti Emmerammi"
(um 1000–1050) 35

Armin Gerl
Wilhelm von Hirsau – Mönch und Astronom
(ca. 1030–1091) 43

Wilhelm Volkert
Herbordus – Regensburger Brückenmeister
(12. Jahrhundert) 54

Christoph Daxelmüller
Rabbi Jehuda he-chasid von Regensburg – Biographie einer Legende
(um 1140–1217) 60

Johann Gruber
Albertus Magnus – ein Dominikaner auf dem Regensburger Bischofsstuhl
(um 1200–1280) 70

Peter Segl
Berthold von Regensburg – Prediger
(1210–1272) 79

Franz Fuchs
Konrad von Megenberg – ein Universalgelehrter des 14. Jahrhunderts
(1311–1374) 89

Heinrich Wanderwitz
Wilhelm und Matthäus Runtinger – Regensburger Patrizier
und Fernhandelskaufleute (14. Jahrhundert) 91

Claudia Märtl
Andreas von Regensburg – Augustinerchorherr und Geschichtsschreiber
(ca. 1380– ca. 1442) 99

Franz Fuchs
Thomas Pirckheimer – Frühhumanist im Regensburger Domkapitel
(1417/18–1473) 104

Alois Schmid
Johannes Aventinus – erster bayerischer Landeshistoriograph
(1477–1533) 109

Hermann Reidel
Albrecht Altdorfer – Regensburger Ratsherr und Meister der Donauschule
(ca. 1485–1538) 120

Hans Schwarz
Johann Hiltner – der Reformator von Regensburg
(1485–1567) 126

Peter Schmid
Nikolaus Gallus – der Organisator der lutherischen Gemeinde Regensburgs
(1516–1570) 132

Martina Stratmann
Matthias Flacius Illyricus – ein protestantischer Theologe und Humanist
im Regensburger Asyl
(1520–1575) 142

Johannes Kepler – Mathematiker und Astronom
(1571–1630) 148
Dieter Bierlein
– Keplers Werk und Regenburg 148
Matthias Freitag
– Kepler und Regensburg 153

Gerhard H. Waldherr
Albert Ernst Graf von Wartenberg –
Weihbischof und „erfarner der apostolischen antiquiteten"
(1635–1715) 162

Eberhard Dünninger
Johann Ludwig Prasch und Susanna Elisabeth Prasch –
ein gelehrtes Dichterpaar im 17. Jahrhundert
(1637–1690 und 1661– nach 1691) 171

Markus Tanne
Jakob Christian Schaeffer – Superintendent und Naturforscher
(1718–1790) 176

Heinrich Rubner
Friedrich Melchior Reichsfreiherr von Grimm – Pfarrerssohn und Aufklärer
(1723–1807) 182

Herbert Schindler
Kaspar Graf von Sternberg – der böhmische Graf
(1761–1832) 188

Alois Schmid
Christian Gottlieb Gumpelzhaimer – der Geschichtsschreiber der
Stadt Regensburg (1766–1841) 199

Andreas Kraus
Bernhard Stark – Benediktinermönch, Ausgräber und Konservator
am Königlichen Antiquarium
(1767–1839) 208

Dirk Götschmann
Ludwig Wirschinger – bayerischer Finanzminister
(1781–1840) 217

Ernst Emmerig
Eduard von Schenk – der erste Regierungspräsident der Oberpfalz
(1788–1841) 225

Rainer Kleinertz
Carl Proske – Arzt, Priester und Reformator der Kirchenmusik
(1794–1861) 232

Monika Schmidt
Theresia von Jesu Gerhardinger – Gründerin der Kongregation der
Armen Schulschwestern von Unserer Lieben Frau
(1797–1879) 242

Ursula Finken
Apollonia Diepenbrock – Gründerin des ersten ‚Hauses für Frauen‘
in Regensburg
(1799–1880) 251

Dieter Albrecht
Gottlieb Freiherr von Thon-Dittmer – Liberaler, Bürgermeister und
bayerischer Innenminister
(1802–1853) 263

Hans Kaletsch
Joseph Dahlem – Pfarrer und Altertumsfreund
(1826–1900) 269

Egon Greipl
Dr. Carl Gerster und Dr. Raimund Gerster – biographische Bemerkungen
zu einer Regensburger Familie
(1813–1892 und 1866–1953) 280

Hannsjörg Bergmann
Georg Heim – der „Bauerndoktor“
(1865–1938) 289

Friedrich Hartmannsgruber
Heinrich Held – Verleger, Politiker, Ministerpräsident
(1868–1938) 299

Werner Chrobak
Eustachius Kugler – Ordensprovinzial und Erbauer des
Regensburger Krankenhauses der Barmherzigen Brüder
(1867–1946) 308

Thomas Zirnbauer
Georg Britting – Dichter zwischen Dämonie und Donau
(1891–1964) 315

Lesetips 326

Nachweis der Abbildungen 336

Vorwort

‚Menschen machen Geschichte‘ – Sicherlich gibt es auch die Geschichte von Institutionen wie Staaten und Parteien, von Ideologien, Religionen, ebenso von Gebäuden und anderen materiellen Dingen, aber man darf nicht vergessen, hinter all dem stehen Menschen. Wir müssen also in erster Linie die Menschen betrachten, wenn wir die Geschichte, unsere Geschichte entdecken wollen.

Der vorliegende Sammelband vereint die Lebensbilder von 38 Menschen, deren Gemeinsamkeit darin liegt, daß sie mit der Stadt Regensburg in einem Wirkungszusammenhang standen. Die Sammlung geht dabei weit über das Aneinanderreihen von 38 Biographien berühmter Regensburger hinaus, vielmehr verdichten sich im gesamten die einzelnen Lebensläufe und formen wie Mosaiksteinchen ein Bild, in dem politische Geschichte, Alltagsgeschichte, Geistes- und Kulturgeschichte zu einem Ganzen zusammenfließen. Der zeitliche Bogen spannt sich dabei von der Römerzeit bis fast in die Gegenwart. All die dargestellten Personen waren Regensburger, egal, ob sie hier geboren wurden oder ob sie, von außen angezogen, ihren Wirkungs- und Lebensschwerpunkt eine begrenzte Zeit in dieser Stadt hatten. Als Bewohner der Stadt bildeten sie den sozialen Organismus, der eine Stadt wesentlich ausmacht, wie schon der frühgriechische Lyriker Alkaios aus Lesbos erkannte: „Die Männer (= Menschen) machen die polis, nicht die Mauern".

Zwar ist es zuvorderst der Kosmos der Regensburger Stadtgeschichte, der hier aufscheint, aber durch das zum Teil sehr bewegte Leben der dargestellten Personen, ihren Anteil an bedeutenden politischen wie auch geistigen Entwicklungen und Strömungen der jeweiligen Epoche wird der enge lokale Rahmen an vielen Stellen gesprengt, und der Blick weitet sich auf Bayern, ja auf Europa.

Kern und Ausgangspunkt des Bandes bilden die Referate eines zweitägigen Kolloquiums mit dem Titel „Regensburger Lebensbilder. Persönlichkeiten der Stadtgeschichte aus zwei Jahrtausenden", das im Herbst 1996 anläßlich des 70. Geburtstages von Prof. em. Dr. Adolf Lippold im Regensburger Salzstadel stattfand und zu dem viele Kolleginnen und Kollegen, Freunde und Schüler des Geehrten ihren Anteil beitrugen. Für den vorliegenden Band wurde auf Wunsch des Verlages die Zahl der damals vorgestellten Lebensbilder fast verdoppelt, ohne daß damit der Anspruch auf eine repräsentative Auswahl oder gar auf Vollzähligkeit ‚berühmter Regensburger‘ erhoben, noch weniger eine solche Forderung erfüllt werden sollte.

Die Organisatoren der Vortragsreihe, gleichzeitig auch die Herausgeber des Bandes, sind beide Schüler und ehemalige Assistenten des Jubilars. Vieles haben sie von ihm gelernt, nicht zuletzt auch das, bei ihren Forschungen immer den Menschen ins Zentrum der Geschichtsbetrachtung zu stellen. Professor Lippold war nicht nur lange Jahre Ordinarius für Alte Geschichte an der Universität Regensburg, sondern ist, seitdem er mit seiner Familie in dieser Stadt lebt, auch in ihr Bürger im eigentlichen, politischen Sinne des Wortes.

Ihm ist dieser Band von den Herausgebern in Dankbarkeit gewidmet.

Dafür, daß diese Sammlung von Regensburger Biographien überhaupt zustande kam, möchten wir allen danken, die daran beteiligt waren. Der Dank gilt vorrangig allen Autorinnen und Autoren, zuerst für ihre Bereitschaft, bei diesem Werk mitzuarbeiten, dann aber auch für ihre Nachsicht mit den Herausgebern. Zu Dank verpflichtet sind wir aber auch den Bibliotheken, Archiven und Museen, die uns die Abbildungen zur Verfügung stellten und damit mithalfen, die vorgestellten Personen auch visuell faßbar zu machen. Die Grundlage für die vorliegende Publikation wurde durch die zweitägige Vortragsveranstaltung 1996 gelegt. An ihrem Gelingen hatten im besonderen zwei Institutionen Anteil, nämlich der Verein der Freunde der Universität Regensburg e.V. sowie das Amt für Archiv und Denkmalpflege der Stadt Regensburg, die uns finanziell und organisatorisch unterstützten, dafür möchten wir uns herzlich bedanken.

Besonderen Dank aber schulden wir unserem Verleger Herrn Peter Esser sowie dem Team des Universitätsverlages, allen voran seinem Geschäftsführer, Herrn Dr. Konrad M. Färber, der nicht nur die Idee zu diesem Buch begeistert aufgriff, sondern auch die Verwirklichung tatkräftig unterstützte.

Regensburg, im Juni 1997

Karlheinz Dietz
Gerhard H. Waldherr

Karlheinz Dietz

Biographische Splitter aus der Römerzeit (1.–3. Jahrhundert)

Die urkundlich datierbare Bezeugung Regensburgs setzt bereits um 180 n. Chr. ein. Indessen fließen die Quellen für die römische Vergangenheit der Stadt spärlich. Kein literarisches Zeugnis berichtet – und sei es auch nur global – über die damaligen Bewohner. Daher kommt es, daß wir aus dieser Epoche nicht einmal den Lebenslauf einer einzigen Persönlichkeit auch nur annähernd kennen. Unser Wissen schöpft, sofern es nicht überhaupt namenlos bleibt, ausschließlich aus meist vom Ort selbst stammenden Inschriften. Dabei sind Weihungen und andere Inschriftgattungen seltene Glücksfälle; in der großen Mehrzahl haben wir Grabdenkmäler vor uns, die in der römischen Antike zwar etwas ausführlicher und mitteilsamer als in der Moderne waren, dennoch aber bloß begrenzten Informationswert besitzen. Um einen gewissen Eindruck von den biographischen Anfängen Regensburgs zu erlangen, werden wir zu den jeweiligen Siedlungskomplexen in bewußt subjektiver Auswahl, aber unter Berücksichtigung der wesentlichen Neufunde, Neulesungen und Interpretationen der letzten Jahrzehnte Beispiele vorführen, die zumindest biographische Splitter der Römerzeit aufscheinen lassen.

Marcus Ulpius Fronto und seine Nachbarn

Aus der ältesten römischen Siedlungsphase bei Regensburg, in Kumpfmühl und am Bismarckplatz, kennen wir kaum einen Bewohner namentlich. Dennoch wissen wir, daß dort seit Ende des 1. Jahrhunderts n. Chr. ein krudes Völkchen hauste: an beiden Orten gleichzeitig höchstens zweitausend Menschen, die in der Mehrheit Latein nicht als Muttersprache pflegten, rechtlich auch gar keine Römer, sondern Unterworfene waren; allerdings gehörten sie auch keiner von alters her hier oder in der Umgebung ansässigen Ur-Bevölkerung an. Aus verschiedenen Randgebieten des Reiches wurden sie – zumindest anfangs – hierher, an das Ende der Welt, beordert, um den größten und wertvollsten Teil des Lebens mit der Verteidigung des römischen Reiches zu verbringen, welches hier für die meiste Zeit einer Verteidigung im Grunde gar nicht bedurfte. Als Preis für das Ausharren in der Unwirtlichkeit des Pionierlebens winkte nach 25jähriger Dienstzeit die Eintragung in die Liste der römischen Bürger, anders gesagt, die Metamorphose vom Eroberten zum Eroberer, vom Besetzten zum Besatzer: Das war auch ein Schritt zur Überwindung des Süd-Nord-Gefälles! Die so avancierten Veteranen bewohnten mit den aus den zivilisierteren Mittelmeerländern, speziell aus Italien, zugezogenen römischen Bürgern noch lange elitäre Siedlungsenklaven innerhalb der kleinen Ortschaften. Dazu später noch mehr. Zivilsiedlungen entstanden damals nicht als geplante Trabantenstädte, sondern in aller Regel gleichsam automatisch neben den Lagern der Hilfstruppen. So spielte sich die Entwicklung sicher in Kumpfmühl ab; wenn eine neuere Hypothese stimmt – und einiges spricht dafür – wohl auch im Bereich von Arnulf- und Bismarckplatz. Die Entstehung der dortigen vorlegionszeitlichen Zivilsiedlung könnte am besten aus einem archäologisch freilich noch keineswegs nachgewiesenen Auxiliarkastell verstanden werden.

Allerdings dürfen wir den wichtigen Flußübergang in der Nähe der heutigen St.-Oswald-Kirche beim Eisernen Steg nicht vergessen, der schon vorrömisch gewesen sein kann. Jedenfalls besaß die Donausiedlung bereits im frühen 2. Jahrhundert, also Jahrzehnte vor der Ankunft der dritten Italischen Legion, eine beträchtliche Anziehungskraft. Indizien dafür sind zwei Urkunden, die zwar im zeitlichen Abstand von rund hundert Jahren wieder ans Licht kamen, räumlich aber nur etwa hundert Meter voneinander entfernt lagen, als man sie wiederfand: auf dem Albertus-Magnus- bzw. dem nördlichen Bismarckplatz.

In beiden Fällen handelt es sich um sog. Militärdiplome, das sind maximal 20 x 16 cm messende Bronzetafeln, die den ehrenvoll entlassenen Auxiliarsoldaten die vom Kaiser aus Dankbarkeit verliehenen Privilegien in durch Siegel beglaubigter Kopie bestätigten. Das ältere, von Udo Osterhaus 1977 ergrabene Dokument stammt vom 16. Dezember 113 und betraf einen Bataver namens Marcus Ulpius Fronto und dessen Frau Mattua aus dem gleichen Stamm sowie die drei Töchter Vagatra, Sureia und Sata. Fronto hatte als Fußsoldat mindestens 25 Dienstjahre hinter sich, war demnach spätestens 88 in die erste Bataverkohorte eingetreten. Die Bataver, die den Uferstreifen links des Niederrheins, besonders die durch das Flußdelta gebildeten Inseln bewohnten, wurden von den Römern als exzellente Schwimmer und Reiter besonders geschätzt. Obwohl sie daher wie kein anderer Stamm für den Hilfstruppendienst der Römer herangezogen wurden und für ihren Gehorsam und ihre mustergültige Romtreue bekannt waren, fielen sie im Nachhall der Bürgerkriege nach Neros Tod (69/70) von Rom ab. Fronto mag diesen Aufstand und seine gewaltsame Niederschlagung als kleines Kind miterlebt haben. Als Soldat war er zunächst im heutigen Ungarn stationiert, bald nach dem Jahr 100 kämpfte er zweimal gegen die Daker, weil er und seine Einheit vom Kaiser *Marcus Ulpius* Traianus für ihre Tapferkeit ausgezeichnet wurden, nehmen wir an, in vorderster Linie. Der Bataver Fronto wurde so noch während seiner Militärzeit zum Römer *Marcus Ulpius* Fronto. Personalrechtlich gesprochen wurde der ‚Fremde' ein Neubürger der Stadt Rom. Dabei spielte es keine Rolle, ob Fronto die Hauptstadt des Imperium Romanum jemals gesehen hatte (was wohl eher unwahrscheinlich ist). Bei seiner ehrenvollen Entlassung im Jahr 113 benötigte Fronto das Bürgerrecht für sich selbst nicht mehr; für seine Töchter ließ er es trotzdem noch einmal bestätigen; Frau Mattua, die Fronto schon vor seinem Eintritt in die Armee oder auf Heimaturlaub auserwählt hatte, wurde auch 113 zwar nicht zur Römerin, wohl aber dank des eigens verliehenen Eherechts endlich Frontos rechtmäßige Frau.

Fronto war aus dem Armeesprengel bei Ungarn entlassen worden. So bleibt die Frage, wie – salopp gesagt – seine Abschiedspapiere in die Erde des Bismarckplatzes kamen. In der frühen Kaiserzeit kehrten entlassene Auxiliarveteranen meist in ihre ursprüngliche Heimat zurück, im Laufe der Zeit aber ließen sie sich zunehmend in der Nähe ihres letzten Garnisonsortes nieder und verbrachten dort ihren ‚Ruhestand' als Gutsbesitzer oder mit der Übernahme örtlicher Verwaltungsaufgaben. In unserem Fall geschah etwas anderes:

Römischer Weihealtar für den Genius einer Centurie der in Castra Regina stationierten III. Italischen Legion

Entweder Fronto selbst oder einer seiner Nachkommen, für die ja die Urkunde auch von Wichtigkeit war, begab sich nach Regensburg. Jedenfalls war Frontos Militärdiplom lange sorgfältig gehütet worden, denn es war ein immer noch verschnürtes Erbstück, als es mehr als ein halbes Jahrhundert nach Frontos Entlassung in den Kriegswirren unterging.

Daß Fronto selbst als Veteran mit seiner Familie in die Regensburger ‚Donausiedlung‘ zog, ist keineswegs unwahrscheinlich. Durch das zweite, schon 1875 bei Kanalisationsarbeiten vor der Dominikanerkirche entdeckte Militärdiplom gewinnt diese Ansicht zusätzlich. Denn auch dieses Dokument gehörte keineswegs einem am Ort entlassenen Veteranen; vielmehr hatte der im Jahr 153 nach 25jähriger Dienstzeit als einfacher Reiter ausgemusterte Secundus, Sohn des Sabinus, in der vornehmen, aus 1000 Reitern bestehenden „ala secunda Flavia milliaria pia fidelis" gedient. Den größten Teil seiner Militärzeit verbrachte er folglich in Heidenheim an der Brenz, und um die Zeit seiner Entlassung verlegte seine nördlich der Alpen einzigartige Truppe ihren Standort nach Aalen vor. Wie Fronto zog auch Secundus mit seiner Frau Secunda, der Tochter des Borus, in die Regensburger Donausiedlung, um den Lebensabend zu genießen. Die beiden Secundi und Frontos Nachkommen werden fast Nachbarn gewesen sein, als im Zuge der verheerenden Zerstörung durch die Markomannen um 170 die Donausiedlung in großen Bereichen in Flammen aufging.

Donata und Vindmarcia

Auch Kumpfmühl ist offenbar in den Markomannenkriegen in Schutt und Asche gelegt worden. Von der dortigen Bevölkerung kennen wir ein paar Namen, die ziemlich römisch klingen: Avitianus, Saturninus, Obscurus usw. Doch darf man sich nicht täuschen lassen. Vielfach verbergen sich dahinter, besonders bei Soldaten, nur Übertragungen vom Keltisch-Germanischen ins Lateinische.

So läßt sich auch aus dem Namen jener Donata nichts über ihre ethnische Zugehörigkeit ableiten, auf deren ‚Topfopfer‘ man 1974 bei Ausgrabungen im Vicus von Kumpfmühl gestoßen ist. In einem als Wasserkanal gedeuteten Grabensystem, das um 120 relativ einheitlich und schnell zugeschüttet worden war, fand man einen vollständigen, tönernen Einhenkelkrug mit engem Hals und dickem Bauch, darauf war schön eingeritzt: „Mercuri, felix Donatae s[e]mper sis." – „O Merkur, glückbringend seist Du der Donata allzeit!" Über dem erwähnten Wasserkanal wurde in den 50er Jahren des 2. Jahrhunderts die Vorhalle eines wohl zweigeschossigen Streifenhauses errichtet, das man als Werkstatt oder Laden, vielleicht für keramische Erzeugnisse aus eigener Produktion, gedeutet hat. Man könnte vermuten, Donata habe ihr Gebet samt Opfer in einem der Heiligtümer Kumpfmühls dargebracht und ihre Weihegabe sei von dort als Bauschutt zur Auffüllung in den Wasserkanal gelangt. Aber: Diese Fürbitte ist eindeutig als Zeugnis des Privatkults aufzufassen und der sie tragende Krug kam, anders als die übrigen mit ihm geborgenen Scherben, weitgehend intakt ans Licht. Das spricht eher für seine absichtliche Deponierung an Ort und Stelle, d. h. unter dem Zugang des kombinierten Privat- und Geschäftshauses. Dann wäre Donatas Bitte um Glück mit dem Neubau in irgendeiner Weise verbunden gewesen. Die Verantwortlichkeit Merkurs für alle Gewerbe ist ja allgemein bekannt.

Möglichen Einwänden zum Trotz dürfte die erste Besatzung des Kumpfmühler Kastells die „cohors tertia Britannorum equitata", die dritte berittene Britannerkohorte, gewesen sein. Sie gehörte bereits im Jahr 69 zum raetischen Heeresverband und war damit von allen in Regensburg bislang bezeugten Hilfstruppen die einzige, die in den 80er und 90er Jahren des 1. Jahrhunderts, als das Lager entstand, sicher schon in Raetien stationiert war. Belegt ist sie seit rund hundert Jahren schon durch eine Besitzeraufschrift auf einem in Kumpfmühl gefundenen Augenschutzkorb für ein Pferd. Durch die Niedermünstergrabung in den 60er Jahren unseres Jahrhunderts kennen wir einen zweiten Nachweis. Zur teilweisen Abdeckung des Grabes der 1006 verstorbenen Herzogin Gisela verwendete man eine Grabinschrift wieder, die ein Dekurio der dritten Britannerkohorte für seine mit 20 Jahren verstorbene Gattin und für seine gleichfalls verstorbene Tochter Vindmarcia hatte setzen lassen.

Letztere trägt einen interessanten Namen; er ist im zweiten Teil aus dem väterlichen Kognomen „Marcus" gebildet, der dem keltischen Bestandteil „Vind-" (= weiß) folgt, der auch im Namen der Vindeliker vorkommt. Vielleicht hieß die Mutter Vindelicia. Wie auch immer, spätestens um die Mitte des 2. Jahrhunderts zog die Britannerkohorte dann nach Eining ab, und in Kumpfmühl nahm wohl die „cohors secunda Aquitanorum", die zweite Aquitanerkohorte, Quartier: Aus ihr wurde in den 60er Jahren des 2. Jahrhunderts, also kurz vor Regensburgs erstem Zusammenbruch, ein gewisser Secco entlassen, der einen echten keltischen Kurznamen trug. Man ist versucht, ihn für einen aus südwestfranzösischem Gebiet stammenden Aquitaner zu halten; doch ist auch das nicht sicher, weil der Name Secco offenbar weiter verbreitet war und beispielsweise mehrfach auch im südungarisch-slowenischen Gebiet vorkam.

Lucius Crepereius Fortunatus und seine Kameraden

Seit Kaiser Marc Aurel bildete die dritte Italische Legion den bedeutendsten Faktor der römischen Präsenz in Bayern und natürlich eine wesentliche Aufwertung für Regensburg. Die dauernde Stationierung der Legion bewirkte nicht nur die Erhöhung der Schlagkraft der raetischen Provinzialarmee, deren Sollbestand sich um etwa 50 Prozent vergrößerte, sie veranlaßte auch einen regional begrenzten ‚Romanisierungsschub', da plötzlich mindestens rund 6000 römische Bürger zusätzlich in die Provinz kamen und nicht selten dort auch nach ihrem Ausscheiden als Veteranen blieben. Die Mehrzahl unserer Regensburger Inschriften stammt aus der Zeit zwischen etwa 180 und 240, und speziell für die allerersten Jahrzehnte der Legion kennen wir eine ganze Reihe von Zenturionen und ihrer „optiones" genannten Stellvertreter und außerdem einige Kommandeure der Legion. Diese etwas dichtere Überlieferung ergibt sich vermutlich daraus, daß sich bedeutendere Anlässe häuften und damit mehr Gelegenheiten boten, Inschriften zu setzen. Einige erst in jüngerer Zeit besser einzuordnende Beispiele erläutern dies: Nach einem unter Niedermünster 1982 unverhofft gemachten Fund hat der Optio Lucius Crepereius Fortunatus dem Schutzgott der Zenturie für Heil und Sieg des Kaisers Lucius Aurelius Commodus Augustus auch im Namen seiner Kameraden („commanipulares") einen eleganten Altar [Abb.] gestiftet. Die Nomenklatur des Kaisers weist auf das Jahr 180. Daher wird die Weihung wohl anläßlich des Bezugs der

eben fertiggestellten Unterkünfte getätigt worden sein. Nur wenig später zog ein ritterlicher Militärtribun aus Nordafrika mit einer Abteilung der Legion gegen einen germanischen Feind und erkämpfte sich dabei Orden. Höchstwahrscheinlich geschah dies
in dem sogenannten Feldzug gegen die Buren, gegen die auch der Zenturio Flavius
Vetulenus marschiert war, der Jupiter, dem Bewahrer, bei seiner glücklichen Rückkehr
aus dem Krieg einen Dankaltar stiftete.

Nicht alle Soldaten hatten einen so gefährlichen Dienst. Beispielsweise taten einige
Mitte der 70er Jahre in der Nachbarprovinz Obergermanien als eine Art Polizei und
Grenzschutz Dienst. Zenturionen leiteten bald nach 180 Bautrupps, etwa Aelius Fortis
und Julius Julinus beim Kastell Böhming und Aurelius Argivus beim Kastell Ellingen.
Julinus war vermutlich erst kurz zuvor von der Straßburger Legion nach Regensburg
befördert worden. Andere verließen die Donaubucht bald wieder: so der offenbar in
weniger als zehn Jahren innerhalb der legio tertia Italica zum Zenturio avancierte L. Nu-
merius Felix, der zur Mainzer Legion wechselte und nach zwei weiteren Wechseln der
Truppe schließlich vor 197 als Zenturio im spanischen Tarragona starb.

Zumindest im engen Zirkel der Militärspitze haben wir mit südländischem Lebensstil
und einem hohen Maß an Kultur zu rechnen. Die Schatzfunde aus dem 3. Jahrhundert
bei Straubing, Eining, Weißenburg und anderwärts, die teilweise aus den Truppenheilig-
tümern stammten, sprechen für sich. Unsere Einheit war aber ein vielfaches vornehmer;
leider ist ihr Schatz noch nicht gefunden. Gelegentlich kam gerade in der Offiziersriege
des Ritter- und Senatorenstandes so mancher bunte Vogel hierher, an den Rand der Welt.
Einer der buntesten war zweifellos jener Dichter – er hieß Marcus Aemilius – der als
wohl ritterlicher Militärtribun aus der altitalischen Stadt Ateste/Este in der Umgebung
des berühmten Heiligtums des Aponus beim heutigen Abano Terme stammte und vor
seiner Rückkehr in die Heimat im Regensburger Legionslager ein Heiligtum, ein Larari-
um, gestiftet hat. Seinem Gedicht zufolge, das vorwiegend aus einem nicht besonders
verbreiteten Versmaß (sog. katalektischen Dimetern) besteht, war Aemilius zweifellos
ein ‚gelehrtes Haus' und ein nicht unbegabter Freizeitpoet, der sich mächtig ins Zeug
legte und zum Abschied vor seinen vindelikischen Gastgebern noch einmal seine
Bildung gehörig zur Schau stellte. Das ist ihm gründlich gelungen: Rund 20 Jahre lang
blieb sein Werk auch den modernen Interpreten unverständlich.

Grundsätzlich haben wir während der Zeit der „legio tertia Italica" in Regensburgs
Bevölkerung vier Kategorien zu unterscheiden. Zu trennen sind einmal die Zivilisten der
Lagervorstadt („canabae") von den Militärs, und sodann innerhalb einer jeden Gruppe
die auf Dauer von den nur befristet Ansässigen. Bei den Zivilisten waren natürlich die
Angehörigen der Legionare mit dem Standort meist dauerhaft verbunden, während zu
den Bewohnern auf Zeit in erster Linie Händler gehörten, wie wir sie auf dem Heiligtum
vom Ziegetsberg etwa in den zwei Trierer Bürger Gaius Iuvalius Atrectus und Gaius
Acceptus fassen können. Dagegen werden jene Fernhändler („negotiatores"), die wahrscheinlich am 9. September 204 den von ihnen restaurierten Merkurtempel einschließlich
der versilberten Standbilder wiederhergestellt haben, eher niedergelassene Händler
gewesen sein. „Censualis", das Wesensmerkmal, das sie dem Gott Merkur beilegten,
weist auf den Census und damit wohl auf die Nähe staatlicher Organe hin; deshalb wird
dieses Heiligtum am ehesten in der Zivilsiedlung neben dem Legionslager und in der
Nähe des vornehmeren Bezirks hinter dem Arnulfsplatz gestanden haben.

Im militärischen Bereich blieben selbstverständlich vorwiegend die Mannschaften auf Dauer in Regensburg, obgleich sie ab und an in fernen Provinzen ins Feld geschickt wurden. Vorwiegend diese einfachen Soldaten bis hinauf zu den Zenturionen sind es, denen wir in unseren Inschriften begegnen. Der Bestand der darin enthaltenen Personennamen umfaßt knapp 250 Einträge. Selbst bei einer Minimalschätzung dürfte mithin nicht einmal annähernd ein Prozent der einstigen Bevölkerung erfaßt sein. Es versteht sich von selbst, daß dies eine viel zu geringe Materialgrundlage für genauere demographische Aussagen ist. Dabei ist zusätzlich zu berücksichtigen, daß eine einzige Inschrift aus der Zeit um 230 n. Chr. allein 53 Personen verzeichnet, die vermutlich einem zivilen Kollegium, etwa einer Art Berufsgenossenschaft, angehörten. So muß man sich mit ein paar allgemeinen Bemerkungen begnügen: Charakteristisch auch für den verlorenen Bestand dürfte die Beobachtung sein, daß von den erhaltenen Personennamen nicht einmal ein Zehntel die nach römischer Auffassung korrekten drei Bestandteile aufweist, daß mit anderen Worten bei der überwiegenden Mehrzahl der Vorname fehlt. Daraus darf man natürlich nicht in allen Fällen schließen, die entsprechenden Personen hätten keine Vornamen und gar ein schlechteres Personalrecht besessen. Über die Rechtsstellung ihrer jeweiligen Träger sagen die Namen nichts aus; daher konnten sogar römische Legionare, die sicher römische Bürger waren, auf die Nennung ihrer Vornamen verzichten. Im Privatbereich gab es keine festen Vorschriften, wie sich die Einzelnen zu nennen hatten, vielfach wird man der Konvention gehuldigt haben. Zudem trat das Pränomen für die Unterscheidung der Individuen immer weiter in den Hintergrund, während gleichzeitig der Zuname, das Kognomen, an Bedeutung gewann. Hierfür bevorzugte man sieghafte Namen, wie Victor, Victorina etc., die über zwanzig Mal vertreten sind; beliebt waren auch in Regensburg die sog. Bärennamen Ursa, Ursulus, Ursio etc., die charakteristisch für die gallisch-germanischen Provinzen waren; dasselbe gilt für Namen, die abgeleitet sind von Verwandtschaftsgraden (wie Maternina, Paterna, Patruinus, Avitus, Avitianus), von Charaktereigenschaften (z. B. Amandus, Amabilis, Amandinus, Quietus, Vitalis) oder von Rechtskategorien (Provincialis, Peregrinus, Ingenuus, Obscurus; ein Veteran namens Primitivus saß glücklicherweise in Straubing). Vereinzelt kommen auch Kognomina mit geographischen Bezügen vor, wie Vindelicius, Vindicianus, Vindmarcia, Raeticus, Augustanus oder gar Regin[us]. Bei den Familiennamen finden wir in Regensburg natürlich viele Kaisernamen, allerdings nur ganz wenige Ulpier und Aelier, also Leute, die ihren Namen auf die Kaiser des frühen 2. Jahrhunderts, Ulpius Traianus, Aelius Hadrianus und Aelius Antoninus Pius, zurückführten. Verhältnismäßig gering sind auch die Septimier vertreten, die nach dem um 200 regierenden Septimius Severus hießen. Dagegen sind die Flavier (25 Belege), die Julier (40) und vor allem die Aurelier (50) zahlreich. Dabei fällt auf, daß bei den Flaviern und Juliern die Frauen etwa gleich stark vertreten sind, bei den Aureliern das Verhältnis zugunsten der Männer aber 47 zu 4 lautet. Eine Erklärung weiß ich dafür nicht anzubieten. Wichtiger dürfte auch die Feststellung sein, daß auf der genannten Vereinstafel aus der Zeit um 230 alle Kaisernamen vertreten und die Aurelier keineswegs deutlich in der Überzahl sind; dies sollte man erwarten, weil sich die Aurelier 212 rapid vermehrten, als alle freien Bewohner des Römerreiches durch die sogenannte ‚Constitutio Antoniniana' zu römischen Bürgern erhoben wurden und vor allem die Neubürger den Familiennamen des damals amtierenden Kaisers, „Aurelius", annahmen.

Über die durchschnittliche Lebenserwartung der alten Regensburger sind kaum
zuverlässige Aussagen möglich. Aber wie im gesamten vorindustriellen Zeitalter war vor
allem die Sterblichkeitsrate der Kinder sehr hoch. Die schon genannte Vindmarcia war
sehr jung, vielleicht (samt ihrer 20jährigen Mutter) bereits bei ihrer Geburt gestorben,
weil ihr der Vater eine Altersangabe versagte. Eine beachtliche Reihe von Grabsteinen
zeigt uns Eltern, die mehrere kleine Kinder beklagen. Berühmt ist der von Aventin in der
Alten Kapelle gelesene Grabstein, worauf der mutmaßliche Ziegeleibesitzer Vindelicius
Surinus als unglücklicher Vater das Andenken seiner ‚allerärmsten' Kinder [H]ermoge-
nianus, Victor und Sura beschwört. Auf einem später christlich wiederverwendeten und
auf dem sog. großen Gräberfeld vollständig vergrabenen Kalksteinsarkophag betrauert
der Legionsveteran Claudius Reticus seine heißgeliebte Frau Aurelia Lucina, seinen
Sohn Ursio und seine Töchter Regula und Lucia. Die Mutter war gerade 35 Jahre alt
geworden, die Kinder starben mit zwölf, fünf und drei Jahren. In beiden Fällen hat man
an die Folgen immer wieder aufflackernder Seuchen gedacht. Aber die Texte verschweigen die Todesursachen. Dies gilt auch für ein in jüngerer Zeit gefundenes Grabmal, das
Provincialis, Sohn des Saturninus, und Flavia Avita ihren drei allerliebsten Kindern
errichteten, der zwölfjährigen Procila, dem wohl fünfjährigen Victor und Victorina, die
nur zwei Monate und elf Tage lebte. Victorina gehört unseres Wissens zu den auf diesem
Friedhof Bestatteten mit dem geringsten Lebensalter.

Wir haben 38 Altersangaben auf 25 Regensburger Grabinschriften. Davon gehören
allein 17 Verstorbenen unter 20 und zwölf Kindern unter zehn Jahren. Das heißt, der
Anteil der jung Verstorbenen ist nach den Inschriften ungewöhnlich hoch, wesentlich
höher als nach den (freilich auf recht alten Untersuchungen beruhenden) osteologischen
Befunden. Von den 93 durch den Stuttgarter Obermedizinalrat H. von Hölder vermes-
senen Schädeln stammten nur zwölf von Personen unter zwanzig Jahren und nur drei
von solchen unter zehn Jahren. Das raschere Vergehen kindlicher Skelette ist nicht
erklärungsbedürftig. Anders der relativ hohe Anteil von Kindern auf Grabinschriften,
er beweist, daß man die frühe Vollendung, die „mors praematura" als ein besonders
hartes Schicksal empfand.

Dagegen war das Alter Erwachsener zeitweise von relativ geringem Interesse, weshalb
wir Altersangaben auf Grabinschriften nicht dazu verwenden dürfen, die Lebenserwartung der Bevölkerung einzelner Orte oder Provinzen zu ermitteln. In der Regel kommen
auf Grabsteinen durch 5 oder 10 teilbare Lebensalterangaben weitaus häufiger vor als
dies statistisch zu erwarten ist. Nebenbei gesagt, hat man an Rheinischen Grabsteinen
zeigen können, daß die Soldaten ihre Dienstzeit ganz genau kannten. Darüber hat man
Buch geführt, offenbar auch in Regensburg. Es ist daher durchaus typisch, wenn wir
lesen, daß ein Soldat 16 Dienstjahre („stipendia") hinter sich hatte, als er mit 35 Jahren
starb, ein anderer 23 Jahre im Sold stand und mit 45 Jahren verblich. Alte Menschen
waren 60 oder 70, und in selteneren Fällen 80 oder gar hundert.

Das führt uns zu einer besonders vielsagenden großen Kalksteintafel, die gleichfalls
schon Aventin im nördlichsten der drei mittelalterlichen Türme der Steinernen Brücke
entdeckt hat und die nach der napoleonischen Beschießung beim Abbruch des Turmes
durch Konservator Bernhard Stark [s. S. 208ff.] in das Königliche Antiquarium nach
München geschafft wurde. Sie gehörte offenbar zu einem größeren, mit Porträtbüsten
verzierten Grabmal. In dem zweifach gerahmten Schriftfeld weisen schön gemeißelte

Buchstaben zahlreiche Ligaturen, Kleinbuchstaben und Worttrenner auf: Der Stein ist den Totengöttern und der immerwährenden Sicherheit der Grabesruhe geweiht. Genannt werden Julia Ursa, „die zärtliche Gattin und ob ihrer Verdienste sehr verehrte Frau", 41 Jahre alt, die verstorbenen Söhne und Töchter, Julia Nonna, „die zärtliche Mutter", 80 Jahre alt, Julia Victorina, die 80 Jahre alt gewordene Schwiegermutter, ebenso die noch lebende Tochter Aurelia, der Sohn Militaris und die Freunde, deren Bildnisse auf den Seiten ausgehauen sind und deren Gebeine nach ihrem Hingang in diesem Grabmal beigesetzt werden durften. Ihnen allen hat M. Aurelius Militio, ehrenvoll verabschiedeter ehemaliger Reiter der 3. Italischen Legion zu seinen Lebzeiten dieses Denkmal errichten lassen. – Wir haben also drei Generationen vor uns: Marcus Aurelius Militio und seine Gattin Julia Ursa haben von sechs Kindern mindestens vier, vielleicht auch mehr verloren. Während Ursa mit nur 41 Jahren starb, lebten die beiden Mütter ziemlich lange. Militio veranschlagte ihr Alter kurzerhand auf 80 (Ursas Mutter wäre folglich bei deren Geburt 39 gewesen). Die Großväter sind der Rede nicht wert; vielleicht gab es sie offiziell gar nicht: Römische Legionssoldaten durften erst ab 197 n. Chr. eine vor römischem Recht gültige Ehe schließen! Der Veteran Militio war gewiß eine bemerkenswerte Persönlichkeit: Seine Gattin und seine Mutter bedachte er – wie für die fortgeschrittene Kaiserzeit allgemein üblich – mit schmeichelnden Adjektiven (im Lateinischen stehen dafür sogar durchwegs Superlative); für seine Schwiegermutter aber hatte er derlei nicht übrig. Trotz seiner Großzügigkeit gegenüber seinen Freunden, denen er sein Grab öffnete, wirkt er wie ein rechter Militärschädel und nicht gerade originell: Seiner Tochter hat er einen Individualnamen gar nicht erst zugewiesen. Sie hieß mit Familiennamen Aurelia – basta! Und der Sohn des Militio wurde zum Militaris. Man ist Soldat mit Leib und Seele und stolz auf sein Metier. Wie soll doch der sterbende Kaiser Septimius Severus 211 zu seinen Söhnen gesagt haben: „Bleibt einig, bereichert die Soldaten, verachtet alle anderen!" Militio hätte dies sicher unterschrieben.

Lothar Kolmer

Tassilo III. – „Herzog, König, Mönch"
(741 – nach 794)

„Zuerst Herzog, dann König, am Ende aber Mönch." So bringt ein barocker Kupfer-stich des Klosters Mattsee die Vita Tassilos exemplarisch auf die Devise – und so lebt die Erinnerung an den Herzog in den von ihm gestifteten Klöstern weiter. Doch was die Mönche als fromme conversio, als Eintritt in den verdienstvollsten und heilsichersten Stand interpretierten, sieht die Historiographie nur als schnödes Ende einer politischen Karriere. Tassilo wurde nicht freiwillig Mönch, sondern zwangsweise nach dem von Karl dem Großen gegen ihn angezettelten politischen Prozeß von 788.

So überschattete das Ende immer schon die Biographie dieses bayerischen Herrschers. Der mittelalterliche Gedanke, daß das Leben erst von seinem Ende her gewertet werden kann, trifft im mehrfacher Hinsicht auf Tassilo zu. Die Ereignisse um seine Absetzung haben stärkere Aufmerksamkeit erfahren, und die Biographie strukturierte sich auf dieses Ende hin: Sie wurde überwiegend vom Schluß aus, rückwärts gewandt, erzählt. Dies hat bereits die karolingische Annalistik vorweggenommen – und dabei scheint es auch in der neueren Forschung zu bleiben.

Die ältere Forschung rekonstruierte Tassilos Nieder- und Untergang wesentlich nach der wörtlichen Übernahme der karolingischen Reichsannalen. Erst in einem längeren Prozeß der Quellenkritik geriet deren Glaubwürdigkeit immer mehr in Zweifel: Die Annales regni Francorum entstanden am Hofe, sind in einem Zug zwischen 787 und 793 geschrieben worden. Es handelt sich damit um parteiische Hofhistoriographie, die aus der Retrospektive die historischen Ereignisse in eine für die Karolingermonarchie poli-tisch opportune Linie brachte.

Nach den Reichsannalen jedenfalls – und der älteren Forschung – beginnt die Ge-schichte schon früh. Tassilo habe das bayerische Herzogtum bereits 748, nach dem Tod seines Vaters, „per benefecium", zu interpretieren: als Lehen, von Pippin I. erhalten. 757 habe Tassilo ein Treueversprechen für Pippin und seine Söhne abgegeben, sich Pippin kommendiert, sei dessen Vasall geworden. Der Bericht ist breit ausgeschmückt, doch die Kommendation tritt im Text hinter die auf zahlreiche Reliquien abgelegten Treueide zurück. Daraus ergaben sich lebenslange Verpflichtungen, wie die Teilnahme an Kriegs-zügen. 763 weigerte sich Tassilo, an einem solchen gegen Aquitanien teilzunehmen, was dann später – 788 – als „harisliz", Heeresflucht, inkriminiert wurde. 781 erneuerte Tas-silo – immer nach den Annales regni Francorum – die früheren Treueide in Worms, nach Mahnungen des Papstes und Druck der Franken. Tassilo habe damals geschworen, seine alten Verpflichtungen Pippin gegenüber einzuhalten, und dafür Geiseln gegeben. 787 erfolgte dann wiederum nach massivem militärischen Druck eine Erneuerung der vasalli-tischen Bindung. Tassilo kommendierte sich Karl dem Großen, gab ihm das von Pippin

einst übertragene Herzogtum zurück. Er gestand zahlreiche Vergehen ein, erneuerte
seine Eide und stellte Geiseln, darunter seinen Sohn Theodo. 788 eröffnete Karl einen
Prozeß gegen Tassilo, der mit der Verurteilung und Absetzung des Herzogs endete.

Das Kompositionsschema der Annales regni Francorum wird deutlich: Die Abhängigkeit Bayerns vom Frankenreich datiert aus der Frühzeit Tassilos, daraus erwuchsen
fränkische Ansprüche, denen sich der Herzog angeblich immer wieder entzog. Im Rück-
blick, von 788 aus gesehen, ergibt sich ein klarer, eindeutiger Verlauf der Geschehnisse.
Das bayerische Herzogtum gehört spätestens seit 748 zum Frankenreich, der Herzog
wird vom König eingesetzt. Wenn er sich nicht so verhält, wie es seine Teueverpflichtung
vorschreibt, muß er vom Karolingerkönig abgesetzt werden. Das geschieht auch folge-
richtig 788.

Doch an dieser Schilderung der Ereignisse erhob sich in der neueren Forschung zunehmend Kritik. Die Glaubwürdigkeit der Annales regni Francorum war fragwürdig
geworden. Bereits Peter Classen revidierte das Datum von 757. Der Eintritt Tassilos in
die Vasallität sei erst 787 erfolgt, eine Meinung, der sich die überwiegende Zahl der
Forscher mittlerweile angeschlossen hat. Ablehnend blieb lediglich Kienast, der trotz
einiger Zweifel auf 757 beharrte. Kienast jedoch legte den Schwerpunkt seiner Untersuchungen auf die Herausbildung der Vasallität, dabei kam seiner Meinung nach dem
Akt von 757 hohes Gewicht zu, denn: „In der Huldigung Tassilos von 757 wird dieses
neue Rechtsinstitut der vasallitischen Kommendation für uns zum ersten Male historisch
als Faktum greifbar. Darin liegt seine verfassungsgeschichtliche Bedeutung."

Die Angaben der Annales regni Francorum wurden von M. Becher in seiner Dissertation kritisch überprüft. Er hielt eine Nachricht zu Tassilo nur dann für glaubwürdig, wenn sie von Quellen bestätigt würden, die unabhängig von den Reichsannalen entstanden. So werden die meisten von deren Angaben in Frage gestellt, u. a. eine Lehnsüber-
tragung 748, eine Regentschaft Pippins, die Geschehnisse von 757 und 763; akzeptiert wird
der Eintritt in die Vasallität 787. Kritik an der Methodik Bechers erhob jüngst Herwig
Wolfram. Er wandte ein, daß eine Fälschung nicht allein dadurch erwiesen werden kann,
daß es keine unabhängige Parallelüberlieferung gäbe. Ganz hätten die Schreiber der
Annalen das Wissen der Zeitgenossen nicht außer acht lassen dürfen; freilich, der Kon-
text könnte durchaus wiederum im Sinne der Hofhistoriographie gestaltet worden sein.
Auch wenn Tassilo 757 weder Kommendation noch Treueid geleistet hätte, bliebe doch
die Frage, „wieso die Reichsannalen auf 757 kamen". Auch wenn deren Bericht zu 763
widersprüchlich und unglaubwürdig sei, wäre doch zu fragen, was 757 und 763 geschah.
Wolfram nimmt eine schwere Verstimmung zwischen Onkel und Neffen an, die mit dem
Aquitanienkrieg zusammenhängen mußte. Es traten jedenfalls in der Folgezeit Spannungen auf. Aus einem Brief an Pippin erfahren wir, daß Tassilo Papst Paul I. um Vermittlung bei Pippin gebeten hat und die päpstlichen Boten von Langobardenkönig Desiderius aufgehalten wurden. Anläßlich der Reichsteilung 768 wird Bayern nicht erwähnt, ein
fränkischer Rechtsanspruch auf die Oberhoheit über Bayern wurde von Karl jedenfalls
nicht vertreten.

Für unseren Zusammenhang ist wichtig, daß Tassilo bis 787 eine von den Franken
weitgehend unabhängige Herrschaft kraft eigenen Rechts ausüben konnte. Er war zwar
mit Billigung Pippins eingesetzt worden, herrschte aber nach seiner Volljährigkeit ziemlich unbeeinflußt. Ein Anspruch Karls ließ sich jedenfalls nicht herleiten, das zeigt 768.

In dieser Zeit muß sich, um einen Ausspruch Mitteis' zu zitieren, Tassilos „Glück" abgespielt haben.

Man wird davon ausgehen können, daß sich Tassilo nicht am Kriegszug gegen den
Aquitanierherzog, einen alten Verbündeten, beteiligen wollte und daß dadurch nach 763
Spannungen mit den Franken aufbrachen. Diese dürften der Tod Pippins 768 und die
folgenden Konflikte zwischen dessen Söhnen Karl und Karlmann um die Herrschaft
beseitigt haben. Die Machtkrise ließ keine starke fränkische Außenpolitik zu, woraus
Tassilo seinen Nutzen zog. Die bayrische Expansion nach Süden und Südosten sicherte
bereits um 765 die Heirat mit Liutbirc, der Tochter des Langobardenkönigs Desiderius.
Es folgte 768/69 ein Bündnis mit dem Langobardenkönig und dem Papst. Daraufhin
wurde Pfingsten 772 Tassilos Sohn Theodo vom Papst Hadrian I. in Rom getauft und
gesalbt. Papst und Herzog gingen eine „compaternitas" ein. Die Karolinger hatten als
Vorrecht ihrer Linie diese besonderen Weihen für die zur Herrschaft bestimmten Söhne
beansprucht. Die religiösen Zeremonien für den bayerischen Herzogssohn drückten die
Ranggleichheit mit den Karolingern aus.

Karl der Große suchte, eine große Allianz gegen Karlmann zu schmieden, Tassilo und
den Langobardenkönig Desiderius als Verbündete zu gewinnen. Deswegen heiratete
Karl eine langobardische Prinzessin und verschwägerte sich auf diese Weise mit Tassilo.
Dieses neue Bündnissystem ermöglichte es dem Langobardenkönig, seine Expansions-
bestrebungen nach Süden fortzuführen, wodurch der Papst in Rom unter Druck geriet.

Als Karlmann im Jahr 771 starb, änderten sich die Machtverhältnisse grundlegend.
Karl war nunmehr Alleinherrscher und orientierte seine Politik neu. Er verstieß seine
langobardische Frau, die zu ihrem Vater Desiderius zurückkehrte. Dieser erkannte die
Bedrohung aus dem Norden und suchte ihr zu begegnen. Der Langobardenkönig nahm
die Kinder Karlmanns auf, die Thronansprüche erhoben und Karls Herrschaft gefährden
konnten. Um diese Ansprüche besser zu legitimieren, wollte sie Desiderius in Rom von
Papst salben lassen. Der Papst sah sich starkem Druck der Langobarden ausgesetzt und
richtete darum ein Hilfegesuch an Karl. Daraus entstand ein neues Bündnis zwischen
Papst und Frankenkönig. Dem Hilferuf folgend, zog Karl nach Italien und unterwarf
sich 773/74 das Langobardenreich. Dadurch war nunmehr Tassilo außenpolitisch
isoliert, sein Verbündeter weggefallen, der ein Gegengewicht gegen die Franken gebildet
hatte. Es ist immer noch nicht geklärt, warum der Bayernherzog in dieser für ihn so
bedrohlichen Situation nicht reagierte.

Tassilo selbst versuchte unbeeindruckt, seine eigenen politischen Ziele durchzusetzen.
Er strebte ganz offensichtlich ein bayerisches Königtum an; die langobardische Geschichtsschreibung wies dem Herzog den Königstitel zu. Tassilo verwendete seinerseits
Formeln, wie sie in der königlichen Kanzlei gebräuchlich waren. In diese Prätentionen
fügt sich die Salbung Theodos durch den Papst ein, wie auch der Dombau in Salzburg.
Die durch Bischof Virgil 774 geweihte Kirche drückte allein durch ihre Größe königlichen Anspruch aus, nicht kleiner im Ausmaß war die Regensburger Domkirche.

Karl gelang es im folgenden, den Papst auf seine Seite zu ziehen. Das alte Bündnis
Tassilos mit Rom zerbrach. Dies zeigt sich deutlich darin, daß Karl der Große 781 den
Papst veranlassen konnte, Boten mit der Mahnung an Tassilo zu schicken, seine früheren
Verpflichtungen zu erfüllen. 781 wurden auch die Söhne Karls, Pippin und Ludwig, vom
Papst gesalbt.

Tassilo war isoliert. Der Wegfall politischer Bündnisse, das Ungleichgewicht der Macht zu seinen Gunsten ermöglichten es Karl, den politischen Druck 787 so zu verschärfen, daß sich Tassilo in die Vasallität begeben mußte. Es ist durchaus denkbar, daß Tassilo, der danach ernsthafte Befürchtungen um sein weiteres politisches Überleben haben mußte, Verhandlungen mit den Awaren aufnahm, um sich Rückendeckung zu schaffen. Den Awaren dürfte ihrerseits klar geworden sein, daß sie nach der Niederwerfung Tassilos der nächste Gegner Karls sein würden. Die expansive Außenpolitik des Karolingers führte dann auch in den Jahren nach 788 zum Untergang der Awaren. Karl wird von den Verhandlungen Tassilos durch seine bayerischen Getreuen erfahren haben, was ihn zu einem schnellen Eingreifen bewog.

Die Beziehungen der Bayern mit den Awaren hatten sich im Laufe der Zeit verbessert. Man ließ einen breiten Grenzraum zwischen sich und lebte nebeneinander. Der Zuzug der Awaren hatte Druck auf die Slawen ausgeübt, die daraufhin in die Ostalpen auswichen. Es gelang ihnen, sich dort durchzusetzen, bayerische Truppen erlitten in militärischen Auseinandersetzungen Niederlagen. Wegen des awarischen Drucks wandte sich der Herzog der Karantanen bereits an Herzog Odilo um Hilfe. Die Karantanen gerieten daraufhin unter bayerische Oberhoheit, die Herrschersöhne wurden christlich erzogen. Die Mission setzte ein. In Salzburg wurde zum Erweis der Ansprüche auf diese Gebiete die Conversio Carantanorum verfaßt. 772 gelang es dann Tassilo, die Karantanen, damit Kärnten, sich endgültig zu unterwerfen. Die Klöster von Innichen (gegründet 769) und Kremsmünster (gegründet 777) waren als Stützpunkte für die Karantanenmission gedacht. Die Klöster erhielten große Landschenkungen; Kremsmünster sowie Innichen konnten beide erst dadurch zur Blüte gebracht werden. Mattsee ist zwischen 777 und 784 von Tassilo gegründet worden. Daneben trat auch noch der Adel als Klostergründer auf, wobei der Herzog bei der Errichtung dieser Klöster mitwirkte. Tassilo ging es darum, sich eine eigene Landeskirche, eine eigene Herzogskirche zu errichten. Als Klostergründer ging der Herzog in die Geschichte ein, und die Klöster pflegen sein Andenken.

Kirchen-, aber auch innenpolitisch sind besonders die Synoden von Aschheim (756?), Dingolfing (um 770) und Neuching (771) von Bedeutung. In Aschheim wurde die Abgabe des Zehnts eingefordert und Verweigerung unter Strafsanktionen gestellt. Für Kleriker wurden die Kirchenregeln als verbindlich eingeschärft. Öffentliches Gericht sollte regelmäßig abgehalten werden, bei den Sitzungen sollte ein Priester beteiligt sein. Die Unterdrückung durch die Großen sollte verhindert werden. Auch zeigt sich ein Anspruch der Bischöfe auf ein Mitwirkungsrecht in staatlichen Angelegenheiten, besonders bei der Rechtsprechung. In Dingolfing wurde die Sonntagsheiligung gefordert, die freie Verfügung über jedwedes Eigentum bei Schenkungen an die Kirche bestätigt. Der Herzog sicherte bei Wohlverhalten das Erbrecht für ausgegebene Güter zu, verzichtete damit auf das frühere Rückfallsrecht. Das bayerische Gesetzbuch wurde in Dingolfing ergänzt, auch in Neuching: Leibeigene durften nicht verkauft werden, Hausdurchsuchungen wurden geregelt. Den Anordnungen des Herzogs sollte unter hohen Strafandrohungen Folge geleistet und die Rechtsprechung wieder verbessert werden. Es wurden noch Bestimmungen für Freigelassene und für das Eheleben erlassen. Insgesamt ging es darum, das geistige Leben zu ordnen, die Gerichtsgewalt des Bischofs zu festigen, alle, auch die Großen an die Gesetze zu binden. Zudem sollten Pfarreien eingerichtet werden, um die geistliche Versorgung der Bevölkerung auf dem Lande zu sichern.

Bei diesen Bestimmungen wird deutlich, daß es durchaus divergierende Gruppen mit unterschiedlichen Interessen im Herzogtum gab. Eine antiagilolfingische Gruppe unter Bischöfen und Adeligen dürfte in Bayern die Geschäfte Karls des Großen besorgt haben. Freilich, ein anderer Teil des Adels stand treu zu Tassilo, auch über 788 hinaus. Diese Gruppe teilte dann weitgehend das Schicksal des Herzogs.

Tassilos Geschichte läuft auf den Prozeß von 788 zu. In diesem Zusammenhang gewinnt der Unterwerfungsakt von 787 eine entscheidende Bedeutung. Hierbei sind zwei unterschiedliche Momente festzuhalten, einmal der Treueid und zum zweiten die „commendatio". Darunter versteht man mit Kienast „die ein Lehnsverhältnis begründende symbolische Rechtshandlung. Sie wird in der Weise vollzogen, daß der Vasall seine gefalteten Hände in die des Herren legt." Dieser „symbolische Formalakt" stammt aus der Antike. Die Germanen hatten diesen Ritus der Unterwerfung von den Römern übernommen. Aus der Merowingerzeit finden sich Quellen, die einerseits von „Selbstkommendation" und anderseits von Kommendation durch dritte handeln. Das früheste Zeugnis für Selbsttradition durch eine ausdrücklich erwähnte Handgebärde ist die Urkunde König Pippins von 752 für den Abt des Klosters S. Calais. Der Abt kam zum König, kommendierte sich in seine Hand und wurde in seinen Schutz genommen. Damit ist aber der Handgang für die Mitte des 8. Jahrhunderts belegt, vollzogen von Freien, die sich einem Höheren unterstellten. Der Akt konnte möglicherweise schon zum Ausdruck einer politischen Unterwerfung und Unterordnung eingesetzt werden.

Das zweite Element, der Treueid, stammt aus dem Gefolgschaftswesen. Mit Eid verpflichteten sich die Antrustionen, die „trustis dominica", die kriegerische Gefolgschaft der Merowingerkönige, zum Dienst. Antrustionen gehörten zu den Optimaten, ihre Anführer stiegen in der späten Merowingerzeit zu den Hausmeiern auf. Beim Eintritt in diese Gefolgschaft wurde die Verpflichtung zu „trustem et fidelitatem" beschworen. Der Wortlaut des Antrustioneneides ist in den Formulae Marculfi Nr. 18 erhalten, deren Entstehung um 700 angesetzt wird. Seit der Mitte des 8. Jahrhunderts hört man nichts mehr von den Antrustionen. Karl Martell und seine Nachfolger schufen sich „ein neues Werkzeug der Herrschaft in den Vasallen". Primärer Zweck war die Aufstellung schwer bewaffneter Panzerreiter. Die Hausmeier, selber aus der Schicht der Antrustionen aufgestiegen, schafften diese ab und unterstellten sich Vasallen. Die Treuepflicht der Vasallen bildete fortan den Stützpfeiler, der das ganze Gebäude des Staates trug.

Der Terminus „vassus" erscheint zuerst in der Lex Salica zwischen 507 und 511. In der Frühzeit können damit Freie wie Unfreie gemeint sein. Die Vasallität stellte nach Kienast „nur eine Abspaltung von der allgemeinen Dienst- und Schutztradition dar". Der Aufgabenbereich der Vasallen war in der Frühzeit „keineswegs auf die kriegerische Seite beschränkt … sie hatten Botengänge zu leisten, dem Herren Pferd und Wagen zu stellen oder selbst Fracht zu fahren." Mit Sicherheit bewiesen werden freie Vasallen erst durch das alamannische und das bayerische Stammesrecht.

Den Vasallen mußte der Lebensunterhalt gesichert werden. Die erste Königsurkunde, die ein von einem Herrscher an seinen Vasallen verliehenes Benefizium bezeugt, ist ein Diplom Pippins von 754 für St-Denis. Von da an werden diese Nennungen häufiger. Kienast nimmt an, bereits Karl Martell und seine beiden Söhne hätten „sich ihre Vasallen durch den Kommendationsakt verpflichtet". Bei der Huldigung Tassilos (757) stünde „die vasallitische Commendation als ein fertiges Rechtsinstitut ausgebildet da", was eine längere Entwicklung voraussetzt. Dies gilt dann erst recht, wenn dieses Ereignis erst 787 stattfand. Tassilos Huldigung erregte „ungeheures Aufsehen", was aus den Erwähnungen in den Quellen hervorgeht. „Eine Persönlichkeit der höchsten Aristokratie ... wurde ... in dieses mit Handgebärde verbundene vasallitische Rechtsverhältnis hineingezwungen und damit nach allgemeiner Anschauung tief erniedrigt ... Der Herzog von Bayern ... sah sich auf eine Stufe gestellt mit den anderen Vasallen des fränkischen Königs in seinem Lande", so wiederum Kienast.

„Das Institut der Vasallität" bildete sich im 8. Jahrhundert allmählich fertig aus. In längerer Perspektive ergibt sich eine kontinuierliche Aufstiegsbewegung. Sind vassi anfänglich häufig Unfreie im Herrendienst, finden sich bald Freie im Kriegsdienst. Im 8. Jahrhundert schließlich stehen Vasallen im Rang unterhalb der Grafen. Bei Tassilo erfolgt ein Sprung über mehrere Hierarchiestufen: Ein Herzog wird zum Vasall. Damit verbunden war eine Erniedrigung Tassilos – aber zugleich eine Aufwertung der Vasallität. Dazu beigetragen hatte bereits im Formalen der ,höherwertige' Treueid, ein Weiteres tat die Politik der Karolinger: Sie stellten die Vasallen über die einfachen Freien, sie erhielten wichtige Vorrechte, und die Kapitularien hoben die Stellung eines Vasallen besonders heraus. Der Grund lag im Bestreben Karls, sich an die Spitze des Staates, über einen Untertanenverband zu stellen, die anderen Machtträger durch Kommendation und Treueid hierarchisch unterzuordnen und deren Länder als ,Reichslehen' zu sehen. Die Vasallität bildete dazu das geeignete Mittel. An Tassilo fand das den ersten Ausdruck. Die Datierung auf 757 liegt zeitlich zu früh, doch in den Jahren bis 787 wurden immer mehr Freie adeligen Ranges Vasallen. So konnte der Herzog in die Vasallität gezwungen werden – auch 787 noch ein unerhörter Vorgang. Tassilo nahm zugleich sein Land, nahm Bayern von Karl dem Großen zu Lehen. Damit war die staatsrechtliche Stellung eindeutig geklärt: Bayern war rechtlich ein Teil des Frankenreichs, ein Lehen des Königs, der Herzog kraft königlichen Rechtes eingesetzt, eine Art Amtsherzog.

Die Folgen dieser Auffassung sind 788 zu sehen. Karl inszenierte einen politischen Prozeß. Nach den Reichsannalen lautete die Anklage auf mehrere Vergehen seit dem Eid von 787. Diese konnte Tassilo nicht ableugnen, „er gestand weiterhin, mit den Awaren Verbindungen aufgenommen zu haben, den Vasallen des Königs nach dem Leben getrachtet, sie zum Meineid gegen Karl aufgefordert", überhaupt die Verpflichtungen von 787 nie gehalten zu haben. Nach dieser Anklage, von Bayern vorgetragen, erinnerten sich die Vertreter aller sonst noch anwesenden Stämme, daß Tassilo 763 auch noch eine Desertion, Harisliz, begangen habe. Vor allem dies bewog den „exercitus" (das versammelte Heer), ein Todesurteil zu fällen. Karl, der sich im Hintergrund gehalten hatte, erbat von seinen Getreuen eine Begnadigung. Auf Fragen des Königs, wie er sich sein weiteres Schicksal dachte, bat Tassilo um Tonsorierung und die Erlaubnis des Klostereintritts.

Die Quellen scheinen über den Prozeß zu divergieren. In den Reichsannalen wurde eine Objektivität des Verfahrens vorgeführt, mit Karl als gnädigem König. Der Murbacher Autor bringt ein wesentliches Detail: die handstreichartige Sicherstellung von Tassilos Familie und seines Schatzes vor Prozeßbeginn. Am Ende standen ein Todesurteil und die Begnadigung zur Tonsorierung und Einweisung in ein Kloster. Bechers Hinweis auf die „wichtigen Unterschiede der Darstellung" zwischen den einzelnen Annalen relativiert sich bei Betrachtung des Rechtshintergrunds. Was wir in den Quellen erkennen, sind unterschiedliche Standpunkte, von denen aus das Königsgericht und sein

Verfahren gesehen wurde. In der Sache läuft ein Prozeßverfahren ab, an dem die Großen der verschiedenen Stämme und Karl teilnehmen. Die Rolle der Ankläger haben Bayern übernommen, das Todesurteil fällt der exercitus. Karl der Große erbittet von seinen Großen die Begnadigung, die er erhält, worauf Tassilo ins Kloster eingewiesen wird – und mit ihm seine Familie, das allerdings ohne Rechtsbasis!

Strittig ist in der Literatur das Delikt, aufgrund dessen ein Urteil gesprochen werden konnte, auch W. Störmer geht neuerdings nicht genauer darauf ein. In der Forschung wird immer wieder auf die Desertion von 763 verwiesen, Störmer nimmt Eidbruch und Konspiration mit den Awaren an. Ich meine – und habe das schon früher begründet – daß Tassilo wegen Infidelität (Treulosigkeit) verurteilt wurde, und zwar wegen Infidelität, die er sich als Vasall seit 787 hatte zuschulden kommen lassen. Da es sich um einen politischen Prozeß handelte, sind die Anklagepunkte allerdings vorgeschoben. Was an Vorwürfen wirklich begründet war, mag im Einzelnen offenbleiben, sie müssen so glaubwürdig konstruiert worden sein, daß man sie bei Gericht vorbringen, ein Urteil darauf bauen und alles der Öffentlichkeit vortragen konnte. Wir erkennen darum in den Anklagepunkten weniger, was Tassilo an Treulosigkeit begangen hatte, als vielmehr das, was von Karl als Treulosigkeit verstanden und als Treulosigkeit Tassilo öffentlich vorgeworfen werden konnte. Damit erhalten wir einen negativen Begriff der Treuevorstellung der Zeit.

Die Vasallität, mit der Treupflicht des Vasallen, bot also den Aufhänger des Prozesses und den Grund für das Urteil. Einer der ersten großen Prozesse dieser Art – und ein politischer Prozeß par excellence. Denn vom Ende her wird deutlich, was intendiert war: Bayern als unabhängiges Land dem Frankenreich einzugliedern, den Herzog abzusetzen und um seine festgeschriebenen Rechte zu bringen. Es mußte den Reichsannalen durchaus daran gelegen sein, Spuren zu verwischen, das Geschehen in ihrem Sinn umzuschreiben und ihre Deutung zu vermitteln, wonach der bayerische Herzog ein treuloser Knecht des milden Frankenkönigs war. Das ist ihnen sehr gut gelungen und hat lange – z. T. bis heute – die öffentliche Meinung bestimmt.

Freilich nicht alle Zeitgenossen ließen sich täuschen. Die Unterwerfung von 788 löste nicht alle Probleme. 794 mußte in einem Nachspiel der Tragödie der personal in der Lex Baiuvariorum begründete Herrschaftsanspruch der Sippe durch eine Verzichtserklärung Tassilos, den Karl dazu aus dem Kloster holen ließ, aufgehoben werden. Die wohl in der königlichen Kanzlei gefertigte Urkunde dürfte den Sachverhalt relativ objektiv beschreiben. Tassilo bat für alle Verbrechen, einschließlich des Treuebruchs, um Verzeihung, die er gegenüber Pippin und dem Regnum Francorum sowie später gegenüber Karl begangen hatte. Danach verzichtete er auf alle seine Rechte und Besitzungen, die ihm oder seinen Kindern in Bayern zustanden. Damit ist die öffentliche Geschichte Tassilos zu Ende. Er starb im Dezember eines unbekannten Jahres in einem Kloster.

Kurt Reindel

Arnulf – Herzog von Bayern
(† 937)

Der 4. Juli 907 brachte für Bayern eine Katastrophe: bei Preßburg wurde das bayerische Heer von den Ungarn vernichtend geschlagen, selbst drei Bischöfe waren unter
den Gefallenen. „Der bayerische Stamm ist nahezu vernichtet worden" schreibt ein
Annalist, und ein schwäbischer Chronist kommentiert mitleidlos: „Der abergläubische
Hochmut der Bayern wurde gefällt". Seit fast einem Jahrzehnt waren die Ungarn zu
einer Bedrohung ohnegleichen geworden, fast jedes Jahr erschienen sie plündernd und
brandschatzend im Land. Mühsam hatte man sich bisher auf Abwehrkämpfe beschränkt,
der Schlachtort Preßburg weit im Osten zeigt, daß die Bayern diesmal zur Offensive
übergegangen waren, vielleicht deshalb der herbe Kommentar des Schwaben, der einen
Angriff ins Feindesland als vermessen ansehen mochte.

Diese militärische Niederlage leitete nun eine Reihe von politischen Entwicklungen
ein, die über den künftigen politischen Weg Bayerns entschieden. Bayern hatte im Jahre
788 mit der Absetzung Herzog Tassilos seine Selbständigkeit verloren, es war ein
Bestandteil des Karolingerreiches geworden und wurde von karolingischen Königen
beherrscht. Bestand jetzt für das Land die Möglichkeit, seine Selbständigkeit zurück-
zugewinnen und sich aus der karolingischen Herrschaft zu lösen? Im Jahre 907 wurde
ein erster Schritt in dieser Richtung unternommen.

Unter den Toten von Preßburg war auch der Führer des bayerischen Heeres, Luitpold, Markgraf der Bayern, wie sein offizieller Titel heißt, „marchensis Baioariorum".
Diese Titulatur zeigt sehr deutlich die politischen Verhältnisse in Bayern, das keinen
selbständigen Herrscher hatte, sondern unter dem jeweiligen karolingischen König
stand. Zur der Zeit war das ein Vierzehnjähriger, Ludwig „das Kind", der jedoch zu einer
wirklichen Herrschaft nicht fähig war und die tatsächliche Macht im Land in die Hände
des „Markgrafen der Bayern" Luitpold gelegt hatte. Der Tod dieses mächtigen Mannes
mußte eine völlig veränderte Lage schaffen. Es geschah nun tatsächlich in Bayern etwas
ganz Entscheidendes: Der älteste Sohn Luitpolds, Arnulf, folgte seinem Vater in der
Herrschaft über Bayern nach. Aber, und das war nun der wichtige Wandel, nicht mehr in
der abhängigen Stellung eines Markgrafen im Dienst der Karolinger, sondern als Herrscher eigenen Rechts, als Herzog. Damit lebte in Bayern eine Institution wieder auf, die
seit der Absetzung Herzog Tassilos durch Karl den Großen im Jahre 788 nicht mehr
existiert hatte, ein bayerisches Herzogtum. Die veränderten Verhältnisse zeigt eine
Urkunde aus dem auf Preßburg folgenden Jahr 908, mit der Arnulf einen Gütertausch
zwischen dem Freisinger Bischof und einem Chorbischof bestätigte. Er urkundet hier als
„Arnulf von Gottes Gnaden Herzog der Bayern und auch der angrenzenden Gebiete",
und er wendet sich an „alle Bischöfe und Fürsten dieses Reiches". Aus einem ein- und

absetzbaren Beamten der Karolinger war ein Herrscher von Gottes Gnaden über das
Reich Bayern geworden.

Der karolingische König Ludwig das Kind hat diese Usurpation offensichtlich anerkannt, er mochte froh sein, wenn in Bayern ein starker Herrscher die schweren Abwehrkämpfe gegen die Ungarn fortführte. Aber bereits wenige Jahre später bahnte sich ein
ganz entscheidender Wandel im ostfränkischen Reich an. Im Jahre 911 starb Ludwig das
Kind – achtzehnjährig, unverheiratet und ohne Nachkommen. Mit ihm war im Ostfran-
kenreich die Familie der Karolinger ausgestorben, wollte man bei der karolingischen
Familie bleiben, so mußte man sich nach Westfranken wenden, wo noch ein Karolinger
herrschte. Aber die Entfremdung zwischen West und Ost war doch schon so weit fortge-
schritten, daß diesen Schritt, den Anschluß an den Westen, nur die Lothringer vollzogen.
Die vier anderen Stämme, Franken, Sachsen, Schwaben und Bayern, taten das nicht. Sie
wollten zwar zusammenbleiben, aber nicht unter einem Karolinger, sondern unter einem
eigenen König. Dafür konnte nur einer der Stammesführer in Betracht kommen. Damit
fiel Schwaben bereits aus, denn hier hatte sich noch keine einheitliche Herzogsgewalt
herausgebildet, mehrere Männer kämpften um die Macht. So blieben also die anderen drei
Stämme übrig. In Bayern herrschte, wie wir gehört haben, seit 907 Arnulf, in Sachsen war
es Otto aus der Familie der Liudolfinger, und in Franken stand der Konradiner Konrad an
der Spitze. Man einigte sich 911 in Forchheim auf den Franken Konrad, eine eindeutige
Absage an das karolingische Erbprinzip, man wählte sich den Herrscher selbst. Es war der
erste Schritt auf dem Weg zu einem selbständigen ostfränkischen Reich.

Arnulf scheint an der Wahl beteiligt gewesen zu sein, und anfangs herrschte zwischen
ihm und dem neuen König Konrad ein gutes Verhältnis. Konrad hat auch politisch sehr
geschickt taktiert: Im Jahre 913 heiratete er Kunigunde, die Witwe des 907 gefallenen
Markgrafen Luitpold, die Mutter Herzog Arnulfs also. Zudem stammte Kunigunde aus
hohem schwäbischem Adel, sie war die Schwester der beiden Grafen Erchanger und
Berthold, die sich eben jetzt anschickten, in Schwaben nach der Herzogswürde zu
greifen. Es war ein kluger Schachzug des neuen Königs, der Versuch, sich in Bayern wie
in Schwaben Rückhalt zu verschaffen: Der Bayer war sein Stiefsohn, die Schwaben
waren seine Schwäger geworden.

Aber der Versuch blieb ohne Erfolg, bereits im folgenden Jahr 914 waren die beiden
schwäbischen Grafen und der bayerische Herzog gegen König Konrad im Aufstand. Es
kam zu Kämpfen, Arnulf konnte sich nicht halten und mußte zu den Ungarn fliehen.
Was war geschehen, daß das anfänglich so gute Verhältnis so rasch wieder in Frage
gestellt wurde? Es war ein sehr interessantes politisches Spiel, das hier zwischen
verschiedenen Parteien ablief, den Herzogtümern Schwaben und Bayern, dem König,
der Kirche und den Ungarn. Konrad setzte auf die Kirche, er mußte es fast tun, denn
seine Herrschaft war nicht durch die Geburt, durch das Erbrecht legalisiert, und so
versprach er sich von einer Legitimierung durch die Kirche eine Festigung seines Königtums. Andererseits war der Kirche alles daran gelegen, das Königtum Konrads zu
stützen, denn nur so konnte sie hoffen, ihre Stellung als Reichskirche zu behaupten und
nicht in landeskirchliche Abhängigkeit abzusinken. Hier lagen die Wurzeln des
Konflikts, der sich dann an einem Einzelfall entzündete: In Schwaben hatte sich ein Streit
zwischen dem Grafen Erchanger, also dem Schwager des Königs, und dem Bischof
Salomo von Konstanz entwickelt, in dessen Verlauf der Graf den Bischof gefangensetzte.

Angebliche Grabplatte für Herzog Arnulf in St. Emmeram (12. Jahrhundert)

Jetzt griff König Konrad zugunsten des Bischofs ein und verbannte den Grafen. Der ging zu seinem Neffen Arnulf nach Bayern, und dieser stellte sich an die Seite seines Onkels. Arnulf konnte sich jedoch gegen den König nicht behaupten, er mußte fliehen und floh zu den Ungarn.

Das war zu diesem Zeitpunkt eine kleine Sensation, denn die Ungarn waren seit mehr als einem Jahrzehnt zu den großen Feinden geworden, die fast Jahr für Jahr zu Plünderungen ins Land kamen. Arnulfs Vater selbst war ja 907 bei Preßburg im Kampf gegen sie gefallen und hatte die Abwehr der Ungarn seinem Sohn als wichtigste Aufgabe hinterlassen. Arnulf hatte tatsächlich außerordentlich erfolgreich gegen sie gekämpft, sie holten sich eine Niederlage nach der anderen: 909 an der Rott, im folgenden Jahr, 910, bei Neuching, dann 913 am Inn. Diese Erfolge gegen die gefährlichen Feinde aus dem Osten waren in der damaligen Zeit ganz ungewöhnlich, und sie scheinen die Ungarn Bayern gegenüber zum Einlenken bewogen zu haben. Nach der letzten ungarischen Niederlage im Jahre 913 muß es zu einer Abmachung gekommen sein, denn 13 Jahre lang, bis 926, blieb Bayern von ungarischen Einfällen verschont. Aber es ist damals offenbar noch mehr vereinbart worden als nur ein Waffenstillstand, denn im Jahr 914 konnte Arnulf zu den Ungarn fliehen und erhielt bei ihnen Asyl. Zweifellos hatte die enge räumliche Nachbarschaft zwischen Bayern und Ungarn Beziehungen entstehen lassen, die sich von denen zu anderen Völkern sehr unterschieden.

Jetzt gingen die Gegner König Konrads zur Offensive über. Im Jahre 915 war der Schwabe Erchanger aus der Verbannung zurückgekehrt, hatte König Konrad besiegt und den Herzogstitel angenommen. 916 ergriff Arnulf die Initiative: Er verließ Ungarn und zog in seine Hauptstadt Regensburg, die nun mehr und mehr Zentrum der Auseinandersetzung wurde. Doch abermals erwies sich König Konrad als überlegen, er konnte Regensburg erobern, Arnulf mußte fliehen, und er floh wiederum zu den Ungarn.

König Konrad I. stand jetzt auf dem Höhepunkt seiner Macht. Er hatte Regensburg erobert, die Hauptstadt seines gefährlichsten Gegners. Mit Bischof Tuto von Regensburg, der zugleich Abt von St. Emmeram war, stand er im besten Einvernehmen, machte ihm reiche Schenkungen. Die Kirche, die den König ja von Anfang an unterstützt hatte, trat auch jetzt wieder demonstrativ an seine Seite: Am 20. September 916 kam in Hohenaltheim bei Nördlingen unter Beteiligung eines päpstlichen Legaten eine Synode zusammen, die eine Reihe von kirchenrechtlichen Bestimmungen erließ. Vor allem aber griff sie in die Politik ein, und zwar in Schwaben wie in Bayern, wo man ja gegen den König in Opposition stand. Erchanger und Berthold von Schwaben, die Schwäger Konrads, wurden von der Synode zu Klosterhaft verurteilt, aber auf Befehl Konrads in Verschärfung dieses Urteils hingerichtet. Die beiden Bayern, Arnulf und sein Bruder, ebenfalls mit dem Namen Berthold, die vorsichtshalber gar nicht nach Hohenaltheim gekommen waren, wurden auf eine neue Synode für den 7. Oktober 916 nach Regensburg vorgeladen. Ganz wichtig aber ist die Begründung für das Vorgehen gegen die Herzöge. Erchanger und seine Genossen, so heißt es, werden verurteilt, weil sie die Hand erhoben haben gegen ihren Herrn und König, den Christus Domini, den Gesalbten des Herrn. Hier machte sich Konrads Bündnis mit der Kirche bezahlt, sie hatte sein Königtum durch die Salbung legitimiert, eine Rebellion dagegen war eine Rebellion gegen die von Gott gesetzte Ordnung.

Hohenaltheim war der Höhepunkt, zugleich aber auch das Ende von Konrads Macht, denn von jetzt an wendete sich das Blatt. Die für den Oktober 916 geplante Synode in

Regensburg kam gar nicht mehr zustande. 917 kam Arnulf von den Ungarn zurück, eroberte seine Hauptstadt Regensburg und vertrieb den von Konrad eingesetzten Eberhard, den Bruder des Königs. Daraufhin zog Konrad 918 selbst noch einmal mit Heeresmacht nach Bayern. Beim Kampf um Regensburg erlitt der König eine schwere Verwundung, an der er am 23. Dezember 918 starb.

Beim Tode König Konrads war Arnulf von Bayern im unangefochtenen Besitz seines Reiches und seiner Hauptstadt Regensburg. Der Tod des Königs warf jetzt jedoch das Problem auf, wie es mit dem ostfränkischen Reich weitergehen sollte: Würde es geschlossen erhalten bleiben oder würden die Herzogtümer eigene Wege gehen? König Konrad hatte versucht, die Existenz des Gesamtreiches im Zusammengehen mit den Sachsen zu bewahren. Johann Nepomuk Vogl, ein heute fast vergessener Dichter, hat dieses politische Ereignis in Gedichtform zu fassen versucht:

> „Herr Heinrich sitzt am Vogelherd,
> recht froh und wohlgemut …
> Ei doch, was sprengt denn dort herauf
> für eine Reiterschar?
> Herr Heinrich tritt hervor und spricht:
> Wen sucht ihr da, sagt an?
> Da schwenken sie die Fähnlein bunt
> und jauchzen: unsern Herrn!
> Hoch lebe Kaiser Heinrich!"

Diese schöne Szene geht in ihrer bunten Ausmalung noch weiter, aber ganz sicher ist nur, daß sie sich so nicht abgespielt hat. Es fanden bestimmt intensive Verhandlungen statt, was man schon daran sieht, daß zwischen dem Tod Konrads im Dezember 918 und der Erhebung Heinrichs im Mai 919 fünf Monate liegen. Aus diesen Verhandlungen ging ein Bündnis zwischen Franken und Sachsen hervor, Schwaben und Bayern jedoch gingen eigene Wege. Aber Heinrich I. wollte mehr als eine sächsisch-fränkische Herrschaft, er wollte das ostfränkische Reich im alten Umfang bewahren, unter Einbeziehung der beiden südlichen Herzogtümer.

Im gleichen Jahr, 919, wurde aber noch ein anderer Herrscher zum König gewählt, Arnulf von Bayern. Das erste Gegenkönigtum in der deutschen Geschichte, so heißt es mehr oder minder vorwurfsvoll in den Geschichtsbüchern. Doch wann genau Arnulf König wurde, wissen wir nicht, das kann auch schon vor dem Mai 919 gewesen sein, so daß dann der Sachse Heinrich als Gegenkönig aufgestellt worden wäre. Aber es ist fraglich, ob die beiden Männer überhaupt die gleiche Würde anstrebten. Bei dem Geschichtsschreiber Luidprand von Cremona heißt es: „Arnulf ist mit Frau und Kindern von den Ungarn zurückgekehrt und von den Bayern und den östlichen Franken ehrenvoll empfangen worden. Aber nicht nur empfangen wurde er, sondern daß er König werde, wurde von ihnen nachdrücklich gefordert." Diese östlichen Franken sind die Bewohner eines Gebietes auf dem bayerischen Nordgau, mit den Zentren Ingolstadt und Lauterhofen, das zwischen Bayern und Franken strittig war. Hier also, in diesem erweiterten Bayern, sollte Arnulf König werden.

Das war nun ein Schritt, der über die Lösung aus der karolingischen Herrschaft hinausführte, es wurde also nicht nur die karolingische Legitimität, sondern die Fort-existenz des Karolingerreiches überhaupt in Frage gestellt. Hier war die Möglichkeit gegeben, daß sich die Geschichte hinfort auf dem Boden eines bayerischen bzw. eines schwäbischen, fränkischen und sächsischen Reiches abspielte. Arnulf hat diese politische Lösung angestrebt, er hat sich auf Bayern beschränkt, hat keinen Versuch gemacht, zum Kampf um eine größere Herrschaft über die Grenzen seines bayerischen Reiches hinauszugreifen. Heinrich hingegen wollte mehr als ein sächsisch-fränkisches Reich, er zog nach Schwaben und Bayern, um diese beiden Herzogtümer dem Frankenreich anzugliedern, erst durch sein Handeln ist Arnulf von Bayern sozusagen zum Gegenkönig geworden.

Noch im Jahre 919 rückte Heinrich gegen Schwaben vor und konnte mit dem dortigen Herzog Burchard zu einer Übereinkunft gelangen, bei der der Schwabe die Hoheit des sächsischen Herrschers anerkannte. 920 kam Heinrich nach Bayern, und man spürt bei dem bayerischen Chronisten noch die ganze Abneigung, die dem fremden Sachsen hier entgegenschlug: „… feindlich ist der Sachse Heinrich in das bayerische Reich eingedrungen, in dem keiner seiner Vorfahren auch nur einen Fußbreit Boden besessen hat. Deswegen ist er auch, wie wir glauben, bei seinem ersten Einfall von den Bewohnern einer einzigen Stadt überwunden worden und besiegt abgezogen." Diese Stadt, vor der sich Heinrich seine blutige Abfuhr holte, ist vermutlich Regensburg gewesen, die Arnulf damals durch neue Befestigungen, die auch St. Emmeram in die Ummauerung der Stadt einbezogen, zu sichern suchte. Aber Heinrich gab nicht auf. 921 kam er wieder nach Bayern, und wieder schien sich der Konflikt im Kampf um Regensburg zuzuspitzen. Aber Heinrich beschritt diesmal den Weg von Verhandlungen. Er bat Arnulf um eine Unterredung, und tatsächlich arrangierte man sich. Bayern blieb im Verband des ostfränkischen Reiches, erhielt dafür aber sehr weitgehende Zugeständnisse, nämlich erstens die Verfügung über die bayerische Kirche und zweitens das Recht auf eine selbständige Außenpolitik. Beim ersten Punkt sieht man deutlich die veränderte politische Konzeption Heinrichs. Im Gegensatz zu Konrad hatte er bei seiner Wahl eine kirchliche Salbung abgelehnt, und die Kirche kommentierte das sehr enttäuscht mit dem Urteil, der neue König sei ein Schwert ohne Knauf. Aber Heinrich focht das nicht an: Er hat die Reichskirche in die Hand der Herzöge gegeben und sie in den Rang von Landeskirchen absinken lassen. Diese veränderte Stellung der Kirche in Bayern sieht man auf allen Gebieten: Der bayerische Herzog ist es jetzt, der die Bischöfe des Landes einsetzt, und im Jahre 932 fanden in Dingolfing und Regensburg zwei bayerische Kirchensynoden statt, wie es im Synodalprotokoll heißt, „in der Regierungszeit des verehrungswürdigen Herzogs Arnulf". Ebenso zeigt sich seine Unabhängigkeit in der Außenpolitik. Bereits 922 unternahm Arnulf einen Zug nach Böhmen, auf das man von Bayern aus gewisse Ansprüche zu haben glaubte. Im Jahre 926 kamen dann die Ungarn wieder ins Land, zum ersten Mal seit 913, seit 13 Jahren. Doch kam Arnulf im folgenden Jahr 927 zu einem Friedensschluß mit ihnen, durch den Bayern wieder Ruhe erhielt. Im Jahre 933/34 suchte Arnulf dann für seinen Sohn Eberhard die italienische Königskrone zu erkämpfen. Er unterlag dabei zwar in einer Schlacht bei Bussolengo am Etschknie, hatte aber offenbar vor, das Unternehmen zu wiederholen. Er hatte Eberhard auch bereits 929 zu seinem Nachfolger wählen lassen, hatte also auch hier sein Haus gut bestellt. Im August 936 war er noch bei der glanzvollen Zeremonie der Krönung Ottos I. in Aachen zugegen und versah beim Krönungsmahl das Amt des Marschalls, eines der vier Erzämter.

Es war eine überaus erfolgreiche Herrschaft, auf die Arnulf vor seinem Tod im Jahre 937 zurückblicken konnte: Er hatte sein bayerisches Reich geschickt durch die Wirren gesteuert, die die Zeit nach dem Ende der Herrschaft der Karolinger erschütterten, und er hatte Bayern gegen Bedrohungen von außen abgesichert. Eine selbständige Königsherrschaft war ihm zwar nicht gelungen, aber innerhalb des Verbandes des ostfränkischen Reiches stand er weitgehend unabhängig da. Ein zeitgenössischer Chronist faßt das Urteil über ihn zusammen: „Unser ruhmreicher Herzog Arnulf, mit Tugend vom Himmel begabt, glänzend an Tapferkeit und hervorragend als Sieger, weil er aus kaiserlichem und königlichem Stamm geboren ist, und durch ihn das christliche Volk vom wütenden Schwert der Heiden befreit und in ein freies Leben geführt wurde."

Herzog Arnulf von Bayern war einer der bedeutendsten bayerischen Herrscher im Mittelalter, politisch und militärisch gleich erfolgreich. Dennoch ist er als Arnulf „der Böse" in die Geschichte eingegangen, eine Bezeichnung, die sich bis in die heutigen Lehrbücher hinein unausrottbar gehalten hat. Wie ist das möglich? Es ist das Ergebnis einer konsequenten Sprachregelung in der kirchlich bestimmten Geschichtsschreibung, die etwa zwei Generationen nach seinem Tod einsetzt. Zwei Gründe gibt es für das Verdammungsurteil. Einmal sind es Arnulfs Säkularisationen, das heißt die Beschlagnahme von Kirchengut, um damit ein Heer zum Kampf gegen die Ungarn aufstellen zu können. Solche Säkularisationen haben zweifellos stattgefunden, und Arnulf konnte kaum anders handeln, denn er war sozusagen ein homo novus, dem nicht das Reichsgut des Königtums zur Verfügung stand. So ist ihm sein Vorgehen von den Zeitgenossen auch gar nicht zum Vorwurf gemacht worden, man sah die Notwendigkeit eines schlagkräftigen Heeres ein. Erst am Ende des 10. Jahrhunderts begannen die negativen Wertungen. Den Anfang macht eine zwischen 982 und 993 verfaßte Lebensbeschreibung des Bischofs Ulrich von Augsburg. Dem sei die heilige Afra im Traum erschienen und habe den Bischof auf das Lechfeld geführt. Dort habe eine große Versammlung von Heiligen und Bischöfen unter Vorsitz von Sankt Peter getagt und den Herzog Arnulf verurteilt, weil er den Besitz vieler Klöster und Kirchen geraubt habe. Eine Erweiterung erfuhr dieser Bericht in der ersten Hälfte des 12. Jahrhunderts in Tegernsee. Ein unter dem Pseudonym Metellus schreibender Mönch schmückte die Ulrichsvita aus: Ulrich habe dem Herzog den Tod für den gleichen Tag vorausgesagt, wenn er sein schändliches Treiben nicht einstelle. Der Herzog habe ihn verlacht, sei dann aber während eines Gastmahles in Regensburg tot zusammengebrochen. Er sei im Kloster Sankt Emmeram begraben worden, wo sein Grabmal die Inschrift getragen habe:

Zu Lebzeiten war ich mächtig, tat, was ich wollte.

Jetzt bin ich ein Nichts im Erdboden, so wird es jedem Menschen ergehen.

Die spätere Tegernseer Geschichtsschreibung bringt noch eine Erweiterung. Der von den Teufeln laut geforderte Leib des Herzogs sei aus der geweihten Erde wieder ausgegraben und im Teufelssee bei Scheyern versenkt worden.

Wie kam es zu diesem Verdammungsurteil? Man wird zum einen bedenken müssen, daß jetzt der Geist der Kirchenreform das Denken beherrschte, und wenn man nach Gründen suchte für den tatsächlich desolaten Zustand vieler Kirchen und Klöster, die man reformieren wollte und mußte, so tat man sich leicht mit dem Hinweis auf einen bösen Mann, der diese an den Bettelstab gebracht und damit ihren Niedergang verursacht habe. Zum andern mochte man auch hoffen, mit dem Hinweis auf diese Plünderungen Entschädigungen von den Herrschern zu erhalten. So hat das Kloster Tegernsee nicht weniger als 11 000 Hufen und 22 Salzpfannen aufgelistet, die es durch Arnulf verloren haben wollte. Und schließlich kam zum Kirchenräuber noch ein anderer Vorwurf hinzu, der bereits in einer späteren Bearbeitung der Ulrichsvita auftaucht: Ein Rebell gegen das Reich sei der bayerische Herzog gewesen. Das Bild, das man zuerst auf Heinrich I. wegen seiner Ablehnung der Salbung angewandt hatte, er sei ein Schwert ohne Knauf, das wird nun auf Arnulf von Bayern gemünzt. Die spätere, von der ottonischen, salischen und staufischen Geschichtsschreibung bestimmte Wertung des politischen Geschehens am Anfang des 10. Jahrhunderts hatte für den bayerischen Herzog und den bayerischen Sonderweg kein Verständnis mehr, den Gegenkönig, den Rebellen gegen die rechte Ordnung trifft jetzt herber Tadel, und Arnulf „der Böse" wird hinfort die gängige Bezeichnung.

Ein Wort noch zum Grab, denn bis heute ist ja in Sankt Emmeram eine Platte erhalten, die das Grab des Bayernherzogs bezeichnen soll [Abb.]. Sie stammt allerdings erst aus späterer Zeit, aus dem 12. Jahrhundert, und enthält auch keinen Hinweis auf Arnulf. Im 18. Jahrhundert lag sie im westlichen Querschiff, wurde aber 1867 wieder an den alten Platz, im nördlichen Nebenchor auf der Seite des Eingangs in den Hauptchor, gebracht und in Form eines Hochgrabes aufgestellt. Grabungen, die an dieser Stelle vorgenommen wurden, brachten allerdings kein Ergebnis, und ein Begräbnis des Herzogs in Sankt Emmeram ist auch eher unwahrscheinlich. Man wird bedenken müssen, daß die Klosterpfalz bei Sankt Emmeram immer von den ostfränkischen Königen beansprucht worden ist, und diesen Anspruch hat Arnulf offenbar auch anerkannt. Die herzogliche Pfalz hingegen dürfte am Kornmarkt gewesen sein, hier ist ja auch Niedermünster benachbart, wo sich die Gräber Judiths, der Tochter Arnulfs, und ihres Mannes befinden.

Aber wo auch immer er sein Grab gefunden haben mag, lassen wir ihn dort ruhen, nicht als den ‚bösen' Arnulf, sondern als einen der tüchtigsten Herrscher, die Bayern im Mittelalter hatte.

David Hiley

Arnold von St. Emmeram – Komponist der „Historia Sancti Emmerammi" (um 1000–1050)

Einleitung

Hier soll Arnold von St. Emmeram, der Komponist, vorgestellt werden. Es ist der Versuch, nachzuprüfen, wie dieser Mönch und spätere Probst von St. Emmeram in der ersten Hälfte des 11. Jahrhunderts vorging, wenn er ein neues Offizium, Worte und Melodien, eine ‚historia' in der Terminologie jener Zeit, zu Ehren des Schutzheiligen seines Klosters komponierte. Dadurch soll Arnold als schaffende Persönlichkeit etwas deutlicher aus der dunklen Vergangenheit hervortreten.

Das Ergebnis seiner Arbeit im Groben: Es sind Gesänge für die Gebetsstunden am Feiertag des hl. Emmeram am 22. September mit weiteren Gesängen für die weniger feierlich begangenen Stunden während der Woche und zur Oktav eine Woche später. Diese Gesänge sollten die normale Feier der Gebetsstunden, die in einem Wochenzyklus geordnet waren, ergänzen bzw. ersetzen. Fiel der Emmeramstag z. B. auf einen Mittwoch, waren die Mittwochsgesänge durch die speziellen für Emmeram zu ersetzen. Aber nicht alle, wie unten etwas detaillierter erklärt wird. Einige Gesänge wurden immer gesungen, sie gehörten einfach zur betreffenden Gebetstunde. Außerdem wurde Emmeram als Märtyrer verehrt. Deshalb sang man auch etliche für Märtyrer bestimmte Psalmen und andere Stücke, die Arnold nicht ersetzen mußte. Immerhin, es sind über 60 neue Stücke, die Arnold zuzuschreiben sind. Hinzu kommt ferner die redaktionelle oder sogar auch originale literarische Arbeit an den zu singenden Texten, die Arnold aus bereits bestehenden Schriften zu Ehren des Heiligen exzerpierte und bearbeitete oder selbst schrieb.

Wir wollen nun den verschiedenen literarischen und musikalischen Schritten vom Konzept zur Verwirklichung folgen und uns schließlich fragen: Inwieweit hat sich Arnold an die altehrwürdigen Traditionen des Kirchengesangs gehalten und inwiefern ist er als individuelle Komponisten-Persönlichkeit erkennbar?

Arnolds Lebenslauf

Als Hintergrund zur Offiziumskomposition sei zuerst das Essentielle über die Vita des Komponisten referiert. Die Hauptquelle dafür sind die Ausführungen Arnolds selbst in seinen Schriften. Er wurde wohl um die Jahrtausendwende geboren. Nach eigenem Bericht war sein Großvater ein Edelmann namens Arnold, seine Großmutter Tochter des

Markgrafen Berchtold. Er wurde Mönch in St. Emmeram, verbrachte aber mehr Zeit beim Lesen der Werke des heidnischen Altertums als beim Studium christlicher Autoren. Als ein Freund, ein gleichgesinnter Mönch, starb, wandte sich Arnold reuevoll der heiligen Schrift zu. Als er das Leben des heiligen Emmeram in der Fassung von Bischof Arbeo von Freising las, störten ihn Mängel dieses Textes, die er eher der Nachlässigkeit in der Überlieferung als der Unbeholfenheit des Autors zuschrieb. (Ähnliche Gedanken machten sich jene Cantores, die den angeblich vom Heiligen Geist ins Ohr des Heiligen Gregor geflüsterten Kirchengesang wegen vermeintlicher Fehler in der Überlieferung ,verbessert' haben. Die heiligen Gesänge mußten leider in undichten menschlichen Gefäßen aufbewahrt werden.) Obwohl Arnolds Wunsch, eine würdigere ,vita' des Heiligen zu verfassen, vom Abt des Klosters (Abt Richolf, 1006–1028) gutgeheißen wurde, war er unter den anderen Mönchen heftig umstritten. Arnold wurde für drei Jahre nach Sachsen versetzt. In Magdeburg lernte er den Lehrer der Domschule, Meginfried, kennen, und bat ihn, die Verbesserung des Werkes zu übernehmen. Schließlich führte Meginfried die Arbeit aus, allerdings erst, nachdem Arnold bereits längst wieder nach Regensburg zurückgekehrt war. Obwohl Meginfrieds Zusage während der Regierungszeit Kaiser Heinrichs II. (1002–1024) geschah, erhielt Arnold das Werk erst 1030. Nur einen Hymnus in sapphischen Strophen hatte Meginfried früher übergeben können.

Wohl im selben Jahre 1030 wurde Arnold nach Ungarn geschickt. Die Gründe gibt er nicht preis: „Erat quedam necessitas pro qua in Pannoniam me direxerat meus abbas" (es waren gewisse unvermeidliche Umstände, warum mich mein Abt nach Pannonien schickte) – „mein Abt" ist Burchard (1030–1037). Arnold reiste auf der Donau nach Esztergom (dt. Gran, lat. Strigonium). Unterwegs geriet er bei Bogen in einem Strudel in Lebensgefahr, aber der heilige Emmeram stand ihm bei. Arnold wurde vom Erzbischof Anastasius empfangen. (Es wird vermutet, das wir es hier mit dem Erzbischof der anderen ungarischen Erzdiözese Kalocsa zu tun haben, der das Amt während einer Vakanz stellvertretend ausübte.)

Arnold hielt sich sechs Wochen in Esztergom auf. Während dieser Zeit komponierte er Antiphonen und Responsorien zu Ehren des heiligen Emmeram. Anastasius ließ sie am Emmeramstag von seinen Mönchen und Klerikern in der öffentlichen Liturgie singen. Das war offensichtlich kein Ausprobieren durch Einzelsänger, etwa ein Sänger pro Stück; vielmehr hatten die Sänger die neuen Gesänge in kürzester Zeit gelernt.

Später wurde Arnold Probst von St. Emmeram. Seine neue Historia wurde in die Liturgie des Klosters eingeführt. Arnold sagt, daß die Brüder das bisherige Offizium „mehr aus alter Gewohnheit denn folgend irgendeiner Autorität" vortrugen – im Lateinischen ein Wortspiel: „potius … ex *antiquitatis usu* quam ullo *auctoritatis ausu*". Bald folgten weitere hagiographische Leistungen: Arnolds „Liber primus: De miraculis beati Emmerammi" und „Liber secundus: De memoria beati Emmerammi et eius amatorum".

Die Emmeram-Schriften Meginfrieds und Arnolds

Meginfrieds Arbeit an der Vita des heiligen Emmeram ist nicht von überragender Bedeutung. Er hat die alte, von Arbeo verfaßte Lebensgeschichte gekürzt (die Jugend des Heiligen bleibt z. B. weitgehend unberücksichtigt) und, obwohl sprachlich ,moderni-

quibus beatum emmerammum sociasti cum palma passionum·

A Confessio dominica sup celum & terram magnifica sanctum emmerammum exaltauit in gloria sanctorum·

A Euangelicis adherens preceptis & imitatione dominice dilectionis tangens cornu erectum in domo dauid fidelis beatus pontifex emmerammus permar um tribulationes hodie spiritum emisit ad celicas sedes.

A Cum instar& hora resolutionis deum sciens emmerammi martyris quasi iam pas placida exciuis ore procedens est uisa penuisse caeli secreta unde & ministri funeris terra uix officium sepulturae qui aerant implere AD PRIMA·

A Prima aetate beatus emmerammus xpicti seruitiis mancipatus in his usque in finem strennue sudando pseuerauit· A D·III·

A Tertiam gnomone iam lineam ad umbrante cum laudes domino suo presul uene ragdus psalleret emmerammus occasione data raptus est ad diu desideratum p.xpicti nomine martyrium· A D·VI· Ror

A Sexies bina que dicuntur mundi abusiua tam inse sanctus emmerammus quam· in excelsis execratus mortalibus scala totidem gradibus uirtutum ordinata celum conscen

A Nons ecclesiastice dignitatis gradu con A D·VIIII· stitutus & a xpicto passione pugil inuentus insignis martyr emmerammus p.meritus palma ab ipso donatus est aeterna· IN II VESPER·

A Sacerdotem suum & martyren emmerammum pius dominus in sanctorum splen dore comparem essstet fulgere· P s. Dixit dns

Antiphonen aus der Historia Sancti Emmerammi von Arnold von St. Emmeram

siert', mit einer „schwülstigen und gespreizten Ausdrucksweise" (Manitius) umgearbeitet. Meginfried schmückte ferner seine Prosa mit antithetischer Satzbildung, Reim und Gleichlaut. Nun kann das, wie Manitius bestätigt, ermüdend wirken. Für Arnolds Komposition war es jedoch nicht unwichtig, denn dadurch entstanden für Gesangstexte geeignete Stellen mit sich ergänzenden Phrasen, die dem Gesang etwa eine Gestalt und ein gewisses Gleichgewicht verliehen haben. Arnolds „Liber primus: De miraculis beati Emmerammi" ist in erster Linie ein Gegenstück zu Meginfrieds „Vita". Hier werden die Wunder erzählt, die Emmeram bewirkt hat, zum Teil die, die bereits bei Arbeo zu finden waren, zum Teil andere, die Arnold im Kloster bekannt wurden. Hinzu kommt vieles aus der Geschichte des Klosters und sogar Einzelheiten über Arnolds eigene Familie. Gegen Ende des Buchs kommt Arnold auf den Tod des Bischofs Michael (ca. 942–972) und die Wunder, die sich dabei ereigneten, zu sprechen. Jedes Kapitel des Werks schließt mit einer Bitte an den hl. Emmeram, und am Ende des Buches befindet sich eine Art Predigt über den Heiligen.

Arnolds „Liber secundus: De memoria beati Emmerammi et eius amatorum" setzt das erste Buch fort, indem zuerst über den großen Bischof Wolfgang (972–994) berichtet wird. Es folgen Kapitel über Ramwold und die nachfolgenden Äbte St. Emmerams.

Erinnern wir uns nun, daß Emmeram beabsichtigte, nach Pannonien als Missionar zu reisen, aber vom Herzog Theodo in Regensburg zum Bleiben überredet wurde, da zwischen den Bayern und den Awaren Kriegszustand herrschte. Wolfgang gelang es, bevor er Bischof wurde, zur Mission nach Ungarn zu gehen. Von dort wurde er aber durch Bischof Pilgrim von Passau abberufen, der Ungarn als ‚sein' Missionsgebiet betrachtete. Sah Arnold sich einigermaßen als Nachfolger der zwei großen Kirchenmännern, als er nach Ungarn reiste? Das wäre übertrieben, denn Ungarn war seit der Thronbesteigung König Stefans (gekrönt am Weihnachtstag des Jahres 1000) christlich. Und dies nicht nur dem Namen nach, denn Stefan hatte für eine flächendeckende Ausübung der Liturgie in seinem Land gesorgt. Ungarische Handschriftenfragmente mit Neumen sind bereits aus dem 11. Jahrhundert erhalten, ein vollständig notiertes Antiphonar aus dem 12. Jahrhundert. Es überrascht eigentlich nicht, daß Arnold in Esztergom Sänger gefunden hat, die seine Komposition aufführen konnten.

Musikalischer Hintergrund

Wir dürfen voraussetzen, daß Arnold, im Kloster St. Emmeram erzogen, mit der monastischen Liturgie völlig vertraut war. Damals bedeutete das, daß er imstande war, die Liturgie für das ganze Jahr auswendig zu singen. Zur gleichen Zeit, also um 1030, bestätigte der italienische Musikdidakt Guido von Arezzo, daß das Lernen des Gesangsrepertoires – wobei die Schüler ständig das wiederholen mußten, was der Lehrer vorsang – zehn Jahre in Anspruch nahm. (Guido behauptete, daß sein neu erfundenes Liniensystem zur Notierung der Melodien die Zeit auf zwei Jahre reduzieren könnte, denn der Schüler würde fortan selbst vom Blatt lesen, lernen und durch Selbstkontrolle das Gesangskorpus viel effizienter meistern. Das änderte jedoch die auswendige Aufführung der Liturgie eigentlich nicht.) Die Pflege der Liturgie und des liturgischen Gesanges in Regensburg und St. Emmeram konnte auf eine stolze Geschichte zurückblicken. Hand-

schriften sogar aus der Zeit des Bischofs Baturich (817–848) rangieren unter den aller-
frühesten Neumenquellen Europas überhaupt. Ein vermutlich unter Wolfgang entstandenes Graduale (heute Bamberg, Staatsbibl. lit. 6) zählt zu den höchstentwickelten
Gesangsquellen seiner Zeit. Aus Arnolds Zeit kennen wir u. a. ein wichtiges Tropar
(München, Bayer. Staatsbibl. Clm 14083).

Ob Arnold sich mit der Musiktheorie – im Mittelalter als ‚musica' bekannt, der liturgische Gesang dagegen als ‚cantus' – befaßt hat, wissen wir nicht. Da er durchaus belesen
war, dürfen wir annehmen, daß er zumindest mit der musikalischen Elementarlehre
inklusive der Moduslehre (d. h. der Lehre über die acht Kirchentonarten) vertraut war,
nicht zuletzt, weil das Kloster St. Emmeram in dieser Zeit zu einer Blüte der Musiktheorie auf süddeutschem Gebiet beitrug. Handschriften aus St. Emmeram, u. a. von den
Mönchen Hartwic und Otloh zusammengestellt, bezeugen eine Vertrautheit mit beinahe
allen wichtigen musiktheoretischen Schriften von Boethius bis Berno, Abt von Reichenau (†1048). Arnolds Vorgesetzter Burchard war früher Mönch im Kloster auf der
Insel Reichenau gewesen.

Die Emmerams-Liturgie und Arnolds Beitrag

Wir wissen nicht genau, wie man den Festtag des hl. Emmeram bis zur Einführung
Arnolds neuer Gesänge beging. Eine Handschrift des frühen 9. Jahrhunderts (heute
Paris, Bibl. Nationale, lat. 2990A), die aus St. Amand in Nordfrankreich stammt, enthält
neben Arbeos Vita des hl. Emmeram die Texte von Antiphonen und Responsorien zu
den Gebetstunden am Emmeramstag. Es ist allerdings unbekannt, ob man gerade diese
Gesänge im Emmeramskloster kannte. Gegen eine solche Annahme spricht die Tatsache,
daß die Gesänge der Pariser Handschrift für die Liturgie des Weltklerus und nicht der
Benediktinermönche geordnet sind.

Arnolds Gesänge sind selbstverständlich für den monastischen Gebrauch konzipiert.
Prinzipiell sind folgende Gebetsstunden tangiert: am Vorabend die erste Vesper und die
Komplet; in der Nacht das Nachtoffizium (auch als Vigilien, Matutin oder Nokturnen
bekannt); vor Tagesanbruch die Lauden; im Laufe des Tages Prim, Terz, Sext und None;
am Abend eine zweite Vesper und wieder Komplet. Es konnte dennoch vieles seinen
üblichen Weg nehmen. Die Komplet blieb unberührt. Für die kleinen Stunden Prim,
Terz, Sext und None hat Arnold lediglich jeweils eine Antiphon als Rahmengesang für
die zu singenden Psalmen komponiert. Nicht zu vergessen ist ferner, daß viele zeremoni-
elle Einzelheiten, Versikel und Responsen, Gebete und dergleichen, die jeder Offiziums-
stunde ihren festen Rahmen und Charakter verleihen, nicht geändert wurden. Arnolds
Hauptaufgabe war es also, für die Psalmen Rahmenantiphonen und als Gegenstücke zu
den Lesungen Responsorien zu komponieren. Das waren:

1.) 31 Antiphonen und 13 Responsorien für den Festtag selbst (1. Vesper am Vorabend,
    Matutin, Lauden, Prim, Terz, Sext, None und 2. Vesper) und
2.) 12 weitere Antiphonen und 10 Responsorien für die Teilwiederholung dieser Gebet-
    stunden während der Woche und eine Woche später (die Oktave).

In der ältesten handschriftlichen Quelle des Emmeramsoffiziums erscheinen diese
Sätze als Gruppen ohne genaue liturgische Zuweisung. In der zweiten Quelle sind die

Antiphonen über die Gebetsstunden verteilt, während die Responsorien nicht mehr erscheinen. Über diese handschriftlichen Quellen wird unten genauer berichtet. Halten wir inzwischen fest, daß es um eine Hauptreihe und eine Zusatzreihe an Antiphonen und Responsorien geht.

Antiphonen sind normalerweise kurze Stücke, in diesem Fall aus etwa vier Textphrasen bestehend (für ‚Magnificat' und ‚Benedictus' etwas länger). Ihr musikalischer Stil ist relativ bescheiden. Die Responsorien sind sowohl textlich als auch musikalisch gewichtiger. Einem ersten Teil (Responsum) mit vier bis sechs Textphrasen folgt ein Vers mit etwa zwei Phrasen. Dann wird der Schlußteil des Responsums wiederholt.

Die Gesangstexte

Um seine Gesangstexte zu gestalten, hat Arnold oft die Technik der Reimprosa aufgegriffen. Wir müssen keine kausale Verbindung mit Meginfrieds Lebensgeschichte des Heiligen vermuten. Diese Art Prosa gab es sehr häufig zu dieser Zeit, sowohl in liturgischen als auch nicht-liturgischen Texten. Sie war einfach zeitgemäß. Dadurch bilden Vita und Historia auf Textebene eine gewisse stilistische Einheit. Viele Texte des Offiziums sind vom Inhalt her kaum bemerkenswert. Sie loben den Heiligen in Klischees, die, setzte man einen anderen Namen ein, genausogut zu Ehren eines anderen Heiligen hätten gesungen werden können. Da die Psalmen selbstverständlich nicht persönlich auf Emmeram abgestimmt werden, braucht Arnold keine thematische Verbindung zwischen Psalm und Rahmengesang zu erstellen. Auf der anderen Seite erlaubt er es sich manchmal, kleine biographische Bemerkungen in die Antiphontexte einfließen zu lassen, die weder in Arbeos noch Meginfrieds Lebengeschichte des Heiligen zu finden sind. Beispiele für Zitate aus Arbeos Vita sind gelegentlich anzutreffen. In wenigen Fällen hat Arnold Antiphontexte aus Meginfrieds Vita genommen. Bemerkenswerterweise sind es acht Antiphonen aus der Zusatzreihe. Wir kommen auf diesen Punkt zurück.

Traditionsgemäß sind Responsorien erzählerischen Charakters, denn sie stehen unmittelbar neben den Lesungen der Matutin. Deshalb würde man zunächst erwarten, daß Arnold Meginfrieds Vita für seine Responsoriumstexte benutzen würde. Von den insgesamt 26 Responsorien in der ältesten Quelle sind zwei allgemeingültige Märtyrertexte, fünf lobpreisen Emmeram auf eher allgemeine Weise, während elf über Geschehnisse aus seinem Leben (manchmal durch Arbeo-Zitate) berichten. In nur acht Fällen hat Arnold Stellen aus Meginfrieds Vita genommen, und noch einmal sind es Responsorien aus der Zusatzreihe. Eine mögliche Erklärung für die Tatsache, daß die Hauptreihe einige Arbeo-Zitate enthält, während Meginfried-Zitate erst in der Zusatzreihe erscheinen, wäre, daß Arnold bereits vor dem Erhalt des Meginfriedtextes mit der Komposition seiner Historia begonnen hat. Ohne Arnolds Fähigkeiten unterschätzen zu wollen, darf man mindestens zu bedenken geben, daß die sechs Wochen in Ungarn – minus einer gewissen Zeit für Singproben – eine doch etwas kurze Zeit für die kompositorische Arbeit waren.

Die Melodien

Wenden wir uns nun der Musik zu. Arnolds Arbeit fällt in eine Zeit des Umbruchs im liturgischen Gesang. Jahrhundertelang hatte man den Gesang ohne schriftliche Hilfsmittel gelernt und im Gottesdienst vorgetragen. Das war nur deshalb möglich, weil die Melodien größtenteils formelhaft waren, d. h., melodische Floskeln und Wendungen waren für beliebig viele verschiedene Texte verwendbar, gemäß Gattung, Textstruktur, Tonart usw. Im Laufe des 10. Jahrhunderts und besonders im 11. Jahrhundert sind neue Gesänge vor allem für die Feiertage lokaler Heiligen komponiert worden, die sich vom alten Formelgut zunehmend losmachten. Wie und warum dies geschah, ist noch nicht völlig klar, denn das Lernen der neuen ungewöhnlichen Melodien hat sicher große Schwierigkeiten mit sich gebracht. Es ist wahrscheinlich kein Zufall, daß gerade zu dieser Zeit Maßnahmen ergriffen wurden, um die Tonhöhen der Melodien schriftlich zu fixieren. Im späten 10. und im frühen 11. Jahrhundert sind Melodien mit Buchstaben in Norditalien (A–G, a–g) und Frankreich (a–p) notiert woren. Ca. 1030 beschrieb Guido von Arezzo sein neues Liniensystem. Und ebenfalls in diese Zeit fällt die von Hermannus Contractus im Inselkloster Reichenau erfundene (freilich wenig bekannte) Intervallschrift.

Die allgemeine Tendenz zur neuartigen Melodiebildung ist unüberhörbar, wobei einige Komponisten als eher konservativ zu bezeichnen wären, da vieles vom alten Formelgut noch zu hören ist, während andere etwas radikaler erscheinen. Zu den ersteren könnte man Arnold zählen sowie auch Papst Leo IX. († 1054; in Regensburg übrigens besonders bekannt, weil er 1052 Wolfgang und Erhard heiliggesprochen hat), Komponist einer Historia zu Ehren seines großen Vorgängers Gregor I. Zu den letzteren rechnet man Hermannus Contractus, Mönch auf der Reichenau, Komponist u. a. von Offizien für die hl. Afra von Augsburg und den hl. Wolfgang von Regensburg.

Das Schicksal von Arnolds Emmerams-Gesängen

Die wichtigste Quelle der Emmerams-Gesänge ist eine Handschrift aus dem Emmerams-Kloster, die heute in der Bayerischen Staatsbibliothek (Clm 14870) liegt, wo die Melodien mit feinen, eleganten Neumen aufgezeichnet sind [Abb.]. Dem paläographischen Befund nach stammt die Handschrift etwa aus Arnolds Zeit. Da keine Autographhandschrift Arnolds bekannt ist, kann man nicht beweisen, ob Arnold Clm 14870 geschrieben hat oder nicht. Möglich ist es. Die linienlosen Neumen dienten als detaillierte Kontrolle zur mündlichen Weitergabe der Melodien. Das, was damals vom Lehrer vorgesungen wurde, müssen wir aus einer anderen Quelle mit Liniennotation lesen. Glücklicherweise existiert eine auf Linien notierte Handschrift des 16. Jahrhunderts mit beinahe allen Teilen des Offiziums (Bayerische Staatsbibliothek Clm 14872). Dadurch ist eine Übertragung des größten Teils der Historia möglich. Lediglich ein paar Antiphonen und die zehn Responsorien der Zusatz-Reihe wurden nicht weiter überliefert und bleiben für uns unentzifferbar.

Notierte Quellen aus der Zwischenzeit fehlen. Im Laufe der Jahrhunderte wurde das schwierige Pensum an Lesungen, Gesängen und Gebeten als zunehmend lästig empfun-

den. In zwei Antiphonaren des 16. Jahrhunderts (Bayerische Staatsbibliothek Clm 14084
und Regensburg, Staatliche Bibliothek, 2° Lit. 1), ist die Zahl der Lesungen und Responsorien der Matutin auf drei reduziert worden (und zwar nicht allein für den Emmeramstag, sondern grundsätzlich). Es ist fast, als ob Clm 14872 geschrieben wurde, um das
Offizium in seiner vollen Feierlichkeit und Würde vor der Dekadenz zu retten. Die
Handschrift ist eigentlich von unschätzbarem Wert, denn sie enthält auch die vollständigen Offizien für die anderen Regensburger Heiligen: das von Otloh von St. Emmeram
komponierte Dionysius-Offizium und das oben erwähnte Wolfgangs-Offizium von
Hermannus Contractus.

Am 8. Oktober 1996 anläßlich der Jahrestagung der Gesellschaft für Musikforschung
sind Arnolds Emmerams-Gesänge in der Basilika St. Emmeram wieder erklungen,
aufgeführt von der Schola Hungarica. Sie hatte einige Monate vorher die Gesänge in
Esztergom eingespielt. Jene Gesänge, die Arnold sozusagen mit sich nach Ungarn
genommen hatte, wurden so den Regensburgern und allen heutigen (in Arnolds Worten)
„amatores sancti Emmerammi" erneut geschenkt.

Armin Gerl

Wilhelm von Hirsau – Mönch und Astronom (ca. 1030–1091)

Wilhelm von Hirsau wurde ca. 1030 in der Gegend um Regensburg geboren. Eine genaue Bestimmung der Zeit seiner Geburt und der Beginn seines Lebens im Kloster läßt sich in den Quellen nicht finden. Er kam schon als Knabe in das Kloster St. Emmeram und studierte hier.

Durch seinen Eifer erlangte er bald den Ruf eines hervorragenden Gelehrten, besonders in den nach dem mittelalterlichen Unterrichtssystem im Quadrivium zusammengefaßten Wissenschaften Arithmetik, Geometrie, Astronomie und Musik. Nach dem Bericht eines Zeitgenossen hat er sogar eine neuartige Flöte erfunden. Während seines Aufenthalts im Kloster St. Emmeram verfaßte er zwei seiner wichtigsten schriftstellerischen Werke: einen musiktheoretischen Traktat, die Musica „Scriptores ecclesiastici de musica sacra potissimum", ebenso einen Dialog zur Astronomie „Dialogus de astronomia" um 1055. Außerdem fertigte er eine kleine Schrift über die Abmessung der Orgelpfeifen an. Die Schrift über die Orgelpfeifen und die Musica sind vollständig überliefert.

Von der „Astronomia" kennen wir nur die „Praefatio" (Vorrede) und einen kurzen Anfangsteil des Haupttextes aus der einzigen bisher bekannten Handschrift, die sich in der Bayerischen Staatsbibliothek München befindet. Die „Praefatio" wurde erstmals von dem Melker Bibliothekar Bernhard Pez 1729 ediert. Der Anfangsteil des Haupttextes wurde erst neuerdings zur Kenntnis genommen.

In der Praefatio setzt sich Wilhelm mit dem mönchischen Konflikt zwischen geistlichen und weltlichen Studien auseinander.

Wilhelm erzählt, er habe eines Tages in einem stillen Winkel des Klosters sein Leben mit richterlicher Strenge geprüft. Er empfand Gewissensnot darüber, daß seine intensiven Studien zum Quadrivium und besonders zur Astronomie ihn von der Höhe göttlicher Kontemplation hinabgestürzt und selbst vom täglichen Gottesdienst ferngehalten hätten. Da sei Otloh, der Freund, an ihn herangetreten und habe ihn getröstet: Er, Otloh, erkenne in dieser zweifelnden Unruhe das Gift der Alten Schlange. Ewig neiderfüllt trachte sie, Gottes Gaben zu verderben. Schon längst habe er erfahren wollen, welche erstaunlichen, von keines Menschen Verstand bisher geleisteten Erkenntnisse Gott ihm, Wilhelm, in dieser Disziplin enthüllt habe. Sein Vorschlag sei, dies alles aufzuzeichnen. Denn Gottes Talente dürften nicht, wie von dem listigen Widersacher „unter dem Vorwand der Religion" beabsichtigt, in die Erde vergraben werden, sie seien zu mehren als Beitrag zum Fortschritt der Menschheit. Wilhelm werde sich durch die – von Otloh gern übernommene – Aufzeichnung seiner wunderbaren, durch Instrumente bewiesenen Entdeckungen den Dank aller Forschenden sichern. Otloh muß, gemäß dem Text der Praefatio, noch weitere Bedenken Wilhelms widerlegen: Die Untersuchung derartiger Fragen, wegen ihrer Schwierigkeit von den antiken Naturforschern nicht in Angriff genommen, oder, wenn aufgegriffen, ungelöst oder unbewiesen hinterlassen, jetzt von ihm, Wilhelm, vorgelegt, könne nicht nur willkommen sein. Sie werde denen zum Ärgernis, die einem Mönch nichts von den Freien Wissenschaften zugestehen, die ihn auf das Psalterium beschränken wollen. Die Erforschung weltlicher Wissenschaft sei darum eine auch den Mönchen gestellte Aufgabe, sei vergleichbar der Suche nach dem Gold im Dreck, der Beraubung der Ägypter, dem Pflücken der Frucht aus den Dornen – wenn nur das geförderte Metall eingebracht werde in die Schatzkammer göttlicher Weisheit, die geraubten Setzlinge eingepflanzt in den von Gott gesegneten Acker.

Dieses Vorwort will, mit heilsgeschichtlicher Argumentation und einer die Mönchsväter Cassian und Benedikt beschwörenden Rhetorik, offensichtlich Antwort geben auf Angriffe, die andere gegen ihn und die Freunde weltlicher Wissenschaft vorgetragen hatten. Es schien u. a. um den Vorwurf zu gehen, daß viele nicht mehr die Fähigkeit besäßen, zwischen Astronomie und Astrologie zu unterscheiden. Da die Astrologie als Voraussage individuellen Schicksals aus dem Tag und der Stunde der Geburt verstanden wurde (so beschrieb sie auch der Kirchenvater Augustinus), stellte sie sich in Widerspruch zur christlichen Religion, und die Kirchenväter, vorweg Augustinus, hatten sie unerbittlich verdammt. So wurde Astrologie im lateinischen Westen bis ins 11. Jahrhundert nicht mehr betrieben. Die Überlieferung astrologischer Texte war fast abgerissen, nicht aber die wissenschaftliche Erforschung der Planetenbahnen. Abgelehnt wurden nur schicksalsbezogene Voraussagen auf der Grundlage von Planetenberechnungen.

Zu diesem Konflikt könnten auch Rivalitäten wegen der Sonderstellung der Astronomie betreibenden Mönche beigetragen haben. Die langen Meßreihen, die Wilhelm durchführte, beanspruchten die Emmeramer Astronomen des Nachts wie bei Tage. Im Klostergarten oder in einem geeigneten Raum legten sie die Mittagslinie genau fest, markierten Schattenlängen, vermaßen Sonnenhöhen. Dies waren neuartige astronomische Untersuchungen, vor allem was die Meßintensität anbelangt, wofür wahrscheinlich Wilhelm selbst den neuen Begriff „physika indagatio", Erforschung der Natur, prägte. Es wurden Kulminationshöhen (maximale Höhen über dem Horizont im Winkelmaß) zur Bestimmung der geographischen Breite des Beobachtungsortes gemessen. Derartige Beobachtungsaktivitäten der Mönche erstreckten sich über längere Zeiträume und konnten schlecht unterbrochen werden. Während also ein Teil der Brüder in der Kirche betete und sang, saßen andere vor ihren Sonnenuhren und Meßvorrichtungen. Letztlich dürfte sich in diesem Konflikt die Tatsache spiegeln, daß sich zur Zeit Wilhelms die Herausbildung eines neuen wissenschaftlichen Bewußtseins abzeichnete. Ursache dafür dürften die ersten Übersetzungen arabischer Schriften über das Astrolab im lateinischen Westen in der zweiten Hälfte des 10. Jahrhunderts gewesen sein. Das Astrolab veränderte, vor allen anderen Instrumenten, die Astronomie. Es verlangte die Aneignung neuer Erkenntnisse. Dank seiner Konstruktionsart ist es ein zu vielen Berechnungen verwendbares Instrument und fand damals begeisterte Aufnahme wegen seiner Möglichkeit der genauen Zeitangabe während der Nacht. Auf astronomische Unternehmungen mit Hilfe des Astrolabs ist es zurückzuführen, daß Zweifel am Datum des Sonnenäquinoktiums (der Tag- und Nachtgleiche) aufkamen. So fühlten sich Wilhelm und einige seiner Mitbrüder aufgerufen, dieses Datum genauer zu erforschen.

Astronomisches Lehrgerät des Wilhelm von Hirsau

Das Astrolab und weitere neue Instrumente machten es erforderlich, sich in neue
Begriffe und Vorstellungen der Astronomie einzuarbeiten. Die Astronomie war jetzt
nicht mehr nur – von dem abgesehen, was die Komputistik (Kalenderrechnung) beansprucht und bewahrt hatte – eine Beschreibung der Himmelskreise, der Planetenbahnen,
der Sternbilder, verknüpft mit der griechischen Mythologie, die bei Bedarf christlich-
erbaulich gedeutet werden konnte. Jetzt wurde durch das Astrolab die Astronomie
intensiv mit der Mathematik verknüpft.

Die Gestirne, die jetzt auf einmal arabische Namen trugen, wurden nun eng mit Zahlen verbunden. Zahlentabellen nahmen zu. Allmählich bildete sich eine mehr nüchtern-
strenge, rationale Denkweise heraus. Auch in anderer Hinsicht wurden die Grenzen des
bisherigen Schulbetriebs überschritten: Die Auseinandersetzung mit den neuen Texten,
die Herstellung der Instrumente, die Anwendungspraxis und die Beobachtungsverfahren erforderten von nun an beträchtlich mehr Zeit und Aufwand. Dies dürfte die
eigentliche Ursache des zu St. Emmeram ausgebrochenen Konfliktes gewesen sein. Die
Astronomie war für den kirchlichen Kalender unentbehrlich. Ohne ihre Hilfe war keine
Berechnung des Datums der Osterfeier und der zeitlichen Zuordnung der Gottesdienste
möglich. Deshalb nahm Wilhelm vehement für die neue Art der Astronomie Partei. Im
Verlauf seiner Argumentation in der Praefatio entwickelte Wilhelm die Auffassung, Ziel
der Menschheitsentwicklung sei die Rückgewinnung des Urzustandes der Gottähnlich-
keit im Paradies in einem von Gott ausgelösten und immer wieder angestoßenen Er-
ziehungsprozeß.

Wissenschaftlicher Fortschritt ist ein wesentlicher Teil der Heilsgeschichte. Wissenschaftliche Arbeit, Naturerkenntnis, und somit die Astronomie werden zum göttlichen
Gebot, zur Pflicht im Dienste der Vollendung des Menschen. Bei der optimistisch gese-
henen Einheit von sittlichem und wissenschaftlichem Fortschritt dominiert bei Wilhelm
der Wissenschaftsfortschritt. Wilhelms Auffassung, die Wissenschaft als Prozeß versteht,
ist letztlich das Resultat der neuen Qualität der Astronomie, die durch das Astrolab
angeregt wurde. Seine Praefatio ist gekennzeichnet von dem Versuch, eine Rechtferti-
gung der Wissenschaften, vor allem der Astronomie, für seine Mitbrüder und das Kloster
zu schreiben, seine Auffassung in die mönchische Tradition hineinzustellen.

Astronomisch gesehen, hebt Wilhelm in der Praefatio die Problematik der Jahrpunkte
hervor. Mit deren Untersuchung soll die Reihe seiner Neuentdeckungen beginnen. Im
Anfangsteil des Haupttextes der Astronomia zählt Wilhelm weitere Forschungsbereiche
auf, denen er sich gewidmet habe, nämlich der Sphaera (Kugelgeometrie, vor allem an der
Himmelskugel), dem Astrolab und den verschiedenen Himmelskreisen. Zur Bestimmung der Jahrpunkte, also der Festlegung der Äquinoktien (Frühlings- und Herbst-
punkt) und Solstitien (Wendepunkte des Steinbocks und des Krebses) beschreibt Wilhelm ein Verfahren, das sich auf die Beobachtung der Sonne im Kulminationspunkt
(höchster Sonnenstand über dem Horizont) stützt und das zu dem Ergebnis führt, daß
die Sommersonnenwende am 16. Juni stattfindet. Wir können daraus folgern, daß zur
Zeit Wilhelms der Frühlingsanfang am 16./17. März lag. Dies war ein für den lateinischen
Westen revolutionäres Datum, das die damalige kalendarische Berechnung des Oster-
festes in Frage stellte.

Wilhelms Datum lag um einige Tage früher als die Daten der damals hochgeschätzten
Gelehrten Beda (8. Jahrhundert) und Hermann der Lahme (1013–1054 n. Chr.) Nach

Beda lag der Frühlingsanfang zur Zeit Wilhelms am 21. März und nach Hermann am 18. März. Zu seinem veränderten Datum kam Wilhelm durch eine systematische Beobachtung zur Bestimmung der Zeit der Sonnenwende. Er stellte seine Beobachtungen mehrere Monate hindurch an und vermied dadurch die Unsicherheit, die mit den Beobachtungen zur Zeit der Sonnenwende wegen der geringen Änderung der Sonnenhöhe verbunden ist. Diese Art der planmäßigen Beobachtung bildet einen Markstein in der Geschichte der europäischen Sternforschung. Es war das erste Mal seit dem Altertum, daß in Europa ein Naturvorgang systematisch beobachtet wurde.

Vor Wilhelm gab es andere Verfahren zur Festlegung der Solstitien und Äquinoktien. Die einfachste Möglichkeit war der Versuch, den längsten und kürzesten Schatten eines Gnomons (senkrecht zur Erdoberfläche stehender Schattenstab) während eines Jahres zu ermitteln: Der längste Schatten tritt zur Zeit des Wintersolstitium (kürzester Tag; niedrigster Sonnenstand am Mittag) auf, der kürzeste Schatten zur Zeit des Sommersolstitiums (längster Tag; höchster Sonnenstand am Mittag). Wegen gewisser Schwankungen der zugehörigen Sonnenhöhen war die damalige Handhabung dieser Methode nicht sehr genau. Eine andere Möglichkeit, ebenfalls nicht sehr genau durchgeführt, war die Beobachtung der Sonnenaufgänge (oder Untergänge) zur Zeit des Frühlingspunktes (Frühlingsäquinoktie): Am Tag der Frühlingsäquinoktie geht die Sonne genau im Ostpunkt des Horizontes auf (im Westpunkt unter). Neben der Ungenauigkeit dieser Beobachtungsverfahren mit Hilfe eines Schattenstabes oder der Sonnenaufgänge, verlangte die Methode der Beobachtung der Sonnenaufgänge einen weiten und flachen Horizont, was für St. Emmeram nicht zutrifft. Wilhelm selbst kritisiert seine Vorläufer mit der Bemerkung, sie hätten die wahren Daten der Jahrpunkte nicht gekannt und sich folglich auch in anderen Fragen geirrt.

Schließlich muß Wilhelm oder einem seiner Mitbrüder die Idee zu einem neuen Verfahren gekommen sein. Die Zeit eines Solstitiums ermittelt er, indem er mittags den Sonnenstrahl durch ein Fenster oder Loch auf die gegenüberliegende Wand fallen läßt und diese Wandstelle kennzeichnet. Er beobachtet diese gekennzeichneten Stellen monatelang zu Zeiten um das Solstitium herum. Die Zeiten, an denen die Sonne dieselbe Stelle erreicht, werden gemittelt und dadurch die Zeit des Solstitiums festgestellt. Diese lange Meßreihe war nötig, weil sich in der näheren zeitlichen Umgebung des Solstitiums die Sonnenhöhe nur gering ändert (weniger als ein Grad).

Wilhelms Beobachtungverfahren ist nicht nur unabhängig von den Verfahren früherer Astronomen, sondern auch durchdachter und zielstrebiger als die kurzen Anleitungen zur Bestimmung der Jahrpunkte, die ab dem 11. Jahrhundert in Handschriften auftauchten. So führte Wilhelm die für seine Zeit genauesten Messungen durch, und seine Ergebnisse wurden bis zum Ende des 11. Jahrhunderts nicht übertroffen.

Die Bestimmung der Jahrespunkte war nicht die einzige Leistung Wilhelms. Er hielt im Kloster St. Emmeram Vorträge, deren Spuren noch in Handschriften aus Emmeram und anderen Benediktinerklöstern nachweisbar sind. Wilhelm lehrte auch verschiedene Verfahren, den eigenen Breitengrad (die geographische Breite Regensburgs) und damit die Parallelkreise und die Sonnenhöhen für Regensburg zu bestimmen. Für die Konstruktion von Astrolabien, Sonnenuhren und Geräten zur Darstellung der wichtigsten Himmelskreise war die Kenntnis der geographischen Position des Beobachtungsortes unentbehrlich. Sie wurde später Grundlage der Kartographie und der Routenfestlegung

in der Seefahrt. Die im 11. Jahrhundert gebräuchlichsten Verfahren bestimmten den
Breitengrad durch Messung der Sonnenhöhen. Die einfachste Bestimmungsmethode, die
sich in drei Emmeramer Astrolabhandschriften aus dieser Zeit findet, maß die Kulminationshöhe der Sonne mittags am Tag der Äquinoktien: An diesem Tage beträgt die Dekli-
nation der Sonne (Winkelabstand zum Äquator) 0°, und deshalb kann der Breitengrad
einfachst mit Hilfe des Rechenausdrucks „90° minus Kulminationshöhe" ermittelt werden. Es ist klar, daß eine derartige Bestimmung des Breitengrades nur dann genau ist,
wenn das Datum des Äquinoktiums genau ist. Somit verbesserte Wilhelms Methode der
Messung des Äquinoktialdatums gleichzeitig die Bestimmung des Breitengrades. Trotzdem war sie noch auf 1° ungenau. Für Regensburg ermittelte Wilhelm den Wert 48°. Die
Breitengradmessungen Wilhelms sind (mit denen Hermanns des Lahmen) die frühesten,
die für den Raum nördlich der Alpen direkt nachweisbar sind. Auf Wilhelms Einfluß
dürften auch die Arbeiten der Bamberger Benediktiner zurückgehen, die eine für 48°
Polhöhe geltende Tafel der Sonnenhöhe auf 49° Polhöhe änderten, was eine Verbesserung darstellte.

Auch die damals häufige Herstellung von Sonnenuhren an Kirchen und ihre Verwendung zur Angabe der Stunde bei Finsternissen dürfte auf Wilhelms Einfluß zurückgehen
sowie die Beachtung des Mondwechsels im Hinblick auf die Mondrechnung. Ebenso
beschäftigte man sich in Regensburg mit dem Lauf der Planeten und suchte Zeichnungen
davon zu entwerfen. Sicherlich unterrichtete Wilhelm in St. Emmeram zahlreiche
Schüler, und die Regensburger Arbeiten, die wohl von Wilhelm ausgingen, zeigen, daß
die dortigen Sternkundigen bemüht waren, in die Geheimnisse des Himmels einzudrin-
gen und sich das Wissen des Altertums anzueignen.

Groß war Wilhelms Einfluß. Deshalb dürfen wir ihm die seit seiner Zeit erfolgende
Verbreitung der Arbeiten Hermanns des Lahmen zuschreiben, wie auch die zunehmende
Beschäftigung mit der Zeitrechnung, den Beobachtungen, dem Entwurf von Sonnenuhren und die Verbesserungen mancher astronomischer Geräte in den Benediktinerklöstern zu Bamberg, Erfurt, Freising, Salzburg und Schaffhausen.

Als Denkmal der lernbegierigen Jugend des 11. Jahrhunderts ist noch heute in Regens-
burg ein steinernes Lehrgerät zu sehen, das Wilhelm von Hirsau zur Veranschaulichung
der Sonnenbewegung aufstellen ließ [Abb.]. Die Anregung zur Konstruktion dieses
Gerätes könnte Wilhelm über Hartwic erhalten haben. Der Mönch Hartwic war nach
Frankreich gereist, um dortige Bildungsstätten aufzusuchen. Er war von ca. 1007 bis
1027 bei Fulbert in Chartres, ging dann nach Reims, wo Schüler von Gerbert (Papst
Sylvester II.) noch lebten und brachte Handschriften, auch mathematische, zurück nach
Regensburg.

Ungefähr vom Jahr 1000 n. Chr. ab wurden in Westeuropa arabische Autoren bekannt.
Die Araber hatten den intellektuellen Nachlaß der Griechen begierig aufgenommen und
weiterentwickelt, vor allem was die Mathematik und Astronomie betraf, während sich
im Europa von 1000 n. Chr. nur sehr wenig Aktivitäten in dieser Richtung zeigten. Gerbert schrieb wahrscheinlich ein Buch über das Astrolabium, das auf arabischen Schriften
basierte. Im 11. Jahrhundert wurden weitere Abhandlungen über dieses Thema in Frankreich geschrieben, insbesondere in Chartres, das Zentrum des Lernens in Frankreich war.
So griffen die Mönche von St. Emmeram sofort die neuen Impulse auf dem Gebiet der
Astronomie durch ihre Reisen nach Frankreich auf. Gerberts Schüler Richerus berichte-

te, daß Gerbert für den Unterricht in Reims eine hölzerne Scheibe als Meridianschnitt der himmlischen Hauptkreise aufgestellt habe und vom Mittelpunkt aus zu den Polen und den wichtigsten Himmelskreisen Röhren (fistulae) so gelegt habe, daß nachts der Blick durch die Röhren die Lage der Pole und Kreise in Beziehung zum Firmament erkennen ließ. Demgemäß handelte es sich bei Gerberts Gerät nicht um eine Uhr, sondern um ein Lehrgerät zur Darstellung der Himmelseinteilung. Gerberts Gerät ist nicht erhalten geblieben, aber das Emmeramer Lehrgerät Wilhelms, das offenbar eine Verbesserung der Gerbertschen Scheibe bedeutet.

Dieses Lehrgerät wurde 1783 vom Emmeramer Archäologen Bernhard Stark [s. S. 208 ff.] im Kreuzgarten des Klosters entdeckt. Er fand eine von Rosen überwucherte, 2,55 m hohe Säule. Sie besteht aus einem Sockel und einer sich darüber erhebenden Bildsäule aus Kalkstein, die in einer aufrecht stehenden Kreisscheibe von ca. 60 cm Durchmesser endet. Davor kniet ein mit einer Tunika bekleideter Mann, der zum Himmel aufschaut, wobei seine Rechte die Augen beschattet und die Linke auf dem angewinkelten Knie ruht. Die Figur stellt den griechischen Astronomen Aratos von Soloi (3. Jahrh. v. Chr.) dar. Die lateinische Inschrift auf der dem Jüngling zugekehrten Seite der Platte lautet: Der Sterne Lauf hat Aratos mit dem Stab gewiesen. Der Stab des Aratos versinnbildlicht den Unterricht in der Astronomie. Die Inschrift auf der anderen Seite besagt: Die Breitenkreise, die Hauptpunkte des Himmels, Lage und Grenzen des Tierkreises (Sonnenwendpunkte), alles dies wird beim Blick auf die Stifte offenbar. Innerhalb dieser Inschrift ist der Meridianschnitt des Himmels in den Stein eingeritzt: die waagrechte Horizontlinie, die senkrechte Zenitlinie, schräg die Weltachse, und dazu senkrecht die Schnittlinien der Polar- und Wendekreise, des Äquators sowie des Tierkreises (der Weltachse in der Ptolemäischen Astronomie entspricht die Rotationsachse der Erde in der Copernicanischen Astronomie: Die Richtung dieser Achse im Raum ist die Richtung des Polstabes moderner Sonnenuhren). Wichtige Schnittpunkte der in den Stein geritzten Linien weisen Löcher auf, in die vermutlich Metallstifte oder durchlochte Visierscheiben (sogenannte Lochabsehen) gesteckt wurden, über die man die Hauptkreise und Linien an den Himmel projizieren konnte. Wird die Bildsäule so aufgestellt, daß der Jüngling zur Sonne nach Süden schaut, zeigt die Weltachse zum Nordpol des Himmels, der zur Zeit Wilhelms sich nicht mit dem Polarstern deckte.

Wilhelm bestimmte die Richtung der Weltachse mit Hilfe seiner Breitengradmessung zu 48° gegenüber dem Horizont: Dieser Winkel zwischen Weltachse und Horizontlinie hieß damals Polhöhe. Wilhelm wußte bereits, daß die Polhöhe gleich der geographischen Breite ist.

Dann konnte ein visierender Blick vom Stift in der Mitte zu den Stiften am Rand die Lage der Himmelskreise erkennen lassen. Die in den Stein geritzten Linien entsprechen völlig der Figur in der eingangs erwähnten lateinischen Handschrift der Bayerischen Staatsbibliothek, die aus St. Emmeram stammt und Wilhelms Arbeiten in einer Abschrift des 11. Jahrhunderts enthält; sogar das vom Endpunkt der Äquatorlinie auf den Horizont gefällte Lot zur Darstellung der Äquatorhöhe ist vorhanden. Die in der Regensburger Figur eingeritzte Lotlinie ergibt die Polhöhe von Regensburg zu 48°, die heute 49° 1' 10'' beträgt und der geographischen Breite der Stadt entspricht.

Die Regensburger Bildsäule ist insofern einzigartig, als sie in keiner antiken Tradition steht. Die einzige Verbindung zur Antike stellt die erwähnte Inschrift mit dem Hinweis

auf den griechischen Dichter Aratos von Soloi dar, dessen „Phainomena" und „Diose-
meia" um 270 v. Chr. entstanden sind. Es handelt sich um Beschreibungen des Fixstern-
himmels, um Sternsagen und Wetterzeichen, die Aratos in die populäre Form von Lehr-
gedichten brachte. Dieses mittelalterliche und in seiner Art einmalige Beispiel profaner
romanischer Großplastik wurde später im Kreuzgang des Regensburger Doms aufgestellt und gelangte 1880 in den Besitz des Historischen Vereins und damit in das Museum
der Stadt Regensburg.

Im Jahr 1069 wurde Wilhelm vom Grafen Adalbert II. von Calw in das Benediktiner-
kloster Hirsau im Schwarzwald berufen, das dort seit 838 bestand. Einen großen Aufschwung nahm Hirsau, als Abt Wilhelm 1077 die Cluniazenser Regel einführte und
diese, nun Hirsauer Regel genannt, sich weit verbreitete.

Als Wilhelm nach seiner Ankunft in Hirsau erkannte, daß sein Vorgänger, Abt Friedrich, unrechtmäßig abgesetzt worden war, übernahm er zwar die Geschäfte, aber nicht
den Titel des Abtes, solange jener lebte; erst nach dessen Tode ließ er sich am 2. Juni 1071
an Christi Himmelfahrt vom Bischof von Speyer einsetzen. Er bemühte sich, seinem
Kloster die volle Freiheit und Unabhängigkeit von den Grafen von Calw zu sichern und
hatte sich dabei gegen gräfliche Ränkespiele zu behaupten. Am 9. Oktober 1075 hatten
seine Bemühungen Erfolg, er erhielt eine königliche Bestätigungsurkunde – Hirsauer
Formular genannt. Darin wurde dem Kloster die Wahl des Abtes überlassen (Selbst-
investitur): Hirsau unterstand damit allein der Regierungsgewalt des Abtes. Noch im
Herbst des Jahres 1075 reiste Wilhelm nach Rom, um auch die päpstliche Bestätigung
der Privilegien des Klosters zu erlangen. Papst Gregor VII. fand sich jedoch nicht bereit,
die Urkunde des Königs, seines schärfsten Gegners, zu bestätigen. Eine schwere Krankheit hielt Wilhelm fast ein halbes Jahr in Rom fest. Vermutlich hat in dieser Zeit die
folgenreiche Beziehung zu Gregor VII. begonnen. Wilhelm stand mit dem Kloster
Hirsau in erster Reihe unter den Anhängern des Papstes in dem um diese Zeit beginnenden Investiturstreit.

Welch große historische Bedeutung Wilhelm hierdurch erlangte, erkennt man daran,
daß der Biograph Gregors VII., Paul von Bernried, ihn zu den vier Hauptvertretern der
Gregorianischen Partei in Deutschland zählt (Bischof Altmann von Passau, der Clunian-
zenser Prior Ulrich und die Äbte Wilhelm von Hirsau und Siegfried von Schaffhausen).
Das Kloster Hirsau wird ein Mittelpunkt für die Anhänger des Papstes und die Gegner
Heinrichs IV. Im Investiturstreit setzten sich König Heinrich IV. und Papst Gregor VII.
gegenseitig ab. Die Bedeutung Wilhelms zeigt sich auch darin, daß der Gegenkönig
Rudolf (er wurde gegen Heinrich IV., den Führer der Gegenpartei des Papstes, im
Investiturstreit aufgestellt) im Jahre 1077 im Kloster Hirsau das Pfingstfest feierte. Daß
der Papst selbst die Bedeutung Wilhelms für seine Sache in Deutschland richtig ein-
schätzte, zeigt das an Bischof Altmann von Passau und an Wilhelm zusammen gerichtete
Schreiben Gregors VII. vom Jahre 1081, in dem er nach dem schauerlichen Ende des
Gegenkönigs Rudolf (1080) auf die Erhebung eines neuen Gegenkönigs drang.

Wilhelm erlangte nicht nur durch seine Unterstützung Gregors VII. im Investiturstreit Bedeutung, sondern auch durch die Einführung der Cluniazensischen Kloster-
reform in Deutschland.

In Cluny, an der Grenze des deutschen und des französischen Gebietes in Burgund
gelegen, hatte Abt Berno von Baume 909 ein neues Kloster errichtet. Durch seine

musterhafte Ordnung erlangte dieses schon unter dem zweiten Abt Odo im 10. Jahrhundert einen solchen Ruf, daß sich ihm eine Anzahl anderer französischer Klöster angliederte. Schließlich waren es über 2000 Klöster in Frankreich, Deutschland, England, Spanien und Italien. Der wiederholt vervollkommneten Cluniazensischen Klosterregel lag die des Benedikt von Aniane zugrunde. Benedikt von Aniane hatte zu Beginn des 9. Jahrhunderts eine Ordensregel ausgearbeitet, die eine Verbindung der ursprünglichen Benediktinerregel des Benedikt von Nursia mit anderen alten, für gut befundenen Regeln war.

Die Benediktinerregel bestand im wesentlichen aus dem Verzicht auf das eheliche Leben und auf persönlichen Besitz, dem Gehorsam gegen die Oberen, der Handarbeit, dem gemeinschaftlichen Gebet und der Betrachtung der göttlichen Wahrheiten. Der Aufnahme eines Ordensbruders ging eine einjährige Probezeit voraus, und er verpflichtete sich zum dauernden Verbleiben im gleichen Kloster. Der Gottesdienst für die Tages- und die Nachtstunden war bis ins einzelne geregelt, jedem Bruder wurde eine seinen Kräften und Anlagen entsprechende Beschäftigung zugeteilt. Auf die Übertretung der Regel wurden Strafen gesetzt; ein Unverbesserlicher wurde ausgeschlossen. Die Statuten der Cluniazenser Regel ordneten das klösterliche Leben bis in kleinste Einzelheiten, wie etwa Kleidung, Speise, selbst die Erholung, durch Vorschriften. Bezeichnend ist besonders das Gebot des Schweigens an bestimmten Orten und zu gewissen Zeiten.

Das Kloster Hirsau, unter Abt Wilhelm von Hirsau, trat als erstes deutsches Kloster mit Cluny direkt in Beziehung. Hiernach geht seine erste Bekanntschaft mit der Cluniazenser Regel auf den Besuch des Abtes Bernhard von St. Victor in Marseille zurück, der als päpstlicher Legat nach Deutschland kam und sich 1077 längere Zeit bei Wilhelm in Hirsau aufhielt. 1079 kam Wilhelms Jugendfreund aus St. Emmeram, Ulrich von Zell (Cluniazenser Prior, 1061 in Cluny eingetreten) nach Hirsau, der auf Wilhelms Bitte für ihn eine schriftliche Aufzeichnung der Cluniazensischen Gebräuche entwarf. Um sich über einiges noch genauer zu informieren, schickte Wilhelm noch dreimal je zwei Mönche nach Cluny selbst, welche sich dort mit allen Einzelheiten vertraut machten. Bei ihrer Rückkehr überbrachten sie den Auftrag des Abtes Hugo von Cluny, Wilhelm solle die Regel den besonderen Bedürfnissen seines Klosters hinsichtlich der Landessitten und des Klimas anpassen.

Wilhelms ‚Hirsauer Regeln‘ gehen im Detail über die an sich schon ausführlichen ‚Cluniazenser Gewohnheiten‘ hinaus und regeln das klösterliche Leben mit geradezu pedantischer Akribie. Zum Beispiel wird jede Bewegung beim Schlafengehen und Aufstehen vorgegeben und großes Gewicht auf die täglichen Zeiten des Schweigens gelegt. Bei Verstößen gegen die Bestimmungen wird hart verfahren, bis hin zur körperlichen Züchtigung. Wer den Klostergesetzen widerspricht, wird in ein Verlies eingeschlossen.

Die Geschichte der Reform seines Klosters erzählt Wilhelm selbst im Prolog seiner zweibändigen „Constitutiones Hirsaugienses" (hg. von M. Herrgott, Paris 1726). Wilhelm schließt die Einleitung zu seinen „Constitutiones Hirsaugienses" mit folgenden Worten:

„In der Hoffnung auf das ewige Leben haben wir dieses große Werk ausgearbeitet, damit ihr, vielgeliebte Brüder, ehrwürdige Väter und Herren, denen Liebe und Eifer innewohnt, in der Beachtung dieser Regeln das ewige Leben erlangt. Für jetzt aber hoffe ich, daß ihr euch darüber freut, daß unsere Arbeit euch zu einem guten Ordensleben

verhilft. Unterstützt uns mit eueren Gebeten, damit wir allzeit mit Christo glücklich
leben mögen. Mit reiner Seele und bereitwilligen Händen empfanget dieses zwar kleine
Geschenk, an dem aber viel Arbeit und mancher Schweißtropfen hängt, und zum ewigen
Gedächtnis eines bald sterbenden Greises umfaßt liebend die Regel von Cluny, haltet
und befolgt sie, und nehmt sie ganz in eure Seelen auf, damit ihr, mit je größerer Liebe ihr
derselben im Leben angehangen habt, durch treue Beobachtung für sie den künftigen
Zeiten Zeugnis ablegt."

Eine mit dieser Reform in Verbindung stehende Einrichtung war die Einführung der
Laienbrüder, die außerhalb der Klausur wohnten. Sie verrichteten die häuslichen Arbeiten im Kloster, den Dienst in Armen- und Krankenhäusern und die Dienstleistungen bei
Kirchen- und Klosterbauten. Wilhelm wollte damit der unbeschränkten Verwendung
von Leibeigenen für klösterliche Dienste Einhalt gebieten und auch den stark anwach-
senden Zustrom von Laien nutzen.

Hirsau wurde unter Abt Wilhelm zu einer Art Pflanzschule für Äbte, die dann an
mehr als hundert Klöster in Deutschland und Österreich gingen. Auch die 1114 von
Benediktinern aus Hirsau besiedelte Abtei Prüfening in Regensburg gehörte hierzu.
Wilhelm war auch an vielen Klostergründungen beteiligt.

In Hirsau selbst stieg die Zahl der Mönche während der Amtsführung Wilhelms auf
das Zehnfache an: Ursache dafür war das Zusammenwirken der großen Frömmigkeit der
Mönche mit der faszinierenden Persönlichkeit des Abtes. Ab 1083 erweiterte Wilhelm
das Kloster durch einen Neubau. Als Patrone wählte er die Heiligen Petrus und Paulus,
als Sinnbild für die Nähe Hirsaus zu Cluny und vor allem zu Rom. Die Einweihung des
Neubaus am 2. Mai 1091 durch den Konstanzer Bischof erlebte Wilhelm noch knapp vor
seinem Tode. Als am 4. Juli 1091 Wilhelm von Hirsau starb, beschrieb der Chronist
Bernold von Konstanz Wilhelms Reformwerk und dessen astronomische Arbeiten.
Bernolds hohes Lob auf Wilhelms Leistungen ist wörtlich übernommen von Wilhelms
Hirsauer Biograph Haimo, in dessen „Vita Wilhelmi abbatis Hirsaugiensis". Es findet
sich dann nochmals in dem Autorenkatalog des Wolfger von Prüfening, verfaßt um 1170.
Wolfger zeigte besonderes Interesse für Autoren der Kalenderrechnung.

Abschließend wäre festzuhalten, daß Wilhelm von Hirsau wichtige geistige Impulse
sowohl in religiösen Belangen wie auch in wissenschaftlicher Hinsicht für die weitere
Kulturentwicklung im europäischen Raum gab. Speziell im Bereich der Astronomie
sollte sein hoher Genauigkeitsanspruch die Notwendigkeit einer Kalenderreform ins
Bewußtsein der Zeitgenossen bringen. In der Folgezeit wurde diese Kalenderreform
von mehreren Päpsten in Angriff genommen, wie z. B. in Verbindung mit den berühmten Astronomen Regiomontanus und Copernicus im 15. und 16. Jahrhundert. Durchgeführt wurde sie jedoch erst 1582 von Papst Gregor XIII. (Gregorianischer Kalender).
Die Verbesserung der Breitengradbestimmung durch Wilhelm von Hirsau war ein
wichtiger Schritt auf dem Wege zu einer verbesserten Kartographie. Wie eine neuere
Untersuchung von U. Lindgren zeigt, betonten schon wenig später, im 13. Jahrhundert,
der englische Franziskanermönch Roger Bacon und Albertus Magnus die Notwendigkeit einer Verbesserung der Geographie durch Breiten- und Längengradbestimmungen.
Albertus Magnus übte mit seiner Schrift „Liber de natura loci ex latitudine et longitudi-
ne eiusdem proveniente" (wahrscheinlich zwischen 1270 und 1280 verfaßt) beträchtlichen Einfluß auf die Weiterentwicklung der Geographie aus. Der arabische Einfluß,

der sich bei Wilhelm von Hirsau zeigt, verstärkte sich in den folgenden Jahrhunderten zusehends in Richtung einer zunehmenden Mathematisierung der Astronomie. Wilhelms wissenschaftliches und didaktische Engagement bereiteten für diese Entwicklung einen fruchtbaren Boden. Dazu waren jedoch noch weitere Genauigkeitsverbesserungen nötig, wenn man bedenkt, daß ein Breitengradfehler von etwa 1°, wie ihn Wilhelms Messungen noch aufwiesen, einer kartographischen Ortsunsicherheit von etwa 110 km entspricht. Außerdem sollte die Erkenntnis, daß genauere Beobachtungen und Messungen astronomische Inhalte verändern konnten, letztlich zur Krise der ptolemäischen Astronomie im 15. Jahrhundert führen, verkörpert durch den scharfsinnigen Astronomen Regiomontanus.

Die Widersprüche zwischen Beobachtung und Theorie vergrößerten sich zusehends und nährten den Wunsch nach einer neuen, besseren Theorie. Schon Regiomontanus versuchte eine derartige Theorie zu entwerfen, was Copernicus schließlich im 16. Jahrhundert gelang.

Die Musica „Scriptores ecclesiastici de musica sacra potissimum" wurde gedruckt durch M. Gerbert, St. Blasien 1784, der „Dialogus de astronomia" findet sich in der Pergamenthandschrift Clm 14689 in der Bayerischen Staatsbibliothek München. – Die Bestätigungsurkunde vom 9. Okt. 1075 ist gedruckt im Württemb. Urkundenbuch I 276.

Wilhelm Volkert

Herbordus – Regensburger Brückenmeister (12. Jahrhundert)

Zu den wichtigen, gleichwohl wenig bekannten Persönlichkeiten der Regensburger Stadtgeschichte im 12. Jahrhundert gehört der „magister pontis Herbordus", Herbord, der Brückenmeister oder der „bruckenaere", wie die mittelhochdeutschen Quellen überliefern. Leider wissen wir fast nichts über seine Biographie; soviel nur ist sicher, daß er zur Führungsschicht der Bürger, der „cives Ratisponenses", im späten 12. Jahrhundert gehörte. Er hatte eines der wichtigsten Ämter in der Stadt inne: die Aufsicht über und die Sorge für die Donaubrücke, das größte Ingenieurbauwerk des Mittelalters in Europa, das heute noch in Gebrauch, Funktion und Betrieb ist.

Mit den Bemerkungen über den Brückenmeister des späten 12. Jahrhunderts kann ich bei dieser Gelegenheit dem wichtigsten Bauwerk der Stadt Regensburg, das von den Bürgern hervorgebracht worden ist, Reverenz erweisen. Es beging 1996 ein Jubiläum: Mit gutem Grund wird die Fertigstellung der Brücke für das Jahr 1146 angenommen; daran erinnerte man sich in Regensburg in einer größeren Vortragsfolge.

Die Brücke ist das Werk ungezählter Menschen gewesen, die in der ersten Hälfte des 12. Jahrhunderts, also vor dem Jahr 1146, hier gewirkt und gewerkelt haben, nachdenkend und planend, mit Hand und Muskelkraft arbeitend. Ungezählte Steinmetze und Maurer, Erdarbeiter und Handlanger, Zimmerleute für die Schalungen der Fangedämme und für die Gewölbeschalungen, Schiffsleute und Flößer, Fuhrleute und Pferde-, Ochsen- und Eseltreiber für die riesigen Transportarbeiten und für die sicher auch vorhandenen und betriebenen Göpelwerke, Kalkbrenner und Mörtelrührer, Köche und Essen- und Getränketräger (Brotzeitholer), darunter auch sicher viele Frauen. Aller dieser namenlosen Menschen in Regensburg und seinem Umland sei hier gedacht; sie haben dazu beigetragen, daß das großartige Bauwerk vollendet wurde, der erste gewölbte Steinbrückenbau im Mittelalter, nachdem die antike Brückenbautechnik in Vergessenheit geraten war.

Leider wissen wir nichts über den Baumeister, den „magister operis pontis" der Erbauungszeit. Etwa zeitgleich ist in Würzburg für die alte Mainbrücke der Baumeister Enzelin genannt, der sich auch am Dombau Verdienste erworben haben soll. Näheres über ihn ist aber auch nicht bekannt.

Ob es in Regensburg nun ein Baumeister war oder ob mehrere Bausachverständige zu Werke gingen, eines ist sicher: Es waren erstklassige Konstrukteure und Organisatoren. Sie haben die Grundbautechnik der Pfeilerfundierung beherrscht, sie wußten Bescheid über die Anlage der trockenen Baugruben im fließenden Strom, über das Ausschöpfen der Baugruben, über die Pfeilergründung, das Aufmauern der später vom Wasser umspülten Pfeiler, über die Wölbetechnik und den Ausbau der Fahrbahn.

Es ist sicher eine ziemlich lange Vorbereitungszeit und wohl auch eine längere Bauzeit für die Regensburger Brücke anzunehmen. Daß das Bauwerk 1147 benutzbar war, ist von einem Zeitgenossen belegt und beglaubigt; ob die Lokalüberlieferung der 11jährigen Bauzeit stimmt oder nicht, sei dahingestellt. An der Großartigkeit des vollendeten Werkes und an der Außerordentlichkeit der Leistung aller Beteiligten ändert sich nichts, ob der Bau nun ein paar Jahre mehr oder weniger dauerte.

Herbord kann schon um 1160 Brückenmeister gewesen sein, sicher war er es 1182. Vielleicht kann man daraus ein Geburtsdatum um das Jahr 1120 erschließen; dann hätte der spätere Brückenmeister den Bau schon in seiner Entstehungszeit gekannt und so also noch in der Tradition der Konstrukteursgeneration gestanden.

Wir lernen Herbord zuerst kennen in einer Handschrift des Klosters Prüfening; dort ist eine Liste von Leuten überliefert, die Zeugen bei einem Rechtsgeschäft des Klosters waren. An zweiter Stelle ist genannt „Herbort prukkenere", der Brückner, der Brückenmeister. Neben ihm erscheinen Regensburger Bürger: der Bäcker Engelbert; die Brüder Ernst und Isenbrecht, die Schwertfeger waren; Berthold in der Mauer; Rudiger Senft, der seinen Eigenmann Dietrich mitgebracht hatte, also gehobenen Standes und Vermögens war. Diese Zeugenliste ist wohl in die Zeit bald nach 1170 zu datieren.

Wahrscheinlich aus derselben Zeit stammt ein weiterer Eintrag in dem Prüfeninger Codex über einen großen Güterkauf, den die Mönche des Klosters bei einem reichen Grundbesitzer in der Deggendorfer Gegend tätigten. Ein Teil des Rechtsgeschäftes wurde in Regensburg im Haus des Friedrich mit dem Munde abgewickelt, das nahe beim Jakobstor gelegen war, damals genannt Rovzinespurgitor; unter den Zeugen erscheint Herbort de Prukke, inmitten einer illustren Bürgergesellschaft von Regensburg: die Brüder Albert und Liutwin an der Heide, der Hansgraf Marquart, Liutwin und Rudiger in den Ziegelhaus, Gozwin beim Jakobstor, Wernhart von Prüfening u. a.. Möglicherweise ist Herbord de Prukke identisch mit dem „prukkenere"; auch er gehörte in den Kreis der gehobenen Bürger von Regensburg, die Fernhandel trieben und der Stadt zu ihrem Reichtum verholfen haben. Die wichtigste Information über Herbord und seine Bedeutung für Regensburg liefert das Kaiserdiplom Friedrich Barbarossas von 1182: Im September dieses Jahres hatte sich eine erlauchte Gesellschaft in der Stadt versammelt; erschienen waren der Kaiser mit seinem Gefolge samt Hofkanzler und Protonotar, der bayerische Metropolit, Erzbischof Konrad von Salzburg, die Bischöfe Kuno von Regensburg und Albert von Freising, der bayerische Herzog Otto (er war zwei Jahre vorher mit dem Herzogtum belehnt worden, das dem unbotmäßigen Herzog Heinrich dem Löwen aus der Welfensippe aberkannt worden war) und dessen Vetter, der Pfalzgraf Otto von Wittelsbach; von der bayerisch-schwäbischen Prominenz waren Graf Diepold von Lechsgemünd, Markgraf Berthold von Vohburg, Graf Friedrich von Abenberg und Marschall Heinrich von Pappenheim anwesend; sie sind in der Zeugenreihe des Kaiserdiploms genannt. Vor diesem Gremium erschienen die „cives Ratisponenses" und der Brückenmeister als Bittsteller; Meister Herbord war offensichtlich der Wortführer der Bürger, die bei ihrem Vorbringen die besondere Unterstützung des Bischofs Kuno und des Herzogs Otto fanden. Sie baten, daß der Kaiser die „Freiheit der steinernen Brücke, welche in Regensburg die Donau überspannt" festsetzen und bestätigen möge („sacris litteris nostris commendare favorabilem libertatem lapidei pontis, qui Ratispone ultra Danubium protenditur").

Dann führt das Diplom im einzelnen auf, was der Inhalt dieser Freiheit war. An erster Stelle wird genannt, daß es niemandem erlaubt sei, irgendeinem anderen, der die Brücke passiere, wegen einer Schuldforderung irgendetwas wegzunehmen („ut non liceat alicui, ex debito aliquid exigere ab aliquo super eundem pontem transeunte").

Der Sinn dieser Bestimmung erschließt sich dann, wenn man die Rechtsordnung der mittelalterlichen Welt und das System zu ihrer Verwirklichung im 12. Jahrhundert bedenkt. Diese Rechtsordnung kannte – im Gegensatz zur Neuzeit – kein Monopol der öffentlichen Gewalt (des Staates) zur zwangsweisen Durchsetzung von Rechten und Rechtsansprüchen. Die Verwirklichung des Rechtes war vielmehr großenteils in die Hand des Einzelnen, der ein Recht besaß, gelegt.

Jeder weiß, daß es zweierlei ist, ein Recht zu haben (sei es aus dem Anerkenntnis des Schuldners oder aus dem gegen den Schuldner erwirkten gerichtlichen Urteilsspruch) und diesen Rechtsanspruch auch zu verwirklichen (entweder weil der Schuldner nicht zahlungsfähig oder weil er nicht zahlungswillig ist). Nach der älteren Rechtsordnung konnte der Gläubiger den aus einem Schuldverhältnis („debitum") zur Leistung verpflichteten Schuldner persönlich, auch mit handgreiflicher Nachhilfe, veranlassen, die schuldige Zahlung zu leisten. Diese Zahlungsaufforderung oder, wenn kein Bargeld da war, die Wegnahme von Pfandgegenständen konnte überall geschehen, auch auf den Landstraßen außerhalb der befestigten Städte. Dort konnte es dem reisenden Kaufmann passieren, daß ein Geschäftspartner seine Rechnung eigenmächtig beglich, indem er dem Reisenden das Pferd, den Wagen oder auch die Waren wegnahm.

In dem seit dem 11. und 12. Jahrhundert stark zunehmenden Überlandverkehr führte dies zu vielen Unzuträglichkeiten und Streitereien; es fanden sich Ritter, die das Eintreiben von Forderungen übernahmen, ohne lange nach der Begründung des Rechtstitels zu fragen. Die Grenze zur Strauchritterei war fließend. Das System erwies sich als friedensstörend. Man stelle sich nun die Situation auf der Donaubrücke in Regensburg vor; sie ist 350 Meter lang mit ca. sieben Meter breiter Fahrbahn. Ein größerers Fuhrwerk kann nicht wenden; auch eine längere Kolonne von Tragtieren käme in großes Durcheinander, wenn man schnell umkehren wollte. Außerdem drängen die anderen nach; Gegenverkehr steht an. Und nun kommt einer daher, der dem aus der Stadt herauskommenden Kaufmann auf der Brücke seine Rechnung präsentiert und auf der Zahlung besteht. Mit ein paar Hellebarden ist die Fahrtrichtung gesperrt. Der Kaufmann hat auf seinem vierspännigen Pferdewagen für mehrere tausend Pfund Pfennige Pfeffersäcke geladen. Ehe er sich's versieht, haben die Knechte des Gläubigers die Waren an sich genommen und sind verschwunden. Das war keine verbotene Eigenmacht, wie man heute sagt, das war keine Straßenraub, sondern Vollzug der Rechtsordnung. Man kann sich lebhaft vorstellen, wie solche Aktionen den Verkehr auf der Brücke behinderten und erschwerten, welcher Ärger damit für das Brückenpersonal, allen voran der Meister Herbord, verbunden war.

Wo Handel und Wandel eine große Rolle spielten, wo viel Personen- und Warenverkehr durchging, dort wurde dieses System der privaten Rechtsverwirklichung schon damals geraume Zeit als höchst störend empfunden. Es gab seit der Landfriedensentwicklung, die im späten 11. Jahrhundert allmählich in Gang gekommen war, gewisse Zeiten, wo man so etwas nicht tun durfte (die hohen Kirchenfeste, die Feiertage, die Sonntage), bestimmte Orte, die ausgenommen waren (Mühlen, Kirchen, Friedhöfe). In dieses System der Landfriedensordnung und Landfriedenswahrung wurde nun die

Steinerne Brücke mit einbezogen. Hier durften nach dem Kaiserlichen Privileg von 1182 keine ‚privaten' Pfändungen mehr vorgenommen werden. Jetzt waren solche Maßnahmen rechtswidrig.

Herbord, der „prukkenere", der „magister operis pontis", konnte die kaiserliche Anordnung als Vorrecht, als Privileg, betrachten; denn jetzt war er die Sorge los, sich ständig mit den auf seinem Bauwerk ausgetragenen Streitigkeiten um die Realisierung von Forderungen herumschlagen zu müssen. Diese Anordnung des Kaisers, ergangen auf Antrag der Bürger Regensburgs und ihres Brückenbeamten, wurde seit einer falschen Übersetzung eines Regensburger Stadtschreibers im 14. Jahrhundert als Privileg der Zollfreiheit angesehen. Das ist natürlich ziemlich sinnlos; denn der Brückenmeister und die Bürger als Eigentümer des Bauwerks konnten kein Interesse daran haben, die für den Unterhalt der Brücke dringend notwendigen Passagegebühren (das ist der ursprüngliche Sinn des Brückenzolls) durch kaiserlichen Erlaß verbieten zu lassen.

Von der Abschaffung des Brückenzolls kann also gar keine Rede sein, zumal es im nächsten Halbsatz des Privilegs gleich heißt, daß Abgaben „propria voluntate" (d. h. in gegenseitigem Einverständnis) „ad conservationem vel restaurationem eiusdem pontis" (zur Erhaltung oder Wiederherstellung der Brücke) sehr wohl möglich seien. Der Verkehrszoll wurde damals schon seit alters gefordert zum Unterhalt besonders aufwendiger Verkehrseinrichtungen (Brücken, Fähren, Bergstrecken oder sonst schwer passierbarer Straßenabschnitte); er sollte durch die Kaiserurkunde keineswegs beseitigt werden.

Hätte man dem Brückenbaumeister den Brückenzoll weggenommen, dann wären ihm die Mittel für den Bauunterhalt bald ausgegangen; dann hätte er große Schwierigkeiten gehabt, seinen Aufgabenkreis auszufüllen, nämlich die Funktionsfähigkeit der Brücke in technischer, finanzieller und organisatorischer Hinsicht zu erhalten.

Das Barbarossa-Privileg enthält noch weitere Bestimmungen über Bauverbote für die Grundstücke, die unmittelbar an die beiden Brückenköpfe, jeweils stromauf- und stromabwärts, angrenzen. Alle Anordnungen des Diploms dienten dem Zweck, den ungehinderten Verkehr über die Brücke und den freien Zugang zu dem großartigen Bauwerk zu garantieren.

Diese Urkunde ist vom Kaiser im Einvernehmen mit Herzog Otto von Bayern und Bischof Kuno von Regensburg ausgefertigt worden; eine Reihe hochgestellter Personen wirkten außer diesen beiden als Zeugen mit. Die Zeugennennung bedeutet auch, daß diese Personen auf den Rechtsinhalt des Dokuments verpflichtet wurden und sich zur Erhaltung der Bestimmungen verpflichteten. Es war das der geistliche und weltliche Hochadel des Regensburger Umlandes, also die Repräsentanten der öffentlichen Ordnung nördlich und südlich des Stromes. Sie mußten den vom Kaiser verordneten Landfrieden mittragen und vollziehen. Allen, die diese Anordnung übertraten, wurden hohe Strafen angedroht, den fürstlichen Personen (vor allem den Bischöfen und dem Herzog) der doppelte Tarif. Die Strafgelder flossen zur Hälfte dem kaiserlichen Fiskus, zur anderen Hälfte den „procuratores pontis" zu. Der wichtigste Verwalter der Brücke war Herbord, der am kaiserlichen Hoftag das Wort geführt hatte. Er und seine Mitbürger hatten genug Autorität, die kaiserlichen Anordnungen durchzusetzen und zu verwirklichen. Wie die Erfahrung lehrt: Anordnung ist nur die Hälfte; zur anderen Hälfte, der Realisierung, gehörten ‚facultas' (Befähigung) und ‚auctoritas' (Ansehen), welche Durchsetzungsvermögen ergeben. Beides hatten die Bürger unter Führung des Herbord auf der

Brücke; er und seinesgleichen standen inmitten der Bürgerschaft, die sich zur Lösung
großer Gemeinschaftsaufgaben zusammengefunden hatte. Das war in der ersten Hälfte
des 12. Jahrhunderts der Brückenbau gewesen; jetzt war es die vom Kaiser übertragene
Landfriedenswahrung. Es gab natürlich auch noch andere große Unternehmungen, die
in der Stadt nur durch die Gemeinschaft aller Einwohner und durch die gemeinschaftlich
organisierte Ordnung der Bürgerschaft in Angriff genommen und vollendet werden
konnten, die Errichtung der Befestigung oder auch der Bau und der Unterhalt der
öffentlichen Gebäude (des Rathauses oder seines Vorgängerbaues). Es gab die kirchliche
Bauten (der karolingisch-romanische alte Dom mit Kreuzgang; die klösterlichen
Kirchen und Gebäude); aber hier ist durch den jeweiligen Klerus und den von ihm auf-
gebauten und autorisierten Verwaltungsapparat ein Großteil der Organisationsleistung
erbracht worden. Der Brückenbau in der ersten Hälfte des 12. Jahrhunderts war eine
unvergleichliche Tat und Leistung, weit größer und umfangreicher als alle anderen bis
dahin vollbrachten Leistungen in der Stadt und ihrer Umgebung. Es gibt keinen Zweifel,
daß dieses Werk die Bürger hervorgebracht haben; sie müssen in einer leistungsfähigen
Organisation zusammengeschlossen gewesen sein. Der Brückenbau setzt die Kooperation einer organisierten Bürgerschaft im 12. Jahrhundert voraus. Sie stand unter der Aufsicht der Stadtherrschaft von Kaiser, Bischof oder Herzog, in jeweils wechselnder Inten-
sität. Davon haben sich die Bürger endgültig im 13. Jahrhundert emanzipiert, wie man
sich 1995 als 750-Jahr-Marke nach 1245 erinnert hat. Damals ist die Freiheit von der
unmittelbaren bischöflichen Stadtherrschaft erreicht worden.

Aber Organe der Bürgerschaft zur Erledigung großer und außergewöhnlicher Angelegenheiten und auch zur Regelung vieler kleiner, alltäglicher Sachen gab es schon vor
der Mitte des 13. Jahrhunderts, unter der Stadtherrschaft von Bischof und Herzog; bald
nach Herbords Zeiten haben die Bürger ein eigenes Siegel geführt, das zunächst der
Bischof verwahrte.

Auf dem Weg der Bürger zur Bürgerschaft und zur Bürgergemeinde der Reichsstadt
war der „magister pontis Herbordus", „Herbord der prukkenere" einer der wichtigen
Wort- und Anführer der „cives Ratisponenses".

Im 13. Jahrhundert hat dann auch der Brückenmeister ein eigenes Siegel für die Brücke
beschafft, das „Sigillum gloriosi pontis Ratispone"; so lautet die Umschrift des hervorragend schönen Typars, das im Siegelfeld eine dem Bauwerk nachempfundene, sphragi-
stisch stilisierte Brückendarstellung zeigt [Abb.]. Mit dem Abdruck dieses Siegels
wurden Urkunden über Rechtsgeschäfte des Brückenvermögens versehen. Die Brücke
besaß in unmittelbarer Nähe des südlichen Brückenkopfes Häuser, die Kapelle St. Margarete und ein Salzlager, später auch Grundstücke und Gebäude im ganzen Stadtgebiet.
Dieses Grundvermögen warf Erträge ab, die dem Unterhalt der Brücke dienten; es
wurde vom Brückenmeister verwaltet. Man darf erschließen, daß dies auch schon zu Zeiten des Brückenmeisters Herbord der Fall war. Er stand, wie seine Nachfolger im 13. und
14. Jahrhundert, dem „opus pontis", dem „Brückenwerk", vor. Er verwaltete das Bauwerk, welches die Bürger errichtet hatten; er sorgte für die Instandhaltung des Baues und
für die reibungslose Abwicklung des Verkehrs auf der Brücke, wie dies die Normen des
Kaiserprivilegs von 1182 vorschrieben. Neben den Bürgern hat er dieses für die Stadt
grundlegend wichtige Privileg erwirkt und sich damit einen festen Platz in Regensburgs
Stadtgeschichte gesichert.

Siegel des Brückenmeisteramtes an einer Urkunde von 1329

Christoph Daxelmüller

Rabbi Jehuda he-chasid von Regensburg –
Biographie einer Legende
(um 1140–1217)

Als Rabbi Jehuda he-chasid (der Fromme) von Regensburg 1217 gestorben war, trug man ihn hinaus zum Friedhof. Doch als der Sarg das Tor passierte, stürzte es ein und erschlug den Torwächter, ohne daß man das Unheil abwenden konnte. Ein Wunder hatte auf dem letzten Gang zum außerhalb der Stadtmauern gelegenen Friedhof ein letztes Mal die außerordentliche Persönlichkeit des Verstorbenen unter Beweis gestellt.

Diese Geschichte überliefert – zusammen mit anderen Erzählungen über Rabbi Jehuda he-chasid und seinen Vater Rabbi Samuel he-chasid – das „Ma'ase Bukh" (Buch der Erzählungen), das erstmals 1602 in Basel erschien und bis ins 20. Jahrhundert häufig aufgelegt wurde. Mit dem „Regensburger Zyklus", über den der Drucker von 1602 ausdrücklich anmerkte, daß er vollständig sei, und den 1807 Eliezer Pawer in einer Ausgabe für osteuropäische Leser so anordnete, daß die Berichte über Rabbi Jehuda und Rabbi Samuel im Mittelpunkt („samt sonstigen gewinnend-erbaulichen Geschichten") standen, setzte die Sammlung nicht nur der Stadt Regensburg, sondern auch dem frommen Gelehrten ein Denkmal: Legenden und Berichte von wunderbaren Ereignissen, populäre Hagiographie mithin, die der Gestalt Rabbi Jehudas zu ewigem und überragendem Ruf verhalfen und seine Bedeutung für die geistige Kultur des hochmittelalterlichen europäischen Judentums bis heute erahnen lassen. Rabbi Jehuda he-chasid von Regensburg war ein Mann, den die Stadt, in der er einen Teil seines Lebens verbrachte, vergaß, obwohl er ihr im jüdischen Kulturkreis zu immerwährendem Ruhm verhalf als der „Heiligen Gemeinde des Rabbi Jehuda". Er besitzt keine Geschichte, wohl aber Nachruhm, keine Biographie, die sich minutiös rekonstruieren ließe, wohl aber Legenden, die ihn zur Ewigkeit und zum Heiligen erhöhten, und eben diese Legenden stellen weitgehend die einzigen Zeugnisse dar, die den Hauptverfasser des „Sefer Chasidim", des „Buchs der Frommen", als Menschen aus Fleisch und Blut bestätigen.

Die historische Umwelt

Intime Kenner des „Ma'ase Bukhs" wie Max Grünbaum oder Jacob Meitlis sprachen den Erzählungen und Berichten über Rabbi Jehuda he-chasid jeden historischen Kern ab. Doch ihr unbekannter Verfasser war mit dem Donauraum und seinen Ortsnamen vertraut; so erwähnte er u. a. Landshut. Als ab Sommer 1995 im Zuge der Umgestaltung des Regensburger Neupfarrplatzes die Archäologen Stück für Stück das mittelalterliche jüdische Viertel ans Tageslicht brachten und die Funde nicht nur das Interesse der

Sefer Chasidim (Buch der Frommen); Handschrift, um 1300

Öffentlichkeit, sondern auch zahlreiche Diskussionen entfachten, schließlich die Grund-
mauern der von Albrecht Altdorfer in zwei Radierungen überlieferten, 1519 abgerisse-
nen Synagoge und sogar ein ansehnlicher romanischer Vorgängerbau ans Tageslicht
kamen, lag die historische Welt des Rabbi Jehuda offen. Die Mauerreste ergaben das Bild
einer bis 1519 weitgehend in gesicherten Verhältnissen lebenden Gruppe; wen die auf-
gehenden Mauern von ‚Haus 1' noch nicht überzeugen konnten, dem zeigte ein 1996
gemachter Münzfund, daß die hochmittelalterliche Regensburger Judengemeinde in
Ruhe und Wohlhabenheit, in stetem sozialen und geistigen Kontakt mit der Umwelt lebte und als Vermittler zu den Handels-, Absatz- und Importgebieten im Osten maßgeblichen Anteil an der Bedeutung Regensburgs als südostdeutschem Zentrum für den
Fernhandel nahm. Aus einem Bericht des italienischen Arztes Zidkia ben Abraham
(13. Jahrhundert), der das um 1050 niedergeschriebene „Sefer Shibbole Haleket hasha-
lam" des Rabbi Qalonymos b. Shabbatai zitierte, wird ersichtlich, daß es sich bei dem
jüdischen Wirtschaftsmanagement nicht um Unternehmungen einzelner Personen handelte, sondern um firmenähnliche Zusammenschlüsse mit nichtjüdischen Angestellten.
Die Regensburger Juden nahmen im 12. Jahrhundert im Rußlandhandel eine führende
Rolle ein; der Begriff „rusarii" (Rußlandfahrer) wurde sogar zum Markenzeichen für die
jüdischen Kaufleute. Daß sich Regensburg im 12. Jahrhundert zum wohlhabenden
Umschlagplatz für die Waren von West nach Ost und von Ost nach West entwickelte,
haben wir nicht zuletzt den jüdischen Kaufleuten Regensburgs zu verdanken.

Regensburg aber entwickelte sich mit den Juden nicht nur zu einem Umschlagplatz
für Waren, sondern auch für Ideen. Moses Taku berichtete in seinem „Ketab-Thamim",
ihm sei erzählt worden, daß ein ketzerisches Buch der Karäer, einer jüdischen Sekte auf
der Krim, aus Babylon nach Rußland und von dort von jüdischen Kaufleuten nach
Regensburg gebracht worden sei. Rabbi Petachja ben Ja'aqov von Regensburg, der sich
rühmte, „in den Tagen unseres Lehrers Jehuda he-chasid, sein Andenken zum Segen"
gelebt zu haben, begann im November 1174 seine bis nach Babylon führende Reise in
Prag, einer Zwischenstation des Osthandels, und er brachte in seinem Reisetagebuch
wichtige Informationen über fremde Länder mit. Die Juden Regensburgs lebten somit
im Hochmittelalter nicht nur in Wohlstand, sondern auch in Sicherheit und in Weltoffenheit. Diese Feststellung erweist sich als entscheidend für das Verständnis des „Sefer Chasidim", des „Buchs der Frommen". Stets aber unterscheidet sich Regensburg von anderen jüdischen Gemeinden. 1182, als andernorts der jüdische Handel bereits erheblich
eingeschränkt wurde, stattete Kaiser Friedrich I. die Regensburger Juden mit einem
weitgehenden Privileg aus, das alle alten Rechte bestätigte, nämlich „Gold, Silber und andere Waren zu verkaufen, sowie zu kaufen nach dem alten Brauch, ihr Eigentum und
Waren zu tauschen und Gewinne nach alten Bräuchen zu erhalten". 1216 bestätigte
Kaiser Friedrich II. dieses Privileg, 1230 erweiterte Heinrich VII. die Rechte hinsichtlich
des jüdischen Vermögens und der jüdischen Gerichtsbarkeit; auch hier handelte es sich
um keinen Zufall, wie noch zu zeigen sein wird. Die Juden Regensburgs konnten weiterhin als zentrale Vermittler zwischen West und Ost fungieren. Auf diese soziale Situation
aber bezieht sich eine weitere Legende des „Ma'ase Bukhs": Rabbi Jehuda he-chasid, der
über die Fähigkeit verfügte, die Sprache der Tiere zu verstehen, hörte von einem Lamm
(„lemche"), daß der Frau des Bürgermeisters Gewalt angetan werden solle; er warnte den
Bürgermeister, der daraufhin Rabbi Jehuda he-chasid reich beschenkte.

Die jüdischen Wirtschaftsmanager des Hochmittelalters schufen somit die Grundlage
für eine ökonomisch gesicherte und geistig blühende Gemeinschaft von hohem internationalen Ansehen. Um 1080 wirkte hier der Talmudist Rabbi Menachem ben Mechir aus
Böhmen, seit 1150 bestand ein wichtiges rabbinisches Gericht (bet din), dem später nicht
nur Rabbi Jehuda – als einziger Pietist – angehören sollte, sondern an dem u. a. auch Rabbi
Ephraim ben Isaak, genannt „der Große" († 1175), urteilte und als einer der bedeutendsten
Talmudisten seiner Generation Schüler wie Joel ben Isaak ha-Levi aus Bonn ausbildete.

Die Ausgrabungen auf dem Neupfarrplatz aber erlauben nicht nur einen Blick in die
kulturelle Bedeutung der mittelalterlichen Judengemeinde, sie schärfen auch den Blick für
die Topographie zur Zeit Rabbi Jehuda he-chasids. Als er am 22. Februar (13. Adar) 1217
(4977) nach kurzer Krankheit wohl in einem der Häuser um den Neupfarrplatz herum
starb, mußte seine Leiche zum Friedhof durch ein Tor getragen werden, nämlich das Stadt-
tor bei Weih St. Peter, hinter dem sich auf ehemaligem Grund und Boden des Klosters
St. Emmeram der jüdische Friedhof erstreckte, ein einzigartiges, 1519 in wenigen Tagen
vernichtetes Monument. Die Legende des „Ma'ase Bukhs" vermittelt uns somit eine
durchaus konkrete Erinnerung an den letzten Gang. Dies mag Zufall sein; allerdings
schafft sich jede Legende ihre eigene Wirklichkeit aus Versatzstücken der kollektiven wie
der individuellen Erinnerung; denn nur durch den Umstand, daß sie nicht völlig aus dem
Nichts der Erfindung gewoben werden kann, bleibt sie als zweite Ebene der Biographie
am Leben, als Hagiographie, die stets ihren Gegenstand durch die Außergewöhnlichkeit
der geschilderten Person rechtfertigen muß. Doch verbirgt sich hinter dem Zusammen-
sturz des Turmes, mit dem die unbelebte Welt dem Rabbi ihre letzte Reverenz erwies, vielleicht doch eine vage Erinnerung? 1217 brach im Kloster St. Emmeram ein Feuer aus, das
einem auswärtigen Ordensmann, dem Abt eines bayerischen Klosters, das Leben kostete.
Wichtiger als dieser Zufall aber erscheint die Tatsache, daß von Beginn an die Geschichte
der Juden in Regensburg eng mit dem Kloster verbunden war. Am 2. April 981 hatte Kaiser
Otto II. den Verkauf des Gutes Scierstadt (Schierstadt bei Stadtamhof) durch den Juden
Samuel an das Kloster bestätigt, und im Gefolge der jüdischen Fernhändler aus Regensburg lassen sich hin und wieder auch nichtjüdische Kaufleute vermuten: So spendete ein
Rußlandreisender namens Hartwik dem Kloster St. Emmeram 18 Pfund Silber. Zu Beginn
des 12. Jahrhunderts ist in Kiev der Mönch Mauritius nachweisbar, der dort Spenden für
sein Kloster St. Jakob sammelte. Er kehrte mit einer Karawane von Kaufleuten („cum
negociatoribus") nach Regensburg zurück; daß sie Juden gewesen sein können, zeigt ein
feststehender Ausdruck der zeitgenössischen Chroniken: „negociatores id est judaei et
alii". 1210 erwarben die Juden von Abt Eberhard ein Grundstück, das sie als Begräbnisplatz zu nutzen gedachten.

Diese enge Verbindung der Juden mit dem Kloster blieb über Jahrhunderte hinweg
gewahrt und prägte sich ein in das kollektive Gedächtnis der Gruppe: Eine der berühmtesten jüdischen Legenden berichtet von Rabbi Amram von Mainz. Wie St. Emmeram
(Haimram) legte man seinen Leichnam auf ein Schiff, wie der Heilige suchte er sich
seinen Begräbnisplatz selbst aus. Weniger die Identität der Handlung als vielmehr die der
Namen überrascht. Die in der jüdischen Literatur weit verbreitete Erzählung ist erstmals
in der Moskauer Ginzburg-Handschrift aufgezeichnet worden, den von Gedalya Ben
Yosef Even Yihye im späten 15. Jahrhundert verfaßten „Shalshelet Hakabbala", und sie
findet sich auch im „Ma'ase Bukh". Doch damit nicht genug; die Regensburger Juden

waren überzeugt, daß Emmeram einer der ihren gewesen sei: Am 4. Mai 1470 gab der jüdische Renegat Kalman anläßlich eines Verhörs wegen vermeintlicher Lästerung Christi
und Mariens folgende Aussage zu Protokoll: „Item, als er sagt, das sand Haymram in
dem Judenfreithofe solle begraben sein, des ist er bekenntlich und sagt, er hab das gehört
von sein eltern, er wolt auch das loch wol anzaigen, das dann die Juden darfür halten,
darin sand Haymram begraben ligt". Zwei Tage später, am 6. Mai 1470, fügte er bei einem
weiteren Verhör neue Einzelheiten hinzu: „Item, die Juden halten, das sand Haymram
ein Jud sei gewesen und lig in ihrem freithof und hat kein stein ob im und hat nur ein
loch. da mainen sy, der geschmack gee davon, daß er sy helf. und haben die wibl, die bei
sand Haymram gelegen ist, als er auf der Tonau hergerunnen ist".

Dieser bislang früheste Beleg für die Identität beider Gestalten ist in mehrfacher
Hinsicht von Bedeutung. Es handelt sich hier nicht nur um eine schriftlich fixierte Überlieferung, sondern um die feste Überzeugung der Juden. Es kann nicht ausgeschlossen
werden, daß sich aus der von Arbeo von Freising aufgezeichneten „Vita et passio Sancti
Haimhrammi Martyris" die Sage von Rabbi Amram entwickelte. In der Aneignung des
hl. Emmeram für die Gestalt des Rabbi Amram spiegelt sich die enge Bindung der Juden
an das Kloster und nicht zuletzt an jenes Grundstück wider, auf dem nun Rabbi Jehuda
he-chasid begraben lag und das sich in der Folgezeit wegen der auf ihm beigesetzten
großen Gelehrten und Persönlichkeiten zu einem Wallfahrtsziel für Juden aus West- und
Osteuropa entwickeln sollte.

Legende und Wirklichkeit

Was aber wissen wir über das Leben Rabbi Jehuda he-chasids, dessen Bedeutung für
die jüdische Welt bis heute in offenem Widerspruch zur fehlenden Chronistik seines
Lebens zu stehen scheint? Er war prominent, entstammte einer der führenden jüdischen
Familien seiner Zeit, den Qalonymiden, er prägte die Geistigkeit seiner Zeit, war selbst
als Chronist für die Verflechtung der Juden mit ihrer Umwelt tätig, er erregte Widerspruch und zählt insgesamt zu den bedeutendsten Vertretern der abendländischen
Geistesgeschichte, die je in Regensburgs Mauern gelebt hatten.

Tatsächlich ist, so die resignierende Festellung der „Encyclopaedia Judaica", sehr
„wenig […] über sein Leben aus zeitgenössischen Quellen bekannt. Andererseits berichten
zahlreiche Legenden, die aus dem 15. und 16. Jahrhundert stammen, über sein Leben". Die
Legenden jedoch, die sich um ihn und um die Person seines Vaters Rabbi Samuel ben
Qalonymos he-chasid (um 1115–1180) ranken, reichen nahe an die Zeit des Frommen und
an die Zeitstimmung zurück. Mühsam lassen sich ferner vereinzelte Hinweise in dem
hauptsächlich ihm zu verdankenden Hauptwerk der „Chaside Ashkenas" (Bewegung der
mittelalterlichen jüdischen Pietisten), dem „Sefer Chasidim" (Buch der Frommen) entnehmen, das in einer um 1300 in Deutschland entstandenen Handschrift (heute in der
Bibliotheca Palatina in Parma) [Abb.] und im Erstdruck aus Bologna 1538 überliefert ist.
Schließlich aber trug sein Vetter und Schüler Rabbi Ele'asar ben Jehuda ben Qalonymos
von Worms, genannt Roqe'ach (‚Salbenmischer', um 1165–1230) zur Biographie wie zur
legendarischen Hagiographie Rabbi Jehudas bei. Die kargen zeitgenössischen Zeugnisse
beziehen sich eher auf die als sektiererisch betrachtete Gruppe der Chasidim als auf ihre

Hauptakteure: So berichtete Rabbi Me'ir ben Baruch aus Rothenburg, daß die Chasidim während des gesamten Tages einen Gebetsschal eigener Art trügen, und sie beteten langsam, so Rabbi Jakob ben Asher in seinen „Arba'a Turim". Sackgewänder habe Rabbi Jehuda getragen, so der „Sefer Sodot Acher" (Das andere Buch der Geheimnisse), das in einer Handschrift von 1413 vorliegt. Die gesicherten Erkenntnisse lassen sich in wenige Worten fassen. Er, den die Nachwelt als „Licht Israels", als „Vater der Weisheit", „Gerechter, auf dem das Weltall ruht", „Born lebendigen Wassers", „Kostbares Kleinod" oder als „Furcht des Gesetzes" rühmte, der seinen Schriften den Namen versagte, dessen Werke nur durch Zitate seiner Schüler überliefert wurden, entstammte, um 1140/50 in Speyer geboren, einer der prominentesten und einflußreichsten jüdischen Familien des Hochmittelalters, der Qalonymos-Familie. Sein Vetter und Schüler, Rabbi Ele'asar ben Jehuda aus Worms, teilte als erster eine Familientradition der Qalonymiden mit, laut der ein gewisser König Karl – niemand anderer als Karl der Große – sie aus dem norditalienischen Lucca nach Mainz geholt haben soll. 1084 zogen nach einem Brand einige Mitglieder der Qalonymiden-Familie nach Speyer um, wurden dort von Bischof Rüdiger wohlwollend aufgenommen und mit einem Privileg ausgestattet; es beruhte auf dem Muster der frühen karolingischen Privilegien, die zwar nicht Karl der Große, wohl aber sein Sohn Ludwig der Fromme um 825 einzelnen jüdischen Kaufleuten verliehen hatte. In Speyer nahmen die Qalonymiden ebenfalls führende Positionen in der Gemeinde ein. Zu dieser Elite aber gehörte Rabbi Samuel, genannt „der Fromme, der Heilige, der Prophet", der Vater Rabbi Jehuda he-chasids.

Der Vetter Rabbi Ele'asar stand durch enge familiäre Bindungen in direkter Beziehung zum Hofe Kaiser Friedrichs I.; denn sein Vater, Rabbi J(eh)uda ben Qalonymos aus Mainz, war Schwager des Rabbi Qalonymos ben Me'ir aus Speyer, des Hofbankiers Friedrichs I. So gibt die Geschichtslosigkeit Rabbi Jehuda he-chasids als Angehöriger einer prominenten, dem kaiserlichen Hof nahestehenden Familie, deren Mitglieder sich in der zweiten Hälfte des 12. Jahrhunderts im Rheinland mehr und mehr mystisch-esoterischen Spekulationen zugewandt hatten, Rätsel auf. Um 1140/50 in Speyer geboren, wurde Rabbi Jehuda he-chasid von seinem Vater Rabbi Samuel ben Qalonymos he-chasid, Rabbi Jomtov dem Heiligen und Rabbi Isaak ben Samuel ausgebildet. Nach allgemeiner Annahme kam er 1195/96 nach Regensburg, wo er als einziger Pietist Mitglied des berühmten Regensburger rabbinischen Gerichts (bet din) wurde und der Talmudschule (yeshiva) zu überragendem europäischen Ruf verhalf. Aus ihr gingen zahlreiche berühmte Gelehrte hervor; in den Jahren, in denen er lehrte, studierten hier so bedeutende Gelehrte wie Rabbi Baruch ben Samuel aus Mainz oder Rabbi Jakob von Couzy. Hier unterrichtete er auch seinen Vetter Rabbi Ele'asar von Worms, genannt Roqe'ach (‚Salbenmischer'), die neben dem Vater Rabbi Samuel he-chasid und Rabbi Jehuda he-chasid dritte bedeutende Gestalt des mittelalterlichen Pietismus, ebenfalls Vertreter einer esoterischen Theologie und Verfasser von Schriften wie dem „Sefer Chokhmat ha-Nefesh" (Buch von der Weisheit der Seele), dem „Sefer ha-Chokhma" (Buch der Weisheit) und dem „Sefer ha-Roqeach" (Buch des Salbenmischers).

Die historischen Spuren aber verlieren sich einmal mehr im Dunkel der populären Legende, die abändert und hinzufügt, Fakten und Mythen zur Hagiographie verwebt. Die Geschichten, die zur ‚Volksgeschichte' gerieten, zeichnen den Gelehrten als Wundertäter, als Mann mit übernatürlichen Fähigkeiten und einem seiner jüdischen wie christlichen Umwelt überlegenen Wissen; als Retter des jüdischen Volkes rückt er immer wieder in die Nähe des Propheten Elias. Daß Rabbi Jehuda in seiner Jugend, so das „Ma'ase Bukh" von 1602, gar nicht so fromm (chasid) gewesen sei, sich auf die Jagd und das Pfeil- und Armbrustschießen verlegt habe, bevor er mit Hilfe des Gebetes und des „ausgesprochenen heiligen göttlichen Namens" bekehrt worden sei, zählt zu den unverzichtbaren Bausteinen der Hagiographie; denn erst durch Bekehrung vom lasterhaften Leben entsteht wahre Größe.

Allerdings setzen die Legenden des „Ma'ase Bukhs" eine verklärte Person in eine reale zeitliche Umwelt. In der Erzählung, daß er den hartherzigen und judenfeindlichen Bischof von Salzburg zur Änderung seiner Boshaftigkeit zwang, indem er durch ein Wunder dessen Kopf im Fenstergewände einzwängen ließ, mögen die handelnden Personen vertauscht worden sein; doch Salzburg und Bayern waren an der Wende vom 12. zum 13. Jahrhundert in Auseinandersetzungen um den Salztransport, das Salzhandelssystem und schließlich das Salzmonopol, Regensburg und Passau miteinander in Konflikt um die Zollpolitik auf dem Haupthandelsweg, der Donau, geraten, den auch die jüdischen Händler für ihre Kauffahrten in den Osten benutzten. Der Passauer Bischof seinerseits ernannte zwar 1204 den Juden David (David Judaeus) zu einem der drei bischöflichen Mautner und entschädigte im Sommer 1210 die Passauer Juden mit 400 Mark Silber für das Unrecht, das man ihnen bei einem Pogrom durch Mißhandlungen und Plünderungen zugefügt hatte, verfolgte aber die Regensburger Kaufleute – unter ihnen mit Sicherheit die jüdischen „rusarii" – mit erheblichen Repressalien.

Ein zweites Beispiel mag diese Strategie der Legende präzisieren. Historisch bezeugt sind Rabbi Jehudas Söhne Moses ben Jehuda Saltman, ein Schüler des Ephraim ben Ephraim hag-gibbor und Verfasser eines Thorakommentars, Zalman ben Jehuda und Samuel ben Jehuda, ferner sein Enkel Ele'azar ben Moses ha-Darshan, Verfasser esoterisch-theologischer Schriften, sowie sein Urenkel Moses ben Ele'azar, der die chasidischen Lehren mit der Kabbala in Einklang zu bringen versuchte. Zwei weitere Söhne, Aharon und David, schrieb ihm die legendarische Überlieferung ohne ersichtlichen Grund zu. Von einer Tochter ist hingegen nirgendwo die Rede. Doch die wohl ungewöhnlichste, da märchenhafte Geschichte des „Regensburger Zyklus" im „Ma'ase Bukh" kennt eine Tochter Rabbi Jehudas, ohne sie beim Namen zu nennen: Rabbi Jehuda war es überdrüssig, daß sie ihren Lebensunterhalt als Geld- und Pfandhändlerin verdiente; daher versprach er sie dem frommen Rabbi Chanina zur Ehefrau. 1215, zwei Jahre vor dem Tode des Gelehrten, hatte das IV. Laterankonzil neben wichtigen Einschränkungen jüdischen Lebens durch das Verbot der Zinsnahme durch Christen den Juden dieses Geschäft aufgezwungen. Rabbi Jehuda hatte seinerseits im „Sefer Chasidim" die mit der Geldnahme und dem Geldhandel verbundenen gefährlichen Folgen für die Juden klar erkannt. Besser als eine Biographie überliefert uns daher die Legende die Zeitstimmung, die der fromme Gelehrte im Rheingebiet kannte und in Regensburg antraf.

Doch wann und auf welchem Wege kam Rabbi Jehuda he-chasid nach Regensburg, wurde er in Regensburg bis zu seinem Tode ansässig oder blieb er mobil? Sicher ist, daß das von ihm vertretene Frömmigkeitsideal ihn zum Außenseiter, zum charismatischen Exzentriker machte. Die Behauptung, daß er 1195/96 nach Regensburg gekommen sei, bedarf daher der Überprüfung. Avraham Epstein hat angenommen, daß ihn und seinen Vater die Ausschreitungen von 1195/96 gegen die Juden zwangen, Speyer zu verlassen und sich in den Südosten, nach Regensburg, zu begeben. Doch dieser Umzug kann sowohl früher wie auch später erfolgt sein, und erneut hilft eine zeitgenössische Legende weiter; sie deutet, so Ivan G. Marcus, einer der besten Kenner des mittelalterlichen Chasidismus, auf Auseinandersetzungen der Pietisten mit der jüdischen Gemeinde in Speyer hin:

„[...] Rabbenu Schmuel der Fromme, der Heilige und Prophet, der Vater von Rabbenu Avraham aus Speyer und Rabbenu Jehuda dem Frommen aus Speyer, der (die) aus dem Land [seiner] (ihrer) Geburt in den Bezirk Regensburg exiliert [wurde] (wurden) wegen eines gewissen Vorfalles. Seine Frau hat nämlich seine Schatulle berührt. Er hatte sie gewarnt: ‚Komme nicht in die Nähe der Schatulle, wenn du nicht rein bist.‘ Sie vergaß es und berührte sie. Diese Schatulle enthielt heilige Geheimnisse, in Heften aufgeschrieben".

Daraus folgert Marcus, daß Rabbi Judas Weggang von Speyer nach Regensburg „ein [...] in seiner Laufbahn begründeter Umzug" war, „in diesem Falle wegen seiner Exzentrizität und seinen unpopulären Ansprüchen auf religiöse Überlegenheit sogar seinen Verwandten gegenüber". Andererseits aber gehört der Topos des wandernden Gelehrten nicht nur in der jüdischen Literatur zur Hagiographie.

Werke und Nachruhm

Was aber blieb von Rabbi Jehuda he-chasid nach seinem Tod 1217? Noch seinen eigenen Schriften wie der lediglich durch ein Kopistenkolophon bezeugten massoretischen Abhandlung „Maharil" für den 9. Ab versagte er den Namen. Er, der die Regensburger Talmudschule 21 Jahre lang geleitet und sie zu einem europäischen Zentrum jüdischer Gelehrsamkeit und Geistigkeit ausgebaut, sich mit den bedeutendsten rabbinischen Rechtsgelehrten (Halakhisten) seiner Zeit ausgetauscht und selbst talmudische Randglossen (Tossafot) verfaßt hatte, weigerte sich, als Verfasser für den „Sefer hak-kabod" (Buch der göttlichen Herrlichkeit) aufzutreten; nur die Zitate seiner Schüler ermöglichen die Rekonstruktion dieses wichtigen Werkes.

Die „Chaside Ashkenas", die Bewegung der mittelalterlichen Frommen, bildete im 13. Jahrhundert eine eigene, nicht unumstrittene Gruppe innerhalb des hochmittelalterlichen Judentums. Ihre Frömmigkeit strebte nach mystischer Beziehung zu Gott und regelte die Gestaltung des Alltags. Die Normen schrieb Rabbi Jehuda in seinem zweiten Hauptwerk, dem „Sefer Chasidim" (Buch der Frommen) fest, mit dem er sich entschieden von der rationalen Frömmigkeit des zeitgenössischen Judentums absetzte. Die Nähe zu Zeitstimmungen fällt auf: Er habe es zusammengestellt, da die Juden die Sitten ihrer nichtjüdischen Nachbarn übernommen hätten, stellte er fest, und präzisierte: die Unsitten. In zahlreichen Paragraphen regelt es nicht nur das fromme Leben in der Gruppe, etwa das Verhalten an Sabbat, sondern auch den Umgang mit Christen. So erlaubt es Frauen bei drohender Vergewaltigung durch Christen, „Nonnenkleidung an[zu]legen, daß ihre Tracht sie vor Angriffen schütze". Die Nähe dieses, so Gershom Scholem, „bedeutendsten und denkwürdigsten Produkts der jüdischen Literatur" zur christlichen Spiritualität, die Ähnlichkeit der sozialen Modelle Rabbi Jehudas und des hl. Franziskus von Assisi sind streckenweise frappierend, rätselhaft und daher in der Forschung heftig umstritten; Asher Rubin stellte sogar die Theorie auf, daß den chasidischen Texten lateinische Bußbücher (Poenitentiarien) zugrunde lägen, was bedeuten würde, daß die drei

großen Vertreter der „Chaside Ashkenas", Rabbi Samuel, Rabbi Jehuda und Rabbi
Ele'asar, über hervorragende Lateinkenntnisse verfügt hätten. Allerdings lehnt das „Buch
der Frommen" die Lektüre christlicher geistlicher Schriften („sifre ha-gallahim")
entschieden ab. Joseph Dan wiederum hat auf literarische Parallelen zwischen dem Zister-
zienser Caesarius von Heisterbach (um 1180 – um 1240) und dem „Sefer Chasidim" hingewiesen, ohne einzubeziehen, daß der „Dialogus miraculorum" auf Wunsch des Abtes
Heinrich und der Mitbrüder des Mönches erst in den Jahren 1219 bis 1223 niedergeschrie-
ben wurde, also später als das „Buch der Frommen" entstand. Unter den zahlreichen
‚exempla', die den normativen Text erzählerisch erläutern und ihn dadurch auch einem
breiteren Publikum zugänglich machen, begegnen uns – teilweise mit den deutschen
Fachausdrücken – Zauberinnen und Wiedergänger, Dämonen und Werwölfe, Nachtmah-
re und magische Techniken sowie auffallend viele Glaubensformen, die keinesfalls der
jüdischen Dämonologie und Magiologie, sondern dem Aberglauben und der Aber-
glaubenskritik des Hochmittelalters entstammen und deren nichtjüdischer Ursprung
evident ist. Angesichts der nicht einfachen Entstehungs- und Überlieferungsgeschichte
des „Sefer Chasidim" ist jedoch nicht damit zu rechnen, daß uns Rabbi Jehuda he-chasid
über die in Süddeutschland populären Formen und Inhalte magischen Volksglaubens
unterrichtete, sondern daß er tatsächlich auf gelehrtes Wissen der Kirche zurückgriff, auf
Aberglaubenskataloge, wie sie uns etwa Burchard von Worms zur Verfügung stellte.

Rabbi Jehuda he-chasid erweist sich nicht nur als ein vorzüglicher Beobachter seiner
Zeit, sondern auch als vertraut mit seiner jüdischen wie nichtjüdischen Umwelt und mit
ersten assimilatorischen Tendenzen innerhalb des Judentums. Das „Buch der Frommen"
stellt sich daher neben seiner Bedeutung für die Theologie, Philosophie und Mystik als
bislang nur unzulänglich ausgeschöpfte Quelle für die Mentalitätsgeschichte der jüdischen wie der christlichen Gesellschaft des Hochmittelalters und zugleich als ein Dokument der kulturellen Integration der Juden dar. Ich will einige wenige Beispiele anführen;
denn der „Sefer Chasidim" überrascht Seite für Seite seine Leser mit rätselhaften
Hinweisen und Indizien; so mischen sich in ein nicht allzu geschliffenes Hebräisch, das
immer wieder den Hintergrund der deutschen Sprache zu erkennen gibt, deutsche
Begriffe und französische Sätze, sogar bei Segensformeln und der Umschreibung des
unaussprechlichen Namens Gottes: Man solle dem Namen Gottes immer die Benedik-
tion „soit beneit et soit louez" hinzufügen und am besten den Namen Gottes gar nicht
nennen, sondern ihn mit „notre Sire" umschreiben, wie man überhaupt nur in derjenigen
Sprache beten solle, die man verstünde.

In aufschlußreicher Art regelt der „Sefer Chasidim" in einer Reihe von Paragraphen
den Umgang der „Frommen" mit den Christen: Man soll keine (christlichen) Kirchen-
gesänge ins Hebräische übersetzen und sie in der Synagoge vortragen, Kinder in der
Wiege nicht mit christlichen Melodien in den Schlaf singen und Christen keine Synago-
genmelodien für deren kirchlichen Gebrauch lehren. Einen wichtigen Hinweis für den
Lebensstil der Juden vermittelt die Klage Rabbi Jehudas, daß viel Geld für Luxus anstatt
für die Armen ausgegeben werde, so z. B. für die Züchtung buntfarbiger Vögel in prächtigen Vogelhäusern. Einbände von Mess- und Gebetbüchern seien weder für Briefe und
Schuldscheine noch zum Einbinden jüdischer Bücher zu verwenden. Heilige Schriften
und kirchliche Bücher dürften nicht im gleichen Schrank aufbewahrt, ein heiliges Buch
nicht mit Pergamentblättern zugedeckt werden, die Romanzen enthielten. Ein identisches

Verbot enthält die Schulverfassung „Hoqe ha-Thora" aus dem 13. Jahrhundert; sie fordert nicht nur, „die Bücher in Ehren zu halten", sondern untersagt auch, ein „heiliges Buch mit Pergamentblättern" zuzudecken, „worauf Romanzen geschrieben sind. Einer hatte seinen Pentateuch mit einem Pergamentblatt, worauf in der Landessprache Weltgeschichte geschrieben war, zugedeckt. Ein Frommer, der das sah, zerriss das Blatt und warf es weg".

Tatsächlich lasen die Juden bereits im 13. Jahrhundert Übertragungen der Heldenepik, so z. B. der Sagen von den Abenteuern der Tafelrunde des Königs Artus, wie sie z. B. in einer aus dem Jahre 1279 stammenden hebräischen Handschrift in der Vatikanischen Bibliothek mit dem Titel „Sefer hishshamed ha-tabla ha-'agola shel ham-melech artus" (Das Buch über den Verfall der Tafelrunde des Königs Artus) geschildert werden.

Die Spuren der Bewegung der mittelalterlichen Pietisten verloren sich am Ende des 13. Jahrhunderts. Doch das „Sefer Chasidim" beeinflußte die späteren Generationen nachhaltig. 1473 gab Moses ha-kohen ben Ele'asar in Koblenz das „Kleine Buch der Frommen" heraus, das der Ideenwelt der deutschen „Chaside Ashkenas" zu neuem Leben verhalf. Der wenig später, nämlich 1480 geborene Josel von Rosheim (1480–1554), der als „Befehlshaber der Judenschaft im Heiligen Römischen Reich Deutscher Nation" am Reichstag in Regensburg teilnahm, war durch die Lektüre dieses Werkes in seiner Frömmigkeit und in seiner Lebensstrategie nachhaltig geprägt. Wie stark er sich den Lehren Rabbi Jehuda he-chasids verpflichtet fühlte, zeigt seine Stellung zur Zinsnahme. Rabbi Jehuda hatte sich im „Buch der Frommen" dafür ausgesprochen, daß der Jude selbst dann keine Zinsen nehmen dürfe, wenn er das dadurch verdiente Geld wohltätigen Zwecken zukommen ließe. Josel von Rosheim aber kannte die kaiserlichen Privilegien von 1182 und 1216, vielleicht sogar im Original; in seinen Memoiren dankte er Gott, daß er den Juden auf dem Reichstag zu Regensburg „hinsichtlich der verzinslichen Anleihe eine Lebensmöglichkeit unter den Völkern" gegeben habe; er benutzte das Privileg von 1216 als Argument, um den Augsburger Reichstagsabschied zu bekämpfen und den Juden eine gemäßigte Geldleihe, wie er sie auch in seiner Judenordnung festgesetzt hatte, zu ermöglichen.

Doch auch die poetischen Werke Rabbi Jehuda he-chasids überlebten. 1685 und noch einmal 1726 bestimmten die Statuten der Altonaer jüdischen Gemeinde, daß ein „Trauernder", ferner derjenige, der „,Jahrzeit' hat", sowie Fremde „nicht den [ganzen] Abend oder Morgengottesdienst vorbeten" dürfen. „Nur von Lam'nazeach an (Psalm 20, am Schluß des Gottesdienstes) darf er vorbeten, aber nicht: An'im Smirot". Hierbei handelt es sich um ein alphabetisches religiöses Gedicht („pijut"), das Rabbi Jehuda he-chasid von Regensburg zugeschrieben und im Wechselgesang zwischen Vorbeter und Gemeinde meist am Ende des täglichen Gottesdienstes gesungen wurde.

Besondere Bedeutung aber erlangte das sagenhafte, Rabbi Jehuda he-chasid zugeschriebene Testament, die „Zawaot Rabbi Juda he-chasid" (Testamentarische Verfügungen des Rabbi Juda he-chasid). 1559 legte, zumindest teilweise, Elieser ben Samuel Braunschweig aus Worms einen Sammelband unterschiedlicher Schriften an, der auch das wahrscheinlich nicht authentische Testament Rabbi Jehuda he-chasids enthält. Es wurde immer wieder aufgelegt und sogar ins Jüdischdeutsche übersetzt; so findet es sich in dem 1731 in Wilhermsdorf gedruckten Band „Berach Awraham" des Abraham ben Jehiel von Halberstadt. Noch einmal hat uns die Legende eingeholt; die Handschrift des Elieser ben Samuel Braunschweig unterstreicht eindrücklich, daß die Hagiographie des Gelehrten längst und vor dem Druck des „Ma'ase Bukhs" eingesetzt hatte.

Johann Gruber

Albertus Magnus – ein Dominikaner auf dem Regensburger Bischofsstuhl (um 1200–1280)

Kaum ein anderes Phänomen hat dem 13. Jahrhundert stärker seinen Stempel aufgedrückt als die Entstehung der Bettelorden. Die radikale Neuinterpretation des klösterlichen Armutsideals, der Wille, die neuen Ideen innerhalb der Kirche und in Übereinstimmung mit ihrer Glaubenslehre zur Geltung zu bringen, ja als Speerspitze der kirchlichen Verkündigung zu dienen, die Bereitschaft, sich seelsorglich der Stadtbevölkerung, nicht zuletzt auch der städtischen Unterschicht zuzuwenden, die effiziente Ordensstruktur, die durch den Verzicht auf die bei den herkömmlichen Orden übliche ‚stabilitas loci', die lebenslange Bindung an ein bestimmtes Kloster, eine optimale Einsetzbarkeit der Mönche gewährleistete, trugen in hohem Maße dazu bei, daß die Kirche der bereits im vorhergehenden Jahrhundert entstandenen Armutsbewegungen, wie den Katharern und Waldensern, die sich in ihren Glaubenslehren weit von ihr entfernt hatten und zeitweise an ihren Grundfesten rüttelten, Herr werden konnte. Besonders tat sich dabei der von dem Spanier Dominikus gerade auch zur Bekämpfung der Häretiker gegründete und im Dezember 1216 von Papst Honorius III. bestätigte Orden der Predigerbrüder, seit dem 15. Jahrhundert nach dem Gründer benannt, hervor. Die Konzentration auf die Aufgabe, Unwissende zu unterweisen und vor allem Irrgläubige zu bekehren, setzte natürlich eine gründliche Ausbildung, zumindest in den theologischen Fächern, voraus. Wegen der erwähnten Zielsetzung und der Wertschätzung der Bildung übte der Dominikanerorden schon früh enorme Anziehungskraft auf große Geister aus. So schloß sich ihm bereits 1223 in Padua ein deutscher Student namens Albert von Lauingen an, der später den Beinamen „der Große" erhalten sollte.

Über Herkunft und Jugendjahre Alberts wissen wir sehr wenig. Als gesichert kann gelten, daß er einem in Lauingen an der Donau ansässigen Ministerialengeschlecht entstammte, also schwäbischer Herkunft war, und daß er um 1200 geboren wurde. In der Literatur werden teilweise genaue Geburtsjahre genannt, nämlich 1193, 1206 und 1207, doch stützen sich diese Angaben auf unsichere, nicht zeitgenössische Quellen. Vermutlich verbrachte er in Lauingen auch seine frühe Jugend, zumindest sprechen dafür spätere Erinnerungen, etwa Beobachtungen über Fische in der Donau, die er als Kind machte. Als junger Mann ging er zum Studium nach Italien, wo er in Padua bei einem Onkel wohnte und wo er höchstwahrscheinlich aus den Händen des Nachfolgers des hl. Dominikus als Generalmagister des Predigerordens, Jordan von Sachsen, selbst das Ordensgewand empfing, als dieser 1223 in die oberitalienische Stadt kam, um die Studenten der dortigen, noch in der Gründungsphase befindlichen Universität für den neuen Orden zu begeistern.

Albert als Bischof von Regensburg.
Gemälde von Joseph Altheimer, 1896

Albert wurde in der Folgezeit nach Köln geschickt, wo 1220 eine der ersten deutschen Niederlassungen der Predigerbrüder entstanden war. Dort leistete er sein einjähriges Noviziat ab, studierte Theologie und empfing die Priesterweihe. Ab 1228 wirkte er als Lektor in verschiedenen Dominikanerklöstern, zunächst in Hildesheim, dann in Freiburg/Breisgau (nach anderer Version Freiberg/Sachsen). Die Aufgabe des Lektors bestand darin, der Gemeinschaft theologische Vorlesungen über ein Buch der Bibel zu halten.

Im Anschluß an Freiburg bzw. Freiberg übte er diese Funktion auch etwa zwei Jahre lang in dem spätestens 1229 gegründeten Dominikanerkloster St. Blasius in Regensburg aus, der ältesten Niederlassung des Ordens im heutigen Bayern, vermutlich zwischen 1237 und Anfang 1240. Näheres ist über diesen ersten Aufenthalt Alberts in Regensburg nicht überliefert. Ein Katheder, der im Zuge der im 17. Jahrhundert gestiegenen Albertus-Verehrung lange Zeit als sein Lehrstuhl angesehen wurde, ist inzwischen mit stilkritischen Anhaltspunkten dem ausgehenden 15. Jahrhundert zugeordnet worden. Der Raum der 1694 geweihten Albertus-Kapelle, in der die Kanzel steht, war jedoch mit einiger Wahrscheinlichkeit zu Alberts Zeiten der Hörsaal, in dem er lehrte.

Er war dann noch als Lektor in Straßburg und Köln tätig, bevor er 1243/44 vom Ordensgeneral an die Universität Paris, die angesehenste Hochschule der damaligen Zeit, delegiert wurde, um den Grad eines Magisters der Theologie zu erwerben. Dort erst stieg er zu der wissenschaftlichen Größe auf, als welche er in die Geistesgeschichte eingegangen ist. Er begann, sich intensiv, aber auch kritisch mit der jüdisch-arabischen Philosophie und den Werken des Aristoteles zu beschäftigen, kommentierte im Laufe seines Lebens sämtliche Werke dieses bahnbrechenden griechischen Philosophen und wurde so zum Begründer des christlichen Aristotelismus. Daneben widmete er sich der Beobachtung, Erforschung und Beschreibung der Natur, was ihn zu einem Naturwissenschaftler ersten Ranges werden ließ, insbesondere auf dem Gebiet der Zoologie und Botanik.

Nach dem Erwerb des Magistertitels lehrte Albert drei Jahre lang in Paris. 1248 wurde er nach Köln berufen, um das neu begründete Studium generale seines Ordens für Deutschland zu leiten. Welches Ansehen er sich dort erwarb, zeigte sich 1252, als er zum Vermittler in einem Rechtsstreit zwischen dem Erzbischof von Köln und der Stadt bestellt wurde und sein zusammen mit dem Legaten des Apostolischen Stuhls gefällter Schiedsspruch die päpstliche Anerkennung fand. Auf dem Provinzkapitel zu Worms 1254 erfolgte die Wahl Alberts zum Provinzial der deutschen Dominikanerprovinz, die sich weit über die Grenzen des heutigen Deutschland hinaus erstreckte. Zu Fuß bereiste er die einzelnen Klöster seiner Provinz, insgesamt an die vierzig. So kam er im Spätsommer 1255 auch nach Regensburg, um das dort abgehaltene Provinzkapitel zu leiten. Darüberhinaus nahm er 1255, 1256 und 1257 an den Generalkapiteln des Ordens in Mailand, Paris und Florenz teil. Während seiner Amtszeit als Provinzial wurde er zudem an die päpstliche Kurie nach Anagni berufen, wo er zusammen mit anderen Theologen mit Erfolg die Bettelorden gegen die Angriffe des Wilhelm von Saint-Amour und dessen Anhänger verteidigte.

Nach Beendigung seiner Funktion als Provinzial 1257 kehrte Albert nach Köln zurück, um seine Tätigkeit als Lektor im Dominikanerkonvent wieder aufzunehmen. Dort erreichte ihn ein Brief Papst Alexanders IV. vom 5. Januar 1260, mit dem er zum Bischof von Regensburg ernannt wurde. Der Papst gibt dabei der Hoffnung Ausdruck, „daß die Wunden der Kirche von Regensburg, deren Zahl und Größe sowohl in geistlichen wie in weltlichen Dingen beträchtlich sein sollen, vernarben, und durch Deinen Eifer und Deine Umsicht der Schaden behoben werden kann". Unter dem gleichen Datum richtete der Papst an das Domkapitel von Regensburg und an die Ministerialen des Hochstiftes die Aufforderung, Bruder Albert als dem neu ernannten Bischof Gehorsam zu leisten.

Sein unmittelbarer Vorgänger, Bischof Albert I. von Pietengau (1247–1259), nicht gerade das Muster eines Geistlichen, stand in den damaligen Auseinandersetzungen zwischen Kaiser und Papst auf päpstlicher Seite, hatte aber durch sinnlose Gewalttaten nicht nur sein eigenes Ansehen, sondern auch das seines Bistums beschädigt. Außerdem hatte er dieses in eine finanzielle Krise gestürzt. Das Domkapitel, das schon bei seiner Wahl gespalten gewesen war und mit dem er sich in der Folgezeit immer mehr entzweit hatte, klagte ihn 1258 beim Heiligen Stuhl an. Wohl um der Einleitung eines förmlichen Prozesses zuvorzukommen, trat der Bischof 1259 zurück und fand Aufnahme in einem Kloster. Der daraufhin vom Domkapitel zum Nachfolger gewählte Dompropst Heinrich von Lerchenfeld nahm wegen seines hohen Alters die Wahl nicht an. Danach konnte sich das Kapitel anscheinend nicht mehr auf einen Kandidaten einigen und wandte sich deswegen an den Papst.

Es kann nicht verwundern, daß dieser sich für Albert entschied, denn der gelehrte Mönch hatte sich ja bereits in heiklen politischen Missionen bewährt und erschien wegen seines Ansehens, seines Charakters und seiner Fähigkeiten als der richtige Mann, die Dinge in Regensburg, das er von den erwähnten früheren Aufenthalten her gut kannte, wieder ins Lot zu bringen. Dennoch stellte die Wahl Alexanders IV. Albert vor eine schwierige Entscheidung, denn nie zuvor hatte ein Dominikaner einen Bischofsstuhl angenommen, weil solches den auf Armut und bescheidene Lebensführung festgelegten Ordensidealen zuwiderlief und zu befürchten war, daß die Glaubwürdigkeit des Ordens beim Volk Schaden nehmen würde. Die damaligen Bischöfe waren bekanntlich zugleich weltliche Herrscher und schon wegen des besonders mit letzterer Funktion verbundenen Bedürfnisses zur Repräsentation in der Regel weit davon entfernt, in apostolischer Armut zu leben. Als die Vorgänge im Orden bekannt wurden, versuchte der Ordensgeneral Humbert von Romans mit dem Gewicht seines Amtes Albert von einer Annahme der bischöflichen Würde abzuhalten. Sogar der durch einen Verzicht zum Ausdruck gebrachte Ungehorsam gegenüber dem Papst erschien Humbert als vergleichsweise belanglos. Er forderte seinen Mitbruder ausdrücklich auf, sich den päpstlichem Wünschen zu widersetzen. Wie sehr ihm die Angelegenheit zu Herzen ging, geht aus folgenden pathetischen Worten hervor: „Lieber möchte ich meinen heißgeliebten Sohn in Christo auf die Totenbahre denn auf den Bischofsstuhl erhoben sehen."

Dennoch nahm Albert die Ernennung an. Im März 1260 ist er auf dem Weg von Köln nach Regensburg und stellt dabei in Würzburg bereits eine Urkunde als Leiter des Bistums aus, wobei er dem Deutschen Orden die Übertragung des Patronatsrechtes über die Pfarrkirche in Eger „nostre diocesis" (Eger gehörte bis 1818/21 zum Bistum Regensburg) bestätigte. Der neue Leiter des Bistums wurde nicht, wie sonst üblich, von einem Festzug erwartet und in seine Bischofskirche begleitet. Unklar ist, ob dies seiner Absicht entsprach. Vor allem in der älteren Literatur wird noch die nicht durch Quellen belegte Darstellung des Historiographen Laurentius Hochwart aus dem 16. Jahrhundert wiedergegeben, wonach Albert, nachdem er am Montag der Karwoche, der 1260 auf den 29. März fiel, in die Nähe von Regensburg gekommen sei, in mönchischer Bescheidenheit allem Pomp entgehen wollte und deswegen erst nach Sonnenuntergang die Stadt betreten und sich in das Kloster der Predigerbrüder begeben habe, wo er mit großer Freude aufgenommen worden sei; am Morgen des darauffolgenden Tages sei er dann von seinen Ordensbrüdern in den Dom begleitet worden, wo Klerus und Volk ihn mit Jubel empfangen hätten. Hochwart weiß auch die trostlose Lage des Hochstiftes eindrucksvoll zu schildern. Alle Kassen, so der Geschichtsschreiber, seien leer gewesen, die Speicher wie ausgefegt, in den Kellern kein Tropfen Wein, nichts war vorhanden, das nur dem Wert eines Eies entsprochen hätte, und dazu stand die Frühjahrsbestellung der Weinberge an. Nach Darstellung Hochwarts hat Albert in seiner kurzen Amtszeit die ungeheure Schuldenlast des Bistums abgetragen, indem er zuverlässige Verwalter einsetzte und persönlich bedürfnislos lebte.

Er empfing offenbar erst zwischen dem 10. Mai und dem 16. Juli 1260 die Bischofsweihe, da er bis zum ersteren Datum immer nur als „electus" oder „electus et confirmatus" erscheint und erst nach dem 16. Juli als Bischof. So bestätigt „Albertus … ecclesie Ratisponensis electus" mit seiner ersten in Regensburg ausgestellten Urkunde vom 9. April 1260 der Zisterzienserabtei Waldsassen bestimmte Ablässe und verleiht ihr einen weiteren. Bemerkenswert am Wortlaut dieser Urkunde ist sein Verbot, daß sie von Sammelpredigern mitgeführt werde. Es war ihm natürlich bekannt, daß diese oft Ablaßhandel trieben, den er auch in seinen Schriften bekämpfte. Durch das schon berührte Privileg vom 10. Mai verlegte Albert das Fest der Weihe der Klosterkirche von Prüfening auf den Sonntag nach Christi Himmelfahrt. An einem Sonntag hatten mehr Gläubige die Möglichkeit, an den Feierlichkeiten teilzunehmen. In einer am ersten Tag seines Pontifikates, also zwischen dem 10. Mai und dem 16. Juli 1260, ausgestellten Urkunde ohne Tagesdatum verbietet der neue Bischof seinem Diözesanklerus, von den Neubrüchen des Klosters Niederaltaich Zehnten zu erheben, wobei er trotz der schwierigen wirtschaftlichen Lage des Hochstiftes auf die dem Bischof zustehenden zwei Drittel des Zehnts verzichtete. Am 16. Juli 1260 überträgt Albert II. seinem Domkapitel zur Aufbesserung seiner Pfründen die Pfarrei Cham. Besonders lag dem Bischof auch das Katharinenspital, die bedeutendste soziale Einrichtung in Regensburg, am Herzen. Er forderte in einer Urkunde vom 30. Juli 1260 den Klerus seiner Diözese auf, die Gläubigen zu Almosen für jenes aufzurufen, versprach den Spendern 40 Tage Ablaß und erneuerte ein Ablaßprivileg Bischof Konrads IV. für das Spital. Am darauffolgenden Tag beurkundete Albert den Verkauf eines Hofes, einer Mühle und einer Hube zu Hagenbuch durch Konrad von Hohenfels, einen Dienstmann des Hochstiftes, an die Deutschordenskommende Regensburg. In den zwischen dem 9. April und dem 31. Juli ausgestellten Urkunden findet sich mit einer Ausnahme, der vom 10. Mai, in der kein Ausstellungsort angegeben ist, als Ortsangabe Regensburg. In einer Urkunde für das Kloster Münchsmünster vom 19. August 1260, in der Albert II. als Zeuge fungiert, ist zwar kein Ort genannt, doch lassen die aufgeführten Zeugen auf Regensburg schließen. Ende September 1260 nimmt Albert an einer von Erzbischof Ulrich von Salzburg einberufenen Synode der bayerischen Kirchenprovinz Salzburg in Landau/Isar teil. Die beiden genannten und die außer ihnen dort versammelten Bischöfe von Freising, Chiemsee, Lavant und der Dompropst von Salzburg beurkundeten am 25. des berührten Monats zwei wichtige Beschlüsse. Ein Rechtsspruch, den einer von ihnen gefällt habe, sollte auch im Jurisdiktionsbereich aller anderen an der Synode beteiligten Bischöfe gelten. Außerdem wurde beschlossen, gegen alle mit Kirchenstrafen vorzugehen, die kirchliche Pfründen unrechtmäßig zurückhielten oder den Neubruchzehnten ohne Erlaubnis einnähmen oder sich aneigneten. Unmittelbar nach dem Ende der Synode muß Albert nach Südtirol gereist sein, denn noch im September 1260 ist er bei einer Rechtshandlung in Sterzing anwesend. Zweck dieser Reise könnte eine Visitation der hochstiftischen Besitzungen in Tirol gewesen sein. Von dort kehrte er aber schon bald nach Regensburg zurück. Am 13. Oktober weihte er dort die St.-Koloman-Kapelle in der Abtei St. Emmeram. Noch im Jahr 1260, jedoch ohne Tages- und Ortsangabe, beurkundete er eine Einigung in einem Streit zwischen dem Kloster Waldsassen und der Deutschordenskommende Eger wegen des Begräbnisrechtes. Um die Jahreswende 1260/61 beglaubigte er zusammen mit den Vorstehern mehrerer Klöster in und bei Wien ein Diplom Kaiser Friedrichs II. aus dem Jahre 1236 für den Deutschen Orden. Spätestens ab dem 22. Februar 1261 weilte der Bischof wieder in Regensburg, denn unter diesem Datum und der entsprechenden Ortsangabe erteilte er den Äbten von Metten und Oberaltaich den Auftrag, die Reformstatuten des Papstes Gregor IX. im Bistum Regensburg durchzuführen und zu diesem Zweck die Benediktinerklöster viermal im Jahr zu visitieren. Am selben Tag richtete er an Abt Hermann von Niederaltaich die Anweisung zur Visitation des Klosters Metten.

Ebenfalls am 22. Februar stellte er in Regensburg noch eine Urkunde aus, mit der er dem Klarissenkloster daselbst ältere Urkunden beglaubigte. Im August 1261 soll er die Kirche von Lerchenfeld (bei Mintraching) geweiht haben. Nachdem er Mitte 1261 noch an einer Provinzialsynode der dem Erzbistum Salzburg untergeordneten Bischöfe teilgenommen hatte, reiste er nach Rom, um sich durch den Hl. Stuhl vom Bischofsamt entbinden zu lassen. Durch den Tod Alexanders IV. am 25. Mai 1261 und die drei Monate später erfolgte Wahl Urbans IV. hatte sich die Situation verändert, wenngleich auch der neue Papst das Rücktrittsgesuch nur ungern annahm. Albert ist allem Anschein nach in seiner Amtszeit nicht mehr in sein Bistum zurückgekehrt, jedenfalls läßt sich seine Anwesenheit in Regensburg nicht mehr belegen. Am 23. Dezember 1261 und am 25. Februar 1262 wird er dort in Rechtsgeschäften durch sein Domkapitel bzw. führende Repräsentanten desselben vertreten. In der letzteren Urkunde wird er aber noch als amtierender Bischof bezeichnet, so daß seine Resignation erst danach erfolgt sein kann. Am 11. Mai 1262 bestätigt Urban IV. dann den zum Nachfolger Alberts II. gewählten bisherigen Domdekan Leo Tundorfer, einen Regensburger Patriziersohn, als neuen Bischof.

Was über den kurzen Episkopat Alberts zuverlässig überliefert ist, gibt wenig Zeugnis über seine herausragende Persönlichkeit und ist eher unter dem Begriff Verwaltungsroutine einzuordnen. Überrascht hat, daß er weder dem Konvent der Predigerbrüder, dem er selbst ein paar Jahre angehört hatte, noch dem 1233 gegründeten Kloster der Dominikanerinnen Privilegien erteilte. Möglicherweise wollte er bewußt den Eindruck vermeiden, er begünstige seinen Orden. Nicht den geringsten Beweis gibt es auch für die Überlieferung, er habe während seiner Sedenzzeit als Bischof höchstpersönlich die Pläne für den Bau der Regensburger Dominikanerkirche gezeichnet. Erst fünf Jahre nach Beendigung seines Pontifikats in Regensburg stellte er für diese Kirche ein Ablaßprivileg aus. Die noch von Weisheipl vorgebrachte Meinung, Albert habe „fast zwei Jahre" damit verbracht, „seine große Diözese zu Fuß zu bereisen und überall Reformen einzuführen" läßt sich mit dem oben gesagten, vor allem den zitierten Urkunden, sicher nicht voll vereinbaren. Er kann allenfalls zeitweise in seinem Bistum unterwegs gewesen sein, wobei allerdings auffällt, daß von den überlieferten Urkunden keine einzige nachweislich an einem Ort seiner Diözese außerhalb Regensburgs ausgestellt ist. Andere Autoren geben an, er habe sich gerne in die hochstiftische Burg Donaustauf zurückgezogen und sich in dieser seinen wissenschaftlichen Arbeiten gewidmet. Die früher vertretene Meinung, er habe dort seinen Kommentar zum Lukasevangelium verfaßt, wird in der neueren Literatur kaum noch geteilt. Dagegen besteht für Weisheipl wegen des von Albertus Magnus in seinem Kommentar zu „De animalibus" gebrauchten Ausdrucks „in meiner Villa oberhalb der Donau" kein Zweifel darüber, daß dieses Werk in Donaustauf entstand.

Ist es ihm in den wenigen Monaten, in denen er sich in Regensburg aufhielt, wirklich gelungen, die wirtschaftliche Misere des Hochstifts zu beheben, wenn sie so desolat war wie von Hochwart geschildert? Mit persönlicher Bedürfnislosigkeit lassen sich die Finanzen eines Gemeinwesens in so kurzer Zeit kaum sanieren, selbst wenn man in Rechnung stellt, daß der Lebens- und Repräsentationsstil des Bischofs im Haushalt eines Bistums damals ganz anders zu Buche schlug als etwa heute, und auch durch die Einsetzung tüchtiger Verwalter können nur die Weichen richtig gestellt worden sein. Die Früchte haben wohl erst die Nachfolger geerntet. Ein unbestreitbares Verdienst Alberts des Großen in seinem Episkopat besteht darin, daß es ihm gelang, tüchtige Helfer zu gewinnen wie die Äbte Hermann von Niederaltaich und Poppo von Oberalteich und insbesondere sein Domkapitel, mit dem offensichtlich ein gutes Einvernehmen bestand. P. Mai hat folgendes Resümee über den Pontifikat des Bischofs aus dem Predigerorden gezogen: „Albertus Magnus hat in den zwei Jahren seiner Regierung eine durch politische Händel und eine wenig glückliche Amtsführung seines Vorgängers zerrüttete Diözese in den Griff bekommen und so geordnet, daß er sie getrost einem anderen zurücklassen konnte."

Es ist viel darüber gerätselt worden, warum Albert das Bischofsamt gegen den massiven Widerstand seines Ordens annahm, um dann doch nach ziemlich kurzer Zeit wieder darauf zu verzichten. Angesichts des völligen Fehlens zeitgenössischer Hinweise müssen alle dazu vorgebrachten Meinungen Spekulation bleiben. Nicht auszuschließen ist, daß er sich auch nach Annahme des Episkopates dem moralischen Druck seiner Ordensbrüder ausgesetzt sah und deswegen nach einiger Zeit seine Entscheidung revidierte. Ebenso simpel wäre die Erklärung, er habe das Amt ungern angenommen, sich jedoch noch mehr dem Papst als seinem Ordensoberen gegenüber zum Gehorsam verpflichtet gefühlt und die Bürde wieder abgestreift, als sich durch den Pontifikatswechsel in Rom die Gelegenheit dazu bot, zumal er in Leo Tundorfer einen fähigen und würdigen Nachfolger sah. Vorbehalte sind gegenüber dem Argument angebracht, Albert sei von einem Wandertrieb beseelt gewesen und habe es deswegen nicht länger in Regensburg ausgehalten, denn seine häufigen Ortswechsel beweisen noch keine übermäßige Wanderlust. Als Mönch war er den Befehlen seiner Ordensoberen unterworfen. Diese – oder auch der Papst – setzten ihn dort ein, wo sie ihn gerade brauchten, wobei freilich naheliegt, daß sie bei ihren Entscheidungen sein Wesen berücksichtigten. Statt des Wandertriebs könnte man genausogut ein nahezu entgegengesetztes Rücktrittsmotiv vermuten, nämlich daß er sich nach dem durch langjährigen Aufenthalt lieb gewordenen Köln sehnte, wohin zu reisen sich ihm als einem Bischof einer zu einer anderen Kirchenprovinz gehörenden Diözese kaum ein Anlaß geboten hätte.

Verschiedene andere für den Verzicht vorgebrachte Beweggründe, wie die eingeschränkte Gelegenheit zur wissenschaftlichen Arbeit, seine Frustration über das „unbelehrbare und moralisch verkommene Volk", das sich über das einfache Schuhwerk des

Bischofs lustig gemacht und ihn „Bundschuh" genannt habe, sein Widerwille gegen die militärischen Aufgaben eines Reichsfürsten, sind schon von J. Staber als nicht stichhaltig erwiesen worden, der als einzigen Rücktrittsgrund gelten läßt, Albert habe nicht nach dem Bischofamt, sondern nach der unverlierbaren Bischofswürde gestrebt, „um sein wissenschaftliches Lebenswerk zu sichern". Er hatte sich nämlich mit seinen wissenschaftlichen Werken zwar einerseits höchstes Ansehen erworben, aber auch großen Anfeindungen ausgesetzt, zum Teil sogar aus seinem eigenen Orden. Die Beschäftigung eines Theologen mit heidnischen Philosophen wie Aristoteles und mit den Naturwissenschaften war zu seiner Zeit noch sehr umstritten. Albert äußerte sich über seine Gegner einmal folgendermaßen: „Es gibt Leute, die Ignoranten sind, die aber mit allen Mitteln das Studium der Philosophie bekämpfen, so besonders bei den Predigerbrüdern, wo ihnen niemand Widerstand leistet, stupide Bestien, die kritisieren, was sie nicht kennen", ein andermal mit den Worten: „Da sie in ihrer Faulheit solche Idioten sind, suchen sie, um nicht als Idioten zu gelten, denen, die geistig über ihnen stehen, etwas anzuhängen …". Die Bischofsweihe schützte ihn gegen solche Angriffe und verschaffte ihm die dauernde Verfügungsgewalt über seine Einkünfte, bei den damals überaus kostspieligen handgeschriebenen Büchern ein unschätzbarer Vorteil. Ein Fragezeichen bleibt aber auch hinter diesem plausiblen Motiv, denn es würde immerhin bedeuten, daß eine Persönlichkeit wie Albert, später heiliggesprochen, ein hohes kirchliches Amt, für das er sich nicht berufen fühlte, allein zum Eigennutz angenommen hat.

Bald nach seinem Verzicht übernahm Albert erneut eine nach damaligem Verständnis sehr wichtige kirchliche Funktion. Einem im Februar 1263 erteilten Auftrag Urbans IV. gemäß zog er als Kreuzzugsprediger durch die deutschsprachigen Lande und Böhmen. Mit dem Ableben dieses Papstes am 2. Oktober 1264 erlosch wahrscheinlich dessen Mandat. Anschließend war er wieder als Lehrer für seinen Orden tätig und zwar in Würzburg, Straßburg – nach anderen Angaben hat er dort einen Rechtsstreit zwischen Stadt und Bischof geschlichtet – und seit 1269 wieder im Dominikanerkloster Hl. Kreuz in Köln, wo er von da an auf Dauer bleiben konnte und wo er am 15. November 1280 hochbetagt und hochverehrt verstarb, nachdem er bis ins hohe Alter an seinem wissenschaftlichen Werk weitergearbeitet hatte. Drei Tage später wurde er vor den Stufen des Hauptaltars der Klosterkirche bestattet (nach der Zerstörung der Dominikanerkirche 1804 wurden seine Gebeine in die Kirche St. Andreas überführt).

Seine Zeitgenossen beeindruckte Albert vor allem durch seine umfassende Bildung und Gelehrsamkeit, die ihren schriftlichen Niederschlag in einem ungemein umfangreichen und vielseitigen literarischen Werk fand, weshalb sie ihn mit den Bezeichnungen „doctor universalis" und „doctor expertus" ehrten. Er gilt als der größte deutsche Gelehrte des Mittelalters und erhielt den Beinamen „der Große", eine Auszeichnung, die sonst fast nur Herrschern zuteil wird. Die neue kritische Gesamtausgabe seiner Schriften ist auf nicht weniger als 40 Bände angelegt. Seine Stärke war nicht so sehr die eigenständige Entwicklung von Ideen und Denksystemen als das Sammeln, Kombinieren und Beurteilen von bereits von anderen vorgebrachten Gedanken. In seinem Wissenschaftsverständnis war er vielen Zeitgenossen weit voraus. Er forderte Freiheit der Forschung und Anwendung der wissenschaftlichen Methode, nämlich Forschung gemäß den Regeln der betreffenden wissenschaftlichen Disziplin. In der Glaubens- und Sittenlehre räumte er im Zweifelsfall dem Urteil der Kirchenväter den Vorrang ein, in der Medizin jedoch hielt er sich an die zu seiner Zeit bekannten Autoritäten dieses Faches wie Hippokrates und Galenus, „und wenn es um die Natur der Dinge geht, wende ich mich an Aristoteles oder an einen anderen, der auf diesem Gebiet bewandert ist". Sein größtes Verdienst für die Nachwelt ist es denn auch, die Lehren des Aristoteles mit der christlichen Offenbarung verbunden, dem Aristotelismus im christlichen Abendland zum Durchbruch verholfen zu haben. Fortgeführt wurde dieses Werk von seinem großen Schüler Thomas von Aquin, der mit Hilfe der Philosophie des Aristoteles ein einheitliches System entwickelte, das bis in die jüngere Zeit für die Theologie seine Geltung behielt.

Obwohl Albert in Regensburg den Gipfel seiner geistlichen Karriere erreichte und sich auch vor seinem Pontifikat hier schon längere Zeit aufgehalten hatte, war er doch viel stärker mit der Stadt Köln verbunden, wo er am längsten lebte und wo er seine letzte Ruhestätte fand. Er wurde deswegen in späterer Zeit gelegentlich Albert von Köln genannt. Zu seinem Nachruhm und zu seiner Selig- und Heiligsprechung hat seine ehemalige Diözese jedoch mehr beigetragen. Sein Todestag, der 15. November, wurde vom Regensburger Domkapitel stets mit feierlicher Vigil begangen. Mit der Erhebung der Gebeine des Dominikanergelehrten 1483 in Köln nahm seine Verehrung einen ziemlichen Aufschwung. Im darauffolgenden Jahr soll Papst Innozenz VIII. den Dominikanerklöstern in Köln und Regensburg die Erlaubnis erteilt haben, Altäre zur Ehre Alberts zu errichten. Das Regensburger Kloster jedenfalls machte freilich zunächst keinen Gebrauch davon. Der rührigste Förderer der Albertverehrung im Bistum Regensburg war dann Bischof Albert IV. von Törring (1613–1649). Vermutlich bereits zu seinem Amtsantritt, zumindest aber noch im Jahr 1613 gab er die Prägung einer Medaille in Auftrag, auf der Albert der Große als Heiliger dargestellt ist. Auf der Rückseite dieser Medaille ließ sich Albert von Törring als „successor" bezeichnen, womit er wohl ausdrücken wollte, daß er seinem berühmten Namensvetter nachzueifern trachtete. Er betrieb zielstrebig die Selig- und Heiligsprechung des „doctor universalis" und erreichte zunächst 1622 für den Regensburger Dom, später für das ganze Bistum die päpstliche Erlaubnis, das Fest des Albertus Magnus feierlich zu begehen, was einer Seligsprechung gleichkam. Außerdem gelang es ihm 1619, für Regensburg eine Armreliquie seines großen Vorgängers zu erwerben, die allerdings schon 1633 während der schwedischen Besatzung Regensburgs wieder verlorenging. Der nachfolgende Bischof Franz Wilhelm von Wartenberg (1649–1661) bemühte sich um eine neue Reliquie und erhielt 1654 eine Rippe Alberts des Großen. 1694 wurde zudem dessen linkes Schulterblatt von Köln nach Regensburg transferiert und dem Dominikanerkloster für die neu geschaffene Albertus-Magnus-Kapelle zur Verfügung gestellt. Auch die Initiative zur Heiligsprechung des großen Denkers ging von Regensburg aus, nämlich von einer 1928 abgehaltenen Diözesansynode, deren dahingehendes Bittgesuch von Bischof Dr. Michael Buchberger an den Apostolischen Stuhl weitergeleitet wurde. Im Dezember 1931 erhob Papst Pius XI. den überragenden Theologen, Philosophen und Naturwissenschaftler zur Ehre der Altäre und zugleich zum Kirchenlehrer.

Seine ehemalige Bischofsstadt hat Albertus Magnus u. a. dadurch geehrt, daß sie den Platz vor der Dominikanerkirche nach ihm benannte und dort eine Bronzebüste von ihm aufstellte. Die am meisten adäquate Reverenz hat sie ihm vielleicht damit erwiesen, daß sie ihre 1949 gestiftete Medaille zur „Förderung von Kunst und Wissenschaft" mit seinem Namen verband.

Seine Diözese Regensburg zählt ihn seit neuerer Zeit zu ihren Bistumspatronen.

Peter Segl

Berthold von Regensburg – Prediger (1210–1272)

Der Franziskaner Berthold war unter all den in diesem Band versammelten Regensburger Persönlichkeiten der letzten zwei Jahrtausende wohl der zu Lebzeiten bekannteste, denn zeitgenössischen Berichten zufolge strömten zu seinen Predigten nicht nur Hunderte und Tausende von Zuhörern, sondern Zehntausende – in manchen Quellen ist sogar von hunderttausend und zweihunderttausend Predigtbesuchern die Rede –, zu denen Berthold gerne vor der Kirche oder auch auf freiem Feld von einem eigens errichteten hölzernen Gerüst herunter zu sprechen pflegte [Abb.], auf dessen Spitze ein Wimpel oder an einer Schnur befestigte Federn angebracht waren, „damit", wie sein Ordensbruder Salimbene von Parma überliefert, „das Volk aus der Richtung des Windes erkenne, auf welcher Seite es sich niedersetzen solle, um am besten zu hören. Und wunderbar zu sagen: Es hörten und verstanden ihn ebensogut die von ihm Entfernten wie die unmittelbar neben ihm Sitzenden. Und keiner stand während seiner Predigt auf und entfernte sich, bevor sie zu Ende war".

Letzteres scheint den Berichterstatter, selbst ein erfahrener Prediger, besonders beeindruckt zu haben, denn das vorzeitige Verlassen einer Predigt dürfte nicht gerade selten vorgekommen sein und wird in vielen mittelalterlichen Predigthandbüchern immer wieder beklagt.

Was verlieh Berthold von Regensburg eine solche Anziehungskraft, daß ihm die Massen nicht nur zuströmten, sondern dann auch bei ihm ausharrten? Zwei Dinge sind es wohl: Seine Persönlichkeit sowie die Art, wie und die Themen, über die er predigte.

Über Berthold als Person wissen wir nicht allzuviel. Die Themen seiner Kanzelreden jedoch und teilweise auch die Art, wie er sie seinem Publikum nahebrachte, lassen sich aus den unter seinem Namen überlieferten etwa 130 deutschen sowie aus den von ihm selbst herausgegebenen 257 lateinischen Predigten erkennen.

Geboren um 1210, wahrscheinlich in Regensburg, hat Berthold sich wohl schon in jungen Jahren, vielleicht um 1226, dem von Franz von Assisi geschaffenen Orden der Minderbrüder angeschlossen, der bereits 1221, also noch zu Lebzeiten des Hl. Franziskus, auch in Regensburg, wie vorher schon in Augsburg, eine Niederlassung hatte einrichten können. Seine theologische Ausbildung erfuhr er zwischen 1230 und 1235 vermutlich an der 1228 gegründeten Studienanstalt der Franziskaner in Magdeburg, 1240 ist er als Prediger in Augsburg bezeugt: „Und da man zalt 1240, da prediget pruder Perchtold von Regensburg hie zu Augspurg", vermerkt eine anonyme Augsburger Chronik über die Jahre 991–1483.

Das erste nachweisbare Datum im Leben Bertholds ist der 31. Dezember 1246. An diesem Tag wurden er und sein Gefährte („socius") David von Augsburg vom päpstlichen Legaten Philipp zusammen mit dem Regensburger Domdekan Heinrich von Lerchenfeld und dem Domkanoniker Ulrich von Dornberg mit der Visitation des Frauenklosters Niedermünster in Regensburg beauftragt. Im November 1253 treffen wir Berthold, nun bereits ein berühmter Prediger, in Landshut „auf dem Schlosse bei Herzog Otto, wo er ihn zum Gehorsam gegen die Kirche zu bringen und sein Gemüt gegenüber den Kirchen und der Geistlichkeit zu besänftigen suchte", wie sein Zeitgenosse Hermann von Niederaltaich († 1273) in seinen Annalen festhält. Für die Jahre 1254 bis 1256 wissen wir von großen Predigtreisen Bertholds. Im Januar 1254 ist er in Speyer bezeugt, wo er 1255 nochmals erscheint, ebenfalls 1255 taucht er in Colmar auf, im selben Jahr in verschiedenen Orten und Städten des Aargaus und des Thurgaus, so auch in Zürich sowie in Konstanz. 1256 hat er erneut die Schweiz bereist und ist bis nach Graubünden gekommen. In den Jahren 1261 bis 1263 ist er dann durch Österreich, Mähren, Böhmen, Schlesien und Thüringen gewandert, verschiedene Nachrichten deuten darauf hin, daß er auch in Ungarn missioniert hat, wobei er sich in nichtdeutsch-sprachigen Regionen eines Dolmetschers bediente.

Am 21. März 1263 – und das ist wieder eines der wenigen urkundlich gesicherten Daten in Bertholds Biographie – hat Papst Urban IV. dem „in Deutschland, Böhmen und den anderen deutschsprachigen Ländern" (Registra Vaticana 27) mit der Propagierung eines neuen Kreuzzuges betrauten früheren Regensburger Bischof Albert, wohl auf dessen Vorschlag hin, Berthold als Assistenten zur Seite gestellt, woraus die germanistische Berthold-Forschung nicht selten irrtümlich eine Verpflichtung „zur Predigt gegen die Ketzer in Deutschland, Frankreich und der Schweiz" macht, obwohl es in dem päpstlichen Breve ganz unmißverständlich heißt, das Albert und Berthold übertragene „Kreuz-Geschäft" („Crucis negotium") solle zur „Unterstützung des Heiligen Landes" („pro terre sancte subsidio") beitragen. Der Auftrag dürfte Berthold, der Kreuzzüge und Krieg über-haupt als „Menschenmord" („manslaht") einschätzte, nicht leicht gefallen sein, doch hat er sich ihm in Gehorsam gegenüber dem Papst und aus Loyalität zu Albert nicht entzogen und sich erneut auf die Reise gemacht. Selbst bis nach Frankreich ist er gezogen, wo er an-scheinend König Ludwig IX. für die päpstlichen Kreuzzugspläne zu gewinnen versuchte.

Nach 1266 wissen wir von keinen Reisen Bertholds mehr. Im November 1271 erfährt er vom Tod seines langjährigen Gefährten David von Augsburg, den erst eine spätere Überlieferung zu seinem Lehrer gemacht hat. Im Jahr darauf, vermutlich am Tag der heiligen Lucia (13. Dezember), ist Berthold gestorben. Sein Grab hat er in der St.-Ono-phrius-Kapelle der Regensburger Minoritenkirche gefunden. Die mittelalterliche Grab-platte, die sich nach mancher Irrfahrt heute wieder in der jetzt profanierten Kirche befindet, gibt ebenso wie das um 1460 zusammengestellte Nekrolog der Regensburger Minoriten als Todestag den 14. Dezember 1272 an.

Nach der Chronik des Nikolaus Glaßberger und dem Bericht Aventins kamen noch im 15. und 16. Jahrhundert Jahr für Jahr Wallfahrer aus nah und fern zu seinem Grab, bis von Ungarn her, wo Berthold gleich nach seinem Tod als Heiliger verehrt wurde. Bischof Albert von Törring hat 1626 seine Gebeine erheben lassen, 1692 sind sie in einem Glasschrein der öffentlichen Verehrung zugänglich gemacht, 1838 dem Schatz des Regensburger Domes einverleibt worden.

Die Verehrung und das Ansehen, die „der guot selig landprediger" – so nennt ihn eine Züricher Chronik des 14. Jahrhunderts – zu seiner Zeit und das ganze Spätmittelalter

Berthold von Regensburg während einer Predigt

hindurch genoß, hat eine weite Verbreitung und reiche schriftliche Überlieferung seiner Predigten zur Folge gehabt, vor allem der von ihm selbst herausgegebenen lateinischen Musterpredigten, von denen mehr als dreihundert Handschriften bekannt sind, aber auch der von verschiedenen Verfassern vermutlich im Augsburger (und Regensburger) Franziskanerkonvent unter seinem Namen und in seinem Stil verfaßten deutschen Predigten, von denen eine erste Zusammenstellung allem Anschein nach noch zu seinen Lebzeiten (1264) entstanden und möglicherweise von ihm sogar gebilligt worden ist. Die anonymen Redaktoren der einzelnen Sammlungen mit deutschen Predigten haben diese teilweise noch in lebendiger Erinnerung an Bertholds Ansprachen sowie unter Benutzung seiner lateinischen Sermones gestaltet. Als Lesetexte sind diese deutschen Berthold-Predigten im 14. und 15. Jahrhundert bei adeligen und bürgerlichen Laien offenbar beliebt gewesen, allerdings nicht bei übermäßig vielen, denn im Vergleich mit dem Überlieferungsumfang anderer mittelalterlicher deutscher Predigtwerke erscheint das Bertholds eher schmal tradiert und ist nur in wenigen Handschriften auf uns gekommen. Für die Berthold-Philologie besonders wichtig sind dabei die sog. Heidelberger Handschrift A, die 1370 für die Pfalzgräfin Elisabeth angefertigt wurde, die Harburger Handschrift Ha aus dem Jahre 1460 für die Gräfin Agnes von Werdenberg, die Wiener Handschrift W, die 1444 im Auftrag des in Niederösterreich begüterten, zum alten bayerischen Adel zählenden Ritters Hans von Hofkirchen angefertigt worden ist, oder auch die Münchener Handschrift Cgm 1119, die 1467 Jörg Werder, „purger zu mynichen", geschrieben hat.

Bertholds Predigtprogramm ist einfach. Er will die Menschen lehren, in den Himmel zu kommen. „Vier dinc" sind dazu notwendig: das erste ist „der rehte kristengeloube". Das zweite, „daz ir iuch hüeten sult vor allen toetlîchen sünden. Daz dritte daz sint kristenlîchiu werc, wan (denn) kristenlich geloube kann iuch niht ze himele bringen âne (ohne) kristenlîchiu werc. Daz vierde ist, lât vîntschaft, daz ihr gedultic sît und niemanne nît (Neid) noch haz (Haß) tragent. Habt ir diu vieriu, sô sît ihr der gesegenten und kumt zuo dem himelrîche" (PS).

Predigt ist für Berthold jedoch nicht nur Lehre und Lebenshilfe, nicht nur ständiges Einhämmern eines moralischen und religiösen Minimalprogramms, sondern Predigt ist für Berthold in erster Linie und vor allem Verkündigung des „wortes gottes", weshalb er die Priester eindringlich mahnt: „Man sol ûz der heiligen schrift predigen" (PS). Seine hohe Auffassung vom Predigtamt läßt ihn sich selbst als im Auftrag Gottes sprechend sehen: „Ir sünder, iuch ladet hiute got durch mînen munt, daz ir wider kêret" (PS). Oder an einer anderen Stelle: „Wan allez daz ich hiute ruofte an iuch, sünder, daz ruofet der almehtige got durch mînen munt. Ich bin ein ruofende stimme ... Nû wil ich sie zertlîche und süezeclîche manen, unde got selbe sprichet ez gein iu durch mînen munt" (PS). Trotzdem erklärt Berthold in seinen Predigten nun keineswegs vorwiegend Bibeltexte, sondern vor allem und immer wieder spricht er über Tugenden und Laster, Gott und Teufel, Himmel und Hölle, womit er gewissenhaft die Predigtvorschriften befolgt, die Franziskus selbst seinen Brüdern in der „Regula bullata" gegeben hat, wo es heißt: „Ich warne auch und ermahne die Brüder, daß sie in der Predigt, die sie halten, wohlbedacht und lauter reden sollen zum Nutzen und zur Erbauung des Volkes, indem sie zu ihnen sprechen von den Lastern und Tugenden, von der Strafe und Herrlichkeit mit Kürze der Rede, weil der Herr auf Erden sein Wort kurz gefaßt hat."

Genau das tat Berthold! Und mit seiner Diktion, seiner zupackenden und lebensnahen Darbietung des Stoffes sowie seiner durch aggressive Anreden und rhetorische Fragen ständig aktivierten Publikumsbezogenheit vermochte er seine Zuhörer in Bann zu ziehen und ihnen so die ihm wichtigen Themen nahezubringen, die, geprägt von franziskanischer Spiritualität, immer wieder um die Tugenden der Armut, der Demut und der Friedfertigkeit kreisten, wie sie andererseits vor allem die Untugenden der „gîtekeit" (Habsucht), des Geizes, des Neides und des Wuchers anprangerten und mit besonderer Eindringlichkeit immer wieder auch vor der Gefährdung des Glaubens durch Häretiker warnten.

Als homiletisches Hilfsmittel für andere Prediger hat Berthold eine nicht geringe Anzahl seiner deutsch gehaltenen Kanzelreden zu lateinischen Musterpredigten ausgearbeitet und für deren Verbreitung gesorgt, weil, wie er selbst schreibt, sich während seiner Predigten oftmals einfältige Kleriker und Religiosen Aufzeichnungen gemacht hätten, freilich seinen Gedanken nicht recht zu folgen vermochten und deshalb viel Unsinn mitgeschrieben hätten („multa falsa notaverunt"). „Als ich davon Kenntnis erhielt, befürchtete ich, sie würden das Volk, wenn sie vor ihm nach diesen ihren mangelhaften Mitschriften predigten, in den Irrtum führen. Und aus dieser Notlage heraus begann ich selbst meine Predigten aufzuschreiben, damit nach einer Abschrift (exemplar) dieser meiner Predigten die falschen und ungeordneten Aufzeichnungen verbessert werden könnten."

Drei Predigtreihen hat Berthold ausgearbeitet – nach den bahnbrechenden Forschungen Anton E. Schönbachs in den Jahren 1250–1255, nach einer neueren Studie von J. Hanska und A. Ruotsala eher erst zwischen 1255 und 1260 – und jeweils unter der Bezeichnung „Rusticanus", Landprediger, herausgebracht:
1. „Rusticanus de Dominicis" (also Sonntagspredigten: 58 Stück),
2. „Rusticanus de Sanctis" (Predigten zu Heiligenfesten: insgesamt 124),
3. „Rusticanus de Communi" (Alltagspredigten und Predigten für bestimmte Anlässe: insgesamt 75).

Ob auch die unter Bertholds Namen überlieferten Sammlungen von 87 „Sermones ad Religiosos et quosdam alios" und die 48 „Sermones speciales et extravagantes" wirklich von ihm selbst stammen, erscheint fraglich und wird von der Forschung durchaus kontrovers diskutiert.

Authentische Berthold-Texte liegen also nur in den drei lateinischen „Rusticani" vor, auf die hier ein wenig ausführlicher eingegangen werden soll, da sie in der Bertholdforschung zugunsten der deutschen Predigten, die seit über hundert Jahren – wenn auch unzulänglich – gedruckt sind, mangels einer Edition immer noch stark vernachlässigt werden, obwohl gerade in ihnen das Thema besonders deutlich wird, das Berthold über alle Ständekritik, soziale Orientierung und Lebenshilfe hinaus immer wieder umtrieb und zu größtem Engagement anspornte: der Kampf gegen die Häresie nämlich, die in vielfältigen Erscheinungsformen und Spielarten *das* religiöse und auch *das* soziale Problem schlechthin im Deutschland der Mitte des 13. Jahrhunderts bildete, weshalb es nicht zu verwundern braucht, daß gerade die Auseinandersetzung mit den zeitgenössischen Ketzern im Zentrum der Predigttätigkeit Bertholds stand, und er auch andere für diese Auseinandersetzung zu motivieren und auszurüsten bestrebt war.

Der Anlage seiner „Rusticani" als Muster und Materialsammlung für andere Prediger entsprechend, hat Berthold sowohl ganze Predigten über bestimmte häretische Ansichten konzipiert als auch spezielle Predigten, ja ganze Predigtreihen entworfen, in denen er mit ständigem Verweis auf häretische Gegenpositionen die Grundlehren des katholischen Glaubens bezüglich der Trinität, der Gottheit Christi und der Sakramente darlegte, oder in denen er über das Fegfeuer, die Fürbitten bzw. wie am Fest des Apostels Thomas über den Glauben insgesamt („de fide") handelte. Daneben kommt er aber auch in den meisten anderen seiner Predigten, die stets von einem bestimmten Bibelvers ausgehen und für einen bestimmten Tag des Kirchenjahres vorgesehen waren, immer wieder in längeren und kürzeren Passagen auf häretische Ansichten zu sprechen oder setzt sich mit ganz bestimmten namentlich genannten Ketzergruppen auseinander.

Für diese alle nimmt er außer dem biblischen Vergleich von den kleinen Füchsen, die den Weinberg des Herrn zerstören, immer wieder Bilder aus der Tierwelt in Anspruch, vergleicht sie mit den gefräßigen Heuschrecken („locustae"), mit Würmern („vermes"), Maulwürfen („talpae"), Ungeziefer aller Art und besonders gern mit Krebsen („cancri") und Kröten („bufones"; „ranae"), zwei Tieren, so betont Berthold, die bevorzugt im Dunkeln daherschlichen, wie es auch die Ketzer täten: „Sermo eorum sicut cancer serpit" – „ihre Predigt schleicht wie ein Krebs", sagt Berthold mit dem Apostel Paulus, und sie selbst hielten sich in den Städten verborgen wie die Kröten in ihren Löchern („latent in hac civitate vel in illa ut bufones in foveis"). Und wie der Krebs erst am späten Abend oder in der Nacht aus dem Wasser zu den benachbarten Äckern hinaufkrieche und dort gewaltigen Schaden anrichte, „so schleichen auch die Häretiker wie die Kröten und Krebse erst am Abend heimlich hervor, um sich dann aufs Neue zu verbergen".

Gerade diese Heimlichkeit ist es, die Berthold, wie die gesamte Ketzer-Polemik des Mittelalters, den Häretikern besonders verübelt, so sehr, daß er jeden, der „in angulo" (in einem Winkel, also heimlich) über den Glauben rede, von vornherein als Ketzer betrachtet, ganz gleich, was der da nun tatsächlich vorträgt. Auf den Gedanken, welche Konsequenzen das von ihm immer wieder geforderte öffentliche Auftreten und Predigen der Ketzer für diese haben mußte – Verfolgung, Haft, Folter und im Falle echter Überzeugungstreue dann den Scheiterhaufen – scheint Berthold nicht gekommen zu sein, jedenfalls sprach er ihn nicht aus, denn für ihn gab es nur einen Grund für diese Heimlichtuerei: die Schändlichkeit ihrer Lehre. Auch diejenigen Ketzer, das steht für Berthold fest, die nicht den Teufel anbeten und nicht in ihren Schlupfwinkeln Orgien feiern, haben „alle miteinander einen so schandbaren Glauben (tam turpem fidem habent), daß sie ihn niemals ans Licht zu gelangen wagen, sondern ihn nur im Finstern und in Winkeln ausbreiten". Trotz ihrer Heimlichkeit und der Schändlichkeit ihrer Lehre haben sie jedoch gewaltige Erfolge, so daß Berthold klagt: „O weh, schon erfüllen sie die Erde allzusehr und sie vermehren sich gewaltig" – „heu, jam nimis replent terram et nimis multiplicantur".

Die Gründe für diese Erfolge sieht Berthold vor allem in der geschickten Rhetorik der Ketzer, die ihre Gesprächspartner zunächst mit süßen Worten umgarnten: „die Ketzer setzen ihre Worte so, daß Dir nichts süßer vorkommen mag". Es sind aber Worte wie Gift, fügt Berthold sofort hinzu. Ist das Gespräch aber erst einmal in Gang gekommen, dann lehren sie die Leute schöne Gebete („docent orationes dulces"), gewinnen dadurch ihr Vertrauen und können kurz darauf mit der Erklärung der Heiligen Schrift beginnen. Gerade das aber dürften sie nicht, so Berthold, auch wenn sie große Teile oder gar die ganze Bibel auswendig könnten – was besonders bei Waldensern nicht selten vorkam! –, denn sie seien „illiterati", Unstudierte, die weder zu lesen noch zu schreiben verstünden, geschweige denn die Heilige Schrift auslegen könnten. Mit beißender Ironie macht sich Berthold, der immer wieder auf den Biblizismus der Ketzer zu sprechen kommt, über ihr Nicht-Lesen-Können und ihre fehlende Ausbildung sowohl in den Artes wie in der Theologie lustig. So verlangt er z. B. einmal in einem fingierten Dialog von einem „Magister Bour": „Was heißt es zu sagen: Im Anfang war das Wort und das Wort war bei Gott?, erklär mir das (expone mihi)", und nimmt dann den Armen nach allen Regeln der Kunst auseinander, weil der nicht einmal die grammatische Struktur und den Literalsinn dieses Satzes begreift. „Du Dummkopf", herrscht Berthold ihn an, „ein Bub im zweiten Schuljahr weiß das, es ist ein Kinderspiel, was ich von Dir verlangt habe ... was würdest Du erst antworten, wenn ich noch nach den anderen, den höheren Schriftsinnen (de altis sensibus) gefragt hätte? Ich rate Dir also, kehre zum Pflug, zum Webstuhl oder sonst dergleichen zurück, denn die größte Dummheit ist es, wenn einer etwas lehren will, was er selbst nicht begreift."

An verschiedenen Stellen in Bertholds Predigten muß dieser „Magister Bour" herhalten, wenn es um die Anmaßung der Ketzer geht, die Heilige Schrift auslegen zu können, aber auch dann, wenn Berthold den Gläubigen klarmachen möchte, in welch himmelschreiende Dummheit sie selbst verfielen, wenn sie einem solchen Lehrer („doctor") ihre Seele anvertrauten und ihm mehr glaubten als all den hervorragenden Klerikern in Paris, „in ordine nostro" – im Franziskanerorden also – oder bei den Dominikanern. Jedermann wisse doch, daß niemand ein guter Lehrmeister („bonus magister") von Fertigkeiten sein könne, die er selbst nicht beherrsche, ja nicht einmal kenne. Niemand könne ein guter Lehrer der Malkunst sein, der noch nie ein Bild gesehen habe. So sei es auch beim Schreiben, beim Schuhemachen, beim Brotbacken und dergleichen Tätigkeiten mehr und deshalb „kann auch dieser Bauer kein guter Lehrmeister in der Heiligen Schrift sein!" Weil er sich aber trotzdem dafür halte, so schließt Berthold diesen Gedankengang ab, sei er ein Dummkopf und ein Ketzer, und derjenige, der sich von ihm belehren lasse, sei ebenfalls ein Dummkopf und werde zwangsläufig auch zum Ketzer.

Neben der menschlichen Dummheit, das kommt in Bertholds Predigten häufig zur Sprache, verdankten die Ketzer ihre Erfolge nicht zuletzt der Neugierde und der Leichtgläubigkeit vieler Katholiken. Berthold weiß aber auch um die Anziehungskraft, die von dem vorbildlichen Lebenswandel der Ketzermeister, von ihrer erheuchelten Heiligkeit („simulatio sanctitatis"), wie er sich ausdrückt, ausgeht, wofür er zum Beweis einen Vorfall aus seinem Bekanntenkreis erzählt. Diese „simulatio sanctitatis" der Häresiarchen wirke deshalb so erfolgreich, weil sie in merklichem Gegensatz zum Erscheinungsbild eines Großteils des katholischen Klerus stehe, dessen sittliche Verwahrlosung von den Ketzern als Argument gegen die Gültigkeit seiner Amtshandlungen ausgespielt werde, ein Argument, das schon im 11. Jahrhundert eine Rolle spielte und nach Bertholds Worten gerade zu seiner Zeit den Häretikern großen Zulauf brachte. Berthold bestreitet nicht die Berechtigung der Vorwürfe gegen den Klerus, aber er hält, wie die Kirche noch heute, streng an der Trennung von ‚vita' (Leben) und ‚officium' (Amt) fest und macht die Gültigkeit auch der von einem unwürdigen Priester gespendeten Sakramente seinen Hörern mit folgenden Worten klar: „Was schadet es mir denn, wenn der König mir durch einen häßlichen Boten kostbare Geschenke schickt, Gold, Edelsteine und dergleichen? Diese Geschenke verlieren durch einen solchen Boten nicht an Kostbarkeit. So verlieren auch die Sakramente, durch einen sündigen Diener (per malum ministrum) vom himmlischen König seinen Getreuen (fidelibus) übersandt, nicht ihre Wirksamkeit (non perdunt virtutem suam), denn sie sind nicht Sache des Dieners, der sie bringt, sondern Gottes, der sie schickt."

Berthold greift oft zu solchen Bildern aus dem täglichen Leben, um schwierige theologische Fragen seinen Zuhörern begreifbar zu machen. So etwa auch in der Predigt über das apostolische Glaubensbekenntnis, wo er gegen die häretische Drei-Götter-Lehre das Geheimnis der Trinität mit folgendem Vergleich erläutert: „Der Vater und der Sohn und der Heilige Geist sind ein Gott, nicht drei Götter, wie auch Kaiser Friedrich (gemeint ist wohl Friedrich II.), der römischer Kaiser, König von Deutschland und Herzog von Schwaben ist, trotzdem nicht drei Menschen, sondern ein Mensch ist; so sind auch der Vater, der Sohn und der Heilige Geist ein Gott, nicht drei Götter."

Oft ist Berthold von seinen Zuhörern gefragt worden bzw. hat vor ihnen selbst die Frage aufgeworfen: „Wenn die Ketzer zu uns kommen, wie sollen wir sie denn von anderen Menschen unterscheiden und sie erkennen, da sie sich doch so heiligmäßig zeigen?" Berthold hat auf diese Frage in seinen Predigten mehrmals geantwortet, manchmal sehr lang, manchmal kürzer, doch fast stets auf zwei Aspekte besonderen Nachdruck legend: Auf das Auftreten und auf die Lehren. Immer wieder schärft er seinen Amtsbrüdern ein, sie sollten ihren Schäfchen klarmachen: Wenn einer sich besonders virtuos (also wundertätig) und heilig und gleichsam als ein Engel geriere, der sei bestimmt ein Ketzer, ein vollkommener Heuchler und ein Diener des Satans. Zunächst würde ein solcher wohl recht lobenswert daherreden, zum Gebet ermahnen und zur Ehrfurcht vor den Eltern aufrufen, doch wenn er die Herzen der Einfältigen damit erst gewonnen habe, „demum docet crudelia et hereses, videlicet (dann schließlich lehrt er Schreckliches und Ketzereien, nämlich)": daß man nicht schwören und nicht an das Fegfeuer glauben dürfe, daß Totenmessen und dergleichen den Verstorbenen nichts nützten, Heiligenverehrung, auch die der Jungfrau Maria, zu unterbleiben hätte, man sie auch nicht durch Fasten oder Feste ehren solle. Manche würden auch behaupten, daß Christus nicht wahrhaft Fleisch geworden sei, sondern nur zum Schein, andere lehrten, alle Sakramente der Kirche seien wertlos („nullum habere vigorem") und in der Hostie sei nicht der Leib Christi enthalten. Jeder gute Christ, sei er Priester oder nicht, könne die Wandlung vollziehen, ein sündhafter Priester aber auf keinen Fall.

Wer auch immer jemanden treffe, so schärft Berthold seinen Hörern ein, der solche Behauptungen aufstelle, „sciat esse hereticum et prodendum" – „der solle wissen, daß dieser ein Ketzer ist und angezeigt werden müsse".

An Dutzenden von Belegen ließe sich zeigen, wie Berthold in seinen Predigten immer wieder auf diese Liste von Ketzerlehren zurückkommt, mal diese oder jene, gelegentlich auch gleich alle aufgreift, widerlegt, bestimmten Ketzergruppen zuordnet bzw. sie als Allgemeingut sämtlicher Häretiker hinstellt, und nicht müde wird, die Gläubigen vor der Gefährlichkeit dieser Leute zu warnen, die solche und eine Reihe anderer Ansichten, die er dann noch ergänzend anführt, unter das Volk zu bringen suchten und dieses dadurch um sein Seelenheil brächten. Sie müßten sofort angezeigt und unschädlich gemacht werden, Berthold spricht von Verbrennen oder Sieden („comburere" bzw. „coquere"), was Herzog Leopold VI. von Österreich dem Bericht Thomasins von Zerklaere zufolge ja um 1210 tatsächlich praktiziert haben soll.

Nach diesen allgemeinen Äußerungen Bertholds über die Ketzer, die keinerlei Anspruch auf Vollständigkeit erheben und lediglich einen Eindruck von der Breite des Spektrums seiner Beobachtungen vermitteln sollen, ist noch der Hinweis nachzutragen, daß der Ketzer bei Berthold außer unter dem Bild des Krebses und der Kröte immer wieder auch unter dem der Katze erscheint, weshalb er sogar wegen der mit vier „conditiones" bewiesenen Vergleichbarkeit von „hereticus" und „cattus" das deutsche Wort Ketzer von der Katze herleitet, eine Etymologie, die nicht von ihm selbst stammt, sondern die uns schon bei Alanus von Lille († 1203) begegnet, dessen vier Bücher „De fide catholica contra haereticos sui temporis" Berthold von Regensburg zusammen mit anderen Antiketzertraktaten wiederholt herangezogen hat.

Eingegangen werden soll nun noch kurz auf jene Ketzer, die Berthold unter den mehr als 200 verschiedenen Häresien, die es nach seiner Zählung bisher in der Kirchengeschichte gegeben hat und auf die er gelegentlich zu sprechen kommt, immer wieder als „moderni haeretici", als die zeitgenössischen Häretiker, besonders herausstellt und mit Namen benennt: Leonisten, Ortlibarier und Runkarier – fast stets in dieser Reihenfolge und in einem Atemzug genannt – sowie Katharer. Auf letztere geht er meist gesondert ein, rechnet sie jedoch zweifellos zu den Ketzern seiner eigenen Zeit und widmet gerade ihren Lehren, wie mir scheint, eine ganz besondere Aufmerksamkeit.

Mit den Ortlibariern und den Runkariern wollen wir uns nicht lange aufhalten, denn Berthold weiß offenbar nichts Rechtes mit ihnen anzufangen, kennt praktisch nur ihre Namen – wohl weil sie in den kirchlichen und weltlichen Antiketzergesetzen seiner Zeit meist miterwähnt werden! –, schreibt ihnen aber keine bestimmten Lehren zu und setzt sich nicht näher mit ihnen auseinander. Lediglich der Vollständigkeit halber sei erwähnt, daß es sich bei den Ortlibariern um die Anhänger eines gewissen Ortlieb von Straßburg handelte, den Innocenz III. wegen seines übersteigerten Spiritualismus verurteilt hatte, während die Runkarier oder Runklarier, wie Berthold sie auch nennt, ihren Namen offenbar von Johannes von Ronco bezogen hatten, dem Anführer jener Gruppe norditalienischer Waldenser, die sich um 1205 von Valdes getrennt und sowohl in Organisation wie Lebensform selbständig weiterentwickelt hatten.

Fast verwundert es ein wenig, daß Berthold den Zusammenhang dieser Runkarier mit den Waldensern anscheinend nicht erkannt hat, denn gerade über sie „qui se vocaverunt primo pauperes, post Waldenses, post scolares, nunc bonos homines" spricht Berthold ziemlich oft. Er wirft ihnen, die er auch als „pauperes de Lugduno" bzw. „Leonistae" kennt, unter anderem vor, sie hätten ihre Ansichten geändert, sowohl in bezug auf das Schwören, das sie früher vollkommen vermieden hätten, wie auch in bezug auf ihre Vorstellungen hinsichtlich der Eucharistie, der Heiligenverehrung, der Kindertaufe und anderer Dinge mehr.

Hier hat Berthold tatsächlich einen wunden Punkt bei den Waldensern seiner Zeit bloßgelegt, ihr Abweichen vom ursprünglichen, durchaus rechtgläubigen Lehrgebäude des Valdes und seiner ersten Gefährten nämlich, ein Abweichen, das Berthold propagandistisch geschickt gegen sie auszuspielen verstand. Ohne weiter auf Einzelheiten, die Berthold über die ihm offenbar sehr gut bekannten verschiedenen Gruppen der Waldenser mitzuteilen weiß, und ohne auf seine Widerlegungen typisch waldensischer „errores" näher einzugehen, sei lediglich auf seine Behauptung verwiesen, die Leonisten lehrten, daß Christus nicht wahrhaft Mensch geworden sei und deshalb auch nicht als solcher Marter und Tod erlitten habe bzw. auferstanden sei – alles Ansichten, die in bezug auf Waldenser, wenn ich recht sehe, ganz singulär dastehen und die entweder auf eine bisher übersehene Spielart des Waldensertums hindeuten oder aber, was wahrscheinlicher sein dürfte, auf eine Verwechslung Bertholds von Waldensern und Katharern zurückgehen.

Ein paar Worte noch zu diesen Katharern, wobei alle Hinweise Bertholds auf katharische Äußerungen zu bestimmten Sakramenten (wie etwa zur Ehe, die für sie „nihil aliud est quam manifesta fornicatio") oder zu Kult und Hierarchie der katholischen Kirche ebenso wie ihre Einstellung zur weltlichen Obrigkeit außer acht bleiben sollen, denn gerade in diesen Punkten ist es im 13. Jahrhundert vielfach zu Überschneidungen zwischen Katharern und Waldensern gekommen.

Ganz typisch für die Katharer blieb jedoch stets ihre Kosmologie, die zu keinem Zeitpunkt von den Waldensern übernommen worden ist. Ohne daß Berthold, der die Katharer an verschiedenen Stellen direkt beim Namen nennt, die Begriffe „Cathari" oder „Patareni" erwähnt, polemisiert er häufig gegen Ketzer, die glaubten, „omnia visibilia (alles Sichtbare) et que tangi possunt (und was man anfassen könne)", habe der böse Gott geschaffen („creasse malum Deum"), „et bonum Deum creatorem spirituum (und der gute Gott sei der Schöpfer der Geister)". Unseren Körper schaffe der Teufel, die Seelen Gott („corpus nostrum creare diabolum, animas Deum").

Leute, die solches glauben, und die Berthold mit einer Fülle von Schriftworten zu widerlegen bemüht ist, können nur Katharer sein, ebenso wie diejenigen, denen Berthold – wie andere Zeitgenossen auch – unterstellt, daß sie auf eine Erlösung Luzifers hofften und davon überzeugt seien, daß dieser ungerechterweise aus dem Himmel vertrieben worden wäre, eine Ansicht, die Berthold energisch zurückweist.

Damit ist der „egregius predicator" (Annales Scheftlarienses) aus Regensburg für den modernen Historiker neben seinem dichtenden Zeitgenossen „Stricker", in dessen großem Lehrgedicht „Die Klage" ebenfalls die katharischen Auffassungen über Schöpfer und Schöpfung behandelt und bekämpft werden, zu einer der aussagekräftigsten Quellen für den Nachweis von Katharern bzw. die Verbreitung katharischer Ansichten im 13. Jahrhundert außerhalb von deren südfranzösischen und oberitalienischen Kerngebieten geworden.

Außer in Bertholds authentischen lateinischen Musterpredigten ist natürlich auch in den unter seinem Namen verbreiteten deutschen Predigten wiederholt von Ketzern die Rede, so etwa in der vierten Predigt, der neunten, der zwanzigsten oder der siebenundzwanzigsten, am ausführlichsten jedoch in der fünfundzwanzigsten Predigt „Saelinc sint die reines herzen sint" (PS), worauf hier jetzt aber nicht weiter einzugehen ist.

Bertholds Mühen um die Rettung seiner Mitmenschen vor dem ewigen Verderben ist von Zeitgenossen und Nachwelt vielfach anerkannt worden: „Man vindet brüeder nicht als bruoder Berhtold was … durch sînen munt rett got von himelrîche", preisen ihn drei Strophen der Frauenlob-Tradition. Und nach dem Urteil des englischen Minoriten und Naturforschers Roger Bacon († 1293) hat Berthold von Regensburg als Prediger allein mehr geleistet als alle sonstigen Franziskaner und Dominikaner zusammen.

Franz Fuchs

Konrad von Megenberg – ein Universalgelehrter des 14. Jahrhunderts (1311–1374)

Am 14. April 1374 starb der Regensburger Domherr Konrad von Megenberg im Alter von 63 Jahren; seine leiblichen Überreste wurden bei der Kirche des Damenstiftes Niedermünster beigesetzt, nahe beim Grab des hl. Erhard, dem der Verstorbene zu Lebzeiten besondere Verehrung entgegengebracht hatte. Konrad von Megenberg ge-hörte zweifellos zu den bedeutenderen deutschen Gelehrtenpersönlichkeiten seines Jahrhunderts, wobei sich sein gewaltiges wissenschaftliches Werk weniger durch Ori-ginalität und Gedankentiefe als durch thematische Vielfalt und eine geradezu stupende Breite des Wissens auszeichnet.

Der Sproß eines wenig begüterten fränkischen Niederadelsgeschlechts, das seinen Namen vom Stammsitz Mäbenberg südlich von Schwabach ableitete, besuchte die tra-ditionsreiche Erfurter Schule und konnte sich dort schon im Knabenalter als Repetitor den Lebensunterhalt selbst verdienen. Eine vielleicht durch das heimatliche Zisterzien-serkloster Heilsbronn vermittelte Lektorenstelle am Kollegium St. Bernhard in Paris ermöglichte ihm dann das Studium der ‚artes' an der berühmtesten und ältesten Univer-sität Europas. 1334 wurde er dort zum „magister artium" promoviert und konnte danach selbst acht Jahre lang in der Strohstraße („Vicus straminum"), dem Pariser Artisten-viertel, Unterricht erteilen. Die Akten der anglikanischen Nation, der „Conradus de Montepuellarum" – so die latinisierte Form des Namens – als Deutscher an der Uni-versität Paris zugeteilt war, geben Aufschluß über seine weitere akademische Karriere; zweimal reiste er als Vertreter seiner Nation an die päpstliche Kurie nach Avignon und scheint auch sonst eine nicht unbedeutende Rolle im Artesbetrieb seiner Hochschule gespielt zu haben. Eine vorübergehende Suspendierung vom Lehramt im Herbst 1337 deutet allerdings auch auf Spannungen im Lehrkörper hin. Nachdem seine Bemühungen um eine Kanonikerpfründe in Regensburg, mit der ihn Papst Benedikt XII. am 31. Mai 1341 providiert hatte, gescheitert waren, brachte ihm ein Empfehlungsschreiben seiner Universitätsnation 1342 eine Anstellung als Leiter der Stephansschule in Wien ein. Im Jahre 1348 siedelte er dann endgültig nach Regensburg über, wo ihm eine Pfründe am Domstift eine materiell gesicherte und standesgemäße Existenz ermöglichte. Hier in Regensburg sollte er – unterbrochen von mehreren Gesandtschaftsreisen nach Avignon – seine restliche Lebenszeit verbringen.

Einige von der Forschung bislang unberücksichtigte Archivalien belegen, daß dem „magister" Konrad auch in der Domstadt kein stilles Gelehrtendasein beschieden war. So verbündete er sich am 27. April 1350 mit fünf Standeskollegen, um die bereits vom

Bischof bestätigte Wahl Dietrichs von Au zum Dompropst anzufechten. Am 28. Mai 1354 finden wir ihn in einen Rechtsstreit des Damenstiftes Niedermünster verwickelt, und seine Ernennung zum Dompfarrer im Jahre 1359 scheiterte schon nach kurzer Zeit am Widerstand einzelner Domkanoniker und vor allem der Regensburger Mendikantenklöster, deren Vorstände am 9. März dieses Jahres ein Bündnis gegen den neuen „rector maioris ecclesie" abschlossen. Am 11. Oktober 1370 wurde ihm gar mit der Exkommunikation gedroht, weil er gemeinsam mit anderen Domkanonikern eine päpstliche Pfründenreservation nicht anerkannte.

Für die literarische Produktion Konrads waren seine Regensburger Jahre am ergiebigsten. Bislang konnten immerhin die Titel von fast dreißig zum Teil recht umfangreichen Werken aus den verschiedensten wissenschaftlichen Disziplinen seiner Zeit namhaft gemacht werden, von denen die meisten hier entstanden sind. Konrad betätigte sich als Dichter und als Musiker, als Liturgiker und als Hagiograph, als Kanonist und als Theologe, als Staatstheoretiker und als Übersetzer von naturwissenschaftlichen Handbüchern. Von besonderem Interesse sind dabei diejenigen Schriften, in denen der Autor zu aktuellen Fragen seiner Zeit Stellung bezieht, so etwa der Traktat über die Ursachen der Pest oder die Streitschriften gegen die Mendikantenorden und Wilhelm von Occam. Das Hauptwerk aber wurde erst in unserem Jahrhundert entdeckt und liegt seit wenigen Jahren in einer kritischen Edition vor: die fast 1000 Druckseiten umfassende „Ökonomik", die Hermann Heimpel als „eine von den höchsten Fragen damaliger ‚Politik' bis zu den ‚privatesten' Angelegenheiten sich spannende Deutung menschlicher Tätigkeit und Stände" charakterisiert hat, und der wir unter anderem auch den Nachweis der Seidenraupenzucht im Regensburg des 14. Jahrhunderts verdanken.

Siegel des Konrad von Megenberg an einer Urkunde von 1342

Heinrich Wanderwitz

Wilhelm und Matthäus Runtinger – Regensburger Patrizier und Fernhandelskaufleute (14. Jahrhundert)

„Item ich rait mit meinem sun Mathews dem Runttinger ab umb allew chaufmann-schaft und umb allew handelung und umb allen wegsel, di wir mit ainander gehabt und gehandelt haben uncz her. Daz ist allez zu turchslaecht und siechtleich abgerait, ich wais wol, waz mich angehoert, so wais mein sun wol, waz in angehoert, dez pfincztag in der pfingstbochen.

Item es hat mein sun Mathews der Runttinger pey mir in der gesellschaft 2800 guldein an weraitschaff (Baranteil); gerait des pfincztag in der pfingstbochen."

So lautet die erste Eintragung, mit der am 13. Mai 1383 das Handlungsbuch der Runtinger von Wilhelm und Matthäus Runtinger, Vater und Sohn, eröffnet wurde. Wie der Wortlaut erkennen läßt, bedeutete die Anlegung des Buches nicht etwa auch den Beginn einer neuen Handelsgesellschaft, sondern erfolgte ganz offenbar in Fortführung eines schon längere Zeit von Vater und Sohn betriebenen Geschäftes.

Fraglos handelte es sich zum genannten Zeitpunkt bei der Runtingergesellschaft bereits um ein bedeutendes Unternehmen, das zu den führenden Häusern der Stadt gehörte. Denn das gleiche Jahr weist sie nach dem erhaltenen Steuerregister von 1383 als die viertgrößten Steuerzahler Regensburgs aus, und auch die in dieser Ersteintragung vermerkte beachtliche Bareinlage des Juniors spricht für die damals schon vorhandene Kapitalkraft der Runtingergesellschaft. Allein diese Einlage betrug fast das Doppelte der Summe, die Hans Fugger zu Augsburg in den gleichen Jahren als Gesamtvermögen versteuerte; und wenn auch gut 100 Jahre später in der beginnenden Neuzeit die Fugger-schen Enkel und andere bekannt gewordene oberdeutsche Handelshäuser mit zahlen-mäßig wesentlich größeren Summen operierten, so stellte das Runtingerhaus, das sich schon im Jahre 1390 mit einer Summe von über 18 000 Gulden an die Spitze der Regens-burger Familienvermögen setzte und mit diesem Reichtum in ganz Südostdeutschland eine beherrschende Stellung einnahm, zu seiner Zeit einen vergleichsweise ebenso großen Machtfaktor dar wie die aus den folgenden Jahrhunderten bekannt gewordenen großen süddeutschen Handelshäuser.

Dunkel sind der Ursprung und die Herkunft der Runtinger. Zum alteingesessenen Regensburger Patriziat gehörten sie nicht. Mit Wilhelm Runtinger, dem Senior des Handelshauses, und einem Bruder von ihm, Albrecht Runtinger, sind sie als Bürger der Stadt erstmalig in Urkunden von 1347 und 1349 nachzuweisen. Ein ähnlicher Name, nämlich eine Rumtingaerin, findet sich schon in einem Testament von 1308, mit welchem eine wohlhabende Regensburgerin neben zahlreichen Verwandten, Freunden und Hausangestellten ihrer „mumen tochter", der Rumtingaerin zu Niedermünster eine unbedeutende Geldsumme vermachte. Es handelte sich bei dieser Dame wohl um jene Chunegundis de Rumting, die unter dem 7. Dezember im jüngeren Niedermünste-rer Necrolog eingetragen ist.

In den zahlreich erhaltenen Regensburger Urkunden des 13. und beginnenden 14. Jahr-hunderts, in denen uns manchmal mehrere hundert namentlich aufgeführte Bürger als Aussteller und Beschlußfassende begegnen, findet sich der Name Runtinger dagegen vor 1347 nicht ein einziges Mal. Man wird daher wohl mit Recht davon ausgehen dürfen, daß die Brüder Albrecht und Wilhelm tatsächlich die ersten Runtinger mit Bürgerrecht in Regensburg gewesen sind. In den beiden genannten Urkunden von 1347 und 1349 finden sich die Brüder – Albrecht 1347, Wilhelm 1349 – an 19. Stelle unter den jeweils über zwei-hundert „pesten von der gemain" zu Regensburg, welche neben den 16 Ratsherren zu dem betreffenden Beschluß herangezogen worden waren. Laut der nächsten die Runtin-ger berührenden Urkunde kaufte „Wilhelm Runtinger, Bürger zu Regensburg" im April 1350 einen Obstgarten vor Obermünster und begegnet uns dann 1352 im Zinsregister des Klosters St. Emmeram als Inhaber des Vogtei- und Richteramtes zu Dechbetten. Dieses Amt ebenso wie der Obstgarten hatte vorher dem Patriziergeschlecht der Löbel gehört. Bereits ab 1357 wird Wilhelm im fünfundvierziger Rat sowie als Zeuge und Gerichts-beisitzender genannt. Der Name Albrecht Runtingers erscheint nur noch einmal, und zwar in seinem eigenen Testament von 1357, worin er Wilhelm – „meinen lieben Bruder" – als Testamentsvollstrecker einsetzt. Der Inhalt dieses Testaments weist ihn als recht begüterten Kaufmann aus; er war offenbar in erster Linie Weinhändler. Beide Brüder können mithin zum Zeitpunkt ihrer ersten urkundlichen Erwähnungen weder von niede-rem Stande noch unbemittelt gewesen sein. Die Annahme, daß unsere Runtinger einer in Regensburg beheimateten Familie entstammten, die sich allmählich in das Patriziat em-porgearbeitet hatte, kann zwar nicht völlig ausgeschlossen werden, hat aber auf Grund der bekannten Fakten nicht viel Wahrscheinlichkeit für sich.

Wahrscheinlicher ist dagegen die Annahme, daß die Brüder Albrecht und Wilhelm kurz vor ihrer ersten urkundlichen Erwähnung als bereits wohlhabende Leute zuwan-derten. Vermutlich waren sie Angehörige des oberpfälzischen Rittergeschlechts der Runtinger, die ihren Stammsitz über 300 Jahre lang auf der gleichnamigen Burg in der Nähe von Cham hatten. Diese Familie war außerordentlich verzweigt, Mitglieder der-selben sind als Ministeriale, Richter und Inhaber geistlicher Ämter an verschiedenen Orten um Regensburg und im Niederbayerischen belegt. Andererseits sind Beziehungen Wilhelm Runtingers zur Stadt Cham nachgewiesen: Er hat dort ein Leibgeding gekauft.

Vermutlich hatte Wilhelm in das Regensburgische Patriziat eingeheiratet: Percht – modern: Berta –, Wilhelms Ehefrau, erscheint mit ihrem Taufnamen nur einmal in den Quellen, im übrigen ist sie – erstmals in einer Kaufurkunde von 1350, später in Kauf-verträgen und Pachtreversen häufiger – lediglich als Wilhelm Runtingers „hausfraw" genannt. Mehrere Anzeichen deuten darauf hin, daß es sich bei ihr um eine geborene Löbel handelte. Aus dem Besitz dieses alten und vermögenden Regensburger Patrizier-geschlechtes stammen sowohl der erwähnte Obstgarten vor Obermünster wie auch die Vogtei zu Dechbetten, ebenso ein Weingarten zu Donaustauf am Bräuberg, alle im Besitz der Runtinger nachgewiesen.

Matthäus Runtinger, wohl Wilhelms einziger Sohn und die Hauptperson des berühmten Handlungsbuches der Familie, wird zuerst in einer Urkunde von 1365 namentlich erwähnt. Matthäus dürfte damals etwa 20 Jahre alt gewesen seine. Ob er, wie viele junge Kaufmannssöhne, seine kaufmännische Ausbildung in Venedig erfuhr, wissen wir nicht, ganz sicher aber ist, daß er, wo auch immer, eine vorzügliche Schule und kaufmännische Lehre genossen hat, die ihm die Mitarbeit im väterlichen Unternehmen und später die alleinige Führung des großen Handelshauses ermöglichten. An geschäftlicher Vielseitigkeit und Wendigkeit wie in der Gewandtheit im Schriftverkehr übertraf er den Vater und wirkt in seinem ganzen Geschäftsgebaren, soweit wir es aus Urkunden zu ersehen vermögen, weitaus fortschrittlicher und weltoffener als dieser. In der von beiden gebildeten Gesellschaft war – zumindest in den Jahren, die das Handlungsbuch verzeichnet – Matthäus die treibende Kraft des Geschäftes. Möglicherweise war Wilhelm der bedächtigere Kaufmann, Matthäus aber auf jeden Fall der kaufmännisch besser ausgebildete. Für seine temperamentvolle Art besitzen wir verschiedene Beweise. So verprügelte er einmal zusammen mit seinem ältesten Schwiegersohn dessen Bruder Jacob Graner so gründlich mit dem Stock, und noch dazu mitten in des Herrn Bürgermeisters Haus, daß er trotz seines Ansehens und eigener Ratszugehörigkeit vom Rat der Stadt 14 Tage auf den Wasserturm geschickt wurde. Ein anderes Mal verteidigte er in Venedig das Recht der Regensburger Kaufleute gegen die Nürnberger sehr nachdrücklich „mit dem Stock in der Hand“. Soweit man aus dem in diesen Jahren gemeinsam geführten Handlungsbuch auch einen persönlichen Eindruck gewinnt, scheint das Einvernehmen zwischen Vater und Sohn gut gewesen zu sein, wobei gegen Matthäus' frisch zupackende Art der zurückhaltende Vater das ausgleichende Moment bildete.

Im Jahre 1389 endet die Gesellschaft von Vater und Sohn durch den Tod Wilhelm Runtingers, der mit seiner Frau Berta zusammen am gleichen Tage, dem 6. Mai, starb. Matthäus notiert im Handlungsbuch: „er" – sein Vater Wilhelm – „ließ mir an Barschaft und unter den Geldern (Außenstände, Leibrenten etc.) 5004 Gulden, die Steuer war vorher gerichtet. Und an Getreide, an Wein, an Rossen, an Barchent 250 Gulden. Und was aus Silbergeschirr wird. Noch 4832 Gulden an Barschaft … Item ich gab zwei silberne Pokale und meines Herren" – also seines Vaters Wilhelm – „Silbergürtel und Gürtelknopf hin an der Waage (Regensburger Waage für Münzen und Edelmetalle) um 65 1/2 Gulden".

Dieser Eintrag nach dem Tod des Vaters, der nicht etwa nur als wertmäßige Abschätzung der Silbergeräte zum Zwecke der Steuerveranlagung, sondern als tatsächlicher Verkauf gemeint war, möchte fast ein wenig pietätlos erscheinen, denn nötig hatte Matthäus die Versilberung dieses Nachlasses gewiß nicht, war er doch nun durch das Erbe des Vaters der absolut reichste Bürger der Stadt geworden, der reichste Bürger einer der damals noch reichsten Städte Süddeutschlands. Matthäus führt nach dem Tode des Vaters das Geschäft allein weiter. Nur gelegentlich schließt er sich mit einem seiner Handlungsdiener für eine gewagtere Unternehmung zu gemeinsamem Risiko zusammen. Sein Vermögen hält er zusammen und mehrt es weiter. Er besitzt zahlreiche z. T. noch heute erhaltene Häuser, Obstgärten, Weingärten und Bauerngüter innerhalb und außerhalb Regensburgs, ist größter Kreditgeber seiner Vaterstadt und erhebt den Salz- und Eisenzoll auf der Donau, der ihm und seinem Vater schon 1384 von den bayerischen

Herzögen verpfändet worden war. Schließlich kann er – ab 1392 – nach Erwerb der ebenfalls ehemalig herzoglichen Münzschmiede und der städtischen Wechselbank ohne Umwege Einfluß auf die oberdeutsche Geldentwicklung nehmen.

Matthäus war zweimal verheiratet, beide Frauen stammten aus alten Patrizierfamilien. Seine erste Frau Agnes, geborene Pütreich, kam aus München; ihr Vater, Heinrich Pütreich, war zu dieser Zeit der reichste Münchner Bürger. Die Ehe, aus der eine Tochter, Klara, hervorging, scheint nur von kurzer Dauer gewesen zu sein. Agnes Pütreich starb offensichtlich vor 1377, denn im März 1377 ließen sich Wilhelm und Matthäus Runtinger die Gültigkeit des sie begünstigenden Testamentes der Agnes von deren Vater bestätigen, nachdem dieser offenbar entsprechende Schwierigkeiten gemacht hatte. Zu dieser Zeit war Matthäus nämlich bereits die zweite Ehe eingegangen, und möglicherweise hatte dieser Schritt zu den Differenzen beigetragen. Die Grafenreuther, aus deren Familie Matthäus' zweite Frau Margarete stammte, waren eine alte Regensburger Familie, die sich in der Hauptsache mit Weinhandel befaßte. Auch sie waren sehr vermögend, wenn auch vielleicht nicht im selben Maße wie die Pütreichs, dafür aber in städtischen Angelegenheiten sehr einflußreich. Nicht wenige von den Ämtern und Ehrenämtern, die Matthäus im Laufe seines Lebens innehatte, hatte er wohl unter anderem der Verbindung mit einer Grafenreuther-Tochter zu verdanken. Doch nicht nur Margaretes mitgebrachtem Vermögen und dem Einfluß ihrer Familie, sondern auch ihrer eigenen Tüchtigkeit war der weitere Aufstieg des Runtingergeschäftes zu danken. Sie beherrschte Schreiben, Rechnen und Buchführung, beteiligte sich selbst am Handel und vertrat ihren Mann bei dessen Abwesenheit sogar in dem schwierigen Geschäft des Wechselamtes, in das sie sich mehr und mehr einarbeitete; viele Einträge im Buch stammen von ihrer Hand.

Aus beiden Ehen hatte Matthäus Runtinger drei Töchter: Klara, Margarete und Barbara. Die älteste Tochter Klara stammte, wie schon erwähnt, aus der Ehe mit Agnes Pütreich. Als Klara nach Aussage des noch erhaltenen Ehekontraktes im Jahre 1390 den Regensburger Hans Graner heiratete, waren es die beiden reichsten Patrizierkinder der Stadt, die mit dieser Heirat zusammengetan wurden, zumal Klara ja auch noch einen Teil des großen Pütreich-Vermögens erben sollte. So sind es erhebliche Summen, die sich Schwiegervater und Schwiegersohn gegenseitig als Aussteuer und Morgengabe versprechen. Beide Parteien versichern sich, wie es üblich ist, im Beisein von mehreren namhaften Zeugen schriftlich wegen ihres in diesen Handel gegebenen Geldes; Hans Graner läßt sich auch versichern, daß seine zukünftige Frau „gleich erben soll mit Herrn Heinrich des Pütreich Kindern zu München", also Miterbin des großen Pütreich-Vermögens werden soll.

Wie schon sein Vater vor ihm, war der junge Ehemann in den folgenden Jahren hauptsächlich in der Weinbranche tätig, und zwar sowohl im Weinausschank mit heimischen als im Weinfernhandel mit auswärtigen Weinen, bei deren Einkauf er nun häufig auch Warensendungen seines Schwiegervaters Matthäus anvertraut bekam. Er bezog mit seiner jungen Frau das ererbte väterliche Haus „an der Haid" (heute Thon-Dittmer-Palais). Beide sterben früh, noch vor Matthäus Runtingers Tod. Als erste am 19. September 1395 Frau Klara, Hans Graner folgt 1398. Beider Sohn, Hans Graner der Jüngere, Runtingers ältester Enkel, kommt später zu politischen Ehren und wird in vielen Ämtern seiner Vaterstadt tätig. Aufgrund seines ererbten Vermögens, das ihm ein sorgloses

Leben gestattete, scheint er, da jedenfalls entsprechende Belege fehlen, den Kaufmanns-
beruf nicht ausgeübt zu haben.

Margarete und Barbara, Matthäus Runtingers Töchter aus zweiter Ehe, heirateten
zwei Vettern: Erhard Lech und Wenzel Lech. Auch diese Schwiegersöhne des
Matthäus entstammten einer Regensburger Kaufmanns- und Patrizierfamilie. Sowohl
Erhard als auch Wenzel Lech waren zuweilen an Unternehmungen ihres Schwiegervaters beteiligt. Wie ihre Vorfahren arbeiteten beide hauptsächlich auf den Ostrouten.
Erhard, der ältere der beiden Vettern, erlangte schon früh Ratsherrnwürde und genoß
in verschiedenen städtischen Ämtern wie auf politischen Missionen das Vertrauen
seiner Heimatstadt. Nach einer offenbar auch kaufmännisch erfolgreichen Laufbahn
starb dieser zweite Schwiegersohn Runtingers ebenfalls noch verhältnismäßig jung im
Jahre 1413. Dem erhaltenen Testament seiner Witwe Margarete zufolge heiratete diese
darauf einen Peter Trenbeck und ist 1421 genannt als „Margret Trenbekchynn, Peter
des Trenbekchen, Bürger zu Regensburg hausfraw di vor gehabt hat Erhart den
Lechen". Wenzel Lech, der jüngere Vetter, der 1401 Matthäus' dritte Tochter Barbara
heiratete, scheint dagegen weniger erfolgreich gewesen zu sein. Möglicherweise wurde
er auch von vornherein von seinem Schwiegervater als nicht eben sehr zuverlässig
beurteilt, wie die verschiedenen Vorbehalte des erhaltenen Heiratsvertrages zeigen:
Eintausend Gulden soll er seinem Schwiegervater bezahlen, wenn die Heirat aus
seinem, Wenzels, Verschulden nicht zustandekommt. Andererseits verspricht
Matthäus ein reiches Heiratsgut und darüber hinaus, vielleicht weil Wenzel bei der
Heirat noch sehr jung ist, daß er das junge Paar „das erste Jahr in seiner Kost ohne
Geld", d. h. ohne Zuzahlung, behalten will.

Das Jahr darauf sollen sie dann „ihm in die Kost geben, was möglich und angemessen
ist". Matthäus trifft in diesem Vertrag auch Vorsorge für den Fall, daß Wenzel weder das
Versprechen der Heirat einhalten noch die dann anfallenden 1000 Gulden gutwillig
bezahlen würde, und ebenso für das von ihm, Matthäus, in die Ehe gegebene Geld, falls
die zukünftigen Eheleute „im Unwillen voneinander scheiden". Das letztere trat nun
allerdings nicht ganz, immerhin aber doch beinahe ein, denn nach einer Urkunde vom
Januar 1418 mußte Wenzel vom Rat wegen Vermögensstreitigkeiten mit seiner Frau
bestraft werden und Abbitte tun sowie „besonderlich versprechen, daß ich mit meiner
Hausfrau Barbara fürbass freundlich und ordentlich leben soll und will und sie die Sache
und Handlung nicht entgelten lassen will in keiner Weise, weil ich wohl erkenne und
weiss, daß sie keine Schuld daran gehabt hat". In städtischen Ämtern und Würden ist
Wenzel im Gegensatz zu seinem Vetter Erhard nicht bezeugt.

Einen Sohn, der das Geschäft als Namensträger hätte weiterführen können, hatte
Matthäus Runtinger nicht. Zwar gebar seine zweite Gattin 1391 einen Sohn, doch
scheint dieser nicht lange am Leben geblieben zu sein. Mit dem Tode dieses Sohnes
erlosch die Aussicht auf den Fortbestand der Familie Runtinger im Mannesstamme,
nachdem auch der einzige neben Wilhelm und Matthäus Runtinger erwähnte Namensträger, Albrecht Runtinger, der Bruder Wilhelms, keinen Sohn hinterließ, soweit sein
eingangs erwähntes Testament schließen läßt. So endete also das große Handelshaus
schon nach der zweiten Generation mit dem Tode Matthäus Runtingers. Sein letzter
selbstgeschriebener Eintrag im Handlungsbuch lautet: „1407 jar vastenmezz. Item
noch han ich pey dem Erhard Letel in seinem gebelb (Lagergewölbe) an gewant

(Tuchen) und unter den geltern (Forderungen) 652 Rein. guldein". Matthäus mag dies
bereits in Vorahnung seines nahen Todes zur Erleichterung der Erbschaftsangelegen-
heiten vermerkt haben.

Er starb bald darauf, am 19. Juni 1407. Mit etwa sechzig Jahren hatte er ein Alter
erreicht, das für die damalige Zeit als nicht zu jung zum Sterben galt. Ganz gesund war
Matthäus in den letzten Jahren vor seinem Tode nicht gewesen, wie die Rezepte und
Arzthonorare aus der Zeit von 1392 bis 1406 ausweisen. Diesen uns durch sein Handlungsbuch überlieferten Rezepten zweier Regensburger Ärzte und eines venezianischen
Arztes ist zu entnehmen, daß er an Gicht oder Rheuma, an Blutandrang und außerdem
an einem Leber- und Gallenleiden litt. Von den dort verordneten Heilgewürzen,
Diätvorschriften und Wickeln hat übrigens der größte Teil bis heute seine Gültigkeit
behalten. Das Todesdatum findet sich auf dem noch erhaltenen Grabstein in der im
Zweiten Weltkrieg zerstörten Obermünsterkirche zu Regensburg [Abb.], wo Matthäus
und drei Jahre später seine zweite Frau Margarete, geborene Grafenreuther, beigesetzt
wurde. Auf diesem, einem Sarkophag ähnlichen Grabstein sieht man links neben einer in
roten Marmor gehauenen Darstellung der Auferstehung Christi den Matthäus Runtinger mit Schnurrbart und kurzem spitzen Vollbart in langem Mantel. In den gefalteten
Händen hält er einen Rosenkranz, und zu seinen Füßen prangt sein Wappenschild, ein
quergeteiltes Feld mit einem geästelten Baumstamm. Rechts neben ihm kniet seine Frau
Margarete Grafenreuther ebenfalls in langem Mantel, die Hände gefaltet, zu ihren Füßen
das Wappen der Grafenreuther.

*Grabstein des Matthäus Runtinger und seiner zweiten Frau Margarete
in der Obermünsterkirche*

„Zu Obermünster bei meinem Vater und bei meiner Mutter selig" wünschten sich auch die Töchter Margarete und Barbara Lech ihre letzte Ruhestätte. Ihre sehr umfangreichen Testamente von 1421 bzw. 1428, in denen sie diesen ihren letzten Willen bekunden, sind ebenso wie das der Margarete Runtinger aus dem Jahre 1410 erhalten geblieben. Sie zeigen mit der in ihnen enthaltenen ausführlichen Aufzählung der silbernen und goldenen Becher, Schalen und Pokale, der Ringe mit Saphiren, Diamanten, Türkisen und Amethysten, der Rosenkränze aus weißen und roten Korallen, aus Perlen, Beryll und goldgefaßtem Perlmutt, der kunstvoll verzierten Agnus Dei, der Mäntel mit Bauchpelzwerk und Rückenpelzwerk, Feh (buntes Pelzwerk), Fuchs und Marder, der Braut- und Festgewänder, der „einfachen, im Haus getragenen Kleider", der seidenen Kissen und Golter (Decken, Polster), der Himmelbetten „mit allem Zubehör", der Schreine und Truhen, der seidenen und kamelhaarenen Decken mit goldenen Borten und farbigen Rändern, der Gaben an die Armen und Siechen usw. nicht nur Reichtum und Üppigkeit, sondern lassen in ihren sorgfältigen und liebevollen Anordnungen für Enkel, Freunde, Dienstpersonal und Verwandte auch das häusliche Leben der Familie eindrucksvoll vorüberziehen. Diesen drei Testamenten zufolge traten nur noch zwei Enkel, nämlich Wenzel und Andel Lech, Sohn und Tochter der Barbara Lechin, das Runtingersche Erbe an, das durch erhebliche, die Kirche und die Armen der Stadt begünstigende Stiftungen und Vermächtnisse gehörig zusammengeschrumpft war. Hans Graner der Jüngere, der bereits erwähnte Enkel aus Matthäus' erster Ehe, wird in diesen Testamenten von den beiden Tanten und der Stiefgroßmutter nur mit kleinen Vermächtnissen bedacht, wahrscheinlich, weil er bereits mit dem (verlorengegangenen) Testament seines Großvaters Matthäus genügend abgefunden, im übrigen durch das Erbe seiner früh verstorbenen Eltern ohnehin vermögend genug und vielfacher Grundbesitzer war.

Zwei noch im Jahre 1410 im Testament der Margarete Runtinger, geb. Grafenreuther, erwähnte Enkel, Erl und Hansel, letzterer offenbar der verwöhnte Liebling und Trost der Großmutter in ihren Witwenjahren, sterben noch im Kindesalter und finden in den späteren Testamenten ihrer Mütter (Erl war ein Sohn der Margarete Lech, Hansel ein Sohn der Barbara) keine Erwähnung mehr. Andel Lech scheint dem im Testament ihrer Mutter ausgesprochenen Wunsch, sie möge ins Kloster gehen, gefolgt zu sein; in späteren Urkunden ist sie jedenfalls nicht mehr zu finden. Dagegen ist Wenzel Lech der Jüngere als Hauseigentümer des Runtingerschen großen Hauses am Fischmarkt (heute Keplerstraße 1), welches er übrigens allein, offenbar also unverheiratet, bewohnt, noch in Steuerregistern von 1436 und 1461 bezeugt.

Wie oben bereits öfters bemerkt, hatten Wilhelm und Matthäus Runtinger zahlreiche Ämter in Regensburg inne. So finden wir Wilhelm während seiner langjährigen Ratszugehörigkeit als Steuerherrn, Ungelter und städtischen Brückenmeister. Während des Städtekrieges bekleidete er 1388 das mit diktatorischen Vollmachten ausgestattete Amt des Fragers. Sein Sohn Matthäus hatte das Hansgrafenamt inne, war Beisitzer im Ratsgericht, Pfleger des Katharinenspitals, vor allem aber Baumeister und Münzherr.

Wie das Handlungsbuch der Familie zeigt, lagen aber die Hauptaktivitäten der Runtinger im Handel, der ihnen offensichtlich beträchtlichen Reichtum verschaffte. So brachte man etwa Silber und Gold nach Venedig und tätigte dort umfangreiche Einkäufe von Pfeffer, Safran und Rohbaumwolle sowie ,kleinen' Gewürzen (das sind alle Spezereien außer den Großprodukten Pfeffer und Safran), von Rohseide, mannigfachen

Seidenstoffen und Unzengold (zur Verarbeitung an kostbaren Gewändern). Teile der
Venedigimporte wurden in Regensburg verkauft, ein anderer Teil ging in die Prager
Niederlassung weiter. Aus Böhmen brachte man Silber nach Regensburg. In Brabant,
später in Frankfurt kaufte man feines Tuch, das man wiederum in Regensburg, aber auch
in Wien verkaufte. Matthäus verlegte sich in den letzten eineinhalb Jahrzehnten seines
Lebens vor allem auf sein Münzeramt. Diese Wende im Geschäftsgebaren der Runtinger
markiert auch eine Wende in der Entwicklung Regensburgs: Bis zum Städtekrieg (1388)
blieb Regensburgs Stellung als zentrale südostdeutsche Handelsmetropole durchaus
erhalten, wenn auch die jungen umliegenden Landstädte zunehmend den Handel von
Regensburg abzogen.

Die gewaltigen finanziellen Aufwendungen für den Städtekrieg scheinen die öffentlichen Mittel der Stadt weitgehend erschöpft zu haben, der rasante Abstieg Regensburgs
setzte ein. Doch dies erlebte die Familie Runtinger nicht mehr.

Claudia Märtl

Andreas von Regensburg –
Augustinerchorherr und Geschichtsschreiber
(ca. 1380 – ca. 1442)

Andreas von Regensburg lebte in der ersten Hälfte des 15. Jahrhunderts in dem Augustinerchorherrenstift St. Mang am Fuß der Steinernen Brücke in Stadtamhof und verfaßte hier eine Reihe bedeutender historiographischer Werke, die ihm nach Aussage des freilich recht phantasievollen Aventin [s. S. 109ff.] bei den Regensburgern den Ehrennamen eines zweiten Titus Livius eingetragen haben sollen. Die spärlichen Informationen, die sich zu den Lebensumständen dieses fleißigen, redlichen und zurückhaltenden Mannes zusammentragen lassen, beruhen auf den versteckten Angaben, die er selbst in seinem Werk machte und auf den Spuren, die er in der schriftlichen Verwaltung seines Konvents hinterließ. Andreas hieß demnach mit Zunamen Müller oder Müllner und stammte aus Reichenbach am Regen, wo seine Familie in vermutlich eher bescheidenen Verhältnissen lebte. Sein ungefähres Geburtsjahr 1380 kann man aus dem Datum seiner Priesterweihe ableiten. Möglicherweise ging er zuerst im Kloster Reichenbach zur Schule, denn er pflegte auch in späteren Jahren noch Kontakte zu dortigen Mönchen und kannte eine deutsche Übersetzung des Boethius, die in Reichenbach angefertigt worden war. Um die Mitte der 90er Jahre des 14. Jahrhunderts hielt er sich nach eigener Aussage zum Schulbesuch in Straubing auf, wo sich ihm ein Stadtbrand einprägte. 1401 in St. Mang eingetreten, wurde er in der Pfingstwoche 1405 in Eichstätt zum Priester geweiht. Nicht zuletzt aufgrund seiner Tätigkeit erlebte St. Mang in der ersten Hälfte des 15. Jahrhunderts einen Höhepunkt in seiner materiellen wie geistigen Entwicklung. Andreas' geschicktes Auftreten und sein wachsendes Ansehen als Geschichtsschreiber machten ihn zum geeignetsten Vertreter der Interessen seines Klosters. In den St. Manger Archivalien läßt sich gut verfolgen, wie ihn Verteidigung und Verwaltung des Klosterbesitzes in zunehmendem Maße beanspruchten, wobei er nicht nur schriftlich tätig wurde, sondern auch Geschäftsgänge und mindestens eine Reise zu Herzog Ernst, dem Vogt von St. Mang, nach Straubing unternahm. 1430 sorgte er als Testamentsvollstrecker für die Durchführung des Letzten Willens des mit ihm befreundeten Regensburger Juristen Konrad von Hildesheim, der die Reichsstadt auf dem Konstanzer Konzil (1414–1418) vertreten hatte. Seit den 20er Jahren des 15. Jahrhunderts scheint Andreas mit dem geistlichen Rang eines „Senior" ausgestattet gewesen zu sein, und spätestens ab dem Frühjahr 1438 hatte er die Stellung eines Dekans inne, wobei er die Geschäfte für St. Mang weitgehend selbständig führte und unter anderem eine geordnete schriftliche Niederlegung der Rechtsbasis des Klosterbesitzes in Gestalt eines neuen Salbuchs in die Wege leitete. Die starke Belastung durch das Amt des Dekans ist wohl dafür verantwortlich, daß Andreas mit dem Jahr 1438 die Arbeit an seinen historiographischen Werken einstellte, doch kümmerte er sich auch weiterhin um die Bibliothek St. Mangs, die durch die von ihm zusammengetragenen und auf seine Veranlassung abgeschriebenen Texte zu einer der reichhaltigsten Büchersammlungen Regensburgs wurde und ihrerseits auf die Bibliotheken anderer geistlicher Institutionen der Reichsstadt auszustrahlen begann. Erstaunlicherweise ist der Todestag des Andreas – ein 7. Dezember zwischen 1442 und 1447 – nicht in Regensburger Quellen, sondern nur in zwei Nekrologien aus dem süddeutschen Raum überliefert.

Mindestens 33 Jahre lang hat Andreas historische Aufzeichnungen über seine eigene Zeit gemacht: von seiner Priesterweihe 1405 bis zum Spätsommer 1438. Unablässig sammelte er Materialien (historische, theologische, juristische, literarische Werke, Briefe, Urkunden, Akten), die er aus Regensburger Bibliotheken, aus dem Umkreis der Regensburger Bischöfe, aus dem Kloster Reichenbach, von Durchreisenden und durch Korrespondenz erhielt. Eine wichtige Quelle bildeten für ihn die Berichte „glaubwürdiger Männer", die er selbst befragte. Unter seinen vielen, oft nicht namentlich genannten Gewährsleuten für mündliche und schriftliche Auskünfte finden sich bekannte Persönlichkeiten wie die Theologen Nikolaus von Dinkelsbühl (†1433) und Johannes von Palomar († nach 1437). Bevorzugt suchte er den Kontakt zu solchen Leuten, die aufgrund ihrer Herkunft aus entfernten Ländern, ihrer bedeutenden Stellung oder ihrer Reisen Informationen aus erster Hand bieten konnten über Gegenden, Personen und Ereignisse, an die Andreas selbst nicht herankommen konnte. Obwohl ihm die Mittel für größere Ausflüge fehlten – eine Teilnahme am Konstanzer Konzil (1414–1418) mußte aufgrund seiner beschränkten materiellen Verhältnisse unterbleiben – gelang es ihm so, eine Unmenge Detailkenntnisse zusammenzutragen, was durch die für die damaligen politischen Ereignisse zentrale Lage Regensburgs erleichtert wurde. Für näherliegende Gebiete – wie Reichenbach, Straubing, Regensburg – vermittelt Andreas, bisweilen selbst Augenzeuge, zahlreiche farbige Eindrücke vom Leben seiner Zeit: Naturkatastrophen, Feuersbrünste, Unglücksfälle, Morde und sonstige aufsehenerregende Untaten, adlige Familienangelegenheiten, Skandale im kirchlichen Bereich, auffällige Fremdlinge wie z. B. Zigeuner, all dies und vieles andere mehr findet sein Interesse. Mit besonderer Aufmerksamkeit verfolgte er natürlich das kirchliche Leben im Bistum Regensburg – von den in seine Zeit fallenden Bischofswahlen bis zur Anbringung der großen Glocken im neuen Domturm (1436). Bei der Provinzialsynode von 1419, die die Reformvorhaben des Konstanzer Konzils durchzuführen suchte, war er selbst anwesend, ebenso bei dem Prozeß gegen einen in Regensburg entdeckten Hussiten (1420) und wahrscheinlich auch bei dem Verfahren gegen Magdalena Walpotin, eine offensichtlich verwirrte Person, die sich für die Jungfrau von Orleans hielt, im Regensburger Dom als bekehrte Ketzerin zur Schau gestellt und schließlich eingekerkert wurde. Mit zu den aufregendsten Erlebnissen gehörte für Andreas sicherlich der „kaiserliche Tag", den Kaiser Sigismund 1434 in Regensburg abhielt. Der St. Manger Geschichtsschreiber konnte dabei die Verhandlungen zwischen der Delegation des Basler Konzils und den Gesandten der Hussiten beobachten und wurde so Ohrenzeuge eines lautstarken Auftritts zwischen einem der hussitischen Anführer, Johannes Rokyzana, und dem Basler Vertreter Johannes Palomar.

Die von Andreas solchermaßen in eigener Erfahrung wie aus mündlicher und schriftlicher Überlieferung gesammelten Materialien liegen zum Teil noch in Rohform vor, das heißt als tagebuchartige Aufzeichnungen und Exzerptsammlungen; überwiegend besitzen wir aber von ihm ausgearbeitete Darstellungen und sorgsam geordnete Aktensammlungen. Einigen seiner Werke hat Andreas Vorreden beigegeben, in denen er seine Intention und Methode erläutert. In traditioneller Topik sieht er den Hauptzweck der Geschichtsschreibung darin, bedeutende Ereignisse festzuhalten, damit sie auf die Nachwelt in abschreckender oder zur Nachahmung verlockender Weise belehrend wirken; daneben soll freilich auch die Unterhaltung des Lesers nicht zu kurz kommen. Die spezielle Aufgabe des Geschichtsschreibers besteht für Andreas hauptsächlich in der Sammlung sowie der zuverlässigen Niederschrift und Verarbeitung der Quellen, ein Programm, dem er auch gerecht zu werden sucht, indem er – anders als viele seiner mittelalterlichen Vorgänger – seine Vorlage meist ausdrücklich nennt. Dabei ist er sich der Schwierigkeit der rechten Auswahl von Quellenexzerpten, der Gefahr, Wichtiges zu übersehen und allein durch die Zusammenstellung schon ein falsches Bild zu geben, voll bewußt. Mit gelehrten Erörterungen und Interpretationen hält er absichtlich zurück, doch geht er über ein rein kompilatorisches Verfahren weit hinaus, indem er sich eifrig bemüht, sowohl bei lange zurückliegenden wie bei zeitgenössischen Ereignissen widersprüchliche Nachrichten gegeneinander abzuwägen und möglichst nüchtern den Sachverhalt festzustellen. Auf diese Weise kann er falsche Prophezeiungen und unhaltbare Gerüchte entlarven. Bisweilen erlaubt er sich auch verhaltene Kritik an Zeitgenossen, so an der politischen Unberechenbarkeit Kaiser Sigismunds, an der überaus großen Geschäftstüchtigkeit des Regensburger Bischofs Albrecht Staufer oder an Turnierveranstaltungen niederbayerischer Adliger, die seiner Ansicht nach im Zeitalter der Hussitenkriege überflüssig waren.

Das historiographische Werk des Andreas läßt sich in vier Themenkreise einteilen:
– *Die Geschichte der Päpste und Kaiser* von den Anfängen des Christentums bis in das 15. Jahrhundert, wobei als dritte Komponente ab dem 8. Jahrhundert die Geschichte des Regensburger Bistums hinzutritt („Chronica pontificum et imperatorum Romanorum"). Die erste Fassung dieses Werks stellte Andreas von 1420 bis 1422 fertig; er führte es in späteren Jahren fort, wobei er zum Teil die Akzente der Darstellung verschob und neues Material einfügte, so daß man insgesamt drei Fassungen (A, B, C) unterscheiden kann. Wie Andreas in seiner Vorrede sagt, hat er bis zur Zeit Papst Johanns XXII. (†1334) und Kaiser Ludwigs des Bayern (†1347) alte Chroniken exzerpiert, während er für die Folgezeit bis zu Martin V. (†1431) und Kaiser Sigismund (†1437) „verschiedene Quellen" und „Berichte glaubwürdiger Männer" verwertet habe. Als Vorbild der von Andreas selbst entworfenen graphischen Gestaltung des Werks diente die überaus verbreitete Weltchronik des Martin von Troppau (†1278): Die Päpste und Kaiser werden getrennt in parallelen Spalten abgehandelt, wobei die Namen der Päpste in roter Schrift innerhalb roter Doppelkreise links, die der Kaiser in schwarzer Schrift innerhalb schwarzer Doppelkreise rechts erscheinen; die Regensburger Bischöfe werden innerhalb schwarzer, unten offener Doppelkreise aufgeführt. Im Jahr 1422 exzerpierte Andreas aus der A-Fassung die auf Regensburg und verschiedene Ketzereien bezüglichen Abschnitte, um sie Bischof Johann II. von Regensburg als Informationsgrundlage für seine Teilnahme an einer geplanten Reichsversammlung gegen die Hussiten zur Verfügung zu stellen („Compendium de condicione civitatis Ratisponensis et de diversis haereticis").
– *Die Geschichte der bayerischen Herzöge.* Zur Behandlung dieses Themas wurde Andreas durch eigenes Interesse und durch persönliche Kontakte mit Angehörigen des wittelsbachischen Hauses angeregt. Herzog Ludwig VII. von Bayern-Ingolstadt

wünschte eine Chronik der bayerischen Herzöge von Andreas, nachdem dieser ihm 1425 einen heute verlorenen Stammbaum überreicht hatte; auch das lebhafte Interesse Herzog Ernsts, das er 1431 an den historischen Arbeiten des Andreas bei dessen Besuch in Straubing bekundete, dürfte sich hauptsächlich auf die Rolle der Wittelsbacher bezogen haben. Andreas fertigte für Herzog Ludwig eine die gewünschten Themen berücksichtigende Überarbeitung der A-Fassung seiner Chronik an (B-Chronik; „Chronica de principibus terrae Bavarorum"), die er noch mehrmals veränderte und fortsetzte, zuletzt bis 1436. Es spricht für seine Charakterfestigkeit, daß er dabei allzu aktuelle propagandistische Bezüge im Sinne seiner Auftraggeber eher vermied, so daß seine Chronik zwar der Selbstdarstellung der Wittelsbacher Rechnung trug, wenn es um ihre Eigendefinition als angestammtes Herrscherhaus Bayerns ging, aber als Waffe in der Tagespolitik der innerwittelsbachischen Auseinandersetzungen unbrauchbar war. Aus zwei Fassungen dieser Geschichte Bayerns stellte Andreas selbst eine deutsche Version her („Chronik von den Fürsten zu Bayern") in deren Vorrede er besonders die Unterhaltungsfunktion der Historiographie betont, was darauf schließen läßt, daß er bewußt auf die Bedürfnisse eines Publikums eingehen wollte, wie es sich im adlig-höfischen Umkreis der Wittelsbacher finden mochte.

– *Das Konstanzer Konzil (1414–1418)*. Andreas betrachtete das große Reformkonzil als das wichtigste Ereignis seiner Zeit. Da er eine historische Darstellung des Konzilgeschehens bewußt den Teilnehmern und Augenzeugen überlassen wollte, begnügte er sich damit, eine umfangreiche und überaus wertvolle Aktensammlung anzulegen („Concilium Constantiense", wahrscheinlich 1421/1423 entstanden). Ein Schlaglicht auf den geradezu verbissenen Eifer, mit dem er seine Quellensammlung betrieb, wirft seine Bemerkung, daß er einen Traktat von einem durchreisenden Theologen entlieh und ihn abschnittweise an fünf Kopisten verteilte, die ihn über Nacht abschreiben mußten, so daß er den Text am nächsten Morgen wieder seinem Besitzer zurückgeben konnte. Andreas stellte auch die Akten der von Konstanz inspirierten Provinzialsynode zusammen, die 1419 in Regensburg stattfand („Concilium provinciale").

– *Die Hussiten*. Als eine unmittelbare Folge des Konstanzer Konzils und aufgrund der besonderen Bedrohung Bayerns durch die böhmischen Angriffe mußten Andreas die Hussitenkriege notgedrungen interessieren. Er sammelte Aktenmaterial über die Auseinandersetzungen der Jahre 1419 bis 1428, wobei er zum Teil aus nächster Beobachtung stammende Schilderungen der Anstrengungen zur Abwehr der hussitischen Einfälle hinzufügte („Chronica Hussitarum"). Wahrscheinlich um 1430 verfaßte er einen Dialog zwischen Vernunft (ratio) und Geist (animus) über die Hussitenfrage, in dem er die Geschichte der Hussitenkriege darstellte und Grundbegriffe der hussitischen Lehre erklärte („Dialogus de heresi bohemica").

Für eine Beurteilung der geistigen Statur des Andreas ist neben seinen historiographischen Werken auch die inhaltliche Zusammensetzung der Bibliothek St. Mangs zu beachten, die leider seit dem 30jährigen Krieg großenteils verschollen ist und aus älteren Inventaren wie Abschriften rekonstruiert werden muß. Die Handschriftensammlung des damals immerhin schon fast 300 Jahre alten Klosters scheint erst durch Andreas zu nennenswertem Umfang gelangt zu sein; sie enthielt entsprechend seinen Interessen nicht nur Texte zur Regensburger Geschichte, sondern auch einen auffallend reichen Bestand an theologischen Schriften aus dem Umkreis des Konstanzer Konzils und eine beachtliche Anzahl juristischer Werke, die wohl aus dem Nachlaß des Konrad von Hildesheim stammten.

Andreas ist schon zu seinen Lebzeiten vor allem infolge seiner Kontaktfreudigkeit als Geschichtsschreiber über Regensburg hinaus bekannt geworden. So hat etwa einer der 1434 in Regensburg weilenden Gesandten des Basler Konzils, Gilles Carlier, den Dialog des Andreas über die Hussitenfrage in seine Heimat Frankreich mitgenommen, sich zugleich einige der Beobachtungen des Andreas notiert und ihm umgekehrt seinen Bericht über den „Kaiserlichen Tag" zur Verfügung gestellt. Am häufigsten sind die verschiedenen Fassungen der Chroniken des Andreas abgeschrieben, übersetzt und als Grundlage für spätere Geschichtsdarstellungen benützt worden. Aus heutiger Sicht verdient Andreas besondere Wertschätzung durch seine sorgfältige Quellensammlung und -verarbeitung; speziell das „Concilium Constantiense" enthält einige Texte, die nur hier überliefert sind. Seine Aufzeichnungen zu Ereignissen seiner näheren Umgebung sind eine Fundgrube nicht nur für die Lokalgeschichte. Schließlich hat Andreas die erste Landeschronik Bayerns geschrieben, auf der die gesamte bayerische Historiographie des 15. Jahrhunderts aufbaute.

Franz Fuchs

Thomas Pirckheimer – Frühhumanist im Regensburger Domkapitel (1417/18–1473)

Die Universität Regensburg ist – wenigstens auf dem Pergament – eine der letzten Universitätsgründungen des 15. Jahrhunderts auf deutschem Boden: Am 22. Mai 1487 genehmigte Papst Innozenz VIII. eine von dem Regensburger Domherrn Johann Neuhauser eingereichte Supplik um „erhebung und aufrichtung einer hohen schul". Die Verwirklichung dieses päpstlichen Dekrets scheiterte damals nicht nur an den politischen Umständen; ausschlaggebend dafür, daß dieses Projekt nicht realisiert werden konnte, dürfte gewesen sein, daß der Papst die vom Herzog geforderte Auflösung des Schottenklosters St. Jakob, dessen reicher Grundbesitz die wirtschaftliche Basis für die Stiftung liefern sollte, verweigert hatte. Doch lange vor dieser damals nicht in die Tat umgesetzten Hochschulgründung lebten erstaunlich viele Universitätslehrer in Regensburg, sei es, daß sie hier durch die Einkünfte aus geistlichen Pfründen ein standesgemäßes Auskommen fanden, oder sei es, daß sie als gelehrte Juristen im Dienste der Stadt oder des Bischofs hier ein höheres Salär erhielten, als ihnen eine Hochschule bieten konnte.

Es gehörte bekanntlich zu den Standardforderungen der konziliaren Reformbewegung des späten Mittelalters, daß die bislang dem hohen Adel vorbehaltenen Domkanonikerpfründen auch für Universitätsgelehrte offenstehen sollten; eine Promotion zum Licentiaten oder zum Doktor an einer der höheren Fakultäten sollte den Mangel an adeliger Abstammung kompensieren und den durch das Wiener Konkordat von 1448 formal geregelten Zugang zu den begehrten Sinekuren ermöglichen. Diese Forderung konnte nicht überall durchgesetzt werden; während beispielsweise das Mainzer Domkapitel, aber auch die westfälischen Kathedralstifte nur hochadelige, stiftsfähige Personen aufnahmen, fanden in Regensburg seit dem Beginn des 15. Jahrhunderts auch Universitätsgelehrte Zutritt zu diesem vornehmen Gremium. Betrachtet man diese wegen ihrer Hochschulbildung ins hiesige Domstift aufgenommenen Personen nach ihrer Herkunft, so fällt auf, daß eine erstaunlich hohe Zahl aus dem Gebiet des heutigen Mittelfranken stammt. Um nur einige zu nennen: der Theologe Wolfhard Ebner († 1428), der seine Bibliothek der Dompfarrei vermachte, der Jurist Dr. Konrad Kuenhofer († 1452), der aus seinem Vermögen in Regensburg ein Bruderhaus errichten ließ, oder der Dr. utriusque juris Johann Lochner († 1487), Sohn eines berühmten Nürnberger Arztes. Aus Nürnberg stammte auch der Jurist Thomas Pirckheimer, der nach einer langen Universitätskarriere und juristischer Tätigkeit in Rom und an verschiedenen deutschen Fürstenhöfen um 1450 seinen Hauptwohnsitz nach Regensburg verlegte und die letzten 23 Jahre seines abwechslungsreichen Lebens als Domkustos in der Donaustadt verbrachte. Sein Grabstein ist in

der Mittelhalle des Regensburger Domkreuzganges erhalten geblieben: Er zeigt den am
29. Januar 1473 verstorbenen Thomas als Priester, den Kelch segnend, zu seinen Füßen
das Pirckheimer-Wappen und der Hut des päpstlichen Protonotars. Im Südflügel dieses
Kreuzganges ist eine Totenleuchte mit seinem Wappen als Zeugnis für seine ‚memoria'
erhalten geblieben.

Das Geschlecht der Pirckheimer verdankt seinen Nachruhm bis in die Gegenwart
zweifellos seinem letzten männlichen Sproß, dem großen Humanisten der Reformationszeit, Willibald Pirckheimer, dem Freund und Förderer Albrecht Dürers, einem der ersten
Gräzisten seiner Epoche. Unser Thomas ist Willibalds Großonkel, der jüngere Bruder
von dessen Großvater Hans Pirckheimer. Sein Geburtsjahr läßt sich durch Kombination
mehrerer voneinander unabhängiger Quellenzeugnisse annähernd bestimmen: Er
erblickte um 1417/18 als dritter Sohn des Nürnberger Patriziers Franz Pirckheimer und
seiner Frau Klara, einer geborenen Pfinzing, das Licht der Welt. Während die Familie
seiner Mutter zu den ältesten und reichsten Geschlechtern Nürnbergs zählte, war die
Familie des Vaters erst in der zweiten Hälfte des 14. Jahrhunderts aus Lauingen an der
Donau in die Pegnitzstadt übergesiedelt. Dort gelang ihr schon in der zweiten Generation
der Aufstieg zur Ratswürde; Hans Pirckheimer, der Großvater unseres Thomas, wurde
im Jahre 1386 als erster seines Geschlechts in den inneren Rat der Stadt Nürnberg ko-
optiert, eine Rangerhöhung, die bedeutenden Reichtum voraussetzte. Das Vermögen der
Familie war zweifellos im Fernhandel erwirtschaftet worden; vor allem durch die
Forschungen Wolfgang von Stromers zur oberdeutschen Hochfinanz sind wir über
die mannigfachen Aktivitäten der Pirckheimerschen Handelsgesellschaft, deren
Geschäftsinteressen von Venedig bis Lübeck und von Brügge bis Krakau reichten,
hinlänglich informiert. Nach Ausweis der im Nürnberger Staatsarchiv überlieferten
Salz- und Harnischbüchlein, aus denen sich die Vermögensschichtung des Nürnberger
Patriziats rekonstruieren läßt, gehörte Thomas' Vater zu einer der reichsten Gruppen
der Nürnberger Oberschicht.

Nach dem Zeugnis seines Urenkels Willibald soll Franz Pirckheimer, der eigenhändig
Handschriften kopierte und den Grundstock legte zur später so berühmten Familien-
bibliothek, darüber hinaus alle seine Mitbürger an Gelehrsamkeit überstrahlt haben („prae
cunctis civibus suis doctrina enituit"). Dem wissenschaftlichen Interesse des Vaters dürfte
es zuzuschreiben sein, daß alle seine Söhne Universitäten besuchten; dies war bei Nürnberger Patriziern des 15. Jahrhunderts keineswegs der Normalfall, da die Ausbildung zum
Fernhandelskaufmann in der Regel außerhalb der Hochschule verlief. Thomas immatrikulierte sich, gerade 15 Jahre alt, im Wintersemester 1433 an der Artes-Fakultät der Universität Leipzig und wurde zwei Jahre später, am 14. September 1435, dort zum Baccalaureus
der Künste promoviert. Im September 1437 schrieb er sich an der Juristenfakultät der
Universität Erfurt ein und begab sich bald darauf, wie viele andere seiner Kommilitonen,
über die Alpen, um nacheinander in Bologna, Padua, Pavia und schließlich im umbrischen
Perugia dem kaiserlichen und kanonischen Recht zu obliegen und gleichzeitig dort die
berühmtesten Lehrer der „studia humanitatis" zu hören. Eine ganze Reihe von Vor-
lesungsmitschriften des fleißigen Studenten sind in heute in London aufbewahrten Handschriften erhalten geblieben, ebenso vier kanonistische Codices, die Thomas mit Glossen
versehen und zu denen er Schlagwortregister angelegt hat. Die interessanteste seiner während der Studienzeit in Italien angelegten Handschriften ist der heutige Codex Arundel

138, eine der umfassendsten und bedeutendsten humanistischen Anthologien, die so
manche Texte von den Paveser Lehrern unseres Studenten unikat überliefert: Maffeo
Vegio, Antonio Panormita und Lorenzo Valla sind ebenso vertreten wie Baldassare Rasini,
Guarino Guarini und auch der berühmte Paduaner Jurist Antonio Roselli, der der Familie
Pirckheimer besonders eng verbunden war; alle diese Geistesgrößen dürfte der Nürnberger persönlich kennengelernt haben. Sein Studium wurde im Jahre 1442 gekrönt durch die
Wahl zum „rector magnificus" der Universität Perugia, einem äußerst kostspieligen Amt,
das mit hohen Repräsentationsausgaben verbunden war und das an italienischen Universitäten nur Studenten – Professoren und Doktoren waren ausgeschlossen – mit dem nötigen finanziellen Rückhalt auf ein Jahr übertragen wurde. Einige Urkunden, die im Archiv
der Nürnberger Familie Muffel erhalten geblieben sind, geben darüber Aufschluß, wie
Thomas die Mittel dafür aufbrachte: Am 24. September ließen Franz Pirckheimer und sein
Sohn Thomas am Nürnberger Stadtgericht einen Vertrag verbriefen, durch den bestätigt
wurde, daß Thomas für sein Studium bereits 900 fl. verbraucht habe, aber – so wörtlich –
„wan derselb sein sun besunder lieb und begierde het furbaß zu studieren und jetzund zu
einem rector der universitat zu Paruß erwelet sey, derzu er merklich hilff und einer großen
summ gelts bedorft, darumb er … seinen vatter angerufft und um hilff und furdrung zu
solichen eren und nutz gebeten hett." Vater Franz habe daraufhin solch „erberg sache und
gut meynung seins suns angesehen" und ihm „aber mit einer großenn summ guldein"
ausgeholfen. Dafür mußte er auf sein „veterlich erbtail" verzichten. Fast zur gleichen Zeit
veräußerte Thomas sein mütterliches Erbe; eine ihm von der Pfinzing-Seite zugefallene
Hofstatt wurde an das Nürnberger Katharinenkloster verkauft, wobei sein Vater und seine
beiden älteren Brüder als Zeugen fungierten.

Die Investition dieser enormen Summe in die Ausübung des Rektorats dürfte sich für
Thomas gelohnt haben, denn die Rektoren wurden in der Regel nach dem Ablauf ihrer
Amtszeit kostenlos promoviert; darüber hinaus erschienen ihre Namen – so sie sich für
eine geistliche Karriere entschieden – an vorderster Stelle auf den von der Universität an
die Kurie eingereichten Petitionen um Präbenden, d. h., sie hatten die besten Aussichten
auf dem kurialen Pfründenmarkt. Thomas Pirckheimer scheint sein Rektorat sehr sorgfältig verwaltet zu haben; eine ganze Reihe seiner amtlichen Aktenstücke ist kopial in
seinen Codices überliefert, seine Reden bei der Präsentation von Doktoranden und anderen Universitätsfeiern hat er sorgfältig in den schon erwähnten Codex Arundel 138 eingetragen. Ein Jahr nach seiner Amtsperiode wurde ihm von seiner Universität das Doktorat
„utriusque juris" verliehen.

Damit begann ein neuer Abschnitt in seiner Karriere. Die nächsten Jahre verbrachte
Thomas abwechselnd an der Kurie, die in den letzten Jahren Eugens IV., nach langem
Aufenthalt in Florenz, wieder nach Rom zurückgekehrt war, und am Münchner Hof
Herzog Albrechts III., wo er als gelehrter Rat bald eine Vertrauensstellung gewann: Er
wurde der Spezialist für alle kurialen Angelegenheiten, und fast jährlich zog er als
„orator" und „ambassiator" des Herzogs nach Italien. Thomas verstand es vortrefflich,
die päpstliche und fürstliche Gunst in klingende Münze für sich umzuwandeln: Die
Provisionen und Exspektanzen auf Propsteien, Kanonikate und Pfarreien, um die er
vergeblich prozessierte oder die er tatsächlich erhielt, sind in den einschlägigen Bänden
des Repertorium Germanicum zusammengestellt. Er besaß bereits die Propstei in An-
dechs und mehrere Pfarreien in der Salzburger, Bamberger und Eichstätter Diözese, als

im Jahre 1447 mit der Wahl Nikolaus' V. ein neuer Goldregen über ihn hereinbrach. Bereits im ersten Jahr seines Papats ernannte ihn Nikolaus zum päpstlichen „cubicularius", und am 23. März 1450 erhielt Thomas die Pfründe des Domkustos in Regensburg, die durch die Wahl ihres bisherigen Inhabers, Friedrich von Plankenfels, zum Bischof von Regensburg vakant geworden war. Zu dieser einträglichen Pfründe gehörte auch ein respektabler Domherrenhof, am heutigen Frauenbergl gelegen, in der sich eine der hl. Martha geweihte Hauskapelle befand. Dieses Gebäude sollte Thomas bis zu seinem Lebensende als Wohnsitz dienen, wohl nicht zuletzt deshalb, weil es ihm nicht gelang, die Pfarrei St. Lorenz in seiner Heimatstadt Nürnberg zu erwerben. Für diese besonders einträgliche Stelle, die im Juli 1452 zur Disposition stand, war er vom Nürnberger Rat vorgeschlagen worden, konnte sich aber gegen einen mächtigen Konkurrenten, Dr. Peter Knorr, nicht durchsetzen, obgleich der Kardinal von Siena, Enea Silvio Piccolomini, und selbst das Reichsoberhaupt, Kaiser Friedrich III., für ihn Empfehlungsschreiben nach Rom gesandt hatte; zum Ausgleich für diesen herben Verlust wurden ihm aber ein Kanonikat in Eichstätt und die Propstei Herrieden zugesprochen. Diese beiden Pfründen behielt er bis zu seinem Tode, während er auf die Pfarrei Kelheim verzichtete, nachdem er jahrelang gegen die dortigen Minoriten um sie prozessiert hatte. Soviel zu den Pfründen unseres Nürnbergers, von denen nur noch ein Kanonikat am Augsburger Dom erwähnt sei, da für diese Dignität die Aufschwörurkunden im Original erhalten geblieben sind.

In den 50er Jahren des Quattrocento begegnet uns Thomas nicht selten auch in der großen Politik. Seit 1452 gehört er zum Freundeskreis des Enea Silvio Piccolomini, in dessen Auftrag er 1453 eine Handschrift der Gotengeschichte des Jordanis aus Österreich nach Rom brachte, um sie dem spanischen Kardinal Juan Carvajal zu schenken. Wir treffen ihn auch häufig im Umfeld des großen Kardinals Nikolaus von Kues, den er in einer Visitationsreise unterstützte; so leistete er dem als Bischof von Brixen nicht gerade glücklich agierenden Nikolaus wertvolle Hilfe in seinem dramatischen Kampf gegen Herzog Sigmund von Österreich-Tirol. Cusanus revanchierte sich mit Pfründen in der Brixener Diözese, und am 12. Mai 1457 übertrug er Thomas den Brixener Hof in Regensburg mit dem Auftrag, den baufällig gewordenen Gebäudekomplex um die Summe von 100 Pfund Wiener Pfennigen renovieren zu lassen; er sollte dann diesen noch heute erhaltenen Bau an drei Kleriker übergeben, die Cusanus oder seinen Amtsnachfolger als Bischof von Brixen bei künftigen Regensburg-Aufenthalten zu beherbergen hatten, wobei sie „uns mit pettgewandt, heusgerett zu tisch und in der chuchen" zu Diensten stehen sollten. Diese Bauaufsicht dürfte Thomas nicht schwergefallen sein, da sich sein Domherrenhaus ganz in der Nähe des Brixener Hofes befand.

Die politische Karriere des Regensburger Domherren erreichte ihren Höhepunkt, als sein Förderer Enea Silvio Piccolomini im August 1458 als Pius II. die Nachfolge des hl. Petrus antrat. Pirckheimers Itinerar während des sechsjährigen Pontifikats des großen Humanistenpapstes ist geradezu atemberaubend: Mehrmals jährlich ging der zum päpstlichen Protonotar beförderte Thomas damals über die Alpen, um im Auftrag des Papstes für den Zusammenschluß der europäischen Mächte wider die Türken zu werben. Aus diesen vielfältigen Aktivitäten sei nur ein die Reichsstadt Regensburg betreffender Aspekt herausgehoben. In einem städtischen Archivale findet sich unter der Auslaufkorrespondenz des Regensburger Rates folgender zorniger Eintrag des Stadtschreibers:

   „Pirkheymer korherr

Item maister Thoma Pirckhaimer allhie tuembherr pracht zu wegen mit listtigen wort-
ten und daz hat er mit underred gein ettweuil meiner herrn des rats und awsserhalb in sy
eingepildet, daz er ziehen wolt gein Mantua zu unnserm heyligen vater pabst Pio und
getrawt zu erlanngen und erberben, domit daz concili her gein Regensburg gelegt werde,
und kond gar schoen sagen, wie dy stat allen lannden gelegen ist und schoen pallast hie
sein etc.; und daz mon nuer solichs vor den gaistlichen verporgen halt, wann si under-
stuenden es vielleicht, sy haben nicht gernn muee; also pracht er von meinen herrn, daz si
im gaben II^c florenos und 1 gut roz, het XL florenos gernn gollten; daz allez waz ganncz
verloren und galt der gulden diselbczeit vil geltz uber 1 libra XL denarios; actum in der
vasten anno domini 1460." (BayHStA München RL Regensburg 408 fol. 170^r)

In der Tat besuchte Pirckheimer als Gesandter der Reichsstadt Regensburg im Jahre
1459 den großen europäischen Fürstenkongreß in Mantua. In seiner ihm vom Rat der
Stadt mitgegebenen Vollmacht wurde als erster Auftrag angeführt, er solle beim Papst für
eine Verlegung des Kongresses von Mantua nach Regensburg eintreten. Thomas trat in
Mantua jedoch nicht nur als Gesandter der Stadt Regensburg in Erscheinung: Gemeinsam
mit seinem Bruder Hans vertrat er dort auch seine Vaterstadt Nürnberg. Die eigenhändig
abgefaßte Spesenabrechnung für seine Auslagen ist in Nürnberg erhalten geblieben.

Viele auch für die Regensburger Stadtgeschichte interessante Details aus der Biographie des Thomas Pirckheimer ließen sich noch anführen: etwa sein Einsatz für die
Regensburger Damenstifte Obermünster, Mittelmünster und Niedermünster, die gegen
die Wittelsbacher Herzöge um ihre Selbständigkeit kämpften. Dieses Engagement brachte ihm, dem eifrigsten Verteidiger der Stiftsdamen („acerrimus monialium defensor"),
einen Konflikt mit Herzog Albrecht IV. ein, der daraufhin sogar versuchte, seinen einstigen Rat auf einer Badereise überfallen zu lassen. Pirckheimer jedoch reagierte sehr
selbstbewußt auf diese Bedrohung: Er sei päpstlicher Referendar und besitze neben dem
päpstlichen auch einen kaiserlichen Geleitsbrief, und er drohte dem Herzog sogar mit der
Exkommunikation.

Zwei Jahre vor seinem Tod rückte Pirckheimers Regensburger Kanonikerhaus geradezu ins Zentrum der Weltpolitik, denn während des großen Regensburger Christentags im
Jahre 1471 wohnte der Kardinallegat Francesco Todeschini-Piccolomini fast drei Monate
bei dem alten Freund seiner Familie, nicht zuletzt umsorgt von den Stiftsdamen von
Obermünster, die nach Ausweis ihrer Rechnungsbücher dem Kardinal damals so manche
„collacion, malvari, confect" und „gute leczelten" in Pirckheimers Haus brachten. Dort
dürfte der erst 34jährige Francesco, der spätere Papst Pius III., auch die junge Stiftsdame
Sibilla von Paulsdorf kennengelernt haben, eine für beide Seiten erfreuliche Begegnung,
die einen über dreißig Jahre währenden persönlichen Briefwechsel zur Folge hatte.

Schon im Jahre 1462 hatte Thomas Pirckheimer in dem Regensburger Kanonikerhof
seinen älteren Bruder Hans als Gast aufgenommen, der damals wegen einer verheerenden
Pestwelle aus Nürnberg geflohen war. Hier fand der vielbeschäftigte Ratsherr – Willibalds
Großvater – die Zeit, sein Hauptwerk, den „Liber de practica sive morali sciencia" zu
vollenden. Vielleicht hat sich Hans hier in Regensburg auch mit den Ämterlaufbahnen in
der römischen Republik beschäftigt, denn dieser Pirckheimer hat als erster in Deutschland über die „Consules" geschrieben, ein Thema, über das der langjährige Regensburger
Ordinarius für Alte Geschichte, Prof. Adolf Lippold, fast genau 500 Jahre später ein
wichtiges Buch veröffentlicht hat.

Alois Schmid

Johannes Aventinus – erster bayerischer Landeshistoriograph (1477–1533)

Im Vorhof der Basilika St. Emmeram zu Regensburg befindet sich an der rechten Außenmauer unter den vielen dort angebrachten Grabdenkmälern auch ein Gedenkstein für den ersten amtlichen bayerischen Landeshistoriographen Johannes Aventinus [Abb.]. Er zeigt den humanistischen Gelehrten mit sehr nachdenklichen Gesichtszügen im Halbrelief, bekleidet mit dem Doktormantel und dem Doktorbarett. Seine Hand liegt auf drei mächtigen Folianten. Das Porträt wird von zwei Spruchbändern mit aphoristischen Gedanken zum Tod sowie von zwei schmerzerfüllt weinenden Putti eingerahmt. Da sich ein in den entscheidenden Zügen ähnliches Bild auf einem Totenzettel für den mit Aventin bestens bekannten Erzhumanisten Konrad Celtis findet, darf keine allzu ausgeprägte Porträtähnlichkeit angenommen werden. Dennoch gilt der vom Straubinger Stadtschreiber Johann Teylenk für den verstorbenen Freund in Auftrag gegebene Gedenkstein als das aussagekräftigste Bildzeugnis, das für Aventin vorliegt.

Daß dieser sein Grab auf dem Oberen Friedhof der Reichsstadt Regensburg bei St. Emmeram gefunden hat, war alles andere als gewöhnlich. Vielmehr wurde hier der Schlußpunkt hinter ein Leben gesetzt, das sehr unruhig und wechselvoll verlaufen war und vor allem gegen Ende einen tiefen Einbruch erfahren hatte.

Das Leben

Aventin war kein gebürtiger Regensburger. Seine Wiege stand vielmehr in der eine Tagesreise donauaufwärts gelegenen Landstadt Abensberg, damals noch Vorort der Reichsgrafschaft Abensberg, die eines der wenigen verbliebenen herrschaftlichen Einsprengsel im Herzogtum Bayern darstellte. Doch hatten die wittelsbachischen Landesherrn bereits seit langem ihren Blick begierig auf den langgezogenen Landkeil gerichtet, der ihr Territorium gerade an der herrschaftlichen Schwerlinie der Donau durchbrach und den sie wenige Jahre später unter ihr Regiment zwingen sollten. Hier wurde Aventin am 4. Juli 1477 geboren. Sein Vater betrieb eine Gastwirtschaft unmittelbar am Stadtplatz und gehörte damit zum Bürgertum in der Landstadt, in der er sein gutes Auskommen hatte.

Sein begrenzter Wohlstand ermöglichte es dem Weinwirt, dem Sohn eine anspruchsvolle Schulbildung zukommen zu lassen. Diese wurde eingeleitet bei den Patres des nur wenige Häuser entfernten Karmelitenklosters, die dem wißbegierigen Knaben derart gediegene Lateinkenntnisse mit auf den Lebensweg gaben, daß dieser schon in jungen

Jahren mit großem Erfolg die bedeutendsten Hohen Schulen im damaligen Europa
aufsuchen konnte. Er nahm seine Studien an der damals noch jungen, erst 1472 gegründeten nahegelegenen bayerischen Landesuniversität Ingolstadt auf, an der er sich im
Jahre 1495 immatrikulierte. Die beherrschende Gestalt dort war in dieser Epoche Konrad Celtis, Professor „in studio humanitatis". Dieser Lehrer begeisterte Aventin so sehr,
daß er ihm 1497 bei dessen Weggang an die Universität Wien nachfolgte, um auch künftig
bei ihm hören zu können. Von Wien zog Aventin im Jahre 1502 weiter an die polnische
Jagiellonenuniversität Krakau, die damals vor allem wegen der anspruchsvollen Pflege
der Naturwissenschaften in höchstem Ansehen stand. Ihren Abschluß fanden die
vieljährigen Auslandsstudien, die „peregrinatio academica", ab 1503 an der Universität
Paris, an der Aventin nach einer Ausbildung bei mehreren Großen der europäischen
Philologie 1504 den Magistertitel erwarb und damit seine Studienzeit beendete.

Dieser für einen Wirtssohn ungewöhnliche Ausbildungsgang qualifizierte Aventin
für eine akademische Laufbahn. Tatsächlich war sein nunmehriger Landesherr, Herzog
Albrecht IV. der Weise von Bayern-München, auf dieses Talent aufmerksam geworden
und wollte ihn für die Hohe Schule zu Ingolstadt gewinnen. Doch verstarb er 1508 im
Verlaufe des Berufungsverfahrens, so daß die Hoffnung Aventins auf eine Anstellung im
Universitätsdienst nicht in Erfüllung ging. Freilich verlor ihn der Hof dadurch nicht aus
dem Auge, sondern nahm ihn als Erzieher der heranwachsenden Söhne Albrechts IV. in
seine Dienste. Von 1508 an bekleidete Aventin für fast ein Jahrzehnt das im Herzogtum
neue, aber hochbedeutsame Amt des Prinzenerziehers, das aus Italien übernommen
worden war. Zuerst wurden ihm von Herzog Wilhelm IV. die zwei Prinzen Ludwig und
Ernst unterstellt, die aber nach und nach seiner Obhut entwuchsen, so daß ihm weitere
Aufgaben übertragen wurden. 1515 wurde er als Inspizient der Landesuniversität
Ingolstadt eingesetzt. Noch im gleichen Jahr 1515 hatte er den Prinzen Ernst auf seiner
Kavalierstour nach Italien zu begleiten. Im Rahmen seiner Erziehungstätigkeit befaßte
er sich umfassend mit der Geschichte des Landes und fertigte Lehrbücher für mehrere
Disziplinen an.

Als 1517 mit der Ernennung Herzog Ernsts zum Bistumsadministrator von Passau
auch der zweite der Zöglinge der Obhut des Präzeptors entwachsen war, behielten die
regierenden Herzöge Wilhelm IV. und Ludwig X. den Lehrer in ihren Diensten. Sie
übertrugen ihm nun das ebenfalls neue, aus Italien übernommene Amt des Landeshistoriographen, das in gleicher Weise die Öffnung des Herzogshofes zur Renaissancekultur
hin zeigt. Da Aventin bereits als Prinzenerzieher mit seinen Zöglingen historische Studien angestellt hatte, ging das erste Hofamt nahtlos in das zweite über. Es sicherte dem
Humanisten sein weiteres Auskommen bis zum Lebensende und bewahrte ihn so vor
dem Schicksal vieler Humanisten, die weitaus mühsamer um ihren Lebensunterhalt
ringen mußten. Aventin konnte sich ein Jahrzehnt lang gänzlich auf seine wissenschaftliche Tätigkeit konzentrieren. Er ging voll in seiner Forschungsarbeit auf, die er zum
Großteil fern der umtriebigen Residenz erledigte. Der landesherrliche Hof gewährte ihm
diese Freiheit, weil ihm vor allem an einer zeitgemäßen Neubearbeitung der Geschichte
des Landes gelegen war, die er den in anderen Territorien bereits vorliegenden Darstellungen an die Seite stellen wollte.

Aventin nutzte den ihm gegebenen Freiraum zunächst zum planvollen Ausbau der
Quellensammlung. Er wollte sich nicht mit den in gedruckter Form vorliegenden und

Grabmal des Johannes Aventinus im Vorhof von St. Emmeram (Lithographie)

ihm in seiner bedeutenden Gelehrtenbibliothek zum Großteil auch greifbaren Zeugnis-
sen begnügen. Deswegen hatte er bereits in den zurückliegenden Jahren rastlos nach
weiteren Quellen zu allen Epochen der bayerischen Geschichte gesucht. Zur Vervollständigung der Sammlung reiste er von 1517 bis 1519 durch das Herzogtum, um weitere
Funde zu machen. „Demnach hab ich mir der weil genommen, nichts destminder nach
meinem ganzen vermügen gearbait, tag und nacht kam rûe gehabt, vil hitz und kelten,
schwaiß und staub, regen und schne winter und sumer erlitten, das ganz Baierland
durchritten, alle stift und clöster durchfaren, pueckamer, kästen fleissig durchsuecht …
nichts zue solcher sach tauglich underwegen und unersucht gelassen, allerlai alter
geschicht zeugnus und anzaigen durchstrütt, al winkel durchschloffen und durchsuecht.“ Unermüdlich ritt er von Stadt zu Stadt, von Kloster zu Kloster, von Burg zu
Burg, beständig auf der Suche nach neuen Quellen. Der Hauskalender belegt als Reisetagebuch die einzelnen Stationen dieser in seiner Zeit einzigartigen Forschungsreise.
Seine Entdeckungen trug er in Notizbücher ein, die zum Teil erhalten sind. Diese sogenannten Adversarien Aventins werden von der historischen Forschung seit langem als
ergiebige Fundgrube für die sekundäre Überlieferung im Original nicht mehr erhaltener
Dokumente ausgewertet; es sind noch keineswegs alle darin vergrabenen Funde gehoben. Vor allem Aventins Sammlung römischer Inschriften in Bayern hat hohen Quellen-
wert. Er begann, in kleineren Studien die Geschichte mehrerer historisch bedeutsamer
Orte zu bearbeiten.

Nach zwei Jahren brach Aventin die Materialaufnahme ab, um an die Auswertung zu
gehen. Dazu zog er sich in seine ruhigere Heimatstadt Abensberg zurück, wo er fernab
der Geschäftigkeit des Hofes die zur Ausarbeitung benötigte Ruhe fand. Er soll dort vor
allem im familiären Gartenhaus und im Karmelitenkloster gearbeitet haben. Angesichts
der umfassenden Vorarbeiten und der zielstrebigen Arbeitsweise machten seine Untersuchungen gute Fortschritte. Schon zum 31. Mai 1521, also nach gerade zweieinhalb
Jahren, setzte er einen Schlußpunkt hinter die Erstfassung seiner Chronik. „Finivi histo-
riam Boiorum“ – „ich habe die Geschichte der Bayern zu Ende gebracht“ – notierte er
selbstbewußt und erleichtert in seinen Hauskalender.

Unverzüglich machte er sich an die Verdeutschung, um neben das gelehrte und repräsentative Werk für die Auftraggeber eine volkstümliche Fassung für breitere Interessen-
tenkreise zu stellen. Derartige Zweisprachigkeit hatte durchaus Tradition. Aventin ging
die neue Aufgabe mit dem bisherigen Elan an, der aber bald erlahmte. Die Arbeiten
machten nur mehr geringe Fortschritte. Der Grund für den auffallenden Wandel in der
Arbeitsweise ist in der Änderung der Rahmenbedingungen zu sehen. Die von der Reformation Martin Luthers ausgehenden Wellen schlugen auch auf Bayern über und betrafen
bald auch ihn unmittelbar. Seine Ansichten über die kirchlichen Zustände ließen sich
immer weniger mit der andererseits beständig rigoroser werdenden landesherrlichen
Kirchenpolitik zur Deckung bringen. Je weiter die Reformation voranschritt, um so
mehr wurde ihm der Zwiespalt zwischen den Erwartungen seiner Auftraggeber und den
eigenen Vorstellungen deutlich; ihm wurde bewußt, daß der Dissens letztlich unüber-
brückbar war. Aus diesem Grunde verlangsamte Aventin das Arbeitstempo und nahm
einzelne kleinere Schriften in Angriff, die sich ganz anderen Fragen zuwandten. Er lenkte sich selber von der eigentlichen Aufgabe ab, weil er angesichts der weiteren Entwicklung der bayerischen Konfessionspolitik den Bruch mit den Landesherrn befürchtete.

Dieser trat dann wirklich ein. Zum 7. Oktober 1528 notierte Aventin in seinem Hauskalender: „captus Abusinae ob evangelium noctu" – „ich wurde nachts wegen des Evangeliums gefangen gesetzt". Seine scharfe Kirchenkritik wurde zum Anlaß genommen,
um auch den Landeshistoriographen, ungeachtet seiner gerade bei Hof hochangesehenen
Person, ins Gefängnis zu werfen. Erst die Fürsprache seines allmächtigen Humanisten-
freundes Leonhard von Eck brachte ihn wieder in Freiheit. Diese durchaus im Rahmen
der bayerischen Konfessionspolitik liegende Maßnahme war natürlich wenig geeignet,
die Weiterarbeit an der Chronik zu befördern. Er hat den Schlußpunkt nur mehr zögerlich und notdürftig gesetzt, ohne die Darstellung an die eigene Zeit heranzuführen; er
brach sie lange vorher ab. Im übrigen aber verstummte nach diesen leidvollen Erfahrungen der Literat Aventin in seinen späten Jahren.

Doch verbrachte er diese nicht mehr im Herzogtum Bayern, sondern in der Reichsstadt Regensburg. Die weiter verschärfte wittelsbachische Konfessionspolitik zwang ihn
ins Exil. Aventin wollte keine zweite Verhaftung riskieren. Er ging nicht auf das Angebot
des kursächsischen Hofes ein, seine historische Forschungstätigkeit in seinem Umkreis
fortzusetzen, sondern wich in die näher gelegene und wegen mehrerer Freunde vertraute
Reichsstadt Regensburg aus. In der Engelburgergasse kaufte er sich ein Haus (Lit. D 21),
in dem er seine späten Jahre verbrachte. Freilich sollten sie auch im persönlichen Bereich
von Verdüsterung gekennzeichnet sein. Denn hier ging der zwischenzeitlich Fünf-
zigjährige noch eine Ehe ein, die ihm nur wenig Freude bescherte. Auch aus diesen
persönlichen Gründen ist die Regensburger Spätzeit eine Zeit des weitgehenden Still-
standes geworden. Zu den konfessionspolitischen und familiären Schwierigkeiten kamen
schließlich noch gesundheitliche Probleme. Am 9. Januar 1533 setzte eine Lungenentzündung den Schlußpunkt hinter ein Leben, das viele Höhen, aber auch viele Tiefen
erfahren hatte, weil es in den Sog der großen Zeitströmungen geriet. Gerade das Schicksal Aventins zeigt, welche Folgen der aufbrechende Kampf der Konfessionen für das
Schicksal eines einzelnen Menschen erlangen konnte. Die von Schwermut geprägten
Züge auf dem Grabmal zu St. Emmeram bringen die schweren Schicksalsschläge, die
Aventin in seinen späten Jahre hinnehmen mußte, durchaus treffend zum Ausdruck.

Das Werk

Aventins Schriften lassen sich in insgesamt fünf Gruppen unterteilen. Deren erste
bilden einzelne nichthistorische Schriften; sie stammen zum überwiegenden Teil aus der
Frühzeit als „praeceptor" und entstanden mehrfach als Lehrbücher. Hier ist vor allem
seine erstmals im Jahre 1512 bei Hans Schobser zu München veröffentlichte und dann bis
1542 fünfmal neu aufgelegte Grammatik der lateinischen Sprache („Rudimenta gramma-
ticae latinae") einzuordnen; sie wurde das im frühen 16. Jahrhundert am weitesten
verbreitete Lehrbuch der lateinischen Sprache in Deutschland. Ihr ist als Appendix
beigegeben eine „Encyclopedia orbisque doctrinarum", in der der Verfasser eine allgemeine Systematik der Wissenschaften entwirft. Sie ist vor allem deswegen bedeutsam,
weil sie den neuen Begriff der Enzyklopädie überhaupt erst in den deutschen Kultur-
raum übertrug. Des weiteren ist zu nennen eine Abhandlung über die theoretischen
Grundlagen der Musik („Musicae rudimenta"), die erstmals 1516 in der Buchdruckerei

Miller zu Augsburg veröffentlicht wurde. In seinen späten Jahren fertigte Aventin mit dem „Abacus" von 1532 noch eine Untersuchung über das Rechenwesen der Römer an.

Die übrigen Schriften Aventins behandeln historische Themen. Sie lassen sich wiederum in vier Untergruppen unterteilen. Die zweite Werkgruppe bildet eine Reihe kleinerer Schriften, die ebenfalls überwiegend in die frühen Jahre gehören und als Vorstudien für die lange vor dem herzoglichen Auftrag geplanten großen Chroniken betrachtet werden können. Aventin behandelte in ihnen die Geschichte einzelner Klöster und Städte seines Heimatlandes, mit denen ihn besondere Beziehungen verbanden.

Am Anfang steht eine knappe Chronik des Klosters Scheyern, die „Annales Schirenses". Sie wurden 1517 auf Anregung des dortigen Abtes Johannes Turbeit verfaßt, eines echten Vertreters des bayerischen Klosterhumanismus, der Aventin großzügig Zugang zur Bibliothek und zum Archiv seines Hauses gewährte. Aventin bedankte sich für diese Unterstützung mit einer kleinen Studie, die zunächst die Geschichte des Scheyerer Klosterhügels von der bajuwarischen Landnahme bis zur Klostergründung sowie die Stifterfamilie behandelt. In einem zweiten Teil wird dann die Geschichte des Klosters, nach der Äbtereihe gegliedert, skizziert. Als Quellen werden vorzugsweise der hochgeschätzte Konrad von Scheyern, Otto von Freising und Veit Arnpeck, aber auch Scheyerer Urkunden zugrunde gelegt.

Auf die Scheyerer folgte eine Altöttinger Chronik („Historia Otingae"), die 1518 in lateinischer und im folgenden Jahr in deutscher Sprache in Druck erschien. Auch sie entsprang der persönlichen Verbindung Aventins zu den Altöttinger Chorherren, wie aus der Widmung an den Stiftspropst Leonhard Weinmair geschlossen werden darf. Diese Studie ist ebenso knapp gehalten und weithin aus erzählenden Quellen gearbeitet. Sie holt allerdings weiter aus, indem sie auch die Vor- und Frühgeschichte mit einbezieht. Als erster erkannte Aventin die römische Vergangenheit des Ortes und seine Pfalzfunktion im frühen Mittelalter. Die Altöttinger Chronik wird allerdings nur bis ins hohe Mittelalter geführt und orientiert sich stark an der annalistischen Darstellungsweise.

Zur selben Zeit entstand 1517 das „Chronicon Ranshofense"; es wurde 1523 in überarbeiteter Form ein zweites Mal vorgelegt und bietet eine etwas ausführlichere Darstellung der Geschichte des Augustinerchorherrenstiftes Ranshofen. Auch dieses Schriftchen verdankt seine Abfassung der Bekanntschaft Aventins mit dem dortigen Propst Kaspar Tandl. Wie in Altötting, so entdeckte auch hier Aventin als erster die karolingische Pfalz. Deren Geschichte schickt er der Behandlung des Stiftes voraus, die dann nach der Reihenfolge der Pröpste dargeboten wird. Der bedeutendste Teil der Chronik ist die Beschreibung des Schicksals des Stiftes und seines Umlandes in den Wirren des Landshuter Erbfolgekrieges. Denn hier gibt Aventin aus seiner zeitgenössischen Sicht heraus eine Schilderung der Auseinandersetzungen nach dem Tode Herzog Georgs des Reichen, die er in den übrigen Werken nicht mehr behandelt hat.

Die Reihe der Klosterchroniken wird von der „Descriptio Biburgensis" (1523) abgeschlossen. Diese Chronik des benachbarten Benediktinerklosters Biburg geht ebenfalls auf persönliche Bekanntschaft zurück. Aventin hat auch hier viel gearbeitet, nachdem ihm Abt Leonhard Aichstötter Zugang gewährt hatte. Er durfte vor allem die Hilfsmittel der Bibliothek in Anspruch nehmen, die hier für einen Historiker sicherlich reichlicher zur Verfügung standen als im heimatlichen Karmelitenkloster zu Abensberg. Auch die Biburger Chronik bietet eine Reihe von kurzen Viten der Äbte und umfaßt die

Geschichte des Klosters von der Gründung bis zur Abfassungszeit. Eine methodische Besonderheit ist die Auswertung des Biburger Kopialbuches.

Auf diese Kloster- und Stiftschroniken folgen Studien zur Geschichte zweier traditionsreicher bayerischer Städte. Die „Narratiuncula de Bathavina urbe" wurde vom Passauer Domdechanten Wolfgang von Tannberg angeregt und entwirft mit wenigen Strichen die Frühgeschichte der Stadt bis zur Jahrtausendwende. Ungleich eingehender beschäftigte sich Aventin mit dem „Herkommen der Stadt Regensburg" (1528). Dieser Stadt, die damals ihren früheren Rang längst eingebüßt hatte, widmete Aventin eines der schönsten Beispiele des humanistischen Städtelobes. Er entdeckte als erster Humanist ihre römischen Anfänge und erkannte ihr aufgrund ihrer Bedeutung in römischer Zeit sowie im Mittelalter eine Sonderstellung unter allen deutschen Städten zu. Zusammen mit Mainz, Trier und Köln rechnete er sie zu den herausragendsten Städten des gesamten Abendlandes. Als erster arbeitete Aventin den Hauptstadtcharakter Regensburgs, das damals seine neue Heimat wurde, von der Römerzeit bis ins Hohe Mittelalter heraus.

Eine dritte Werkgruppe umfaßt dann zwei historisch-politische, man möchte fast sagen publizistische Schriften, die beide in den Jahren zwischen 1526 und 1528 geschaffen wurden: „Ursachen des Türkenkriegs" und „Römisches Kriegsregiment". Diese Spätwerke sind von der türkischen Bedrohung veranlaßt worden, die wie ein Gewitter, das sich jederzeit entladen konnte, am Horizont des Abendlandes aufzog. 1526 zerschlugen die Osmanen das ungarische Reich, 1529 lagen sie vor Wien. Aventin versuchte mit diesen beiden Schriften, einen Ausweg aus der gefahrvollen Lage zu weisen. Zu diesem Zweck werden zunächst die Ursachen der Misere der Gegenwart aufgedeckt. Aventin deutete die Türken als die Zuchtrute Gottes, mit der der Abfall von einem gottgefälligen Leben, Uneinigkeit, Müßiggang und sittlicher Verfall bestraft werden sollten. In Anschluß daran entwickelte er die Folgen, die notwendigerweise eintreten würden, falls die aufgezeigten Mißstände nicht behoben würden. Sodann stellte er dem Niedergang seiner Gegenwart die Zustände bei den alten Christen und den Römern gegenüber, um daraus Folgerungen für die Gegenwart abzuleiten. In der Rückkehr zu diesen Vorbildern sah Aventin den einzigen Ausweg. In einem leidenschaftlichen Appell forderte er die Zeitgenossen auf, die Zehn Gebote Gottes wieder zu achten und die Reichskriegsverfassung nach dem Vorbild der römischen Zentralverwaltung zu reorganisieren. Wie Luther oder Hutten wollte Aventin mit diesen beiden Schriften einen Beitrag zur Bannung der Türkengefahr erbringen. Er versuchte, aus der Geschichte heraus Vorschläge zur Lösung dieses brennendsten außenpolitischen Problems seiner Tage zu erbringen.

Trotz ihres ausgeprägten Gegenwartsbezuges haben diese Schriften immer im Schatten der „Germania illustrata" gestanden, die Aventin 1531 zu bearbeiten begann. Die „Germania illustrata" stellt eine vierte Abteilung innerhalb der Schriften Aventins dar. Sie ist das schillerndste Projekt, dem er sich gewidmet hat. Dieses Werk ist die Nachahmung der „Italia illustrata" des Flavius Blondus, der historisch-topographischen Beschreibung Italiens, an der sich die Humanisten dieses Landes geradezu berauschten, weil hier die glanzvolle Vergangenheit ihrer Heimat ausgebreitet wurde. Es war das große Anliegen der deutschen Humanisten, für ihr Vaterland eine ähnliche historische Landeskunde zu erstellen. Diesen Plan hatte Konrad Celtis entwickelt, er blieb das wissenschaftliche Lieblingsprojekt seines Kreises. Dennoch ist er nicht zur Verwirklichung gelangt. Die bedeutendsten Vorstudien hat Aventin hinterlassen, der immerhin

einen Abschnitt ausarbeitete: die deutsche Urgeschichte. Diese war in der Sicht der
Humanisten das wichtigste Kapitel, da hier geklärt werden mußte, ob die Italiener die
Deutschen zu Recht wegen ihrer Traditionslosigkeit verachteten. Nachdem damals
nördlich der Alpen noch keine Bodenforschungen durchgeführt wurden, war über die
deutsche Frühgeschichte kaum etwas bekannt. In diese oftmals bitter beklagte Leere
stellte nun Aventin sein einzigartiges Gemälde der Urzeit hinein, das aus eingehender
Auswertung der antiken Autoren, vor allem der „Germania" des Tacitus, des mittelalterlichen Erzählgutes und der gefälschten „Antiquitates" erwachsen ist, die der italienische Dominikaner Annius von Viterbo 1498 in Rom auf den sensationslüsternen
humanistischen Buchmarkt geworfen hatte. Aus diesen Quellen ermittelte Aventin eine
detaillierte Genealogie der deutschen Urkönige, die er bis zum Schöpfungsakt zurück-
verfolgte. Den ersten deutschen König Tuisco bezeichnete er als Sohn Noahs und
schloß damit die deutsche Geschichte unmittelbar an die biblische Geschichte an. Dazu
entwarf Aventin ein Bild des deutschen Erzkönigreiches der Urzeit, das sich unverkennbar am Topos des Goldenen Zeitalters orientierte und die kühnsten Träume der
deutschen Humanisten erfüllte. Aventin war es endlich gelungen, die deutsche
Geschichte weit über Troja zurückzuverfolgen und somit das deutsche Volk als das
Urvolk des Abendlandes zu erweisen. Damit waren die stolzen Italiener nicht nur über-
trumpft, sondern sogar in die Abhängigkeit der Deutschen gezwungen. Aventin hatte
zudem Jakob Wimpfeling, den Elsässer Nationalisten, widerlegt, der die Deutschen
von den verräterischen Trojanern herleiten wollte. Da er zugleich die Bayern mit den
Bojern verknüpfte, verschaffte Aventin seinem Heimatland innerhalb dieser glanzvollen
deutschen Geschichte eine bevorzugte Stellung. Allerdings vermochte auch Aventin die
„Germania illustrata" nicht über dieses Einleitungskapitel hinauszuführen. Dennoch
hat sie bei den Zeitgenossen ein nachhaltiges Echo hervorgerufen. Dieses Einleitungs-
buch wurde 1541, also wenige Jahre nach dem Tod seines Verfassers, von Kaspar
Bruschius zu Nürnberg in Druck herausgegeben.

Die Krönung des Lebenswerkes Aventins konnte aber nicht dieses Fragment werden,
seine Hauptwerke sind die beiden Fassungen der Bayerischen Chronik. Sie bilden die
fünfte und wichtigste Werkgruppe. Vornehmlich auf ihnen beruht Aventins Nachruhm.
Durch sie ist er zum hochrangigen Begründer der bayerischen Landeschronistik, zum
Vater der bayerischen Geschichtsschreibung, geworden. Den Plan zu diesem Unternehmen hat er selber geboren. Denn eine erste – der Forschung bisher freilich entgangene –
Fassung liegt bereits aus dem Jahre 1511 vor. Schon als Prinzenerzieher hat Aventin eine
erste Bayerische Chronik („Annales ducum Boiariae") ausgearbeitet, die noch stark in
der Tradition der spätmittelalterlichen Chronistik steht. Die Thematik verfolgte ihn von
da an beständig weiter. Daß ihn seine früheren Zöglinge Wilhelm IV. und Ludwig X. zu
ihrem Hofhistoriographen beriefen, hat seine Arbeit nicht nur erleichtert, sondern
zudem spürbar befördert. Denn das landesherrliche Mandat öffnete ihm die im allgemeinen ängstlich verschlossenen Türen der Bibliotheken und Archive, vor allem auch
der Klöster. Die lateinische Urfassung („Annales ducum Boiariae") ist für die gelehrte
Welt in einem sehr schwierigen Humanistenlatein abgefaßt. Dagegen wandte sich die
deutsche Fassung („Bayerische Chronik") an eine breitere Interessentengruppe. Dabei
begnügte sich Aventin nicht mit einer bloßen Übersetzung. Er verbesserte, baute in seine
Darstellung neue Quellen ein, erklärte genauer für den ungelehrten Leser, urteilte in

größerer Deutlichkeit, feilte an der Form. So wuchsen die Bücher I und II, in denen die Urgeschichte der Deutschen bis zum Ausgang der Römerzeit behandelt wird, auf das Doppelte des ursprünglichen Umfanges an. Aventin selber erkannte, daß er mit dieser Arbeitsweise nie an das erhoffte Ende gelangen würde. Deswegen straffte er von Buch III an die Übertragung so sehr, daß die eigentliche bayerische Geschichte seit der bajuwarischen Landnahme unverhältnismäßig knapp ausfiel. Erst Kaiser Ludwig der Bayer regte ihn dann noch einmal zur anfänglichen Ausführlichkeit an. Die zwei Fassungen der Chronik stellten in gleicher Weise die bayerische Geschichte in den größeren Rahmen der deutschen Geschichte, ja der Menschheitsgeschichte, hinein. In beiden Fällen setzte er mit dem Schöpfungsakt ein und führte die Darstellung dann bis zum Jahre 1460, dem Todesjahr Herzog Albrechts III. von Bayern-München. Vor der Regierungszeit Herzog Albrechts IV., den er im übrigen sehr verehrte, brach er ab, weil er sich vorerst nicht in der Lage sah, auch die jüngste Zeit mit der für den Historiker erforderlichen Unvoreingenommenheit zu bearbeiten. Er hat sie auf spätere Zeiten aufgeschoben.

Im Gegensatz zu den kleineren Schriften hat Aventin die Drucklegung der beiden Fassungen der Chronik nicht mehr erlebt. Er konnte selber nur den sogenannten „Kurzen Auszug" 1522 veröffentlichen, der die großen Chroniken auf dem Buchmarkt ankündigen sollte. Deren Erstausgaben sind erst postum 1554 und 1566 von Verehrern, dem Ingolstädter Professor Hieronymus Ziegler und dem Speyerer Juristen Simon Schard, besorgt worden. Sie erlebten in der Folgezeit mehrere weitere Ausgaben, so daß die Chroniken Aventins als die vielleicht meistgedruckten Schriften des deutschen Humanismus gelten dürfen.

Würdigung

Der Geschichtsschreiber Johannes Aventinus lebte und arbeitete an einer Zeitenwende. In bezug auf das Geschichtsdenken gehört er in vielfacher Hinsicht noch dem Mittelalter an. Er steht voll in der Tradition der Universalgeschichtsschreibung, in die er aber die deutsche und die bayerische Geschichte einzubauen vermochte. Er tritt noch immer von heilsgeschichtlichen Ausgangspositionen her an seinen Gegenstand heran. Geschichte ist auch für ihn in erster Linie eine Geschichte Gottes und wird nur in begrenztem Ausmaß zu einer Geschichte der Menschen, die lediglich sehr beschränkten eigenen Handlungsspielraum erhalten. In der Geschichte walten für Aventin vornehmlich die Vorsehung und Allmacht Gottes; Geschichte bleibt für ihn Gericht.

Trotzdem brachte Aventin neue Züge in die Historiographie. Sie betreffen sogar die Rahmenbedingungen. Aventin wurde der erste amtliche Landeshistoriograph der bayerischen Geschichte und steht damit am Anfang der landesherrlich geleiteten dynastischen Geschichtspflege im Herzogtum, die dann über Jahrhunderte hin mit großem Einsatz weiter betrieben werden sollte. Damit wurden Anregungen des italienischen Renaissancehumanismus nach Deutschland übertragen. Der amtliche Auftrag gab natürlich Prämissen vor, an die sich der Hofbeamte zu halten hatte. Er bedingte notwendigerweise eine deutliche territoriale Perspektive und einen ausgeprägten Patriotismus, den Aventin allerdings durchaus mit seiner frühdeutschen Nationalbegeisterung zusammenzuführen verstand. Der konzentrierte Blick auf das Land, für das er arbeitete, und die

Nation, der er sich zugehörig fühlte, bedingten eine begrenzte Säkularisierung der Geschichtsbetrachtung, die freilich keinesfalls überschätzt werden darf.

Zum anderen arbeitete Aventin nach einer neuen historischen Methode. Er stellte zukunftweisende Überlegungen über die richtige Verfahrensweise des Historikers an und entwickelte das methodische Instrumentarium der Quellenkritik auf diesem Wege deutlich weiter. Allerdings beteiligte er sich nicht an der regen humanistischen Theoriediskussion; er war ein Mann der historiographischen Praxis. Damit gehört er sicherlich zu den wichtigsten Begründern der wissenschaftlichen Bearbeitung der Geschichte in Deutschland. Zur zweckfreien Auseinandersetzung mit der Vergangenheit stieß aber auch er gewiß nicht vor. Aventin ist ein Vertreter der pragmatischen Geschichtsschreibung geworden. Seine Pragmatik betrifft Politik, Religion und Moral in gleicher Weise. In seiner Weltsicht kam der Geschichte in mehrfacher Hinsicht die Aufgabe einer „Lehrmeisterin des Lebens" („magistra vitae") zu.

Zum dritten bemühte sich Aventin um neue Formen der Wissenschaftspflege. In diesem Rahmen unterhielt er einen ausgedehnten Briefwechsel mit mehreren Großen der politischen und vor allem der gelehrten Welt; der Brief gewann damals als Medium auch des wissenschaftlichen Austausches eine vorher ungekannte Bedeutung. Von Aventin ist eine Reihe – zum Teil sehr aussagekräftiger – Briefe erhalten. Vor allem aber regte er zu Ingolstadt 1516 den Aufbau einer gelehrten Gesellschaft, der „Sodalitas litteraria Boiorum", an. Auch wenn man deren Organisationsgrad lange überschätzt hat, wurde sie wegen ihrer Bemühungen um anspruchsvolle Quelleneditionen zweifellos ein bemerkenswerter Träger der historischen Forschung, der den Weg zu neuen Organisationsformen wies. Mit Recht wird sie zu den Vorläufern der dann 1759 gegründeten Bayerischen Akademie der Wissenschaften gerechnet.

Aventin schrieb im Grunde politische Geschichte. Doch flocht er in seine Ausführungen immer wieder deskriptive Passagen ein, in denen er erläuterte, kommentierte und bewertete, aber auch nur beschrieb. So bietet er erste aussagekräftige Schilderungen von Land und Leuten in Bayern. Deswegen kann seinen Hauptwerken mit voller Berechtigung das Attribut Landesgeschichte zuerkannt werden. Freilich sollte er mit dieser Ausrichtung infolge des sich in den kommenden Jahrhunderten wieder verstärkenden Primats des Politischen auf lange Zeit weithin alleine bleiben. Seine Schilderung des bayerischen Volkes zu Beginn der Neuzeit ist sehr bald Grundbestandteil der bayerischen Literatur geworden.

In der einsetzenden konfessionellen Auseinandersetzung ist Aventin wegen seiner scharfen Kirchenkritik oftmals auf die Seite der Lutheraner gestellt worden. Diese Einordnung trifft aber gewiß nicht zu. Aventin ist statt dessen ein typischer Vertreter der Frühzeit der Reformation in Deutschland, der die Option für die eine oder die andere Seite noch fremd war. Für ihn gab es noch keine zwei Konfessionen, er ging immer von einer, allerdings stark reformbedürftigen Kirche aus. Seine scharfe Kritik galt nie der Religion an sich, sondern allein der Amtskirche, die den idealen Pfad der Urkirche längst verlassen und sich auf Abwege verirrt habe. In der Rückkehr zu deren Idealen sieht Aventin den notwendigen Ausweg aus der Misere der Gegenwart. Sein Ziel war die Suche nach der echten, praktisch und vor allem sozial wirksamen Religiosität; er war wirklich ein „verae religionis omnisque honesti amator". Dazu hatte auch die Geschichtsschreibung als Wegweiserin ihren Beitrag zu leisten.

Für Aventin stellten Verwissenschaftlichung der Geschichte einerseits und Pragmatik andererseits keine Gegensätze dar. Er bemühte sich, diese beiden Grundforderungen in seiner Arbeit zusammenzuführen. Dazu kam als dritte Komponente die Ästhetik. Historiographie war auch für Aventin noch immer ein literarisches Genus, das sich vor allem an den Prinzipien der Rhetorik auszurichten hatte. Deswegen galt sein Bemühen beständig auch der stilistischen Durchgestaltung, die besonders bei Schlachtenschilderungen oder Reden zum Tragen kam. Geschichtsschreibung hatte in seinem Verständnis nicht nur wahr und nützlich, sondern immer auch schön zu sein. Nur bei der Beachtung dieser drei Grundkomponenten könne sie die angestrebte ethische Wirkung erreichen. So ist die lateinische Urfassung eines der herausragenden Dokumente humanistischer Historiographie in Deutschland überhaupt geworden, dem freilich wegen der schweren Verständlichkeit Verbreitung über den engen Kreis der Fachgelehrten hinaus versagt bleiben mußte. Ungleich breitere Wirkung ist von der deutschen Fassung ausgegangen, die ein vielbeachtetes Dokument der deutschen Sprache und Literatur des 16. Jahrhunderts darstellt. Deswegen darf die Hauptbedeutung Aventins für die deutsche Kulturgeschichte der Neuzeit darin gesehen werden, daß er es verstand, hochrangige und in mancher Hinsicht zukunftsweisende Historiographie in einer Form darzubieten, die nicht nur die Zeitgenossen, sondern auch noch die folgenden Epochen in ihren Bann zog.

Die Rezeption der Werke Aventins ist ein äußerst bezeichnender Aspekt der bayerischen Kulturgeschichte, der sogar in den Bereich der Politik hineinragt. Vor allem das Königreich Bayern des 19. Jahrhunderts hat ihn zu einer seiner Leitfiguren erhoben und ihm deswegen auch einen Platz in der Walhalla eingeräumt. Das Königreich suchte für die Gestaltung seines Verhältnisses zu Deutschland bei Aventin geradezu eine historische Grundlegung. In der Reihe der vielen deutschen Humanisten, von denen im allgemeinen vor allem wegen der Fremdsprachigkeit ihrer Schriften nur begrenzte Wirkung ausging, gehört Aventin gewiß zu den Gestalten, welche die breiteste Resonanz fanden. Sie betrifft nicht nur die Geschichte, sondern darüber hinaus eine Reihe anderer Wissenschaftsdisziplinen und erstreckt sich über den kulturellen Bereich hinaus. Aventin erfüllte damit in vielfacher Hinsicht die Grundforderung an die Gelehrten seiner Zeit, die über die „vita contemplativa" in die „vita activa" ausgreifen wollten. Damit entsprach unter den deutschen Humanisten am ehesten Aventin dem Bildungsideal der italienischen Renaissance: dem „uomo universale".

Hermann Reidel

Albrecht Altdorfer – Regensburger Ratsherr und Meister der Donauschule (ca. 1485–1538)

Geburtsjahr und Geburtsort von Albrecht Altdorfer sind unbekannt. Doch dürfte der wohl bedeutendste Künstler Regensburgs hier in den Jahren um 1485 geboren sein. Sein Name sowie die Namen seiner Geschwister Aurelia und Erhard verweisen auf seine Herkunft aus der Donaustadt.

Altdorfer tritt erstmals urkundlich bei seinem Eintrag im Bürgerbuch der Stadt Regensburg am 13. März 1505 in Erscheinung. Darin heißt es, daß er „burger worden vnd pflicht getan Pfintzag nach Judica" und „maler von Amberg" sei. Wäre er in Amberg geboren, hätte der Eintrag „maler aus Amberg bürtig" lauten müssen. Sein Vater, der Maler Ulrich Altdorfer, hatte 1478 das Regensburger Bürgerrecht erworben, die Stadt aber 1491 wieder verlassen, da er völlig mittellos geworden war. Er konnte damals nicht einmal die Schreibgebühr für seine Ausbürgerung bezahlen.

Der junge Albrecht dürfte seine erste Ausbildung in der Werkstätte seines Vaters erhalten haben. Einige Zeit könnte er auch im Atelier des Berthold Furtmayr gelernt haben, der von 1470 bis 1501 eine blühende Miniaturenwerkstatt betrieb und prachtvolle Pergamentminiaturen anfertigte, wie im fünfbändigen Missale des Salzburger Erzbischofs Bernhard von Rohr aus dem Jahre 1481. Altdorfers kleinteilige und miniaturenhafte Malweise machen diese Annahme wahrscheinlich.

Nach der Meinung des wohl bedeutendsten Altdorfer-Forschers, Franz Winzinger, sind die ersten signierten und datierten Stiche und Zeichnungen Altdorfers aus dem Jahre 1506 „völlig unabhängig von jeder vorausgehenden Kunstübung". Altdorfers erste Arbeiten, die winzigen und primitiven Mondseer Holzschnitte, dürften sicher vor 1505 entstanden sein. Sie verweisen auf Einflüsse aus dem Salzkammergut und auf die Bekanntschaft mit dem großartigen Altar von Michael Pacher in St. Wolfgang am See. Schon von Anfang an dürfte die Landschaft des Alpen- und Voralpenlandes Altdorfers Arbeiten beeinflußt haben. Sein ganzes weiteres Schaffen zeugt davon. Eine Federzeichnung aus dem Jahre 1504 stellt eine Landschaft mit Burganlage dar, vor der ein Liebespaar unter einer Eiche sitzt. Das verhältnismäßig große Blatt befindet sich im Berliner Kupferstichkabinett und wird von der neueren Forschung Altdorfer zugeschrieben; dies wäre dann die allererste datierte Arbeit des Meisters. Der Künstler entschied sich bereits im Frühwerk für das kleine Format und das farbig grundierte Papier.

Der Neubürger Regensburgs gelangt schon sehr früh zu Ansehen in der Reichsstadt, die ja wahrscheinlich sein Geburtsort war. Am 3. August 1508 wird Altdorfer bei einem Hausverkauf als „Siegelbittzeuge" genannt. Im folgenden Jahr wird eine Gemäldetafel

Miniatur aus dem Freiheitenbuch der Stadt, Hans Mielich 1536.
Albrecht Altdorfer ist der dritte der abgebildeten Ratsherren auf der linken Seite

von ihm im Chor der Kirche der iroschottischen Benediktiner zu Weih St. Peter aufgestellt. Die Stadtkammer steuert dazu 10 Gulden bei.

Man nimmt an, daß noch im gleichen Jahr, nach der am 26. April erfolgten Weihe der Mensa des Sebastiansaltars im Stift St. Florian nahe Linz durch den Passauer Weihbischof Bernhard Meurl, die Tafelbilder der Altarflügel bei Altdorfer durch den damaligen Propst Petrus Maurer (1508–1545) bestellt worden sind, was aber nicht zwingend erscheint. Das auf der Predella befindliche Datum 1518 dürfte den Endtermin der Ausführung angeben. Altdorfers Ruhm als bedeutender Maler reichte damals bereits weit über Regensburg hinaus. Seine ersten datierten Ölbilder, wie die Geburt Christi (heute in Bremen) oder die Stigmatisation des hl. Franziskus, der büßende hl. Hieronymus und die Satyrfamilie (heute in Berlin), entstanden bereits 1507. Vom St. Florianer Flügelaltar sind vierzehn Tafeln im Stift selbst und zwei im Kunsthistorischen Museum zu Wien erhalten geblieben. Der aufgeklappte Altar zeigte einstmals die achtteilige Folge der Passion Christi, der geschlossene Altar die vierteilige Sebastiansmarter und die Predella die Grablegung und Auferstehung Christi (beide heute in Wien), die hll. Margareta und Barbara sowie den knienden Stifter Propst Peter Maurer.

1511 setzte die umfangreiche Holzschnittproduktion Altdorfers ein, die 125 Nummern umfaßt. Der Meister wurde möglicherweise durch Albrecht Dürer angeregt, der damals alle seine Holzschnittfolgen als Erstveröffentlichung oder Neuauflage herausbrachte. Eine große Passionsfolge, bezeichnet als Serie „Sündenfall und Erlösung des Menschengeschlechtes", mit 40 Blättern entstand um 1513.

1512 entwarf Altdorfer eine Goldmünze für die Stadt Regensburg mit Stadtwappen und Bildnis des hl. Petrus. Der dann geprägte Goldgulden zeigt aber den hl. Wolfgang anstelle des im Entwurf dargestellten Petrus. Im gleichen Jahr zieht Kaiser Maximilian I. Altdorfer zu seinen künstlerischen Unternehmungen heran und erteilt ihm insgesamt ca. 200 verschiedene Aufträge. Die wichtigsten darunter sind die goldgehöhten Pergament-‚Miniaturen' zum Triumphzug Kaiser Maximilians, die zwischen 1513 und 1515 entstanden. Von den ursprünglich 109 ca. 45 x 90 cm großen Blättern sind 62 in der Wiener Albertina erhalten geblieben. Die in Dunkelbraun mit Aquarell- und Deckfarben angelegten Federzeichnungen beginnen mit der burgundischen Heirat Maximilians und enden mit dem Heeres-Troß. Für die Breitenwirkung seines Triumphzuges gab der Kaiser eine 138 Blätter umfassende Holzschnittfolge in Auftrag, für die Altdorfer von 1516 bis 1518 insgesamt 38 Risse anfertigte. Neben Altdorfer waren vor allem Hans Burgkmair, Hans Springinklee, Leonhard Beck, Albrecht Dürer und Hans Schäufflein mit beteiligt. Für das heute in Besançon, in der Bibliothèque Municipale, befindliche Gebetbuch des Kaisers illustrierte Altdorfer 1515 immerhin 28 Seiten, Dürer 50.

Ebenfalls 1515 arbeiteten beide Künstler an der großen Ehrenpforte des Kaisers, die der Innsbrucker Hofmaler Jörg Kölderer entworfen hatte. Die 3 m hohe und 3 m breite Ehrenpforte besteht aus 192 zusammengefügten Holzschnitten. Altdorfer werden die Darstellungen auf den beiden seitlichen Rundtürmen zugeschrieben, bis auf die Szene mit der Wiederauffindung des hl. Rocks zu Trier, die Dürer entworfen hat.

Mit der steigenden Zahl seiner Aufträge und seinem gut eingeführten Werkstattbetrieb in Regensburg kann sich Altdorfer am 1. Januar 1513 den Kauf eines repräsentativen Hauses in der Oberen Bachgasse „an Sand Veytspach bey den Augustinern" leisten. Im Kaufbrief wird seine Ehefrau Anna erwähnt. Den Grundzins muß er an das

Domkapitel abführen. Um diese Zeit beginnt auch seine Laufbahn innerhalb der kommunalen Verwaltung. 1515 wird Altdorfer als Mitglied des Ausschusses der Wildwercherwacht genannt. 1517 wird er Mitglied des Äußeren Rates. In diesem Jahr scheint er einen Weinberg in Dechbetten erworben zu haben, denn sein Name taucht im Einnahmeregister von St. Emmeram auf. Im April 1518 erwirbt er ein zweites Haus in der Spiegelgasse, das er aber 1522 bereits wieder verkauft.

1517 malt er den großen Vorhang für den Heiltumsstuhl vor dem Regensburger Dom und bekommt dafür von der Stadt 1 Pfund und 6 Schillinge sowie für die Bemalung von Fahnen mit dem Stadtwappen 5 Schillinge und 18 Pfennige.

Am 21. Februar gehört Altdorfer zu der Abordnung des Rates, die den Juden ihre Ausweisung aus der Stadt verkündet. Unmittelbar vor ihrem Abriß stellt er zwei Radierungen von der mittelalterlichen Synagoge her. Die kleinformatigen Blätter zeigen die Vorhalle mit dem frühgotischen Südportal zum Innenraum der Synagoge und den zweischiffigen Innenraum selbst. Sie tragen jeweils oben eine lateinische Aufschrift, deren Übersetzung lautet: „Vorhalle der jüdischen Synagoge zu Regensburg, abgebrochen am 21. Februar 1519" und „Im Jahre 1519 ist die jüdische Synagoge in Regensburg nach Gottes gerechtem Ratschluß von Grund auf zerstört worden". Letztere Inschrift sollte offensichtlich die Tat legitimieren. Auch wenn Altdorfers Gesinnung uns Heutigen verborgen bleiben wird, so ist es sein großes Verdienst, die Synagoge vor der Zerstörung dokumentarisch festgehalten zu haben.

Für die unmittelbar nach dem Abbruch an der gleichen Stelle einsetzende Wallfahrt zur „Schönen Maria" bekam Altdorfer eine Reihe von Aufträgen übertragen. Für die Kapelle malte er die Kirchenfahne und illuminierte die große Ablaßbulle. Er dekorierte Kerzen und bemalte das Orgelgehäuse und dessen Flügel. Wahrscheinlich entwarf er auch die Wallfahrtszeichen, die zu Tausenden verkauft wurden. Altdorfer malte wahrscheinlich noch 1519 das heute als Leihgabe des Kollegiatstifts St. Johann im Diözesanmuseum St. Ulrich befindliche Marienbild mit dem Jesuskind, das er nach dem Gnadenbild der Alten Kapelle in freier Art kopierte. Sein Farbholzschnitt von der „Schönen Maria" aus dem gleichen Jahr wurde von fünf Tonplatten hergestellt und in einer sehr großen Auflage unter die Wallfahrer verbreitet.

Altdorfers Karriere ist nun nicht mehr zu bremsen. 1520 wird er zum Hansherrn gewählt, d. h. zum Beisitzer im Hansgrafenamt, einer städtischen Behörde, die die Kaufleute und Handwerker zu überwachen hatte. 1525 ist er als Vertreter des Äußeren Rates an der Wahl des Inneren Rates beteiligt. 1526 wird er selbst Mitglied des Inneren Rates und Stadtbaumeister. 1525 tritt er in den Quellen als Verwalter des „Ingolstetter Selhauses" auf. 1527 baut er für die Stadt den Weinstadel und das Schlachthaus. 1527 und 1528 nimmt Altdorfer als einer der beiden Ratsvertreter an Verhören von Wiedertäufern teil.

Am 18. September 1528 wird Altdorfer zum Cammerer (Bürgermeister) von Regensburg gewählt. Er lehnt aber ab, da er zur Zeit ein „sonders werkh dem durchleuchtigen Fürsten, meinen gnedigen Herrn Herzog Wilhelmen in Bayern zu uerfertigen ganz genötigt" sei. 1529 gewährt ihm die Stadt „Befreiung von den Geschäften" damit er sein Werk für den Herzog, Altdorfers wohl berühmtestes Tafelbild, die Alexanderschlacht, vollenden kann. 1529/30 erfährt Altdorfer wegen der drohenden Türkengefahr den Auftrag, die Stadtbefestigungen „Osten-Pastey", „Kreuz-Pastey" und „Eisengred" zu verstärken. 1530 erwirbt er zwei Weinberge, einen unterhalb von Donaustauf und einen bei Dechbetten. Zwei Jahre später, am 27. Juli 1532, stirbt seine Frau Anna. Im selben Jahr kauft sich der Witwer um 136 Rheinische Gulden ein Haus mit Garten in der Weitoldstraße, für den Umbau des Hauses leiht er sich Geld. Im Westen der Stadt verbringt Altdorfer in den kommenden Jahren die meiste Zeit. 1533 unterzeichnet er mit vierzehn anderen Ratsmitgliedern die Ausschreibung für einen protestantischen Prediger. 1534 wird der Maler als weltlicher Ratsherr zum Propst und Pfleger des Augustinerklosters bestellt.

1535 reist Altdorfer als Gesandter nach Wien. Seine engen Beziehungen zu Kaiser Maximilian und zum Wiener Hof sowie sein weltweites Ansehen hatten den Stadtrat veranlaßt, den Künstler in die Hauptstadt zu schicken. Regensburg war in Ungnade gefallen, da man in Wien erfahren zu haben glaubte, daß sich die unter kaiserlicher Herrschaft stehende Stadt heimlich wieder in Verhandlungen mit dem Herzog von Bayern eingelassen hätte. Ein Begleitbrief für Altdorfer vom 17. Januar an den Grafen Gabriel von Ortenburg ist erhalten geblieben. Am 9. Februar 1535 bekommt Altdorfer vom König einen „gnädigen Abschied" und die Stadt die Zufriedenheit des Herrschers mitgeteilt. Im gleichen Jahr errichtet der Baumeister Altdorfer den Marktturm an der Ecke Kohlenmarkt/Zieroldsplatz.

Am 12. Februar 1538 verfaßt Albrecht Altdorfer sein zwanzigseitiges Testament und stirbt noch am gleichen Tag in seiner Gartenbehausung. Offensichtlich hinterläßt er keine Kinder, denn seine Geschwister Erhard (Hofmaler und Bürger zu Schwerin), Magdalena und Aurelia sind die Erben. Sein ‚Lehrjünger' Hans Mielich, späterer bayerischer Hofmaler, erhält von ihm 20 Rheinische Gulden. In dem 32seitigen Nachlaßverzeichnis ist das Inventar seiner beiden Häuser aufgezeichnet. Es gibt uns ein gutes Bild über den Besitz eines erfolgreichen Malers und Ratsherrn. Im Haus in der Westnerwacht wird ein „mal stübl" genannt mit einer Truhe mit Bildern, darunter auch ein Werk von Albrecht Dürer. Der Reichtum an silbernen und goldenen Gefäßen, Ringen und antiken Münzen ist auffallend. Noch 1538 verkaufen die Erben das Sterbehaus im Westen, 1541 veräußert Erhard Altdorfer das Stadthaus in der Bachgasse.

Altdorfers berühmtestes Gemälde, die Alexanderschlacht aus dem Jahre 1529, war eine Auftragsarbeit für Herzog Wilhelm IV., der bei den besten Künstlern der damaligen Zeit Historienbilder bestellte, die den Kern der Kunstsammlung des Hauses Wittelsbach bilden sollten. Dargestellt ist die Schlacht bei Issus im Jahr 333 vor Christi Geburt, der Kampf zwischen Alexander dem Großen und dem Perserkönig Darius III. Alexander durchbricht in dem Augenblick, in dem die Sonne über den Horizont emporkommt, an der Spitze seiner Reiter die Schlachtreihen des Perserkönigs und setzt diesem nach. In den Tiefen des Himmels spiegelt sich nach Franz Winzinger das Wogen der Schlacht wider. Die sieghaft aufgehende Sonne ist das Gestirn Alexanders, während der untergehende Halbmond, das Gestirn des Darius, sich verdunkelt. Das Schlachtgetümmel wird in eine großartige Weltlandschaft mit Bergen und Seen unter einem strahlenden Himmel eingebettet. Das Gemälde erregte Napoleons höchste Bewunderung, so daß er es als Kriegsbeute nach Paris entführte. Der Kaiser ließ es in seinem Badezimmer in Saint Cloud aufhängen, um es als die beste Schlachtdarstellung stets vor Augen zu haben. Der Maler Otto Dix (1891–1969) bezeichnete die Alexanderschlacht als eines der großen Weltwunder der Malerei.

Die wohl größte Bildtafel Altdorfers ist das Gemälde der beiden Johannes aus dem St.-Katharinen-Spital zu Regensburg-Stadtamhof, das sich als Leihgabe im Historischen

Museum der Stadt Regensburg befindet. Der Regensburger Chronist Andreas Raselius (1563–1602) schreibt in seinem Werk „Von dem Ursprung der Stadt Regensburg, …“, das nur handschriftlich erhalten ist, über das Tafelgemälde: „… Oberhalb der Thür, wo man in Creutzgang hineingeht, ist eine schöne und kunstreiche Tafel, daran die zween, St. Johann der Täufer und Evangelist artig abgemahln, samt einer hübschen Landschaft, hat ein alter D. Canonic hingestifft, es hat aber Albrecht Aldorffer, weyl. Burger und des Raths alhie, gemahlet …“ Die Forschung vermutete bislang, daß das Bild für das Katharinenspital in Auftrag gegeben worden und von dort erst nach St. Emmeram gekommen sei. Nach neuesten Archivfunden konnte aber nun Franz Fuchs vom Historischen Institut der Universität Regensburg nachweisen, daß das Bild aus dem Nachlaß des Plattlinger Pfarrers und Regensburger Domherrn Johannes Trabolt gestiftet worden ist.

Trabolt, Professor in Ingolstadt, starb am 28. Oktober 1505 und wurde im südlichen Seitenschiff der Emmeramskirche beigesetzt. In der Nähe seiner Grabstätte ließen seine Nachlaßverwalter das großformatige Bild mit den beiden heiligen Johannes über dem Portal zum Kreuzgang anbringen. Als Entstehungszeit müssen wohl die Jahre zwischen 1506 und 1510 angenommen werden, womit das Tafelbild ein meisterhaftes Frühwerk Altdorfers wäre.

Die beiden Heiligen, links Johannes der Evangelist und rechts Johannes der Täufer, beherrschen schon durch ihre Größe das Bild. Sie sitzen in einer Waldlandschaft, die hoch über einer Meeresbucht gelegen ist. Hoch über dem Wasser erscheint Maria als apokalyptisches Weib mit dem Jesuskind und von einem Engelsreigen umgeben. Das dürre Gezweig, das über Johannes dem Täufer zur Vision der Marienfigur hinleitet, erinnert an die Täuferworte „Er muß wachsen, ich aber abnehmen“ die durch Johannes den Evangelisten (Joh. 3,30) überliefert sind. Der Täufer selbst deutet zudem auf das vor ihm liegende Lamm Gottes.

Altdorfers neues Naturerleben und -verständnis, die in der bildenden Kunst des ersten Drittels des 16. Jahrhunderts insbesondere im Regensburger Raum und bis nach Wien wahrnehmbar sind, lassen ihn neben dem Maler Wolf Huber zum Hauptmeister des sogenannten Donaustils, der Donauschule, werden. Ein neues Verständnis des Menschen von Natur drückt sich aus. Der Mensch steht in enger Kommunikation mit der ihn umgebenden Landschaft, mit den Bäumen, mit den Pflanzen. Der Mensch ist ein Teil der Natur geworden und mit ihr verwoben.

Altdorfers Werkverzeichnis ist im Laufe der letzten Jahrzehnte, nicht zuletzt durch die hervorragenden Forschungen von Franz Winzinger, um viele Arbeiten erweitert worden. Heute zählt man 55 Tafelbilder, 22 Fragmente der Regensburger Wandgemälde aus dem Bischofshof, 24 Blätter zum Triumphzug Kaiser Maximilians I., ca. 120 Zeichnungen, 78 Kupferstiche, 125 Holzschnitte und 37 Radierungen.

Franz Winzinger stellt Altdorfer sicherlich mit Recht in die vorderste Reihe der großen deutschen Maler neben Dürer, Grünewald und Holbein. Nach seiner Überzeugung „gehört er zu jenen Künstlern, denen es zum erstenmal gelingt, der Welt mit frischen Augen gegenüberzutreten, die Einzeldinge in der Natur – Wald und Feld, Berg und Fluß – zu jener Einheit zusammen zu sehen, die wir als Landschaft bezeichnen“.

126

Hans Schwarz

Johann Hiltner – der Reformator
von Regensburg
(1485–1567)

Johann Hiltner ist der Reformator der Reichsstadt Regensburg. Er wurde 1485 in Lichtenfels geboren. 1510 erwarb er an der Universität Wittenberg den Grad eines Magisters. 1517 schloß er sein Jurastudium in Frankreich mit einer Doktor-Promotion ab. Bald darauf wurde er Bischöflicher Rat in Bamberg. Jakob Fuchs, einer der Bamberger Domherren war ein Bruder des Stadthauptmanns von Regensburg, Thomas Fuchs. Durch die Vermittlung des letzteren gelangte Hiltner nach Regensburg. „Im Jahre 1523 schloß Hiltner den Vertrag mit dem Regensburger Rat über seine Anstellung als Consiliarius primus et advocatus Reipublicae Ratisbonensium, als Erster Rechtsrat und Anwalt der Stadt Regensburg" (Schlichting). Bis zu seinem Tod im Jahre 1567 blieb er mit der Stadt Regensburg und ihrem Geschick verbunden. Mit welcher Umsicht er die evangelische Sache förderte, ist allgemein bekannt. Dabei kam Hiltner zu Hilfe, daß der Regensburger Rat ähnliche Interessen verfolgte, denn schon vor seinem Dienstantritt bat ihn der Regensburger Rat um ein Gutachten, wie man einen evangelischen Geistlichen nach Regensburg bringen könne. Doch auf dem Reichstag zu Augsburg von 1530 durfte er das Bekenntnis zum evangelischen Glauben wegen einer vom Rat mitgegebenen Instruktion noch nicht unterschreiben. Es sollte noch einmal 12 Jahre dauern, bis man in der verarmten Reichsstadt, in der immer noch ein Bischof regierte, die kein stadteigenes Hinterland besaß und von dem altgläubigen Bayern auf mehreren Seiten umgeben war, es endlich wagen konnte, die Reformation einzuführen.

Hiltners unermüdliches Bemühen um die evangelische Bewegung blieb nicht ohne Wirkung, denn im Rat gewannen allmählich die entschiedenen Freunde Luthers die Oberhand. 1539 konnte man zwar noch König Ferdinand gegenüber versichern, die Stadt habe sich nicht dem Schmalkaldischen Bund angeschlossen und man wolle auch nicht die alte Religion verändern. Doch wurden die alten Zeremonien nur noch von einigen Ratsherren mitgemacht, wohingegen der Verkauf von lutherischen Bibeln erlaubt war und Hiltner selbst im Namen des Rats an Melanchthon ein Empfehlungsschreiben für Regensburger Bürgersöhne zum Studium in Wittenberg verfaßte. Durch das Regensburger Religionsgespräch von 1541 erhielt die lutherische Bewegung in dieser Stadt zusätzlichen Auftrieb, denn die vier dazu anwesenden evangelischen Fürsten ließen durch ihre Hofprediger das Evangelium in ihren Absteigequartieren predigen, wozu sich die Bürger in Massen drängten. So wurde noch im gleichen Jahr der Pfarrer von St. Emmeran, Erasmus Zollner, der evangelisch predigte, vom Rat der Stadt an der Wallfahrtskirche zur Schönen Maria angestellt. Im Jahr darauf richteten 32 Bürger an den Rat die

Johann Hiltner (1485–1567)

Bitte, er möge doch eine Kirche einrichten, in der sie das Abendmahl nach Christi
Anordnung empfangen könnten, damit sie sich nicht mehr dazu nach auswärts oder in
Ecken und Winkel begeben müßten. Die öffentliche Zulassung der evangelischen Lehre
war damit unumgänglich geworden und Johann Hiltner hatte sein Ziel erreicht.

Am 10. Oktober 1542 wurde von Hans Kohl in Regensburg ein „Wahrhaftiger Bericht
eines ehrbaren Kämmerers und Rats der Stadt Regensburg, warum und aus welcher
Ursache sie des Herren Abendmahl nach der Einsetzung Christi bei ihnen vorgenommen und aufgerichtet, auch mit welcher Form, Weise und Ordnung dasselbige gehalten
wird", gedruckt. Dieser Bericht war eine offizielle Schrift des Rats und von Johann
Hiltner selbst verfaßt. Danach soll der ehrbare Rat der Stadt Regensburg neben der
reinen Lehre des Heiligen Evangeliums und Wortes Gottes „auch des Herren Abendmahl nach der Einsetzung und dem Befehl Christi in ihrer Kirche zu Unserer Frauen
daselbst öffentlich reichen und geben". Fünf Gründe werden für dieses Vorgehen angegeben: 1. Da die Verkündigung des Evangeliums und die Darreichung des Sakraments
der unwidersprechlichen Lehre, Ordnung und dem Befehl Christi entspreche, könne
solches nicht für sich allein vollzogen werden, sondern man sei auch schuldig, seine Untertanen darin anzuweisen und zu fördern. 2. wird darauf hingewiesen, daß es sich dabei
in Regensburg um keine Neuerung handele, sondern solches schon mehr als 16 Jahre der
Brauch sei und niemand es verwehrt hätte, da es in keiner Kirche öffentlich, „sondern in
abgesonderten Kapellen und Bürgerhäusern geschehen ist", eine Praxis, bei der sich
jedoch auch Irrtümer einschleichen könnten. Da man 3. diesen heimlichen oder abgesonderten Versammlungen nicht beikommen könne und dadurch die Möglichkeit zu
falscher Lehre gegeben sei, habe sich der ehrbare Rat nicht anders zu helfen gewußt, als
alle heimlichen und abgesonderten Versammlungen zu verbieten und den rechten christlichen Gebrauch des Herrnmahl in einer allgemein zugänglichen Kirche öffentlich einzurichten, um so allem Mißbrauch den Wind aus den Segeln zu nehmen. 4. bemerkte der
ehrbare Rat, daß etliche aus der Bürgerschaft dieses Sakrament des Abendmahls nicht
anders als nach der Satzung und dem Befehl Christi nehmen wollten, und da sie es nicht
anders bekommen konnten, sie ohne das Abendmahl gestorben seien und der Rat gleichsam an ihrem Verderbnis schuldig sei. Schließlich wird 5. an den Reichstagsabschied vom
29. Juli 1541 erinnert, wo es in einer ihm beigegebenen kaiserlichen Erklärung hieß, daß
es den Reichsständen freistehe, sich nach der Augsburgischen Konfession zu halten.
Hierbei kommt der Rat zu der rhetorischen Frage: „Wozu werden Reichstage gehalten,
Beschluß und Abschied gemacht und aufgerichtet, wenn man sich derselben nicht be-
dienen dürfte?"

In diesem Wahrhaftigen Bericht werden die Gründe für die Einführung der lutheri-
schen Reformation in Regensburg angeführt und auch die Ordnung, nach der dort das
Abendmahl gefeiert wird. Ein endgültiger Ratsbeschluß, daß das Abendmahl unter
beiderlei Gestalt öffentlich gefeiert werde, mußte allerdings noch nachgeliefert werden.
„Am Freitag, den 13. Oktober kurz nach Mittag, versammelte sich der innere, der äußere
Rat und der Ausschuß aus der Gemeinde in Anwesenheit des Hauptmanns, um diesen
Beschluß zu fassen" (Theobald). Vier Mitglieder des Inneren Rats stimmten gegen die
Einführung des Abendmahls unter beiderlei Gestalt, die übrigen Mitglieder sowie alle
Vertreter des Äußeren Rats und des Ausschusses aus der Gemeinde waren jedoch dafür.
Einen Tag darauf, am 14. Oktober 1542, wurde der Beschluß der ganzen Einwohner-

schaft bekanntgemacht. Um dem Treiben der Wiedertäufer Einhalt zu gebieten und auch die zwinglianische Lehre auszuschließen sowie um zu verhindern, daß jemand ohne gebührenden Unterricht und ohne Beichte zum Abendmahl gehe, wurde von nun an verboten, das Abendmahl in privaten Häusern oder in Hauskapellen zu feiern. Nur für Kranke, oder wenn eine besondere Erlaubnis des Rats der Stadt vorlag, gab es Ausnahmen. In allen anderen Fällen galt jedoch folgendes: „Damit sich aber die Rechtgläubigen nicht zu beschweren haben, daß man sie des teuren seligen Gebrauchs des Nachtmahls Christi berauben wollte, so ist verordnet, daß alle Feiertage in der Kirche zu Unseren Frauen, falls Personen vorhanden sind, die es begehren und sich nach der vorgenommenen Ordnung am Abend zuvor kenntlich gemacht haben, daß dieselben wie es sich gebührt, nach dem Befehl Christi sollen öffentlich damit versehen werden" (Aufrichtung der wahren Religion).

1540 wurde der Steinbau der Frauenkirche, der Wallfahrtskirche zur Schönen Maria, geweiht. Wie die Holzkapelle, die Vorläuferin der stattlichen Wallfahrtskirche, war dieses Gebäude durch die Bürgerschaft errichtet worden und damit in der Verfügungsgewalt der Stadt Regensburg. In dieser Kirche sollte nun nach der neuen Lehre Gottesdienst gefeiert werden. Obwohl der Kaiser sofort gegen die Einführung der Reformation in Regensburg Einspruch erhob und die bayerischen Herzöge eine Handelssperre über die Stadt verfügten, ließ sich der Rat der Stadt von seinem Entschluß nicht mehr abbringen. Am 3. Dezember 1542, dem 1. Advent, verkündete der Rat, daß die Kapelle zur Schönen Maria von nun an die Kirche der Neuen Pfarr sei. Den Regensburgern wurde dieser Erlaß, der nicht mehr erhalten ist, vom Rathaus herunter mitgeteilt. Am gleichen Tag wurde er in der Dominikanerkirche den Anwesenden nach der Predigt vorgelesen und am folgenden Tag auch noch an der Neupfarrkirche angeschlagen. Von nun an sollte in der Dominikanerkirche am Sonntag nur gepredigt werden, während in der Neupfarrkirche das ganze kirchliche Handeln geschah, Predigt, Taufe, Abendmahl und Trauung. Die Neue Pfarr stand damit im Gegensatz zu den bisherigen, alten Pfarreien, etwa der St.-Ulrichs-Kirche. Nicht zufällig dürfte dieser Erlaß am 1. Adventstag herausgegangen sein, denn damit zeigte sich, daß mit Beginn des neuen Kirchenjahres es in Regensburg eine Anzahl evangelisch Gesinnter gab, zu deren Versorgung, soweit sie Verlangen danach hatten, sonntäglich in der Kirche zur Schönen Maria, der nunmehrigen Kirche der Neuen Pfarr, das Abendmahl gereicht wurde.

Mit Beginn des neuen Kirchenjahres gab es neben den alten Pfarreien eine neue Pfarrkirche für die evangelische Pfarrgemeinde. Somit war ein Trennungsstrich zwischen der römischen Kirche und dem reformatorischen Anliegen gezogen. Die Evangelischen brauchten am Sonntag nicht mehr ihre eigene Pfarrgemeinde zu verlassen, um zum evangelischen Gottesdienst zu gehen, sondern mit diesem Erlaß war in aller Form eine evangelische Kirchengemeinde errichtet worden, in der die Evangelischen ihre neue Heimat fanden. Dieser entscheidende Verwaltungsakt, der die Handschrift des Verwaltungsjuristen Dr. jur. Johann Hiltner trug, steht in Bayern wenigstens „als Beginn einer Reformation einzig da" (Simon).

Während andernorts meistens die mittelalterlichen Pfarreien in evangelische umgewandelt wurden, wurde hier neben den unveränderten römischen Pfarreien eine evangelische neue Pfarrei mit einer der Stadt gehörenden Kirche errichtet. In Nürnberg etwa kam es zu einer tatsächlichen Reformation des Kirchenwesens. Die Klöster lösten sich

bis auf einige wenige auf und übergaben ihr Vermögen dem Rat. „Gegen diejenigen Kon-
vente, die nicht bereit waren, sich aufzulösen, ging der Rat unnachsichtig vor" (Weigelt).
In der Karmeliten-Klosterkirche St. Anna in Augsburg hingegen wurde Weihnachten
1525 zum ersten Mal das Abendmahl in beiderlei Gestalt ausgeteilt, nachdem es schon
das Jahr zuvor an einzelne, die danach begehrten, in dieser Weise gespendet worden war.
Doch erst nachdem dieses Kloster 1534 aufgehoben wurde, konnte St. Anna evangelische
Pfarrkirche werden.

Für Regensburg war es nichts Ungewöhnliches, daß die Neue Pfarr räumlich von den
anderen Pfarreien nicht klar abzugrenzen war, denn schon im Mittelalter gehörte die
Pfarrei St. Kassian zur Alten Kapelle, und wir dürfen auch davon ausgehen, daß die drei
reichsunmittelbaren Damenstifte (Ober-, Mittel- und Niedermünster) für ihre Grund-
holden, Stiftsangehörigen und Angestellten zuständig waren. Hiltner könnte also durch
die schon bestehenden Regensburger Personalpfarreien zur Errichtung der neuen evangelischen Pfarrgemeinde inspiriert worden sein. Das entscheidend Neue war jedoch, daß
sich die Zugehörigkeit zur Neupfarrgemeinde auf eine freie Entscheidung nach religiösen Gesichtspunkten gründen sollte. „So ist die Neupfarrkirche ein beachtliches Denkmal einer von vornherein auf volle Freiwilligkeit und persönliche Entscheidung angelegten Reformation" (Simon).

Johann Hiltner war zwar unter religionspolitischen Gesichtspunkten nach Regensburg gerufen worden, und er führte auch die Reformation in beharrlicher und umsichtiger Weise ein. Allerdings war Hiltner kein Zelot. Keines der Klöster, auch wenn sie
von den Mönchen und Nonnen verlassen waren, wurde dem neuen evangelischen
Kirchenwesen einverleibt. Selbst die Dominikanerkirche wurde nur teilweise und
vorübergehend für evangelische Gottesdienste benutzt. Obwohl die Bürger der Stadt mit
überwältigender Mehrheit den evangelischen Glauben gewählt hatten, verblieb in
Regensburg ein katholischer Bischof, und ebenso blieben die vielen Klöster und Stifte
bestehen. Eine eigentliche Reformation des bisherigen Kirchenwesens fand nicht statt.
Präzedenzfälle dafür hätte es ja wie z. B. in Nürnberg gegeben. Ob man dies nur der
schwachen wirtschaftlichen Stellung Regensburgs und seiner leichten Verwundbarkeit
durch den übermächtigen Nachbarn Bayern zuschreiben kann, ist fraglich, denn man
verteidigte auch zäh und ungeachtet aller Nachteile die einmal eingeführte Reformation.
Weder bayerischer Druck noch kaiserliche Proteste konnten hier etwas ausrichten.
Selbst das Interim brachte nur einen zeitweiligen Stillstand, aber in der Neupfarrkirche
wurde keine Messe mehr zelebriert. Für eine weltoffene Stadt wie Regensburg war schon
immer Vielfalt und nicht Exklusivität wünschenswert. Deswegen stellte man sich auch
nicht der Alternative „lutherisch oder altgläubig". Man plädierte vielmehr dafür, daß die,
die einen dem Evangelium gemäßen Gottesdienst feiern wollten, auch die Gelegenheit
dazu bekämen, dies zu tun. Hiltner betonte in dem Wahrhaftigen Bericht, daß der Rat
der Stadt eine Pflicht habe, dies den Bürgern zu ermöglichen.

Hiltner plädierte allerdings nicht für eine allgemeine Toleranz jeglicher Glaubensrich-
tungen, sondern in Analogie zur römischen wie auch zur lutherischen Seite betonte er,
daß der Rat in seiner Fürsorgepflicht für die Bürger jeglichem Sektenwesen einschließlich der zwinglianischen Irrlehre Einhalt gebieten müsse. Wir begegnen hier weder einer
unterschiedslosen religiösen Toleranz noch der Entscheidung für ein ‚cuius regio, eius
religio'. Da eine überwältigende Mehrheit im Rat der Stadt evangelisch gesinnt war, war

es die Pflicht dieses Rats, aufgrund seiner Einsicht in die Richtigkeit der lutherischen Lehre, für die Einwohner, die in der altgläubigen Kirche keine geistliche Heimat mehr sahen, ein eigenes neues Kirchenwesen auf dem Boden der Wittenberger Reformationsbewegung zu errichten. Damit war der Rat der Stadt allerdings nicht religiös neutral, sondern er machte deutlich, daß er dem, was er als eine Reform benötigende Irrlehre erkannte, keine Unterstützung mehr gewähren könne. So stellte 1543 der Rat der Stadt auch nicht mehr wie bis dahin üblich den der Stadt gehörenden Himmel für die Fronleichnamsprozession zur Verfügung, denn, so die Auskunft der Stadt: „Der Rat habe das echte, reine Evangelium und Wort Gottes angenommen" (Theobald). Unter Duldung des Rats konnte zwar altgläubiges Brauchtum weiter bestehen, aber er ließ keinen Zweifel daran, daß er die evangelische Sache für richtig hielt. So wurde Regensburg eine evangelische Stadt, mit Unterstützung des Rats und durch den Willen seiner Bevölkerung. Daß sich dabei ein evangelisches Kirchenwesen entwickelte, das nicht einfach das alte ablöste, sondern als vorzuziehende Alternative zum gegenwärtigen verstanden werden konnte, ist das bleibende Verdienst des Juristen Johann Hiltner. In christlicher Verantwortung vor Gott und den Menschen legte er die rechtlichen und verwaltungsmäßigen Grundsteine für ein evangelisches Kirchenwesen, das von Eigenständigkeit und Freiwilligkeit bis heute geprägt ist.

Peter Schmid

Nikolaus Gallus – der Organisator der lutherischen Gemeinde Regensburgs (1516–1570)

Die Reichsstadt Regensburg wandte sich bekanntermaßen aus zwingenden politischen Rücksichtnahmen gegenüber Kaiser und bayerischem Herzog erst im Jahr 1542 offiziell dem Luthertum zu. Regensburg vollzog somit die reformatorische Wende erst relativ spät, als die erste Welle der reformatorischen Euphorie bereits verebbt war. Die evangelische Gemeinde Regensburgs war daher gewissermaßen ein Nachzügler. Das besagt aber keineswegs, daß sie eine unbedeutende Randerscheinung der reformatorischen Bewegung gewesen ist. Ganz im Gegenteil nahm sie rasch eine hochgeachtete Stellung im Luthertum ein und hatte regen Anteil an den theologischen Auseinandersetzungen und Klärungsprozessen, die in der Jahrhundertmitte im Protestantismus stattfanden. Daß Regensburg diese Rolle spielen konnte, war neben dem Ratskonsulenten Johannes Hiltner [s. S. 126ff.] vor allem das Verdienst des Diakons und nachmaligen langjährigen Superintendenten Nikolaus Gallus.

Regensburg war zwar nicht die Geburtsstadt von Nikolaus Gallus, dennoch darf Gallus seinem Selbstverständnis nach als Regensburger bezeichnet werden. Er hat entscheidend zum Ansehen seiner Wahlheimat im lutherischen Deutschland beigetragen. Sein seelsorgerliches Wirken war aufs engste mit der protestantischen Kirche Regensburgs in den für sie kritischen Zeiten in der Mitte des 16. Jahrhunderts verbunden. Seine Tätigkeit als theologischer Denker, Ratgeber und Streiter reichte aber weit über die Grenzen der Stadt hinaus. Mag er vielleicht nicht zu den charismatischen Geistern seiner Zeit gezählt haben, zu den profiliertesten lutherischen Theologen der Jahrhundertmitte zählte er allemal. Er fühlte sich auch durchaus der geistigen Auseinandersetzung mit keinen geringeren als Melanchthon, Major oder Osiander gewachsen. Zweifelsohne wäre ohne ihn die Regensburger Kirche nicht das geworden, was sie insbesondere für den Südosten des Reiches gewesen ist.

Nikolaus Gallus war ein Repräsentant jener geistigen Elite, die der Regensburger Rat von auswärts zum Aufbau der lutherischen Gemeinde geholt hat. Im Jahr 1516 in Köthen im Anhaltinischen geboren, studierte er in Wittenberg Theologie, vornehmlich bei Luther, Melanchthon, Matthias Schenk und Justus Jonas. Im Jahr 1537 beendete er mit dem akademischen Grad eines Magisters seine Studienzeit. Er hatte also seine geistigen Wurzeln im Zentrum der reformatorischen Bewegung. Sein Wirken in Regensburg gliedert sich in zwei Phasen, von 1543 bis 1548 und von 1553 bis zu seinem Tod im Jahr 1570. Dies waren zwei entscheidende Etappen in der Entwicklung der Regensburger Kirche: die Gründungs- und Aufbauphase sowie die Zeit des Wiederaufbaus und

Warhaffte Contrafactur het
Nicolaj Gallj / seines Alters im XLvj.
Anno Christi M. D. LXij.

Nikolaus Gallus (1516–1570)

der endgültigen Konsolidierung nach der Zäsur des Interims. Dazwischen lag für Gallus
die Zeit des Exils, wenn man dies so sagen will, vornehmlich in Wittenberg und Magdeburg, in der er aber die Kontakte zu Regensburg nicht abreißen ließ. Dieser Lebens-
abschnitt war, auch wenn er für ihn manche Entbehrung brachte, für die theologische
Standortbestimmung von Gallus von eminenter Bedeutung. Er kehrte 1553 als ein
anderer nach Regensburg zurück, als er 1548 fortgegangen war.

Erste Wirkungsperiode in Regensburg 1542–1548

Der Regensburger Rat sah sich im Jahr 1542 nach seiner Hinwendung zum Luthertum
vor die schwierige Aufgabe gestellt, in jeder Hinsicht eine eigene Kirchengemeinde
aufzubauen. Im Unterschied zu den übrigen Reichsstädten konnte er dabei nicht auf
bestehende Organisationsstrukturen zurückgreifen, weil es ihm nicht gelungen war, eine
der beiden katholischen Pfarreien in der Stadt zu übernehmen. Die katholischen Einrichtungen bestanden weiter, so daß die evangelischen Gemeindestrukturen in Konkurrenz
dazu geschaffen werden mußten. Man war sich bewußt, daß die lutherische Gemeinde
angesichts des Gegenübers von Kaiser, Herzog und Bischof nur dann eine Chance
zur Entfaltung hatte, wenn es gelang, für die Leitung der Gemeinde Männer zu gewinnen, die in der Lage waren, in den zu erwartenden politischen und theologischen Auseinandersetzungen mit der katholischen Seite zu bestehen. Deshalb wandte sich der Rat
nach Wittenberg mit der Bitte um Präsentation geeigneter Geistlicher. Luther und Melanchthon empfahlen daraufhin den jungen Magister Nikolaus Gallus als Diakon. Nach
seiner Ordination am 11. April 1543 in Wittenberg durch Bugenhagen trat er, mit einem
am 11. April 1543 von Luther, Melanchthon und Cruciger unterzeichneten Ordinations-
zeugnis versehen, im Mai 1543 zusammen mit dem Superintendenten Hieronymus
Noppus sein Amt in Regensburg an. In dieser ersten Regensburger Periode seines
Wirkens ging es um die Grundlegung und den Aufbau der jungen Regensburger
Gemeinde. Dabei stand Gallus, zunächst wenigstens, in seiner Funktion als Diakon
weitgehend im Schatten von Noppus, der 1543 die erste Kirchenordnung erließ.
Dennoch verstand es Gallus auch in dieser Zeit, eigene Akzente im Regensburger
Gemeindeleben zu setzen. So wurde auf seine Anregung hin im Juni 1543 die Marien-
säule vor der Kapelle zur Schönen Maria, der Neupfarrkirche, entfernt und damit das
letzte Relikt der Wallfahrt zur Schönen Maria beseitigt, gegen die sich bereits Luther in
früheren Jahren mit allem Nachdruck ausgesprochen hatte. Außerdem unterblieb auf
seine Empfehlung hin die Elevation von Brot und Wein bei der Abendmahlsfeier, um
dem Fortleben möglicher abergläubischer Vorstellungen vorzubeugen. Im Frühjahr
1545 drängte er den Rat zur Einführung der lutherischen Lehre in dem von Stadt und
Bischof gemeinsam verwalteten Katharinenspital. Verstärkt gewann er an Kontur im
Bereich von Predigt und religiöser Unterweisung. Im Jahr 1544 ließ er vier seiner Predigten drucken. Dieses Büchlein erfuhr rege Nachfrage und wurde im Jahr 1546, als das
zweite Regensburger Religionsgespräch stattfand, neu aufgelegt. Es legte den Grund-
stein für seine Reputation als Prediger. Nicht minder bedeutsam für sein wachsendes
Ansehen war eine katechetische Schrift, die die Lehren Luthers übersichtlich zusammen-
faßte und für die Glaubensunterweisung in den Familien bestimmt war. Es ist zwar nicht

gewiß, ob diese Schrift aus seiner Feder stammt, sicher ist aber, daß ihre Publikation im Jahr 1546 auf seine Anregung zurückging und er dazu die Einleitung schrieb. Diese Schrift erfuhr weit über Regensburg hinaus Verbreitung und wurde wiederholt unter dem Titel „Eine Kurtze Ordenliche summa der rechten Waren Lehre unsers heiligen Christlichen glaubens" – letztmals 1587 – neu aufgelegt.

Entscheidend trug zur Profilierung von Gallus die Auseinandersetzung um das Interim bei. Gallus lehnte das Interim aus Gewissensgründen kompromißlos ab. Glaube und Gottesdienst konnten seiner Überzeugung nach nicht Gegenstand von Verhandlungen sein. Auf die Regensburger Gemeinde bezogen, sah er im Interim außerdem eine ernste Gefährdung für ihr Weiterbestehen. Diese Befürchtung war speziell wegen der besonderen Situation Regensburgs mit der starken institutionellen Präsenz der katholischen Kirche in Gestalt von Bischof, drei Reichsstiften und mehreren Klöstern nicht unbegründet. Eine Verwischung der eigenen Konturen im Ritus und auch in den Lehraussagen konnte in der Regensburger Situation rasch zum Verlust einer klaren eigenen Identität führen und dadurch zur Existenzgefährdung der lutherischen Gemeinde werden. Die Auseinandersetzung mit dem Interim ließ Gallus zum Protagonisten unter den protestantischen Geistlichen Regensburgs werden. In verschiedenen Äußerungen und Stellungnahmen gegenüber dem Rat und der Regensburger Delegation auf dem Augsburger Reichstag von 1548 warnte er mit allem Nachdruck vor Zugeständnissen gegenüber dem Interim, holte im Auftrag des Rats in Nürnberg bei Veit Dietrich und Osiander Rat wegen des Verhaltens gegenüber dem Interim ein und bezog schließlich den ehrenwerten, aber doch extremen Standpunkt, gegebenenfalls müßten Geistliche und Gläubige ein Bekenntnis ablegen „biß an ihr endt mit darstreckung ires leibs und lebens". Dies waren keine in der Erregung hingesprochenen leeren Worte. Vielmehr handelte Gallus auch entsprechend konsequent, als am 30. Juni 1548 der Rat unter Drohungen seitens des Kaisers, die um die Unabhängigkeit der Stadt fürchten ließen, das Interim annahm. Politische Rücksichtnahmen, wie sie der Rat zu üben müssen meinte, konnten Gallus und die übrigen Regensburger protestantischen Geistlichen nicht zum Nachgeben oder zu Kompromissen bewegen. Sie zeigten sich als Bekenner. Als der Rat ihre Anfrage, ob sie gegen das Interim predigen dürften, abschlägig beschied und im Gegenteil von ihnen eine Verpflichtung auf das Interim verlangte, verließen sie am 1. Juli 1548 die Stadt. Ein weiteres Verbleiben wäre für Gallus, wie er sich ausdrückte, unter den gegebenen Umständen einer Verleugnung des Glaubens und einer Heuchelei gleichgekommen.

Die Verbannung aus Regensburg 1548–1553

Die Auseinandersetzung mit dem Interim wurde für Gallus in vielfacher Hinsicht zu einem prägenden Wendepunkt seines Lebens. Dabei überschritt er seinen zunächst auf die Regensburger Gemeinde beschränkten Wirkungsbereich. Er begab sich auf das Feld der großen religionspolitischen Kontroversen zwischen Protestantismus und Katholizismus und ließ sich auf die nach dem Tode Luthers im Protestantismus mit großer Heftigkeit ausgetragenen Richtungskämpfe ein. In Wittenberg und Magdeburg, wo er seit 1549 als Pfarrer tätig war, geriet er zunächst wegen des Interims in Konflikt mit Melanchthon und seinen Schülern, denen er wegen ihrer nachgiebigeren Haltung gegenüber der katholischen Seite Verrat an der reinen Lehre und am Vermächtnis Luthers vorwarf. Der Konflikt weitete sich durch Gallus' rigorose Haltung in der Frage der Adiaphora, d. h. in der Auseinandersetzung darüber, ob es Dinge etwa im Bereich des Ritus gebe, in denen man den Katholiken Zugeständnisse machen könne, ohne der reinen Lehre Schaden zuzufügen, und wegen des Dissenses bezüglich des freien Willens und der guten Werke zu einem unheilbaren Bruch aus. Der Einfluß des Flacius Illyricus [s. S. 142ff.], mit dem er seit 1550 befreundet war, tat das seine, um Gallus zu einem der profiliertesten Gnesiolutheraner (von griech. gnesios = echt) und Gegner Melanchthons werden zu lassen.

In dieser Zeit ließ Gallus den Kontakt zu Regensburg nicht abreißen. Er unterhielt mit dem Ratskonsulenten Hiltner einen regen Briefverkehr und sandte ihm immer wieder Nachrichten und Informationsmaterial über die Haltung anderer Reichsstände gegenüber dem Interim, um in Regensburg den Widerstand gegen das Interim zu stärken. Daraus wird erkennbar, daß Gallus den Abschied aus Regensburg nicht als endgültig betrachtete. Sein Weggang aus Regensburg war freilich auch etwas, das Gallus immer wieder in schmerzlicher Weise berührte. Er wurde von seinen theologischen Gegnern wiederholt unliebsam auf seinen Weggang gestoßen, die ihm den Vorwurf machten, er hätte wie ein Mietling aus Furcht seine Gemeinde in der Stunde der Not im Stich gelassen. Auch Regensburg hielt in dieser Zeit Kontakt zu Gallus. Die Stadt zahlte ihm bis 1550 sein Jahresgehalt weiter, und Hiltner brachte in seinen Briefen immer wieder die Hoffnung zum Ausdruck, Gallus werde Regensburg nicht vergessen und, sobald sich die Möglichkeit dazu ergebe, zurückkehren, um sein begonnenes Werk fortzusetzen. Um so überraschender war es dann, daß Regensburg im Jahr 1552, als ihm der Kaiser im Zusammenhang mit dem Fürstenaufstand die Rückkehr zur Confessio Augustana gestattete, nicht sofort auf Gallus zuging, sondern sich nach längeren Sondierungen bei verschiedenen Theologen zunächst für Justus Jonas als Superintendenten entschied. Über die Gründe dafür lassen sich nur Mutmaßungen anstellen. Als plausibler Grund erscheint dabei eine gebotene Rücksichtnahme auf Karl V. Der Kaiser hatte immerhin im Gefolge der Auseinandersetzungen des Jahres 1548 die Rückkehr von Gallus nach Regensburg wegen seiner schroffen Ablehnung des Interims ausdrücklich verboten. Gallus hatte seitdem seine Haltung in keiner Weise revidiert, sondern während seines Aufenthalts in Magdeburg sogar noch stärker pointiert. Man hatte im Rat wohl die Sorge, seine Berufung würde die nach wie vor mit Bedacht zu behandelnde hochbrisante Regensburger politische Situation belasten. Außerdem stand auch zu befürchten, daß seine scharfe Konfrontation mit Melanchthon zu einer Polarisierung innerhalb der Regensburger Kirchengemeinde führen und einem behutsamen Neuaufbau abträglich sein könnte. Erst auf die Empfehlung des scheidenden Superintendenten Justus Jonas wandte sich der Rat im April 1553 an Gallus und bot ihm das Amt des Superintendenten an.

Zweite Wirkungsperiode in Regensburg 1553–1570

Gallus war zwar wegen der offenkundigen Zurücksetzung etwas gekränkt, trat aber dennoch im September 1553 das neue Amt in Regensburg an, nicht zuletzt auch deshalb, weil er die Stadt als Plattform für ein Wirken nach Bayern, Schwaben und Österreich hinein betrachtete. In diesem Sinne ließ er sich vom Rat im Zuge der Berufungsverhandlungen die Garantie geben, ungehindert die reine Lehre predigen und in Schriften verbreiten zu dürfen. Gallus machte damit deutlich, daß er in seiner zweiten Regensburger Wirkungsperiode seine Tätigkeit nicht nur auf Regensburg beschränkt wissen, sondern sich weiterhin aktiv an den theologischen Auseinandersetzungen der Zeit beteiligen wollte. Diese weitreichenden Ambitionen verstellten ihm freilich nicht den Blick für seine eigentlichen Aufgaben, den Wiederaufbau, den Ausbau und die Konsolidierung des lutherischen Kirchenwesens in Regensburg.

Die evangelische Gemeinde Regensburgs hatte während der Zeit des Interims offenbar erheblichen inneren Schaden genommen. Jedenfalls erachtete es der Rat im Jahr 1552 für angebracht, ein öffentliches Bekenntnis anzuordnen, daß „man die Sünde, so zuvor mit angeregter Heuchelei, dem Interim zu Gehorsam begangen, zur Anzeigung wahrer christlicher Buße öffentlich bekennen … solle". Mit diesem in Deutschland wohl einzigartigen Schuldbekenntnis und auch der Wiedereinführung der nur geringfügig veränderten 1543er Kirchenordnung des Noppus durch Jonas im Jahr 1553 stellte die Regensburger Kirchengemeinde ihre Kontinuität zur Zeit vor dem Interim her. Die Berufung von Gallus mochte gewissermaßen diese Kontinuität personifizieren. Gallus ging nun daran, die Regensburger Kirche zu formen und ihr ein unverwechselbares Profil insbesondere gegenüber dem katholischen Umfeld zu verschaffen. Zur klaren Abgrenzung von der katholischen Kirche und zur Eliminierung von Reminiszenzen aus der Zeit des Interims ersetzte er im April 1554 die Meßgewänder und Levitenröcke durch den schlichten Chorrock. Dies war insofern ein demonstrativer Vorgang, als der Bischof während der Zeit des Interims nachdrücklich hatte überwachen lassen, ob bei der Messe Meßgewänder und Levitenröcke getragen würden. Außerdem verbot Gallus die lateinischen Gesänge im Gottesdienst. Im November 1554 wirkte er beim Rat auf ein Verbot aller nicht evangelisch deutbaren Heiligenfeste hin. Ebenfalls im Jahr 1554 erarbeitete er einen Katechismus als Grundlage des Religionsunterrichts in Regensburg. Der Stärkung der Kirchengemeinde als selbständiger Größe im jurisdiktionellen Bereich diente im März 1555 die Wiedererrichtung des während des Interims untergegangenen Konsistoriums als Ehegericht. Damit war ein evangelisches Gegengewicht zur bischöflichen Jurisdiktionsgewalt geschaffen. Zusammen mit Hiltner erarbeitete Gallus die im Jahr 1556 erlassene Kirchenregimentsordnung, sorgte im Jahr 1560 bei den Verhandlungen zur Abwendung seiner Berufung auf die Superintendentenstelle in Magdeburg durch vertragliche Vereinbarungen mit dem Rat für die Freiheit der Predigt von fremden Einflüssen und verpflichtete den Rat zum Schutz der Geistlichen. Er war der maßgebliche Verfasser der Kirchenordnung von 1567, die die Richtlinien für die Glaubenslehre, die Zeremonien im Gottesdienst, die Ordination der Kirchendiener und ihre Amtsführung sowie für Kirchenstrafen und Kirchengerichte vorgab und die Verwaltung der Kirchengüter und des Almosenwesens regelte. Diese umfassende Kirchenordnung dokumentiert in organisatorischer Hinsicht den Abschluß der Aufbauphase der Regensburger Kirchengemeinde und gab der inneren Verfassung des Gemeindelebens ihre grundlegende Ausgestaltung bis zur Ordnung von 1643.

Auch im Bereich des in der Mitte des 16. Jahrhunderts aufblühenden städtischen Schulwesens setzte Gallus Akzente. Auf seine Anregung geht die Gründung einer deutschen Mädchenschule im Jahr 1553 zurück. In besonderer Weise ließ er sich das als protestantische Ausbildungsstätte weit über Regensburg hinaus bekannte und geschätzte

Gymnasium Poeticum angelegen sein. Er war um die Auswahl guter Lehrer besorgt und ließ sich dabei von renommierten Theologen und Pädagogen wie Aurifaber, Rosinus, Spangenberg oder Melissander beraten.

Eintreten für die Bewahrung der Lehre Luthers

Neben dem organisatorischen Aufbau der Regensburger Gemeinde hatte sich Gallus dem Kampf um die reine Lehre verschrieben, worunter er die Lehre Luthers verstand. Gemeinsam mit Flacius Illyricus, den er von 1562 bis 1566 in Regensburg aufnahm, stritt er in zahllosen Flugschriften gegen Melanchthon und seine Anhänger in Fragen des freien Willens, der Bedeutung der guten Werke und der Abendmahlslehre, wandte sich in scharfer Form gegen die Rechtfertigungslehre Osianders, bekämpfte die Ansicht Georg Majors von der Heilsnotwendigkeit der guten Werke und verwarf die Abendmahlslehre Calvins. Es gab so gut wie keine Streitfragen innerhalb des Protestantismus, zu denen er nicht Stellung genommen hätte. Gallus ließ in Regensburg verschiedene Streitschriften auswärtiger Freunde drucken und trug auf diese Weise zu ihrer Verbreitung bei. Mit Fürsten und Theologen aus Württemberg, Pfalz-Neuburg und Anhalt sowie Jena, Leipzig, Plauen, Köthen, Magdeburg und Schwerin bestand enger Gedankenaustausch und fanden intensive Konsultationen in verschiedenen Problembereichen statt. Im Jahr 1557 bemühte er sich, den Heidelberger Kurfürsten auf die Confessio Augustana einzuschwören und vom Übertritt zum Calvinismus abzuhalten. Durch diese Aktivitäten wurde er in Deutschland zu einer geachteten theologischen Autorität und Regensburg zu einem nicht unbedeutenden Zentrum der theologischen Auseinandersetzungen der Zeit.

Die entschiedene Zurückweisung und Bekämpfung der in seinen Augen bedenklichen Tendenzen in Glaubensdingen war nur die eine, wenngleich profilierteste Seite der Aktivitäten von Gallus. Unverkennbar war er daneben aber auch um die Herstellung eines Konsenses im Luthertum bemüht, um dem Katholizismus mit vereinten Kräften gegenüberzutreten zu können. Voraussetzung für die Herstellung des innerprotestantischen Konsenses war allerdings für Gallus, daß dies auf der unveränderten Grundlage der Confessio Augustana von 1530 geschehe. In diesem Sinne suchte er auf die Verhandlungen am Regensburger Reichstag von 1556, das Religionsgespräch in Frankfurt 1557, an dem er persönlich teilnahm, und auf den Naumburger Fürstentag von 1561 einzuwirken. Von seiner Forderung zur Rückkehr zur Confessio Augustana und zur Verdammung der zwischenzeitlich eingetretenen Veränderungen in Glaubensdingen ließ er sich dabei aber nicht abbringen. Er war somit im Grunde nicht kompromißfähig und konnte es im Sinne seines Glaubensverständnisses wohl auch nicht sein. Deshalb geriet Gallus auch im Laufe der Auseinandersetzungen, als die Tendenzen zur Überwindung der Gegensätze im Luthertum durch Kompromißformeln an Kraft gewannen, in Gefahr, mehr und mehr an den Rand des Geschehens zu geraten und an Einfluß zu verlieren. Die Mitteilung des Buchhändlers Thomas Rebart aus Jena vom Februar 1561, er könne die ihm von Gallus zugeschickten 700 Exemplare seiner Streitschrift gegen Melanchthon nicht verkaufen, weil die Leute der Lektüre von Streitschriften überdrüssig seien, hätte ihm ein Warnsignal sein können. Gallus ließ sich dadurch aber wenig beeindrucken. So wurde er zu einer Person, an der sich die Geister schieden. Seine Anhänger nannten ihn „lumen Ger-

maniae", Melanchthon und seine Schüler dagegen schmähten ihn als „Thersites Ratisponensis" (= Lästermaul aus Regensburg) und nannten ihn „der großen Clamanten einen",
der in unflätigen Schriften absurde und gottlose Meinungen gegen sie verbreite. Sie rieten
ihm, er solle seine Klauen nicht von der Donau bis nach Wittenberg strecken, sondern
sich lieber um die Vorgänge vor seiner Haustüre in Bayern kümmern.

Gallus erlebte die Beendigung der Auseinandersetzungen im Luthertum durch die
Konkordienformel von 1578 nicht mehr. Es ist schwer zu beurteilen, wie sich Gallus zur
Konkordienformel gestellt hätte. Er ging zwar in der heißumstrittenen Frage der Erbsünde
auf Distanz zu seinem Freund Flacius Illyricus, mahnte ihn 1569, durch seine unnachgiebige
Haltung in dieser Frage nicht die Kirche zu verwirren, und rückte damit von einer weiteren
Verschärfung und Verhärtung der Fronten im Luthertum ab. Gleichzeitig lehnte er es aber
ab, die ihm 1569 vom Jakob Andreä, dem maßgeblichen Verfasser der Konkordienformel,
zugesandte „formula concordiae de dogmatibus et corruptelis" zu akzeptieren. Ob man
Gallus als den Wegbereiter der Konkordienformel in Regensburg – wie gelegentlich geschehen – bezeichnen kann, darf deshalb mit Fug und Recht bezweifelt werden.

Auseinandersetzung mit der katholischen Kirche

Von Philipp Melanchthon und seinen Schülern wurde gegen Gallus der Vorwurf
erhoben, er würde sich nur mit innerprotestantischen Problemen auseinandersetzen, den
gemeinsamen und vorrangigen Kampf gegen den Katholizismus dagegen sträflich
vernachlässigen. Dieser Vorwurf trifft in keiner Weise zu. Gallus geißelte den katholischen Glauben in seinen Schriften als Teufelswerk und nannte den Papst einen Antichrist,
der die wahre Kirche Christi zerstöre. Gemeinsam mit Flacius Illyricus sprach er sich in
verschiedenen Schriften in den Jahren 1546, 1551 und 1563 dezidiert gegen das Konzil
von Trient aus. Er sah im Konzil eine Verschwörung von Papst und Kaiser mit dem Ziel,
die Evangelischen zur Rückkehr zur katholischen Kirche zu zwingen, und riet deshalb
nachdrücklich von einer Teilnahme ab. Am Ende des Konzils von Trient schickte er
gemeinsam mit Flacius Illyricus im Jahr 1563 Maximilian II. eine Protestschrift zu. Gallus
und Flacius Illyricus legten mit ihren Schriften den Grund für die Auseinandersetzung,
die in der folgenden Zeit im Luthertum und mit der katholischen Seite über die Ergebnisse des Konzils stattfand. In Regensburg selbst lieferte sich Gallus zwischen 1561 und 1564
mit dem Guardian der Minoriten und Domprediger Johannes Albrecht nahezu wöchent-
lich ein erbittertes Predigtduell, ergänzt durch Streitschriften über die Bibel, die Abendmahlslehre und die Taufe. Im Jahr 1562 griff er selbst den Rat der Stadt scharf an, weil
dieser noch immer an den traditionellen Stiftungsgottesdiensten in St. Emmeram teilnahm und damit in seinen Augen der „Antichristlichen Abgötterei" anhing. Wie ernst
man Gallus auf katholischer Seite nahm, geht daraus hervor, daß Kardinal Hosius 1560 bei
seinen Gesprächen mit Maximilian II. Gallus namentlich als Beispiel für die Verwegenheit
der Protestanten nannte, Luthers Wort als Wort Gottes zu bezeichnen und jede Abwei-
chung davon als große Lasterhaftigkeit anzusehen, dagegen aber die Abweichungen von
der katholischen Kirche als herrliche Tat zu feiern. Nuntius Delfino gab 1564 bei der
Schilderung der Religionsverhältnisse in Deutschland die Nachricht weiter, „doi monstri
Illirico et Gallo" würden von Regensburg aus mit ihren Schriften für viel Aufruhr sorgen.

Maßnahmen in Regensburg zur Reinerhaltung der Lehre Luthers

Wie kompromißlos Gallus war, wenn es um die Bewahrung der reinen Lehre Luthers ging, so wie er sie verstand, zeigte sich auch an den Maßnahmen, die er in Regensburg ergriff. In seinem Katechismus vom September 1554 verwarf er das Interim, den Adiaphorismus, den Majorismus, die Lehren Osianders, Schwenkfelders, der Wiedertäufer und Zwinglianer. Die Kirchenregimentsordnung von 1556 machte die Propheten, die Bibel, die Confessio Augustana von 1530 und die Schriften Luthers zur alleinigen Grundlage der Predigten. Davon abweichende Meinungen durften nicht von der Kanzel verkündigt werden. Auf Betreiben von Gallus verpflichtete sich der Magistrat der Stadt im Jahr 1556 auf die Confessio Augustana und teilte dies auch der Bürgerschaft offiziell mit. Damit sollten alle Sekten und alle anderen abweichenden Lehrmeinungen aus der Stadt verbannt werden. Im Jahr 1560 mußten schließlich alle evangelischen Prediger Regensburgs ein kurzes Glaubensbekenntnis im Sinne der Confessio Augustana unterschreiben, und im Jahr 1566 erging ein förmlicher Ratserlaß gegen Calvinisten und Schwenkfelder. Mit diesen Maßnahmen waren die Grundlage und rechtliche Handhabe für ein Vorgehen gegen abweichende Meinungen geschaffen. Um unter den Predigern für eine einheitliche Linie zu sorgen, griff Gallus notfalls auch zum Mittel der Amtsenthebung. Im Jahr 1558 mußte Martin Schalling, der in verschiedenen Punkten Melanchthon zuneigte und deshalb seit dem Jahr 1555 mehrfach mit Gallus in Konflikt geraten war, sein Predigeramt aufgeben und die Stadt verlassen. Ein ähnliches Schicksal ereilte im Jahr 1566 den von Gallus 1563 selbst berufenen Diakon Zacharias Praetorius, weil er in der Abendmahlslehre mit der Position Calvins sympathisierte. Auch innerhalb der Bürgerschaft duldete Gallus keinerlei abweichende Meinungen und schritt ein, wenn von ihm bekämpfte Ansichten öffentlich diskutiert und verbreitet wurden. Im Jahr 1561 ließ er so vier Bürgern, die sich verächtlich über Luther, die Bibel und das Abendmahl geäußert hatten, durch den Rat Redeverbot erteilen. Im Jahr 1566 nahm er den Umstand, daß Leute bei Brotzeit und Trinken in den Wirtshäusern über Gott, die Bibel und verschiedene Lehrmeinungen debattierten, zum Anlaß, um solche „ergerlichen reden und disputation" verbieten zu lassen. Gallus war also mit allem Nachdruck darum bemüht, Regensburg zu einer Hochburg des reinen Luthertums auszugestalten. Dieses Ziel hat er auch im wesentlichen erreicht.

Bedeutung der Regensburger Gemeinde für Bayern und Österreich

Die von Gallus geprägte Regensburger Gemeinde wurde nicht nur wegen ihrer geographischen Lage, sondern auch wegen ihrer theologischen Ausrichtung zur Hochburg des Luthertums im Südosten des Reichs. Melissander konnte daher im Jahr 1565 mit Recht feststellen, Regensburg sei der Glaubensmittelpunkt der evangelischen Gemeinden in den umliegenden Ländern. Daß die Grafen von Ortenburg und Haag schon in den 50er Jahren ein protestantisches Kirchenwesen hatten, ist nicht ohne das Zutun von Gallus geschehen. Jedenfalls stand der protestantische Geistliche Ortenburgs, J. F. Cölestin, in engem Briefkontakt mit Gallus. Unter der Korrespondenz des Grafen von Ortenburg, die im Juni 1564 vom bayerischen Herzog in Mattighofen sichergestellt wurde, befanden sich auch Schreiben von Gallus, die seinen Einfluß auf die protestantische Bewegung innerhalb des bayerischen Adels erkennen ließen. Gallus und Regensburg wurden zum Rückhalt des mit dem Protestantismus sympathisierenden bayerischen Adels. Im Vorfeld des Ingolstädter Landtags von 1563, als man protestantischerseits Hoffnungen auf Zulassung des Laienkelches und der Priesterehe sowie auf religiöse Duldung hegte, hielten die Führer der protestantischen Adelsfraktion, Joachim von Ortenburg, Pankraz von Freyberg und Josef Fröschl zum Karlstein, engen Kontakt zu Gallus. Dieser entwickelte für sie als Grundlage für ihre Forderungen gegenüber dem Herzog ein Sechspunkteprogramm, das auf die vollständige Zulassung der Confessio Augustana abzielte. Gemeinsam mit Flacius Illyricus verfaßte er für den Landtag die Schrift „Treue Warnung vor dem hochschädlichen Betrug des Papstes und seines Conzilii", deren Titel den Inhalt bereits unmißverständlich zum Ausdruck bringt. In Reaktionen darauf beschwerte sich Herzog Albrecht V. beim Regensburger Rat wegen dieser Aktivitäten des Gallus, die er als Verstoß gegen den Augsburger Religionsfrieden und als Versuch wertete, seine Untertanen zum Glaubensabfall zu animieren. Mit Rücksicht auf den Herzog mahnte der Rat 1564 Gallus zur Zurückhaltung. Dessenungeachtet beriet Gallus aber Graf Joachim von Ortenburg bei der Einführung der Reformation in seiner Grafschaft.

Nicht hoch genug kann der Einfluß eingeschätzt werden, der seit der Mitte des 16. Jahrhunderts von Regensburg auf die protestantischen Gemeinden in Österreich ausging. Da es in Österreich wegen der katholischen Landesherrschaft keine eigene, landeskirchliche Organisation gab, wandten sich Adelige, Magistrate von Städten und zahlreiche Prädikanten mit der Bitte um Rat, Druck und Prüfung von Schriften und Ordination junger Geistlicher an Gallus. Gallus trug durch diese Tätigkeit und seinen Briefwechsel viel zum Überleben der Gemeinden in Österreich bei. Er allein vollzog in Regensburg 29 Ordinationen von österreichischen Geistlichen. Das Votum eines Pfarrers aus Oberösterreich lautete, allein die von Gallus ordinierten Geistlichen seien gut. Zu ihnen zählte sicherlich Christoph Reuter, der aus der Oberpfalz stammte und auf Empfehlung von Gallus seit 1555 in den Diensten verschiedener österreichischer Adeliger stand. Er und der Rostocker Professor Chyträus arbeiteten 1569 in engem Kontakt mit Gallus eine Agende für Österreich aus. Von Gallus stammte auch der Entwurf der Bekenntnisschrift der evangelischen Prediger in Kärnten aus dem Jahr 1566. Auf seine Anregung hin verfaßte Bartholomäus Pica in Graz seinen Katechismus. Im Jahr 1565 wandte sich Laibach an Gallus wegen der Neubesetzung der Superintendentenstelle. Man kann so durchaus mit einer gewissen Berechtigung davon sprechen, Gallus sei „der Ordinarius und heimliche Superintendent der Evangelischen Österreichs" gewesen. Ähnliches meint auch David Chyträus, wenn er Gallus nachrühmt: „totius viciniae, Austriae et Stiriae ecclesias emendavit, doctrina et consiliis suis pie et fideliter erudiit et gubernavit" – „er verbesserte die Kirchenordnungen der gesamten Nachbarschaft, Österreichs und der Steiermark, und unterwies und lenkte sie fromm und treu durch seine Lehre und seine Ratschläge".

Zweifellos gehörte Gallus zu den profiliertesten lutherischen Theologen der zweiten Generation. Seine Bedeutung für die Regensburger Kirche liegt darin, daß er ihren organisatorischen Aufbau nach dem Interim entscheidend mitgestaltet, sie auf das Luthertum eingeschworen und ihr zu einer Vorbildfunktion im Südosten des Reiches verholfen hat.

Martina Stratmann

Matthias Flacius Illyricus – ein protestantischer Theologe und Humanist im Regensburger Asyl (1520–1575)

Manchem, der heute die relativ ‚junge' Regensburger Universität betritt, wird vielleicht nicht bewußt sein, daß es schon gegen Ende des 15. Jahrhunderts und dann erneut in der zweiten Hälfte des 16. Jahrhunderts Bestrebungen gegeben hat, in der bedeutenden Donaustadt eine Universität zu gründen. Ungewöhnlicherweise stammte der Plan von 1562, eine evangelische Hohe Schule als Gegenpol zu den unter Einfluß der Jesuiten stehenden Hochschulen in Ingolstadt und Wien zu errichten, von einem Flüchtling, nämlich von Matthias Flacius Illyricus, der in den Jahren 1562 bis 1566 in Regensburg Unterschlupf fand. Wer war dieser ‚gescheiterte' Planer einer „academia Ratisbonensis"?

Sein Lebenslauf

Matija Vlačić wurde am 3. März 1520 in Albona (heute Labin) im venezianischen Südosten Istriens als Sohn eines einheimischen Gutsbesitzers geboren, dessen Familie sich aber bereits der venezianischen Oberschicht angepaßt hatte. Die für sein Leben entscheidenden Weichen stellte nach dem frühen Tod des Vaters sein Onkel, der Minoritenprovinzial Baldus Lupetinus, der dem Reformhumanismus verbunden war und seinem Neffen sowohl im Glauben als auch in der Bildung zum Vorbild wurde. Mit 16 Jahren begann Matthias Flacius Illyricus Albonensis, wie er sich – den Namen nach Humanistenart latinisierend – nannte, seine Studien in Venedig und ging 1539 nach Basel. Dort machte er die nähere Bekanntschaft von Simon Grynaeus und, für die Zukunft noch entscheidender, des Griechischprofessors und Verlegers Johannes Oporinus (1507–1568), berühmt wegen seiner ‚editio princeps' des Koran. Nach einem kurzen Aufenthalt 1540 in Tübingen bei einem Landsmann kam Flacius 1541 nach Wittenberg, wo er vor allem beim Praeceptor Germaniae Philipp Melanchthon (1497–1560) studierte. Neben ausgezeichneten Kenntnissen der ‚drei heiligen Sprachen' Hebräisch, Griechisch und Latein wußte er bald auch gut deutsch zu schreiben (nicht zu sprechen!). Bereits 1544 erhielt Flacius eine Hebräischprofessur in Wittenberg, nachdem er von Luther die entscheidenden Impulse für seinen Glauben empfangen hatte und sich bald der fachlichen Wertschätzung und Freundschaft des Reformators wie Melanchthons erfreute. Als Luther, der im Jahr zuvor noch an der Hochzeitsfeier des Illyricus teilgenommen hatte, am 18. Februar 1546 in Wittenberg starb, sah Flacius sich selbst als einen der

maßgeblichen Hüter von dessen Kirchenlehre, die er voll kompromißloser Leidenschaft, unermüdlichem Engagement, wissenschaftlichem Scharfsinn und ohne Rücksicht auf daraus resultierende persönliche Nachteile verteidigte. So wurde Flacius zwar aus heutiger Sicht zu einem der bedeutendsten Vertreter der Spätreformation, brachte sich selbst aber zu Lebzeiten nicht nur um seine Anerkennung und Wirkung, sondern war zumeist auch gezwungen, ein recht ruheloses Wanderleben zu führen.

Die Spätreformation ist gekennzeichnet durch erbitterte theologische Auseinandersetzungen innerhalb des Protestantismus, aus denen letztlich Philipp Melanchthon aufgrund seiner persönlichen Autorität im Reich als Sieger hervorging. Bereits 1548 hatte er im Augsburger und dann im Leipziger Interim dem Fortbestand katholischer Zeremonien zugestimmt. Flacius dagegen, der nicht bereit war, von Luthers Lehre ein Iota preiszugeben, mußte schließlich Wittenberg, das zum Zentrum der ‚Philippisten‘ wurde, verlassen. Er ging 1549 nach Magdeburg, das man bald darauf spöttisch als ‚Unseres Hergotts Kanzlei‘ bezeichnete, weil von dort nun unter Federführung des Illyricus etliche Streitschriften der, wie sie sich selbst nannten, Gnesiolutheraner (von griech. gnesios = echt), wohingegen die ‚Philippisten‘ sie kurzerhand als ‚Flacianer‘ bezeichneten, ausgingen. In viele innerprotestantische Auseinandersetzungen seiner Zeit war der Illyricus verstrickt (Majoristischer Streit, synergetischer Streit) und schuf sich so immer neue Gegner, doch hatte seine leidenschaftliche Polemik keine persönlichen Gründe, denn in einer der Auseinandersetzungen (Osiandrischer Streit) unterstützte er wiederum seinen sonstigen Hauptgegner Melanchthon. Versuche, die beiden wichtigsten geistigen ‚Erben‘ Luthers wieder miteinander zu versöhnen, schlugen jedoch fehl, selbst der zunächst erfolgversprechende des einflußreichen kaiserlichen Rates und Flacius-Freundes Caspar von Nidbruck (ca. 1525–1557) im Jahre 1556.

Die Professur für Neues Testament in Jena, die Flacius 1557 annahm, behielt er nur bis 1561, denn sein Kampf gegen die immer stärker werdende Einflußnahme der Obrigkeit auf die neuen Landeskirchen führte nicht nur zu seiner Entlassung, es erging sogar ein Haftbefehl gegen ihn. Diesem entzog er sich durch Flucht nach Regensburg. Die Reichsstadt gewährte ihm hauptsächlich auf Betreiben des Stadtsuperintendenten Nikolaus Gallus [s. S. 132ff.] Gastrecht, mußte dies jedoch 1566 aufkündigen, nachdem der sächsische Kurfürst August (1553–1586), der den ‚Antipoden‘ Melanchthons haßte und als Unruhestifter brandmarkte, bei Maximilian II. die Verhaftung des Flacius erreichte. In dieser Situation traf es sich günstig, daß die lutherische Gemeinde von Antwerpen ihn als Geistlichen berief; allerdings mußte er auch von dort bereits im Februar 1567 wieder weichen, fand dann aber gastliche Aufnahme in Straßburg. Um die theologische Frage der Erbsünde kam es zu einer letzten großen Kontroverse, die den Illyricus völlig isolierte, auch von seinen Freunden und Weggefährten, und die dazu beitrug, daß er – wiederum nicht ohne Betreiben des sächsischen Kurfürsten – aus Straßburg ausgewiesen wurde (Weihnachten 1573). Die Priorin des Klosters zu den Weißen Frauen in Frankfurt am Main nahm ihn und seine Familie auf. Von einer Reise nach Schlesien 1574 kehrte Flacius, dessen Kräfte nach einem Leben unermüdlicher wissenschaftlicher Arbeit und schwerer Kämpfe um die reine Lehre früh verbraucht waren, krank nach Frankfurt zurück und starb dort, gerade 55jährig, am 11. März 1575 in Anwesenheit seiner Familie und weniger Freunde, nachdem ihm kurz zuvor der Rat der Stadt den 1. Mai als letzten Termin zum Verlassen der Reichsstadt gesetzt hatte. Ein kirchliches Begräbnis wurde ihm verweigert.

Flacius in Regensburg

Bereits während seiner Magdeburger Jahre kam der Illyricus zu dem Ergebnis, daß der ‚gereinigten' Kirche zwei Dinge abgingen, nämlich ein wissenschaftlicher Bibelkommentar und eine ausführliche Kirchengeschichte von Christi Geburt bis zur Gegenwart. Mit dem ihm eigenen Eifer und Wissen machte er sich daran, diese Lücken zu schließen. Zur Vorbereitung der Kirchengeschichte, die dann ab 1559 durch das Gremium der sog. Magdeburger Centuriatoren realisiert wurde, sammelte Flacius nicht nur viele Handschriften und Drucke, sondern verfaßte auch ein Buch über die Vorläufer Luthers in allen Jahrhunderten, den 1556 publizierten „Catalogus testium veritatis (qui ante nostram aetatem reclamarunt papae)". Die (natürlich unterschiedliche) Resonanz bei Katholiken wie Protestanten auf diese ‚Kette der (ca. 380) Wahrheitszeugen' war so groß, daß sein Drucker, der genannte Johannes Oporinus aus Basel, im März 1562 eine erweiterte Neuauflage verlegte. Flacius schenkte dem Rat der Stadt Regensburg nach seiner gastlichen Aufnahme dort (Februar 1562) ein Exemplar des Werkes, das sich noch heute mit eigenhändiger Widmung in der Staatlichen Bibliothek befindet. Seine im Regensburger Stadtarchiv verwahrte Korrespondenz mit Nikolaus Gallus bezeugt die jahrelange enge Verbundenheit. Gallus nahm den kroatischen Flüchtling 1562 mit Frau und Kindern zwar herzlich auf, verteidigte ihn auch gegen persönliche Anwürfe, konnte aber weder eine bezahlte Tätigkeit für Flacius, der vom Rat der Stadt verpflichtet wurde, keine kirchenpolitischen Aktivitäten zu entfalten und nichts am Ort drucken zu lassen, durchsetzen, noch die Pläne zur Gründung einer protestantischen Hochschule befördern. Aus Flacius' Traum von evangelischer Unterweisung des deutsch- und slawischsprachigen Südostens durch eine Hochschule in Regensburg und deren Tochteruniversität in Klagenfurt wurde nichts, lediglich eine recht populär gewordene Kinderbibel, die den Katechismus in fünf Sprachen (Deutsch, Latein, Italienisch, Slowenisch und Kroatisch) enthielt und für Kroaten und Slowenen Schrift und Rechtschreibung zu reglementieren suchte, durfte er 1566 in Regensburg publizieren. Daneben arbeitete er in diesen Jahren eifrig an seiner „Clavis scripturae sacrae", einem zweibändigen Bibelwörterbuch, das 1567 erschien, an der Edition der „Confessio Waldensium", Schriften zu den ab dem 13. Jahrhundert als Ketzer verfolgten Waldensern (publiziert 1568), und an „De translatione imperii", einer wissenschaftlichen Abhandlung zur Übertragung des Kaisertums auf die Deutschen. Diese Frage hatte bereits das Mittelalter beschäftigt, hing sie doch mit dem Ende der Welt und dem Jüngsten Gericht zusammen, denn die seit dem Kirchenvater Hieronymus verbreitete Vier-Reiche-Lehre war nur dann stimmig, wenn man das Deutsche Reich als Verlängerung des Imperium Romanum ansah.

In die Regensburger Jahre fiel auch ein schwerer Verlust, den Flacius erlitt, denn 1564 starb seine Frau bei der Geburt des 12. Kindes. Angesichts der großen Kinderschar sah er sich gezwungen, schon bald eine zweite Ehe einzugehen und heiratete die Pfarrerstochter Magdalene Ilbeck; sie sollte ihren Mann dann schließlich um vier Jahre überleben. Nachdem Maximilian II. sich zur Verhaftung des Flacius hatte überreden lassen, obwohl dieser ihm auf dem Hoftag in Augsburg sein Werk „De translatione imperii" überreicht hatte und zunächst auf Wohlwollen gestoßen war – ein im Regensburger Archiv überlieferter autobiographischer Bericht des Illyricus kündet davon –, fühlte sich der Rat der

Stadt Regensburg dem obrigkeitlichen Druck nicht mehr gewachsen, kündigte das Gast-recht auf und machte den Illyricus so erneut zum Flüchtling. Nikolaus Gallus aber blieb ihm auch weiter freundschaftlich verbunden.

Würdigung

„Sein Lebensbild wurde der Nachwelt meist nur als Zerrbild überliefert" – so schrieb vor einigen Jahren Peter Barton zu Recht und forderte eine angemessenere und ausge-wogenere Würdigung.

Die Verbindung von Humanismus und Reformation geben seinem Leben ein unver-wechselbares Profil. So erwarb Flacius sich um die protestantische Kirchengeschichts-schreibung, die mit seinem „Catalogus testium veritatis" beginnt, große Verdienste, denn für die von 1569 bis 1574 in 13 Quartbänden publizierten Magdeburger Centurien liefer-te er nicht nur das wissenschaftliche und organisatorische Konzept, er trug auch eine der größten, noch nicht systematisch erforschten Gelehrtenbibliotheken des 16. Jahrhun-derts mit wertvollen Handschriften zusammen, die sich heute großenteils in Wolfen-büttel befindet. Die vorbereitenden Arbeiten wie Handschriftensichtung und Kopie der Texte fand übrigens in den Jahren 1554 und 1562 in Regensburg statt, im Haus des Super-intendenten Gallus. Flacius edierte außerdem eine ganze Reihe spätantiker und mittel-alterlicher Quellen – darunter die ansonsten verlorene Heliand-Praefatio – erstmals, und zwar sowohl in separaten Bänden wie auch innerhalb des „Catalogus" und anderer Abhandlungen. Den Ruhm, (Mit-)Verfasser der Magdeburger Centurien gewesen zu sein, hat man ihm allerdings über Jahrhunderte zu Unrecht zugeschrieben.

In der Theologie erwarb Flacius sich bleibende Verdienste durch seine bereits erwähn-te „Clavis scripturae sacrae" und durch die 1570 veröffentlichte „Glossa compendiaria" zum Neuen Testament. Dieses Werk enthielt den griechischen Urtext mit wichtigen Varianten und die allerdings deutlich verbesserte lateinische Übersetzung des Erasmus sowie einen Kommentar, in dem Flacius die stilistischen Eigenheiten der Autoren des Neuen Testaments herauszuarbeiten versucht hat. Über einem ähnlichen Opus für das Alte Testament starb er; das Manuskript befindet sich heute, wie viele Handschriften und Drucke aus seiner Bibliothek in Wolfenbüttel. Jedenfalls wurde Flacius mit den genann-ten Arbeiten nach Auffassung von Wilhelm Dilthey und Hans-Georg Gadamer zum Begründer der modernen Hermeneutik, der wissenschaftlichen Methode zur Auslegung und Erklärung von Texten, wozu Luthers Betonung der Bibel (reformatorisches Schrift-prinzip) den Keim gelegt hatte.

Flacius' radikale theologische Einstellung, die wohl auch dadurch verstärkt wurde, daß sein bereits erwähnter Onkel wegen lutherischer Predigten zwanzig Jahre in Venedig im Kerker saß und dann zum Tode verurteilt und ertränkt wurde, trug ihm viele Feind-schaften und Schwierigkeiten ein, lösen konnten aber auch die anderen Spätreformatoren die aufgeworfenen Fragen nicht. Erst seit dem Erscheinen von Wilhelm Pregers großer Monographie über Matthias Flacius (1859/61) begann sich die Einsicht durchzusetzen, daß sein Kampf *um* die Bewahrung von ‚Luthers Erbe' und *gegen* den ‚Anpassungspro-testantismus', der von den Obrigkeiten gefordert und von den Landeskirchen vielfach praktiziert wurde, eine wichtige Funktion in der Spätreformation gehabt hat. Daß er

dabei unausweichlich in Gegensatz zu dem in Glaubensangelegenheiten sehr nachgiebi-
gen Praeceptor Germaniae Philipp Melanchthon geriet, wurde seinem Leben und Nach-
leben zum Verhängnis. In den angelsächsischen Ländern war dem Illyricus langfristig
gesehen mehr Erfolg beschieden, am deutlichsten daran zu abzulesen, daß seine 1567 in
Antwerpen entworfene kongregational-synodale Kirchenordnung im 17. Jahrhundert
zur „gültigen Kirchenordnung des nordamerikanischen Luthertums wurde" (Olson).

Die Stadt Regensburg hat also guten Grund, sich des kroatischen Flüchtlings, der
insgesamt nur vier, doch für sein Oeuvre wichtige Jahre in ihren Mauern verbrachte,
zu erinnern.

Johannes Kepler – Mathematiker und Astronom (1571–1630)

Dieter Bierlein

Keplers Werk und Regensburg

Regensburg und Kepler – nun, jeder Tourist, der Regensburg besucht, kann Prospekten der Stadt oder der speziell Kepler gewidmeten populären Literatur, die jeder Regensburger Buchhändler bereithält, entnehmen, daß Kepler mehrmals in Regensbug weilte, erstmals 1613 als Berater von Kaiser Matthias, daß er seine Familie 1626–28 in Regensburg unterbrachte (in der relativen Geborgenheit der Stadt der Kurfürstentage) und daß er 1630 hier starb, im Petersfriedhof nördlich des heutigen Bahnhofs beerdigt wurde und daß sein Grab in den Wirren der folgenden Jahre – 1632 erfaßte der Krieg auch Regensburg – von wem auch immer und wie auch immer unkenntlich gemacht wurde. Man erfährt auch, daß Kepler hier in Regensburg zugunsten seiner als Hexe angeklagten Mutter auf höherer und höchster Ebene intervenierte. Auf Details der historisch-biographischen Bezüge Keplers zu Regensburg soll hier nicht näher eingegangen werden; der Leser sei auf die Erörterungen des Historikers Matthias Freitag verwiesen [s. S. 153ff.].

Wir richten unseren Blick auf die wissenschaftlichen Probleme und die damit verbundenen weltanschaulichen Auseinandersetzungen, die aktuell waren damals, als der Astronom und Mathematiker Kepler mit Regensburg in engere Berührung kam.

Geboren wurde Kepler 1571 – sieben Jahre nach Galileo Galilei, der bekanntlich mit seiner Kirche, mit Rom, trouble hatte – oder ihr trouble bereitete, wie man's nimmt. Worum ging es dabei? Und wie war Keplers Position in der Streitfrage, um die es dort ging?

Lesen wir, wie „Leute von heute" die Positionen der Kontrahenten Rom und Galilei darstellen. Ich beziehe mich auf einen Leitartikel in einem evangelischen Sonntagsblatt im Herbst 1996:

- *Rom* habe auf dem Glaubenssatz bestanden, daß die Erde eine Scheibe sei und den Mittelpunkt der Welt bilde, um den sich alles drehe,
- *Galilei* habe behauptet, daß die Erde eine Kugel sei und „sich um die Sonne drehe".

Wiewohl diese Darstellung einer heute weit verbreiteten Anschauung entspricht, müssen wir sie richtigstellen:

Johannes Kepler (1571–1630)

– In *Rom* wußte man sehr wohl, daß die Erde eine Kugel ist; in den Klöstern wurde das Erbe der ägyptischen Astronomen bewahrt, man kannte den Durchmesser dieser Kugel – ein Beleg dafür ist das im Regensburger Stadtmuseum zu besichtigende Astrolabium [s. Abbildung S. 45] aus der Zeit um 1000, das von Mönchen erstellt und benutzt worden war. Ohne dieses Wissen hätte es ja auch Kolumbus nie gewagt, Indien auf dem Weg nach <u>Westen</u> zu suchen, und das tat er ja bereits 100 Jahre früher.

Weiter hatte man von *Ptolemäus,* der von ca. 100 n. Chr. bis ca. 180 n. Chr. lebte, das Wissen bewahrt, daß die Mondentfernung 64 Erdradien beträgt – was recht genau stimmt – und daß man mit Hilfe eines Epizykel-Modells die Bewegungen der Planeten vorausberechnen konnte, und zwar mit einer auch aus heutiger Sicht überraschenden Genauigkeit.

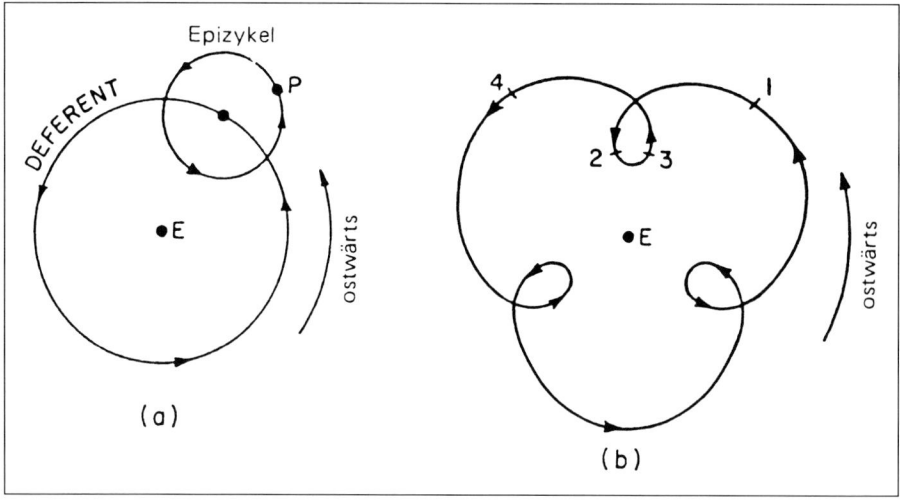

Die durch Epizykel und Deferent (a) erzeugte Schleifenbewegung
in der Ekliptikebene (b)

– *Galilei* nun vertrat eine Art Volksausgabe des astronomischen Modells von *Kopernikus,* nämlich die These, daß die Erde genauso wie die Planeten die Sonne auf einer Kreisbahn umrunde. Im Modell des *Kopernikus* war die Erdbahn ein wieder durch Epizykeln überlagerter Kreis mit der Sonne als Mittelpunkt. (Ein Epizykel ist ein kleinerer Kreis mit einem Mittelpunkt, der auf dem größeren Kreis mit konstanter Geschwindigkeit wandert. Obige Abbildung illustriert, wie die beiden Bewegungskomponenten eine Schleifenbewegung erzeugen.) Dieses *heliozentrische* Modell des Kopernikus war bereits 1543 publiziert worden, hatte aber zwar bei Martin Luther und Melanchthon, <u>nicht</u> aber in Rom eine Ablehnung gefunden. Galilei hat dann 70 Jahre später – offenbar durch den Übereifer, den er an den Tag legte – die Kirche zum Widerspruch provoziert; der kam dann, wie Sie wissen, 1616 – drei Jahre nach Keplers erstem Aufenthalt in Regensburg – und eskalierte 1633, als

Galilei gezwungen wurde, dem heliozentrischen Weltbild abzuschwören – das war drei Jahre nach Keplers Tod in Regensburg. (Hauptdissenspunkt zwischen Rom und *Giordano Bruno* war ja auch nicht seine heliozentrische Lehre, sondern seine These, daß es zahllose Sternensonnen mit <u>bewohnten</u> Planeten gäbe; diese These ist in der Tat theologisch gravierender – und auch heute äußerst fragwürdig!)

Was nun war *Keplers* Beitrag zur wissenschaftlichen Theorienbildung und zu der darauf bezogenen weltanschaulichen Auseinandersetzung dieser turbulenten Zeit?

Kepler war 1601 nach dem Tode Tycho de Brahes, mit dem er seit 1600 in Prag zusammengearbeitet hatte, kaiserlicher Mathematiker und Hofastronom zunächst bei Kaiser Rudolf II., dann bei Kaiser Matthias, den er 1613 zum Kurfürstentag nach Regensburg begleitete, um die Einführung des Gregorianischen Kalenders zu begründen, und schließlich bei Kaiser Ferdinand II., der ihm das Honorar weitgehend schuldig blieb.

Mit Galilei hatte Kepler 1610 eine Auseinandersetzung wegen dessen etwas ideologisch angehauchter „Sternenbotschaft". Eine Widerlegung von Galileis schon erwähnter These, daß die Planeten, die Erde eingeschlossen, die Sonne auf <u>Kreis</u>bahnen umliefen, ist enthalten in Keplers Hauptwerk „Astronomia nova"; das erste Keplersche Gesetz lautet:

– Die Planeten bewegen sich auf <u>Ellipsen</u>, in deren einem <u>Brennpunkt</u> die Sonne steht.

Hinzu treten zwei weitere Keplersche Bewegungsgesetze; zunächst die Feststellung:

– Die Verbindungslinie Sonne-Planet überstreicht pro Zeiteinheit gleiche Flächen;

ein Planet läuft also nicht mit konstanter Geschwindigkeit, sondern ist in Sonnennähe schneller als im entfernten Teil der Ellipse. Und im Vergleich der Planeten untereinander gilt nach dem 3. Gesetz:

– Die Quadrate der Umlaufzeiten verhalten sich wie die Kuben der mittleren Entfernungen;

die äußeren Planeten Saturn und Jupiter benötigen für einen Umlauf somit deutlich mehr Zeit als die Erde, die inneren Planeten Venus und Merkur weniger.

Diese Gesetze sind trotz ihrer eleganten Einfachheit eine ausgezeichnete Approximation der tatsächlich gültigen Bewegungsgesetze, die sich als – nicht geschlossen darstellbare – Lösung des *n*-Körper-Problems ergeben. Die *n*-Körper dieses Problems sind Sonne, Planeten, Monde sowie gegebenenfalls Raumfahrzeuge. Von jedem dieser „Körper" sind jeweils nur ihre – unterschiedlichen – Massen und „Anfangsbedingungen" (Ort und Impuls betreffend) relevant. Von einem „Mittelpunkt" des Planetensystems zu sprechen, erübrigt sich. Einen Mittelpunkt des <u>Universums</u>, das als quasi pockennarbige dreidimensionale „Oberfläche" eines vierdimensionalen Analogons zur uns vertrauten Kugel interpretiert werden könnte, gibt es ohnehin nicht, jedenfalls nicht <u>innerhalb</u> des Universums – so wie der Mittelpunkt einer Kugeloberfläche nicht auf dieser Oberfläche liegt.

Aber wir leben, ebenso wie Kepler, auf der <u>Erde.</u> Wenn wir einen Raumflug planen, müssen wir hier, auf der Erde, starten. Und Kepler sollte seinen kaiserlichen Auftraggebern <u>astrologische Prognosen</u> liefern. Da geht es um die „<u>Aspekte</u>", um Quadrat, Trigon, Opposition, Konjunktion usw., d. h. um die Winkel, unter denen zwei Himmelskörper (Sonne, Mond, Planeten) von der <u>Erde</u> aus gesehen werden. Und das Entscheidende dabei ist, diese Aspekte <u>vorauszuberechnen</u>, und zwar so präzise wie möglich.

1624 vollendet Kepler die von Rudolf II. in Auftrag gegebenen Sterntafeln. Zur Berechnung benutzt er seine Bewegungsgesetze, muß die Resultate aber auf die geozentrische Darstellung umrechnen. Mit Hilfe neuer Fernrohre – von ihm selbst stammt ja das Prinzip des Keplerschen Fernrohrs – kontrolliert er die Gültigkeit seiner Gesetze und der daraus abgeleiteten geozentrierten Positionen von Planeten.

1624 waren die Tafeln fertig, der Auftraggeber aber schon tot, dessen Nachfolger Matthias († 1619) ebenfalls, und der regierende Kaiser Ferdinand II. sträubte sich, das verbriefte Honorar auszubezahlen. Den Ärger, den Kepler dadurch hatte, kann jeder von uns mühelos nachempfinden.

Kommen wir noch einmal zurück auf Keplers ersten Besuch in Regensburg 1613. Es ging damals um eine Kalender-Reform. Nicht verwunderlich, daß Kepler sich Gedanken machte, wie Jesu Geburt zu datieren sei. Was hatte es auf sich mit dem *Stern von Bethlehem*? War es ein Komet? Der Halleysche war im Jahr -12 sichtbar, dann wieder im Jahre 66 (gut 76 Jahre später, ein Jahr 0 hat es ja nicht gegeben!); einen anderen hellen Kometen gab es in diesen Jahren nicht, wie aus den sehr zuverlässigen chinesischen Aufzeichnungen über Kometen hervorgeht. Was sonst könnte der Stern von Bethlehem gewesen sein? – Kepler kennt die babylonische Astrologie, die Wissenschaft der drei – waren es drei? – „Weisen" aus dem Morgenland, von denen Matthäus im 2. Kapitel berichtet. Sie waren ausgezogen, den „neugeborenen König der Juden" anzubeten, dessen „Stern" sie gesehen hatten. Was bedeutet in der babylonischen Astrologie „Stern des neugeborenen Königs der Juden"? Kepler stellt fest:

– In Babylon wird die Geburt eines bedeutenden Herrschers durch die große Konjunktion angezeigt; auf die Juden deutet das Sternbild der Fische.

Die große Konjunktion ist die dreimalige Begegnung der Planeten Jupiter und Saturn, von der Erde aus gesehen. Sie tritt ein, wenn beide Planeten gleichzeitig jeweils einen Epizykel im gleichen Sternbild durchlaufen. Das tritt äußerst selten ein. Kepler rechnet nach und stellt fest, daß im Jahr -6, also zur Amtszeit von Herodes d. Gr., diese Konstellation eintrat, und zwar im Sternbild der Fische.

Kepler schlägt vor, den neuen Kalender auf dieses wahrscheinliche Geburtsjahr Jesu Christi zu beziehen, scheitert dabei aber – hier in Regensburg auf dem Kurfürstentag. So ist Regensburg verbunden mit dem Umstand, daß wir – nein, viele von uns – meinen, immer noch im 2. Jahrtausend zu leben, wo doch nach Keplers Berechnung das 3. Jahrtausend nach Christi Geburt schon vor Jahresfrist angebrochen ist.

Matthias Freitag

Kepler und Regensburg

Als Johannes Kepler am 15. November 1630 in Regensburg starb, war das nicht nur der Schlußpunkt in einem überaus ereignis- und erkenntnisreichen Leben; an diesem Tag endete auch eine jahrzehntelang währende Beziehung, die zwischen ihm und der Stadt Regensburg bestanden hatte. Man könnte durchaus so weit gehen zu sagen, es sei in gewisser Weise kein Zufall gewesen, daß Kepler gerade in Regensburg starb; schließlich war er zeit seines Lebens oder zumindest in der zweiten Hälfte seines Lebens eng mit der Stadt verbunden gewesen, so daß sein Tod hier geradezu etwas Symbolisches an sich hat. Freilich: Es erstaunt zu sehen, daß in vielen Biographien Keplers dieser Aspekt nicht oder nur beiläufig erwähnt wird, als sei der Ort seines Todes kaum einer Randbemerkung wert; deshalb soll einmal besonderes Augenmerk auf die entsprechenden Zusammenhänge gerichtet werden. Andererseits kann es natürlich nicht darum gehen, in übertriebenen Lokalpatriotismus zu verfallen: Regensburg war durchaus nicht – um vielleicht eine zu Kepler als Astronom passende Metapher zu wagen – das Zentralgestirn, um das sein Lebensschicksal kreiste. Dennoch hat die Beziehung zwischen Kepler und Regensburg etwas an sich, was viel über ihn und über die Zeit und die Zeitumstände aussagt, in denen er lebte und mit denen er sich auseinandersetzen mußte.

Betrachtet man das äußere Gerüst der Daten und Fakten, aus denen seine Lebensgeschichte besteht, kann man zunächst kaum Bezüge zu Regensburg herstellen. Kepler wurde am 27. Dezember 1571 in Weil der Stadt im Württembergischen geboren; hier und in Orten der Umgebung verbrachte er Kindheit und Jugend: In Weil, in Leonberg und in Ellmendingen wuchs er auf, in Adelberg und Maulbronn ging er zur Schule, in Tübingen zur Universität. Kurz vor dem Ende seines Studiums der Theologie, 1594, wurde er als Mathematiklehrer an eine höhere Schule nach Graz in der Steiermark berufen: Damit verließ er die vertraute Umgebung; damit begann sich auch sein künftiger beruflicher Werdegang abzuzeichnen, der ihn in die Bereiche von Mathematik und Naturwissenschaften hineinführte. Neben seiner Tätigkeit als Lehrer begann er, zunächst aus rein persönlichem Interesse, sich Fragen der Astronomie, die ihn schon während des Studiums in besonderer Weise fasziniert hatten, zuzuwenden; er schrieb ein erstes Buch, das in Fachkreisen großes Aufsehen erregte. Zu denen, die auf ihn aufmerksam wurden, gehörte Tycho Brahe, damals einer der bedeutendsten Astronomen in ganz Europa; er nahm mit Kepler Kontakt auf und machte ihn wenig später zu seinem Assistenten. So kam er, 1600, nach Prag, wo Brahe am Hof Kaiser Rudolphs II. als dessen „kaiserlicher Mathematiker" lebte und arbeitete; und als Brahe ein Jahr später unerwartet starb, wurde er zu seinem Nachfolger im Amt ernannt. Es folgten zehn überaus arbeitsreiche, aber auch erfolgreiche Jahre. Sie gingen abrupt zu Ende, als sich in Prag die politischen Verhältnisse zuspitzten: Kaiser Rudolph II. wurde von seinem Bruder Matthias abgesetzt und starb wenig später; die Lebensverhältnisse entwickelten sich höchst unsicher; die religiöse

Toleranz Nichtkatholiken gegenüber, wie sie zuletzt geherrscht hatte, schien beim neuen
Kaiser zur Disposition gestellt. Kepler, als Protestant, hatte in Graz schon einmal erleben
müssen, was es bedeutete, aufgrund eines Dekrets der Obrigkeit, die Konfession der
Minderheit in Zukunft nicht mehr dulden zu wollen, mitsamt Frau und Kindern außer
Landes gewiesen zu werden, alles zurücklassend, was er sich aufgebaut hatte. Damals
hatte er Glück gehabt und auf das kurz zuvor gemachte Angebot Brahes, nach Prag zu
kommen, eingehen können – was zeigt, daß es dabei keineswegs nur um Karriere-
planung, sondern auch um Not und Notwendigkeit gegangen war. Auch jetzt fand sich
ein Ausweg: Kepler siedelte nach Linz über, wo die Verhältnisse ruhiger waren; er wurde
Mathematiker in den Diensten der Landstände von Oberösterreich; gleichzeitig behielt
er die Aufgaben und den Titel des „kaiserlichen Mathematikers“. Damit begann noch
einmal eine Periode, während der er in relativer Ruhe und Sicherheit leben und arbeiten
konnte – was keineswegs so selbstverständlich war, wie es auf den ersten Blick scheinen
mag: Schließlich waren die Jahre, die folgten, eine Zeit, in der die politischen Spannungen
und Unruhen allenthalben zunahmen; zuletzt, 1618, brach der Dreißigjährige Krieg aus.
Und es sollte nicht allzu lange dauern, bis dessen Auswirkungen auch in Linz spürbar
wurden. Kriegsbedingte Unannehmlichkeiten häuften sich ab Beginn der 1620er Jahre,
und schließlich – nach den ersten Siegen der katholischen Seite – geschah, was Kepler in
ähnlicher Form schon einmal passiert war: Die Obrigkeit beschloß, in Dingen der
Konfession künftig auch im Land Oberösterreich streng durchzugreifen; Nichtkatholiken wurden vor die Wahl gestellt, zu konvertieren oder auszuwandern. Kepler wählte
letzteres; mit seiner Familie verließ er 1626 Linz. Diesmal dauerte es annähernd zwei
Jahre, bis er eine neue Bleibe – und eine neue Arbeitsstelle – gefunden hatte: Er ging nach
Sagan in Schlesien und arbeitete für Albrecht von Wallenstein, den kaiserlichen General
und Oberbefehlshaber im weiter andauernden Krieg. Hier verbrachte er seine zwei
letzten Jahre; auf einer Reise, die ihn aus geschäftlichen Gründen noch einmal nach Linz
führen sollte, starb er während eines kurzen Zwischenaufenthalts in Regensburg am
15. November 1630.

Auf den ersten Blick scheint es, als sei dieses letzte Detail in der Tat nur eine Zufällig-
keit in Keplers Lebensgeschichte. Er starb in Regensburg – nicht etwa, weil er hier lebte
und arbeitete, sondern auf der Durchreise, zu Gast für ein paar Tage bei einem alten
Bekannten, einem Kaufmann namens Hildebrand Billi, an einer Lungenentzündung. Es
stellt sich jedoch eine gewichtige Frage, nämlich: Wie kam Kepler überhaupt dazu, in
Regensburg einen Bekannten zu haben, bei dem er Quartier nehmen konnte? Und
weiter: Wenn man sich vor Augen hält, unter welch großer Anteilnahme er wenige Tage
später auf dem protestantischen Friedhof von Regensburg bestattet wurde (in unmittelbarer Nähe befindet sich heute das Kepler-Denkmal), mit zahlreichen Honoratioren, die
ihm das letzte Geleit gaben, mit einem Pfarrer, der auch seinerseits gut mit ihm bekannt
und befreundet gewesen war – dann liegt der Gedanke nahe, daß das Verhältnis Keplers
zu Regensburg doch reichlich intensiv gewesen sein muß. Und wirklich: Bei näherem
Hinsehen stellt man fest, daß die erwähnte Anwesenheit Keplers 1630 nicht die einzige
war; annähernd ein Dutzend Mal hat er die Stadt besucht. Sämtliche Aufenthalte fallen in
Keplers zweite Lebenshälfte, also in die Zeit ab etwa 1600; wenn man es überschlägt,
kann man beinahe schon von einer gewissen Regelmäßigkeit sprechen. Sicher, es handelte sich immer nur um relativ kurze Zeitspannen, eben Besuche; aber wenn jemand sich so

regelmäßig immer wieder sehen läßt, Kontakte bewußt pflegt, dann hat er einen Grund dafür. Im Fall Keplers kamen sogar mehrere Motive zusammen, solche rein persönlicher, privater Natur und solche, die darüber weit hinausgingen. Und genau diese Mischung von Privatem und (es sei einmal so genannt) Politischem ist es, die die Geschichte seines Verhältnisses zu Regensburg so interessant und erzählenswert macht.

Zunächst einmal: Wie geschah es überhaupt, daß Kepler Kontakte nach Regensburg knüpfte? Die Frage ist berechtigt; denn aus seiner Lebensgeschichte, wie sie oben skizziert wurde, geht ja deutlich hervor, daß diese Kontakte nicht von vornherein vorhanden waren. Eigentlich ergab sich die Verbindung rein zufällig: An der protestantischen Schule in Graz, wo Kepler seine erste Anstellung – die als Mathematiklehrer – gefunden hatte, war ein gewisser Dr. Johann Oberndorfer als Arzt und medizinischer Inspektor tätig; er stammte aus Regensburg. Als Kind war er mit seinem Vater, einem protestantischen Geistlichen, von Köthen nach Regensburg gekommen; als Erwachsener hatte er eine Frau aus dem ansässigen Patriziat geheiratet. Sie war jedoch unerwartet gestorben; Oberndorfer hatte der Stadt den Rücken gekehrt und war nach Graz gegangen; dort machte er die Bekanntschaft von Kepler – eine Bekanntschaft, die sich rasch vertiefte angesichts ähnlicher, naturwissenschaftlich ausgerichteter Interessen der beiden. Sie müssen sich recht nahegekommen sein; denn als Oberndorfer Graz einige Jahre später, 1597, wieder verließ und nach Regensburg zurückkehrte, blieb die Verbindung über die Distanz hinweg bestehen. Ab jetzt hatte Kepler in Regensburg eine Anlaufstelle und einen Ansprechpartner.

Es ist zu vermuten, daß man sich in der Folge gegenseitig besuchte, wie das unter Freunden üblich ist. Zwar gibt es keinerlei Belege dafür, daß Kepler in den Jahren unmittelbar nach 1597 in Regensburg anwesend war; das könnte jedoch damit zusammenhängen, daß derartige Privatbesuche einfach keine ,offiziellen‘ Spuren hinterlassen haben. (Sein erster *nachweisbarer* Aufenthalt fällt in das Jahr 1613, und dieser war bezeichnenderweise nicht privater, sondern beruflicher Natur.) Andererseits läßt sich manches indirekt erschließen. Zum Beispiel ist anläßlich späterer Besuche immer von *mehreren* Freunden die Rede, die Kepler in Regensburg hatte – was leicht zu erklären ist, wenn man frühere Besuche annimmt, bei denen er, ausgehend von Oberndorfer, neue Bekanntschaften gemacht hat. Der protestantische Pfarrer Christoph Sigmund Donauer ist hier zu nennen oder ein gewisser Oswald Aggerer, der Kepler immerhin so nahestand, daß er, als dessen erste Frau gestorben war, auf den Gedanken kam, ihm eine neuerliche Heirat, und zwar mit seiner eigenen Schwester, vorzuschlagen – woraus zwar nichts wurde, was aber höchst interessant ist, wenn man bedenkt, daß dieser Vorschlag 1611, also zwei Jahre vor Keplers erstem ,offiziellen‘ Besuch gemacht wurde. Man kann also davon ausgehen, daß Kontakte Keplers zu Regensburg vorhanden waren, daß sie gepflegt wurden und daß sie sich im Lauf der Zeit intensivierten.

Kann man dabei auf eine gewisse Planmäßigkeit schließen? Kann man eine Absicht Keplers vermuten, die Verbindung zu Regensburg, die sich rein zufällig ergeben hatte, aus Überlegungen heraus aufrechtzuerhalten und auszubauen, die über das rein Private, Persönliche hinausgingen? Die Frage ist zu stellen, aber kaum zu beantworten; wenig ist bekannt über diese frühen Besuche und noch weniger über die Motivationen der Beteiligten. Auch hier sind jedoch indirekte Rückschlüsse möglich. Es gibt eine grundlegende Thematik, die Kepler auf seinem gesamten Lebensweg begleitet hat, ihn und im Grunde jeden seiner Zeitgenossen, nämlich die Konfession, der man angehörte. Es ist heute nicht leicht nachzuvollziehen, welche Bedeutung damals, um die Wende vom 16. zum 17. Jahrhundert, der Frage zukam, ob man katholisch oder protestantisch war; eine Vorstellung davon erhält man vielleicht, wenn man sich bewußt macht, daß zuletzt dreißig Jahre lang Krieg geführt wurde im Namen der Konfessionen, mit verheerenden Folgen, die über Generationen hinweg spürbar blieben. Kepler war, nach Geburt und Herkunft, Protestant, nicht – um dies gleich klarzustellen – einer von orthodoxer und dogmatischer Ausrichtung, wie es viele gab, mit ebenso vielen Pendants auf der Gegenseite, im katholischen Lager, sondern durchaus einer, der auf Ausgleich bedacht war, der das Verbindende mehr betonte als das Trennende, der auch in der Lage war – keine Selbstverständlichkeit damals – Kontakte zur anderen Partei zu haben. Gleichwohl: Er war Protestant; das bedeutete, daß er eben einer ‚Seite‘, einem ‚Lager‘, einer ‚Partei‘ zugehörte und einer anderen gegenüberstand, daß es ‚Freund‘ und ‚Feind‘ gab. Diese Situation teilte er mit allen seinen Zeitgenossen; was seine Lage zu einer besonderen machte, war die Tatsache, daß er während seiner gesamten beruflichen Laufbahn in Bezügen und Umgebungen lebte, in denen er der jeweiligen konfessionellen Minderheit angehörte. In Graz und später in Linz arbeitete er zwar für protestantische Institutionen, aber doch in einem Land, das katholisch geprägt war, und unter einer katholischen Obrigkeit. In Prag arbeitete er für Kaiser Rudolph II.; dieser war und blieb katholisch, auch wenn er sich persönlich durchaus tolerant gab. In Sagan schließlich arbeitete er für Albrecht von Wallenstein, den kaiserlichen General, dessen vornehmliches Tun darin bestand, die Protestanten zu bekämpfen – mit großem Erfolg, wie man weiß. Und Kepler bekam mehrfach – fast möchte man sagen: regelmäßig – Schwierigkeiten, die sich mit einer gewissen Zwangsläufigkeit ergaben: Graz mußte er verlassen, Prag mußte er verlassen, Linz mußte er verlassen, jeweils nicht aus beruflichen Gründen – seine Kompetenz war schließlich unbestritten –, sondern eben aufgrund der konfessionellen Frage, aufgrund der Tatsache, daß die Obrigkeit zu einem bestimmten Zeitpunkt beschloß, die Minderheit, der er angehörte, nicht länger zu dulden. Die Situation, in der Kepler sich zeitlebens befand, war also ausgesprochen problematisch; ihm selbst ist das mit Sicherheit auch völlig bewußt gewesen. Das ist – in aller Kürze – der Hintergrund, vor dem man seine Kontakte nach Regensburg sehen muß. Denn: Die Stadt, die Freie Reichsstadt, war damals „pur evangelisch". Sie verfügte über das verbriefte Recht, ihre Konfession frei mußte Protestant sein. Es ist ganz klar, was das für Kepler bedeutete: Er konnte sich hier von Anfang an zu Hause fühlen, unter seinesgleichen sozusagen, in einer Umgebung, wo der latente Konflikt, dem er ansonsten ausgesetzt war, nicht existierte. Der Aspekt soll nicht überinterpretiert werden; aber geht es zu weit zu vermuten, daß hier der Grund liegt, weswegen Kepler nicht nur Neigung, sondern auch Interesse hatte, den Kontakt nicht abreißen zu lassen? Bezeichnenderweise liegen zwei Daten nahe beieinander: Ab 1597, mit der Rückkehr Oberndorfers, hatte Kepler eine Verbindung nach Regensburg; ab 1598 begann seine Lage in Graz zunehmend kompliziert zu werden. Mußte ihm nicht von Anfang an Regensburg als sicherer Hafen in überaus beunruhigenden Zeitläuften erscheinen? Es geht hier nicht darum, die Dinge bedeutungsvoller zu machen, als sie es waren; und in erster Linie lag Kepler mit Sicherheit einfach daran, eine private Verbindung weiterzuführen. Aber bereits zu diesem frühen Zeitpunkt klingt ein Leitmotiv an, das in späteren Jahren immer deutlicher hervortreten sollte.

Wie hat man sich den privaten Charakter der frühen Besuche Keplers in Regensburg vorzustellen? Wie lange war er in so einem Fall in der Stadt anwesend? Kam er ausdrücklich, um seine hiesigen Freunde zu besuchen, oder kam er, weil er aus anderen Gründen ohnehin in der Nähe zu tun hatte? Letzteres ist angesichts der Beschwerlichkeiten des damaligen Reisens von vornherein das Wahrscheinlichere. Es gibt ein typisches Beispiel aus dem Jahr 1617, das solche Fragen konkret beantworten kann. Damals, im Oktober, reiste Kepler von Linz nach Regensburg und blieb für ein paar Tage, während derer er seine Freunde und Bekannten aufsuchte. Er kam aber eben nicht in erster Linie, weil er nach Regensburg wollte, sondern weil es auf dem Weg zu seinem eigentlichen Ziel lag, dem unweit der Stadt befindlichen ehemaligen Kloster Walderbach in der Oberpfalz. Dort amtierte als Verwalter ein gewisser Philipp Ehem, den Kepler während seiner Prager Jahre kennengelernt hatte und der verwandtschaftliche Beziehungen mit ihm eingegangen war: Ehem hatte Keplers Stieftochter Regina geheiratet. Sie war jetzt gestorben, und Ehem hatte Kepler darum gebeten, ihm seine leibliche Tochter Susanne zu schicken, damit sie vorübergehend aushilfsweise seinen Haushalt führen könne; Kepler hatte zugesagt und war nun dabei, Susanne, die erst 15 Jahre alt war, persönlich nach Walderbach zu bringen. Deshalb die Reise; deshalb der Aufenthalt in Regensburg – und zwar passenderweise im „Walderbacher Hof", einem Haus am St.-Georgen-Platz, das seit alters dem Kloster gehörte und als Quartier für dessen Angehörige oder Gäste diente, wenn sie in Regensburg zu tun hatten. Von Walderbach aus wandte er sich dann westwärts, in die alte Heimat im Württembergischen, wo seine Mutter Katharina in höchster Gefahr schwebte: Sie sollte als Hexe angeklagt werden, was – so wie die Verhältnisse damals waren – bedeutete, daß sie bereits mit einem Fuß auf dem Scheiterhaufen stand. Kepler nahm den langen Weg auf sich, um persönlich zu intervenieren; und es gelang ihm tatsächlich fürs erste, das Schlimmste abzuwenden. Im Dezember kehrte er über Walderbach und erneut Regensburg nach Linz zurück.

Neben solchen Besuchen gab es, seltener, ‚offizielle' Aufenthalte Keplers in Regensburg, Gelegenheiten, bei denen er nicht aus privaten Gründen, sondern beruflich, in seiner Eigenschaft als „kaiserlicher Mathematiker" hierherkam. Auch dafür sei ein Beispiel angeführt, und zwar das – bereits erwähnte – aus dem Jahr 1613. Damals reiste Kepler nach Regensburg, weil er von seinem Dienstherrn, Kaiser Matthias, dazu aufgefordert worden war. Dieser plante, in Regensburg einen Reichstag abzuhalten; eines der Themen, die er den versammelten Fürsten und ihren Deputierten zur Beratung vorzulegen gedachte, war die seinerzeit höchst aktuelle Kalenderfrage. Sollte im deutschen Reich der neue, verbesserte Gregorianische Kalender gelten oder der alte, fehlerhafte Julianische beibehalten werden? Das war der Streitpunkt, um den es ging. Genauer gesagt: Es ging nicht eigentlich darum, daß der neue Kalender besser und der alte schlechter war; denn bei dieser Alternative wäre über eine Entscheidung vernünftigerweise nicht lange zu diskutieren gewesen. Das Problem war ein anderes: Der neue Kalender nannte sich „gregorianisch", weil er 1582 auf Veranlassung Papst Gregors zustande gekommen war (so wie „julianisch" von Julius Cäsar kam); das allein genügte, um die Protestanten ihn rundheraus verdammen zu lassen, als ein Werk des Antichristen sozusagen, das von vornherein nichts Positives an sich haben *konnte*. Im Reich gab es seither zwei miteinander konkurrierende Kalender, den neuen in den katholischen Fürstentümern und Ländern, den alten in den protestantischen; und wenn man sich vor Augen hält, wie sehr das Reich damals territorial zersplittert war, kann man sich ungefähr ausmalen, welche Konfusion daraus entstand. Und man versteht, warum gerade dem Kaiser als dem Reichsoberhaupt, das die Interessen aller und nicht einzelner im Auge hatte, an einer einheitlichen Regelung gelegen sein mußte. Deshalb sein Vorhaben, die Kalenderfrage dem Reichstag zur Entscheidung vorzulegen – was konkret nichts anderes heißen konnte, als daß nach Mitteln und Wegen zu suchen war, die Protestanten von ihrem prinzipiellen Widerstand abzubringen. Das Gutachten eines allseits anerkannten wissenschaftlichen Experten würde vielleicht hilfreich sein, dieses Ziel zu erreichen; und so erging die Aufforderung des Kaisers an seinen Mathematiker Kepler, auf dem Reichstag zu erscheinen und mittels einer vorbereiteten Denkschrift zugunsten des neuen Kalenders Stellung zu beziehen. Natürlich war dabei in erster Linie an wissenschaftliche Argumente gedacht; mit Sicherheit hat aber auch die Überlegung eine Rolle gespielt, daß Kepler ja selbst Protestant war: Wenn er für den neuen Kalender sprach, mußte seiner Äußerung doppeltes Gewicht zukommen. Im Mai erhielt Kepler ein kaiserliches Schreiben, das ihn zum Reichstag lud; im Juli reiste er mit verschiedenen anderen kaiserlichen Amtsträgern von Linz donauaufwärts nach Regensburg. Das Unternehmen wurde jedoch zu einem kompletten Fehlschlag. Der Reichstag, mit den sich schroff und feindselig gegenüberstehenden Parteien der katholischen und protestantischen Teilnehmer, geriet schon bei den ersten Punkten, die auf der Tagesordnung standen, so rettungslos in Streit und Zwietracht, daß er nach kurzer Dauer ohne das geringste Ergebnis aufgelöst werden mußte. Zur Behandlung der Kalenderfrage kam man überhaupt nicht; Kepler, ohne seine Denkschrift präsentieren zu können, mußte unverrichteter Dinge nach Hause zurückkehren. Im Oktober verließ er Regensburg.

Die Vorgänge auf dem Reichstag von 1613 sprechen eine deutliche Sprache über die Verhältnisse, die damals im Reich herrschten: Nach annähernd hundert Jahren konfessioneller Spaltung waren die Gegensätze und die Animositäten zwischen den Parteien so groß geworden, daß vernünftige Gespräche nicht mehr geführt werden konnten. Im Grunde schien nur ein – sehr zweifelhafter – Ausweg zu bleiben, und es dauerte nur noch wenige Jahre, bis er beschritten wurde: 1618 brach der Dreißigjährige Krieg aus. Seine Auswirkungen waren bald allenthalben spürbar, auch in Linz, wo Kepler lebte. Die Atmosphäre zwischen katholischer Obrigkeit und protestantischen Einwohnern verschlechterte sich; Truppen wurden in der Stadt einquartiert; unter den im Umland lebenden Bauern breiteten sich Unruhen aus. Jemand wie Kepler, der an ungestörten Arbeitsbedingungen für sich selbst und an geordneten Lebensverhältnissen für seine Familie interessiert war, mußte angesichts einer solchen Situation ausgesprochen pessimistisch in die Zukunft blicken. Just zur gleichen Zeit, 1620, erfuhr er, daß in weiter Ferne die Lage seiner Mutter Katharina sich erneut gefährlich zuspitzte: Trotz seiner früheren Intervention war sie zuletzt doch angeklagt und – was gravierender war – in Haft genommen worden; ein nochmaliges persönliches Eingreifen war dringend geboten. Kepler mußte sich also erneut auf den Weg ins Württembergische machen; doch wollte er während seiner Abwesenheit, von der vorauszusehen war, daß sie nicht nur ein paar Wochen dauern würde, seine Familie nicht allein in Linz zurücklassen. Aus Sicherheitserwägungen beschloß er, sie mitzunehmen – jedenfalls ein Stück weit, und zwar bis nach Regensburg; dort quartierte er sie bei einem seiner Freunde ein, dem Metsieder Christoph Ränz in der Baumhackergasse; anschließend setzte er seine Reise allein fort. Es dauerte ein Jahr, bis er sein Ziel erreicht, die Anklage gegen seine Mutter niedergeschlagen und ihre Freilassung durchgesetzt hatte; daraufhin kehrte er nach Linz zurück. Die dortigen Verhältnisse hatten sich in der Zwischenzeit nicht in dem Maße verschlimmert wie ursprünglich von ihm befürchtet; so war es ihm möglich, im Frühjahr 1622 auch seine Familie wieder zu sich zu holen.

Mit dieser Episode erreichte die Beziehung Keplers zu Regensburg eine ganz neue Qualität, oder besser: Jenes Leitmotiv, das von Anfang an mitgeklungen hatte, allerdings vorerst sehr im Hintergrund geblieben war, wurde nun dominierend. Regensburg war mit einem Mal viel mehr als einfach nur ein Ort privater Freunde und Bekannter, die man mitunter besuchte; Regensburg wurde zum Ort des Rückzugs und der Zuflucht in Zeiten, in denen die Lebensverhältnisse andernorts sich zunehmend unsicher und feindselig gestalteten. Die Freie Reichsstadt, selbst protestantisch, diente dem Protestanten Kepler und seiner Familie als eine Art Refugium – und nicht nur ihm: Scharenweise kamen in diesen Jahren protestantische Glaubensflüchtlinge nach Regensburg, aus Süddeutschland, aus Österreich, aus Böhmen; für sie alle war die Stadt das, was sie auch für Kepler war, nämlich der von der alten Heimat aus gesehen nächstgelegene Ort – das südöstlichste protestantische Territorium in Deutschland –, wo man unter seinesgleichen war und erst einmal eine Bleibe finden konnte. Zur Bezeichnung dieser Gruppe von Menschen hat sich in der Regensburger Geschichtsschreibung der Begriff der ‚Exulanten' eingebürgert; und es ist immer wieder deren langfristig überaus positiver Einfluß auf die Stadt hervorgehoben worden, der sie zahlreiche neue Impulse verliehen haben, im wirtschaftlichen wie im kulturellen Bereich – so wie die Stadt ihrerseits überraschend großzügig dabei war, sie aufzunehmen und zu integrieren. Die Exulanten haben Regensburg damals zu einem nicht unerheblichen Teil geprägt; Kepler war einer von ihnen.

Was ihn – vorerst – von den anderen unterschied, war, daß er in seinen Wohnort, nach Linz, zurückkehrte, in der Hoffnung, dort trotz aller Unsicherheit weiterleben und -arbeiten zu können. Damit sollte er sich jedoch geirrt haben, wie sich wenig später erwies: Im Oktober 1625 wurde seitens der Obrigkeit des Landes Oberösterreich verfügt, daß sämtliche Protestanten zu konvertierten hätten oder auszuweisen seien. Zwar blieb Kepler als „kaiserlicher Mathematiker" von dem entsprechenden Dekret in aller Form ausgenommen; bei realistischer Betrachtung war jedoch klar, daß daraus kein auf die Dauer haltbarer Zustand resultieren konnte. Seine Kinder, zum Beispiel, mußten von nun an katholische Schulen besuchen; ein neugeborener Sohn mußte katholisch getauft werden; zahlreiche Freunde verließen die Stadt; unter denen, die zurückblieben, war die Atmosphäre dauerhaft vergiftet. Und als habe es noch eines letzten Anstoßes bedurft, damit Kepler sich definitiv entscheide, steigerten sich im Sommer 1626 die Unruhen, die unter der Landbevölkerung schon seit längerem andauerten, zu einem regelrechten Bauernkrieg; wochenlang wurde Linz belagert und umkämpft. Jetzt war es auch Kepler genug: Im Herbst 1626 verließen er und die Seinen Linz zum zweiten Mal – diesmal für immer. Sie wandten sich erneut nach Regensburg; und erneut waren sie nicht die einzigen, die das taten. Mit ihnen kam wieder eine ganze Welle von Exulanten, die in der Freien Reichsstadt dasselbe suchten wie Kepler: Zuflucht, Ruhe, Sicherheit. Kepler war also einmal mehr einer von vielen – wobei durchaus nicht verschwiegen werden soll, daß er es wesentlich leichter hatte als andere. Schließlich hatte er Freunde und Bekannte hier und damit Anlaufstellen und Ansprechpartner. Wie schon einige Jahre zuvor, fand er bei einem von ihnen freundliche Aufnahme, diesmal bei dem Gewandschneider Hans Haller in der Donaustraße (die später, passenderweise, in „Keplerstraße" umbenannt wurde).

So war Kepler auf der einen Seite trotz seines Flüchtlingsschicksals einer, der in gewisser Weise immer noch privilegiert war. Dafür gab es auf der anderen Seite Probleme, mit denen nur er und sonst niemand, jedenfalls nicht in gleichem Ausmaß, konfrontiert war. Einem Handwerker zum Beispiel wird es nicht einfach, aber auch nicht unmöglich gewesen sein, sich in einer neuen Stadt eine neue Existenz aufzubauen; für den Beruf, den er ausübte, gab es immer und überall eine Nachfrage. Nur: Wer brauchte einen Astronomen; oder anders gefragt: Wer konnte sich einen Astronomen leisten, zumal in Kriegszeiten, wo man andere Sorgen hatte, zumal in einer Stadt wie Regensburg, die schon seit Generationen von wirtschaftlichem Niedergang gezeichnet war und einem Wissenschaftler keinerlei Perspektiven bieten konnte? Kepler aber brauchte dringend einen neuen Arbeitgeber; denn die Landstände von Oberösterreich, für die er in Linz tätig gewesen war, betrachteten den mit ihm eingegangenen Vertrag seit seinem Wegzug als gegenstandslos, und der Kaiser, sein erster und wichtigster Arbeitgeber, zu dem das Dienstverhältnis theoretisch immer noch bestand, war kriegsbedingt nicht in der Lage, ihn regelmäßig auszubezahlen. Es half nichts, Kepler blieb auch diesmal verwehrt, was viele andere taten und was vermutlich auch er selbst gern getan hätte, nämlich sich in Regensburg ansässig zu machen. So willkommen er privat dort auch sein mochte, er mußte die Stadt wieder verlassen, auf der Suche nach einer neuen Arbeitsstelle. Ähnlich wie beim letzten Mal konnte er wenigstens die Familie hierlassen; erneut machte er sich allein auf den Weg.

Annähernd zwei Jahre vergingen, bis seine Situation sich geklärt hatte. Nach längeren Verhandlungen, die er am kaiserlichen Hof in Prag führte, wurde vereinbart, daß Kepler seinen Titel und seine Aufgaben als „kaiserlicher Mathematiker" prinzipiell behalte; das konkrete Arbeitsverhältnis jedoch, das ihn mit dem Kaiser verbunden hatte, wurde auf dessen General und Oberbefehlshaber in den Feldzügen des Dreißigjährigen Kriegs, Albrecht von Wallenstein, übertragen. Dieser war in den letzten Jahren zunehmend zu Macht und Einfluß gekommen; er verfügte deshalb über die finanziellen Mittel, Kepler angemessen zu besolden. Nachdem alle Einzelheiten geregelt waren, kehrte Kepler im Mai 1628 nach Regensburg zurück, holte seine Familie ab und zog mit ihr nach Sagan um, einem kleinen Ort in Schlesien, der zu den Besitzungen Wallensteins gehörte. Sein und seiner Familie Exulanten-Dasein in Regensburg war zu Ende; und damit – angesichts der großen Entfernung, in der er in Zukunft leben würde – schien auch seine Beziehung zur Stadt insgesamt zu Ende zu gehen.

Aber er sollte wiederkehren. Kaum zwei Jahre, nachdem er sich in Sagan niedergelassen hatte, war Kepler erneut unterwegs; er wollte noch einmal in geschäftlichen Dingen nach Linz reisen, wo seinerzeit, bei seinem Wegzug, mancherlei ungeklärt geblieben war. Auf dem Weg dorthin gedachte er in Regensburg Station zu machen, diesmal weniger – wie bei früheren Besuchen in weit zurückliegenden, unbeschwerteren Zeiten – um seine Freunde und Bekannten zu sehen, sondern aus überaus wichtigen, geradezu lebenswichtigen Gründen. Kepler hatte erfahren, daß im Herbst 1630 der Kaiser in Regensburg weilen würde, wegen abzuhaltender politischer Besprechungen mit den Kurfürsten; dies schien eine gute Gelegenheit, ihn noch einmal persönlich auf die alten Besoldungsrückstände aufmerksam zu machen. Vor allem aber wußte Kepler, worum es bei den geplan-

ten Besprechungen gehen würde, nämlich um nichts Geringeres als die mögliche Absetzung Wallensteins als des kaiserlichen Generals und Oberbefehlshabers; er war manchem Kurfürsten in letzter Zeit zu mächtig geworden. Es ist hier nicht der Ort, um auf
die seinerzeitigen politischen Verwicklungen einzugehen; aber es liegt auf der Hand, daß
für Kepler, Wallensteins Angestellten, es von höchster Bedeutung war, was mit seinem
Dienstherrn geschah. Dessen Schicksal würde mit Sicherheit auch das seine beeinflussen
– und nicht zum Positiven, wie zu vermuten war. Ein Wallenstein in Ungnade wäre mit
Sicherheit nicht in der Lage gewesen, Kepler weiter zu beschäftigen; und das Bangen und
Suchen der letzten Jahre hätte von vorn begonnen … Kurzum: Kepler wollte sich selbst
am Ort des Geschehens Klarheit verschaffen; deshalb der Abstecher nach Regensburg.

   Es sollte sein letzter werden. Am 2. November 1630 kam er in Regensburg an und
quartierte sich bei einem seiner Freunde ein, dem Kaufmann Hildebrand Billi, wiederum
in der Donaustraße (hier befindet sich heute das „Kepler-Gedächtnishaus"). Er war
gesundheitlich nicht ganz auf der Höhe und hatte sich auf der Reise eine schwere
Erkältung zugezogen. Sein Zustand verschlechterte sich; schnell zeichnete sich ab, daß er
weder den Kaiser noch sonst jemand würde aufsuchen können, und auch, daß er Linz
nicht mehr erreichen würde. Er war seinen Weg zu Ende gegangen; er starb am 15. November 1630. Es war eingangs von der Symbolik dieses Schlußpunktes die Rede, und
man mag in der Tat mehr als reinen Zufall darin sehen, daß er gerade in Regensburg
gesetzt wurde. In gewisser Weise erreichte Kepler im Tod, was er im Leben nicht erreicht
hatte: dauerhaft hier zu bleiben.

Gerhard H. Waldherr

Albert Ernst Graf von Wartenberg – Weihbischof und „erfarner der apostolischen antiquiteten" (1635–1715)

Leben und kirchliche Karriere

Albert oder auch Albrecht – beide Namensformen werden wechselweise gebraucht – Ernst Graf von Wartenberg wurde am 22. Juli des Jahres 1635 – somit während der Wirren des 30jährigen Krieges – geboren. Er war ein bairischer Prinz, auch wenn man ihm, wie Roman Zirngibl schreibt, „diese Ehre wegen einer mütterlichen Makel seines Herrn Vaters zu seiner Zeiten zwar absprach". Dieser Vater, Ernst Benno von Wartenberg, entstammte als eines von insgesamt 16 Kindern der Ehe des zweitgeborenen Sohn Albrechts V. von Bayern, Herzog Ferdinands, mit Maria Pettenbeck. Die Großmutter Albert Ernsts war *nur* die Tochter des Landrichters, Kastners und Landhauptmanns zu Haag am Inn, Georg Pettenbeck. Ihre Verbindung mit dem Herzogssohn war demnach nicht ebenbürtig. Deswegen hatten sich die beiden Herzogsbrüder Wilhelm V. und Ferdinand 1588 dahingehend geeinigt, daß die Nachkommen Ferdinands sich mit dem einfachen Adelstitel begnügen sollten.

Als Hochzeitsgeschenk gab Wilhelm V. seinem Bruder die erst kürzlich an Bayern gekommene Grafschaft Haag, die Heimat von dessen Frau Maria. Außerdem erhielt Ferdinand Schloß und Gut Wartenberg (bei Freising), nach dem sich die Nachkommen bis zum Erlöschen der Linie 1736, als der letzte männliche Wartenberger auf der Ritterakademie zu Ettal tödlich verunglückte, auch benannten.

Trotz der herzoglich-wittelsbachischen Abstammung meinte es das Schicksal nicht besonders gut mit Ferdinand, und der Herzogssohn mußte sich bis zu seinem Lebensende um das Auskommen seiner vielköpfigen Familie sorgen. Als er am 30. Januar 1608 verstarb, hinterließ er seiner Frau Maria zehn unmündige Kinder und einen Berg Schulden. Für ihre vielen Kinder erhielt die Witwe insgesamt jährlich nur 266 Gulden aus der Hofkasse. Bei dieser schlechten Vermögenslage bot sich zur Versorgung der Kinder der geistliche Stand geradezu an. Und so nahmen auch alle fünf Töchter, die den Vater überlebten, den Schleier. Von den Söhnen trat Maximilian 1619 dem Jesuitenorden bei, Albert starb 1620 mit 19 Jahren an den Folgen des Winterfeldzuges nach Böhmen. Der jüngste Sohn Ferdinand Lorenz wurde ebenfalls, allerdings gegen seinen Willen, Mitglied in der Gesellschaft Jesu, er verließ den Orden jedoch wieder und starb 1666 als kurfürstlicher Hofratspräsident und Statthalter von Burghausen ohne männliche Nachkommen. Ernst Benno, der Vater unseres Albert, setzte als einziger den Mannesstamm

Albert Ernst Graf von Wartenberg (1635–1715)

fort. Er starb – wie auch sein Bruder – im Jahre 1666, als kurbayerischer Kämmerer und Pfleger von Erding.

Die bedeutendste Karriere machte der erstgeborene Sohn Ferdinands, Franz Wilhelm – also ein Onkel des hier zu betrachtenden Albert Ernst. 1593 geboren, führte ihn seine geistliche Laufbahn nach Studienjahren am Collegium Germanicum in Rom – eine Station seines Lebens, die auch für seinen Neffen Albert Ernst noch Auswirkungen haben sollte – auf die Bischofsstühle in Osnabrück (1625), Minden (1629), Verden (1630) und schließlich Regensburg (1649–1661). Nicht zuletzt seine guten Verbindungen zu Fabio Chigi, dem nachmaligen Papst Alexander VII., sowie seine politischen Tätigkeiten brachten es mit sich, daß Franz Wilhelm 1660 auf Vorschlag Kaiser Leopolds I. den Kardinalspurpur erhielt. Als Regensburger Bischof und Kardinal sollte Franz Wilhelm im Leben seines Neffen Albert Ernst noch wichtige Weichenstellungen vornehmen. Seine schützende und durchaus fördernde Hand zeigte sich schon, als der junge, erst 14jährige Albert 1649 gleichzeitig mit der Einnahme des Regensburger Bischofsstuhles durch seinen Onkel dessen Kanonikat am Regensburger Domstift mittels päpstlicher Verleihung erhielt.

Im Herbst 1654 schickte dann der Regensburger Oberhirte seinen Weihbischof Sebastian Denich zur längst fälligen „visitatio ad limina apostolorum", zum Rechenschaftsbericht also, an den Heiligen Stuhl. Franz Wilhelm nutzte die Gelegenheit, um zusammen mit dem Weihbischof seinen Neffen, den er inzwischen auch zu seinem Koadjutor als Propst von St. Cassian in Bonn gemacht hatte, in die Stadt am Tiber reisen zu lassen. Albert sollte dort – wie ehemals der Onkel – seine Studien am Collegium Germanicum vertiefen und beenden. Nach einer ca. fünfwöchigen, sehr beschwerlichen Reise, bei der man zwischen Trient und Venedig durch den Unfall eines Gepäckwagens noch aller Papiere, darunter vieler Empfehlungsschreiben, verlustig gegangen war, langten beide am 8. November in Rom an. Wie wir aus den Briefen Denichs an seinen Auftraggeber in Regensburg wissen, hatte Albert der Reise und dem bereits am 9. November, also am Tag nach der Ankunft, erfolgten Eintritt in die Hochschule mit sehr gemischten Gefühlen entgegengesehen. Er scheint sich aber im Collegium gut eingeführt zu haben. Während des Romaufenthalts Denichs führte dieser den jungen Bischofsneffen in wichtige römische Kirchenkreise ein. Sie besuchten u. a. Kardinal Chigi, der bald darauf Papst werden sollte, sowie den General der Jesuiten.

Die Förderung durch den Onkel ging aber noch weiter. Am 3. August 1661, nur wenige Monate vor dem Tod Franz Wilhelms am 1. Dezember dieses Jahres, wurde Albert Mitglied des Domkapitels in Regensburg. Da im gleichen Zeitraum der langjährige Generalvikar und Suffragan Sebastian Denich, nach seinen eigenen Worten von seinem Bischof zur Resignation, also zur Aufgabe seiner Ämter und Würden, gezwungen worden war, plante der greise Franz Wilhelm möglicherweise, seinen Neffen zum Koadjutor zu bestellen. Jedenfalls kaufte der neue Domkapitular Albert noch 1661 den ehemaligen Domherrenhof Denichs (heute Domplatz 4, Maria Läng Kapelle), den er einige Jahre später umbauen ließ, was uns noch beschäftigen wird.

Am 16. Mai 1662 erhielt Albert die Priesterweihe und wurde ein Jahr später kaiserlicher Hofprediger in Wien (Capellanus Imperialis). 1686 schlug man ihn in Regensburg als Nachfolger des verstorbenen Franz Weinhard zum Weihbischof und Administrator in geistlichen Dingen (in spiritualibus) für den damals erst 16jährigen Wittelsbachersohn Joseph Clemens, Bruder des Kurfürsten Max Emanuel, der den Bischofsstuhl einnehmen sollte, vor.

Allerdings dauerte es zwei Jahre, bis am 15. Mai 1688 die lang erwartete Confirmationsbulle eintraf, die Albert gleichzeitig auch zum (Titular-)Bischof von Laodikeia in Syrien bestimmte. Auf den Tag genau 26 Jahre nach seiner Priesterweihe wurde er vom Eichstätter Weihbischof Franz Christof von Bulderstein mit Assistenz der Äbte Johannes von Weltenburg und Georg von Frauenzell im Regensburger Dom zum Bischof gesalbt. Dieses Amt, das er insgesamt 27 Jahre innehaben sollte, füllte er vom ersten Tag an mit rastloser Tätigkeit aus, in frommer und eifriger Pflichterfüllung und zum Nutzen der Diözese, die sich nach den Wirren des 30jährigen Krieges, dessen Spuren noch überall sehr deutlich bemerkbar waren, in einem ziemlich schlimmen Zustand befand.

Neben einer umfänglichen Weihe- und Visitationstätigkeit fällt sein auch für diese Zeit außergewöhnlich ausgeprägtes Bemühen um die Verehrung von Heiligen auf. Sowohl bekannten Regensburger Heiligen wie Emmeram und Erhard als auch unbekannteren, wie dem seligen Friedrich, einem Regensburger Augustiner-Eremitenlaienbruder, und dem seligen Albert zu Oberaltaich, versuchte der Suffraganbischof die ihnen gebührende Ehre angedeihen zu lassen. Ganz im Zuge der Zeit liegen Alberts unerschütterliches Vertrauen zu Reliquien und seine intensive Förderung des Wallfahrtswesens. Die Marien-Verehrung in verschiedenen Formen (Maria-Hilf) erlebte in der Oberpfalz im 17. Jahrhundert geradezu eine Renaissance, die sich auch im Wirken Alberts widerspiegelt. So ließ er etwa das romanische Mutter-Gottes-Bild in der Niedermünsterkirche wieder aufstellen und brachte gleichzeitig dazu, nämlich 1674, eine erläuternde und werbende Schrift heraus mit dem Titel: „Schatzkästlein der seligsten Jungfrauen. Maria aus Sion, Ursprung der wunderbarlichen Stiftung der Kirche Unserer Lieben Frauen zu Niedermünster". Dies ist im übrigen die einzige Schrift Wartenbergs, die auch gedruckt wurde. Seine Hauskapelle, die heutige Maria Läng Kapelle, gestaltete er in den Jahren 1675–78 zu einem marianischen Heiligtum um.

Daß seine Sorgen um die Diözese genauso wie sein Glaube wirklich Herzenssache waren, bewies der Weihbischof, als 1713 in Regensburg eine Pestepidemie ausbrach, die angeblich 7857 Menschen dahinraffte. Die Vornehmen und Reichen flohen aus der Stadt, die bischöfliche Kurie wurde nach Wörth verlegt. Nur der bereits greise Weihbischof harrte in Regensburg aus und stand den Todkranken und Sterbenden mit Rat und Tat zur Seite. In dieser Notzeit gelobten die Bewohner von Stadtamhof den Bau einer Dreifaltigkeitskirche auf dem Osterberg; die Albert Ernst 1715 weihte.

Nur kurze Zeit später, am 9. Oktober dieses Jahres, starb Albert Ernst im Alter von 79 Jahren und wurde im Dom beigesetzt. Gerade sein Verhalten in der schweren Pestzeit zeigt, daß der ihn rühmende Wortlaut seiner Grabinschrift nicht nur eine leere Floskel darstellt. Auf dem Grabstein des Bischofs, der seit 1699 auch Propst des Kollegiatsstiftes St. Johann in Regensburg war, steht zu lesen: „Oculis fuit caeco, et pes claudo. Pater erat pauperum", er war also für die Blinden das Auge, für die Lahmen der Fuß, und er galt als Vater der Armen.

Wartenberg als Historiograph

Neben theologisch ausgerichteten Werken verfaßte der Weihbischof auch historische Schriften, bei deren Entstehung aber stets wissenschaftliche und religiöse Motivation zusammenfielen. Sehr intensiv beschäftigte sich Albert mit der Frühzeit seiner Bischofsstadt. Sein 1688 vollendetes Werk „Ursprung und Herkommen. Der Vormahls Herrlich- und Königlichen Haupt Statt Noreja … anjetzo Regens-Burgg" beschreibt auf 400 Folioseiten die frühe Entwicklung Regensburgs sowie die Anfänge der christlichen Religion in Bayern.

Die Darstellung beginnt mit der Einwanderung des Tuisco, Sohn des Japhet, Enkel Noahs und Stammvaters der Deutschen, in das spätere Bayern. Seinen lateinischen Namen Noricum hat das Land von Norim, dem Enkel des ägyptischen Königs Oritz, der die Kultur ins Land gebracht hat. Vor dem Hintergrund der alttestamentarischen, schließlich der römischen Geschichte läßt Wartenberg den Ursprung und die Anfänge seiner Bischofsstadt Gestalt werden. Er beendet seine Ausführungen mit dem letzten heidnischen Herzog im Nordgau, Garibald II., dessen Sohn, Theodo III., das Christentum in Bayern *wieder* einführte.

Obwohl sich der Bischof bei seiner Untersuchung auf umfangreiche historiographische Literatur sowie erzählende Quellen stützte und er mit den modernsten kritischen Forschungsansätzen seiner Zeit vertraut war, wie sie die Herausgeber der Acta Sanctorum in der Nachfolge von Jean Bolland (†1665) entwickelten, blieb er dennoch weitestgehend in den sagenhaften und legendarischen Spekulationen der nachmittelalterlichen Historiographie gefangen. Es war auch nicht seine Absicht, eine kritische Geschichte der Stadt Regensburg oder Bayerns zu schreiben, vielmehr ging es ihm darum, seine Zeitgenossen über die exemplarischen Taten ihrer Vorfahren in Glaubensdingen zu belehren und ihnen die aus dem Vorbild des antiken Christentums erwachsenden Verpflichtungen vor Augen zu führen. Im Vorwort seiner Schrift skizzierte Wartenberg sein Vorgehen folgendermaßen: er wolle „des christlichen allain selig machendten glauben erster gründlichen uhrsprung, fortsetzung undt wunderbarliche aufnemung" beschreiben.

Wichtig war ihm, einen zeitlich sehr frühen Bezug des christlichen Glaubens zu Regensburg belegen zu können. Noch in guter mittelalterlicher Manier sind Heilsgeschichte und lokale Historie bei ihm von Anfang an miteinander verwoben. Bedeutsam ist dabei, daß Wartenberg Wert darauf legte, diese Verbindung des apostolischen Christentums mit Regensburg nicht nur als etwas Vergangenes darzustellen, sondern zu zeigen, daß sie auch noch im wahrsten Sinne des Wortes in seine Gegenwart hineinragt, sich in ihr noch materiell manifestiert.

Die römische Stadt Regensburg erstreckte sich für Wartenberg von Regenstauf bis Burgweinting. Tore schlossen ihre Gassen gegeneinander ab. Zur Zeit der Kreuzigung Christi seien „am Thor zu den Franziskanern oder Minoriten zu St. Salvator" (gemeint ist hier das wegen der verfärbten Kalksteine so genannte ‚Schwarze Burgtor' im Osten der Stadt, die ehemalige römische Porta Principalis Dextra) Bauarbeiten im Gange gewesen. Als zur Sterbestunde Jesu sich auf der gesamten Erde die Sonne verdunkelte, wie der Evangelist Lukas schreibt, hätten die Bauleute nichts mehr sehen können und deswegen „einen Balkhen von dem Gerüst in dem gemeur" gelassen. Nach seinen Aussagen hat Wartenberg diesen Balken selbst noch gesehen, als der Torturm zu seiner Zeit abgetragen wurde.

Der erste Kontakt Regensburgs mit der christlichen Religion erfolgte nach Wartenberg nur kurze Zeit nach der Himmelfahrt Christi. Bereits zwei Jahre später sei nämlich
ein Lucius mit den Heiligen Apelle und Lupus „in diße statt Augustam Tiberii oder
Regensburg ankommen … umb den Christlichen glauben alhier zu Predigen, welches
ihm von dem landthaubtman Flavio Fabiano gern soll vergünnet worden sein".

Wartenberg Vorstellungen waren nun keineswegs seine eigenen freien Erfindungen, er
verarbeitete hier vielmehr Vorgaben der älteren Historiographie Bayerns, in der Regensburg, Augusta Tiberii, als eine Gründung des römischen Kaisers Tiberius angesehen
wurde. Mit diesem Gründungsmythos rückte man Regensburg in die Reihe antiker
Kaisergründungen, eine Tatsache, die für das Selbstverständnis der Stadt im Mittelalter
und darüber hinaus von großer Bedeutung war.

Auch die von Wartenberg beschriebene Missionstätigkeit eines Lucius stellt einen
Rückgriff auf ältere Überlieferung dar. Nach der Meinung des „Vaters der bayerischen
Geschichtsschreibung", Johannes Aventinus [s. S. 109ff.] hätten nämlich die Heiligen
Markus und Lucius von Cyrene das Christentum nach Passau bzw. Regensburg
gebracht. Lucius wiederum sah man als einen Schüler des Hl. Paulus an, der „den christlichen glauben predigt durch das ganz wait prait römisch reich von Jerusalem auß gering
herumb pis an die Donau" (Aventin).

Wartenberg weist auch sehr pointiert darauf hin, daß Lucius durch Petrus zum
Bischof von Laodikeia geweiht und eingesetzt worden sei. Damit stellt sich der Schrift-
steller, der seit 1688 – wie wir wissen, das Erscheinungsdatum der hier zitierten Schrift –
Titularbischof von Laodikeia war, selbst in die direkte Nachfolge des Regensburger
Glaubensboten. Der an der Missionsreise ebenfalls beteiligte Lupus findet sich in frühen
– fiktiven – Regensburger Bischofskatalogen als antiker Bischof der Stadt.

Seine Grundaussage, daß Regensburg bereits in apostolischer Zeit dem Christentum
erschlossen worden sei, entwickelte der Weihbischof nun nicht erst in der 1688 fertiggestellten Schrift „Ursprung und Herkommen", vielmehr finden sich dafür erste
Hinweise schon einige Jahre vorher, nämlich in dem bereits erwähnten, 1674 gedruckten
Traktat „Schatzkästlein der seligsten Jungfrauen. Maria aus Sion". Hier heißt es: „Und
ohne Zweifel, daß bald nach Christi Auffahrt der christliche Glaube schon seye in
Regensburg gewesen / von Christi Jüngern selbst gepredigt." Als Beweis hierfür führt
unser Autor nun nicht nur Belege aus der älteren Literatur an, sondern – und das ist
gleichsam eine Innovation in der Geschichtsforschung – Funde von „brochnen großen
Ziegeltrümmern / mit welchen man die Gräber zugemacht".

Das heißt, Wartenberg arbeitet mit materiellen Überresten, denen einerseits Zeug-
nischarakter, andererseits aber auch eine Brückenfunktion zugewiesen wird. Sie sollen
Wartenbergs Darstellung der frühchristlichen Wirklichkeit verifizieren, sie aber auch
sozusagen sichtbar und faßbar mit der zeitgenössischen Stadt verbinden.

Der Weihbischof als Bodenforscher

Die erwähnten „Ziegeltrümmer" sind nicht die einzigen materiellen Hinterlassenschaften, die angeblich aus der Zeit der Christianisierung Regensburgs erhalten geblieben waren und die der Weihbischof selbst nun nach Jahrhunderten des Verborgenseins

dem Dunkel der Vergangenheit entrissen haben wollte. Wie bereits erwähnt, ließ Albert
in den Jahren 1674–78 den von Sebastian Denich erworbenen Kanonikalhof umbauen.
Beim Abriß einer baufälligen Kapelle grub man tiefer nach unten und stieß auf ein
„viregtig pflaster von quatterstücken". Darunter tauchten Gänge auf, die weiter in die
Stadt zu führen schienen und die „an unterschidlichen orthen klaine gemacher" hatten.
Unter seinem Domherrenhof wollte Wartenberg darüber hinaus „aine mänge zerbroche-
ne gebrochene grabstain" und weitere Fundstücke, auf die ich gleich noch eingehen
werde, entdeckt haben. Fast gleichzeitig mit Wartenbergs Entdeckung unterirdischer
Gänge brach bei der Dompropstei die Kutsche eines Gesandten am Reichstag in das
Pflaster ein, und nahe St. Kassian öffneten sich unterirdische Gewölbe.

All dies führt nun der in dieser Hinsicht sehr schwärmerische Weihbischof in seinem
1688 abgeschlossenen Geschichtswerk expressis verbis mit seinen Vorstellungen des
frühchristlichen Regensburg zusammen. Und so werden aus den von ihm entdeckten,
wohl in Wirklichkeit mittelalterlichen Kellern – bei denen Verbindungen zwischen den
einzelnen Häusern durchaus üblich waren, wie man jüngst auch bei den archäologischen
Befunden am Neupfarrplatz sehen konnte – Hinweise auf christliche Begräbnisstätten,
die in einem verzweigten unterirdischen System die ganze Stadt durchzogen hätten. Katakomben also, wie sie – nach Wartenberg – in der Zeit des Hl. Lucius auch in Straubing
und Wien eingerichtet worden seien. Auslösendes Moment für die Spekulationen Wartenbergs war sicherlich die Kenntnis unterirdischer frühchristlicher Begräbnisplätze
durch seinen Studienaufenthalt in Rom. Im ausgehenden 16. Jahrhundert waren dort
mehrere derartiger Anlagen wiederentdeckt und systematisch erforscht worden. Der
junge Wartenberg hatte seine Kenntnisse darüber durch die Lektüre des Werkes von Paul
Arringhi „Roma subterranea", das 1651 erschienen war und seit 1668 auch in einer deutschen Übersetzung vorlag, vertieft. Er war also für derartige Funde – wie man heute
sagen würde – ‚sensibilisiert'.

Auf den „gebrochenen Ziegeltrümmern", die Wartenberg in den Gängen auffand,
glaubte er nun, Palmen und andere als christlich gedeutete Symbole eingeritzt zu erkennen. Er interpretierte die Ziegel deswegen als Grabsteine christlicher und für ihren
Glauben gestorbener Legionssoldaten, die bereits seit der Zeit des Kaisers Antoninus
Pius, also seit der Mitte des 2. Jahrhunderts, zu Tausenden den Christenverfolgungen
anheimgefallen wären.

Zwar sind im Originalmanuskript Wartenbergs die im Text angekündigten Zeichnungen der Ziegel nicht mehr erhalten, wir finden sie aber in dem Auszug der Schrift für das
Niedermünster-Stift sowie in der auf uns gekommenen vollständigen Abschrift. Obwohl
bereits 1776 Plato-Wild und 1800 der Regensburger Chronist Theodor Gemeiner die
Existenz der christlichen Symbole auf den Wartenbergschen Funden verneinten, sind
noch 1874 in der „Geschichte der Einführung des Christentums in Süddeutschland" von
A. Huber Umzeichnungen der Wartenberg-Ziegel abgedruckt, auf denen die christliche
Symbolik deutlich ausgeprägt ist. Angeblich gelangten die Originalziegel des Bischofs in
den Besitz des Historischen Vereins, allerdings sieht A. Ebner 1893 in seinem Aufsatz
über „die ältesten Denkmäler des Christentums in Regensburg" die Originale bereits als
verloren an. In der von Wartenberg anstelle der Katakomben eingerichteten Gedächtnis-
kapelle, der Gruft Sancti Salvatoris, habe man, so Ebner, in jüngster Zeit nur Ziegel mit
schwer leserlichen Stempeln der III. Italischen Legion gefunden.

Mit diesem Hinweis dürfte Ebner auch in die richtige Richtung zielen, denn, so weit wir die Funde Wartenbergs deuten können, war der Weihbischof wohl auf römische Ziegelplatten gestoßen, wie sie unterhalb des mittelalterlichen Horizontes im Boden Regensburgs häufig angetroffen werden. Im Überschwang des Finders, der vom christlichen Glauben beseelt war, deutete er die auf den Ziegeln befindlichen Herstellerstempel (u. a. der III. Italischen Legion) als christliche Symbole, wie er sie von den Verschlußplatten der loculi in den römischen Katakomben kannte.

Aber die angeblichen Grabplatten waren noch nicht alle Funde Wartenbergs. Der Bischof fährt nämlich in seiner Schrift „Ursprung und Herkommen" mit der Aufzählung fort. Er, der sich selbst als „erfarner der apostolischen antiquiteten undt erfarnen liebhaber" bezeichnet, nennt „Cherubin von erdten gebachen" und führt, daran anschließend, weitere dieser „christlichen apostolischen antiquiteten" an. Wichtigste Stücke, „was allen verständigen der Römischen Christlichen antiquiteten allen zweiffel nemen soll, undt klärlich der Apostolischen Capellen heilikeit undt gewißheit vorweisen und bestätten kann", sind dabei „drey zertrümerte kelch von glaß mit figuren geschmälzt, wie zu gar ersten zeiten der Hl. Petrus und zu Rom gebraucht". Die Zeichnungen im Originalmanuskript sowie in den Kopien geben dazu zwei Kelche wieder, auf einem ist eine Verkündigungsszene, auf dem anderen die Übergabe des Schlüssels an Petrus abgebildet. Eine Zuordnung zu erhaltenen Stücken scheint nicht möglich.

Zusätzlich zu diesen Kelchen will Wartenberg sodann noch gläserne Hostienteller gefunden haben. Mit diesen „gläsernen Patenen" werden nun heute ein noch etwa zwei Drittel erhaltenes antikes Goldglas sowie ein ebensolches, nur mehr sehr fragmentarisch überkommenes Fundstück in Verbindung gebracht. Beide Stücke befinden sich im Bayerischen Nationalmuseum in München. Eine Kopie des größeren Fragments zeigt die Römerabteilung im Historischen Museum der Stadt Regensburg. Die Gläser kamen 1863 aus Schloß Tüssling in Oberbayern, wohin sie nach dem Tod Wartenbergs 1715 verbracht worden sein sollen, nach München. 1892 ordnet sie G. Hager im Katalog des Museums zusammen mit zwei Reliquiaren Wartenbergs archäologischen Unternehmungen in Regensburg zu.

Die Glasstücke sind sogenannte Zwischengoldgläser, bei denen aus Goldblatt geschnittene Bilder oder Ornamente zwischen zwei Glasscheiben eingeschmolzen wurden. Originalfunde von außerhalb Italiens liegen praktisch nicht vor; der größte Teil der heute nördlich der Alpen befindlichen Stücke dürfte erst, wie neuere Forschungen deutlich machen konnten, im Zuge des mittelalterlichen Reliquienhandels über die Alpen gekommen sein. Deswegen hegt man schon längere Zeit Zweifel an der Echtheit der Regensburger Funde.

Es bietet sich an, eine Verbindung zwischen den Goldgläsern und dem Aufenthalt Wartenbergs in Rom zu ziehen. Dort hatte er Kontakt zum zeitgenössischen Reliquienhandel, da es zur Aufgabe seines Reisebegleiters, Weihbischof Denich, gehörte, Reliquien für zerstörte oder entweihte Kirchen und ganze heilige Leiber für ausgeraubte Klöster zu besorgen. Außer verschiedenen kleineren Reliquien erwarb Denich die Leiber der Heiligen Adrian und Aurelius, letzterer überstand allerdings den Transport nach Regensburg nicht. Letztendlich muß es Vermutung bleiben, ob der Neffe des damaligen Regensburger Bischofs, der nachmalige Weihbischof Albert, etwa bereits damals die Goldgläser gekauft hat, die er dann Jahre später im Untergrund seines Kanonikalhofes gefunden haben will.

Dies anzunehmen hieße, den Weihbischof der absichtlichen Täuschung zu bezichtigen. Es bietet sich aber auch ein weniger ehrenrühriger Ausweg an: Möglicherweise haben nämlich die zwar aus wartenbergischem Besitz stammenden Goldgläser des Bayerischen Nationalmuseums dennoch gar nichts mit den angeblich römischen Funden des Bischofs in Regensburg zu tun. Denn weder in den Beschreibungen noch in den Zeichnungen des wartenbergischen Manuskripts läßt sich die Darstellung, wie wir sie auf einem der fraglichen Goldgläser finden, nämlich Petrus und Paulus mit Namensumschrift, zweifelsfrei wiedererkennen. Vielleicht erfolgte die Zuschreibung also erst durch den Kustos der Sammlung des Nationalmuseums in einer sozusagen Überinterpretation der ihm vorliegenden Schilderung der Wartenbergschen Entdeckungen.

Allerdings bleibt auch damit immer noch die Frage offen, ob Wartenberg denn nun eigentlich wirklich Kelche und andere Gegenstände unter seinem Domherrenhof fand. Und wenn ja, welcher Zeitstellung sie angehörten.

Apostolisches Regensburg

Insgesamt interpretiert Wartenberg die Katakomben zusammen mit aufgefundenen christlichen Märtyrergräbern nebst Grabsteinen sowie die angeführten Kleinfunde als Beweise für das Wirken der Apostel in Regensburg. Da er in den Kelchen Gefäße erkennt, die „dem höchsten bischoff vorbehalten wordten", kommt er schließlich zu folgendem Schluß: Der Apostel Petrus „ist endtlich in gesambt mit seinen gefärten … in das königreich Nortgau undt dero haubtstatt Noreia, nun Augustam Tiberii ankomen, albo ehr schon die heiligen Jünger Christi, Lucium Apellem und Lupum, undt ain große anzal der bekerten zum christlichen glauben gefunden." Wartenberg konstruiert also ein lebendiges antikes Christentum in Regensburg bereits zur Zeit der Apostel „aldieweilen di jünger Christi und die apostel Petrus, Paulus, Thomas undt Andreas, Marcus und sein freundt Barnabas, Jacobus der evangelist undt andere" das Meßopfer hier feierten.

Durch die Funde, die er selbst in seinem Kanonikalhof tätigte, werden die vagen Hinweise, die Wartenberg verstreut in der vorhandenen historiographischen Literatur fand, für ihn somit zur Gewißheit. Gleichzeitig ragt der christliche Glaube der Bekenner wie der Begleiter Christi direkt, d. h. materiell, in die Zeit Wartenbergs.

Was man trotz aller Kritik an den Phantasien des Weihbischofs unter forschungsgeschichtlichem Aspekt betonen muß, sind die hier spürbaren Ansätze einer neuen Rolle, die materiellen Hinterlassenschaften in der Darstellung der Vergangenheit zugewiesen werden. Bodenfunde, egal ob nun wirklich römisch oder einer anderen Epoche zugehörig, sind für den Weihbischof des ausgehenden 17. und beginnenden 18. Jahrhunderts Anreger und Beweis für seine historischen Theorien. Dies ist auch der Punkt, der die „Phantasien und Träumereien des Weihbischofs", wie Ferdinand Janner 1883 in seiner Geschichte der Bischöfe von Regensburg die Ausführungen Wartenbergs abfällig bezeichnet, zu einer beachtenswerten Station innerhalb der Erforschung des römerzeitlichen Regensburg werden läßt.

Eberhard Dünninger

Johann Ludwig Prasch und Susanna Elisabeth Prasch – ein gelehrtes Dichterpaar im 17. Jahrhundert (1637–1690 und 1661– nach 1691)

Die seit 1542 protestantische Reichsstadt Regensburg hat sich vom 16. bis zum 18. Jahrhundert als Nährboden bürgerlicher Gelehrsamkeit und Dichtung in lateinischer und deutscher Sprache erwiesen. Während sich in den Klöstern der Benediktiner und Jesuiten in dieser Stadt ein reiches wissenschaftliches und literarisches Leben in den Geistes- und Naturwissenschaften auch in gelehrtem Austausch mit den Stätten der Wissenschaft des süddeutsch-österreichischen Raumes und im romanisch-katholischen Süden und Westen Europas entwickelte, fühlte sich das reichsstädtische Bürgertum seit der Annahme der Reformation in seinem Glauben und in seiner Kultur vor allem dem protestantischen Mittel- und Norddeutschland verbunden. In vielfältiger Weise öffnete sich die Stadt für die geistigen und kulturellen Einflüsse aus diesen Landschaften des Reiches. Ihre Söhne suchten die mittel- und norddeutschen Universitäten auf und holten sich dort das Rüstzeug für ihren Dienst als Juristen und Geistliche in der heimatlichen Reichsstadt. Andererseits stand Regensburg in diesen Jahrhunderten in einer Wechselbeziehung zum Protestantismus im benachbarten Österreich, erst als einer der Ausgangspunkte für die Reformation im Nachbarland, dann als Zufluchtsort für die Glaubensflüchtlinge des 17. und 18. Jahrhunderts vor allem aus Oberösterreich und dann aus dem Fürsterzbistum Salzburg. Die protestantische Reichsstadt Regensburg war für viele dieser Exulanten nur erste Zwischenstation, anderen ermöglichte sie eine baldige soziale Integration, eine gediegene humanistische Bildung im Gymnasium Poeticum, einen raschen gesellschaftlichen und wirtschaftlichen Aufstieg, schließlich Chancen der politischen Mitgestaltung in der reichsstädtischen Selbstverwaltung und ab 1663 am Immerwährenden Reichstag.

Die durch Eheschließung verbundenen Lebenswege von Johann Ludwig Prasch (1637–1690) und Susanna Elisabeth Prasch (* 1661), ihre gemeinsamen Interessen, ihre gelehrten und dichterischen Neigungen und ihre – nicht mehr durchgehend erhaltenen – Werke sind eingebettet in diese literarische und wissenschaftliche Kultur der Reichsstadt Regensburg im 17. Jahrhundert, aber sie sind auch aussagekräftig für die soziale und politische Entwicklung der Stadt in dieser Zeit.

Johann Ludwig Prasch stammte aus einer seit dem späten Mittelalter nachgewiesenen österreichischen Familie, die wegen ihres evangelischen Glaubens zunächst nach Augsburg übersiedelte. Er wurde dann schon in Regensburg geboren, als Sohn eines bereits hohen Juristen der Reichsstadt und Mitglieds des Inneren Rates. Im ererbten Geist der religiösen Überzeugung seiner Familie und der Gelehrsamkeit, des Humanismus und des Dienstes am Gemeinwesen und öffentlichen Wohl aufgewachsen und erzogen, studierte er an den Universitäten Jena, Straßburg und Gießen Rechtswissenschaften, auch Philosophie und Theologie, um sich auf den Eintritt in den Dienst der Vaterstadt schon als junger Jurist vorzubereiten. 1665 wurde er zum Syndicus ernannt, Mitglied des Inneren Geheimen Rates schon mit 28 Jahren als der Direktor von Vormundsamt und Steuerämtern, schließlich als Cammerer und Konsistorialpräsident zuständig für die Berufung der Geistlichen und als Oberscholarch verantwortlich für die reichsstädtischen Bildungsstätten des Gymnasiums und des Alumneums. Schließlich vertrat er die Reichsstadt am Immerwährenden Reichstag.

Neben dieser bedeutungsvollen Amtstätigkeit und in enger Wechselbeziehung zu seinen Ämtern entstand bis zu seinem frühen Tod ein umfangreiches literarisches, publizistisches und wissenschaftliches Werk, nicht zuletzt eine Fülle von Gelegenheitsgedichten und poetischen Nachrufen. Seine lateinischen und deutschen Dichtungen, Lyrik und Gelegenheitsdichtungen, in Regensburg aufgeführten Dramen und ein kleiner lateinischer Roman auf antiker Grundlage, seine Schriften zu Poetik und Sprachtheorie haben schon zu seinen Lebzeiten sein Ansehen weit über Regensburg hinaus begründet. Für Regensburg und Bayern von besonderer Bedeutung ist sein kleines bairisches Wörterbuch, das lange vergessen war, aber schon vor einigen Jahrzehnten wieder die Beachtung und Würdigung gefunden hat, die ihm schon in der Germanistik und Mundartforschung des 18. und frühen 19. Jahrhunderts zuteil geworden war.

Die Beschäftigung mit Sprachtheorie und Poetik steht in enger Wechselbeziehung zu den Dichtungen von Johann Ludwig Prasch. Dem in seinem Jahrhundert so bedeutenden Thema der Sprache und der Dichtungslehre hat er auf den Spuren des Barockdichters Martin Opitz eine Reihe von Schriften gewidmet. Dabei hat ihn anders als viele seiner Zeitgenossen weniger die Auseinandersetzung um die Reinheit der Sprache, vor allem der deutschen Sprache, bewegt, sondern ihre Entstehung und Entwicklung, der Gedanke eines göttlichen Ursprungs, dem die Dichtung am nächsten komme. Dabei hat er sich, nachdem er zunächst sich der lateinischen Poesie gewidmet hatte, der deutschen Dichtung zugewandt und mit ihr auch die Überlegenheit der deutschen Poesie über die aller anderen Sprachen begründet. Nicht nur in seiner Lyrik, sondern auch in epischer Versdichtung und in seinen Dramen bereitet er den Übergang zur deutschen Dichtung vor. Als Übersetzer will er eine dem antiken Vorbild angemessene Entwicklung des deutschen Dramas einleiten. Die antike Tradition mündet ein in die christliche Auffassung dramatischer Stoffe und ihrer Darstellung, die ein bildhafter barocker Stil kennzeichnet. Auch für die Metrik und Lyrik will er in der Theorie und im praktischen dichterischen Beispiel eine heimische deutsche Tradition begründen.

Während andere Sprachtheoretiker und Sprachforscher der Zeit die Einheit der Hochsprache zu ihrem Anliegen machen, läßt Prasch auch das Oberdeutsche und die einzelnen Mundarten gelten, da er die Durchsetzung einer Einheitssprache weder für möglich noch für gerechtfertigt ansieht. Auch als Sprachpädagoge – in seinem Amt der Schulaufsicht in der Reichsstadt Regensburg hat er auch deutsche Sprachbücher verfaßt – entscheidet er sich für den Vorrang der deutschen Sprache und fordert die Unterweisung der Jugend zuerst in ihrer Muttersprache.

Johann Ludwig Prasch (1637–1690)

In seinen sprachwissenschaftlichen Theorien führt Johann Ludwig Prasch das Deutsche auf eine göttliche Ursprache zurück, auf die Paradiesessprache, gleichrangig dem Hebräischen. Er wurzelt mit diesen Überlegungen im patriotischen und nationalbewußten Gedankengut des Humanismus, in dem jedes Land für seine Sprache das höchste Alter und den Vorrang gegenüber den anderen Völkern beanspruchte. In seiner Ableitung des Lateinischen aus dem Deutschen wird aber auch die erste Erkenntnis von Sprachgesetzen und Sprachentwicklung sichtbar, das wachsende Interesse an Etymologien.

Zugleich setzt bei Johann Ludwig Prasch das Interesse am Dialekt, am mundartlichen Wortgut als einer älteren geschichtlichen Sprachschicht ein. Die Mundart ist für ihn nicht nur Sprachgebrauch des einfachen Volkes seiner Zeit, sondern auch eine bedeutende geschichtliche Sprachquelle. So veröffentlicht er 1689 das erste bairische Wörterbuch mit über 500 Wörtern, ein „Glossarium Bavaricum", in dem er dem seiner Meinung nach an älterem germanischem Wortgut besonders reichen Bairischen einen besonderen Vorrang vor den übrigen deutschen Mundarten zuweist. Die von ihm ausgewählten Wörter und Redewendungen dieses kleinen Wörterbuchs hat er offensichtlich aus dem damaligen, gelegentlich sehr derben Sprachgebrauch des Regensburger Raumes entnommen. Viele leben in der heutigen Mundart noch fort, andere Ausdrücke sind – oft mit der damit bezeichneten Sache selbst – aus dem Dialekt verschwunden. Johann Ludwig Prasch erläutert die meisten angeführten Wörter, auch durch hochdeutsche Erklärungen, fügt häufig das lateinische Gegenstück, gelegentlich auch ein griechisches oder ein aus einer anderen germanischen Sprache stammendes Wort hinzu. Immer wieder verweist er auf sprachgeschichtliche Zusammenhänge.

Das „Glossarium Bavaricum" des Johann Ludwig Prasch ist nicht nur ein Zeugnis für seine sprachwissenschaftlichen und sprachgeschichtlichen Gedanken. Es ist auch eine kulturgeschichtliche Quelle, zugleich ein Dokument der Regensburger Sprachgeschichte mit einem erkennbaren sozialen Hintergrund. Er hat bei vielen Wörtern und Ausdrücken deutlich „dem Volk aufs Maul geschaut", vielleicht dem Gesinde in seinem schönen gotischen, von ihm umgebauten Haus an der Unteren Bachgasse (heute Nr. 10), das seine Vorfahren nach der Einwanderung aus Österreich erworben hatten. So findet sich in diesem Wörterbuch eine Fülle von Begriffen aus Hauswesen und Küche, eine große Zahl kräftiger Ausdrücke für menschliche Verhaltensweisen und Eigenschaften, kulturgeschichtlich aufschlußreiche Wörter und auch Redensarten und Sprichwörter, so daß er auch in dieser Hinsicht ein Vorläufer von Johann Andreas Schmeller und seinem „Bayerischen Wörterbuch" ist.

Der frühe Tod von Johann Ludwig Prasch hat wohl manchen seiner gelehrten Pläne nicht zur Verwirklichung gelangen lassen. Seine letzte sprachtheoretische Veröffentlichung ist eine Denkschrift zur Gründung einer neuen Sprachgesellschaft. Zu den ihr zugedachten wissenschaftlichen Aufgaben zählte er neben einer großen deutschen Grammatik und Stilistik, neben der Sprachgeschichte auch die Herausgabe von Dialektwörterbüchern für alle deutschen Stämme. Vielleicht hat er sich selbst mit dem Gedanken eines umfassenden Wörterbuchs des Bairischen getragen. Seine Vorhaben sind nicht zu diesem weitgespannten Ziel gelangt. Aber lange vor dem Entstehen der Mundartwörterbücher hat er die Grundlage für die spätere Dialektforschung geschaffen und der sprachwissenschaftlichen Forschung seines Jahrhunderts, ebenso wie der Dichtungstheorie und der lateinischen und deutschen Poesie in seiner Heimatstadt Regensburg ein Denkmal gesetzt.

1683 heiratete der Witwer Johann Ludwig Prasch die früh verwitwete Susanna Elisabeth, die in erster Ehe mit dem Regensburger Stadtgerichtsassessor M. W. Hammann
verheiratet gewesen war. Sie stammte aus dem noch heute protestantisch geprägten
Ortenburg und war die Tochter eines juristisch gebildeten Beamten im Dienst der
Grafen von Ortenburg. Sie stammte aus einer ähnlichen Bildungstradition des süddeutschen Protestantismus wie ihr zweiter Mann Johann Ludwig Prasch. Wie er gewann sie
durch ihre literarischen Werke, ihre Romantheorie und ihre Dichtungen einen bis ins
18. Jahrhundert fortwirkenden Ruhm. Durch ihre Bildung und ihre literarische Tätigkeit
hebt sie sich wie andere Frauen dieses süddeutsch-österreichischen Protestantismus –
vor allem Catharina Regina von Greiffenberg ist hier zu nennen – aus dem Umkreis
bürgerlichen Hauswesens hervor. Sie war offensichtlich sehr belesen und sprachkundig,
vor allem des Französischen mächtig. 1684 veröffentlichte sie mit einer Widmung für
ihren Mann in französischer Sprache eine Abhandlung zur Romantheorie, die auf die
gelehrte Welt großen Eindruck machte und vielleicht auch einen lateinischen Roman
ihres Mannes beeinflußt hat. Sie tritt für eine kritische Beurteilung der Vielzahl von
Romanen ihrer Zeit ein und behandelt das Verhältnis von Wahrheit und Fiktion im
Roman, plädiert für eine logisch gegliederte Darstellung und einen begrenzten Umfang
eines jeden Romans. Schließlich setzt sie sich schon mit der Form und Einheit der Romane auseinander und nennt bis in die Antike zurückreichende Vorbilder. Sie entwickelt in
ihrer Dichtungstheorie ein eigenständiges ästhetisches Empfinden unter dem Einfluß der
französischen Empfindsamkeit der Zeit.

Es besteht kein Zweifel, daß das Leben des literarisch so gebildeten Ehepaares Johann
Ludwig und Susanna Elisabeth Prasch von fruchtbarem gelehrtem Gedankenaustausch
und gemeinsamen dichterischen Neigungen erfüllt war. Johann Ludwig Prasch rühmt in
der Zueignung eines Gedichtbandes („Geistlicher Blumenstrauß …“, Regensburg 1695)
die Klugheit und Poesie seiner Frau; von der er in seiner eigenen Sammlung ein Weih-
nachtsgedicht abdruckt. Dieses Gedicht, aber auch ein poetischer Nachruf der jungen
Witwe auf den früh verstorbenen Gatten, erweist, daß sie über ihre literaturwissenschaft-
liche Arbeit hinaus mehr als eine Gelegenheitsdichterin war. Ihr Gedicht auf den Verstorbenen – nach dem Brauch der Zeit der Leichenpredigt für ihn hinzugefügt – spricht
nicht nur von ihrer Trauer, sondern preist auch seine Tüchtigkeit im Dienst seiner
Heimatstadt Regensburg, rühmt sein Talent als Schriftsteller und Gelehrter und würdigt
seinen festen Charakter und seinen tiefen Glauben. Auch diese Dichtung ist ein fortdauerndes Zeugnis für dieses ungewöhnliche gelehrte Dichterpaar im Regensburg des
17. Jahrhunderts.

Markus Tanne

Jakob Christian Schaeffer – der Superintendent als Naturforscher (1718–1790)*

In der freien Reichsstadt Regensburg entwickelte sich im 17. und 18. Jahrhundert, nicht zuletzt wegen der Einrichtung des Immerwährenden Reichstags 1663, ein für den süddeutschen Raum beispielhaftes, den Naturwissenschaften aufgeschlossenes Klima. In diesem Umfeld beteiligten sich die verschiedensten Berufsstände – angefangen von Ärzten über Apothekersfamilien bis hin zu Geistlichen beider Konfessionen – an naturkundlichen Forschungen. Einer der herausragendsten Vertreter der Blütezeit der Regensburger Wissenschaftskultur war Jakob Christian Schaeffer.

Der angesehene protestantische Geistliche verdankt seinen Nachruhm vor allem seinen zahlreichen Schriften zur Naturkunde, in welchen er sich mit Insekten, Vögeln und Fischen ebenso beschäftigte wie mit der Erforschung von Pilzen oder der Erstellung eines Arzneipflanzenführers. Besondere Bedeutung erlangten seine grundlegenden Experimentalreihen, Papier wie in der modernen Produktion ohne Verwendung von Lumpen herzustellen.

Schaeffer stammte aus Querfurt im heutigen Sachsen-Anhalt, wo er am 31. Mai 1718 als eines von sechs Kindern des Archidiakons Johann Christoph Schaeffer geboren wurde. Als sein Vater bereits zehn Jahre darauf starb, geriet seine Familie in ärmliche Verhältnisse, wie Schaeffer in seiner Antrittsrede zur Stelle des Superintendenten 1779 berichtete, wonach sein Vater „außer einer zahlreichen und sehr schönen Bibliothek gar sehr wenig an Vermögen hinterliess". Dennoch mag dieser Nachlaß die Grundlage für die wissenschaftlichen Ambitionen Schaeffers gewesen sein, so daß er trotz finanzieller Schwierigkeiten 1736 ein Theologiestudium in Halle begann. Dieses unterbrach er jedoch schon im Dezember 1738, um eine Hauslehrerstelle in Regensburg zu übernehmen. Da er von nun an gelegentlich Predigten für die protestantischen Bürger der Stadt hielt, übertrug ihm 1741 das Regensburger Kollegium der evangelischen Geistlichen das Amt des Extraordinarius. In der Folgezeit begann Schaeffer, sich privat mit Naturlehre zu beschäftigen. Ab 1753 veröffentlichte er seine Forschungsergebnisse und wurde danach von einer Großzahl von Akademien in ganz Europa als Mitglied aufgenommen. Ohne nochmals eine Universität zu besuchen, erhielt Schaeffer 1760 den Doktortitel der Philosophie von der Universität Wittenberg und 1763 den der Theologie von der Universität Tübingen verliehen. 1779 wurde er zum Superintendenten der evangelischen

---

* Der Beitrag wurde erstmals publiziert in: M. Lorenz (Hrsg.), Im Turm, im Kabinett, im Labor. Streifzüge durch die Regensburger Wissenschaftsgeschichte, Regensburg 1995, 164–174.

Jakob Christian Schaeffer (1718–1790)

Gemeinde Regensburgs ernannt und übersiedelte als Pastor der Neupfarrkirche in das
heutige evangelische Dekanat in der Pfarrergasse 5. Dieses Amt nahm ihn so stark in
Anspruch, daß er sich kaum noch seinen naturkundlichen Studien widmen konnte.
Am 5. Januar 1790 starb Schaeffer und wurde auf dem mittlerweile aufgelassenen evangelischen Lazarus-Friedhof beigesetzt.

Das Interesse Schaeffers an der Naturkunde entstand schon bald nach seinem Umzug
nach Regensburg. Sein Schwager Emanuel Theophil Harrer (1714–1767) hatte eine angesehene naturkundliche Sammlung angelegt, die Schaeffer zur Beschäftigung mit der
Naturlehre anregte. Daraufhin beteiligte sich der Protestant Schaeffer am naturphiloso-
phischen Diskussionszirkel im katholischen Reichsstift St. Emmeram, das zusammen mit
dem Kloster St. Jakob die Basis für herausragende naturwissenschaftliche Forschungen in
Regensburg darstellte. Als Schaeffer zu einem Besuch in seine sächsische Geburtsstadt
reiste, konnte er die verheerenden Schäden, die die Schwammspinnerraupe verursacht
hatte, beobachten. Mit einer Schrift über diese Raupen begann er, seine Forschungsergebnisse zu veröffentlichen. Somit wurde die Entomologie, die Lehre von den Insekten, zum
Schwerpunkt seiner zoologischen Arbeiten. Bereits in seiner ersten Publikation berück-
sichtigte Schaeffer das ökologische Umfeld der Insekten und blieb dieser Betrachtungs-
weise, die sich in der Biologie erst im 19. Jahrhundert endgültig durchsetzte, auch in
seinen folgenden Arbeiten verpflichtet. Zwischen 1764 und 1766 erschienen Schaeffers
wichtigste entomologischen Werke, darunter die dreibändigen „Icones insectorum circa
Ratisbonam indigenorum", deren letzte Ausgabe 1776 auf 280 farbigen Kupfertafeln
mehr als 3000 Insekten darstellte, und die „Elementa entomologica: = Einleitung in die
Insektenkenntnis". In seiner Arbeit „Zweifel und Schwürigkeiten welche in der Insecten-
lehre annoch vorwalten" von 1766 legt Schaeffer dar, welcher philosophische Hintergrund ihn als Geistlichen zu so intensiven Naturbetrachtungen bewegte: „Die Kenntnis
und Verehrung des Schöpfers und höchsten Wesens aus und in seinen Werken, soll ohne
Wiederrede der erste und letzte Zweck aller menschlichen Betrachtungen, Handlungen
und Werke seyn. Er wird es also auch bey den Insekten seyn müssen."

Doch Schaeffer beschränkte sich nicht nur darauf, Insekten zu klassifizieren, sondern
beschrieb einige Arten erstmalig. So sind neben dem „Sisyphus Schaefferi" vier weitere
Käfer nach ihm benannt. In den Weinbergen von Tegernheim nahe Regensburg entdeckte Schaeffer eine Fliegenart. Ein Exemplar dieser Art übersandte er an den berühmten
Naturforscher René Antoine Réaumur (1683–1757), der ihn auf eine frühere Arbeit hin
zu weiteren Untersuchungen ermuntert hatte. Es entwickelte sich ein reger Briefwechsel
zwischen den beiden Forschern. Selbst Carl von Linné (1707–1778), der das damals gängige künstliche Klassifizierungsmuster von Tieren und Pflanzen eingeführt hatte, war
von einer Abhandlung Schaeffers so angetan, daß er diesen zu weiteren Arbeiten anregte.

Mit seinen Schneckenversuchen, bei welchen Schaeffer „in der Queere mit einer
Scheere jede kriechende und ausgestreckte Schnecke da" durchschnitt, bestätigte er die
Beobachtungen des italienischen Naturforschers Lazzaro Spallanzani (1729–1799), daß
Schnecken ein abgetrennter Kopf nachwachse, und knüpfte auch auf diesem Gebiet der
Zoologie an den damals aktuellen Forschungsstand an. In einigen Arbeiten über Krebse,
Fische und Vögel beschränkte sich die Leistung Schaeffers auf eine genaue Beschreibung
der Tiere, allerdings in deutscher Sprache. In einem Werk über die Süßwasserpolypen
wird wieder sein Bestreben deutlich, die Tierwelt in ihrem Lebensraum zu betrachten.

So wandte sich Schaeffer schließlich auch der Botanik zu, da er bei seinen entomologischen Untersuchungen mehr über die Futterpflanzen der Insekten erfahren wollte. In seinen beiden ersten botanischen Schriften war Schaeffer lediglich bemüht, bereits von Johann Wilhelm Weinmann, einem Regensburger Apotheker (1683–1741), beschriebene Pflanzen in das System von Linné einzuordnen und exakt abzubilden. Dagegen lag der „Erleichterten Arzneykräuterwissenschaft" von 1770 eine durchaus praktische Intention zugrunde: Schaeffer katalogisierte die zur Gewinnung von Arzneien geeigneten Pflanzen und beschrieb deren Wirkungen, um den Apothekern und Ärzten, die bisher vielfach „auf die sogenannten Kräutermänner und Kräuterweiber" angewiesen waren, einen Leitfaden in die Hand zu geben.

Die umfangreichsten Forschungen stellte Schaeffer jedoch auf dem Gebiet der Mykologie, der Lehre von den Pilzen, an, wo er richtungsweisend für den deutschsprachigen Raum werden sollte. Während viele der Arbeiten Schaeffers praktisch motiviert waren, entstanden seine mykologischen Schriften laut Schaeffer rein aus „Liebe zur Naturkunde". Zwischen 1762 und 1775 erschienen die „Abbildungen Bayerischer und Pfälzischer Schwämme, die um Regensburg wachsen" in vier Bänden. Diese Arbeit gilt als die erste in Deutschland, die wissenschaftlichen Ansprüchen genügte, und wurde so ein Standardwerk der deutschsprachigen Mykologie. Trotz des hohen Preises von 95 Gulden verkaufte sich diese Publikation so gut, daß zwei weitere Auflagen folgten. Neben 330 Abbildungstafeln und den zugehörigen Beschreibungen enthielt diese Schrift auch erstmals Untersuchungen zu den Pilzsporen. Ebenso beschrieb Schaeffer 83 Arten neu, die deshalb mit seinem Namen verbunden sind.

Hatte ihn die naturkundliche Sammlung seines Schwagers Harrer zur Beschäftigung mit den Naturwissenschaften angeregt, richtete sich Schaeffer nun selbst ein Naturalienkabinett ein, das zu einer Attraktion in Regensburg werden sollte. Ein Gästebuch weist nach, daß Schaeffer sein Kabinett ab 1770 für die Öffentlichkeit zugänglich machte. Es wurde Anziehungspunkt für die Gesandten am Immerwährenden Reichstag, auch für ausländische Gesandte aus England, Frankreich, Schweden oder Rußland. Ebensowenig ließ es sich auch Goethe, der auf seiner Italienreise 1786 nur für wenige Stunden in der Stadt weilte, nehmen, die Sammlung Schaeffers zu besichtigen. Interessanterweise finden sich auch viele Eintragungen von Besuchern katholischer Klöster, die reges Interesse an der Forschung des protestantischen Geistlichen Schaeffer hatten. Frobenius Forster (1709–1791), Fürstabt von St. Emmeram, konnte ihn sogar dazu gewinnen, beim Aufbau eines Naturalienkabinetts im Reichsstift zu helfen. Das Kabinett Schaeffers war in seinen letzten Lebensjahren im evangelischen Pfarrhof untergebracht. Nach seinem Tod gelangte die Sammlung an ein Augustinerchorherrenstift in Passau, wo sie zwischen 1793 und 1800 erneut öffentlich zugänglich war, ehe sie endgültig verlorenging.

Schaeffer zeigte sich auch an physikalischen Fragestellungen interessiert, vor allem an der Elektrizitätslehre. Dabei beschränkte er sich weitgehend darauf, bereits bekannte Effekte nachzuvollziehen und nachzubauen. Auch in der Farbenlehre waren Schaeffer keine weiterführenden Erkenntnisse beschieden, was er jedoch auch nicht beabsichtigt hatte. Ihm war lediglich an einer exakten Bezeichnung der Farbnuancen gelegen, um für die Abbildungen in seinen zoologischen und botanischen Schriften präzise Vorgaben für die Künstler zu geben. Dabei schloß sich Schaeffer der Farbenlehre Isaac Newtons (1643–1727) an, der von sieben Grundfarben – weiß, gelb, rot, grün, blau, braun, schwarz –

ausging. Schaeffer stellte jede Grundfarbe in einer Abbildung dar und unterteilte diese in 150 verschiedene Farbtöne. Diese Farbnuancen erhielten dann zum Teil äußerst ungewöhnliche Bezeichnungen, z. B. „Bachstelzengelb", „Hohlkrahenroth" oder „Lackmuß" für einen Blauton.

Ähnlich praktisch orientiert war Schaeffers Interesse an der Optik. Es sind zwar keine konkreten Forschungsergebnisse überliefert, doch Schaeffers Fähigkeit, optische Gläser, also Linsen und Prismen, herzustellen, war so weit ausgereift, daß er seine Gläser bis nach Spanien und Frankreich verkaufen konnte. Seine handwerkliche Begabung kam ihm auch zugute, als er eine Waschmaschine, eine Sägemaschine und einen Backofen konstruierte.

Schaeffers bedeutendste technische Arbeit waren jedoch seine Papierversuche. Weil im 18. Jahrhundert die Anzahl der Buchveröffentlichungen stark anwuchs und sich das neue Medium der Zeitung immer mehr verbreitete, wurde der Rohstoff Papier, welcher immer noch aus alten Lumpen hergestellt wurde, knapper und damit teurer. Dieser Umstand traf Schaeffer besonders, da er viele seiner zahlreichen Publikationen im Eigenverlag erstellte. So suchte er nach einer Möglichkeit, Papier billiger und in ausreichendem Maße herzustellen. Angeregt zu seinen Versuchen wurde Schaeffer durch die papierähnliche Struktur der Wespennester, wie er im ersten seiner sechs Bände „Versuche und Muster ohne alle Lumpen […] Papier zu machen" (zwischen 1765 und 1771) erläutert: „Es schien, da ich eben mit diesem Gedanken umging, als ob die Natur mich selbst dazu auffordern wollte." Als er papierartige Schleier aus Samen von Schwarzpappel und Wollgras entdeckte, begann er seine Experimente, aus verschiedensten natürlichen Rohstoffen Papier zu gewinnen. Hierzu besorgte sich Schaeffer eine Papierstampfmühle und bearbeitete seine Grundstoffe mit traditionellen Methoden, d. h. er stampfte das Material, schwemmte es mit Wasser auf, um anschließend die Fasern abzuschöpfen. Diese ergaben nach einem Glättungs- und Pressvorgang ein mehr oder weniger papierähnliches Produkt. Die Auswahl der Rohstoffe erscheint hierbei eher willkürlich als zielgerichtet. So gebrauchte Schaeffer bei seinen insgesamt 80 Versuchen u. a. Asbeststein, Blaukrautstrünke, Brennesseln, Dachschindeln, Kartoffeln, Moose, Tannenzapfen, Torf und Tulpenblätter. Wegen dieser ungewöhnlichen Materialien zweifelten viele Zeitgenossen an Schaeffers Versuchen. Besonders stark wehrten sich aber die Papierfabrikanten, die um ihre Gewinne fürchteten, gegen die Idee Schaeffers. So fanden auch dessen ertragreiche Experimente mit Fichtenholz keine Förderer. Es sollte bis in die Mitte des 19. Jahrhunderts dauern, ehe Papier ohne Zugabe von Lumpen aus Zellulose hergestellt werden konnte.

Neben seiner Forschungstätigkeit war Schaeffer stets bemüht, den Bildungsstand der Bevölkerung zu verbessern und Interesse an den Wissenschaften in allen Schichten anzuregen. Daher veröffentlichte er 1779 ein „Abc-Buchstabir-Lese-und Schreibebüchlein", mit welchem Kinder in sechs Monaten Lesen und Schreiben erlernen sollten. Schaeffer, der die meisten seiner Werke in deutscher Sprache schrieb, beanstandete, daß die wissenschaftliche Literatur noch überwiegend in Latein verfaßt sei. Darüber hinaus kritisierte er die schlechte Qualität der Abbildungen in vielen Lehrbüchern. Er selbst beschäftigte Künstler, die seine Arbeiten illustrierten, und bezahlte diese aus eigener Tasche, da er großen Wert auf gute und genaue Abbildungen legte. Durch eine Verbesserung der Schulausbildung und der wissenschaftlichen Literatur hoffte Schaeffer, daß schließlich jeder „das Seine, zur Beförderung der Naturwissenschaften beytrage".

Im Gründungsjahr der Regensburger Botanischen Gesellschaft starb der Mann, der durch seine Arbeiten auf den Gebieten der Zoologie und der Botanik Regensburg zu einem Zentrum der biologischen Forschung gemacht hatte. Schaeffer war 1790 Mitglied in vielen europäischen Akademien, so beispielsweise in St. Petersburg, London und Uppsala. In der Bayerischen Akademie der Wissenschaften war er Gründungsmitglied, er gehörte der Physikalisch-Botanischen Gesellschaft in Florenz an und war Korrespondent der Pariser Akademie. Die Herausgabe seiner Werke wurde von den Königs- und Kaiserhäusern in Dänemark, Österreich und Rußland unterstützt, so daß er am Ende seines Lebens auf 68 Veröffentlichungen zurückblicken konnte.

Jakob Christian Schaeffer blieb nicht der einzige seiner Familie, der sich erfolgreich um die Naturwissenschaften bemüht hat. Sein jüngerer Bruder Johann Gottlieb (1720–1795) war erster Stadtphysikus in Regensburg und veröffentlichte einige medizinische Schriften. Jakob Christian Gottlieb von Schaeffer (1752–1826), ein Neffe des Pastors, machte sich als Arzt und Hofmedicus des Hauses Thurn und Taxis einen Namen und publizierte mehrere Arbeiten medizinischen, aber auch allgemein naturwissenschaftlichen Inhalts. Darunter befindet sich auch der „Versuch einer medizinischen Ortsbeschreibung der Stadt Regensburg" von 1787, der neben der Schilderung in der Krankheitsfälle der Stadt auch eine geographische Darstellung von Klima, Bodenverhältnissen und Landwirtschaft enthält. Der Mitbegründer und langjährige Vorstand des zoologisch-mineralogischen Vereins und später auch Vorstand der Botanischen Gesellschaft schließlich, Gottlieb August Wilhelm Herrich-Schaeffer (1799–1874), war ein Urgroßneffe des Superintendenten.

Heinrich Rubner

Friedrich Melchior Reichsfreiherr von Grimm – Pfarrerssohn und Aufklärer (1723–1807)

Die frühe Aufklärung in der Reichsstadt Regensburg fand ihren Eingang wohl zunächst über höfische Kreise, einen zweiten Kristallisationskern bildete das evangelische Bürgertum, den dritten die katholischen Klöster. Friedrich Melchior Grimm ist der berühmteste Vertreter aus dem Bürgertum von Regensburg in jener Epoche; er entstammte einer kinderreichen Pfarrersfamilie der östlichen Stadt. Am 26. September 1723 getauft, war er der fünfte von sieben Knaben. Der Vater Johann Melchior war damals 41 Jahre alt, die Mutter, Pfarrerstochter ebenfalls aus Regensburg, etwas jünger als ihr Gatte. Als Paten wählte man den angesehenen „Bürger- und Handelsmann" Friedrich Reinhardt, Assessor am Hansgericht der Reichsstadt. Sowohl die Grimms wie die Reinhardts waren nach dem Dreißigjährigen Kriege aus den wettinischen Landen zugewandert. Von der Kindheit Friedrich Melchiors weiß man bisher nichts. Da die Eltern indes auf der Höhe des Lebens standen und mehrere ältere Brüder als Erzieher mitwirkten, wurden Friedrich Melchiors Talente für Sprechen, Lesen und Schreiben wohl frühzeitig wahrgenommen und gefördert.

Die von Friedrich Melchior wahrgenommenen höheren Bildungsmöglichkeiten der Reichsstadt galten gerade in den 30er Jahren des 18. Jahrhunderts als exzellent, weil der Lehrkörper des „Gymnasium Poeticum" großen Wert auf öffentliche Disputationen, Reden und Gedichte legte. Rektor Zippelius war ein besonderer Freund des deutschen Sprachunterrichts. Wir besitzen als indirekten Beweis hierfür von dem 13jährigen Quartaner Melchior Grimm ein gedrucktes Hochzeitsgedicht für den Sohn des kurz zuvor verstorbenen Paten Reinhardt, es beginnt etwas umständlich, steigert sich aber nach rund hundert Zeilen zu dem optimistischen Schlusse:

> „Und ein wohl verbundnes Paar
> Macht des Höchsten Ausspruch wahr;
> Der Gerechten Kinder bleiben."

Daß der frühreife Dichter auch die verschiedenen Bibliotheken der Stadt benutzte, um sich fortzubilden, möchte man annehmen. Jedenfalls wandte er sich als Primaner in einem Brief mit eigenen Dichtungen an den Leipziger Literaturpapst Johann Christoph Gottsched und verglich den stolzen Professor mit Horaz. Von einer ordentlichen Professur für Logik und Metaphysik aus bemühte sich Gottsched um eine Befreiung der deutschen Sprache und Literatur vom barocken Überschwang. Dank der Tatsache, daß auch Frau Gottsched dichtete und die Neubersche Schauspielertruppe der Universitätsstadt Leipzig Gottschedsche Dramen in ihr Repertoire aufnahm, verdiente sich Gottsched tatsächlich den Titel eines „praeceptor Germaniae". Als solcher ermutigte er den jungen

Friedrich Melchior Reichsfreiherr von Grimm (1723–1807)

Verehrer aus Regensburg zur Immatrikulation in Leipzig (1742) und bemühte sich um die
Drucklegung und Aufführung der von Grimm mitgebrachten „Asiatischen Banise".
Diesen Stoff hatte der Gymnasiast aus der berühmten Urfassung der schlesischen Dichter-
schule über ein tapferes Liebespaar der birmesischen Geschichte umgearbeitet, erst zum
Roman und dann zum Fünfakter im Sinne der Einheit von Ort, Zeit und Handlung. Die
Neubersche Truppe verhalf aber der Bühnenfassung in Leipzig nicht zu dem erhofften
Erfolge. Grimm glaubte nun mit jugendlicher Stoik, es fehle ihm an poetischen Fähigkeiten. Der ausgezeichnete Latinist der Universität, Johann August Ernesti, beriet ihn
dahingehend, daß er mehr zum Kritiker geboren sei. Warum Grimm schon 22jährig Leipzig wieder verließ, hängt eventuell mit Geldmangel zusammen, es fügte sich aber, daß
gleichzeitig der Verzicht Bayerns auf die deutsche Kaiserkrone (April 1745) den österreichischen Erbfolgekrieg in Süddeutschland beendete. Unter diesen Umständen trat
Grimm in die Dienste der sächsischen Grafenfamilie von Schönberg; denn der Chef des
Hauses, Johann Friedrich, war langjähriger kursächsischer Reichstagsgesandter in Regensburg und verkehrte mit Grimms Vater. Mit dem älteren Grafensohn hatte sich Friedrich
Melchior auf dem Gymnasium angefreundet, und beide hatten auch die Zuneigung zu
Gottsched gepflegt.

Mitte September 1745 traf Friedrich Melchior als frischgebackener Hofmeister mit dem
jüngeren, erst 11jährigen Grafensohn Adolf Heinrich in Frankfurt ein, Graf Johann Friedrich von Schönberg war als Diplomat beteiligt, als Herzog Franz I. von Habsburg-
Lothringen nun zum römisch-deutschen Kaiser gekrönt wurde. Die Rückkehr nach
Regensburg gestaltete sich unerfreulich, weil der Schwiegervater von Grimms älterem
Pfarrerbruder Ulrich Wilhelm, der Kaufmann Hieronymus Löschenkohl, während des
Krieges Konkurs gemacht hatte und nach Wien geflohen war. Die Familie blieb zurück,
mußte aber das Barockpalais am Neupfarrplatz schließlich an die kursächsische Gesandtschaft vermieten. Verständlicherweise bemühte Grimm sich rasch darum, seine Promotion
über strittige Fragen des Reichsrechts unter Kaiser Maximilian I. der Universität in Leipzig
vorzulegen. Er erhielt die Note ‚summa cum laude' und ließ den Text 1747 in Regensburg
drucken. Daneben schrieb er in der Lokalpresse, verfaßte Gedichte in bairischer Mundart
für Gottscheds „Tintenfaßl" und versuchte, Voltaires „Mémoire sur la satire" in Deutschland bekannt zu machen. Obwohl das Schauspiel „Banise" nun auch an süddeutschen
Bühnen aufgeführt wurde, strebte Grimm mit zunehmender Beruhigung der politischen
Verhältnisse nach Paris. Der sachsen-gothaische Bevollmächtigte am Reichstag, Hans-
Adam von Studnitz, vermittelte ihm Einblick in den literarischen Informationsdienst eines
Barons von Thun, der als Hofmeister in Paris die Erziehung des gothaischen Erbprinzen
leitete. Nachdem im Oktober 1748 der Friede von Aachen den österreichischen Erbfolge-
krieg endgültig abschloß, ging der Schul- und Studienfreund Gottlob Ludwig von Schön-
berg in den französischen Militärdienst. Grimm folgte mit dem jüngeren Bruder Adolf
Heinrich; Anfang 1749 trafen beide in Paris ein.

Die Möglichkeit, seine Hofmeisterstelle aufzugeben, nahm Grimm bald wahr und
wurde Vorleser beim Grafen Friesen, einem verschwenderischen Neffen des Marschalls
Moritz von Sachsen, der sich im österreichischen Erbfolgekrieg um Frankreich verdient
gemacht hatte. Friesen stand wie sein Onkel im Militärdienst und führte seinen Freund
Grimm im französischen Altadel ein. Der soeben erwähnte Erbprinz von Sachsen-Gotha
machte noch 1749 Grimm mit Rousseau bekannt. Grimm hielt sich dabei als „débutant"

zurück, erwies sich indes als Musikkenner, und einen Tag später freundete man sich an, als Grimm den Aufklärer aus Genf auf dem Klavier des Prinzen begleiten konnte. Rousseau revanchierte sich, indem er seinen neuen Freund mit den jüngeren Aufklärern Diderot, d'Alembert und Holbach sowie der Marquise Louise d'Epinay bekanntmachte. Grimm veranstaltete seinerseits bei Friesen wöchentliche „dîners de garçon" (Herrenessen) für die neuen Freunde. In der Folge kam es zu einigen Amouren, die Grimms erster Biograph Meister, vorher aber Freund Rousseau in den „Confessions" der 60er Jahre sehr subjektiv denunzierte:

Eine Leidenschaft für die schöne, doch zehn Jahre ältere Opernsopranistin Marie Fel blieb unerwidert. Die Legende, daß Grimm wochenlang wie tot auf seinem Bett gelegen habe, war zeitweiliges Salonthema. Jedenfalls nutzte Grimm seine viele Freizeit beim Grafen Friesen zu Berichten über Theaterstücke, Konzerte und Kunstausstellungen für deutsche Periodika und begann schon 1750 für den staatseigenen „Mercure de France" über die deutsche Literatur zu schreiben. Den Briefwechsel mit Gottsched setzte er fort, um bei seinem ehemaligen Lehrer mehr Verständnis für die radikal aufgeklärten Freunde zu wecken. Daneben fand Grimm Gelegenheit, sein Französisch in der Verteidigung der klassischen italienischen Musik im Sinne der Königin Maria Leszczyńska gegen den noch herrschenden Barockstil um König Ludwig XV. brillieren zu lassen. Die Parteinahme für die Italiener, die damals in Paris gastierten, erschien anonym unter dem Titel eines „kleinen Propheten von Boemischbroda" 1753. Diese Broschüre mußte mehrfach aufgelegt werden und fand das Lob Voltaires. Noch heute beruht Grimms Ruhm auf seinem „Geist, Geschmack und einer großen Geschicklichkeit in der Handhabung der französischen Sprache". Die Prinzessin Louise-Dorothée von Gotha-Altenburg hatte den Abbé Raynal zur Einrichtung einer vertraulichen Korrespondenz für die deutschen Höfe angeregt, Grimm übernahm diese Tätigkeit ab Frühjahr 1753 in vertraulichen, halbmonatlich erscheinenden Ausgaben mit Verve, er ließ die einschlägigen Kopien mit der Kurierpost an die hierauf abonnierten Höfe und Reichsstädte versenden. Privat konzentrierte er seine Aufmerksamkeit zunehmend auf den Umgang mit der Marquise Louise d'Epinay, die von ihrem verschwenderischen Mann getrennt lebte und an der Forêt de Montmorency ihre Freunde in das Sommerpalais „La Chevrette" einladen konnte. Während sie den kränklichen und älteren Rousseau in der Ermitage ihres Landschlosses unterbrachte, lebte sie mit Grimm in einem Haus der Rue Ste. Anne nahe der früheren Bibliothèque Nationale zusammen. Das Liebespaar regte sich zur Schriftstellerei an, und Grimm griff wegen Louises finanzieller Reputation beim Grafen Friesen auch einmal zum Degen. Für ihn selbst brachten die Abschriften der Korrespondenz nicht genügend Einnahmen, so daß er nach dem plötzlichen Tode des Grafen Friesen (1755) Sekretär im Stab des Herzogs Louis-Philippe von Orléans wurde. Es mag aber auch zutreffen, daß seine militärische Funktion ihn als Herausgeber der Korrespondenz vor Verfolgungen der Parlamente und des in den Briefen oft verleumdeten Klerus schützte. Der Bruch mit Rousseau freilich wurde unvermeidlich, als die nicht sehr gesunde Louise d'Epinay 1757 zur Kur nach Genf reisen mußte und nach einem Begleiter suchte. Es kam zu einem erregten Briefwechsel zwischen Rousseau und Grimm, der dem Älteren seine ganze Kühle zeigte. Louise selbst hatte Grimm wegen dessen übermäßigen Pudergebrauchs als „weißen Tyrannen" bedichtet, dieser entschloß sich, als Held aufzutreten: Als Offizier kämpfte er im Siebenjährigen Krieg an der westfälischen Front gegen Preußen. 1759 übernahm er die diplomatische Vertretung der Reichsstadt Frankfurt, aber einige spöttische Äußerungen über den Herzog von Broglie führten zu staatlichen Ermittlungen gegen Grimm, der seine Akkreditierung sofort verlor. Den weitergehenden Antrag des Herzogs, Grimm auszuweisen, verhinderte der Dauphin (1761).

In den 60er Jahren erweiterte sich dann der Kreis der Bezieher Grimmscher Korrespondenzen zunehmend auf Polen, Rußland, die Toskana. Seine erste große Deutschlandreise führte Grimm u. a. zu Friedrich dem Großen, der ihn wegen seines Festhaltens an Gottsched schätzte, sowie zum Fürsten Kaunitz nach Wien. Diese Anerkennung durch die großen Mächte brachte ihm zunächst das Amt des Gothaischen Legationsrates in Paris mit 1100 Livres Gehalt und bald darauf den einfachen Reichsadel ein. Grimm berief sich bei dieser Gelegenheit u. a. auf die angesehene Stellung des Bruders Ulrich Wilhelm als Superintendent im heimatlichen Regensburg. Gotha erhob den bewährten Korrespondenten zum bevollmächtigten Minister, der sich von Kaiser Josef II. zum Reichsfreiherrn erheben ließ (1779). Im Antrag auf den einfachen Adel hatte Grimm noch die Hoffnung ausgesprochen, er „werde sich bestreben, den Adelstand fortführen zu können". Seine agnostische Weltanschauung wie auch die vielen Reisen hinderten den Endfünfziger indes am Heiraten. Auch die Beziehungen zur Marquise d'Epinay hatten sich gelockert. Aus ihrer jüngst publizierten Korrespondenz mit dem Priester und Ökonomen Ferdinando Galiani erkennt man, daß nicht nur Grimms Reisewut, sondern auch seine intellektuelle Kühle der Liaison hinderlich wurden. Verängstigt hatte Grimm schon 1756, bei Beginn des Siebenjährigen Krieges, einen Umsturz in Paris befürchtet, das zunehmende Interesse der Gesellschaft an ökonomischen Fragen begriff Galiani als Anhänger Colberts entschieden besser als Grimm. Nach Mozarts Urteil verhielt er sich bei dessen zweitem Besuch ausgesprochen geizig gegen den jungen Landsmann. Die Übergabe der Korrespondenz an den Züricher Journalisten Heinrich Meister (1775) erfolgte angesichts abnehmender Spannkraft von Grimm rechtzeitig. Meister beschränkte sich auf monatliche Ausgaben. Die Zarin Katharina als Abonnentin bemerkte die sinkende Qualität, gewährte Grimm 1777 dennoch den Titel Staatsrat mit 2000 Rubel Gehalt. Sie vertraute ihrem Günstling, dessen tägliche Unterhaltungen in St. Petersburg sie geschätzt hatte, den Ankauf von Kunstwerken und anderen Kostbarkeiten an.

Die 80er Jahre indes bescherten dem alten aufgeklärten Pfarrerssohn keine stetige Ruhe mehr. Mme. d'Epinay starb 1783 im gemeinsamen Haus an der Chaussée d'Antin, ein Jahr später Diderot, sein bester Freund aus alten Tagen. Die Zarin griff wieder helfend ein, damit Grimm als Vormund die Enkelin von Louise d'Epinay standesgemäß an einen Grafen verheiraten konnte. Neben einer Mitgift von 12 000 Rubel wurde noch ein jährliches Einkommen von 15 000 bis 20 000 Livres für das junge Paar festgesetzt (1786). Baron Grimm ging 1787 trotz Augenleiden auf Reisen, verfolgte aber mit Skepsis die ersten Tumulte nach Einberufung der Generalstände durch König Ludwig XVI.; denn er lehnte Revolutionen für aufgeklärte Völker und Staaten grundsätzlich ab. Zudem verlor seine Korrespondenz durch die Herstellung der Pressefreiheit ihren Sinn und wurde 1790 liquidiert. Von den rousseaubegeisterten Demokraten schlug Grimm wohl zunehmende Abneigung entgegen, er fuhr 1791 nach Deutschland, um seine Flucht vorzubereiten. Im Oktober kehrte er auf Wunsch der Zarin nochmals heimlich nach Paris zurück, obwohl er schon als Renegat und Geheimkorrespondent galt. Grimm vermochte sich nicht zu entschließen, die Briefe der Zarin zu vernichten, er übergab sie zusammen mit einigen 100 000 Francs in Papiergeld dem

Sekretär Lecourt de Villière, aber der Betrag fiel der revolutionären Geldentwertung faktisch zum Opfer. Im Januar 1792 verließ Grimm endgültig die aufgewühlte Hauptstadt in Begleitung der russischen Gesandtschaft – die Nachkommen der Marquise d'Epinay verließen das revolutionäre Frankreich auf anderen Wegen. Man traf sich später in Aachen und reiste nach Düsseldorf. Goethe berichtete als Feldzugsteilnehmer der Reichstruppen mit einer gewissen Kühle von dieser Flüchtlingsgruppe. Grimm trug sein Los indes mit Fassung. Sein Gönner, Herzog Ernst II. von Gotha, stellte eigenes Mobiliar für ein Miets-haus im Zentrum der Residenzstadt für die Emigranten zur Verfügung. Grimm empfing dort weiterhin russische Kuriere, laborierte aber an einer Augenkrankheit und erlitt einen Rückfall, als er vom Tode seiner mächtigen Gönnerin in St. Petersburg erfuhr. Aus Pietät kam er dem Wunsch der verstorbenen Zarin nach, den Gesandtschaftsposten in der Freien Hansestadt Hamburg anzunehmen, mußte aber nach dem Verlust der Sehkraft des linken Auges durch eine Blutung den Hamburger Posten bald wieder aufgeben und zog mit seiner französischen Adoptivfamilie zunächst nach Braunschweig und im Jahre 1800 mit deren meisten Mitgliedern wieder nach Gotha. Dort ergab sich angesichts der aus Frankreich drohenden politischen Gefahren doch noch ein geselliger Verkehr mit den Weimarer Klassikern. Das rege Leben dauerte fort, bis Norddeutschland aus dem Neutralitätspakt des Baseler Friedens herausfiel. Nach der Schlacht von Jena und Auerstädt marschierten napoleonische Truppen auch im friedlich gebliebenen Gotha ein. Im Herbst 1807 bekam er eine offene Wunde am Bein, deren Auswirkungen er am 19. Dezember erlag. Wieso die Bestattung am 23. Dezember auf dem Kirchhof des nahen Dorfes Siebleben stattfand, ist noch nicht geklärt, das Grab derzeit auch nicht aufzufinden.

Die Adoptivfamilie Belsunce-Bueil als Alleinerbin kehrte in Folge der napoleonischen Amnestie nach Schloß Varennes bei Paris zurück, sie konnte auch Anspruch auf den Rest von Grimms Vermögen erheben, das die Revolutionäre konfisziert hatten. Der Druck der „Correspondance Littéraire" erfolgte 1812/13, allerdings mit Kürzungen seitens der napo-leonischen Zensur. Erst seit der Standardausgabe von M. Tourneux (Paris 1877/82) und der folgenden Edition der Briefe Katharinas der Großen weiß man, wie viel Grimm als franko-philer Vermittler zwischen den beiden großen europäischen Völkern für das gegenseitige Verständnis auf kulturellem Gebiet geleistet hat. Besonders bezüglich der aufgeklärten Literatur, des Dramas wie der Musik in der Spätzeit König Ludwigs XV. bleibt die „Correspondance Littéraire" eine unentbehrliche Quelle. Daß Grimm sich in den wichtig-sten Fragen an Voltaire angeschlossen und mit Rousseau entzweit hatte, liegt letztlich an dem Agnostizismus von Voltaire und Grimm, den sie im Rahmen der aufgeklärten Monar-chie beide propagierten. Daß dieser Agnostizismus letztlich zur Schreckensherrschaft der Jakobiner und den verheerenden Revolutionskriegen führte, ist seit den Tagen des dichte-rischen und philosophischen Idealismus der Goethezeit herrschende Lehre. Dennoch ist Grimms Wirken aus der Geschichte der politischen und geistig-kulturellen Ideenvermitt-lung in Kontinentaleuropa nicht wegzudenken. Die Bedeutung seiner weitverbreiteten Geheimkorrespondenzen ist je nach Staatssystem und Fachdisziplin sehr unterschiedlich beurteilt worden; noch in der Ära Metternich besaßen sie eine Schlüsselfunktion für fran-kophon geschulte Ministerialbürokraten. Die Herkunft des Verfassers aus dem evange-lisch-lutherischen Bürgertum der Reichsstadt belegt einmal mehr das hohe Niveau der in langen Generationsfolgen geprägten Vielseitigkeit und Weltoffenheit deutscher Pfarr-häuser zwischen Barock und Goethezeit.

Herbert Schindler

Kaspar Graf von Sternberg – der böhmische Graf (1761–1832)*

„Der Herr von Sternberg war bei vortrefflichen Geistesanlagen ein widerspänstiger, hochfahrender, frecher Jüngling; ein Verächter der Regeln und der Oberen und ein Anstifter der schlimmsten Anschläge." So heißt es auf einem Schülerbogen des deutschen Collegiums in Rom über den jungen Grafen Kaspar Maria von Sternberg, und man könnte daraus auf einen etwas mißratenen Sproß des böhmischen Uradels schließen. Später, als er seine Lebenserinnerungen niederschrieb, erteilt Sternberg dem Collegium seine Zensur: „Die Professoren waren alle sehr mittelmäßig; die Lehre war unverändert wie im 10. Jahrhundert." Und dann erzählt er uns von einer seiner römischen „Missetaten", die ihm unter anderen diese wenig schmeichelhafte Beurteilung eingetragen habe:

„Unter den deutschen Büchern, die in das Collegium eingeschwärzt wurden – denn deutsche Bücher waren Kontrebande – befanden sich auch ,Werthers Leiden' von Goethe. Ich konnte sie bloß am Donnerstag, wenn wir in unserer Vinea speisten und uns im weiten Gartenraum zerstreuen durften, mit Sicherheit lesen. Um nicht verraten zu werden, kroch ich auf eine dichtbebuschte Zypresse und schwamm in Tränen, indes die Zikaden neben mir die heißesten Stunden des Tages verkündeten."

Der junge Sternberg war also empfindsam. Der alte Sternberg schrieb jenes klare, anschauliche Deutsch, das sich zuerst beim böhmischen Adel im Umgang mit klassischer Literatur herausgebildet hatte und das später in den Rang der großen Literatur getreten ist: bei Adalbert Stifter, bei Franz Kafka.

61 Jahre alt sollte Sternberg werden, bis er dem zeitlebens am meisten verehrten und bewunderten Verfasser von „Werthers Leiden" persönlich begegnete. Goethe und Sternberg – ihre Wege hatten sich schon öfter gekreuzt, ohne daß sie sich nähergekommen waren. Zuerst 1786, als der Dichter auf seiner ersten italienischen Reise in Regensburg abgestiegen war und sich als Jean Phillip Möller ins Gästebuch des „Weißen Lamm" eintrug. Sternberg bewohnte damals einen Kapitularhof, „der sehr angenehm an der Donau gelegen war und ein kleines Rosengärtlein besaß". Jahrzehnte später dann mag es gewesen sein, daß sich die beiden alten Herren in Marienbad auf der Kurpromenade begegneten, einander respektvoll grüßten – und weiter ihres Wegs gingen. Oder in Karlsbad, wo Sternberg einmal ein Zimmer bezog, das ein Herr Geheimrat Goethe erst tags zuvor verlassen hatte.

---

* Der Beitrag wurde erstmals publiziert in: H. Schindler (Hrsg.), Bayern für Liebhaber. Barock und Aufklärung, München 1972, 257–274.

Kaspar Graf von Sternberg (1761–1832)

Jetzt, im Herbst 1822, brachte ein Zufall endlich die lange gewünschte Bekanntschaft: Goethe und Sternberg nahmen in Marienbad im gleichen Gasthof Quartier. Zuerst speisten sie gemeinsam, dann fuhren sie öfters zusammen spazieren. Nach dem Abendessen blieben sie oft noch stundenlang auf dem Zimmer, in Gespräche vertieft, bis die kühle Nachtluft von den bewaldeten Hängen in die Fenster zog. Wie Sternberg später schrieb: „Goethe war in dieser Zeit von dem Parnass, wohin ich mich nie wagte, zu der prosaischen Naturgeschichte heruntergestiegen und hatte sich dadurch mir genähert. Wir waren im Alter nur um elf Jahre verschieden, hatten dieselben Weltgegebenheiten durchlebt, waren mit vielen ausgezeichneten Männern in Verbindung gekommen, sämtliches Berührungspunkte, die Menschen schneller aneinanderschließen, die, wenn auch nicht persönlich bekannt, einander doch nicht fremd waren." Goethe dagegen schrieb seinem Freund Zelter: „Der größte Gewinn aber, den ich in diesen Tagen zog, war die Bekanntschaft des Grafen Sternberg, mit dem ich früher schon in brieflicher Verbindung stand."

Kaspar von Sternberg, der böhmische Graf, dessen Name in den Briefen des alten Goethe immer wieder auftaucht, wurde am 6. Januar 1761 in Prag geboren. Seine beiden Taufpaten waren nach alter Sitte des böhmischen Adels zwei Bettler der Pfarrei Sankt Galli. Er war das jüngste von acht Kindern, von denen jedoch nur drei am Leben blieben. Das Märchenland seiner Jugend aber war der Gartenpalast seiner Eltern, das Palais Troja, am rechten Moldauufer:

„Mein Vater, Graf Johann von Sternberg, war in seiner Jugend den kaiserlichen Fahnen vor Belgrad gefolgt; er erbeutete in der Affäre von Pisek 1742 die Condéesche Bagage, machte den ersten preußischen Krieg mit, erhielt in den Schlachten bei Mollwitz und Torgau vier tiefe Kopfwunden, hielt die Trepane glücklich aus, mußte aber doch wegen wiederkehrender heftiger Kopfschmerzen die militärische Laufbahn verlassen. Er vermählte sich mit der Gräfin Anna Josepha Krakowsky von Kolowrat, Tochter Phillips des nachmaligen Oberstburggrafen … Meine Mutter war eine sehr gebildete Frau, sie sprach und schrieb mit Fertigkeit Deutsch, Französisch und Italienisch und lernte noch in späteren Jahren die englische Sprache. Sie liebte vorzüglich die französische Literatur; in späterer Zeit befreundete sie sich auch mit Wieland, Goethe, Shakespeare."

Die Blattern bringen den vierjährigen Knaben dem Tode nahe, er bleibt für sein ganzes Leben im Gesicht entstellt. Aber er zeigt schon früh ein gutes Gedächtnis und einen wachen Geist: Die böhmische Sprache lernt er von den Dienstboten, die deutsche von einem Hauslehrer, die französische von seinen Eltern und dem Hofmeister Abbé Labin.

„Die französische Bilderbibel, die wir zusammen lasen, ergötzte mich sehr: den wunderbarsten Eindruck auf mich machte die vom Trompetenschall einstürzenden Mauern von Jericho … Und da meine beiden Brüder sich dem Kriegsdienste gewidmet hatten, so bestimmten mich meine Eltern zum geistlichen Stande. Durch Empfehlung der Kaiserin Maria Theresia wurde mir schon in meinem elften Jahre ein Domherrnbräbende in Freising erteilt und durch Resignation eines Grafen Khevenhüller erhielt ich eine zweite, die von Regensburg; ich selbst hatte kaum Kenntnis davon genommen."

1778, als der Krieg gegen Preußen ausbricht, in Böhmen die Hin- und Hermärsche beginnen, die beiden Brüder ins Feld ziehen, regt sich auch bei dem Jüngsten der Familie der Militärgeist. Die Eltern suchen zu beschwichtigen, und als nach dem Friedensschluß von Teschen die Brüder wieder zurückkommen, ohne den Feind gesehen zu haben, herrscht bei den jungen Leuten tiefe Niedergeschlagenheit. Was Krieg? Es sei ja nur ein „Zwetschgenrummel" gewesen.

„Mein Bruder Johann, in dessen Einsicht ich großes Vertrauen setzte, machte mir begreiflich, daß, wenn ich meine Anlage gehörig benutzen wollte, es mir leicht werden dürfte, mich in den Domkapiteln zu höheren Würden aufzuschwingen. Ich könnte mir einen nützlichen und anständigen Wirkungskreis verschaffen, den ein Offizier, in Friedenszeit auf das Exerzieren von Rekruten beschränkt und in ein ung'risches Dorf ohne menschlichen Umgang gebannt, oft lange entbehren müsse."

Das leuchtet dem jungen Kaspar ein. Er fügt sich dem Wunsche seiner Eltern, besteht seine Prüfung an der Prager Universität, besucht nach dem Empfang der niederen Weihen seinen Oheim in Wien, den Minister Leopold von Kolowrat, der es übernommen hat, ihn nach Rom ins Collegium Germanicum zu bringen. „Vor meiner Abreise hielt es mein Oheim für schicklich, mich zu einer Audienz bei der Kaiserin zu führen. Sie empfing mich gnädig und sagte: ‚Er reist jetzt nach Rom ins deutsche Kollegium, um sich für den geistlichen Stand vorzubereiten. Er muß aber nicht glauben, daß er dieserwegen geistlich werden muß, wenn er keine Vokation hat. Wenn er etwas gelernt hat, so kann er auch in einem anderen Stande sein Fortkommen finden.' Diese allergnädigste Äußerung war mir sehr angenehm; denn ich hatte eigentlich noch gar keinen klaren Begriff, woran man seine Berufung prüfen soll."

Der junge Sternberg ist dann drei volle Jahre bei den Germanikern in Rom. Er ist begeistert von dem fremden Land, von der einzigartigen Stadt, die ihn sein altes Prag fast vergessen läßt. Und er ist alles andere als ein mustergültiger Stipendiat. Doch am Weihnachtstag 1782 kommt ein eiliger Kurier mit einem Brief aus Regensburg: Hier sei ein Domherr gestorben, Seine Hochwürden und Gnaden Freiherr von XYZ, Herr auf Kleinstetten und Großhausen, und die Reihe, ins Domkapitel einzutreten, sei nun an ihm, Sternberg. So packt er in aller Eile seine Koffer und reist über den Brenner herauf nach Regensburg.

„Am 6. Januar früh meldete ich mich bei dem Domdechant Grafen Thurn zum Kapitel. Er fragte mich, wie alt ich wäre. ‚Eben heute 22 Jahre.' ‚Ach, da hätten Sie noch füglich in Italien bleiben können; denn vor vollendeten 24 Jahren und der sogenannten rigorosen Residenz kann niemand in das Domkapitel eintreten, wenn auch nach der Aufnahme die Reihe an ihm wäre; sein nächster Nachfolger, der die Jahre hat, tritt an seine Stelle.' Ich war vernichtet; es fehlte nicht viel, daß ich in Tränen ausgebrochen wäre. Graf Thurn, ein feiner Weltmann, bemerkte den Kampf meiner Gefühle und sagte: ‚Da Sie nun einmal bei uns sind, so können Sie nichts besseres tun als hier bleiben und die erste Residenz von neun Monaten verrichten, um wenigstens für den nächsten Fall, der nicht lang ausbleiben wird – da es mehrere alte und gebrechliche Mitglieder unter uns gibt – mit allem erforderlichen versehen zu sein; ich werde Sie heute abend der hiesigen Gesellschaft vorstellen.' Abends um 7 Uhr holte mich Graf Thurn ab und brachte mich zu dem Prinzipalkommissär Fürsten von Thurn und Taxis, wo die ganze Reichstagsgesellschaft versammelt war. Ich sah eine Menge mit Stern und Ordensbändern behangene Männer sonder Ausdruck herumwandeln, bis sie sich allmählich auf die Spieltische verteilten. Nachdem ich hundert Bücklinge bei der Aufführung gemacht hatte, zog ich mich zurück und fuhr nach Hause, mit dem Eindruck, nie ein traurigeres Wiegenfest begangen zu haben."

Mit einem Mal ist der erst 22jährige mitten im Gedränge und Geschiebe eines politischen Rummelplatzes – im Regensburg von 1783. Da ist zunächst das Domkapitel, das,
wie er bald erfahren muß, in zwei schroff entgegengesetzte Lager geteilt ist; da ist eine
altmodisch aufgezopfte Gesellschaft mit steifen Formen, ohne richtige Beschäftigung,
dafür aber mit um so mehr Geklatsch; da ist ein Reichstag ohne Bedeutung, aber ausgestattet mit den Souveränitätsrechten absoluter Monarchien, gespalten in ein Corpus
Evangelicorum und ein Corpus Catholicorum, in „Österreicher" und „Preußen". Um
jedem Parteiargwohn aus dem Weg zu gehen, entschließt sich der junge Sternberg
zunächst für eine „utraquistische" Haltung. Als er aber sieht, daß er damit nicht weiter-
kommt, verkehrt er im Hause des böhmischen Gesandten Graf Trautmannsdorff und
beim kursächsischen Delegierten Graf Hohenthal.

Auch läßt er sich gelegentlich in der Kanzlei des Domkapitels sehen, wo freilich „nur
höchst alltägliche Dinge vorkamen". Als er den Wunsch äußert, ins Archiv eingelassen
zu werden, um die ältere Geschichte des Domkapitels zu studieren, wird dies dem
Anfänger und Domizellar brüsk verweigert.

So entschließt sich Sternberg, bestimmt durch das Beispiel verschiedener Domherren,
die ihre Bischöfe am Reichstag vertreten, sich auf den diplomatischen Dienst zu werfen.
Freilich, dazu muß man sich in den staubigen Scharteken der „Reichsjurisprudenz"
auskennen, und um die Unterweisung in der „Reichspraxis" kommt man schon gar nicht
herum: „Man riet mir, diese bei dem oldenburgischen Kanzleirat Göhler zu nehmen, dessen Gelehrsamkeit anerkannt war. Allein nach einigen Tagen schon sah ich, daß mir diese
trockene Wissenschaft nicht recht zu Gemüte wollte, und da ich in der Bibliothek des
Kanzleirats mehrere Werke über Kunst und Alterthum wie über Naturgeschichte
bemerkte, so suchte ich in jeder Stunde ein Gespräch darüber anzuknüpfen. Dies hatte
dann immer zur Folge, daß er irgend eines dieser Werke hervorholte, welches ich dann
nach Hause nahm und benutzte; und diese Stunden verschafften mir, wenn auch keine
Reichspraxis, so doch manche andere Belehrung." Überhaupt, den jungen Sternberg lockt
das Wissen und das Geheimnis; so gerät er unversehens in Gärten, die dem angehenden
Domherrn eigentlich verboten gewesen wären, gerät er in die Zaubergärten Sarastros …

„In Regensburg bestand eine Freimaurerloge; ich kam mit mehreren Mitgliedern
derselben in Berührung; die philantropischen Gesinnungen, die sie äußerten, und das
Geheimnis, das sie über den Orden beobachteten, ließen mir keine Ruhe, ich verlangte
aufgenommen zu werden. Es fand keinen Anstand. Als man mir aber die Eidesformel zu
schwören vorlegte, fand ich sie so erniedrigend, daß ich mich weigerte, diesen Schwur
auszusprechen. Ich wurde von dem furchtbaren Bruder wieder in die dunkle Kammer
zurückgeführt. Man debbatierte (!) und negozirte ziemlich lange; als ich aber erklärte,
daß ich mit einer Gesellschaft, welche Ehrenwort und Handschlag für keine hinreichen-
de Bürgschaft hielt, keine weitere Verbindung wünsche, so wurde ich am Ende vom
Eide dispensiert und die Zeremonie vollzogen. Die Regensburger Loge altschottischer
Konstitution war unschuldig und wohltätig, und die Geheimnisse, welche sie anzu-
vertrauen hatte, brauchten in der Tat durch keinen schweren Eid besiegelt zu werden."

Im Oktober 1783 war die sogenannte erste Residenz zu Ende. Sternberg verbringt die
folgenden Jahre in der Heimat seiner Eltern und auf Reisen in Böhmen. 1785 erhält er
die Nachricht, daß in Regensburg wieder ein Domherr gestorben sei und er nun, da er
24 Jahre sei, glücklich ins Domkapitel einrücken könne.

„Es freute mich zwar, zu einer selbständigen Existenz zu gelangen; doch schien mir der Schritt, mich durch die Notwendigkeit einer höheren Weihe für immer zu fesseln, nicht gleichgültig. Ich schrieb darüber an meinen ältesten Bruder, der mich auf gewohnte Weise an seine früheren Äußerungen erinnerte. Ich reiste also im Juni 1785 nach Regensburg."

Er nimmt das Subdiakonat und wird in das Kapitel eingeführt. Die Eltern kaufen ihm einen Kapitularhof an der Donau und richten den Hausstand ein. Sternberg ist nun sein eigener Herr; er erhält das Referat über das Forstwesen des Hochstiftes, kann gelegentlich Reisen nach Paris oder Prag unternehmen. Fünf Monate des Jahres muß er sich allerdings in Freising aufhalten, da er ja – wovon er früher kaum Notiz genommen hatte – dort Domherr ist.

1789 stirbt der älteste Bruder; 1790 die Mutter. Sternberg nimmt für längere Zeit Urlaub, reist zunächst nach Prag und dann nach Wien. In Wien hält er sich nicht lange, denn als vermeintlicher Illuminat wird er von der Polizei Josefs II. streng überwacht. Wieder in Prag, erlebt er dann die ersten Regungen eines allmählich erwachenden nationaltschechischen Freiheitswillens, und er, Böhme im Sinn des alten Habsburgerstaates, ist davon beeindruckt:

„In Böhmen hatte der Druck, welchen Kaiser Josef den Ständen empfinden ließ, einen Nationalismus erweckt, der lange geschlummert hatte. Die Einräumung der königlichen Burg in Prag zu einer Artilleriekaserne, gleichsam um zu verkünden, daß kein König von Böhmen mehr dort wohnen sollte, empörte das ganze Land. Es wurden Abteien und Klöster aufgehoben, die Bettelmönche abgeschafft, Pensionen eingezogen. Josef, der alles zentralisieren wollte, suchte auch die Tschechische Zunge zu unterdrücken. Dieses Palladium der Nationalität läßt sich jedoch kein Volk rauben. Unverabredet hörte man in den Vorsälen bei Hofe alle, die der Muttersprache mächtig waren, böhmisch sprechen."

Als Sternberg wieder nach Regensburg zurückkehrt, hat auch hier das politische Klima umgeschlagen. Die Vorboten der Säkularisation künden sich an. 1795 – es ist das Jahr des Basler Sonderfriedens und der dritten polnischen Teilung.

„Bisher hatte ich den Plan verfolgt, mich in meinem Stande zur Würde eines Reichsfürsten oder Bischofs aufzuschwingen. Dies würde mir auch ohne die Folgen der Revolution schwerlich entgangen sein. Nun aber, da die beiden mächtigsten Fürsten des Reiches sich trennten, war vorauszusehen, daß Deutschland in der Kollision der inneren Parteiung und des Dranges von außen ohne Rettung verloren sei. Der Geist der Revolution, der, nicht nur auf Frankreich beschränkt, auch in Italien, in Rom selbst und längs dem Rhein sich verbreitete, hatte sich gegen den Adel und die Geistlichkeit ausgesprochen."

Sternberg nimmt sich vor, in Zukunft den Wissenschaften zu leben, „die einen jeden Stand zieren und in allen Lebensverhältnissen nützlich sind". Nur über das nähere Fachgebiet ist er noch im unklaren.

„Ein Zufall führte die Bestimmung herbei. Auf der Straße begegnete mir Graf Bray, nun Präsident der botanischen Gesellschaft in Regensburg und bayerischer Gesandter in Wien, damals in Regensburg zurückgeblieben, um die Entwicklung der Zeitumstände abzuwarten. Er kam von einer botanischen Exkursion mit Professor Duval zurück, einen Busch Pflanzen in der Hand, und sprach mir zu, ich möchte mich auf Botanik legen, es sei die angenehmste der Naturwissenschaften. Professor Duval trug sich sogleich an, mir Unterricht zu erteilen. Ich sah es als einen Wink der Vorsehung an und am nächsten Sonntag nahm ich meine erste Lehrstunde. Ich trieb dieses Studium mit dem allergrößten

Eifer, verband es mit der Forstwirtschaft, richtete mir eine Pflanzschule von Forst-
gewächsen in dem nahegelegenen Weintinger Holz ein, wo ich alle im deutschen Klima
gedeihenden Pflanzen mit einem Jäger selbst kultivierte, machte häufige Exkursionen
mit meinen neuen botanischen Freunden und lebte wieder auf."

Und dann wird auf einmal das lange Befürchtete Wirklichkeit. Im Oktober 1801 tritt
in Regensburg die außerordentliche Reichsdeputation zusammen, und am Ende steht der
Hauptschluß vom 25. Februar 1803: Sämtliche geistlichen Fürstentümer werden aufgehoben, und ihr Gebiet dient den übrigen Reichsfürsten als Entschädigung für die
verlorenen Gebiete links des Rheins. Im Reichssaal gibt es die berühmte „peinliche
Stille". Schadenfrohe Gesichter bei einigen Gesandten, Niedergeschlagenheit bei den
Vertretern der geistlichen Fürsten. Sternberg, der als Gesandter Freisings zugegen ist,
wendet sich um und sagt:

„Ich wünsche, daß die Fürsten, die sich nun ihres Gewinnes freuen, diese Handlung
nie bereuen mögen! Wer aber die Antastbarkeit rechtlich erworbenen Eigentumes
faktisch anerkennt, hat auch seine eigene Absetzbarkeit mit unterzeichnet." Nach diesen
Worten verlassen er und alle Gesandten der geistlichen Fürsten den Saal, um ihn nie
wieder zu betreten. Was folgte, war die Ära des Fürstprimas Dalberg, des „allgeliebten
Landesvaters", dessen Wesen Sternberg scharfsichtig kennzeichnete:

„Regensburg war mittels rechtzeitig ausgeteilter Ohrgehänge und Halsbänder in Bril-
lanten ein besseres Los zugefallen als man erwartet hatte: das Domkapitel und Hochstift
wurden dem Kurfürsten und Erzkanzler von Mainz, Karl von Dalberg, samt der Stadt
zugeteilt. Dalberg hatte sich als Statthalter in Erfurt durch seine Herzensgüte und Liebe
zu den Wissenschaften ausgezeichnet; er war auch in der Tat ein Mann von vielem Ver-
stande und mannigfachen Kenntnissen, ohne gerade in irgend einem Fache gründlich
ausgebildet zu sein. Sein Temperament war sanguinisch, er faßte schnell, glaubte leicht
und hoffte, was er wünschte; aber wenn man ihn von der Seite des Gefühls packte, war es
unschwer, ihn zu einer anderen Meinung zu bringen. Er wollte stets das Gute, war wohltätig über seine Kräfte, treu seinen Freunden, uneigennützig und liberal in seinen Handlungen, kraftvoll im Unglück, liebenswürdig und zerstreut in der Gesellschaft."

Der enttäuschte, aus seiner Karriere geworfene Sternberg findet jetzt bei Dalberg ein
neues Betätigungsfeld. Er wird als Vertreter des kranken Grafen Thurn Vizepräsident
des Landeskommissariates und ist mit der Organisation des neuen Staates betraut. Die
alten Befestigungswälle werden geschleift; der Hofgärtner von Bode aus Aschaffenburg
muß neue Promenadewege anlegen; der Portugiese Emanuel Herigoyen fügt dem alten
Regensburg einen köstlichen Kranz klassizistischer Bauten an. Denkmäler wachsen aus
dem Boden: Pyramiden und Rundtempel. Eines davon wird auf Betreiben Sternbergs
dem großen, in Regensburg verstorbenen Naturforscher Johannes Kepler errichtet.
Sternberg selber läßt sich auf dem Platz eines geschleiften Hornwerks ein vornehmes
Gartenpalais errichten. Er ist dann Zeuge bedeutsamer politischer Ereignisse, wie der
Kaiserkrönung in Paris oder der Vermählung Eugen Beauharnais' mit der Tochter des
Königs Max I. von Bayern.

„Die Trauung wurde in der Hofkapelle vorgenommen. Der Primas hielt eine für
Napoleon ziemlich schmeichelhafte Rede; ich stand dem Kaiser gerade gegenüber, faßte
ihn scharf ins Auge und sah in seinen sich aufklärenden Gesichtszügen sehr deutlich, wie
sehr ihm dieser Weihrauch behagte. Am folgenden Tage mußte der ganze bayerische

Adel nach einem von Bonaparte vorgeschriebenen Zeremoniell dem Brautpaar und ihm vorgeführt werden. Unter einem Thronhimmel stand ein Tisch, an welchem der Kaiser in der Mitte zwischen der Königin und der Braut, der König neben der Königin, der Bräutigam neben der Braut saßen. Vor diesem Tische mußten nun zuerst die Damen, dann die Herren vorbeidefilieren und fünf Knixe machen: es war eine der lächerlichsten Hofszenen, der ich je beigewohnt habe; ich dachte nichts anderes, als in China zu sein. Der König, der alles Zeremoniell in den Tod haßte, wäre beinahe eingeschlafen, hätten nicht ein paar Damen einander auf die Schleppe getreten, wodurch sie so aus dem Gleichgewicht kamen, daß sie beinahe unter den Tisch gerollt wären."

Die großen und kleinen Ereignisse einer bewegten Zeit – Sternberg nimmt sie hin mit ironischem Lächeln. Er dient einem Staate, von dessen Bestand er keinesfalls überzeugt ist; er sucht dabei das Beste zu erreichen und vor allem seinen Lieblingsgedanken in die Tat umzusetzen, nämlich die Förderung von Kunst und Wissenschaft. Nichts liegt ihm dabei mehr am Herzen als die neue Naturwissenschaftliche Akademie, die 1806 auf seinen Vorschlag gegründet wird. Als für das neue Institut kein besseres Lokal gefunden werden kann, stellt er sogar sein Gartenpalais zur Verfügung. Es ist jenes reizvolle frühklassizistische Bauwerk, das Emanuel Herigoyen ihm errichtet hat. (Im fürstlichen Schloßgarten gelegen, wurde es im letzten Krieg beschädigt und abgebrochen.)

„In der Zwischenzeit wurde der bonapartische Plan des Rheinbundes betrieben. Hedouville hatte den Auftrag, den Erzkanzler zu bearbeiten; was er denn auch mündlich und schriftlich mit vieler Tätigkeit besorgte. Der Erzkanzler wurde unschlüssig und lebte in einem beständigen Fieberzustand: denn die Stimmen waren geteilt und die seine bestimmte die Majorität. Allein in Wörth, von seinen Freunden getrennt, von der französischen Partei bestürmt, unterzeichnete er, wie Dr. Faust, und er war verloren … Bei meiner Rückkehr von Wien erfuhr ich in Straubing, was vorgefallen war. Ich ging nach Wörth, um meine Ankunft anzuzeigen, fand den Kurfürsten mit verweinten Augen, unruhig und verstört; er vermied mit mir allein zu bleiben; ich kehrte nach Regensburg zurück … Graf Thurn war krank; ich mußte daher die Statthalterschaft übernehmen. Dies war mir nach allem, was vorgefallen war, zuviel. Ich hielt mich vielmehr nach meiner Denkweise und meiner Ehre verpflichtet, aus den politischen Geschäftsverhältnissen mit dem Erzkanzler zu scheiden …"

Zweimal bittet Sternberg den Erzkanzler um die Entlassung. Am 19. November wird sie ihm gewährt. In der Antwort Dalbergs heißt es: „Sie sind ein edler, fürtrefflicher Mann und sind es sich selbst schuldig, Ihrer eigenen Überzeugung zu folgen. In Ihrem nun einzigen Berufe als warmer Freund der Wahrheit und lichtvoller Beförderer der Wissenschaften werden Sie der Menschheit nützen. Unerschütterlich fest besteht und bestehe unser Vertrag in Beziehung auf Wissenschaftsanstalten in Regensburg. Ich bin erfreut und stolz, mit einem so edlen Freunde hierin gemeinsam zu wirken. Ich bin und bleibe, solange ich lebe, der Ihrige von Herzen, Karl."

Von nun an lebt der Graf nur mehr seinen Privatinteressen. Er schreibt wissenschaftliche Abhandlungen über die vorgeschichtliche Pflanzenwelt, beruft Sitzungen der Botanischen Gesellschaft ein, hält Vorlesungen über die Physiognomie der Pflanzen. Am Abend, nach der Promenade, kommen die Freunde zum Tee, um die Nacht in der Kühle des Gartens zu verbringen und die Sterne mit dem Reichenbachschen Sehrohr zu betrachten.

„Botaniker kamen, sich Pflanzen zu holen, gingen in die Bibliothek, sie zu bestimmen, wo Freund Felix ihnen die Bücher schaffte. Baron von Löw zeichnete mit Meisterhand

Blumen, seine Frau saß daneben und schrieb, die Kinder tobten im Garten und mein kleines Patchen wurde zum Dessert gebracht und mit Erdbeeren gefüttert. Diesen Sommer genoß ich so recht eigentlich das Erntefest meiner glücklichsten Tage in Regensburg … Mein Garten war nun vollendet und mit Pflanzen aller Zonen reichlich versehen. Die meisten durchreisenden Fremden kamen, um ihn zu besehen. Das allerkürzeste Lob desselben hat mich am meisten gefreut. Es kam ein Reisender zur Mittagszeit: Der Gärtner war beim Essen, Felix nicht zu Hause, ich allein im Flausrock im Garten beschäftigt. Er wünschte ihn zu sehen, ich führte ihn herum. Er besah alles mit großer Aufmerksamkeit, machte verständige Fragen, äußerte aber gar nichts bis ans Ende, wo er mit den Worten, die er gleichsam nur für sich aussprach: ‚Alles so sinnig‘ von mir Abschied nahm.“

Vielleicht ist dieser Fremde ein gewisser Joseph Freiherr von Eichendorff gewesen, der sich in diesen Tagen auf seiner Reise nach dem Süden einige Zeit in Regensburg aufhielt und den Sternbergschen Garten besuchte.

Aber das friedliche Leben dauerte nicht sehr lange. 1808 starb der jüngere Bruder des Grafen, und er mußte zurück in das Palais an der Moldau, um das Erbe der Sternbergs anzutreten. Und hier, in Prag, findet der alte Sternberg endlich seine Lebensaufgabe: Ab 1817 betreibt er die Gründung eines „Vaterländischen Museums der Nationalliteratur und Nationalproduktion“, eines ganz neuartigen Museums nach dem Vorbild des Johanneums in Graz. 1820 wird dieses böhmische Nationalmuseum eröffnet. Goethe wird nach Erzherzog Johann zum ersten Ehrenmitglied ernannt, Adel und Geistlichkeit dotieren die neue Gründung, der ein vaterländisches Archiv, eine Bibliothek von Bohemica sowie eine ethnographische und naturwissenschaftliche Abteilung angeschlossen sind. Dieses böhmische Nationalmuseum wird zur Keimzelle für die Wiederbesinnung Böhmens auf seine stammliche und kulturelle Eigenheit. Und Sternberg ist der erste Präsident. Das neue Institut verfügt gleich zu Beginn über gute, von ihrer Sache begeisterte Mitarbeiter. Vor allem die Naturwissenschaftler sind hervorragende Köpfe, und sie bemühen sich, neben ihrer Spezialforschung, auch um die heimische Sprache und Literatur.

Freilich, noch hält sich alles im Rahmen eines aufklärerischen Patriotismus, der Deutsche und Tschechen gemeinsam als Böhmen betrachtet. Böhmisch – innerhalb der deutschen Nation – empfand und dachte ja auch Kaspar von Sternberg: Auf der ersten Tagung der deutschen Naturforscher und Ärzte, 1837 in Prag, kam dieses Bestreben, Böhmen in der natürlichen Beziehung zur kulturellen Gemeinschaft der deutschsprechenden Länder zu betrachten, mit romantischem Pathos zum Ausdruck.

„Die kalte polarische Teilung ist verschwunden, Nord und Süd, Ost und West sind ineinander verschmolzen: Es gibt nur ein Deutschland, wie nur eine Naturforschung – und mir ist gegönnt, noch vor meinem Ende die Erfüllung eines langgehegten Wunsches zu sehen.“

Es sind Worte, die genausogut aus dem Munde eines „teutschen“ Patrioten vom Schlage König Ludwigs I. stammen könnten. Die Bewegung der nationalen Wiedererweckung Böhmens, die Sternberg und seine Mitarbeiter anfachen, geht unaufhaltsam weiter. Sie erfaßt immer breitere Kreise, wird heftiger und zugleich enger auf das Tschechentum beschränkt. Palacky, der später Sternbergs Biograph werden soll und der ihn selbst einmal als seinen geistigen Vater bezeichnet, schreibt in einem Brief (mit dem er die Ablehnung seiner Teilnahme an der Nationalversammlung in der Frankfurter Paulskirche begründet) jene berühmten Sätze, die überall Widerhall finden: „Ich bin kein Deutscher, ich fühle mich wenigstens nicht als solcher …“ Aber in demselben Schreiben erklärt er sinngemäß:

Wenn es die österreichische Monarchie nicht gäbe, müßte man sie erfinden. Und im Land der Tschechen singt man Franz Skroups „Kde domov muj?“ – „Wo ist meine Heimat?“.

Das alles erlebt der alte Sternberg noch. Aber er nimmt dazu nicht mehr Stellung. Er schreibt an seinen Memoiren, sucht nach einer Erklärung für die Ereignisse, die ihn und seine Generation aus der Bahn geworfen haben:

„Wollen wir gerecht sein, so dürfen wir unser Urteil über das Jahr 1809 nicht auf die Begebenheiten des Jahres 1789 begründen. Die 20 Jahre, die dazwischen liegen, sind 20 Jahrhunderte. Die damalige Jugend, nämlich wir, waren bonne fay, sie ließ sich aber auch mißbrauchen. Erfahrung hat sie klüger, aber nicht besser gemacht. Sie verlor am Ende den Glauben an die moralische Vervollkommnung des Menschengeschlechtes, indem sie nichts als Gräuelszenen sah und duldete, daß sich der militärische Absolutismus, der aus der niedergeschlagenen Revolution hervorgegangen war, nicht bloß in Frankreich, sondern allgemein auf die Throne verpflanzte …“

Im übrigen lebt Sternberg seiner Naturwissenschaft. In Brzézina, im Schatten der Ruine des alten Sternbergschlosses, wo sein verstorbener Bruder eine kleine Villa im Stil des Regensburger Sternbergschlößchens hatte erbauen lassen, verbringt er den Sommer. Den Winter über lebt er auf Schloß Raudnitz, in Prag oder in Wien, immer tätig, immer bemüht um die „Förderung des Volksganzen bei möglichster Freiheit des Einzelnen“. 1834 reist er plötzlich nach München, um die neu erstehende Stadt Ludwigs I. zu besichtigen. Der hagere Mann mit dem schwarzen Zylinder wandert die Ludwigsstraße hinaus, besucht den Königsbau der Residenz, wo Schnorr von Carolsfeld an seinem Nibelungenzyklus arbeitet: „Schnorre hat ein großes Werk unternommen; und das, was er bereits geleistet, spannt die Erwartung auf das höchste.“ Er geht über den Königsplatz, der ihm schon von einem früheren Besuch im Jahre 1827 her vertraut ist, stellt die Fortschritte der Monumentalbauten fest; nach der Erwähnung des Obelisken am Karolinenplatz erinnert er sich der Walhalla bei Regensburg: „Damals besichtigte ich auch die Walhalla nächst Donaustauf, ein wahrhaft gigantisches Unternehmen des jetzigen Königs von Bayern, wird durchaus von Marmor ausgeführt … Es sollte mich hoch freuen, wenn ich die Einweihung dieses Tempels noch erleben würde.“

Er hat sie nicht mehr erlebt. Aber der zielbewußten Kultur- und Kunstpolitik des bayerischen Monarchen zollte er seine Anerkennung: „Wenn man erwägt, was dieser König alles zu gleicher Zeit gestaltet und vorbereitet, wäre man versucht zu glauben, Seine Majestät hätten den Nibelungenhort im Rhein samt der goldenen Rute, die ihn unversiegbar erhält, gefunden …“ Und an irgendeiner Stelle bringt er die für ihn so bezeichnende Bemerkung an: „Der gütige Himmel hat mir einen offenen Sinn für Natur- und Kunstschönheiten erteilt.“

Goethe – im Alter etwas reisemüde geworden – hat das Erstehen des neuen München von Weimar aus mit Interesse verfolgt, die Reise selbst aber dorthin nicht mehr gewagt. Sternberg verdanken wir eine recht genaue und objektive Beschreibung dieses architekturgeschichtlichen Phänomens in seinen Erinnerungen. Es drängt ihn auch, den alten Freunden in Regensburg einen Besuch abzustatten. Zum letzten Mal 1837:

„Noch einmal, bevor das Licht meiner Augen ganz erlischt, wollte ich mein liebes, altes Regensburg besuchen, wo ich 25 Jahre verlebt habe. Den 21. November reiste ich dahin. Die meisten der alten Bekannten fand ich freilich nur auf den beiden Friedhöfen, wo sie friedlich ruhen; die wenigen noch lebenden scharten sich freundlich um den alten

Bekannten. Ich habe in den 14 Tagen, die ich dort verweilte, nichts als Liebes und Freundliches erfahren. Die Fürstin Taxis, die Familie Bray, Freund Felix, die Botanische Gesellschaft, der Historische Verein, haben sich um mich beworben. Ich hätte manchen Eindruck zu bezeichnen, aber ich sehe nicht mehr, was ich schreibe. Das klimaterische Jahr ist geschlossen, das Ende meines Alters ist nah, vieles hat der Herr gegeben, vieles hat er genommen: der Name des Herrn sei gebenedeit."

Nach Schloß Raudnitz zurückgekehrt, verfaßte er zum dritten Mal sein Testament. Für seine humane naturwissenschaftliche Einstellung ist ein darin enthaltener Paragraph sehr bezeichnend: „Ebenso verbiete ich mir das Waschen meines entseelten Körpers; es ist für den Verstorbenen zwecklos, kann den Lebenden schädlich werden. Die Gewürme, diese allgemeinen Intestaterben aller einst belebten Körper, werden auch mit meinem ungewaschenen Leichname vorlieb nehmen."

Am 18. Dezember 1838 – inmitten einer fröhlichen Jagdgesellschaft – überraschte ihn ein Schlaganfall. Er wurde nach Raudnitz zurückgebracht, wo er wenige Tage später starb. An Freund Felix in Regensburg wurde die Trauerbotschaft durch seinen Wirtschaftskonsulenten und Bergmeister Pauk übersandt: „Literatur und Angelegenheiten des häuslichen Lebens umgaukelten bis zuletzt noch seinen Sinn. Merkwürdig war die Wahl der Sprache: alles, was häusliche und persönliche Bedürfnisse betraf, tschechisch; Literatur deutsch und lateinisch. Doch immer mehr schwand das Bewußtsein, bis am 20. Dezember um 10 Uhr abends sich der edle Geist seiner körperlichen Hülle entwand."

Das klimaterische Jahr ist geschlossen … Der Stern Napoleons ist längst untergegangen, und man lebt zutiefst im Metternichschen Vormärz. In Bayern baut Ludwig I. das neue München, und in Wien schreibt der junge Adalbert Stifter die „Feldblumen". Der junge Friedrich Smetana aber hört ergriffen den „Dratenik" Franz Skroups, Böhmens erste volkstümliche Oper. Kde domov muj? Wo ist meine Heimat? Die Frage – die für Tschechen und Deutsche in Böhmen zur Schicksalsfrage geworden ist – wird Stifter später mit seinem „Wittiko" beantworten, dem großen Epos aus Böhmens mittelalterlicher Geschichte; Smetana aber mit seiner hinreißenden Tondichtung „Mein Vaterland", darin die Moldau wie eine Perle glänzt.

Das Leben des Grafen Sternberg: Es war ein Leben, hineingestellt zwischen Böhmen und Bayern, zwischen Rokoko und Aufklärung, zwischen Maria Theresia und Napoleon, in den Vorteilen und wohl auch in den Spannungen, die ihm seine Herkunft auferlegte. Ein Leben, das nicht zuletzt einen späten Glanz erhält durch eine Freundschaft – vielleicht die begehrenswerteste, die damals ein Lebender erfahren konnte, und die Sternberg sich von Jugend an gewünscht hatte.

1827 hat er Goethe in Weimar zum letztenmal getroffen. Er schreibt über diese Begegnung: „Es jüngte sich die Zeit um Goethe, er sprach mit Wärme herrliche Worte; ich werde diese Stunden nie vergessen. Am folgenden Morgen schickte er mir das neueste Heft von ‚Kunst und Alterthum‘ mit folgender Aufschrift:

> Wenn mit jugendlichen Scharen
> wir beblümte Wege gehen
> ist die Welt doch gar so schön.
> Aber wenn bei hohen Jahren
> sich ein Edler uns gesellt -
> O wie herrlich ist die Welt."

Diese Karte entnahm ich dem Buch:

Ich habe dieses Buch

☐ gekauft

☐ geschenkt bekommen

Ich wurde auf das Buch aufmerksam …

☐ in der Buchhandlung

☐ durch einen Prospekt

☐ durch eine Besprechung in der Zeitung,

und zwar in: _____

☐ durch Freunde und Bekannte

☐ Anzeigen / Werbung, und zwar in:

_____

Ihre Altersgruppe?

☐ bis 30 Jahre   ☐ 46 – 60 Jahre

☐ 30 – 45 Jahre   ☐ über 60 Jahre

Welchen Beruf üben Sie aus?

_____

Welche Themen sähen Sie gerne im ▨▨ -Buchverlag?

_____

_____

_____

**Mittelbayerische Druck-
und Verlags-Gesellschaft**
Margaretenstraße 4, 93047 Regensburg
Tel. (09 41) 2 07-1 39, Fax (09 41) 2 07-1 99

Liebe Leserin, lieber Leser,
gerne informieren wir Sie regelmäßig
über unser Verlagsprogramm.
Schicken Sie einfach diese Karte
ausgefüllt an uns zurück!
Ihr Buchverlag
der Mittelbayerischen Zeitung

P. S.: Wenn Sie Zeit und Lust haben,
beantworten Sie doch die Fragen auf der
Rückseite dieser Karte. Sie würden uns
damit helfen, unsere Arbeit noch besser
auf Ihre Lieblingsthemen abzustimmen.

Als kleines Dankeschön verlosen wir
unter den Einsendern monatlich einen
unserer aktuellen Titel!

Vorname / Name

Straße / Hausnummer

PLZ / Wohnort

Antwortkarte

Buchverlag der
Mittelbayerischen Zeitung

93042 Regensburg

Bitte
Briefmarke
nicht
vergessen

Alois Schmid

Christian Gottlieb Gumpelzhaimer – der Geschichtsschreiber der Stadt Regensburg (1766–1841)

Christian Gottlieb Gumpelzhaimer gehört gewiß zu den Persönlichkeiten der Geschichte Regensburgs, die jeder historisch interessierte Bürger dieser Stadt schon wegen der nach ihm benannten Gumpelzhaimerstraße kennt. Dennoch hat er in der Ratisbonensia-Literatur höchstens marginale Erwähnung erfahren. Eine profundere Untersuchung hat allein seine politische Tätigkeit für den Schweriner Hof gefunden. Im übrigen sind weder das Leben noch das Werk des Diplomaten und Geschichtsschreibers jemals Gegenstand einer breiteren Würdigung geworden, weil er immer im Schatten Carl Theodor Gemeiners stand. Im folgenden Lebensbild sei nun eine solche Würdigung versucht.

Das Leben

Die Familie Gumpelzhaimer gehört zu den zahlreichen österreichischen Exulantengeschlechtern, die im Rahmen der Gegenreformation aus ihren Stammlanden gedrängt wurden. Sie ließ sich daraufhin in verschiedenen Städten des süddeutschen Raumes nieder, ein Zweig kam aus Linz um das Jahr 1600 in die Reichsstadt Regensburg, wo er rasch ins Stadtpatriziat aufstieg und noch von Kaiser Rudolf II. in den Adelsstand erhoben wurde. Die Gumpelzhaimer waren eines der besitzmächtigsten Geschlechter in der Reichsstadt und verfügten vor allem im Burgfriedengebiet über zahlreiche Flurparzellen. Bis ins 19. Jahrhundert hinein haben Mitglieder dieser sehr steuerkräftigen Familie immer wieder hohe Funktionen in der Stadtverwaltung und im Stadtregiment ausgeübt. Nicht weniger als fünf Gumpelzhaimer erlangten einen Sitz im Inneren Rat. Der letzte Angehörige des Geschlechts, dem eine derartige leitende Funktion übertragen wurde, war Johann Bartholomäus Gumpelzhaimer, der ebenfalls dem Inneren Rat der Reichsstadt angehörte und Direktor des Ungeldamtes war. Von seinen sechs Kindern aus zwei Ehen bemühte sich ein Sohn noch im Jahre 1824 um die Stelle des Leiters des Königlichen Appellationsgerichtes zu Regensburg. Freilich war ihm kein Erfolg beschieden, weshalb Christian Gottlieb als der bedeutendste Sproß des Johann Bartholomäus gelten darf.

Christian Gottlieb wurde am 22. Juli 1766 geboren und erhielt am reichsstädtischen Gymnasium Poeticum eine standesgemäße schulische Ausbildung. In den Jahren 1785 bis 1788 studierte er an der damals führenden deutschen Universität zu Göttingen Rechtswissenschaften; damit sollte die Grundlage für eine Diplomatenlaufbahn gelegt

werden. Die Aussichten auf eine Anstellung hoffte Gumpelzhaimer durch eine dreizehn-
monatige Hospitanz am Reichshofrat zu Wien zu erhöhen. Tatsächlich glückte ihm
unmittelbar nach der Rückkehr aus Wien 1789 auf Intervention seines Onkels Christian
Ludwig Becher der Einstieg. Großherzog Friedrich Franz I. von Mecklenburg-Schwerin
nahm ihn 1790 als zweiten Sekretär in den Dienst seiner Vertretung am Immerwährenden Reichstag. 1793 erfolgte die Ernennung zum Hofrat, 1803 zum Legationssekretär,
1805 zum Legationsrat. Auf dieser Stelle wurde Gumpelzhaimer mehrfach zu diplomatischen Missionen herangezogen; 1799 vertrat er Mecklenburg-Schwerin auf dem
Kongreß zu Rastatt. Der Untergang des Alten Reiches brachte dann aber einen tiefen
Einschnitt in seiner Laufbahn. Es folgte zwar noch die Vertretung Mecklenburgs beim
Rheinbund und beim Großherzogtum Frankfurt; seine Berichte aus dieser Zeit nach
Schwerin sind zum Teil überliefert. Doch kam die diplomatische Tätigkeit Gumpelzhaimers dann im Jahre 1814 im wesentlichen zu Erliegen, als er nicht mehr als Gesandter
zum Wiener Kongreß abgeordnet wurde.

Sein Status sicherte Gumpelzhaimer zwar weiterhin das Auskommen, ließ ihm
nun aber vermehrt Zeit für seine wissenschaftlichen Interessen. Diese rückten in der
Folgezeit in den Mittelpunkt seiner Tätigkeit, die sich unter dem Eindruck von Romantik und Nationalbewegung immer mehr auf das Gebiet der heimatlichen Geschichte
verlagerte. Gumpelzhaimer trat schon 1830 bei der Gründung in den Historischen
Verein für den Regenkreis ein, dessen erster Vorsitzender er wurde. Dieses Amt füllte
ihn bis zu seinem Tod am 17. Februar 1841 aus. Mit ihm erlosch das traditionsreiche
Patriziergeschlecht der Gumpelzhaimer in männlicher Linie und verschwand aus der
Geschichte Regensburgs.

Das wissenschaftliche Werk

Gumpelzhaimers Bibliographie ist nicht lang. Sie umfaßt ganze 19 Titel, die überwiegend in seinen späteren Lebensjahren erschienen sind. Von wenigen Nummern abgesehen, behandeln sie Themen der Regensburger Stadtgeschichte und wurden dementsprechend fast ausschließlich in den Verhandlungsbänden des von ihm geleiteten Vereins
gedruckt. Bis zum fünften Jahrgang gehörte Gumpelzhaimer zu den Mitarbeitern, die
Jahr für Jahr Beiträge lieferten. Zu den veröffentlichten Schriften kommt etwas mehr als
ein Dutzend abgeschlossener, aber ungedruckt gebliebener Manuskripte zu zum Teil
breit angelegten Themen wie der Geschichte seiner Familie oder des Handels in der
Reichsstadt Regensburg.

Dieses Oeuvre erscheint nicht allzu umfangreich. Doch ist zu bedenken, daß Gumpelzhaimer einen großen Teil seiner Arbeitskraft in die praktische und organisatorische
Arbeit des Historischen Vereins steckte. Er war der aktive Vorsitzende, den dieser in
seiner Anfangsphase benötigte. Häufig stellte er sich auch als Referent für die Vortrags-
abende zur Verfügung. Seine redaktionellen Bemühungen verschafften den „Verhandlungen" einen guten Anfang. Vor allem vertrat er den Verein nach außen; das war angesichts der beständig angespannten Finanzlage eine sehr wichtige, aber zeitraubende Aufgabe. Da die Historischen Vereine nach der Ansicht ihres Inaugurators König Ludwig I.
durch enge Zusammenarbeit mit der Münchner Akademie der Wissenschaften fest in den

Christian Gottlieb Gumpelzhaimer (1766–1841)

historischen Forschungsbetrieb integriert werden sollten, hatte Gumpelzhaimer die entsprechenden Verhandlungen mit den staatlichen Instanzen zu führen. Dabei verfolgte er eine insgesamt bremsende Linie und erklärte sich nur zu einer begrenzten Kooperation bereit. Er stellte wohl seine Mitarbeit bei einem von der Akademie herauszugebenden historisch-topographischen Lexikon des Königreiches Bayern in Aussicht, nicht dagegen zu einer gesamtbayerischen Fachzeitschrift, weil diese die ins Leben gerufenen Vereinszeitschriften beeinträchtigen mußte. Gumpelzhaimer war nicht bereit, die Interessen des von ihm erfolgreich geleiteten Vereins zugunsten einer in München zentralisierten Geschichtspflege hintanzustellen. Dafür war er viel zu sehr in seiner Heimatstadt verwurzelt, in der er sich außerdem dafür einsetzte, daß diese ihre Geschichte an möglichst vielen Stellen sichtbar machte, vor allem auch durch die Aufstellung von Gedenktafeln. Gumpelzhaimer wurde so der wichtigste Organisator des historischen Lebens in Regensburg im früheren 19. Jahrhundert, dem dadurch natürlich die Zeit für eigene Forschungsarbeit fehlte. Der Hauptgrund aber, warum sein Schriftenverzeichnis schmal geblieben ist, war sein Bemühen, sich auf eine große Aufgabe zu konzentrieren: die Gesamtdarstellung der Geschichte seiner Heimatstadt. Sie ist sein wissenschaftliches Lebenswerk geworden.

Die Geschichte Regensburgs

Dieses Opus magnum erschien mit dem Titel „Regensburg's Geschichte, Sagen und Merkwürdigkeiten" in vier Bänden in den Jahren 1830 bis 1838 im Verlag Friedrich Pustet zu Regensburg. Das Unternehmen war erst wenige Jahre vorher, 1826, eröffnet worden. Die Drucklegung dieser Stadtchronik war das erste größere Buchprojekt, das die Firma Pustet wagte.

Gumpelzhaimer wurde zu dieser Arbeit letztlich durch die großzügige Förderung der Geschichtspflege durch König Ludwig I. von Bayern angeregt. Im Rahmen der königlichen Initiativen hatte die Regierung des Regenkreises am 19. Januar 1829 alle ihr unterstehenden Städte und Märkte aufgefordert, künftig Chroniken und Zeitbücher anzulegen. Auch die Stadt Regensburg kam dem Erlaß nach. Sie hat mit der Führung dieser Amtsbücher ihren Magistratsrat und späteren Bürgermeister Johann Georg Satzinger betraut. Gumpelzhaimer faßte den Auftrag jedoch in weiterem Sinne auf und entschloß sich, der geforderten aktuellen Berichterstattung eine Bearbeitung der gesamten Geschichte Regensburgs, die es ja nicht gab, an die Seite zu stellen. Als namhaftester der in der Stadt tätigen Historiker nahm er sich dieser Aufgabe selber an. Seine Chronik ist eines der bemerkenswertesten Ergebnisse der Ausführung der königlichen Anweisung geworden.

Der wissenschaftliche Rang der vier Bände – auch in sich – ist unterschiedlich anzusetzen. Das gilt bereits für den Einleitungsband, der die Frühzeit bis zum Ausgang des Mittelalters zum Thema hat. Hier kommt den Passagen zu den römischen Anfängen der Stadt ein methodisch begründeter höherer wissenschaftlicher Wert als dem Mittelalterteil zu. Denn Gumpelzhaimer gehört gewiß zu den Wegbereitern der archäologischen Erforschung des römischen Regensburg. Für die Frühzeit stützte er sich recht ausgiebig auf Sachquellen: Architekturdenkmale, Inschriften, Münzen, Keramik, Gräber. Er war über die damals bekannten Bodenfunde im Bilde und wußte, daß vor allem von der Bodenforschung eine Ausweitung des spärlichen Wissens erwartet werden durfte. Deswegen forderte er die zügige Fortsetzung der von Vorgängern wie Georg Gottlieb Plato-Wild oder Bernhard Stark [s. S. 208ff.] in Gang gebrachten Bodenforschungen in seiner Heimatstadt. Tatsächlich gelangen in seinen Jahren bemerkenswerte Neufunde, an deren erster Auswertung sich Gumpelzhaimer mit Erfolg beteiligte. Von der villa rustica zu Burgweinting berichtete er überhaupt als erster. In gleicher Weise stammen von ihm frühe Hinweise auf das große römische Gräberfeld, das dann ein halbes Jahrhundert später in seinem vollen Umfange entdeckt und ausgegraben werden sollte. Er bemühte sich um eine gegenüber Plato-Wild verbesserte Topographie des römischen Regensburg. Gumpelzhaimer gehört somit durchaus zu den frühen Erforschern der Römerzeit in Regensburg, wenngleich er freilich bald hinter die bedeutenderen Namen des 19. Jahrhunderts zurücktreten mußte. Vor allem das namhafte Dreigestirn Joseph Dahlem [s. S. 269ff.], Georg Steinmetz und Hugo Graf von Walderdorff hat bewirkt, daß seine Darstellung der römischen Frühzeit der Stadt schon nach wenigen Jahrzehnten wissenschaftlich überholt sein sollte.

Das gilt noch mehr für die mittelalterlichen Teile. Hier baut er stark auf seinem Vorgänger Carl Theodor Gemeiner auf, der die Epoche erst kurz vorher viel material- und kenntnisreicher dargestellt hatte. Diese Vorzüge erkannte Gumpelzhaimer neidlos an, wenn er die Gemeinersche Chronik wiederholt als „classisch" oder „vortrefflich" rühmte. Er hat für mehrere Abschnitte die dort vorgefundenen, weit ausholenden Erörterungen einfach zusammengefaßt und das im knappen Anmerkungsapparat auch ausdrücklich erwähnt. Wo er allerdings über den im Jahre 1823 verstorbenen Vorgänger hinauskam, stellte er seine Leistung selbstbewußt heraus. Das war an einer Reihe von Stellen der Fall. Insgesamt fußt die Darstellung des Mittelalters stark auf der Literatur, die jedoch aus den spärlichen Fußnoten nicht durchgehend zu ermitteln ist. Hier ist Gumpelzhaimer der Grundforderung, die auch er an den Historiker stellt, nämlich beständig auf die Quellen zurückzugreifen, nicht immer nachgekommen. Die Literaturkenntnis ist groß und schließt viele für die deutsche und bayerische Geschichte maßgebliche Titel ein. Zur Regensburger Lokalgeschichte kennt er darüber hinaus manche ungedruckt gebliebene Abhandlung. Dennoch ist für die mittelalterliche Geschichte nicht Gumpelzhaimer, sondern Gemeiner der für ein Jahrhundert maßgebliche Autor geworden. Diese Reihenfolge hat schon die zeitgenössische Kritik aufgestellt.

Auf Grund dieser Erfahrungen ließ sich Gumpelzhaimer für den nächsten Band mehr Zeit. Dieser erschien erst im Jahre 1836 und behandelt den Zeitraum von 1486 bis 1618. Der vermehrte Zeitaufwand fand seinen Niederschlag in einem besseren Ergebnis. Der Fortsetzungsband steht methodisch auf einer höheren Ebene als der Einleitungsband. Denn nun beginnt Gumpelzhaimer, die Protokolle und den Archivnachlaß der städtischen Behörden auszuwerten, vor allem des Stadtrates und des Bauamtes. Dieses Vorgehen ist beachtlich, denn zum Teil waren diese Quellen damals bereits nach München abgeführt worden. Doch wurden sie dem Geschichtsforscher auf ausdrückliche Anweisung König Ludwigs I. in Regensburg zur Einsicht vorgelegt. Da ein beträchtlicher Teil dieser von Gumpelzhaimer noch benützten Akten später vernichtet wurde, kommt seinen Exzerpten und Zitaten daraus nun sogar der Wert einer Sekundärquelle zu. Für das 16. Jahrhundert etwa sind nur Fragmente der Ratsprotokolle überliefert, die somit anhand der Ausführungen Gumpelzhaimers ergänzt werden können, der gerade diese Quellengruppe als ‚sichere' Grundlage hoch schätzte. Seine Auszüge sind im allgemeinen glaubhaft, auch wenn er gelegentlich den Wortlaut von Dokumenten, wie der Vergleich zeigt, nicht ganz wortgetreu wiedergibt.

Im zweiten Band kommt die eigene Quellenarbeit stärker zum Tragen als im Einleitungsteil. Dazu wurde der Verfasser nicht zuletzt durch die Literatur gezwungen, die ihm für die Lokalgeschichte vor allem infolge des Abbrechens der Gemeinerschen Chronik mit dem Jahr 1525 nun nicht mehr im gleichen Ausmaß wie für die vorausgehenden Epochen zur Verfügung stand. Für die Folgezeit konnte sich Gumpelzhaimer nicht mehr in vergleichbarem Umfang auf Vorlagen stützen, sondern war zur eigenen Quellenarbeit gezwungen, die er vereinzelt in thematisch auf Spezialfragen konzentrierten vorbereitenden Ausarbeitungen niederlegte. Eine solche Detailstudie ist etwa für die bayerischen Jahre zwischen 1486 und 1492 überliefert. Wegen der intensiveren eigenen Arbeit kommen in diesem Band auch die persönlichen Anschauungen des Autors deutlicher zum Tragen.

Schon in den Jahren 1837 und 1838 folgten schließlich die Bände drei und vier, die zusammengehören, weil die zeitliche Zäsur des Jahres 1790 nicht sachlich, sondern allein buchtechnisch begründet ist. Sie behandeln die Epoche von 1618 bis zum Ausgang der reichsstädtischen Zeit 1803. Auch sie wird im Rahmen der deutschen Geschichte betrachtet, für die Gumpelzhaimer auf die „Geschichte der Deutschen" des Michael Ignaz Schmidt (1778) aufbaut, einem im späteren 18. Jahrhundert weitverbreiteten, zu diesem Zeitpunkt aber bereits etwas veralteten Standardwerk. Für die bayerische Geschichte legte er vorzugsweise die vierbändige Geschichte des Schweizer Vielschreibers Heinrich Zschokke (1813–1818) zugrunde, ebenfalls nicht unbedingt das maßgebliche Werk. Als solches wäre eher die „Geschichte von Bayern" des ebenfalls aus Regensburg stammenden, späteren Münchner Professors Andreas Buchner anzusprechen, deren zehn Bände ab 1820 nach und nach erschienen; doch keiner davon wird angeführt. Den beiden genannten Werken wurden die wichtigsten Fakten der großen Politik entnommen, in deren Gang Gumpelzhaimer nun das lokale Geschehen einbaute. Dieses wurde auch für das 17. und 18. Jahrhundert auf archivalischer Grundlage behandelt.

Dabei konzentrierte der Autor seinen Blick keineswegs auf das politische Leben. Viel tiefer beeindruckten Gumpelzhaimer besondere Vorgänge und außergewöhnliche Ereignisse wie wichtige städtische Baumaßnahmen, Hinrichtungen, die Einführung der Lotterie, der Besuch des Kardinals Quirini im Kloster St. Emmeram, Naturvorgänge wie Heuschreckenplagen oder Sturmkatastrophen. Mit offensichtlichem Vergnügen werden die Untaten eines Haarabschneiders vermerkt. Breiten Raum nimmt auch die Darstellung des glanzvollen gesellschaftlichen Lebens am Immerwährenden Reichstag ein. Besondere Aufmerksamkeit wird den Durchzügen des Wiener Kaiserhofes anläßlich der Krönungsreisen von 1745 und 1764 zugewendet. Ein ausgesprochener Höhepunkt der Darstellung ist dann die Ankunft des Hauses Thurn und Taxis in Regensburg 1748. Der Blick Gumpelzhaimers ist also mehr als auf die Politik auf das städtische Leben und die herausragenden Ereignisse des Alltags gerichtet. Gerade durch diese besondere Erzählperspektive wird die Gumpelzhaimer-Chronik zu einer wichtigen Quelle auch für das gesellschaftliche Leben und die Alltagsgeschichte im Regensburg nicht nur des 18. Jahrhunderts.

Die Darstellung endet mit dem Ausgang der reichsstädtischen Zeit. Seine Gegenwart behandelte Gumpelzhaimer nur noch in einem straffen Ausblick, der dennoch manche bemerkenswerte Angabe, etwa zur Zerstörung der Stadt 1809, bietet. Diese zeitliche Obergrenze war nun keinesfalls darin begründet, daß Gumpelzhaimer den Verlust des Reichsstadtstatus als das Ende der großen Zeit Regensburgs angesehen hätte. Ganz im Gegenteil erscheint ihm der Übergang an Bayern geradezu als Glücksfall, als Rückkehr zum historischen Urzustand, da nun „Regensburg nach vielen Jahrhunderten den Platz wieder im Mutterlande eingeräumt erhielt, den Natur und Politik ihm von jeher bestimmt hatte. Von dieser Zeit an trat seine Geschichte wieder in die des bayerischen Reiches ein, dem sie ursprünglich angehörte. Frank und frey von allen inzwischen gehabten Verhältnissen, finden sich nun seine Begebenheiten fortwährend wieder in der Geschichte des Urstaates, mit dem es unzertrennlich verbunden ist".

Besonders an dieser Nahtstelle kommt Gumpelzhaimers bayerischer Betrachtungsstandpunkt zum Ausdruck. Er veranlaßte ihn, mannigfache Vorgänge des politischen Lebens zu harmonisieren.

Grundzüge

Der Hauptwert der Chronik Gumpelzhaimers liegt in der Tatsache, daß sie die umfassendste Gesamtdarstellung der Geschichte Regensburgs ist, die je auf dem Buchmarkt erschienen ist. Für die Zeit nach dem Abbrechen (1525) der Chronik Gemeiners bietet sie bis heute die einzige breiter angelegte Gesamtbearbeitung. Die frühe Neuzeit ist bis in unsere Gegenwart nie mehr derart umfassend behandelt worden. Da für diese Periode auch nur wenige neuere Spezialuntersuchungen vorgelegt wurden, haben die Bände zwei bis vier einen begrenzten wissenschaftlichen Wert bis heute. Erst für die neueste Zeit wird die Literaturlage wieder günstiger. Doch hat Gumpelzhaimer das 19. Jahrhundert ohnehin nur mehr in einem kurzen Ausblick gestreift.

Bei der Beurteilung der Leistung ist davon auszugehen, daß Gumpelzhaimer – im Gegensatz zu Gemeiner – letztlich Dilettant war. Er hatte eine Ausbildung als Jurist durchlaufen und arbeitete anschließend ein Leben lang im diplomatischen Dienst. Diese Tatsache schimmert in der starken Durchgliederung der Chronik in insgesamt 903 Paragraphen deutlich durch. Gumpelzhaimer war somit kein Fachhistoriker, dessen war er sich auch selber immer bewußt. Deswegen wandte er sich mit seiner Chronik auch nicht an die Fachwelt, sondern schrieb „eigentlich nur aus Liebe für die Sache, zur Unterhaltung meiner Freunde und als Versuch der Bahn für eine bessere Darstellung". „Dem Freund der Geschichte, so wie dem Geschäftsmann wollte ich ein Lese- und Handbuch zur Seite stellen." Gumpelzhaimer ist somit ein typischer Vertreter jener im 18. und 19. Jahrhundert bedeutenden Gruppe von Liebhabern der Geschichte, die sich durchaus bemerkenswerte Verdienste um die Erschließung der historischen Welt erworben haben. Seine Chronik ist in jeder Hinsicht das Werk eines Privatmannes, der unter wesentlich schwierigeren Bedingungen arbeitete als der Stadtarchivar Gemeiner. Gumpelzhaimer schrieb ohne Auftrag und dachte anfangs nicht einmal an die Veröffentlichung seines Werkes, das zunächst nicht mehr werden sollte als sein persönliches „Gedenkbuch", ein „Lesebuch" zur „Unterhaltung". Gumpelzhaimer wurde durch ein echt antiquarisches

Interesse zur Geschichte geführt. Das kommt schon im Untertitel seines Werkes zum
Ausdruck, der auch die sagenhafte Erzählung, die Merkwürdigkeit, das Nichtalltägliche,
das ungewöhnliche Geschehen als Gegenstand seiner Darstellung bezeichnet. Historie
vollzieht sich für Gumpelzhaimer – trotz seiner Ausbildung als Jurist und trotz seines
Berufes als Diplomat – nicht ausschließlich auf der Ebene der Politik in Staatsaktionen,
sondern in gleicher Weise im Alltagsleben. Er schreibt Geschichte weniger mit Blick auf
die Regierenden als vielmehr auf die einfache Stadtbevölkerung. Doch betrachtete er
diese beiden Welten keineswegs als Gegensätze, sondern als Lebensbereiche, die durchaus zusammengeführt werden konnten. In dieser Gesinnung werden etwa Kaisereinzüge
(wie der Ferdinands III. 1640) breit geschildert, weil sie zugleich große Spektakel für die
Öffentlichkeit waren. Eingehend beschäftigte er sich daneben mit Hungersnöten, mit
Unruhen und ähnlichen Besonderheiten des innerstädtischen Lebens. Historie ist ihm
auch eine Kuriositätensammlung. Wo immer möglich, wird die Darstellung mit belusti-
genden und kurzweiligen Einschüben belebt. Denn sie soll zuallererst unterhalten und
erfreuen. Gumpelzhaimer verfolgt damit keine pädagogische Absicht, er ist unbeeinflußt
von jeder Pragmatik. Seine Chronik ist weithin zweckfrei abgefaßt. Ohne jeden Seiten-
blick auf mögliche Einflußnahmen auf die Gegenwart vertiefte er sich in die Vergangenheit. Das tragende Grundprinzip seiner Arbeit ist ein rein antiquarisches Interesse.

Diese Voraussetzung war eine gute Grundlage für die Verwirklichung der Objektivität, die auch Gumpelzhaimer als Grundziel eines jeden Historikers ansah. Dieser habe
sich hauptsächlich um die unvoreingenommene Ermittlung der historischen Wahrheit
zu bemühen. Erreicht hat er sie so wenig wie jeder andere Historiker. Auch seine
Geschichtsschreibung ist perspektivisch gebunden. Sie wird von der ersten Seite an
durchpulst vor allem von einem warmen Patriotismus, wie er bezeichnend ist für nahezu
die gesamte Historiographie seiner Zeit. Dieser Patriotismus bezog sich zuallererst auf
seine Heimatstadt, den Gegenstand seiner Darstellung. In einem weiteren Sinn bezog er
sich dann aber auch auf Bayern. Für Gumpelzhaimer waren diejenigen Abschnitte die
Höhepunkte der Geschichte Regensburgs, in denen die Stadt das Herz des bayerischen
Stammes, des bayerischen Territoriums war. Deswegen stellt sich für ihn die neueste Zeit
ab 1810 geradezu als Idealzustand dar. Sein Geschichtsbild ist somit im Grunde linear auf
den Höhepunkt der Gegenwart hin ausgerichtet. Diese Sicht kommt aus der Aufklärung.
Sie entsprach jedoch nicht mehr den Anschauungen der meisten deutschen Historiker
seiner Zeit, die ihr politisches Ideal umgekehrt in der Vergangenheit suchten. Das Reich
der Ottonen, Salier und Staufer wurde gerade als Gegenbild der politischen Zersplitte-
rung der Gegenwart äußerst intensiv erforscht. Für Gumpelzhaimer stellte sich dagegen
die reichsstädtische Vergangenheit Regensburgs mehr als Epoche des Niedergangs dar,
weil die Zugehörigkeit zum Alten Reich nur Bedrückung, vor allem in finanzieller
Hinsicht, gebracht habe, hinter die erst der Übergang an das Königreich Bayern einen
Schlußpunkt gesetzt habe. Vom Ansatz her gehört Gumpelzhaimer somit nicht mehr zur
reichsstädtischen Geschichtsschreibung, sondern zur bayerischen Historiographie. In
der Konzeption unterscheidet sich deswegen seine Chronik grundsätzlich von der
Gemeiners. Hier ist die politische Entwicklung der wenigen Jahrzehnte, die beide Autoren trennt, wirksam geworden.

Gumpelzhaimer ist kein entwickelnder Geschichtsschreiber, der das zu schildernde
Geschehen geistig durchdringen, nach Kausalitäten fragen, Folgerungen aufzeigen,

gedankliche Ketten herstellen, Entwicklungslinien verdeutlichen würde. Seine Geschichtsschreibung ist eher punktuell ausgerichtet und betont faktenorientiert. Deswegen ist seine Chronik im Grunde mehr ein Nachschlagewerk als ein Lesebuch. Er selber
bezeichnete sie als „Handbuch", das einen Baustein neben den anderen setze, diese dann
aber nur wenig miteinander verbinde. Zutreffend kennzeichnete er seine Darstellung
selber als „Sammlung historischer Ereignisse von Regensburg, als die ich mein Buch
verstanden wissen will". Sein Gliederungsprinzip ist im Grunde das annalistische. Das
Vorbild für dieses Verfahren sind nun aber keineswegs die „Jahrbücher des Deutschen
Reiches", wie man annehmen möchte. Auch von diesem Grundwerk deutscher Mediä-
vistik hatte er offensichtlich keine Kenntnis. Vielmehr übernahm er die Darstellungsweise
von Gemeiner, die er auch auf die Neuzeit überträgt. Er ist also in dieser Hinsicht mehr
nach rückwärts als nach vorne gewandt. Auch bei ihm steht das Einzelfaktum im Vordergrund. Dabei geht es ihm allein um dessen Mitteilung und nicht um dessen Erklärung,
Interpretation oder Einbindung in Entwicklungslinien. Gumpelzhaimers Geschichtsschreibung ist somit weder pragmatisch noch genetisch, sondern im ursprünglichsten
Sinne des Wortes, allerdings nicht im weiter hinterfragten Sinne der Wissenschaftstheorie
des späteren 19. Jahrhunderts, positivistisch.

Gumpelzhaimer lebte in einer Zeit des Übergangs, in der in Bayern auf dem Felde der
Geschichtswissenschaft nur wenig von bleibendem Wert geschaffen wurde. Gumpelzhaimer gehört gewiß nicht zu den führenden bayerischen Historikern dieser Epoche, die
an den Landesuniversitäten wirkten. Im Grunde war er nicht einmal ein echter
Geschichtsforscher, sondern mehr ein Geschichtsschreiber, ja Geschichtserzähler.
Deswegen wird eine kritische Elle seinem Werk auch nur wenig gerecht. Eher ist seine
Hauptleistung auf darstellerischem Gebiet zu suchen. Er vermochte in den vier Bänden
seiner Chronik einen gewaltigen Stoff zusammenzufassen und auch für breitere Leser-
kreise gut verständlich niederzulegen. Er tat das in so gefälliger Form, daß sich seine
Chronik auf dem Buchmarkt bis in unsere Gegenwart behauptet hat: Sie wurde im Jahre
1976 im Auszug und 1984 vollständig nachgedruckt.

Andreas Kraus

Bernhard Stark – Benediktinermönch,
Ausgräber und Konservator
am Königlichen Antiquarium
(1767–1839)

Es gibt viele Persönlichkeiten aus der Regensburger Geschichte, die noch heute eine Würdigung verdienen, die Auswahl fällt schwer. Mit einer habe ich mich schon 1950 kurz beschäftigt, mit Bernhard Stark. Er sei Ihnen hier näher vorgestellt. Der Name des Benediktiners von St. Emmeram Bernhard Stark ist mit der Geschichte des römischen Regensburg auf das engste verbunden; er war der erste, der dieser Geschichte wirklich Leben verlieh. Ein römisches Gräberfeld hatte schon der Syndikus der Reichsstadt Georg Gottlieb Plato, ein vielseitiger Gelehrter, angesehener Numismatiker und Heraldiker, der erste, der mit sprachgeschichtlichen Argumenten (1777) der tief eingewurzelten Vorstellung von der Identität der Boier und Bajuwaren entgegengetreten war, an der Stelle vermutet, wo 1736 und 1761 zahlreiche römische Altertümer gefunden worden waren, aber erst Stark ging methodisch-systematisch zu Werk und fand, was er suchte, die Zeugnisse vergangenen Lebens, einer versunkenen Kultur.

Seine Herkunft, auch sein Werdegang waren es sicher nicht, die ihn für eine solche Leistung prädestiniert hätten, sie war auch nicht das unmittelbare Ergebnis einer systematischen Ausbildung; allein individuelle Neigung, gefördert freilich durch bestimmte geistesgeschichtlich bedeutsame Tendenzen seiner Epoche, führten ihn auf diese Bahn. Bernhard Stark war am 12. Juni 1767 zu Höchstadt an der Aisch geboren, sein Taufname war Matthäus Anton. Seine Eltern bestimmten ihn für den geistlichen Stand und schickten ihn auf das Gymnasium zu Bamberg, wo er sich bereits auszeichnete. Von 1786 bis 1788 studierte er zu Ingolstadt Philosophie, wo er unter anderen den kenntnisreichen Historiker Mederer und den Mathematiker und Physiker Cölestin Steiglehner aus St. Emmeram, den späteren Fürstabt, als Lehrer hatte. Steiglehner war es wohl auch, der „durch seine herrlichen Vorträge und durch sein einnehmendes Wesen", wie Starks Biograph feststellt, den jungen Studenten zum Eintritt in das Reichsstift St. Emmeram bewog. 1788 wurde er dort Novize, 1789 legte er die Ordensgelübde ab, 1792 empfing er die Priesterweihe. Zwar hatte er, wie alle seine Mitbrüder, in erster Linie seelsorgliche Aufgaben, doch blieb ihm Zeit genug, wie auch seinen berühmteren Mitbrüdern Roman Zirngibl, Coloman Sanftl oder J. B. Enhueber, sich daneben wissenschaftlichen Studien zu widmen. Stark verlegte sich, offenbar beeindruckt von Mederer, auf das Studium der Geschichte, doch dauerte es bis 1799, bis er eine erste Frucht seiner Studien der Öffentlichkeit übergab, eine Abhandlung über das Horn eines Auerochsen, das einst als Trinkgeschirr gedient hatte, später aber zu einem Reliquiar umgearbeitet worden war. Dieses literarische Erstlingswerk verschaffte ihm 1800 die Ehrenmitgliedschaft der „Hessischen Gesellschaft für Alterthümer" zu Kassel. Dadurch ermutigt, sandte er einen weiteren Aufsatz dorthin über ein Thema der mittelalterlichen Kunstgeschichte. Auf seinen später so erfolgreichen Weg führte ihn aber mehr oder weniger der Zufall. 1802 war ihm die Pfarrei Harting anvertraut worden, Bauern fanden dort 1804 bei der Feldarbeit uralte Gefäße und Schmuckgegenstände, was Stark bewog, nach Rückfrage bei der Bayerischen Akademie der Wissenschaften, ermutigt durch den zuständigen Klassensekretär Lorenz Westenrieder, eine systematische Grabung anzustellen. Entscheidend war dabei, daß Stark sich nicht einfach mit der Gewinnung eines altertümlichen Schatzes begnügte, den er Freunden vorzeigen konnte, sondern wirklich daran ging, die Funde anhand von ihm bekanntem Vergleichsmaterial zeitlich und ethnisch einzuordnen, er erkannte sie als Erzeugnisse germanischer Herkunft. Die damalige wohlwollende Reaktion der Münchner Akademie bewog ihn, noch 1807 der Akademie zwei Aufsätze zur mittelalterlichen Geschichte Regensburgs vorzulegen, über das Grabmal Herzog Heinrichs I. zu St. Emmeram und über die Gefangenschaft Herzog Heinrichs II. des Zänkers, mit dem Ergebnis, daß er am 19. März 1808 das Diplom eines Korrespondierenden Mitglieds dieser Akademie erhielt.

Damit war er in der wissenschaftlichen Welt anerkannt und hätte auf dem eingeschlagenen Weg weiterschreiten können, ein Gelehrter neben vielen. Den besonderen Rang, den man ihm in der bayerischen Gelehrtenwelt bescheinigen muß, verdankte er aber seiner Hinwendung zum römischen Regensburg. Wieder war es ein alsbald umsichtig und zielstrebig genutzter Zufall, der ihn auf die neue Bahn führte, ein Zufall freilich, dessen Ausnutzung bereits weitgehende Vertrautheit mit den zu erwartenden Gegebenheiten voraussetzte. Er berichtet darüber im Mai 1808 an den Fürstprimas Karl Theodor von Dalberg, seit Ende des Jahres 1802 Landesherr des Fürstentums Regensburg, der dann auch die ersten Ausgrabungen finanzieren sollte. Als auf Anweisung Dalbergs südlich der Stadt Gärten angelegt werden sollten, vermutete Stark sogleich, wahrscheinlich in Kenntnis der Äußerungen des Regensburger Syndikus Plato-Wild, daß dort antike Funde zu erwarten seien, und setzte sich mit einem der Gärtner in Verbindung. Nachdem er die ersten Funde gesehen hatte, begann er im Einverständnis mit dem Besitzer am 10. Dezember 1807 die ersten Grabungen. Dalberg ersetzte ihm noch 1808 die angefallenen Kosten von 200 Gulden und kaufte ihm die Funde um 200 Gulden ab, Urnen, Schalen, Salbengefäße, Lampen, schließlich ein unversehrtes Grabmonument. 1808 setzte Stark, finanziert durch Dalberg, die Grabungen fort, 1810 bereits, nach dem Übergang Regensburgs an Bayern, nahm ihn die neue Regierung in die Pflicht und erteilte ihm den Auftrag, die römischen und mittelalterlichen Altertümer im Raum Regensburgs zu ermitteln und ein Verzeichnis darüber zu erstellen. 1811 nahm er, auf ausdrückliche Weisung des Ministers Montgelas, die Grabungen auf den Emmeramer Breiten und in Kumpfmühl noch einmal für wenige Tage auf, zu Ende führte er sie nicht. Die Fundstücke, zunächst aufbewahrt im ehemaligen Sommerrefektorium von St. Emmeram, später im Domkreuzgang, bildeten den Grundstock für ein Antiquarium in Regensburg.

Auf Empfehlung des Generalkommissärs des Regenkreises, Freiherr von Weichs, an die Münchner Akademie, die am 11. August 1811 darüber Bericht an den König erstellte, wurde Stark am 7. September 1811 zum Konservator am Königlichen Antiquarium

ernannt, das der Akademie unterstellt war und seither wieder auf seine ursprüngliche
Bestimmung als Antiken-Museum zurückgeführt wurde. Die Akademie setzte eine
Kommission zur Untersuchung vaterländischer Altertümer ein, deren Mitglied auch
Stark wurde; ein umfassendes Programm wurde entwickelt, gerade von Stark erwartete
man sich viel. In der Tat gingen von ihm in der nächsten Zeit wichtige Impulse aus,
aufschlußreiche Grabungen wurden durchgeführt, wertvolle Objekte konnten dem
Antiquarium einverleibt werden.

Stark konnte trotzdem nicht zufrieden sein, wie sein Biograph zum Jahr 1818 berichtet: „So sehr sich der treffliche Altertumsforscher auch durch diese Untersuchungen um
die Wissenschaft und die Akademie verdient gemacht hatte, so gelang es ihm doch nicht,
zum ordentlichen Mitgliede vorgeschlagen zu werden …" Auch spätere Bemühungen in
dieser Richtung führten zu keinem anderen Ergebnis, schließlich, am 9. Mai 1825, wurde
ihm sogar die Leitung des Antiquariums entzogen. Er war aber weiterhin mit großem
Elan tätig, sammelte auf Reisen nach Tirol, Verona, Salzburg, in die Steiermark und nach
Wien Material für seine Studien zu römischen Meilensteinen, führte auf Einladung des
Abtes von Wilten bei Innsbruck Grabungen durch, arbeitete an einer Edition des Martianus Cappella. Alle Pläne für umfassende Publikationen, vor allem für eine Bavaria
Romana, ein Verzeichnis der römischen Altertümer in Bayern, für die er reiches Material
gesammelt hatte, konnte er nicht mehr ausführen, am 6. November 1839 starb er.

Die Bedeutung Bernhard Starks für die bayerische Wissenschaftsgeschichte hängt in
erster Linie mit seiner Tätigkeit als Ausgräber zusammen, sie muß näher ins Auge gefaßt
werden. Stark stand mit seinem Interesse für das römische Altertum selbstverständlich
nicht allein, die Ruinenseligkeit der Präromantik und die bereits um die Jahrhundertmitte sich ausbildende klassische Altertumswissenschaft hatten den Boden bereitet auch für
eine ernsthafte Beschäftigung mit den Bodendenkmälern. Voran gingen die Akademien
Italiens und Frankreichs, der Straßburger Historiker J. D. Schöpflin, der geistige Vater
der Mannheimer Akademie, regte die Erforschung der römischen Epoche seiner badi-
schen Heimat an, und schon in den ersten Abhandlungen auch der Münchner Akademie
finden sich Studien zu den Römerstraßen in Bayern, zu Weihealtären, zu Meilensteinen.
In den achtziger Jahren setzte die Limes-Forschung ein und kamen systematische
Grabungen in Gang, zum Teil angeregt von Lorenz Westenrieder, dem Sekretär der
Bayerischen Akademie der Wissenschaften. Bald konnte man gar von einer Epidemie
von Grabungen sprechen, wobei auch mancher Ausgräber im Übereifer mehr zerstörte,
als er ans Licht brachte. Daß Stark nicht zu solchen Dilettanten zählte, dafür spricht das
Ansehen, das er bald genoß; daß er ohne Lehrer sich zu einem Fachmann in römischer
Archäologie und Epigraphik bilden konnte, verdankte er zweifellos allein der ungewöhnlich reichhaltigen Bibliothek von St. Emmeram. Sie enthielt die Publikationen aller
wichtigen europäischen Akademien, von den deutschen Akademien beschäftigte sich
Mannheim mit den römischen Altertümern. Von einer voll ausgebildeten, reifen Methode in Archäologie und Epigraphik kann allerdings auch selbst bei führenden Forschern
noch nicht die Rede sein, jeder von ihnen war noch mehr oder weniger Autodidakt.

Das war natürlich auch Bernhard Stark. Es fehlten alle Erfahrungen mit solchen
ausgedehnten Gräberfeldern, wie sie Stark im Süden Regensburgs angeschnitten hatte.
Dazu kamen auch grundsätzliche Probleme. Die Unsicherheit über die Bedeutung
solcher Anlagen, damit über den Zweck einer Grabung, beeinträchtigte auch die

Methode, dazu kamen horrende bürokratische Hemmnisse. Das wissenschaftliche Ergebnis konnte also unmöglich voll befriedigen, außerordentlich waren freilich die von der Entdeckung Starks ausgehenden Impulse, das Interesse blieb in Regensburg lebendig und fruchtbar – voll ausgegraben ist das unterirdische römische Regensburg freilich auch heute noch nicht.

Das Ziel der Grabungen Starks war von Anfang an nicht die Aufdeckung der römischen Gräberfelder insgesamt, mit einer Erschließung der Gesamtanlage, ihrem Zustand und ihrer Beschaffenheit, auch nicht die Gewinnung allgemeiner Erkenntnisse über die Begräbnissitten der Römer in der Provinz, sondern ihm ging es um Funde, um große Zahlen von Einzelstücken, noch mehr um sensationelle Monumente. Über die gesamte von Stark ausgegrabene Fläche scheint es keinen Lageplan zu geben, Freiherr von Weichs benennt allerdings eine „Zeichnung" Starks, die dieser vorgelegt habe; eine solche fehlt aber im wissenschaftlichen Nachlaß Starks, nur Grundrisse sind seinem Bericht an Dalberg von 1808 beigegeben, der im Staatsarchiv Amberg liegt. Der Bericht über die Grabungen Starks vom Dezember 1807 bis zum Herbst 1811 und sein „Anschlag der zur vollständigen Durchsuchung des römischen Bustums bei Regensburg erforderlichen Kosten" vom 23. Juni 1811, der für den Freiherrn von Weichs bestimmt war und von diesem an die Akademie weitergegeben wurde, geben einen ungefähren Aufschluß über seine Vorstellung vom Ausmaß des Gräberfeldes und über sein Vorgehen. Er ließ da graben, wo schon römische Objekte zutage getreten waren, dann ließ er, um Verlauf und Ausdehnung des Gräberfeldes zu ermitteln, nach vier Richtungen gleichzeitig „in der Entfernung von 60 Schritten Schacht schlagen", dann ordnete er weitere Probegrabungen an. Er hatte zunächst überhaupt keine Vorstellung, was ihn erwartete, noch einen festen Plan. Keine Rede ist von einem Lageplan, von Markierung und Vermessung der Fundstellen, auch jener von Grabmälern, immerhin wird die Führung eines „Tagbuchs" erwähnt.

Das Ergebnis scheint Stark selbst unklar gewesen zu sein, er rühmt sich nur zahlreicher Einzelfunde, auch die Zahl der ermittelten Bestattungen erwähnt er, es waren circa 300. Sie ziehen sich längs der damaligen Landstraße nach Kumpfmühl hin, auf den sog. Emmeramer Breiten, ausgehend von St. Emmeram. Insgesamt vermutet man heute im Großen Gräberfeld südlich der Stadt zum wenigsten circa 6000 Bestattungen – einen solchen Umfang auch nur zu ahnen, davon war Stark weit entfernt. Sein Voranschlag betraf nur ein Grundstück von 16 Morgen, das aber dann, wie von Weichs 1811 noch bedauernd feststellte, „zum Verkaufe bestimmt" worden sei. Vermutlich hatten aber nicht nur „die bestehenden Kreis Stellen", wie von Weichs fortfuhr, „kein Gefühl für diesen antiquarischen Werth", sondern auch die Akademie sah keine Ursache, sich für die Finanzierung der von Stark auf 8000 Gulden in fünf Jahren veranschlagten Ausgrabungen einzusetzen.

In und um Regensburg kam mit der Berufung Starks nach München für zwei Jahrzehnte die Erforschung der römischen Begräbnisstätten ins Stocken. Stark selbst allerdings, dessen Aufgabe als Konservator nicht nur darin bestehen sollte, die „römisch-baierischen Alterthümer", soweit sie „einer Ausstellung in der Centralsammlung für würdig erkannt" wurden, nach München zu holen, sondern „auch an geeigneten Orten wohlgeleitete Nachgrabungen und Forschungen zu veranlassen", hat offenbar von München aus ebenfalls keine Bemühungen in dieser Richtung angestellt. Es scheint aller-

dings, als habe man ihm Initiativen dieser Art nicht leicht gemacht. So wurde sein Antrag
von 1815, ein vermutetes römisches Gräberfeld bei Salzburg auszugraben und das Areal
zu kaufen, abgelehnt – angeblich, weil die Ergebnisse nicht den Erwartungen des Königs
entsprächen; in Wirklichkeit wohl, weil er durch den Vorschlag des klassischen Philolo-
gen am Münchner Lyzeum und Mitglied der Akademie Friedrich Wilhelm Thiersch, er
solle die von diesem 1809 begonnenen Grabungen in Salzburghofen fortsetzen, mitten in
die akademischen Intrigen zwischen Thiersch und dem Generalsekretär Schlichtegroll
geraten war. Maßgeblich war dabei auch die durchaus dilettantische Auffassung, die
Schlichtegroll von den Aufgaben der Archäologie hatte. Er hatte nur sensationelle Funde
im Auge, wie etwa den Stein von Rosette; wo solches nicht zu erwarten war, legte er
Widerspruch ein. Stark hatte sich wohl auch dadurch mißliebig gemacht, daß er bei der
Fortführung der Grabungen in Salzburghofen die dort gemachten Funde, unter anderem
ein unversehrtes Bodenmosaik, an Ort und Stelle belassen wollte, so daß 1816, als Salzburg an Österreich kam, die Funde nach Wien gebracht wurden. Auf Hindernisse stieß
auch seine Grabung September 1818 bei Westendorf und Langenpfunzen, wo er das antike „Pons Oeni" vermutete. Interessant ist die Methode der Bestimmung des Niveaus der
Funde, mit der er nachzuweisen versuchte, daß bestimmte Aufschüttungen von Men-
schenhand erfolgt sein mußten, vermutlich bestimmt als Befestigung. Aber im übrigen
kann von jener Genauigkeit und Umsicht, mit der später gegraben werden sollte, auch in
seiner Münchner Zeit noch nicht die Rede sein; seine Auftraggeber, aber auch er selbst
hätten dafür keine Geduld aufgebracht.

Diesen Eindruck bestätigt vor allem das wissenschaftliche Oeuvre Starks, es besteht
aus einer Unzahl von Abhandlungen zu kleinen und kleinsten Themen, alle hastig hinge-
schrieben, ein Opusculum jagt das andere. 119 von ihnen blieben ungedruckt. Das ist
außerordentlich zu bedauern, ein wirklicher Verlust für die Forschung, denn Stark war
ungemein kenntnisreich, belesen, scharfsinnig, verfügte deshalb über reiches Vergleichsmaterial für die Einordnung von Funden, vor allem für die Deutung von Inschriften und
die Interpretation von Denkmälern, er war auch über sein engeres Fach hinaus gebildet
und interessiert, wie sein Versuch „Ueber die Verbindung der Philosophie mit historischer Kritik" oder seine Übersetzung des „Contrat social" J. J. Rousseaus zeigt; auch
theologisch und philologisch war er nicht uninteressiert, er plante eine Edition der
Homilien des heiligen Maximus und eine Edition des Martianus Cappella. Seine ersten
literarischen Sporen gedachte er sich jedoch in der bayerischen bzw. Regensburgischen
Geschichte zu verdienen, die entsprechenden Abhandlungen und Materialsammlungen
liegen noch vor, ungeordnet freilich, in seinem reichen Nachlaß. Welchen wissenschaftlichen Wert diese und andere Schriften ihrer Art besitzen, läßt sich ohne Untersuchung
der nachgelassenen Manuskripte nicht bündig feststellen. Die Mehrzahl seiner Abhandlungen wird vor allem durch seinen Einsatz für die Aufspürung, Konservierung und
Interpretation antiker Denkmäler gekennzeichnet; sie behandeln Themen aus dem allgemeinen Umkreis dieser Thematik, Römerstraßen in Bayern, römische Wachttürme und
ihre Funktion, Mosaiken, Salbengefäße, Schreibtafeln und anderes. Sein Hauptinteresse
galt indes den Inschriften auf Denkmälern in Bayern und Tirol, auf Grabmälern, Votiv-
steinen, vor allem auf Meilensteinen. Themen dieser Art behandelte er in einer ganzen
Reihe von Aufsätzen, solche höchst spezieller, aber auch allgemeiner Art; z. B. liegen vor
eine „Dissertation sur la méthode de rétablir les inscriptions romaines mutilés" und das

Fragment eines „Dictionnaire archéologique". Bemerkenswert ist wohl auch der Versuch einer umfassenden Einführung in die Epigraphik. Berühmt gemacht hätte ihn zweifellos, ein Jahrhundert vor Vollmer, die Ausführung seines Planes einer Sammlung und Interpretation der römischen Inschriften in Bayern, einer Bavaria Romana, für die auch schon spezielle Vorarbeiten vorliegen; wie sehr man bedauern muß, daß nicht eine größere Anzahl seiner Studien den Weg in die Öffentlichkeit gefunden hat, zeigt ein Blick auf die drei Abhandlungen, die er auf eigene Kosten drucken ließ, über einen „Denkstein" für Antoninus Pius in Kösching (1824), über einen Meilenstein in Wilten und über ein Militärdiplom (1832). Eine Abhandlung über griechische Inschriften wurde von seinem Kollegen Joseph von Hefner 1853 herausgegeben.

Die Abhandlung über das Monument, das im 16. Jahrhundert bei Kösching gefunden und von Aventin, Gewold und Schöpflin bereits untersucht worden war, zeigt, wie auch jene über den bisher noch nicht bekannten Meilenstein aus der Zeit des Kaisers Decius, alle Vorzüge der epigraphischen Methode Starks. Er legt der Untersuchung eine vorlagengetreue Zeichnung der Inschriften zugrunde, vergleicht anhand der gelehrten Publikationen von Italien bis England ähnliche Zeugnisse und ihre Interpretation und überprüft bzw. korrigiert sie in umsichtiger Auswertung auch der historiographischen Quellen wie der Münzen, wobei er besonders sorgfältig die Angaben über die Chronologie der Amtsträger ins Auge faßt. Es sind dabei selbstverständlich keine aufsehenerregenden Ergebnisse zu erwarten, wohl aber die überzeugende Auswertung singulärer Zeugnisse und ihre Einordnung in die lokale und regionale Geschichte. Vielleicht wird man, ohne Stark beachtenswertes Problembewußtsein absprechen zu wollen, in dieser Hinsicht, im Hinblick auf die historische Auswertung, zu wenig Nachdruck feststellen dürfen – weithin konzentrierte er sich allein auf punktuelle Korrekturen. Mit besonderer Leidenschaft nämlich verbiß er sich in die Verbesserung von wirklichen oder vermeintlichen Fehlern bei seinen gelehrten Kollegen. So beschäftigte sich etwa 1832 eine ganze Abhandlung mit der Kritik der Interpretation einer „Tabula Honestae Missionis", die Thiersch 1828 in der Akademie vorgetragen hatte und die nach Auffassung Starks zahlreiche Fehler aufwies, die Thiersch in Kenntnis vor allem der Publikationen Scipio Maffeis und Muratoris hätte vermeiden können. Ob dieses Militärdiplom allerdings, wie Stark meint, eine Fälschung darstellt, darf man wohl bezweifeln.

Für dauernden Nachruhm waren die wenigen Druckwerke nicht genug. Keiner seiner großen Pläne gedieh zur Reife, aber auch das von ihm gewünschte umfassende Verzeichnis der ihm anvertrauten römischen Altertümer im Münchner Antiquarium legte er in den 14 Jahren seiner Tätigkeit nicht vor. Es hätte ihn nicht unsterblich gemacht, aber er hätte sich im Kreis der Fachleute immer wieder in Erinnerung gebracht. Vor allem in der Akademie war man deshalb sehr ungehalten, bei seinen wiederholten Anträgen auf Anhebung seines Status vom außerordentlichen zum ordentlichen Akademiemitglied wurde dieses Versäumnis als entscheidender Hinderungsgrund angeführt. Die wahren Gründe liegen zweifellos tiefer. Er war 1808 nach Vorlage einer historischen Abhandlung, wie das in den Satzungen gefordert wurde, Mitglied geworden; Pallhausen hatte über die Abhandlung in einer Akademiesitzung referiert und sie gerühmt, gedruckt wurde sie nicht. Auch keiner der zahlreichen Akademievorträge, die Stark in den Jahren seit 1811 halten durfte, noch die Abhandlungen, die er vorlegte, wurden des Druckes für würdig befunden, ausnahmslos zu Themen aus seinem engsten Spezialgebiet. Zu vertreten hatten diese Ablehnung vor allem der Generalsekretär der Akademie von 1807 bis 1822, F. v. Schlichtegroll, dann der Philosoph Schelling, Präsident der Akademie von 1827 bis 1842, wohl auch Thiersch, schließlich der Numismatiker Joseph v. Scherer und nicht zuletzt der Rektor des Münchner Lyzeums, Cajetan Weiller, einer der radikalsten Aufklärer unter den bayerischen Weltgeistlichen, der von 1822 bis 1827 Generalsekretär der Akademie war. 1825 lautete der Bescheid, Stark habe „zwar sein Amt mit Eifer und Thätigkeit verwaltet", aber immer noch fehle der Katalog der im Antiquarium verwahrten Funde, und seine Abhandlungen habe man ihm zur Verbesserung zurückgegeben, er habe sie aber nicht wieder vorgelegt. Stark selbst und sein Biograph suchen den Urheber der ständigen Zurücksetzung in Cajetan Weiller, Bachmann führt sie auf Thiersch zurück, der „von dem kenntnisreichen Mann eine Verdunkelung des eigenen Ruhmes zu befürchten" schien.

Bei unbefangener Prüfung des Gesamtkomplexes ergeben sich zweifellos merkwürdige Widersprüche. Noch 1811 wurde Stark bei der Befürwortung seiner Anstellung durch die Akademie außerordentlich gelobt, es hieß dabei ausdrücklich, daß er der Akademie „mehrere gründliche Abhandlungen eingesendet" habe, und es wurde ihm in Aussicht gestellt, bei der Vorlage weiterer Abhandlungen zum ordentlichen Mitglied vorgeschlagen zu werden. 1817 hieß es, von den eingereichten Abhandlungen sei nur eine druckwürdig, aber auch diese wurde nicht in die Akademieschriften aufgenommen. War das Interesse der Akademie, die einst, in ihren ersten Bänden, eine ganze Reihe von Themen aus der römischen Vergangenheit Bayerns hatte bearbeiten lassen, jetzt einfach erloschen? Aber nur die Haltung Schlichtegrolls, der 1815 Stark, mitten aus seiner Arbeit an der Salzburger Grabung, ohne Angabe von Gründen kategorisch zurückrief, könnte dafür sprechen; auch wenn das Inhaltsverzeichnis der Akademieschriften zwischen 1810 und 1825 kein derartiges Thema aufweist, so hat doch Thiersch, dem 1825 anstelle Starks die Aufsicht über das Antiquarium übertragen worden war, seither zahlreiche einschlägige Publikationen vorzuweisen. Daß die Abhandlung Starks über das Grabmal Herzog Heinrichs nicht publiziert wurde, ist aber keinesfalls darauf zurückzuführen, daß seit 1807, seit der Neuorganisation der Akademie und dem Herrschaftsantritt der „Nordlichter", bayerische Geschichte nicht mehr gefragt war. Immer noch finden wir die Namen Zirngibl, Hellersberg, Pallhausen im Verzeichnis der Abhandlungen. Dafür stand zweifellos Westenrieder gut, der immer noch der wichtigste Vertreter der Geschichtswissenschaft an der Akademie war.

Um Klarheit zu gewinnen, müßte man den reichen handschriftlichen Nachlaß Starks gründlich untersuchen, doch das wäre außerordentlich mühsam. Auch die Reinschriften seiner Akademievorträge und anderer Schriften in den nachgelassenen Papieren machen zum Teil einen geradezu chaotischen Eindruck; Einschub ist auf Einschub geklebt, jeder in den Inschriften angesprochene Begriff, auch wenn er von der Fachwelt in seiner Bedeutung längst definiert bzw. in allgemeiner Übereinkunft akzeptiert ist, erhält erneut eine umfassende, mit zahlreichen Belegen abgesicherte Begriffsgeschichte, ob nun für das Thema erforderlich oder nicht. Kurz, Stark breitet bei engster Thematik stets seine ungemeine Gelehrsamkeit aus. Ob nun die Manuskripte seiner Akademievorträge als Druckvorlagen brauchbar waren oder nicht, läßt sich aufgrund des Nachlasses schwer sagen; Stark könnte sie auch nachträglich noch aufgefüllt haben. Die Vermutung jedoch, daß redaktionelle Eingriffe nötig waren – von denen in der Stellungnahme der Akademie ja die

Rede ist – läßt sich nicht widerlegen, Weiller könnte durchaus recht gehabt haben. Andererseits hätte der Reichtum seiner Vorträge an stofflicher wie methodischer Belehrung, bei zuchtvoller Redaktion, die in Bayern gerade erst wieder in Gang geratene Forschung zur Geschichte der Römerzeit erheblich befruchten können, selbst da, wo die Abundanz seiner Argumentation den Fachmann verärgern konnte.

Sachliche Motive lassen sich also vorerst nur vermuten, nicht schlüssig belegen. Man wird also doch wohl dem Biographen Starks folgen müssen, der die Ursache für die Zurücksetzung seines Helden im persönlichen Bereich sucht, allerdings nicht ohne den Anteil Starks an den zugrundeliegenden Spannungen völlig zu ignorieren. Stark und Thiersch waren gleichzeitig Mitglieder der „Kommission zur Untersuchung vaterländischer Alterthümer", Diskussionen waren also unvermeidlich. Stark war nicht der Mann, nachzugeben, wenn er sich im Recht glaubte; Thiersch, so kann man sagen, hat er in seinem Aufsatz über die „Tabula Honestae Missionis" 1832 geradezu lächerlich zu machen versucht. Vermutlich hat sich Stark aber auch Westenrieder zum Feind gemacht, von dem schon zwei Jahrzehnte früher energische Anregungen zur Erforschung der römischen Vergangenheit, auch zu Grabungen, ausgegangen waren – sein Interesse konnte nicht so schnell erloschen sein. Es ist in der Tat ein höchst persönlicher Hintergrund auch bei der Einstellung Westenrieders zu Stark zu vermuten; das hängt zweifellos mit dem Verhältnis des jungen Emmeramer Konventualen zu seinem weit älteren, hochverdienten und angesehenen Mitbruder P. Roman Zirngibl zusammen, dem seinerzeit fruchtbarsten Geschichtsforscher Bayerns, mit dem Westenrieder befreundet war. Stark hatte es 1802 gewagt, Westenrieder die Abhandlung über das Grabmal Herzog Heinrichs I. zu übermitteln, in der er die Auffassung Zirngibls von einer „Entstehung dieses Grabmals im 14. oder 15. Jahrhundert" angegriffen hatte, übrigens in der Tat zu Recht. Westenrieder bat Zirngibl um ein Gutachten, dieser bekräftigte seine eigene Auffassung erneut, zur Person Starks bemerkte er: „Bernard Stark zerstreuet sich gerne, Er wird kaum den Absichten Euer Wohlgeboren vollkommen entsprechen." Von einer Stellungnahme Westenrieders verlautet allerdings nichts. 1810 dann berichtet Zirngibl gegenüber Westenrieder von einem Zusammenstoß mit Stark, der von ihm, offenbar sehr von oben herab, Mitwirkung bei der Feststellung römischer Altertümer in seinem Bereich verlangt und ihn wegen seiner ablehnenden Haltung bei der Regierung angezeigt habe, 1811 verdächtigte er Stark des Plagiats, 1816 mokierte er sich über ihn wegen seines Auftretens bei einer gemeinsamen Einladung bei Fürstabt Steiglehner: „Er sprach hoch und viel …" Ernsthaften Anstoß an Stark dürfte Westenrieder aber vor allem an den beiden Akademievorträgen von 1814 „Über einige in und ausser der Stadt Regensburg neu aufgefundene Grabschriften von Soldaten der III. Italischen Legion" genommen haben, in denen Stark „die vielen Fehler" in der Akademieabhandlung Zirngibls von 1813 „Über römische Inschriften in Regensburg" verbesserte, wobei er diesem „unlautere Absichten" unterstellte; die im Nachlaß vorliegenden drei Entwürfe wecken mit ihren immer neu variierten Anwürfen gegen Zirngibl durchaus den Eindruck persönlicher Gehässigkeit. Zirngibl hatte seine Abhandlung 1808 an Westenrieder geschickt, dieser also hatte sie zum Druck befördert. Zweifellos hatte sich Zirngibl durch die Erfolge Starks zu dieser Publikation verführen lassen, ohne noch genügend Erfahrung auf diesem Gebiet erworben zu haben; Fehler gab auch Westenrieder zu, was nicht heißen muß, daß er die Kritik verzieh. Übrigens war auch die Arbeit Zirngibls durchaus verdienstvoll, wie Karlheinz Dietz feststellt.

Es ist sicher, im Weg stand sich Stark am meisten selbst. Er wußte viel und konnte viel, was man von Joseph von Hefner nicht sagen kann, der als Gehilfe Thierschs Stark schließlich ersetzen sollte. Aber Starks aufdringliche Art, das Bemühen, stets im Vordergrund zu stehen, immerzu seine Überlegenheit geltend zu machen, jedermann zu belehren, gewann ihm wohl wenig Freunde. Trotz – oder wegen – seiner zahlreichen Akademievorträge, insgesamt sieben in sechs Jahren, fand er nicht die gebührende Anerkennung, gewährte man ihm nicht die Möglichkeit, seine Kenntnisse an die zukünftige Generation weiterzugeben. Kein Geringerer aber als Friedrich Vollmer, der berühmte Herausgeber von „Inscriptiones Bavariae Romanae" (1915), stellt die Bedeutung Starks in einem Akademievortrag von 1913 mit Nachdruck heraus: „Aber auch in München gab es zu Anfang des 19. Jahrhunderts einen Mann, der sich ehrlich um epigraphische Kunst und Methode mühte, einen Mann, den freilich die Mißgunst seiner Zeitgenossen nicht hat zu voller Anerkennung kommen lassen … es bleibt ihm der Ruhm, als erster eine Anzahl einheimischer Denkmäler, darunter Meilensteine und Militärdiplome, gründlicher epigraphischer Observation und Kritik unterworfen zu haben, wobei er all die Vertrautheit mit besonders italienischen epigraphischen Studien aufweist, die Hefner zeit seines Lebens gefehlt hat. Es darf Stark aber auch nicht vergessen werden, daß er nach den Eininger Versuchen des Abtes von Weltenburg als erster hierzulande systematisch größere Ausgrabungen angeregt und durchgeführt hat: Es gelang ihm bekanntlich, daß große römische Gräberfeld im Südwesten von Regensburg zu erschließen." Bachmann schließt sein Kapitel über die Tätigkeit Starks – den sein Biograph „die letzte gelehrte Zierde des ehrwürdigen Stiftes St. Emmeram" nennt – mit dem Urteil: „Sein Andenken ist zu Unrecht in Vergessenheit geraten."

Dirk Götschmann

Ludwig Wirschinger – bayerischer Finanzminister (1781–1840)

Ludwig Wirschinger wurde am 30. September 1781 als Sohn eines katholischen Schneidermeisters in Regensburg geboren; in dieser Stadt besuchte er auch die Schule und anschließend das bischöfliche Lyzeum. Hierbei habe er sich, so hieß es in später in einem Nachruf, durch sein „bescheidenes schmiegsames Betragen schon früh in höheren Cirkeln beliebt zu machen" gewußt. Besonders der Fürstlich Thurn und Taxissche Geheime Hofrat, Regierungs- und Hofgerichtsdirektor Joseph F. X. von Epplen fand Gefallen an dem bescheidenen Schneidersohn. Er nahm ihn in seine Obhut und führte ihn in die Sphäre der höheren Verwaltung ein, indem er ihn in Rechtswissenschaften, Diplomatik und Staatswissenschaften unterwies. Auch eröffnete er ihm die Möglichkeit, im fürstbischöflichem Amt Wörth an der Donau ein Praktikum zu absolvieren.

Auf diese Weise bestens vorbereitet, nahm Wirschinger vermutlich 1801/02 an der Universität Landshut das Studium der Rechtswissenschaften auf; 1803 wird er in den Matrikeln dieser Universität erstmals als Student der Rechtswissenschaften aufgeführt. Auch hier wieder bewährte sich sein bescheidenes und angenehmes Auftreten. Rasch nämlich fand er engen Anschluß an den prominenten Nikolaus v. Gönner, den herausragenden Juristen und Professor der dortigen Alma mater. Dieser holte den strebsamen Studenten, der offenbar über nur sehr geringe finanzielle Mittel verfügte, als Lehrer seiner beiden Söhne in sein Haus. Im Jahre 1805 bereits schloß Wirschinger sein Studium mit der Promotion ab; seine Dissertation mit dem Titel „Versuch einer neuen Theorie über das Juramentum in limitem oder den Würdigungseid" wurde preisgekrönt und erschien im folgenden Jahr im Druck. Gönner ehrte seinen begabten Schüler durch die Beifügung eines ausführlicheren Vorwortes, in dem er die Notwendigkeit einer Reform des deutschen Privatrechts darlegte.

Mit dem akademischen Titel geschmückt und einem Empfehlungsschreiben Gönners an Fürstprimas Carl von Dalberg in der Tasche kehrte Wirschinger 1805 nach Regensburg zurück, das 1803 Residenzstadt des neugegründeten Dalbergischen Fürstentums Regensburg geworden war. Dalberg, der mit großem Reformeifer darangegangen war, einen modernen Staat aufzubauen, nahm den vielversprechenden Doktor der Rechte umgehend als Sekretär in seine Regierung auf. Wirschingers erste Aufgabe war die Anlage einer Statistik des Fürstentums; sie sollte der Regierung eine verläßliche Grundlage für ihre Planungen und Entscheidungen liefern. Im folgenden Jahr übernahm er dann das Amt des Landrichters im Amte Wörth, das er in der Folge neben seiner Tätigkeit in der Regierung zu Regensburg versah. Diese schnelle Karriere des Schneidersohnes steht zweifellos auch mit seiner Ehe in Zusammenhang, heiratete er doch die Tochter des Hofrats Politzka, seines Vorgängers im Wörther Amte. Dennoch waren es unübersehbar vor allem seine Leistungen, denen der strebsame junge Beamte seinen raschen Aufstieg verdankte. Denn wenig später ernannte Dalberg den jungen Landrichter zum Oberlandesgerichtsrat und verlieh ihm seine „große goldene Civil-Verdienstmedaille". Die hohe Wertschätzung, die Dalberg Wirschinger entgegenbrachte, zeigte sich auch darin, daß er ihm 1809 auftrug, die Einführung des neuen Zivilrechts, das sich am Code Napoleon orientierte, im Fürstentum Regensburg vorzubereiten. Diesen Auftrag konnte Wirschinger allerdings wegen der bereits 1810 erfolgenden Übergabe des Fürstentums an Bayern nicht mehr zum Abschluß bringen.

Dieser Herrschaftswechsel brachte Wirschingers rasche Karriere zunächst zum Stillstand. Er wurde zwar in den bayerischen Staatsdienst übernommen, der neue Dienstherr aber konnte und wollte den jungen Juristen nicht in der Position eines Oberlandesgerichtsrates belassen. Wirschinger mußte froh sein, als Landrichter übernommen zu werden, und als solcher hat er dann das vorübergehend königlich-bayerische Landgericht Wörth verwaltet. Diese Zurückstufung in Rang und Funktion wurde zwar durch einen finanziellen Ausgleich etwas gemildert, aber sie dürfte den ehrgeizigen Beamten deswegen kaum weniger geschmerzt haben. Noch im Dezember 1810 bewarb er sich um die Stelle eines Rates beim Generalkreiskommissariat des neugebildeten Regenkreises, dem Vorläufer der Regierung der Oberpfalz. Wirschingers Bewerbung hatte zwar keinen unmittelbaren Erfolg, aber im Mai 1811 erhielt er die Stelle des Polizeikommissars zu Landshut. Diese Beförderung brachte Wirschinger wieder auf eine herausgehobene Position, denn als Polizeikommissar war er der oberste Vertreter der Staatsgewalt in der Stadt. Zwar erhielt er auch jetzt noch nicht sein früheres Gehalt, aber dafür wurde er noch im Oktober des gleichen Jahres zum Ersten Polizeikommissar in München befördert. Und diese Beförderung sollte sich auf längere Sicht als von wesentlich größerem Nutzen erweisen. Der Magistrat von Landshut hat sich übrigens nachdrücklich für Wirschingers Verbleiben eingesetzt und dann den Weggang seines tüchtigen Polizeikommissars außerordentlich bedauert. Denn Wirschinger hatte sich, wie es hieß, durch seine Humanität und seinen Mut hohe Achtung bei der gesamten Bürgerschaft verschafft. So sei es allein seinem persönliches Eingreifen zu verdanken gewesen, daß eine „Metzelei" zwischen Studenten und Soldaten verhindert worden sei.

In seinem neuen Wirkungskreis in München konnte Wirschinger seine Fähigkeiten direkt unter den Augen seiner Vorgesetzten beweisen. Sehr rasch erlangte er deren Anerkennung, wie daran zu erkennen ist, daß diese nunmehr auch seinem Wunsch nach einer Gehaltserhöhung befürworteten. Mit seiner Beförderung zum Polizeidirektor von Augsburg im Juni 1814 ging nicht nur dieser Wunsch in Erfüllung, zugleich erklomm Wirschinger eine Rangstufe, die seiner früheren in Regensburg mindestens gleichwertig war. 1817 bewarb er sich um die Stelle eines Ministerialrates im Innenministerium, kam dabei zwar nicht zum Zuge, wurde aber nun in seiner Polizeidirektorenstelle definitiv bestätigt. Als 1818 mit dem Erlaß des Gemeindeedikts die Städte von der Aufsicht staatlicher Polizeidirektoren und -kommissare befreit wurden, bewarb sich Wirschinger zunächst erneut um eine Stelle im Ministerialdienst. Wieder kam er nicht zum Zuge; er wurde stattdessen im September des gleichen Jahres auf die herausgehobene Position des Stadtkommissars von Augsburg befördert. Für die angestrebte Karriere im Ministerialdienst stellte jedoch eine Tätigkeit als Rat einer Kreisregierung die beste Voraussetzung dar, und um eine solche hat sich Wirschinger auch weiterhin bemüht. Dabei wurde er vom Chef der Regierung des Oberdonaukreises, Generalkommissar von Gravenreuth, nachhaltig unterstützt. Er beurteilte Wirschingers Leistungen als ausgezeichnet und hätte ihm gerne weitere Aufgaben, so vor allem die Zensur – seine Behörde war für die Überwachung der weitverbreiteten Augsburger Allgemeinen Zeitung zuständig – übertragen.

Im Dezember 1819 endlich wurde Wirschinger zum Rat der Regierung des Oberdonaukreises ernannt. Und im Frühjahr 1823 schließlich berief man Wirschinger zunächst provisorisch ins Innenministerium. Erneut bewies er hier seine Fähigkeit, sich schnell und gründlich in neue Aufgabenbereiche einzuarbeiten. Er übernahm das Referat für katholische Kirchenangelegenheiten und damit eine Aufgabe, die gerade damals großes Fingerspitzengefühl erforderte. Denn nachdem das Konkordat von 1817 mittels der Verfassung und des Religionsedikts 1818 in einigen Punkten korrigiert werden mußte, war das Verhältnis zwischen Staat und katholischer Kirche nachhaltig gestört. Deswegen war auch der bisherige Referent, der aus seiner kritischen Haltung gegenüber der Kirche keinen Hehl machte, abgelöst worden. Wirschingers diplomatisches Geschick glättete auch hier rasch die Wogen, bald fand sein Wirken das volle Lob der katholischen Geistlichkeit. Seine Fähigkeiten und Leistungen müssen sehr überzeugend gewesen sein, denn noch im Oktober des gleichen Jahres wurde er zum Ministerialrat extra Statum ernannt. Knapp zwei Jahre später, im Oktober 1825, folgte dann die Ernennung zum statusmäßigen Ministerialrat.

König Ludwig I., der fast gleichzeitig die Regierung antrat, übertrug die Kirchen- und Schulangelegenheiten dem neu ins Innenministerium einrückenden Eduard von Schenk [s. S. 225ff.]; diesem mußte Wirschinger sein bisheriges Referat abtreten. Erneut wurde ihm eine völlig neue Aufgabe übertragen, nämlich das Zollwesen. Ganz fremd war ihm diese Materie jedoch nicht. Schon während seiner Tätigkeit bei der Augsburger Regierung nämlich hatte er sich intensiv mit dem Thema Wirtschaft und Gewerbe befaßt, und ebenso war er an der Ausarbeitung des Gewerbsgesetzes beteiligt, das 1825 dem Landtag vorgelegt und von diesem auch angenommen wurde; mit diesem liberalen Grundsätzen folgenden Gesetz sollte Bayern auf den Weg zur Gewerbefreiheit gebracht werden. Wie nicht anders zu erwarten, bewährte sich Wirschinger auch in seinem neuen Aufgabenbereich in gewohnter Weise. Im Februar 1827 sprach ihm der König ein offizielles Lob für seine Mitarbeit im Komitee für das Zollwesen aus. In seinem neuen Aufgabenfeld hat sich Wirschinger zunächst besonders für den Zollverein mit Württemberg eingesetzt, was ihm den württembergischen Kronorden – die erste einer langen Reihe von ausländischen Auszeichnungen – eintrug.

Schon zu dieser Zeit arbeitete Wirschinger mit einem Kollegen zusammen, der sich gleichfalls durch Vielseitigkeit, Geschicklichkeit und großen Arbeitseinsatz auszeichnete: Carl von Abel, der nachmalige langjährige Innenminister Ludwigs I. Gemeinsam vertraten Abel und Wirschinger auf dem Landtag von 1827/28, dem ersten unter der Regierung Ludwigs I., als Ministerialkommissare das Innenministerium. Wirschinger wurde unter anderem die Vorlage und Erläuterung des Entwurfs eines „Kulturgesetzes" übertragen. Dieses Gesetz, mit dem die Verhältnisse im Bereich der Landwirtschaft einschließlich der hier so wichtigen Besitz- und Abhängigkeitsverhältnisse neu geregelt

werden sollten, lag dem König damals noch sehr am Herzen. Auch wurde ihm die Auszeichnung zuteil, den königlichen Landtagsabschied zu verlesen, mit dem der Landtag
geschlossen wurde. Auch wenn Wirschinger wegen der hartnäckigen Obstruktion des
Landtages seine Aufgaben nur teilweise erfolgreich durchführen konnte, hatte er sich in
den Auseinandersetzungen doch so bravourös geschlagen, daß der König ihm – wie auch
Abel – nach Abschluß des Landtages eine offizielles Lob aussprach. Das sollte die beiden
Beamten für die Angriffe entschädigen, denen sich Wirschinger noch mehr als Abel vor
allem in der Kammer der Abgeordneten ausgesetzt gesehen hatte.

Wirschingers umfassende wirtschaftspolitische Kenntnisse, vor allem aber sein diplomatisches Geschick bildeten die Voraussetzung dafür, daß ihm die Leitung der General-
Zolladministration übertragen werden konnte, die er im November 1828 übernahm. Mit
seiner Beförderung zum General-Zolladministrator, als welcher er unmittelbar hinter
den Ministern rangierte, wechselte Wirschinger zugleich in das Finanzressort über.
Dieser Ressortwechsel stand damit in Zusammenhang, daß zum gleichen Zeitpunkt der
bisherige Innenminister Graf von Armansperg, zu dem Wirschinger ein sehr gutes Verhältnis hatte, von Eduard von Schenk abgelöst wurde. Wirschinger war damit weiterhin
Armansperg unterstellt, der Finanzminister blieb und dazu statt des Ministeriums des
Inneren nun das des Äußeren und des Königlichen Hauses übernahm.

Als General-Zolladministrator setzte sich Wirschinger besonders für den Abschluß
des deutschen Zollvereins ein, daneben machte er sich aber auch um die Reorganisation
des bayerischen Zollwesens verdient. Neben zahlreichen ausländischen Auszeichnungen
brachte ihm dieses besondere Engagement 1833 den Titel und Rang eines Geheimrates
ein. Durch seine Tätigkeit in der Zolladministration war Wirschinger auch nicht unmittelbar in die innenpolitischen Konflikte verstrickt, die auf dem Landtag des Jahres 1831
ausgefochten wurden und die den König im Mai 1831 zur Entlassung Schenks zwangen.
Das sollte sich für Wirschinger besonders deshalb als wichtig erweisen, weil Ludwig I. im
Zuge dieser Kontroversen eine heftige Abneigung gegen Armansperg und seine Sympa-
thisanten entwickelte. Armansperg mußte Ende des Jahres seine Ministerposten räumen,
1832 wurden er und Abel, da sie Ludwig I. zwar weiterhin für außerordentlich tüchtig
hielt, aber nicht mehr in führender Position im Lande dulden wollte, durch die Übertragung wichtiger Funktionen im Regentschaftsrat seines Sohnes Otto, der 1832 den
griechischen Thron bestieg, auf elegante Weise abgeschoben. Damals erwog Ludwig I.
auch die Entsendung Wirschingers, woraus zu schließen ist, daß er auch dessen Fähigkeiten sehr hoch einschätzte.

Der im zweiten Glied stehende Wirschinger schien dem König aber offenbar weniger
schädlich und überstand so die Verschiebung der königlichen Gunst weitgehend unbeschadet, wobei ihm sein diplomatisches Geschick sicherlich von Nutzen war. Das
benötigte er auch, um sich mit dem neuen Favoriten des Königs zu arrangieren. Das war
Ludwig Fürst von Öttingen-Wallerstein, der seit Januar 1832 als Innenminister fungierte und zunächst großen Einfluß auf den König hatte. Von Anfang an scheint Wirschinger eine starke persönliche Abneigung gegen den Fürsten gehabt zu haben, die sich im
weiteren Verlauf zu einer veritablen Feindschaft entwickelte. Die Gründe für diese
Abneigung lassen sich unschwer ausmachen. Öttingen-Wallerstein hatte seine Karriere
im Staatsdienst dank königlicher Protektion sofort in der Position eines Generalkom-
missars und Regierungspräsidenten beginnen können. Dieser außergewöhnliche

Seiteneinstieg war erst 1828 erfolgt, und der Fürst, der nicht einmal einen Studien-
abschluß, geschweige denn eine ordentliche Ausbildung für den höheren Staatsdienst
vorweisen konnte, verdankte seine Bevorzugung und rasche Beförderung zum Minister
außer seiner Abstammung vor allem dem Umstand, daß Ludwig I. ein erklärter Gegner
der Bürokratie war. Immer wieder hat er den angeblich zu großen Einfluß der Beamten
sowie den Aufwand und die Kosten der Bürokratie kritisiert. So konnte Öttingen-Wallerstein, indem er sich als entschiedener Gegner der Beamtenherrschaft darstellte und
seine Entschlossenheit kundtat, die Bürokratie grundlegend zu reformieren, den König
leicht für sich einnehmen, zumal er unzweifelhaft eine große politische Begabung besaß
und über eine beachtliche Überzeugungskraft verfügte. Der König war von den Talenten und Absichtserklärungen des eloquenten Fürsten anfänglich stark beeindruckt, und
dieser Eindruck ließ erst dann langsam nach, als keine entsprechenden Taten folgten.
Den höheren Beamten erschien der Fürst aber von Anfang an unseriös und suspekt; sie
haben ihn nicht akzeptiert mit der Folge, daß die Administration die Umsetzung von
Öttingen-Wallersteins politischen Zielen erheblich behindert hat. Wirschinger hatte
aber noch einen weiteren Grund, gegen den Fürsten eingenommen zu sein. Denn Öttingen-Wallerstein war ein erklärter Gegner des Zollvereins und agitierte auch noch nach
dessen Abschluß weiter gegen diesen wirtschaftlichen Zusammenschluß Deutschlands.
Damit war er der erklärte politische Gegenspieler Wirschingers, der seit Armanspergs
Ausscheiden aus dem Ministerium die Führung der für den Zollverein engagierten
Kräfte in der Administration übernommen hatte. Unterstützung erhielt er vom neuen
Finanzminister Arnold von Mieg, ebenfalls ein Kollege Wirschingers aus dem Innenministerium. Mieg mußte seinen Ministersessel aber bereits 1833 auf Betreiben Öttingen-Wallersteins wieder räumen, weil er bei Abschluß des Zollvereinsvertrages
angeblich seine Kompetenzen überschritten hatte.

Auch wenn Wirschinger von Anfang an zu den Gegnern Öttingen-Wallersteins
zählte, so wird er dies jedoch wohl kaum offen zu erkennen gegeben haben. Denn
zunächst mußte er sehr vorsichtig agieren. Sein Kollege und Freund Abel war nach
einem Zerwürfnis mit Armansperg, das mit aufsehenerregenden Auseinandersetzungen
innerhalb des griechischen Regentschaftsrates einherging, 1834 vom König nach Bayern
zurückbeordert und sehr ungnädig aufgenommen worden. Nur mit Hilfe Öttingen-
Wallersteins, der die Arbeitskraft des tüchtigen Beamten im Innenministerium nutzen
wollte, gelang es Abel, wieder im Ministerialdienst Fuß zu fassen. Zielstrebig nutzte er
diese Position, um das Vertrauen Ludwigs I. wiederzuerlangen. Dabei war ihm auch der
Rückhalt und Aufstieg seines Freundes Wirschinger von großem Nutzen.

Und Wirschingers Karriere war noch nicht an ihrem Endpunkt angelangt. Für diese
waren seine Einsätze auf den Landtagen von unübersehbarer Bedeutung. Seit dem Landtag von 1827/28, auf dem er erstmals als Vertreter der Regierung tätig gewesen war, hatte
er sich immer wieder als geschickter und vor allem absolut loyaler Vertreter der Interessen des Monarchen und seiner Regierung bewährt. Aus diesem Grund hat man ihm auf
dem stürmischen Landtag von 1831 u. a. die Vertretung der Regierung in einer diffizilen
Beschwerde-Angelegenheit übertragen. Es war selbstverständlich, daß er die Regierung
bei einem Teil der Budgetberatungen vertrat und in allen Fällen, wo es um das Zollwesen
ging. Darüber hinaus aber stand er den Abgeordneten Rede und Antwort in einer Angelegenheit mit hoher politischer Brisanz, nämlich der Verwendung der Gelder, die Frank-

reich als Kriegskostenentschädigung gezahlt hatte, der „Defensionsgelder". Diese wurden zum Ausbau der Bundesfestung Germersheim verwendet, schließlich auch noch zur Finanzierung des umstrittenen Baus der bayerischen Festung von Ingolstadt.

Auf dem Landtag von 1834, den der politisch geschickte Taktierer Öttingen-Wallerstein völlig unter Kontrolle hatte und für die Zurschaustellung seiner politischen Fähigkeiten nutzte, erhielt Wirschinger dann jedoch – und dies sicherlich nicht zufällig – nur wenig Gelegenheit zum Agieren.

Dennoch war Wirschinger dem König nicht nur als tüchtiger Finanzfachmann, sondern auch absolut loyaler Beamter ständig präsent, und so fiel die Wahl auf ihn, als der König einen neuen Finanzminister brauchte. Nach Miegs Entlassung hatte Ludwig I. im April 1833 dieses Amt Graf Maximilian von Lerchenfeld übertragen, der bereits früher, in den Jahren von 1817 bis 1825, Finanzminister gewesen war. Diese Lösung aber war nur als Provisorium gedacht, denn der König schätzte zwar Lerchenfeld persönlich, aber nicht als Finanzfachmann. Zudem stand der Graf im Rufe eines Liberalen. In Wirschinger fand Ludwig I. nicht nur einen versierten Finanzfachmann, sondern vor allem auch einen politisch zuverlässigen Beamten, auf dessen Loyalität er sich absolut verlassen konnte. Am 2. Januar 1835 ernannte er Wirschinger zum Staatsrat im ordentlichen Dienst und Minister der Finanzen. Damit war Wirschinger im Alter von 54 Jahren auf der höchsten Sprosse der Karriereleiter angelangt.

Wirschinger hat diese Beförderung nicht nur weiterhin mit einem rückhaltlosen Einsatz für alle ihm vom König aufgetragenen Aufgaben gedankt, sondern hat sich in der Folge in einer Weise für seinen Dienstherren engagiert, die selbst für einen Minister Ludwigs I. außergewöhnlich war. Die erste Gelegenheit, seinem König zu beweisen, daß er dem richtigen Mann sein Vertrauen geschenkt hatte, bot sich Wirschinger bereits unmittelbar nach seiner Ernennung. Durch das Ausbleiben zugesagter Darlehen von seiten der Großmächte war die griechische Regierung in große Finanznot geraten; Ludwig I. mußte und wollte seinem Sohn in Athen zur Hilfe kommen. Sein neuer Finanzminister sorgte umgehend für die Bereitstellung eines Darlehens, das die beachtliche Summe von knapp zwei Millionen Gulden umfaßte. Er entnahm diese Summe den französischen Kontributionsgeldern, bei denen es sich um Gelder handelte, über die der König ohne Mitsprache des Landtages zu verfügen beanspruchte. Dieser Anspruch aber war keineswegs unumstritten, und der König selbst war sich nicht sicher, ob er damit nicht gegen die Verfassung verstieß. Doch Wirschinger wußte all diese Bedenken zu zerstreuen, wofür ihm Ludwig I., der das Geld auf diese Weise sofort und ohne jede Mitwirkung des ungeliebten Landtags anweisen konnte, sehr dankbar war. Erst später, als Griechenland weder das Darlehen zurückzahlte noch den Zinsendienst leistete, sollte sich das ändern, und nach seiner Abdankung als König geriet Ludwig wegen dieser Angelegenheit nochmals in arge Bedrängnis; aber das war erst lange nach Wirschingers Tod.

Wirschingers Aufstieg sollte sich aber vor allem in anderem Zusammenhang als folgenreich für die bayerische Geschichte erweisen. Sein Kollege und Freund Carl von Abel nämlich betrachtete Wirschingers Beförderung zum Minister unverkennbar als letzten Ansporn, nun seinerseits endlich die höchste Stufe der Amtshierarchie zu erklimmen. Er bereitete dies sorgfältig und auf zweierlei Wegen vor. Zunächst machte er sich durch unermüdlichen Arbeitseinsatz seinem Vorgesetzten, Innenminister Öttingen-Wallerstein, unentbehrlich, und dieser hat sich dann auch erwartungsgemäß dem König gegenüber wiederholt lobend über den tüchtigen Beamten geäußert. Die königliche Aufmerksamkeit hatte Abel bereits durch geschickte Erledigung manch schwieriger Angelegenheit, die Ludwig I. besonders am Herzen lag – etwa der Baufinanzierung der Münchner Universität –, auf sich gezogen. Abel wußte aber, daß Leistung allein nicht genügte, um unter Ludwig I. in ein höchstes Amt zu gelangen. 1835/36 vollzog sich seine wundersame ‚Bekehrung‘: Abel wandelte sich vom überzeugten Aufklärer und Antiklerikalen zum Konservativen und frommen Katholiken. Die Frage nach den Ursachen dieser Wandlung und nach ihrer inneren Wahrhaftigkeit beschäftigte die Zeitgenossen, und sie stellt die Biographen Abels noch heute vor unlösbare Probleme. Fest steht jedenfalls, daß dieser Wandel die Voraussetzung für Abels Aufstieg zum Innenminister bildete und damit zum einflußreichsten Staatsmann Bayerns in der Regierungszeit Ludwigs I.

Als seine Vorbereitungen weit genug gediehen waren, holte Abel zusammen mit Wirschinger 1837 zum entscheidenden Schlag gegen Öttingen-Wallerstein aus. Denn diesen galt es aus dem Amt und der Gunst des Königs zu verdrängen, wenn der Aufstieg gelingen sollte. Den Ansatz hierzu bot der Konflikt zwischen dem König und dem Landtag über den Umfang des Budgetrechts. Es ging hierbei zunächst um die Frage, ob die Regierung befugt sei, über die Mittel, die durch Einsparungen bei etatmäßigen Ausgaben in der zurückliegenden Finanzperiode gemacht worden waren, frei zu verfügen oder ob dazu die Zustimmung des Landtages nötig sei. Letztlich aber handelte es sich um die Verbindlichkeit des gesetzlich festgestellten Etats und darum, ob der Landtag eine echte Mitsprache bei der Festsetzung des Etats behaupten konnte oder ob sein Budgetrecht zu einer hohlen Form abgewertet werden würde.

Öttingen-Wallerstein hatte in dieser Frage zu einer konzilianten Haltung der Regierung geraten, um eine neuerliche Konfrontation mit dem Landtag, die andernfalls unausweichlich war, zu vermeiden. Er verwies auf die Praxis in den zurückliegenden Jahrzehnten, als man dem Landtag die nun beanspruchte Kompetenz stillschweigend zugebilligt hatte. Der König jedoch pochte auf seine monarchischen Rechte und forderte eine buchstabengetreue Auslegung der einschlägigen Verfassungsbestimmungen, auch wenn die seit 1819 geübte Praxis eindeutig eine andere war. Wirschinger und Abel bestärkten den König in dieser neuen ‚Doktrin‘ nachdrücklich und trugen so maßgeblich dazu bei, daß er gegenüber dem Landtag von 1837 eine starre Haltung einnahm. Öttingen-Wallerstein dagegen, der an der Haltung des Königs ihm gegenüber spürte, daß seine Zeit ablief, machte aus seiner abweichenden Meinung selbst im Landtag keinen Hehl, obwohl er wußte, daß er beim König damit endgültig ausgespielt haben mußte. Später hat er immer wieder darauf hingewiesen, daß diese ‚Doktrin‘ von Wirschinger und Abel allein zu dem Zweck ersonnen worden sei, um ihn aus dem Amt zu drängen.

Daß Wirschinger die Doktrin entwickelt hat, scheint jedoch unwahrscheinlich. Anzunehmen ist vielmehr, daß als erster Abel die Chancen erkannt hat, welche diese Auseinandersetzung bot. Mit Hilfe Wirschingers, der die Kontroverse zunächst im Staatsrat und Ministerrat, dann im Landtag weiter anschürte, hat er sie jedenfalls zielstrebig benutzt, um Öttingen-Wallerstein zu verdrängen. Zu einem Höhepunkt kam die Kampagne in der Sitzung des Staatsrates am 14. Oktober 1837, in der Wirschinger in Anwesenheit des Königs den Innenminister schließlich sogar beschuldigte, die Opposition gegen den König und seine Regierung überhaupt erst geschürt zu haben. Offenbar teilte der König diese Auffassung, und so ging die Affäre ganz nach Wunsch der Initiatoren aus. Öttingen-Wallerstein fiel beim König in Ungnade und wurde nach Schluß des Land-tages unter demütigenden Umständen entlassen. Am Tag darauf wurde Abel die Leitung des Innenministeriums anvertraut, einige Monate später wurde er zum Minister ernannt. Die Doktrin hatte damit ihren wichtigsten Zweck erfüllt, auf dem nächsten Budgetland-tag, dem von 1843, ließ Abel sie sang- und klanglos fallen. Mittels des von ihm als Erfolg gefeierten ‚Verfassungsverständnisses‘ legte er diesen Konflikt zwischen Regierung und Landtag nun fast genau in der Weise bei, wie sie Öttingen-Wallerstein schon 1837 vor-geschlagen hatte.

Ohne jeden Zweifel hatte die Unterstützung Wirschingers erheblichen Anteil daran gehabt, daß es Abel gelang, Öttingen-Wallerstein abzulösen; damit aber war eine für die weitere Entwicklung Bayerns wichtige Weichenstellung erfolgt. Abel übernahm sofort die Führungsrolle im Gesamtministerium, und ein Jahrzehnt lang hat er sie fest in Händen behalten. Dabei hatte er in den ersten Jahren in Wirschinger auch weiterhin einen getreuen Freund und Helfer. Besonders hervorgetreten ist Wirschinger nun nicht mehr, seine wichtigste Aufgabe war erledigt. Zuverlässig und gewissenhaft führte er seine Amtsgeschäfte, wobei er sich wegen seiner Freundlichkeit und Zugänglichkeit die Zuneigung seiner Untergebenen erwarb. Der König lohnte seine guten Dienste durch zwei weitere Ordensverleihungen, 1837 und 1839. Wirschinger kam seinen dienstlichen Verpflichtungen gewissenhaft nach, auch als sich die Symptome einer Krankheit, unter der er bereits seit längerem litt, immer stärker bemerkbar machten; nach der Diagnose handelte es sich um Darmkrebs. Am 17. Mai 1840 erlag Wirschinger dieser Krankheit, im Alter von 58 Jahren.

Mit ihm starb ein Mann, der zwar nicht den herausragenden Gestalten der bayerischen Geschichte zuzurechnen ist, dessen Leben und Wirken aber dennoch bleibende Spuren hinterlassen hat. Denn dem Sohn eines Regensburger Schneiders ist es nicht nur gelun-gen, durch Begabung und großen Arbeitseinsatz aus bescheidensten Verhältnissen bis in das Amt eines Minister aufzusteigen, er hat auch den Verlauf der bayerischen Geschichte erkennbar beeinflußt.

Ernst Emmerig

Eduard von Schenk – der erste Regierungspräsident der Oberpfalz (1788–1841)

Eduard von Schenk wurde am 10. Oktober 1788 in Düsseldorf geboren, und Max Spindler sagt: „Seine Heimat gab ihm auf den Weg mit, was die Natur dem Rheinländer als Naturgut in die Wiege legt: beweglichen Sinn, gefälliges Wesen und eine leichtere Art, das Leben zu nehmen" – nicht unbedingt, so möchte ich meinen, Eigenschaften der Oberpfälzer.

Als er elf Jahre alt war, kam er mit dem Vater, der Generaldirektor der Finanzen unter Montgelas wurde, nach München. Dort erlebte der begabte, kunst- und literaturbegeisterte junge Mensch im vornehmen und begüterten elterlichen Haus die Fülle der Anregungen, die der Verkehr mit Künstlern und Gelehrten brachte.

1806 begann er das Studium der Jurisprudenz an der Universität Landshut, wo er die bedeutendsten deutschen Juristen der damaligen Zeit hörte: den Kriminalisten Anselm von Feuerbach, den Staatsrechtslehrer Nikolaus Gönner und den Begründer der Historischen Rechtsschule, Friedrich Carl von Savigny, der ihn tief beeinflußte. Er begegnete aber auch dem damaligen Professor Johann Michael Sailer, dem späteren Bischof von Regensburg, der seine religiöse Entwicklung stark prägte, bei dem er 1817 zur katholischen Kirche konvertierte und dem er bis zu seinem Tod eng verbunden blieb. So hatte hier schon eine der Verbindungen Schenks zu Regensburg noch vor seiner Berufung dorthin ihre Grundlage; er besuchte den Bischof später oft in Barbing, dessen Schloß Ludwig I. diesem als Sommersitz überlassen hatte.

Aus Schenks Studentenzeit gibt es eine köstliche Schilderung der Bettina Brentano in einem Brief an Goethe: „Ein Herr von Schenk hat weit mehr feine Bildung (als Ringseis), hat Schauspieler kennengelernt, deklamiert öffentlich, war verliebt ganz glühend oder ist es noch, mußte seine Gefühle in Poesie ausströmen, lauter Sonette, lacht sich selber aus, über seine Galanterie, blonder Lockenkopf, etwas starke Nase, angenehm kindlich, äußerst ausgezeichnet im Studieren."

Der so Beschriebene promovierte 1812, kam 1813 an das Stadtgericht München, 1818 in das Justizministerium und wurde dort 1823 Generalsekretär. Nachdem Ludwig I. 1825 den Thron bestiegen hatte, berief er im darauffolgenden Jahr den tüchtigen Juristen und Verwaltungsmann von Schenk, der inzwischen auch hohes literarisches Ansehen gewonnen hatte, zum Leiter der Sektion für Kirchen- und Schulangelegenheiten in seinem Innenministerium und 1828 zum Innenminister. Mit ihm fühlte er sich durch das christlich-konservative Staatsideal verbunden; er sollte dazu beitragen, München nicht nur zu einem künstlerischen, sondern auch zu einem literarischen Mittelpunkt Deutsch-

lands zu machen. Ihr gemeinsames Ziel war nach einer Formulierung Schenks in einem
Brief an den König aus dem Anfang seiner Amtstätigkeit: „Vereinigung der Religion und
der monarchischen Grundsätze mit der Freiheit, des Glaubens mit dem Wissen". Damit
begann die politische Tätigkeit Schenks, eines Mannes, wie Spindler schreibt, von
harmonischem und ausgeglichenem Charakter, ohne Ecken und Kanten, dessen Stärke
freilich nicht auf politischem Gebiet lag, dessen Liebe der Wissenschaft, der Poesie und
der Kunst galt.

Max Spindler, der den fast 20jährigen Briefwechsel zwischen König Ludwig I. und
Eduard von Schenk herausgegeben und damit eine bedeutende Geschichtsquelle
erschlossen hat, beginnt in seiner Einleitung dazu die Charakterisierung Schenks mit den
Worten: „ein Mann, der zu seinen Lebzeiten als Dichter ebenso sehr gefeiert wie als
Minister geschmäht wurde". Damit sind zwei Wirkungsbereiche Schenks angesprochen,
der Staatsmann und der Dichter, zu denen freilich noch eine dritte kommt, auf die ich am
Ende eingehen will.

Der Staatsmann, das bedeutet nicht nur den unmittelbar politisch Wirkenden als Minister, sondern auch – als Regierungspräsident – den späteren Staatsbeamten, als den er sich
ausdrücklich bezeichnet, wenn er in einer Rede, die er bei der Jahresfeier der Grund-
steinlegung der Walhalla im Oktober 1831, die von der Landwehr und den Bürgern
Regensburgs veranstaltet wurde, sagt, er habe „nicht als Staatsbeamter, sondern als
Staatsbürger, als Untertan" gesprochen.

Der Minister Schenk vollzog und verwirklichte mit Hingabe die Vorstellungen des
damals reformfreudigen Königs Ludwig I.: die Verlegung der Universität von Landshut
nach München mit der Ergänzung und Erneuerung ihres Lehrkörpers, die Renovierung
des Bildungswesens im christlichen Sinn in Abkehr von den Grundsätzen Montgelas',
die Wiedereinführung der kirchlichen Orden und Erneuerung aufgehobener Klöster
und, wie der König selbst es nannte, „die Wiedererweckung und Belebung des historischen Sinnes", die 1827 zur Begründung der amtlichen Denkmalpflege in Bayern und
zur Gründung der Historischen Vereine führte.

So reformfreudig diese Entwicklungen gegenüber der Zeit Montgelas' waren, so
beruhten sie doch beim König wie bei seinem Minister auf einem romantischen Konser-
vativismus, der auf eine strenge Wahrung der Kronrechte achtete. Diese Einstellung
geriet in einen immer schärferen weltanschaulichen Gegensatz zu Aufklärung und Liberalismus, die, von den Ideen der Französischen Revolution genährt und durch die französische Juli-Revolution 1830 mit ihren Folgen inner- und außerhalb des Deutschen
Bundes neu belebt und angespornt, sich im Land und insbesondere in der Kammer der
Abgeordneten immer mehr breitmachten und in striktem Widerspruch zur politischen
und religiösen Einstellung des Königs und Schenks standen. Die Auseinandersetzungen
erreichten ihren Höhepunkt, als Schenk eine Zensurverordnung des Königs über die
Presse und die Ausschließung einiger beamteter Abgeordneter aus der Kammer durch
diesen, entgegen seiner eigenen politischen Überzeugung, aus Treue zum König gegen-
zeichnete und damit für sie Verantwortung übernahm. 96 der 125 Abgeordneten sahen
darin nach stürmischen Auseinandersetzungen in der Kammer verfassungswidrige Maßnahmen, 50 von 123 forderten sogar eine Anklageerhebung gegen Schenk wegen des Ver-
brechens der vorsätzlichen Verletzung der Staatsverfassung. Bei dieser Situation war zu
befürchten, daß auch das Budget und die Zivilliste des Königs von der Kammer abge-

Eduard von Schenk (1788–1841)

lehnt würden. Schenk reichte deshalb und um Schlimmeres zu verhüten, am 22. Mai 1851
sein Entlassungsgesuch als Minister ein, dem der König schweren Herzens entsprach. Er
ernannte Schenk zum Generalkreiskommissär des Regenkreises in Regensburg, aus
dessen Mitte sich, wie Schenk an den König schrieb „auch nicht ein einziger Ankläger
gegen ihn erhoben hatte".

Damit beginnt der zweite Teil der Tätigkeit Eduard von Schenks im Dienst des Staates:
als Generalkreiskommissär und Präsident der Regierung in Regensburg.

Nach seinem Dienstantritt dort, wo man ihn, wie er es empfand, als den „unerschütterlich treuen Diener des geliebten Monarchen" mit Liebe und Vertrauen aufnahm,
begann er sogleich die vorgeschriebenen Visitationsreisen, um persönlich die Bedürfnisse
der Bevölkerung kennenzulernen und die Tätigkeit der Außenbeamten zu überwachen.
Das ist ein bis heute in der bayerischen Verwaltung vorgeschriebenes und übliches Mittel
der Aufsicht und Beratung, das schon im 15. Jahrhundert dem Rentmeister oblag, der
innerhalb des Viztumsamts, wie die Regierung damals hieß, die finanziellen Angelegenheiten beaufsichtigte. Seine Überwachung der nachgeordneten Amtsleute wurde denn
auch der „rentmeisterliche Umritt" genannt. Als Schenk Ende 1832 zehn Landgerichte
und damit den größten Teil des Regenkreises bereist hatte, schrieb er ergriffen dem
König das schöne Wort: „Wahrlich, jene von der Natur so stiefmütterlich behandelte
Oberpfalz, in welcher großenteils nur Haber, Flachs und Kartoffeln reifen, ist durch ihre
Gesinnung, durch ihre Treue ein schöner Edelstein in der Krone Bayerns."

Wirft man freilich einen nüchternen Blick auf die innere Situation der Oberpfalz zur
damaligen Zeit, so ergibt sich das Bild einer schwierigen Lage. Das erste Drittel des
19. Jahrhunderts hatte einen erheblichen wirtschaftlichen Niedergang gebracht, der
starke soziale Auswirkungen hatte. Die Landwirtschaft erhielt zwar für breiteste Kreise
die Existenz, ernährte die Menschen aber nur knapp. Als Nebengewerbe spielten Spinnen und Weben eine große Rolle. Doch diese alten Gewerbe der Tucherzeugung aus
Wolle und der Leinwanderzeugung aus Flachs gerieten immer mehr ins Hintertreffen
durch das Vordringen der Baumwolle und das Überhandnehmen der Maschinenarbeit,
vor allem in England. Auch der Flachsanbau ging trotz staatlicher Förderung zurück.
Für eine Umstellung entsprechend dem technischen und wissenschaftlichen Fortschritt
war die Oberpfalz zu arm. Dazu kam ein starker Preisverfall in der Landwirtschaft, der
zur Versteigerung oder dem Verkauf vieler Höfe führte, und in der gewerblichen Wirtschaft ein Niedergang der überkommenen Eisenwirtschaft mit ähnlichen Folgen.

Ob und inwieweit der Generalkommissar Schenk in der Aufgabe und mit den Möglichkeiten seines Amts versucht hat, hier gegenzusteuern, ist noch nicht erforscht und
kann deshalb auch hier nicht gesagt werden. Immerhin steht fest, daß er sich um die
Förderung der Dampfschiffahrt auf der Donau und um die Erbauung des Main-Donau-
Kanals, der dem König sehr am Herzen lag, angenommen hat und daß er die Kultivie-
rung von Moorgegenden und die Pflege der Seidengewinnung begünstigt hat, von der
man sich damals viel versprach. Zu seinen dienstlichen Aufgaben gehörte auch die Sorge
um die innere und äußere Wiederherstellung des Regensburger Doms in seiner alten
Gestalt, bei der sich freilich der König einen vorgängigen Besuch und die letzte Entscheidung mit der für ihn typischen knappen Begründung vorbehielt: „Das Säubern etc. ist zu
fürchten, es wird gar leicht verdorben." Immer wieder unterrichtete Schenk den König
in persönlichen Briefen auch über Veranstaltungen und die Stimmung der Bürgerschaft

und versicherte ihn z. B. am 23. Dezember 1831 ihrer Treue und festen Anhänglichkeit, ohne freilich zu verschweigen, daß es „auch hier, wie in jeder größeren Stadt, mehrere revolutionär gesinnte Individen gebe, allein sie gehörten nur der Klasse der Quieszenten (Ruhestandsbeamten), Advokaten, Ärzte und Taxisschen Beamten an".

Neben seine Pflichten als Leiter der staatlichen Verwaltungsbehörde für den Regenkreis trat seine Funktion als Repräsentant des Königs im Zusammenhang mit Maßnahmen, die diesem vorbehalten waren. Seine Stellungnahme anläßlich der Wahl des Liberalen Frh. Gottlieb Friedrich von Thon-Dittmer [s. S. 263ff.] zum Bürgermeister im Jahre 1836 wirft ein eindrucksvolles Licht auf seinen vornehmen Charakter und seine untadelige Gesinnung.

Schenk hat auch sonst durch vielfache amtliche und private, politische und kulturelle Betätigung auf das öffentliche und gesellschaftliche Leben Regensburgs und weit darüber hinaus eingewirkt. Die Stadt dankte ihm dies, indem sie ihm 1838, nach siebenjährigem Wirken, die Ehrenbürgerwürde verlieh. Im Stadtteil Ziegetsdorf trägt eine Straße seinen Namen.

Der Staatsdiener Schenk – das war das eine Stichwort für diese Persönlichkeit. Das andere ist der Dichter Schenk, dessen Ruhm inzwischen freilich verblaßt ist. Im selben Jahr, in dem ihn der König berief, 1826, wurde sein Drama „Belisar" in München uraufgeführt. Es ging über zahlreiche deutsche Bühnen und war 25 Jahre lang das Glanz- und Repertoirestück des Wiener Burgtheaters. Andere Dramen, Festspiele und Prologe zu besonderen Anlässen folgten. Schenks Gedichte waren sehr beliebt und wurden viel veröffentlicht. Dazu kamen Romane und Novellen. Zum Gegenstand seiner Poesie machte er nach der Übersiedlung nach Regensburg auch oberpfälzische Themen. Als Beispiel sei das Gedicht „Der kalte Baum" genannt, das dem sagenumwobenen riesigen Baum in der Nähe von Vohenstrauß galt, der manchem Leser vielleicht bekannt ist.

In Regensburg, wo er nach seinen Worten „unendlich weniger durch Zerstreuungen und Gesellschaften abgezogen wurde als in dem geräuschvollen München", fand er zu diesem umfassenden literarischen Wirken freie Stunden. Hier entschloß er sich auch, ab 1834 im Verlag Pustet ein Taschenbuch, eine Art Almanach, unter dem Namen „Charitas" herauszugeben, welches nach seiner Schilderung gegenüber dem König „sowohl poetische als prosaische Aufsätze enthalten und in sittlicher wie in religiöser Hinsicht (ohne irgendeine politische, nicht einmal streng katholische Tendenz zu haben) so beschaffen sein sollte, daß es jedem Jüngling, jeder Jungfrau unbedenklich als Festgeschenk in die Hand gegeben werden" könne. Dieses Taschenbuch wurde nach dem Urteil Eberhard Dünningers ein bedeutender Beitrag Bayerns zur Literatur der Romantik und des Biedermeiers. Der König begrüßte das Vorhaben und unterstützte es durch den Beitrag eigener Gedichte, und so erschienen im ganzen ab 1834 elf Bände, die letzten noch nach seinem Tod, der ihn 1841 während eines Aufenthalts in München ereilte.

Neben dem Staatsdiener und dem Schriftsteller ist endlich ein Wirkungsbereich Schenks zu nennen, der nicht unmittelbar mit seiner amtlichen Tätigkeit zu tun hatte, deren Adressat für den Generalkommissär ja nicht mehr der König, sondern sein vorgesetztes Innenministerium sein mußte, und der auch nicht seine eigenen poetischen Arbeiten betraf. Er wurde zu einem vertrauten persönlichen Mitarbeiter König Ludwigs I.

Das äußerte sich zunächst darin, daß der König, der ja selbst dichtete und in seinen Gedichten Dokumente seines politischen Willens sah, die letzte Durchsicht und die

Drucklegung seiner Schöpfungen Eduard von Schenk anvertraute. Er forderte ihn ausdrücklich auf, ihn auf Mängel formaler Art hinzuweisen; Verbesserungen allerdings
behielt er sich selbst vor. So nimmt dieses Thema im Briefwechsel der beiden einen
immer größeren Raum ein, und Schenk hatte immer wieder Verhandlungen mit dem
Verlag Cotta und anderen Verlagen wegen der Drucklegung der königlichen Gedichte zu
führen. Als letztes besorgte er die kritische Durchsicht und Drucklegung des Buches
„Walhalla's Genossen", in dem Ludwig I. kurze Lebensbilder von Persönlichkeiten
zusammenstellte, die in die Walhalla aufgenommen worden waren.

Ein zweites Zeugnis der persönlichen Wertschätzung und des Vertrauens, die der
König Schenk entgegenbrachte, ist, daß er ihn 1838 zum lebenslangen Reichsrat, also
zum Mitglied der ersten Kammer des Reiches, ernannte und ihn in den Staatsrat berief,
damit er in München auf den Kronprinzen Max, den späteren König Max II., als Berater
einen positiven Einfluß nehme. Zwischen diesem und dem König war eine starke
Entfremdung eingetreten, die Ludwig durch die ausgleichende, vermittelnde und har-
monische Persönlichkeit Schenks zu beheben hoffte. Schenk erreichte, daß er seine
dienstliche Stellung in Regensburg beibehalten konnte und vereinte also beide Funktionen. Obwohl ihn der Kronprinz zunächst als Ratgeber ablehnte, gelang es ihm doch,
dessen Vertrauen zu gewinnen und die Beziehungen zwischen Vater und Sohn herzlicher
zu gestalten.

Ein drittes Ergebnis des vertrauensvollen Zusammenwirkens zwischen dem König
und Schenk, das dienstlich nicht in Erscheinung trat, hat das Gesicht Bayerns geprägt
und wirkt bis heute nach. Es ist die Verordnung über die Neueinteilung des Königreichs
Bayern vom 29. November 1837. Durch sie wurden die Kreise, wie die Regierungsbezirke damals hießen, mit Wirkung vom 1. Januar 1838 neu abgegrenzt, und zwar in einer
Form, die, ungeachtet der Gebietsreform von 1972, im wesentlichen bis heute gilt. Auch
wurde ihre Bezeichnung nicht mehr wie vorher, nach französischem Vorbild, an die
Flüsse angelehnt (z. B. Regenkreis), sondern auf den Stämmen Bayerns aufgebaut: Franken, Schwaben, Ober- und Niederbayern. Seitdem trägt unser Regierungsbezirk, die von
der Rheinpfalz her gesehene „obere Pfalz", den Namen „Oberpfalz", damals noch mit
dem Zusatz „und Regensburg", der inzwischen weggefallen ist. In dieser Verordnung
kommt das neue, gegenüber dem Denken Montgelas' tief veränderte, von der Romantik
geprägte National- und Geschichtsbewußtsein des Königs schon in der Einleitung zum
Ausdruck. Sie lautet: „Die göttliche Vorsehung hat unter Unserem Szepter mehrere der
edelsten teutschen Volksstämme vereiniget, deren Vergangenheit reich an den erhaben-
sten Vorbildern jeder Tugend und jeglichen Ruhmes ist. In der Absicht, die Erinnerung
an diese erhebende Vergangenheit mit der Gegenwart durch fortlebende Bande enger zu
verknüpfen, die alten, geschichtlich geheiligten Marken der Uns untergebenen Lande
möglichst wieder herzustellen, die Einteilung Unseres Reiches und die Benennung der
einzelnen Haupt-Landesteile auf die ehrwürdige Grundlage der Geschichte zurückzuführen, und so durch alle Zeiten bewährte treue Anhänglichkeit Unserer Untertanen
an Thron und Vaterland, die Volkstümlichkeit und das Nationalgefühl zu erhalten und
immer mehr zu befestigen, haben Wir beschlossen und verordnen, wie folgt: …"

Und dann kommen die neuen Bezeichnungen und Abgrenzungen der „Kreise". Diese
Kgl. Allerhöchste Verordnung geht auf eine persönliche, bis zuletzt geheimgehaltene
Initiative Ludwigs I. zurück. Der preußische Gesandte in München berichtete am 4. De-

zember 1837 nach Berlin: „Weder der Staatsrat noch die Minister, noch irgendeine andere Behörde hat diese Verordnung beantragt und es ist überhaupt niemand deshalb befragt worden. Die Verordnung, ihr Verfasser ist der ehemalige Innenminister von Schenk, ist ganz unerwartet aus dem königlichen Kabinett ergangen." Das ist ein besonderes Zeugnis der engen Zusammenarbeit und Geistesgemeinschaft zwischen König Ludwig I. und Eduard von Schenk.

Bedeutsam war auch, daß in dieser Verordnung der Titel „General-Commissar" für „abgeschafft" erklärt und dem Vorstand der Regierung der Titel „Regierungspräsident" verliehen wurde, den er seitdem ausschließlich innehat. Eduard von Schenk ist der erste unter den Generalkreiskommissären seit Montgelas, der diesen Titel führte, und so kann er nicht nur als Persönlichkeit der Regensburger Stadtgeschichte, sondern zu Recht, wie es dieses kurze Lebensbild tut, als „der erste Regierungspräsident der Oberpfalz" bezeichnet werden.

Lassen Sie mich schließen mit einem Wort, das der König seinem getreuen Vertrauten und Freund einmal schrieb: „Einen Eduard von Schenk gefunden zu haben, das ist wohltuend dem Herzen."

Rainer Kleinertz

Carl Proske – Arzt, Priester und Reformator der Kirchenmusik (1794–1861)

Als der Arzt Carl Proske 1823 im Alter von 29 Jahren nach Regensburg kam, war er auf der Suche nach etwas, was er in seinem bisherigen, angesehenen Beruf nicht zu finden vermochte. Geboren in Gröbning in Preußisch Oberschlesien am 11. Februar 1794, waren seine Kindheit und Jugend vom Konflikt mit dem Vater geprägt, der den – neben fünf Töchtern – einzigen Sohn mit äußerster Strenge zum Erben seiner ausgedehnten Landwirtschaft erziehen wollte. Nach dem plötzlichen Tod der Mutter 1809 und der Reifeprüfung am Gymnasium in Leobschütz 1810, wo er Internatsschüler war, beschloß Proske gegen den Willen des Vaters, mit dem geringen Vermögen, das seine Mutter ihm hinterlassen hatte, an der Universität Wien Medizin zu studieren. Neben dem Ruf der dortigen medizinischen Fakultät dürfte ihn, der gut Klavier und auch Violine und Flöte spielte, nicht zuletzt das Wiener Musikleben angezogen haben. Drei Jahre studierte er in Wien, wo er sich mit Klavierunterricht etwas hinzuverdiente und eifrig Konzerte und Opernaufführungen besuchte. Auch Beethoven sah er des öfteren, zu einer persönlichen Begegnung kam es allerdings nie. Politische Ereignisse rissen ihn schließlich aus seinem Studium: Preußen erklärte im März 1813 Napoleon den Krieg, Österreich folgte im August. Im Gefolge der zahlreichen Freiwilligen, die sich zu den Waffen meldeten, erging der „Aufruf an alle Medicin- und Chirurgie-Studierenden", sich für die medizinische Versorgung des Heeres zur Verfügung zu stellen, dem auch Proske folgte. Im September 1813 – kurz vor der Völkerschlacht bei Leipzig – begab er sich ins Hauptquartier des Generals von Blücher, wo er einem Landwehr-Kavallerie-Regiment als Eskadrons-Chirurg zugeteilt wurde und auch an den Feldzügen der Jahre 1814 und 1815 teilnahm. In seinem endgültigen Entlassungsschreiben wurde dem Studiosus Medicinae bescheinigt, daß er „seit dem Dezember 1813 ununterbrochen als Escadrons-Chirurgus gedient, die Campagnen 1814 und 1815 in Frankreich mitgemacht hat und zwar letztere als Regiments-Chirurgus, nachdem derselbe das Regiment aus der Verlegenheit ohne medizinische Hilfe in der Campagne zu sein von seinem ausgestellten Abschied keinen Gebrauch machte, sondern das Regiment aus freiem Antrieb in den neuern Krieg, fern vom Vaterlande begleitete. Derselbe hat sich während seiner Dienstleistung treu, fleißig und ordentlich betragen; der glückliche Erfolg seiner Kuren läßt auf medicinische Kenntnisse schließen und sein Eifer künftig auf einen Grad von gewisser Vollkommenheit hoffen." Bereits Anfang 1816 setzte er sein Medizinstudium an der Universität Halle fort, wo er noch im selben Jahr promovierte und die Approbation erhielt.

Es folgten die Jahre ärztlicher Tätigkeit: zunächst in Oberglogau, in der Nähe seines Heimatortes, dann in Oppeln und schließlich 1822 als „Kreisphysikus" in Pleß. Mit

Carl Proske (1794–1861)

dieser Stelle stand ihm im Alter von nur 28 Jahren eine glänzende Karriere im preußischen Staatsdienst offen. Doch der Wunsch, Priester zu werden, wurde immer stärker,
und 1823 bat er schließlich um seine Entlassung, die unter Würdigung seiner bisherigen
Verdienste mit der Möglichkeit einer Wiedereinstellung genehmigt wurde.

Es war der bedeutende Theologe und Seelsorger Johann Michael Sailer, der ihn nach
Regensburg zog, wo Sailer seit 1822 Weihbischof und Koadjutor des Bischofs war.
Sogleich nach seiner Ankunft im September 1823 bemühte sich Proske um eine Unterredung mit Sailer, der ihm zunächst zu einer Zeit der Prüfung riet. Erst Pfingsten 1824
stimmte Sailer endgültig Proskes Theologiestudium zu, dem am 11. April 1826 schließlich die lang ersehnte Priesterweihe folgte. Die Primizpredigt bei seiner ersten Messe im
Markte Aislingen hielt Bischof Sailer, mit dem ihn eine in täglichen Gesprächen und auch
durch Proskes ärztlichen Rat gewachsene Freundschaft verband. Nach anfänglicher
Tätigkeit als Präses und Prediger bei der Marianischen Kongregation wurde Proske
schließlich zum Kanoniker an der Alten Kapelle ernannt.

Doch auch jetzt, in seinem zweiten Beruf, zeigte sich Proske als jemand, dem es nicht
genügte, ein angesehenes Amt zu bekleiden. Er begann verstärkt, sich mit Fragen der
Kirchenmusik zu beschäftigen. Es dürften der Priester und der Arzt in ihm gewesen sein,
die ihn den Zustand der Kirchenmusik als unwürdig erkennen ließen und den Wunsch
nach einer Regeneration dieses Teils des Gottesdienstes erweckten.

In welchem Zustand sich damals die Kirchenmusik gerade auch im Regensburger Dom
befand, läßt ein Brief von Sailers Schüler und Sekretär Melchior von Diepenbrock, dem
späteren Fürstbischof und Kardinal von Breslau, an den bayerischen Staatsminister
Eduard von Schenk vom 9. April 1829 erkennen: „Eure Exzellenz werden sich noch
erinnern, daß er (Sailer) Ihnen schon mehrmals den elenden Zustand der Chormusik in
der hiesigen Domkirche geklagt hat, eine Klage, worin das ganze hiesige Publikum ein-
zustimmen bei jedem öffentlichen Gottesdienste neuen Anlaß findet. Jeder Mensch von
einigem Gefühle muß aufs schmerzlichste verletzt werden, wenn er in der ehrwürdigen,
herrlichen Kathedrale, der erhabenen Feier unserer religiösen Mysterien beiwohnend,
diese elende, unter aller Kritik schlechte, geistlos aus dem Profansten gewählte und noch
jämmerlicher ausgeführte Dudelmusik hört, die bei der gänzlichen Zuchtlosigkeit des
Musikpersonales, bei ihrem Lärm und Gepolter auf dem Chore, gerade darauf angelegt
scheint, durch den grellsten Kontrast die heiligen Eindrücke nicht bloß zu stören,
sondern gleichsam zu verhöhnen, welche der ehrwürdige Tempel und die religiöse Feier
auf das empfängliche Gemüt machen." War schon der allgemeine Zustand der katholischen Kirchenmusik zu dieser Zeit nicht gerade vorbildlich, so scheint an den besonders
schlechten Verhältnissen am Regensburger Dom nicht zuletzt der damalige Chorregent
und Direktor des Musikseminars Wenzeslaus Cavallo schuld gewesen zu sein, der nicht
nur – im Gegensatz zu Sailer und Proske – einen konzertanten Stil mit Instrumentalbegleitung bevorzugte, sondern offensichtlich auch seinen Aufgaben in der Organisation
und Leitung der Kirchenmusik nicht gewachsen war. Ein erster Schritt zur Verbesserung
waren die von Proske im Namen Sailers ausgearbeiteten „Bemerkungen über den zunehmenden Verfall der Kirchenmusik im Dom zu Regensburg nebst Vorschlägen zur Verbesserung derselben", die Sailer im Mai 1829 dem Staatsministerium des Innern übergab. In
dieser prägnant formulierten Eingabe sind zunächst die wesentlichen Gründe für den der-
zeitigen schlechten Zustand aufgeführt, an die sich die wesentlichen Voraussetzungen für

eine Verbesserung anschließen: erstens müsse ein geeigneter Leiter gefunden werden, zweitens müsse das Musikpersonal in einem gemeinsamen Gebäude untergebracht werden, um einen brauchbaren Sängerchor heranbilden zu können, der auch ohne die Stütze von Instrumenten musizieren könne, drittens wird die Aufstellung einer der Kathedrale würdigen großen Orgel gefordert. Schließlich kommt Proske auch auf die aufzuführende Musik zu sprechen: „Endlich müßte für Auswahl und Vorrat zu benutzender Kirchenstücke mit prüfender Einsicht für den Gebrauch nur dasjenige aus der neueren und klassisch älterer Literatur der Kirchenmusik ausgewählt werden, was unverkennbar und auch dem Nichtmusiker fühlbar von dem Geiste des Heiligen und Kirchlichen durchprägt ist; auch bei Abhaltung der Vorträge ein gleiches Prinzip vorwalten lassen und sonach in Auswahl wie Darstellung alles zu entfernen ist, was wegen geistiger Gehaltlosigkeit, einseitiger Technik, Luxus der Kunstmittel oder profaner Entstellung kein würdiger Stoff für gottgeweihte Chöre im Heiligtum eines Tempels sein kann."

Hier treten bereits zwei wesentliche Aspekte von Proskes Reform hervor, die zwar eigentlich unabhängig voneinander waren, für Proske jedoch notwendig zusammengehörten: Zum einen die qualitative Verbesserung der Ausführung und der aufzuführenden Musik, zum andern die bereits erkennbare Beschränkung auf eine rein vokale Ausführung (a cappella, ohne Instrumentalbegleitung) und die Beschränkung auf Musik, die „fühlbar von dem Geiste des Heiligen und Kirchlichen durchprägt ist". Konnte sich Proske im ersten Aspekt seiner Reform allgemeiner Zustimmung sicher sein, so sollte der zweite heftigen – und aus Sicht des Historikers nicht immer unberechtigten – Widerspruch hervorrufen.

Die Ernennung schließlich zum Kanoniker am Kollegiatstift der Alten Kapelle im August 1830 war mit der Verpflichtung verbunden, „die Chorregentie im Dom dahier nach den bisherigen Dienstverrichtungen des Domkapellmeisters ohne besonderen desfallsigen Gehalt zu übernehmen". Und nachdem König Ludwig I. im September 1830 angeordnet hatte, „daß in den Kirchen, vorzüglich in den Domkirchen, der Choralgesang und die Chormusik nach dem älteren guten Stile wieder herzustellen sei", sollte Proske umgehend die Leitung der Kirchenmusik am Dom übernehmen. In einer umfangreichen Denkschrift vom 4. Oktober 1830 nannte Proske die Gründe, die ihn an einer sofortigen Übernahme dieser Aufgabe hinderten. Es galt zunächst, wesentliche organisatorische Veränderungen herbeizuführen, die Kompetenzen klar zu regeln und für die finanziellen Grundlagen sowohl der Ausführung als auch der Beschaffung von Musikalien zu sorgen.

Tatsächlich sollte es nie zu einer Übernahme dieser Aufgabe durch Proske kommen: 1831 rückte er in die Reihe der älteren fünf Kanoniker vor und übernahm damit Pflichten, die mit der gleichzeitigen Leitung der Kirchenmusik am Dom unvereinbar waren. Darüber hinaus erhielt Proske 1832 die Erlaubnis, neben seinem geistlichen Amt auch die ärztliche Tätigkeit wieder auszuüben. Allem Anschein nach drängte sich Proske keinesfalls nach einer kirchenmusikalischen Aufgabe, die seine gesamte Kraft verbraucht hätte und für die er – bei allen musikalischen Kenntnissen – eigentlich nicht ausgebildet war. Hinzukam, daß er mit dem Tod Bischof Sailers im Mai 1832 jene rückhaltlose Unterstützung verlor, deren er zweifellos bedurft hätte.

Dabei wollte sich Proske dem Problem der Kirchenmusik keinesfalls entziehen, sondern seine Kräfte dort einsetzen, wo es ihm am sinnvollsten erschien. Die systematische

Ordnung seiner bereits gesammelten Drucke und Handschriften 1833 ließ ihn die
Notwendigkeit einer Reise nach Italien erkennen, um in den dortigen Bibliotheken und
Archiven jene Werke zu kopieren, die für ihn den Inbegriff einer wahren Kirchenmusik
bildeten und die doch bisher kaum und zumeist nur in Bearbeitungen zugänglich waren.
Seiner Bitte um einen einjährigen Urlaub wurde schließlich von allen zuständigen Stellen
stattgegeben.

Nach einem Gebet um Segnung des Unternehmens an der Grabstätte Sailers im Dom trat
Proske am 9. August 1834 um sechs Uhr seine erste Italienreise an. Über Freising, München, Augsburg, Lindau, St. Gallen, Chur, Riva, Varenna und Lecco am Comer See erreichte er am 20. August Mailand. Neben zwei Besuchen in der Scala konnte er sich auch hier
vom niedrigen Stand der Kirchenmusik überzeugen. Zu einer Vesper im Dom notierte er in
sein Reisetagebuch: „In der Praxis des Kirchengesanges steht der mailändische Domchor
auf einer hohen Stufe der Ausartung. Eine Vesper am Feste des heiligen Bartholomäus gab
hievon einen schimpflichen Beweis. Auf einem der zwei sehr passend angebrachten Seiten-
chöre in der Nähe des Presbyteriums wurden die Responsorien mit der Orgel begleitet und
zu den Antiphonen in magern Imitationen präludiert; der Klerikalgesang mechanisch und
ohne alle Haltung; aber das Muster einer unverzeihlichen Vergessenheit alles Heiligen war
die Ausführung eines vierstimmigen ‚Magnificat' (eine ältere Komposition im gleichzeitigen Kontrapunkt), nach folgender Art und Besetzung: Den Diskant sang ein einziges
schwaches Kind, die Altstimme wurde von zwei starken Knaben heruntergeschrien, Tenor
und Baß war unter fünf Männer geteilt, die Orgel begleitete mit vollem Werke, der Chorregent fächelte sich in einem fort mit dem Notenblatt Kühlung zu, welches in dem ungeheuren Marmorgebäude höchst überflüssig war; alles ging wie mit der Hetzpeitsche durcheinander getrieben, kein italienischer, ja kein menschlicher Klang der Stimme, keine Intona-
tion, kein Rhythmus fühlbar: nach beendigtem Lottergeschrei lachte die Bande einander an
und aus und lief davon. Dies am Sitze des ältesten, um den Kirchengesang schon 200 Jahre
vor Gregor dem Großen verdienten Kirchenvaters, des heil. Ambrosius, und des um die
Gründung der palestrinischen Musik unvergeßlichen heil. Carolus Borromäus!!"

Ein Abstecher nach Bergamo galt dem aus Ingolstadt stammenden Simon Mayr, der
dort als Domkapellmeister tätig war, und einem von ihm geleiteten musikalischen Hochamt. Doch auch hier wurde Proske enttäuscht: „Daß bei diesem musikalischen Hoch-
amte die Intention und Wirkung einer gottesdienstlichen Handlung völlig beiseite
gesetzt, die Kirche in einen Konzertsaal verwandelt und niemand an diesem Orte über-
flüssiger erschien als der pontifizierende Liturg in der Mitte eines das Heiligtum festlich
umstehenden Priestergefolges, war an sich ein so schneidender Kontrast und erfüllte
mein Herz mit so schmerzlichem Unwillen, daß ich nicht länger mehr Zeuge einer Feier
sein konnte, worin ich den Geist der Kirche dem Geiste der Welt im eignen Heiligtume
so schmachvoll erliegen sah, sondern den Tempel verließ."

Die Reise ging weiter über Pavia, Genua und Pisa nach Florenz, wo er sich von einem
Hochamt in Anwesenheit des Großherzogs viel erhoffte und abermals enttäuscht wurde.
Nach einer Opern-Sinfonia zum Einzug des Großherzogs wurde eine Missa brevis von
Mozart gesungen, bei der – aus Mangel an Knabenstimmen und weil Frauenstimmen
nicht erlaubt waren – die Oberstimmen ohne weitere Veränderung einfach eine Oktave
tiefer von Männerstimmen gesungen wurden! „Unter der Wandlung wurde wie gewöhnlich ein anständiges Drehorgelstück gespielt. Also auch in Florenz getäuscht."

Am 17. September erreichte Proske endlich Rom. Sein erstes wichtiges Ziel war die persönliche Bekanntschaft mit Giovanni Baini, dem Leiter der päpstlichen Kapelle. Baini war 1814 mit der Reorganisation des Archivs dieser Kapelle beauftragt worden und hatte 1828 die erste umfassende Biographie Palestrinas veröffentlicht („Memorie storico-critiche della vita e delle opere di Giovanni Pierluigi da Palestrina") und umfangreiche Vorarbeiten für eine Neuedition geleistet. Die von ihm beabsichtigte Gesamtausgabe Palestrinas kam zwar nicht zustande, doch erschienen zahlreiche Werke Palestrinas in seiner siebenbändigen Sammlung „Musica sacra" (Rom 1841–1846).

Als König Ludwig I. im Oktober Rom besuchte, wurde Proske zur Audienz vorgelassen: „Der König empfing mich mit einer unbeschreiblichen, wahrhaft überfließenden Huld, erinnerte sich der kleinsten, mich betreffenden Umstände und traf mir im Innersten das Herz, als er sogleich von unserm unvergeßlichen Vater Bischof Sailer mit so reinem überströmenden Gefühle sprach, wie es nur den edelsten, dankbarsten Seelen möglich ist. Sie können sich denken, daß ich nun jeden Unterschied der Personen vergaß und so überwältigt wurde aus dem freiesten Herzen zu reden, daß ein wahrer Wetteifer der Begeisterung über unser Lieblingsthema entstand." Die Protektion durch den König und den bayerischen Gesandten Graf Spaur sollten Proskes Arbeit wesentlich unterstützen, nicht zuletzt durch den Zugang zu ansonsten nicht geöffneten Archiven wie dem der Capella Sixtina. Im selben Brief nach Regensburg gab es aber auch wieder Anlaß zur Klage über den Zustand der Kirchenmusik, selbst im Petersdom: „Das Graduale wurde als Duett von einem Kastraten und einem Tenoristen mit obligater Orgel in einer Komposition des jämmerlichsten Stils vorgetragen. Das Credo glich den ersten Sätzen der Messe. Das Offertorium, ein Terzett für Sopran, Tenor und Baß mit obligater Orgel, wahrscheinlich vom gleichen Komponisten wie das Graduale. Das Sanctus ein galoppierender Chor, darauf Orgelspiel mit weltlicher Tändelei; während der Elevation ein Bravoursolo für den Tenor über die Worte ‚O Salutaris hostia' mit obligater Orgelbegleitung. Mir wurde Angst und ich sah mich um, ob ich mich denn wirklich in St. Peter, der Haupt- und Musterkirche der Christenheit befände."

Doch das Hauptziel seiner Reise, die Arbeit in den römischen Archiven und Bibliotheken, erwies sich zu Proskes freudiger Überraschung als weitaus ergiebiger als erwartet: „Es gibt in den römischen Musikarchiven und Bibliotheken noch vieles zu entdecken und zu bearbeiten. Auch die Akten über Palestrinas Leben und Werke sind selbst durch die diplomatische Arbeit Bainis keineswegs geschlossen und verifiziert. In den Sammlungen des Collegium Romanum ist manches nicht Edierte von Palestrina übersehen worden."

Proske sammelte nicht blind, sondern ging mit großer Sorgfalt und philologischer Akribie vor. Im Collegio Romano fand er ein von Baini übersehenes Inventar der Musikbibliothek des Herzogs Giovanni Angelo Altaemps, mit dessen Hilfe es ihm gelang, zahlreiche in der Biblioteca Vaticana verstreute Musikalien zu identifizieren. Die Arbeit erwies sich als so umfassend, daß der Regensburger Domorganist Joseph Hanisch, ein Schüler Proskes, nachkommen mußte, um ihm beim Abschreiben der Quellen zu helfen. „Was Sie hier finden, können Sie selbst in Momenten heiligster Kunstbegeisterung kaum ahnen. Ihr ganzes Leben wird von dieser Unternehmung die heiligsten Früchte tragen", hatte Proske ihm zuvor in einem Brief versichert. Neben den zahlreichen römischen Bibliotheken und Archiven besuchte Proske auch solche in Neapel und hielt sich

schließlich zwei Monate lang gemeinsam mit Hanisch in Assisi auf. Auch dort, im bisher
völlig unerforschten Musikarchiv des Sacro Convento, konnte er reiche Schätze zutage
fördern, darunter manches bis dahin völlig unbekannte Werk Palestrinas. Dabei galt es
nicht nur abzuschreiben, sondern die üblicherweise in Stimmbüchern überlieferten
Werke mußten spartiert, das heißt in Partitur übertragen werden. Den besonderen Wert
seiner Arbeit – und damit auch seiner Sammlung – macht aber aus, daß Proske nicht nur
immer weiter nach neuen, bis dahin unbekannten Werken suchte, sondern daß er auch
zusätzliche Quellen bereits bekannter Werke heranzog und mit den anderen Fassungen
verglich.

Als Proske im Januar 1836 wieder in Regensburg eintraf, war durch die zahllosen
Abschriften nicht nur der Grund zu seiner heute noch erhaltenen, einzigartigen Sammlung gelegt, sondern sein ganzes weiteres Leben bildete gewissermaßen das Nachspiel zu
dieser großen Italienreise. Anders als für viele andere vor und nach ihm war der Italien-
aufenthalt für Proske nicht nur ein Bildungserlebnis, sondern er sah sich im Dienste einer
Sache, die ihm eine heilige und geliebte Pflicht war.

Kaum hatte er seine Schätze geordnet, brach er zu einer erneuten Reise nach Italien
auf, wo er in den Sommermonaten des Jahres 1837 vor allem in Bologna und Florenz arbeitete. Venedig blieb ihm wegen der Cholera verschlossen, so daß er den Sommer 1838
zu einer dritten – und letzten – Reise nutzte, die ihn diesmal nach Padua und Venedig
führte. Auch eine Spanienreise war geplant, wurde jedoch vom König wegen der dortigen kriegerischen Auseinandersetzungen um die Krone nicht genehmigt. Statt seiner
sollte ein Antiquar reisen, dem der Ankauf bedeutender Werke gelang.

Hatte Proske bereits in Italien zahlreiche alte Handschriften und Drucke erworben,
so setzte er die Vervollständigung seiner Sammlung durch Ankauf oder Abschreiben
weiterer Werke auch von Regensburg aus fort. Doch das Sammeln war für ihn nicht das
Wesentliche. Es war nur die Voraussetzung für sein großes Ziel, die Reform – oder
Regeneration – der kirchenmusikalischen Praxis. Um dies zu erreichen, galt es, gleich
zwei langwierige Aufgaben zu erfüllen: Die Edition der alten, ‚klassischen' Kirchenmusik, um sie allgemein zugänglich zu machen, und die praktische Einbindung dieser
Musik in die Liturgie. Zugleich sollte sich die liturgische Musik auf A-cappella-Gesang
und den gregorianischen Choral beschränken. Doch in diesem Punkt stieß Proske auf
heftigen Widerstand.

Sailers Amtsnachfolger, Bischof Franz Xaver Schwäbl, teilte keineswegs Proskes
rigorose Forderungen. Zwar entließ er im April 1834 Cavallo und übertrug dessen Funktionen provisorisch dem Amberger Priester Johann Evangelist Deischer, erklärte aber –
wie den Akten des Bischöflichen Zentralarchivs zu entnehmen ist – unumwunden, daß
„seines Erachtens die Instrumentalmusik (Figuralmusik) nie untergehen dürfte, sondern
zwischen Choralgesang und Figuralmusik eine angemessene Abwechslung stattfinden
solle. Da für die Advents- und Fastenzeit der Choralgesang ohnedies überall herkömm-
lich ist, so könnte, wenn auch an den Festtagen hie und da das Graduale oder Offertorium in Choral oder Kontrapunkt gegeben würde, jene Abwechslung auf die zweck-
mäßigste Weise hergestellt werden".

Proske gab sich mit diesem Status quo ebensowenig zufrieden wie mit der provisori-
schen Leitung der Kirchenmusik durch Deischer. In einer ausführlichen „Untertänigst-
gehorsamsten Vorstellung die Reorganisation und resp. Leitung der Chormusik in der

hiesigen Domkirche betreffend", mit der er sich am 6. Dezember 1837 an die Regierung des Regenkreises (des späteren Regierungsbezirks Oberpfalz) wandte, versuchte er, die Ernennung seines Mitarbeiters Hanisch zum Domkapellmeister durchzusetzen. Dem hielt das Domkapitel nicht nur Zweifel an der Qualifizierung Hanischs entgegen, sondern äußerte deutliche Vorbehalte gegen die ausschließliche Einführung einer als ‚ausländisch' betrachteten Musik: „Wenn aber nun Dr. Proske, diesen bessern Zustand der Dommusik ganz ignorierend, noch immer von einer Reorganisation derselben spricht, so läuft am Ende das Ganze auf einen Streit hinaus, ob die Vokalmusik allein oder auch die Vokal-Instrumental-Musik in der Kirche beizubehalten und resp. ob die italienische Kirchengesangsweise, von welcher Kanonikus Dr. Proske die vorzüglichsten klassischen Werke gesammelt zu haben glaubt, wo nicht ausschließlich, doch größtenteils in der hiesigen Domkirche einzuführen sei. Der Zweck der Kirchenmusik ist, die Herzen der Gläubigen zur Andacht und Frömmigkeit zu stimmen und jede Musik, welche diesem Zwecke entspricht, hat ihren Wert, sie sei was immer für einem Lande eigentümlich ... Soll das wirkliche Reorganisation und Regeneration der deutschen Kirchenmusik sein, wenn man die italienischen Produkte nude crude auf deutschen Boden verpflanzt?"

Auf Vorschlag des um einen Ausgleich bemühten Regierungspräsidenten von Schenk [s. S. 225ff.] der in seiner Stellungnahme auch die „nicht eben freundliche Stellung" Proskes zu den meisten Mitgliedern des Domkapitels erwähnte, wurde vom Ministerium verfügt, daß Deischer zwar im Amt bleibe, im Dom jedoch nur Choralgesang mit oder ohne Orgelbegleitung erklingen solle. Die hierzu erforderlichen Reformen der Dommusik seien durch das vereinte Zusammenwirken des Musikdirektors Deischer, des Domorganisten Hanisch und Proskes unter Mitwirkung des Domdechanten Diepenbrock, der Proskes Position teilte, herbeizuführen. Trotz dieser eindeutigen Anweisung wurde Proskes Ideal einer Kirchenmusik ohne Instrumente zunächst nur an der Alten Kapelle verwirklicht, an die 1839 Johann Georg Mettenleiter aus Oettingen als Chordirektor berufen wurde. Es bestand also die paradoxe Situation, daß die kirchlichen Autoritäten die ausschließliche Aufführung von A-cappella-Werken als „italienischen Produkten" ablehnten, während sich die weltlichen Autoritäten – König, Staatsministerium des Innern und Regierungspräsident – zu den Verfechtern dieser Meisterwerke katholischer Kirchenmusik machten. (Dabei muß jedoch darauf hingewiesen werden, daß die als „a cappella" bezeichnete Ausführung allem Anschein nach nur in der Cappella Sistina gepflegt wurde, während die Aufführungspraxis des 16. und 17. Jahrhunderts andernorts – in Italien wie in Deutschland – durchaus auch die Mitwirkung von Instrumenten vorsah.) Am Dom sollte das Verbot von Instrumenten erst nach 1853 unter Deischers Nachfolger Joseph Schrems befolgt werden.

Proske widmete die letzten beiden Jahrzehnte seines von häufiger Krankheit gezeichneten Lebens hauptsächlich der Editionstätigkeit. 1842 übertrug er innerhalb eines Jahres sämtliche 516 geistlichen Motetten aus Orlando di Lassos „Magnum Opus Musicum" in Partitur. Auf Anregung Valentin Riedels, der von 1842 bis 1857 Bischof von Regensburg war, entstand jene große Sammlung mehrstimmiger, ‚klassischer' Kirchenmusik für den liturgischen Gebrauch, die „Musica Divina", deren erster Band 1853 bei Friedrich Pustet in Regensburg erschien, und zwar zugleich als Partitur und in Stimmen für die praktische Aufführung. In einer kurzen, „Prospectus" betitelten Vorbemerkung

benannte Proske den Zweck seiner Sammlung: „Einen umfangreichen, wohlgewählten,
alle liturgischen Bedürfnisse umfassenden, zugleich mit Rücksicht auf die ausführenden
Kunstkräfte des Sängerchors wie auf die Empfänglichkeit der hörenden Kirchengemeinde progressiv geordneten Vorrat älterer Gesangmusik zur Öffentlichkeit zu bringen."
Dem ersten Band mit zehn vierstimmigen Messen und zwei Requiems folgte bereits 1855
der zweite mit vierstimmigen Motetten für das ganze Kirchenjahr und 1859 der dritte mit
polyphonen Bearbeitungen von Vespergesängen. Daneben veröffentlichte Proske 1856
eine Sammlung vier- bis achtstimmiger Messen, die ebenfalls bei Pustet unter dem vielsagenden Titel „Selectus Novus Missarum praestantissimorum superioris aevi
Auctorum" erschienen. Den vierten Band der „Musica Divina" mit Gesängen für die
Karwoche, Litaneien, Te Deum und anderem konnte er noch für den Druck vorbereiten.
Sein Erscheinen 1863 erlebte er nicht mehr. Proske starb am 20. Dezember 1861. Seine
Sammlung vermachte er Bischof Valentin Riedel und nach dessen Tod dem Regensburger
Domkapitel. Sie wird heute in der Bischöflichen Zentralbibliothek Regensburg auf-
bewahrt. Das Hauptkorpus der Sammlung bildet neben den originalen Drucken und
Handschriften die sogenannte Mappenbibliothek mit über 7200 Einzelwerken in 2600
Partituren, von denen über 1800 in Proskes Handschrift sind.

Mit seiner Kritik am Zustand der zeitgenössischen Kirchenmusik und seiner Begeisterung für die Vokalpolyphonie des 16. Jahrhunderts stand Proske nicht allein. Hier wäre
beispielsweise E. T. A. Hoffmanns Aufsatz über „Alte und neue Kirchenmusik" von
1814 zu nennen, den Hoffmann auch in seine „Serapionsbrüder" aufnahm, ferner die
Schrift des Heidelberger Juristen und Musikliebhabers Anton Friedrich Justus Thibaut
„Über Reinheit der Tonkunst" (Heidelberg 1824), die in zahlreichen Neuauflagen nachgedruckt wurde. In Frankreich hatte Alexandre Choron 1817 eine Kirchenmusikschule
gegründet und sich mit Konzerten und Editionen für die Verbreitung der alten Musik
eingesetzt. Was Proske von seiner historisierenden Zeit unterscheidet, ist die religiöse
Bedeutung, die er der klassischen Vokalpolyphonie beimaß. Es genügte ihm nicht, diese
Werke als Musik wiederzubeleben, sie sollten vielmehr wieder zu einem integralen
Bestandteil der Liturgie werden. Nur im Gottesdienst konnten diese Werke nicht nur
ihre Schönheit, sondern auch ihren „geistigen Gehalt" entfalten.

Doch obwohl seine Reformen und sein editorisches Werk im wesentlichen auf die
liturgische Praxis zielten, hat er den wissenschaftlichen Aspekt – die philologischen
Probleme des Notentextes – nie vernachlässigt. So verdankt ihm die Musikwissenschaft
nicht zuletzt die grundlegenden Vorarbeiten zu den von Franz Xaver Haberl gemeinsam
mit anderen Musikforschern herausgegebenen monumentalen Ausgaben der Werke
Palestrinas (Leipzig 1862–1903) und Lassos (Leipzig 1894–1926).

Die Produktion neuer Musik war für ihn dahinter zweitrangig: „Der Beruf eines
Forschers der Musik ist in unserer Zeit wichtiger als selbstschaffende Vermehrung
praktischer Musikwerke", betonte er einmal. Dabei wäre es jedoch falsch, ihn als einen
‚Reaktionär', als jemanden, der die Zeichen der Zeit nicht verstand, abzutun. Proske
spürte, daß die Kirchenmusik seiner Zeit zu den Extremen einer unbedeutenden Tages-
produktion oder einer den Rahmen der Liturgie sprengenden Monumentalität ten-
dierte. Vor dem Hintergrund dieses bis heute bestehenden Dilemmas war seine
Hinwendung zu einer Musik, in der liturgische Funktion, religiöses Empfinden und
kompositorische Meisterschaft eine Einheit bildeten, nur konsequent. In einem Jahr-

hundert, das gleichermaßen von einem ungeheuren Fortschrittsglauben wie von der Wiederentdeckung und -belebung des Alten geprägt war, in dessen Musikgeschichte die Kompositionen Wagners, Liszts und Brahms' mit der Pflege der Musik Palestrinas, Schütz' und Bachs einhergingen (Liszt zählte zu den Subskribenten der „Musica Divina", Wagner erwarb sie 1871), nahm Proske seine besondere Aufgabe in jenem Ganzen ein, das schon E. T. A. Hoffmann am Schluß seines Aufsatzes über „Alte und neue Kirchenmusik" beschworen hatte:

„Immer weiter fort und fort treibt der waltende Weltgeist; nie kehren die verschwundenen Gestalten, so wie sie sich in der Lust des Körperlebens bewegten, wieder: aber ewig, unvergänglich ist das Wahrhaftige, und eine wunderbare Geistergemeinschaft schlingt ihr geheimnisvolles Band um Vergangenheit, Gegenwart und Zukunft. Noch leben geistig die alten, hohen Meister; nicht verklungen sind ihre Gesänge: nur nicht vernommen wurden sie im brausenden, tobenden Geräusch des ausgelassenen, wilden Treibens, das über uns einbrach. Mag die Zeit der Erfüllung unseres Hoffens nicht mehr fern sein, mag ein frommes Leben in Friede und Freudigkeit beginnen und die Musik frei und kräftig ihre Seraphschwingen regen, um aufs neue den Flug zu dem Jenseits zu beginnen, das ihre Heimat ist und von dem Trost und Heil in die unruhevolle Brust des Menschen hinabstrahlt!"

Monika Schmidt

Theresia von Jesu Gerhardinger – Gründerin der Kongregation der Armen Schulschwestern von Unserer Lieben Frau (1797–1879)

Karolinas Entscheidung zugunsten der Armen

„Was er euch sagt, das tut!" (Joh. 2,5)
Dieser Satz aus dem Johannesevangelium läßt sich als Motto über das Leben von Karolina Gerhardinger bzw. – wie sie als Ordensfrau hieß – M. Theresia von Jesu Gerhardinger setzen.

Was vordergründig als blinder, unmündiger Gehorsam anmutet, beinhaltet ein ernstes Ringen, mit Blick auf Jesus das jeweils Richtige zu tun und den Lebensweg von Gott bestimmen zu lassen. Maßgeblich geprägt wurde die gebürtige Stadtamhoferin dabei durch den Dompfarrer und späteren Regensburger Bischof Georg Michael Wittmann (1760–1833).

Durch ihn sah sich Karolina bereits als Zwölfjährige vor eine Entscheidung gestellt. Wittmann suchte nämlich die Schule in Stadtamhof zu erhalten, die wegen der Auflösung des Klosters der Notre-Dame-Frauen im Zuge der Säkularisation geschlossen werden sollte. Aus diesem Grunde plante er, drei der ehemaligen Schülerinnen, darunter Karolina, als Lehrerinnen auszubilden. Der begabten, vielseitig interessierten Karolina, die die Welt kennenlernen wollte, fiel die Einwilligung nicht leicht. Als einzige Tochter des Schiffsmeisters Willibald Gerhardinger und seiner Ehefrau Maria Franziska war sie am 20. Juni 1797 geboren und Am Gries in Stadtamhof aufgewachsen; zu Hause hatte sie Geborgenheit und gelebten Glauben, aber auch Aufgeschlossenheit gegenüber Mitbürgern und Fremden, durch die Donaureisen des Vaters sogar weltweite Offenheit erfahren.

Weil Karolinas Eltern in der Anfrage des Dompfarrers an ihre Tochter Gottes Willen sahen und Karolina selbst ihren Religionslehrer achtete, kam sie schließlich seiner Bitte nach. Unter Anleitung von Georg Maurer, dem Kaplan der Kirche St. Mang in Stadtamhof, nahm sie mit anderen Mädchen die Lehrtätigkeit auf und wirkte nach ihrem Ausbildungsabschluß ab 1812 als „Königliche Lehrerin" an der Königlichen Mädchenschule Stadtamhof.

Dabei bewies sie nicht nur pädagogisches Geschick, sondern Gründlichkeit, Konsequenz und Geduld. Über den üblichen Unterricht in Lesen, Schreiben und Rechnen hinaus waren ihr die Vermittlung von Realien im Sinne eines Allgemeinwissens wichtig wie auch Fertigkeiten in Singen, Zeichnen und vor allem in Handarbeit. Wenn sie sich

um eine gründliche Ausbildung und christliche Erziehung von Mädchen und jungen
Frauen gerade aus den ärmeren Bevölkerungsschichten bemühte, handelte sie ganz im
Sinn von Pfarrer Wittmann, der darin eine einzigartige Möglichkeit sah, der Not und den
sozialen Mißständen nach den Napoleonischen Kriegen und dem moralischen Tiefstand
infolge der Säkularisation entgegenzuwirken. Mit Blick auf die Verelendung und Verwahrlosung der Kinder und Jugendlichen ihrer Zeit hatte sich Karolina auf Wittmanns
Anliegen eingelassen und übernahm immer mehr sein pädagogisches Konzept der ganz-
heitlichen Mädchenbildung.

Die Ausrichtung auf die Armen beeinflußte Karolinas Inneres. Sie, die Selbständigkeit
und Freiheit liebte, bisher elegante Kleidung geschätzt hatte, Stolz, Ehrgeiz und Gel-
tungssucht spürte, war nun bemüht, gegen diese Schwächen anzugehen und um Gottes
willen ihrem Leben neue Akzente zu geben. So kleidete sie sich einfach und fand in einer
immer tieferen Beziehung zu Gott Kraft für ihren engagierten Einsatz zugunsten armer
Mädchen. In Gebet, Fasten, Reflexion und im Gespräch mit Wittmann versuchte sie zu
erspüren, was Gott von ihr wollte.

Im Lauf des Jahres 1815 entschloß sich Karolina, Ordensfrau zu werden, und gewann
für diese Idee auch ihre beiden Kolleginnen Anna Hotz und Anna Praun. Mit Einzug in
die Dienstwohnung der neu eingerichteten Schule ein Jahr später erhielten die drei Frauen
von Wittmann die Erlaubnis, unter seiner geistlichen Führung ein klosterähnliches Leben
mit viel Stillschweigen, Gebet und Buße zu führen. Als Anna Praun nach vier Jahren von
dieser Lebensform Abstand nahm, endete zwar der erste Versuch einer geistlichen Gemeinschaft, doch in Karolina selbst festigte sich der Wunsch, ganz für Gott da zu sein.

Eine Möglichkeit zur Verwirklichung dieses Plans schien im Jahr 1825 mit der Thronbesteigung König Ludwigs I. von Bayern gegeben, der als entschiedener Gegner der
Aufklärung auftrat und mit Bezug auf das Konkordat von 1817 die Reorganisation von
Klöstern als Hauptaufgabe seiner Regentschaft verstand, da er sich im Bereich der
religiös-sittlichen Erziehung, insbesondere der Mädchen, von Seiten der Orden wertvolle Unterstützung erhoffte.

So fand Karolinas Gesuch um Wiedererrichtung des Notre-Dame-Klosters in Stadtamhof im September 1829 sowohl im Innenministerium in München als auch im Ordina-
riat in Regensburg durchaus Zustimmung, scheiterte jedoch am heftigen Widerstand der
Stadtamhofer, die finanzielle Einbußen fürchteten.

Als wegen dieser Schwierigkeiten Karolinas langjährige Begleiterin Anna Hotz auf-
gab, blieb Karolina selbst ihrer Zielsetzung treu. Daß sich ein Jahr später Barbara Wein-
zierl und Maria Blaß als neue Gefährtinnen einfanden, ermutigte sie auf ihrem Weg.
Besonders ausgeprägt war bereits in diesen Jahren ihre Haltung, sich die Sorgen der
Armen zum eigenen Anliegen zu machen. Zugunsten einer „Suppenküche", in der
Schulkinder aus armen bzw. entfernt wohnenden Familien täglich unentgeltlich warmes
Essen erhielten, hatte sie nach dem Tod ihres Vaters 1825 das elterliche Anwesen
veräußert; ihre Mutter führte der kleinen Gemeinschaft der Lehrerinnen den Haushalt.
Schulentlassene Mädchen, die noch keinen Dienstplatz gefunden hatten, förderte sie
durch speziellen Handarbeitsunterricht, gab ihnen durch diese Weiterbildung sinnvolle
Beschäftigung, aber auch beruflich größere Chancen; zugleich unterstützte Karolina mit
den gefertigten Produkten Arme und teilte mit den Bedürftigen ihr Hab und Gut; bei
Raumnot begnügte sie sich sogar mit einer Ecke auf dem Speicher als Schlafplatz.

In den 22 Jahren, die sie in Stadtamhof als Lehrerin wirkte, kristallisierte sich heraus, daß sie die geeignete Person war für Wittmanns Vision der Neugründung eines Frauenordens, der sich der Erziehung und dem Unterricht der weiblichen Jugend widmen sollte.

Schwierige Anfänge des neuen Frauenordens

Zunächst schien die Verwirklichung von Wittmanns Vorstellungen mit der Zusicherung der finanziellen Mittel durch seinen Freund Franz Sebastian Job greifbar nahe. Dem gebürtigen Neunburger Job, der damals Professor in Regensburg war und später Kaplan am Kaiserhof in Wien wurde, lag die Situation der Mädchen seiner Heimatstadt am Herzen; er bestimmte als Standort des neuen Klosters Neunburg vorm Wald, wo sein Bruder Stadtpfarrer war. Nach Wittmanns Tod am 8. März 1833 schrieb Job im Sinne des Stifters Wittmann den „Geist der Verfassung" als Regel der Schulschwestern von Notre Dame, stand Karolina gegen anfängliche Widerstände seitens der Neunburger Bevölkerung bei und ermöglichte ihr den Besuch in einigen Ordensgemeinschaften, damit sie Einblick in verschiedene Ordensregeln und Formen des Ordenslebens nehmen konnte.

Am 24. Oktober 1833 begann Karolina in Neunburg v. W. zusammen mit ihren beiden Gefährtinnen, nach Jobs Regel zu leben. Mit der Leitung der kleinen Gemeinschaft war noch auf Wittmanns Wunsch der Regensburger Priester Matthias Siegert betraut worden; voll Freude beobachteten sie die Fortschritte am Bau ihres künftigen Klosters. Da starb am 13. Februar 1834 auch Job. Was nach zähem Ringen so hoffnungsvoll begonnen hatte, schien nun mit einem Schlag zunichte: Die Stiftungsgelder waren mit Jobs Tod nicht mehr zugänglich. Karolina hatte, um den Neunburgern entgegenzukommen, auf Schulgeld und Gehalt verzichtet, so daß sie nun völlig mittellos dastand.

In Wien erfuhr sie, daß die Gelder nur dann flüssig würden, wenn ihre Klostergründung rechtskräftig sei, dafür wiederum waren ein ausreichendes Stiftungskapital und eine gültige Ordensregel Bedingung. In dieser scheinbar aussichtslosen Situation wandte sich Karolina mit einem Empfehlungsschreiben der Kaiserin Karolina von Österreich, einer Schwester des bayerischen Königs, an König Ludwig I. in München. Noch im März 1834 erhielt sie nach einer Audienz beim König die staatlichen Dokumente zur Klostergründung sowie durch den Bischof von Regensburg die kirchliche Bestätigung ihrer Gemeinschaft. Damit war die Kongregation der Armen Schulschwestern v. U. L. Fr. offiziell gegründet.

Am 16. November 1835 band sich Karolina endgültig an Gott durch die ewigen Gelübde, die Weihbischof Bonifaz von Urban in der St.-Gallus-Kapelle in Regensburg entgegennahm, und nannte sich von da an „Theresia von Jesu"; als Leiterin des Klosters wurde sie von den Schwestern als „Mutter Theresia" angesprochen. Ihre Gelübde legte sie auf den von Job formulierten „Geist der Verfassung" ab, der wiederum auf der von Petrus Forerius verfaßten Ordensregel der Notre-Dame-Frauen basierte und somit an der des Augustinus orientiert war.

Mittlerweile hatten am Ordensleben interessierte junge Frauen bei den Schulschwestern in Neunburg Aufnahme gefunden, und im April begannen sechs Postulantinnen das Noviziat.

Da das Kloster ohne feste Einnahmen war, die Stiftungsgelder durch den Bau nahezu aufgebraucht waren, lebten die Schwestern in großer Armut, ja wie sie es empfanden, aus der Hand Gottes. Oft erhielten sie, wenn der Lebensmittelvorrat verzehrt, die Kasse leer war, unverhofft Unterstützung durch z. T. anonyme Spender oder Wohltäter, wie z. B. durch Karolina, die Kaiserin von Österreich, und Friederike von Ringseis, die Gattin des Leibarztes von König Ludwig I. Aber auch sonst erfuhr die Schwesterngemeinschaft Hilfe, sei es gegen Verleumdungen oder gegen staatliche Verordnungen, die die Einrichtung ruiniert hätten.

Gegenüber Ludwig I. vertrat Mutter Theresia erfolgreich das Anliegen der Stifter Wittmann und Job, auch ohne Nachweis eines Fonds – der im übrigen der von der Regel geforderten Armut widersprochen hätte – und unabhängig von der jeweiligen Genehmigung des Königs Schwestern aufnehmen und entsenden zu dürfen. Sobald sie freie Handhabe diesbezüglich hatte, stand einer weiteren Ausbreitung der Kongregation nichts mehr im Wege. Voraussetzung für jede neue Filialgründung war jedoch, daß eine Gemeinde Schwestern gerufen hatte. Bereits 1836 entstand auf diese Weise die erste Filiale im Nachbarort Schwarzhofen.

Gründung eines zentralen Stamm-Mutterhauses in München

Bald erwies sich das Haus in Neunburg v. W., das nach Filialgründungen Stamm-Mutterhaus und Ausbildungsstätte künftiger Schwestern geworden war, als zu klein und zu wenig zentral gelegen. Zunächst bestand durch den Erzbischof von München-Freising, der in seiner Diözese gerne Schulschwestern gehabt hätte, Aussicht auf eine positive Veränderung, doch seine Angebote, das ehemalige Augustiner-Chorherrenstift Weyarn und das Birgittinnen-Kloster Altomünster, erschienen Mutter Theresia sowohl baulich als auch verkehrsmäßig unbrauchbar. Nach zwei Jahren Verhandlungen legte sie, um Mißverständnisse auszuräumen, ihre Vorstellungen im Sinne der Stifter schriftlich so dar, daß König Ludwig I. beeindruckt urteilte: „Diese Frau weiß, was sie will, und was sie will, ist groß gedacht." Von da an waren der Erzbischof und der König bemüht, einen Platz für ein Mutterhaus in oder nahe der Landeshauptstadt selbst zu finden. Die Begegnung Mutter Theresias mit dem Stadtpfarrer von München-Au bedeutete einen ersten Anknüpfungspunkt: Zwei Schwestern konnten im Dezember 1839 in der Au den Schuldienst beginnen. Die jahrelangen Verhandlungen beendete schließlich der König selbst, indem er entschied, daß ein Mutterhaus der Armen Schulschwestern in der Landeshauptstadt dem Stiftungsbrief nicht widerspreche, und Theresia Gerhardinger 1841 das ehemalige Klarissinnenkloster am Anger zum Um- und Ausbau überließ.

Am 16. Oktober 1843 konnte das Mutterhaus, für das sie selbst die Baupläne erstellt hatte, seiner neuen Bestimmung übergeben werden: Alle Schulschwestern konnten hier sowohl ihre religiöse als auch ihre fachliche und praktische Ausbildung erhalten, was eine innere Einheit gewährleisten sollte. Spirituell und beruflich gut geschult, konnten sie dann in kleinen Gruppen zu zweit oder dritt an den Orten ihrer Sendung ihren Dienst tun – in enger Verbindung mit dem Mutterhaus in München.

Ausbreitung der Kongregation in Nordamerika und weiterhin in Europa

Die Kongregation hatte gerade erst wenige Jahre zuvor die Grenzen der Diözese über-schritten und zählte knapp 100 Schwestern in Bayern, als im Jahr 1847 der Ludwig-Missionsverein, ein Hilfswerk für die deutschen Katholiken in Nordamerika, Schulschwestern für die Erziehung deutscher Auswandererkinder nach Pennsylvanien rief. Auch wenn der Verein einen Teil der Bau- und sämtliche Reisekosten zu übernehmen versprach und der König selbst das Projekt befürwortete, war es für die junge Gemeinschaft ein Wagnis.

Mutter Theresia war jedoch im Vertrauen auf Gottes Führung bereit, sich darauf einzu-lassen und sich mit vier Schwestern und einer Novizin auf den langwierigen und gefähr-lichen Weg zu begeben. Als sie nach 5_wöchiger Seereise todkrank in der neuen Welt ankam, zeichnete sich wie schon bei der Gründung des Klosters in Neunburg v. W. ab, daß „Gottes Wege [...] langsam und leidvoll [gehen]": Die vermeintliche Stadt St. Maria, in der sie ihr Werk beginnen sollten, war nur eine Siedlung von Blockhütten mitten im Urwald; der Bischof von Pittsburgh war – wie der Bischof von Baltimore – mißtrauisch gegen die Schwestern, da ihre Ordensregel nicht approbiert und sie ohne Empfehlungsschreiben ihres Erzbischofs gekommen waren; beide Bischöfe hatten Vorbehalte gegen deutsche Schulen; der Agent der Siedlungsgenossenschaft, Baron von Schröter, der sich um Schul-schwestern bemüht hatte und alle ihre Gelder verwaltete, erwies sich als unfähiger und betrügerischer Geschäftsmann. Am schmerzlichsten jedoch traf Mutter Theresia der plötzliche Tod der begabten Novizin Emanuela noch während der Reise nach St. Maria.

Nichtsdestoweniger vertraute Mutter Theresia fest darauf, daß auch hier wie in den unscheinbaren Anfängen in München durch Gottes Führung etwas wachsen könne, zumal die Not der verwahrlosten und z. T. verwaisten Kinder deutscher Einwanderer sie zum Handeln drängte. Ihr unerschütterlicher Glaube „versetzte Berge", während sie ein neues Lebens- und Wirkungsfeld suchte: Der Erzbischof von Baltimore genehmigte schließlich den Kauf des Redemptoristenklosters sowie die Übernahme deutscher Schu-len durch die Schulschwestern; aus dem durch Schröters Betrug entstandenen finanziel-len Engpaß half König Ludwig I. mit einer großzügigen Spende aus der eigenen Kasse. Die letzten Bedenken gegen die deutschen Schwestern wurden durch ihr überzeugendes Beispiel und ihren engagierten Einsatz zerstreut. Andererseits fand Mutter Theresia in dem Redemptoristenpater Johannes Neumann von Philadelphia und in Bischof Henni von Milwaukee geistliche Unterstützung. Im Laufe eines Jahres konnte sie mit Hilfe von elf weiteren Schwestern, die im Mai 1848 aus München nachgekommen waren, in Balti-more, Pittsburgh, Buffalo, Detroit, Chicago, Milwaukee, New York und Philadelphia Niederlassungen gründen. Die Schwestern waren in Waisenhäusern und vor allem als Pioniere in Pfarrschulen tätig. Im Dezember 1848 schickte Mutter Theresia die letzte Gruppe Missionarinnen nach Nordamerika, danach entfaltete sich der Orden dort aus eigener Kraft.

Bevor sie im Sommer 1848 die Rückreise nach München antrat, weil die Situation in Bayern nach Abdankung von König Ludwig I. es erforderlich machte, ordnete Theresia Gerhardinger die Verhältnisse so, daß die Filialen in Nordamerika untereinander und mit dem Mutterhaus in Baltimore verbunden blieben und zugleich Kontakt hielten zum Stamm-Mutterhaus in München. Auf diese Weise sicherte sie die Einheit innerhalb ihrer Kongregation.

Doch schon zwei Jahre später war es notwendig, daß Schwester Karolina Frieß, die Mutter Theresia als sehr begabte und fähige junge Schwester 1847 mit nach Amerika genommen und bei ihrer Abreise zur Assistentin der Oberin ernannt hatte, nach München kam, um brennende Fragen zu klären. Mutter Theresia war weitblickend genug, die Ordensregel für die Schwestern in Amerika den Verhältnissen entsprechend zu modifizieren und die erst 25jährige Schwester Karolina zu ihrer Stellvertreterin in Amerika zu ernennen mit Vollmachten, die selbständiges Handeln ohne vorherige Rückfragen im Münchener Mutterhaus ermöglichten.

1850 wurde mit Rücksicht auf günstigere Voraussetzungen für den deutschen Schulorden Milwaukee als Sitz des amerikanischen Mutterhauses bestimmt. Unter der Leitung von Schwester Karolina Frieß entfaltete sich der Orden innerhalb der Vereinigten Staaten und in Kanada.

Mitte des 19. Jahrhunderts weitete sich die Kongregation über Bayerns Grenzen hinaus auch in Europa aus. Theresia Gerhardinger sandte Schwestern nach Württemberg, Westfalen und Schlesien sowie in das Gebiet der heutigen Staaten Österreich, Ungarn, Rumänien und nach England. Immer versuchte sie, mit einer Einrichtung auf die jeweils vor Ort herrschende Not zu reagieren. In London z. B. eröffnete sie eine Abendschule für Fabrikarbeiterinnen, in Wien ein Haus für ‚gefallene‘ Mädchen, in Görz ein Heim für Taubstumme.

Ca. 200 Häuser gründete sie in Europa, davon mehr als 130 in Bayern. Vor allem seit König Maximilian II. von Bayern in einem Dekret vom Januar 1852 die Einführung der Schulschwestern als „vorzügliches Mittel" empfohlen hatte, „um der drohenden Verarmung im Volk vorzubeugen", konnte Mutter Theresia aus personellen Gründen nicht mehr allen Bittgesuchen um Schwestern Folge leisten.

Erziehungs- und Bildungsauftrag der Schulschwestern

Der königliche Erlaß erkannte die Bedeutung von Theresia Gerhardingers Zielsetzung , „vor allem fromme Mütter zu erziehen, besonders von mittleren und gewöhnlichen Ständen, denen vornehme Institute unzugänglich sind und die besonders einer echt christlichen Erziehung mangelten". Gerade diesen Mädchen wollte sie eine Chance geben, Selbständigkeit zu erlangen und Erwerbsmöglichkeiten zu finden. Dahinter steckt ein Menschenbild, das intendiert, daß Mädchen sich ihrer Würde als Frau bewußt werden, Urteils- und Kritikfähigkeit erlangen, ein mündiges Gewissen entwickeln, zu ihrer Identität finden, um so verantwortlich auch Leitungspositionen übernehmen zu können – Ziele, die der Ordensstifterin auch in der beruflichen Ausbildung und personalen Entfaltung der Ordensfrauen selbst wichtig waren.

In Anlehnung an die Pädagogik Pestalozzis und Sailers ist ihr Erziehungs- und Bildungskonzept am Kind und am christlichen Glauben orientiert und ganzheitlich ausgerichtet. Daß sie für die musische Förderung und den Sportunterricht für Mädchen eintrat, die Grundlage für die Realschule unserer Tage schuf und ein Konzept für eine qualifizierte Ausbildung ihrer Lehrerinnen erstellte, das später für die staatliche Lehrerbildung bestimmend wurde, läßt erkennen, wie umwälzend und weitreichend Theresia Gerhardingers Neuerungen waren.

Durch Erziehung und Bildung wollte sie Mädchen und junge Frauen zu der ihnen von Gott gegebenen Würde und Verantwortung in Familie und Gesellschaft hinführen und auf diese Weise beitragen, daß das Leben der Menschen wieder besser gelinge.

Konflikt mit der Kirche um die Anerkennung der Ordensregel

Um die Zielgruppe, Mädchen und junge Frauen aus ärmeren Schichten, erreichen zu können, hatte Wittmanns Entwurf für die Ordensregel der Armen Schulschwestern im Unterschied zur damals üblichen Form monastischer Klöster kleine Filialen vorgesehen, in denen Schwestern in kleinen Gemeinschaften auf dem Lande und orientiert an den einfachen Verhältnissen der Umgebung leben sollten. Alle sollten einem zentralen Mutterhaus unterstellt sein. Neu war daran, daß die Leitung bei einer Frau des Ordens selbst liegen sollte, um zum einen flexibler und unmittelbarer auf die Nöte der Zeit reagieren, zum anderen einheitliche Regelungen treffen zu können.

Schon allein die Tatsache, daß eine solche Generaloberin wegen Visitation der Filialen die Klausur verlassen und im Lande herumreisen muß, schickte sich nach Meinung einiger Bischöfe nicht, ganz zu schweigen von der zentralistischen Leitungsstruktur mit Vollmachten für eine Frau, wofür es bis dahin in religiösen Frauengemeinschaften keine kirchlichen Rechtsbestimmungen gab. Die von Job abgefaßte Regel war 1835 vom Regensburger Bischof Schwäbl kirchlich bestätigt worden; die rasche Ausbreitung der Gemeinschaft über Diözesan- und Landesgrenzen hinweg verlangte aber auch die Approbation durch den Papst, um die Theresia Gerhardinger in den 50er Jahren nachsuchte.

Als der Erzbischof von München-Freising, Graf Karl August von Reisach, als entschiedener Gegner der zentralistischen Leitung in einem Dekret vom 21. April 1852 die Leitung der ganzen Kongregation übernahm und Theresia Gerhardinger unter Androhung der Exkommunikation ihres Amtes enthob, begann für die Ordensgründerin ein großer Leidensweg. Zwar nahm sie alle Demütigung als Bewährungsprobe auf sich – „Gottes Sache, sonst nichts liegt uns am Herzen" (Brief 895) –, sah sich aber im Gewissen dem Stifterwillen Wittmanns verpflichtet und wandte sich in ihrer Not an Rom. Um Gottes Sache willen bat sie Papst Pius IX., die Ordensregel zu überprüfen. Viele schriftliche Stellungnahmen, Bittgesuche, Fürsprecher und vor allem geduldiges Ausharren im Gebet waren erforderlich, bis 1854 Mutter Theresia durch ein päpstliches Dekret zur Generaloberin erklärt, die Ordensregel 1859 für sechs Jahre und schließlich 1865 durch Papst Pius IX. endgültig bestätigt wurde. So war die von Wittmann vorgesehene Lebensform und Leitungsstruktur der Kongregation kirchlich anerkannt.

Rückschläge auch am Ende von Theresia Gerhardingers Leben

Mit Schwierigkeiten hatte sich Mutter Theresia zeitlebens auseinanderzusetzen; im Alter mußte sie erleben, wie die kirchenfeindlichen Ideen des Liberalismus, die sich in Preußen zum Kulturkampf ausweiteten, ihr Werk bedrohten. Sämtliche Häuser in Preußen und Baden wurden aufgelöst; aber auch in Bayern wurde die Entwicklung, insbesondere die der klösterlichen Schulen, durch die Maigesetze von 1873 stark blockiert.

Die Wende in der Politik und den Frieden zwischen Staat und Kirche 1886 erlebte Mutter Theresia nicht mehr:

Am 9. Mai 1879 waren ihre Kräfte aufgezehrt. Sie verstarb, fast 83jährig, im Mutterhaus in München am Anger und wurde in der Klostergruft beigesetzt.

Ihr Grab ist heute in St. Jakob am Anger in München und seit ihrer Seligsprechung am 17. November 1985 Anziehungspunkt für viele Beter, die in persönlicher Not und in den Anliegen von Kirche und Gesellschaft ihre Hilfe erbitten.

Das Charisma der Ordensstifterin

Theresia Gerhardinger sah die Gründung und Ausbreitung ihrer Gemeinschaft nicht als ihr eigenes Werk an, sondern verstand ihr Tun als Beitrag zu Gottes Werk, als Dienst an seinem Reich. In der Gewißheit seiner Führung, seiner Allmacht und Barmherzigkeit war sie offen für das, was der Tag brachte und von ihr forderte; getragen von ihm konnte sie sich Schwierigkeiten stellen und sie bestehen. Ihr geradezu unerschütterliches Vertrauen in Gott gründet in ihrem Urvertrauen dem eigenen Vater gegenüber. An seiner Seite hatte sie furchtlos, wenn auch nicht unbeeindruckt, im April 1809 Regensburg in Flammen gesehen, als Napoleon die Stadt mit Brandkugeln beschießen ließ. Überliefert ist auch, daß sie als Dreizehnjährige bei einer Floßfahrt donauabwärts durch gefährliche Strudel nicht in Panik geriet, sondern ruhig den verängstigten Schiffern Mut zusprach. „Mein Vater steht am Steuer; er weiß, was er will." Diese Worte sind zugleich kennzeichnend für ihre Gottesbeziehung, aus der einerseits ihre fast unerschöpfliche Kraft, andererseits ihr erstaunlicher Mut zum Wagnis resultierten.

Bei all ihrem Handeln war sie durchdrungen von einem tiefen Verlangen, die Menschen näher zu Gott und zueinander zu führen. Die Einheit des Geistes und der Zielsetzung erstrebte sie nicht nur in ihren kleinen geistlichen Gemeinschaften, sondern auch innerhalb der großen internationalen Kongregation. Dabei war es ihr wohl bewußt, daß für die Einheit im tiefsten Sinn Jesus selbst als Urgrund und Mitte des Lebens das einigende Band darstellt. Gerade deshalb sah sie es als notwendig an, in ständiger Verbindung mit Gott zu leben und aus dem Gebet und der Begegnung mit ihm Kraft zu schöpfen für den Dienst an den Menschen. So war es ihr möglich, wach zu sein für die Zeichen der Zeit, hinter menschlichen Begegnungen und Geschehnissen des Alltags Gottes Anruf und Willen zu erkennen. Maria, der Mutter Theresia die Kongregation weihte, sollte den Schwestern darin Vorbild sein.

Heute, im Jahr des 200. Geburtstages der Gründerin (1997), setzen sich ca. 5300 Schulschwestern in mehr als 30 Ländern der Erde dafür ein, die Sendung Jesu Christi weiterzutragen, indem sie sich nach Mutter Theresias Beispiel von seinem Geist drängen lassen, in Solidarität mit den Armen um Gerechtigkeit und eine weltumfassende Einheit zu ringen. Diese Ziele suchen die Armen Schulschwestern v. U. L. Fr. weltweit in der Erziehung junger Menschen zu verwirklichen; sie tun dies wie Bischof Wittmann und Theresia Gerhardinger in der Überzeugung, daß durch eine Änderung der Menschen die Welt verwandelt werden kann.

Ursula Finken

Apollonia Diepenbrock – Gründerin des ersten ‚Hauses für Frauen' in Regensburg (1799–1880)

„Sie war arm für sich und reich für die Armen". Mit dieser prägnanten Inschrift erinnert ein schmuckloses Epitaph in der Südmauer des Unteren Katholischen Friedhofs an eine Frau, die im 19. Jahrhundert in Regensburg auf dem Gebiet der Kranken- und Altenpflege Pionierarbeit geleistet hat. Die aus Bocholt in Westfalen stammende Apollonia Diepenbrock hatte als junge Frau am Bürgerspital in Koblenz die Krankenpflege erlernt. Nach Regensburg war sie im Frühjahr 1834 gekommen. Ihre besondere Fürsorge galt hier in Not geratenen Mädchen und Frauen. In ihren ersten Regensburger Jahren betreute Apollonia Diepenbrock ihre Schützlinge in ihrer eigenen Wohnung in der Niedermünstergasse 2. 1845 verwirklichte sie ihren Plan, für Frauen in Not ein eigenes Haus zu kaufen und einzurichten. Das sogenannte „Josephshäuschen" am Obermünsterplatz 5 bot alleinstehenden armen, kranken und damit arbeitsunfähigen Frauen, die keinen Anspruch auf Unterstützung durch die kommunale Armenkasse besaßen, ein neues Zuhause.

„Engel der Barmherzigkeit" wurde Apollonia Diepenbrock von ihren Verehrern genannt. Engelhaft war sicherlich die Geduld, mit der sie sich der Pflege ihrer Schutzbefohlenen widmete. Im übrigen aber stand Apollonia Diepenbrock mit beiden Beinen fest im Leben. Schließlich war sie für den Unterhalt des „Josephshäuschens" und seiner Bewohnerinnen verantwortlich. Die beiden Hausmägde, die Köchin und der Hausknecht sowie die beiden Pflegerinnen mußten entlohnt werden, bezahlt werden mußten Nahrungsmittel, Brennholz, Wäsche, Mobiliar, Reparaturen, Arztrechnungen und Bestattungskosten. Aus Spenden allein konnten die Betriebskosten nicht finanziert werden. Umsichtig sorgte Apollonia Diepenbrock deshalb für eine solide finanzielle Absicherung ihres Kranken- und Altenpflegeheimes, indem sie sich die Methoden der modernen Finanzwirtschaft zu Nutzen machte und ihre Einkünfte durch Zinseinnahmen und Spekulationsgewinne mit Aktien zu vergrößern suchte.

Gemessen am Rollenverständnis ihrer Zeit war Apollonia Diepenbrock eine ungewöhnliche Frau: Als unverheiratete Leiterin eines kleinen Unternehmens war sie eine Ausnahmeerscheinung. Ihre Entscheidung, den weltlichen Beruf einer Armen- und Krankenpflegerin zu ergreifen und nicht die Kinder von Verwandten oder fremden Leuten großzuziehen, wie es damals für ledige Frauen üblich war, kann deshalb zu Recht als ‚emanzipatorischer Akt' bewertet werden. Ausschlaggebend für Apollonia Diepenbrocks Berufswahl war jedoch ein ideelles Motiv: „Unseren lieben Heiland in seinen Kranken zu pflegen", so definierte sie ihre Lebensaufgabe.

Die absolute Identifizierung mit der christlichen Heilsbotschaft, die aus diesen
Worten spricht, löst bei modernen, aufgeklärten Menschen sicherlich Befremden aus.
Mancher jedoch, der in unserer komplexen, vielfach als unübersichtlich empfundenen
Welt nach Orientierung sucht, wird Apollonia Diepenbrock um diese tiefe Geborgenheit
im Glauben beneiden. Was war das für eine Frau, die scheinbar antiquierte mit ausgesprochen modernen Charakterzügen zu vereinbaren wußte: tiefe Frömmigkeit mit
kühler Rechnerei, außergewöhnliche Hingabebereitschaft mit einem ausgeprägten
Willen zur Selbstverwirklichung? Was war das für eine Frau, die heute vielleicht studiert
hätte, damals aber gezwungen war, innerhalb der vorgegebenen gesellschaftlichen Grenzen eine ihr angemessene Aufgabe zu finden? Ihren Weg zu Gott, ihre demütige Lebens-
haltung und ihren beruflichen Werdegang als weltliche Armen- und Krankenpflegerin
hatte sich Apollonia Diepenbrock als junge Frau hart erkämpft. Ihre ersten drei Lebens-
jahrzehnte sollen deshalb im Mittelpunkt der folgenden Lebensbeschreibung stehen.

Apollonia Diepenbrock wurde am 13. November 1799 in Bocholt in Westfalen geboren. Für ihre Eltern Anton und Franziska Diepenbrock war sie das siebte von insgesamt
zehn Kindern, sechs Mädchen und vier Jungen. Dank seines beruflichen Erfolges als
Geschäftsmann und Fabrikant war Anton Diepenbrock in der Lage, seiner großen
Kinderschar eine in finanzieller Hinsicht sorgenfreie Kindheit zu ermöglichen. Seine
Einkünfte bezog Diepenbrock aus dem Handel mit Baumseide und den Gewinnen, die
eine Eisenhütte abwarf, deren Mitinhaber er war. Für ein regelmäßiges Einkommen
sorgte zudem das Gehalt, das er als Hofkammerrat des Fürsten Salm-Salm verdiente, zu
dessen Fürstentum Bocholt seit dem Reichsdeputationshauptschluß von 1803 gehörte.
Das Stadthaus in Bocholt und ein Landgut namens „Haus Horst" zählten zum Immo-
bilienbesitz Anton Diepenbrocks.

Apollonia Diepenbrock wuchs mit ihren vielen Geschwistern wohlbehütet in einer
kultivierten und vom katholischen Glauben geprägten Atmosphäre auf. Mit etwa 16 Jahren verließ sie zum ersten Mal ihre Familie, als sie für ein Jahr ein Mädchenpensionat in
der Nähe von Bocholt besuchte. Diese Zeit im Kreise von Mitschülerinnen und Lehrerinnen scheint sie sehr genossen zu haben. Denn als ihr Vater nach ihrer Rückkehr 1816
beschloß, Bocholt zu verlassen und seinen Alterssitz auf Gut Horst einzurichten, war sie
zutiefst deprimiert. Für Apollonia Diepenbrock bedeutete der Rückzug aufs Land den
Ausschluß vom gesellschaftlichen Leben in der Stadt, das damals in den sogenannten
‚Salons' der führenden Familien gepflegt wurde. Diese Form der domestizierten Geselligkeit bot jungen Frauen wie Apollonia Diepenbrock die einzig legitime Möglichkeit,
am öffentlichen Leben teilzunehmen und sich auf schöngeistige Weise zu amüsieren.

In der ländlichen Einsamkeit von Gut Horst dagegen wurde Apollonia Diepenbrocks
Alltag von der puritanischen und streng religiösen Lebensführung ihrer Eltern regle-
mentiert. Insbesondere ihre Mutter Franziska erwartete von ihr, daß sie ohne Murren
ihre häuslichen Pflichten erfülle und die Kinder ihrer Schwestern betreue. Zweimal
täglich wurden die Andachten in der familieneigenen Hauskapelle besucht, wobei die
religiöse Atmosphäre von radikalem Sündenbewußtsein und steter Gewissenserfor-
schung geprägt war. Apollonia Diepenbrock fügte sich in der Regel klaglos in die häusliche Ordnung ein. Ihre vielfältigen Aufgaben erfüllte sie meist mit großem Langmut.

Mit den Jahren aber regte sich der Widerspruchsgeist in ihr, und sie versuchte, sich der
Vereinnahmung durch die Familie zu entziehen. Gelang ihr das nicht, ging sie ihrer

Apollonia Diepenbrock (1799–1880)

Arbeit bisweilen auch recht übellaunig nach. Vor allem hatte sie keine Lust, ihre zahlreichen Neffen und Nichten zu unterhalten. Daß ihrer Person obendrein, wie sie fand,
zu wenig Aufmerksamkeit geschenkt wurde, kränkte sie und verstärkte ihren Wider-
willen gegen die ihr auferlegten Zwänge. Auf die unvermeidliche Kritik ihrer Eltern
reagierte Apollonia Diepenbrock mit quälenden Schuldgefühlen. Denn ihr Eigensinn
stand im Widerspruch zu ihrem Anspruch, stets demütig und selbstlos ihre Pflichten zu
erfüllen. Gleichzeitig aber wollte sie sich aus den engen Familienbanden befreien und
ihren weiteren Lebensweg selbst gestalten. Lange Zeit war sie sich allerdings nicht im
klaren, wie ihre Zukunft aussehen sollte.

Ruhe in ihr aufgewühltes Seelenleben brachte die Begegnung mit dem charismatischen
Theologen und späteren Bischof von Regensburg Johann Michael Sailer. Apollonia
Diepenbrock lernte den Seelsorger im November 1818 kennen, als er gemeinsam mit
dem Dichter Clemens Brentano, dem damals engsten Freund ihres Lieblingsbruders
Melchior, ihre Familie auf Gut Horst besuchte. Die Neunzehnjährige zeigte sich von
Sailer beeindruckt, denn er ruhte, wie ihr schien, wahrhaft im christlichen Glauben.
Überzeugt, „daß nur in Jesus wahres Vergnügen, wahre Freude zu finden ist", wollte sie
künftig den „Dienst an Gott" zum Mittelpunkt ihres Lebens machen.

Die Bekanntschaft mit der stigmatisierten Augustinernonne Anna Katharina Emmerick wurde Apollonia Diepenbrock zu einem prägenden Erweckungserlebnis. Clemens
Brentano, der mit der Ordensfrau im nahen Dülmen in einer Art ‚mystischer Gemeinschaft' zusammenlebte, vermittelte im Frühjahr 1821 den Kontakt. Das Außergewöhnliche an Anna Katharina Emmerick war, daß sie nachweisbare Wundmale trug, die den
Wunden des gekreuzigten Jesu glichen. Zudem besaß die Ordensfrau die Gabe, hellzu-
sehen und biblische, kirchliche, geistliche oder mystische Texte innerlich nachzuerleben.
Das faszinierte den Dichter, der die Visionen der stigmatisierten Nonne seinem damals
viel gelesenen Erbauungsbuch „Das Leiden unseres Herrn Jesu Christi nach den Beobachtungen der gottseligen Anna Katharina Emmerick" zugrunde legte. Apollonia
Diepenbrock indessen war vor allem von der Demut beeindruckt, mit der die ans Bett
gefesselte Ordensfrau gottergeben ihre Wundschmerzen hinnahm, und dabei noch die
Kraft besaß, für arme Menschen zu nähen und zu stricken. In Anna Katharina Emmerick
fand Apollonia Diepenbrock auf extreme Weise verkörpert, wozu sie sich inzwischen
berufen glaubte: Der Welt zu entsagen, um bedürftigen Menschen zu helfen und dadurch
Gott zu dienen.

Das Kloster der Barmherzigen Schwestern in Münster schien Apollonia Diepenbrock
der geeignete Ort, ihren Wunsch nach einem karitativen und gottgefälligen Leben
verwirklichen zu können. Hier hoffte sie eine stabile äußere Ordnung zu finden, die ihr
helfen sollte, ihren Eigenwillen zu bezwingen und ihr Ringen um Demut und Hingabe
zu beenden. Sie war bereit, die Bedingungen für einen Ordenseintritt zu erfüllen und ein
Leben in Armut, Keuschheit und Gehorsam zu geloben. An die strenge klösterliche
Klausur, wie sie beispielsweise in rein kontemplativen Orden noch heute üblich ist, wäre
sie bei den Barmherzigen Schwestern nicht gebunden gewesen, da der Orden seine
Nonnen für die Armenpflege freistellte.

Als Apollonia Diepenbrock ihre Familie im Winter 1822 mit ihren Klosterplänen
vertraut machte, stieß sie auf heftigen Widerspruch. Daß ihre Mutter einen Ordenseintritt sowie jede Betätigung außerhalb der Familie ablehnen würde, hatte Apollonia

Diepenbrock sicherlich erwartet. Daß aber auch ihr Bruder Melchior, der inzwischen eine geistliche Laufbahn eingeschlagen hatte und Domkapitular in Regensburg geworden war, seine Schützenhilfe verweigerte, mag sie enttäuscht haben. Anders als seine Mutter gestand Melchior Diepenbrock seiner Schwester durchaus zu, ein Leben außerhalb der Familie zu führen. Er bezweifelte aber, daß Apollonia Diepenbrock innerhalb enger Klostermauern glücklich werden würde. Sich widerspruchslos der strengen klösterlichen Ordnung beugen und sich dabei selbst verleugnen zu müssen, hätte ihrem Naturell widersprochen.

Apollonia Diepenbrock gelang es letztlich nicht, die Argumente ihres Bruders gegen einen Klostereintritt zu entkräften und die Eltern von ihren Plänen zu überzeugen. Ob sie aus Einsicht oder aus bloßer Rücksichtnahme nachgegeben hat, läßt sich nicht klären. In der Rückschau auf ihre Jugend gab sie ihrem Bruder Recht. Sie danke Gott, schrieb sie 1843 ihrer Freundin Luise Hensel, daß er ihre früheren Klosterpläne verhindert habe. Nicht um alles in der Welt wolle sie heute in einen Orden eintreten.

Und wiederum hatte sie es ihrem treuen Freund Clemens Brentano zu verdanken, daß sie mit einem Menschen zusammenkam, der ihr Leben ungemein bereichern sollte. Auf ihrer Suche nach einer Aufgabe, die sowohl Selbständigkeit als auch Hingabebereitschaft erforderte, wurde Apollonia Diepenbrock von der Dichterin und Erzieherin Luise Hensel begleitet.

Die aus der Mark Brandenburg stammende Tochter eines protestantischen Pfarrers war in Berlin großgeworden. Während der Befreiungskriege von 1813 bis 1815 schmiedete die erst Fünfzehnjährige vaterländische Gedichte. Bekannt geworden ist Luise Hensel wegen ihrer religiösen Lyrik. Ihr „Nachtgebet" von 1816, „Müde bin ich, geh' zur Ruh'", zählt in gläubigen Kreisen noch heute zu den beliebtesten Kindergebeten. Gemeinsam mit ihrem Bruder Wilhelm, einem Hofmaler, fand die junge Dichterin Eingang in die Salons kunstliebender Berliner Bürger. Hier lernte die Achtzehnjährige den zwanzig Jahre älteren Clemens Brentano kennen. Die schöne, fromme und dichterisch begabte Frau faszinierte den Dichter, der selbst in einer tiefen Lebens- und Schaffenskrise steckte, auf Anhieb. „An den Engel in der Wüste" nannte er deshalb das erste große Gedicht seiner „Luisen-Lyrik". Luise Hensel erwiderte Brentanos Gefühle. Die Liebe, die das Dichterpaar füreinander empfand, wurde in den Berliner Salons zum vielbesprochenen Ereignis. Heiraten wollte Luise Hensel Brentano aber nicht. Zu heftig bedrängte der impulsive und eheerprobte Mann – Brentanos erste Frau Sophie Mereau war 1806 verstorben, von seiner zweiten Frau Auguste Bußmann hatte er sich 1812 scheiden lassen – das unerfahrene und prüde Mädchen. Luise Hensel wehrte Brentanos erotisches Werben entschieden ab. Im September 1818 trennten sich die Wege des Dichterpaares. Clemens Brentano verließ Berlin und reiste nach Dülmen, um das Geheimnis der stigmatisierten Ordensfrau Anna Katharina Emmerick zu ergründen. Luise Hensel stellte nach langem Ringen ihr Leben ganz in den Dienst an Jesus Christus: Im Dezember 1818 konvertierte sie zum katholischen Glauben, im Mai 1820 leistete sie ein Jungfräulichkeitsgelübde.

Wie Apollonia Diepenbrock war auch Luise Hensel auf der verzweifelten Suche nach einem ihr angemessenen Platz in der Welt. Im Gegensatz zu Apollonia Diepenbrock war sie aber gezwungen, Geld zu verdienen, da sie von ihrer Familie nicht ausreichend unterstützt werden konnte. Für eine unverheiratete, gebildete Frau wie Luise Hensel war es

deshalb naheliegend, Erzieherin zu werden. Als sie Apollonia Diepenbrock im April
1821 auf Gut Horst kennenlernte, hatte sie bereits in zwei adeligen Familien berufliche
Erfahrungen gesammelt und stand nunmehr als Gesellschafterin im Dienst der Gräfin
Stolberg im westfälischen Sondermühlen.

Luise Hensel brachte großstädtisches Flair in Apollonia Diepenbrocks ländliche
Einsamkeit. Zu einem Zeitpunkt, als Apollonia Diepenbrock sich von dem geselligen
Leben in der Stadt verabschieden mußte, vergnügte sich Luise Hensel mit ihren Berliner
Freundinnen auf gesellschaftlichen Veranstaltungen. Sie lernte Künstler und Literaten
kennen und wurde die Muse eines berühmten Dichters. Gerade dieser Aspekt im Leben
Luise Hensels, die Liebe zu einem Mann, mag Apollonia Diepenbrock besonders inter-
essiert haben. Denn ihr selbst blieb die nähere Bekanntschaft mit dem anderen
Geschlecht offensichtlich verwehrt. Luise Hensels lyrisches Talent fand in Apollonia
Diepenbrocks musischer Begabung die ideale Ergänzung. Für einige Gedichte Luise
Hensels komponierte Apollonia Diepenbrock die Melodien. Das engste Band ihrer
Freundschaft bildete die Religion. Beide Frauen wurzelten tief im katholischen Glauben. Karitative Arbeit innerhalb einer Ordensgemeinschaft zu leisten, hielten beide zu
Beginn ihrer Freundschaft für eine angemessene Aufgabe. Die Rücksichtnahme auf ihre
familiären Verpflichtungen, vielleicht aber auch die Einsicht, aufgrund ihres eigenwilli-
gen Naturells für ein Leben im Kloster letztlich ungeeignet zu sein, führten zur Aufgabe
ihrer Pläne. An ihrem Wunsch jedoch, das christliche Gebot der Nächstenliebe umzusetzen und Menschen in Not zu helfen, hielten Apollonia Diepenbrock und Luise
Hensel auch weiterhin fest.

Die Möglichkeit, einen karitativen Beruf zu erlernen, ohne in einen Orden eintreten
zu müssen, eröffnete Clemens Brentano seinen beiden Freundinnen. Der Dichter war
eng befreundet mit dem Koblenzer Stadtrat Hermann Joseph Dietz, der für das 1825 neu
eröffnete Bürgerspital seiner Heimatstadt händeringend Krankenpflegerinnen suchte.
Auf Empfehlung Brentanos wandte sich daher Antonie Johanna Dietz, die Ehefrau des
Koblenzer Hospitalvorstehers, an Apollonia Diepenbrock und Luise Hensel mit der
Bitte, bis zur Ankunft Barmherziger Schwestern aus Frankreich vorübergehend die
Krankenpflege zu übernehmen. Die beiden Frauen erklärten sich einverstanden und
nahmen ihre Arbeit am Koblenzer Bürgerspital im November 1825 auf.

Apollonia Diepenbrocks Entscheidung, die Familie zu verlassen, um als ledige Frau
ein selbstbestimmtes und eigenverantwortliches Leben zu führen, war ungewöhnlich
und mutig zugleich. Ihr Entschluß war ungewöhnlich, weil es damals für eine ledige
Tochter selbstverständlich war, in ihrer Familie zu leben und zu arbeiten. Insbesondere
wurde von Apollonia Diepenbrock erwartet, daß sie ihre 1823 verstorbene Mutter
ersetzte und gemeinsam mit ihren zwei noch unverheirateten Schwestern den Vater
versorgte und in den kinderreichen Familien ihrer Geschwister aushalf.

Ihre positive Antwort auf das Angebot aus Koblenz löste daher heftige Kritik aus, die
von Apollonias Beichtvater zusätzlich verschärft wurde. Daß sie ihren alten Vater verlassen wolle, „um fremden Menschen zu dienen", verurteilte der Priester als Untreue und
damit als Sünde. Dieser Vorwurf muß Apollonia Diepenbrock tief getroffen haben; denn
gemessen am Gebot der christlichen Nächstenliebe handelte sie doch im Auftrag Jesu,
wenn sie das zugegebenermaßen anstrengende, aber sichere Leben in der Familie aufgab,
um Menschen in existentieller Not zu helfen. Wieviel Mut und wieviel Charakterstärke

eine junge Frau wie Apollonia Diepenbrock aufbringen mußte, um einen derartigen Entschluß zu fassen, wußte letztlich nur ihr eigener Vater richtig einzuschätzen. Anton Diepenbrock brachte dem Wunsch seiner Tochter, sich durch einen karitativen Beruf selbst zu verwirklichen, großes Verständnis entgegen. Obwohl sein Wohlbefinden im Mittelpunkt der Auseinandersetzungen stand, gelangte er zu der Überzeugung, daß sowohl er als auch seine übrigen Kinder ohne Apollonia Diepenbrocks ständige Hilfe zurechtkommen würden. Er entband deshalb seine Tochter von ihren familiären Verpflichtungen.

Unterbrochen von einem längeren Aufenthalt bei ihrer Familie in Bocholt, verbrachte Apollonia Diepenbrock die nächsten neun Jahre ihres Lebens in Koblenz. Hier erwarb sie alle Fähigkeiten, die sie später für den Aufbau und die Führung ihres Regensburger Kranken- und Altenpflegeheimes brauchte. Am Bürgerspital lernte sie, kranke Menschen gesundzupflegen oder unheilbar Kranke in den Tod zu begleiten. Hier eignete sie sich die nötige Sachkunde an, um eine karitative Einrichtung selbständig leiten zu können.

Als Barmherzige Schwestern im Juli 1826 Apollonia Diepenbrock und Luise Hensel ablösten, trennten sich die (beruflichen) Wege der beiden Freundinnen. Luise Hensel ging für einige Jahre nach Aachen, um dort Lehrerin an einer Realschule für Mädchen zu werden. Apollonia Diepenbrock blieb vorerst in Koblenz. Auf der Suche nach einer neuen Aufgabe wurde sie erstmals mit dem sozialen Elend außerhalb der schützenden Krankenhausmauern konfrontiert. Sie beschloß deshalb, sich verstärkt der sogenannten Hausarmenpflege zu widmen. Mit ihrer neu gewonnenen Freundin Karoline Settegast, einer Arzttochter, suchte sie regelmäßig die Elendsquartiere auf, um hier die Not armer Menschen mit Almosen sowie Lebensmittel- und Kleiderspenden zu lindern.

Einige Monate lang kümmerte sich Apollonia Diepenbrock eigenverantwortlich und ohne Rückhalt durch eine Institution um Menschen, die am Rande der Gesellschaft lebten. Dann mußte sie Koblenz verlassen, weil sie sich der dringenden Bitte ihrer Familie um Mithilfe nur schlecht entziehen konnte. Schließlich hatte sie ja keine feste Anstellung mehr, die ihren weiteren Aufenthalt in Koblenz gerechtfertigt hätte. Zuhause in Bocholt fiel es ihr schwer, sich nach dem selbständigen Leben in Koblenz wieder in ihrer Familie zurechtzufinden. Sie sehnte sich deshalb nach einer Aufgabe, der sie längerfristig nachgehen konnte. Bereitwillig nahm sie deshalb das Angebot des Pädagogen Johann Nepomuk Schwerz, eines alten Freundes ihres Vaters, an, nach Koblenz zurückzukehren und Erzieherin in seinem privaten Waisenhaus zu werden.

Schwerz, ein „Erzieher aus Leidenschaft", wollte seinen Waisenkindern die Geborgenheit einer Großfamilie vermitteln. Er selbst übernahm in der Wohngemeinschaft, die er 1828 in Koblenz gründete, die Rolle des Hausvaters, die drei Erzieherinnen, die er einstellte, sollten sich den mütterlichen Part teilen. Für Apollonia Diepenbrock bedeutete diese neue Aufgabe eine große Herausforderung. Um ihre Neffen und Nichten hatte sie sich schließlich nicht aufgrund mütterlich-liebevoller Gefühle gekümmert, sondern aus reiner Pflichterfüllung ihren Geschwistern gegenüber. Die Aussicht darauf, diese Aufgabe mit Karoline Settegast und Amalie von Merveldt zu bewältigen, zwei Freundinnen aus Koblenzer Tagen, mag ihr den Entschluß erleichtert haben.

Unter der pädagogischen Führung von Schwerz war Apollonia Diepenbrock zwei Jahre lang in der ungewöhnlichen Großfamilie als Ersatzmutter tätig. Das freie und

ungezwungene Leben und Arbeiten mit gleichgesinnten Frauen kam ihrem eigensinni-
gen Naturell sehr entgegen. Wie klug es gewesen war, gerade wegen dieses nach Selbst-
bestimmung und Eigenverantwortung drängenden Wesens dem Ratschlag ihres Bruders
Melchior zu folgen und keine Ordensfrau zu werden, konnte Apollonia Diepenbrock
erst wirklich ermessen, als sie nach der Auflösung von Schwerzens Wohngemeinschaft
1832 beschloß, das Leben in einer streng reglementierten klosterähnlichen Gemeinschaft
zu erproben.

Apollonia Diepenbrock nahm die Stelle einer Erzieherin in dem neu errichteten
Koblenzer Waisenhaus St. Barbara an, das von seiner Leiterin Amalie von Merveldt,
Apollonia Diepenbrocks früherer Kollegin, wie ein Ordenshaus geführt wurde. Bei
diesem Experiment stieß Apollonia Diepenbrock erstmals auf die Grenzen ihrer Bereitschaft, vollkommene Demut zu üben. Trotz aller guten Vorsätze fiel es ihr ungemein
schwer, sich stets der klösterlich strengen Hausordnung zu beugen und beispielsweise
bei jedem Ausgang die Vorsteherin um Erlaubnis bitten zu müssen. Des weiteren fühlte
sie sich in St. Barbara lange nicht so wohl wie in der von Schwerz geführten Wohngemeinschaft. Während dort die Erzieherinnen harmonisch zusammengelebt und -gear-
beitet hatten, belasteten hier Mißverständnisse und Eifersüchteleien die zwischen-
menschlichen Beziehungen. Als auch noch vier ihrer engsten Freundinnen, die auf die
anderen Erzieherinnen stets einen integrierenden Einfluß ausgeübt hatten, völlig
unerwartet starben, reifte in Apollonia Diepenbrock der Entschluß, St. Barbara zu
verlassen und sich abermals eine neue Aufgabe zu suchen.

Wie schon verschiedene Male zuvor, bewährte sich auch in dieser schwierigen
Lebenslage Apollonia Diepenbrocks alte Freundschaft mit Clemens Brentano. Dieser
lebte inzwischen im fernen München, wo er sich nach Luise Hensel erneut in eine
künstlerisch begabte Frau unglücklich verliebt hatte: in die wohlhabende Kunstmäze-
nin und Malerin Emilie Linder. Mädchenhaft-sanft, zurückhaltend, tief religiös, dabei
aber ausgesprochen selbstsicher soll die damals siebenunddreißigjährige Künstlerin
gewesen sein. Das waren Wesenszüge, die auch auf die zwei Jahre jüngere Apollonia
Diepenbrock zutrafen. Brentano hatte offensichtlich ein feines Gespür dafür, wer
zu Apollonia Diepenbrock paßte, und vermittelte deshalb den zunächst schriftlichen
Kontakt zwischen den beiden Frauen.

Als Emilie Linder erfuhr, wie unzufrieden Apollonia Diepenbrock mit ihrer Stelle als
Erzieherin im Koblenzer Waisenhaus St. Barbara war, überlegte sie gemeinsam mit
Brentano, wie sie ihrer Freundin helfen könnten. Im Februar 1834 unterbreiteten sie
Apollonia Diepenbrock das Angebot, ihr finanziell unter die Arme zu greifen, wenn sie
ein eigenes kleines Haus für notleidende Menschen einrichten wolle. Apollonia Diepenbrocks neues Zuhause sollte entweder bei ihren Freunden in München sein oder bei
ihrem Bruder Melchior in Regensburg.

Apollonia Diepenbrock ließ sich mit ihrer Antwort Zeit. Nach längerem Überlegen
faßte sie im März 1834 den Entschluß, Koblenz zu verlassen, wo sie nahezu acht Jahre
gelebt hatte, um nach Regensburg zu ziehen, wo inzwischen auch ihr alter Vater lebte.
Mit Unterstützung Clemens Brentanos und ihrer neugewonnenen (Brief)Freundin
Emilie Linder wollte sie dort eine neue Existenz gründen.

Apollonia Diepenbrock kam in einer Zeit des wirtschaftlichen und sozialen Umbruchs nach Regensburg. Das örtliche Gewerbe steckte in einer strukturellen Krise. Eine

Vielzahl von Handwerksmeistern konkurrierte um einen kleinen, zahlungskräftigen Kundenstamm. Für die zahlreichen, meist ortsfremden Handwerksgesellen bestand keine Aussicht, jemals einen der Meister beerben zu können und dadurch das Recht zu erwerben, heiraten zu dürfen, eine Familie zu gründen und im Notfall von der Armenkasse unterstützt zu werden. Denn nur am Ort Geborene, Gewerbetreibende und Hausbesitzer besaßen damals automatisch einen Rechtsanspruch auf Fürsorge durch die städtische Armenpflege bei Krankheit, bei Arbeitslosigkeit und im Alter. Ob dieser privilegierte Kreis von Unterstützungsberechtigten seinen Rechtsanspruch jemals würde einlösen können, war dabei noch nicht einmal gewährleistet, da die städtische Armenkasse haushoch verschuldet war.

Fabriken läuteten auch in Regensburg das Industriezeitalter ein. Die Porzellanfabrik Joseph Anton Schwerdtner, die Schnupftabakfabrik Gebrüder Bernard, die Bleistiftfabrik Rehbach, die Seidenfabrik, die Zuckerfabrik, die Schiffswerft und die Maschinenfabrik der Donaudampfschiffahrtsgesellschaft sowie die Druckereibetriebe und Verlage Friedrich Pustet und Georg Joseph Manz gaben zwar einer Vielzahl von Menschen Arbeit, trugen aber für die soziale Absicherung ihrer Arbeiter (noch) keine Sorge. Die Verantwortung für das Gemeinwesen, das sich in dieser Zeit neu entstehender Wirtschafts- und Lebensformen dramatisch veränderte, konnten die Kommunen alleine nicht mehr tragen. Bis der Staat an ihre Stelle trat und kirchliche Sozialbewegungen ihre Hilfsprogramme organisierten, waren es einzelne Menschen wie Apollonia Diepenbrock in Regensburg, die mit ihrer karitativen Arbeit Not zu lindern halfen.

Emilie Linder und Clemens Brentano hielten Wort. Dank ihrer finanziellen Unterstützung konnte Apollonia Diepenbrock nach ihrer Ankunft in Regensburg im Mai 1834 eine Wohnung in der Niedermünstergasse 2 mieten. Gleich nebenan im Dompfarrhof lebte ihr Bruder Melchior, der inzwischen zum Domdechanten avanciert war. Mit Elan richtete Apollonia Diepenbrock ihren ersten eigenen Hausstand ein. Amüsiert beobachtete Melchior Diepenbrock, wie seine Schwester „aus allen Winkeln, wie eine emsige Hausschwalbe, Materialien zusammenschleppte, um ihr Nestchen zu bauen. Nur gerät sie nicht selten – und das ist eine Hauptneckerei – aus der Tauben- und Schwalbenart in die der Krähen und Raben, indem sie möglichst, was ihr von meinem Hausrath an Kleinigkeiten dienlich erscheint, in aller Stille mitfortwandern heißt".

Als alles fertig war, bot Apollonia Diepenbrocks Wohnung fünf Frauen Platz zur ständigen Pflege. Ihre Patientinnen waren notleidende Mädchen, unversorgte ledige Frauen und Witwen, arme Frauen ohne familiären Rückhalt, obdachlose Frauen: alles nichtgebürtige Regensburgerinnen, die zu krank oder zu alt waren, um zu arbeiten und sich selbst zu ernähren, und die wegen ihrer Zuwanderung vom Land keinen Rechtsanspruch auf Fürsorgeleistungen durch die städtische Armenkasse besaßen. Manche von ihnen waren so ausgezehrt, daß jede Pflege versagte und Apollonia Diepenbrock ihnen nur noch ein menschenwürdiges Sterben ermöglichen konnte. Im Rahmen ihrer Hausarmenhilfe versorgte Apollonia Diepenbrock notleidende Menschen mit Almosen, Kleidung, Wäsche und Gebrauchsgegenständen. Bis zu acht kranke Menschen konnten bei ihr täglich zu Mittag essen. Ihre Erfahrungen als Erzieherin kamen Apollonia Diepenbrock zugute, als sie sich entschloß, auch verwaiste und verlassene Mädchen zu betreuen. Diese konnten bei ihr vorübergehend wohnen, bis sie geeignete Pflegeeltern gefunden hatte, denen sie als finanziellen Ausgleich das Kost- und Schulgeld erstattete.

Die Wohnung in der Niedermünstergasse 2 erfüllte gut zehn Jahre lang ihren Zweck. Weil sie aber in den beiden vorhandenen Krankenzimmern nur fünf Frauen beherbergen konnte, ihr Krankenpflegeheim aber um einige zusätzliche Betten erweitern wollte, mietete Apollonia Diepenbrock 1845 das freigewordene Priesterhaus Xaverianum am Obermünsterplatz 5 samt Garten und gotischer Kapelle. Dank einer großzügigen Geste ihres Bruder Melchior, der das Anwesen wenige Jahre später für sie erwarb, wurde Apollonia Diepenbrock 1852 sogar stolze Besitzerin ihres „Josephshäuschens", wie sie ihr Kranken- und Altenpflegeheim taufte.

Nach dem Vorbild ihres Koblenzer Lehrers Johann Nepomuk Schwerz richtete Apollonia Diepenbrock ihr ‚Frauenhaus' für ein Leben in der Großfamilie ein. Fünfzehn Menschen fanden in der ungewöhnlichen Lebensgemeinschaft Platz zum Wohnen und Arbeiten, neben Apollonia Diepenbrock selbst zwei weitere Krankenpflegerinnen, zwei Mägde, eine Köchin, ein Hausknecht sowie acht Patientinnen: alleinstehende arme, kranke Frauen, auf deren guten Leumund Apollonia Diepenbrock besonderen Wert legte. Für diese von der Gesellschaft ausgestoßenen Frauen war Apollonia Diepenbrock zweifellos ein „Engel der Barmherzigkeit". Denn im „Josephshäuschen" fanden sie nicht nur ein Krankenbett, sondern ein neues Zuhause. Apollonia Diepenbrock bezog die Frauen in ihr eigenes Leben mit ein und gab ihnen damit ihre Würde zurück. Wie selbstverständlich lud sie beispielsweise auch ihre Patientinnen ein, wenn sie Gäste erwartete. Das verlorengegangene Selbstwertgefühl der Frauen versuchte sie wieder zu festigen, indem sie diese animierte, ihr Wirken als Hausarmenpflegerin mit eigenen Handarbeiten zu unterstützen. Wieviel neuen Lebensmut und neue Lebensfreude Apollonia Diepenbrock in ihren Mitbewohnerinnen zu entfachen vermochte, zeigt eindrucksvoll das Beispiel einer am ganzen Körper gelähmten Frau: Die Gelähmte entwickelte aus eigener Initiative die Fähigkeit, mit dem Mund eine an einem Stöckchen befestigte Nadel zu führen und damit Bilder für Apollonia Diepenbrocks Freundinnen auszustechen.

Apollonia Diepenbrock muß eine zur Freundschaft begabte Frau gewesen sein. Mit ihren Freunden aus Jugendtagen, Clemens Brentano und Luise Hensel, unterhielt sie lebendige Brieffreundschaften. Die räumliche Entfernung, die die Freunde trennte, vermochte an ihrer alten Verbundenheit nicht zu rütteln. Daß Apollonia Diepenbrock bei der Auswahl ihrer Freunde gläubige und künstlerisch begabte Menschen bevorzugte, zeigte sich auch in ihrer zweiten Heimat Regenburg. Unter ihren neugewonnenen Freundinnen befanden sich zwei tiefreligiöse Künstlerinnen, die Nazarenermalerinnen Barbara Popp aus Regensburg und Emilie Linder aus München.

Wie Apollonia Diepenbrock führte auch die drei Jahre jüngere Barbara Popp das für damalige Maßstäbe ungewöhnliche Leben einer unverheirateten, berufstätigen Frau. Als eine der ersten Frauen überhaupt studierte sie an der Münchener Kunstakademie Malerei. Ihr Talent hierfür war offensichtlich so überzeugend, daß sie auf Empfehlung ihrer Professoren finanziell gefördert wurde. In der Porträtmalerei entwickelte Barbara Popp eine besondere Begabung. So fiel es ihr nicht schwer, nach ihrer Rückkehr in ihre Heimatstadt mit der Porträtierung prominenter Regensburger Bürger ihren Unterhalt selbständig zu verdienen. Barbara Popp war jedoch mit dem Erreichten nicht zufrieden. Sie wollte sich künstlerisch weiterentwickeln und die neue Stilrichtung in der Kunst, die religiös motivierte Malerei der sogenannten Nazarenerschule, kennenlernen. 1832 brach sie deshalb nach Rom auf, wo sich um den Mentor der Nazarenerschule, Friedrich Overbeck, eine Kolonie deutscher Maler und Malerinnen geschart hatte. Overbecks künstlerisches Ideal, im Dienst des Glaubens und der Kirche zu malen und zu leben, faszinierte Barbara Popp. Auch sie wollte in Zukunft gottgefällig, dabei aber selbstbestimmt und eigenverantwortlich leben und arbeiten. Diese Zielsetzung verband Barbara Popp mit Apollonia Diepenbrock.

Mit Emilie Linder, einer entschiedenen Förderin der Nazarenerschule, unterhielt Apollonia Diepenbrock die wohl intensivste Freundschaft seit ihrer Ankunft in Regensburg im Frühjahr 1834. Auf den ersten Blick mag das überraschen, da konfessionelle und soziale Unterschiede die beiden Frauen trennten. Emilie Linder stand zwar dem katholischen Glauben nahe, war aber Protestantin. Aufgrund ihres beträchtlichen Vermögens pflegte sie in der bayerischen Hauptstadt einen grundsätzlich anderen Lebensstil als Apollonia Diepenbrock in Regensburg. In ihren Münchener Salons gab sie regelmäßig große Abendgesellschaften, an denen unter anderem auch die führenden Vertreter der streng-kirchlichen, ultramontanen Restaurationspolitik König Ludwigs I. teilnahmen. Gleichzeitig konnte Emilie Linder aber auch sehr bescheiden leben. Sie verbrachte jährlich mehrere Wochen bei Apollonia Diepenbrock in Regensburg, um sie bei ihrer Arbeit zu unterstützen, und förderte regelmäßig mit großzügigen Spenden das Josephshäuschen.

In Glaubensfragen fungierte Apollonia Diepenbrock als dezente Ratgeberin ihrer Freundin Emilie Linder. Wie nachhaltig ihr Einfluß indessen war, zeigte sich, als Emilie Linder sich im Dezember 1843 entschloß, zum katholischen Glauben zu konvertieren und Apollonia Diepenbrock zu ihrer Patin bei der sich anschließenden Firmung machte. Zu den konfessionellen Streitfragen ihrer Zeit entwickelte Apollonia Diepenbrock im Laufe der Jahre einen dezidiert katholischen Standpunkt. Wie dogmatisch, aber auch wie couragiert sie war, bewies sie, als sie im Februar 1867 mit der liberalen bayerischen Staatsregierung ihren eigenen Kulturkampf begann. Aus Empörung über das 1773 erlassene und immer noch praktizierte Verbot des Jesuitenordens gewährte sie zwei Jesuitenpatres demonstrativ Unterschlupf in ihrem Josephshäuschen. Zwei Jesuiten sei das Zusammenleben gesetzlich erlaubt, dreien dagegen verboten, erklärte sie Luise Hensel ihr Vorgehen. Mit ihrer ideellen und materiellen Unterstützung trug Apollonia Diepenbrock somit wesentlich dazu bei, daß von 1865 bis zu ihrer Auflösung im September 1872 eine staatlich nicht autorisierte Jesuitenmission in Regensburg eine ‚zweite Heimat‘ finden konnte.

Bis ins hohe Alter von 72 Jahren pflegte Apollonia Diepenbrock ihre Patientinnen selbst. Als jedoch die Gicht ihre Schaffenskraft zunehmend lähmte und eine ihrer Mitarbeiterinnen ernsthaft erkrankte, entschloß sie sich, zusätzliche Pflegerinnen in ihr Josephshäuschen aufzunehmen. Sie wandte sich deshalb an den Vorstand des örtlichen Vinzenz-Vereins mit der Bitte um Unterstützung. Für den Vinzenz-Verein, dessen weltliche und geistliche Mitarbeiter die Hauskrankenpflege in Regensburg organisierten, arbeiteten damals Schwestern des Franziskanerordens. Auf Apollonia Diepenbrocks Bitte hin wurden sieben Franziskanerinnen freigestellt, um im Josephshäuschen gegen Kost und Logis zu arbeiten. Weil sich aber Apollonia Diepenbrocks Gesundheitszustand verschlimmerte und sie sich sterbenskrank fühlte, wollte sie den Fortbestand ihres Krankenpflegeheimes auch rechtlich absichern und verfügte deshalb in ihrem Testament von 1871 ihren letzten Willen. Sie verpflichtete das bischöfliche Domkapitel, ihren Vermögensverwalter, in Absprache mit dem geistlichen Vorstand des Vinzenz-Vereins, Ordensschwestern auszuwählen, die nach ihrem Ableben die Leitung des Josephshäuschens übernehmen sollten. Welche Patientinnen in Zukunft aufgenommen werden sollten, legte Apollonia Diepenbrock genau fest: ausschließlich katholische, gut beleumundete, arme, kranke, unverheiratete und verwitwete Frauen. Ihre dogmatische Einstellung zu den konfessionellen Streitfragen ihrer Zeit fand also auch Eingang in ihren letzten Willen.

Wie das Testament von 1871 zeigt, vertraute Apollonia Diepenbrock ihr Lebenswerk Ordensfrauen an. Trotz aller Sympathie für karitativ wirkende Frauenorden war sie selbst nie Ordensfrau geworden. Die Motive für ihre Entscheidung gegen einen Klostereintritt lagen ausschließlich in ihrer Persönlichkeit begründet, sie richtete sich nicht gegen die Arbeit der Orden. Apollonia Diepenbrock verfolgte auch keine übergeordneten, sozialreformerischen Ziele, als sie weltliche Krankenschwester wurde und ihre Krankenpflegeheime in Regenburg als Laieninstitute einrichtete. Ihr ging es allein darum, durch den Dienst am Nächsten ein gottgefälliges und zugleich selbstbestimmtes und eigenverantwortliches Leben zu führen. Dieses Ziel hatte Apollonia Diepenbrock erreicht, als sie am 4. Juli 1880 im Alter von 81 Jahren verstarb.

Dieter Albrecht

Gottlieb Freiherr von Thon-Dittmer – Liberaler, Bürgermeister und bayerischer Innenminister im Vormärz (1802–1853)

In der ersten Hälfte des 19. Jahrhunderts standen sich in Regensburg zwei Gruppierungen mit unterschiedlicher politischer, konfessioneller und sozialer Ausrichtung gegenüber: Die eine konservativ, katholisch, überwiegend dem Kleinbürgertum angehörend; die andere liberal, protestantisch, überwiegend Besitz- und Bildungsbürgertum. Erst in der zweiten Jahrhunderthälfte bemerken wir dann noch eine dritte Gruppierung, zunächst noch klein an Zahl, die man charakterisieren kann als sozialistisch und proletarisch, während das konfessionelle Moment dort keine Rolle spielt. Aber bleiben wir in der ersten Jahrhunderthälfte, den Jahren zwischen den napoleonischen Kriegen und der Revolution von 1848/49, der Zeit der Restauration, des Vormärz und des sogenannten Biedermeier, die aber in vieler Hinsicht – gerade in Regensburg – so biedermeierlich nicht gewesen ist.

Wenn wir versuchen, die beiden grob umrissenen Gruppierungen durch die Nennung von führenden oder herausragenden Persönlichkeiten etwas näher zu charakterisieren, so müssen auf konservativ-katholischer Seite etwa genannt werden: Der Bischof Johann Michael Sailer, sein Generalvikar Melchior Diepenbrock, der Regierungspräsident Eduard von Schenk [s. S. 225ff.], der Arzt und Musikforscher Carl Proske [s. S. 232ff.], der Verleger und Buchdrucker Friedrich Pustet, und manche andere mehr – alle, wie man sieht, dem gehobenen Bürgertum zuzurechnen, aber Repräsentanten des zwei Drittel der Stadtbevölkerung umfassenden katholischen Kleinbürgertums. Für die zweite, die liberale und protestantische Gruppierung nenne ich den Arzt Dr. Gottlieb Herrich-Schäffer, einen bedeutenden Entomologen; dessen Bruder, den Arzt Dr. Carl Herrich; den exzentrischen Juristen Adolf von Zerzog, der 1848 als Abgeordneter des Wahlkreises Regensburg in die Frankfurter Nationalversammlung gewählt wurde; den überaus vermögenden Großhändler Wilhelm Neuffer – alle aus dem gehobenen Bildungs- und Besitzbürgertum und somit Repräsentanten einer nicht allzu umfangreichen exklusiven Schicht in der Stadt: Kaufleute, Juristen, Ärzte. Die interessanteste Gestalt dieses liberalen Kreises aber war der Jurist Gottlieb Frhr. von Thon-Dittmer.

Sein Großvater Georg Friedrich Dittmer war ein erfolgreicher Großhändler und Bankier, ein – wie ein Zeitgenosse bemerkte – „von Handels- und Spekulationsgeist ganz durchdrungener Kopf". Als schließlich wohlhabendster Bürger Regensburgs hatte sich Dittmer im Zentrum der Stadt am Haidplatz ein repräsentatives Palais im klassizistischen Stil und auf dem Oberen Wöhrd ein elegantes Gartenschlößchen erbauen lassen (die heutige Lauser-Villa), in der Umgebung Regensburgs hatte er die beiden Rittergüter Etterzhausen und Pettendorf erworben. Im Jahre 1800, kurz vor dem Ende des Alten Reiches, war er zusammen mit seinen beiden Schwiegersöhnen Friedrich Manthey und Carl Christian Thon vom Kaiser in den Reichsfreiherrenstand erhoben worden. Dieser Thon, der sich nunmehr Thon-Dittmer nannte, war der Vater unseres Helden. Gottlieb Thon-Dittmer, der im Jahre 1802 in Regensburg geboren wurde, entstammte also einer sehr vermögenden patrizisch-adligen Familie, die ihren Mitgliedern eine unabhängige Existenz ermöglichte, die absichtslose Aneignung von Bildung und Wissen, die Pflege kultivierter Häuslichkeit und Geselligkeit, in der die Musik der Klassik und Romantik einen besonderen Platz einnahm. Einen eindrucksvollen Einblick in Familienatmosphäre und Lebenswelt bieten die zahlreichen Familienbriefe, die sich im Nachlaß Thon-Dittmer im Stadtarchiv Regensburg befinden; dort finden sich auch liebenswürdige handschriftliche Aufzeichnungen seiner Schwester Julie: „Erinnerungen an vergangene Tage in meinem Leben und an gute edle Menschen." Diese Niederschriften bezeugen nicht nur die Kultiviertheit der Familie, sondern auch ein fortdauerndes Interesse ihrer Mitglieder an öffentlichen Angelegenheiten, an Politik, an der Realisierung bestimmter politischer Ziele.

Wohl auch deswegen hat Gottlieb Thon-Dittmer schließlich nicht die väterliche Firma übernommen, sondern in Erlangen Jura studiert, wobei er der Burschenschaft der „Bubenreuther" beitrat, also einer jener Studentenverbindungen neuen Typs, die mit nationalem und liberal-demokratischem Vorzeichen mehr oder weniger klar eine Veränderung des bestehenden monarchisch-bürokratischen Systems anvisierte. Wenige Jahre zuvor, beim sog. Wartburgfest 1817, war diese Richtung erstmals an die Öffentlichkeit getreten. Thon-Dittmer gehörte auch einem studentischen Geheimbund („Jünglingsbund") an, der ziemlich verworren auf den politischen Umsturz zielte, und er stand deswegen auch vor Gericht. Er wurde zwar freigesprochen, ging aber dann nicht in den Staatsdienst, in dem er sich wohl keine großen Chancen mehr ausrechnete, sondern in den Dienst des Fürsten Carl Anselm von Thurn und Taxis. Dieser nahm an den politischen Jugendsünden seines Domänenassessors offensichtlich keinen Anstoß.

In diesen Jahren, um 1830, wurde Thon-Dittmer zur interessantesten und wichtigsten Gestalt des Regensburger Frühliberalismus. Dieser Liberalismus zielte auf einen weiteren freiheitlichen Ausbau des bayerischen Verfassungslebens, das zwar durch den Erlaß der Verfassung von 1818 begründet worden war, aber nach liberaler Ansicht in verschiedenen Punkten erweiterungsfähig und verbesserungsfähig schien. Thon-Dittmer hat seine politischen Ziele einmal in einem Toast folgendermaßen ausgedrückt: „Dem großen Kampf in Deutschland für die Freiheit der Presse, für die Freiheit der Gedanken und Meinungen, für jene Freiheit, die den Geist der Nation weckt, die Liebe zum Vaterland belebt und die Sorge für die allgemeine Wohlfarth wach erhält und schärft." (1832). Es ging um die Erweiterung der Rechte des Individuums, des Staatsbürgers, gegenüber dem Staat und um die Erweiterung der Rechte der seit 1818 bestehenden Volksvertretung, der Kammer der Abgeordneten. Es ging im einzelnen um Erweiterung und Sicherung der ‚Preßfreiheit', der Meinungsfreiheit, der Versammlungsfreiheit, um gesetzliche Ministerverantwortlichkeit, Präzisierung des parlamentarischen Budgetrechts, um das Recht der Gesetzesinitiative für die Abgeordnetenkammer und anderes mehr. Charakte-

Gottlieb Freiherr von Thon-Dittmer (1802–1853)

ristischerweise ging es nur begrenzt um eine Fortbildung des Wahlrechts, durch welches neben dem Adel das Besitz- und Bildungsbürgertum bevorzugt wurde, und auch nicht um Parlamentarisierung, also um die Bindung der Regierung an die Parlamentsmehrheit. Hieraus wird ersichtlich: Der Liberalismus Thon-Dittmers und seines Umkreises war von gemäßigter Art.

Im Oktober 1836 wurde Thon-Dittmer, erst 34 Jahre alt, zum Bürgermeister der Stadt Regensburg gewählt. Dies war möglich, weil in dem Wahlgremium die liberale Gruppierung durch das damalige bayerische Kommunalwahlrecht eindeutig bevorzugt war. Die Frage war, ob König Ludwig I. die Wahl bestätigen und ob der streng konservative Regierungspräsident Eduard von Schenk eine Bestätigung befürworten würde. Beiden war die politische Vergangenheit Thon-Dittmers bekannt, und bekanntlich verfolgte Ludwig I. seit der Revolution von 1830 einen streng konservativen Kurs. Wie sich Schenk nun in dieser Sache verhielt, war bezeichnend für seinen noblen Umgang mit politischen Gegnern: Thon-Dittmer, so schrieb er in seinem Gutachten, vertrete zwar die bekannten liberalen Grundsätze, habe sich aber in den letzten Jahren nichts zuschulden kommen lassen. „Er ist ein durchaus rechtlicher Mann, ein ganz offener Charakter ohne Falsch und Rückhalt, ein sehr tüchtiger, gewandter und gebildeter Geschäftsmann …" Auf diese bemerkenswerte Charakteristik, welche die Bestätigung befürwortete, signierte der König nicht weniger großzügig: „Daß Schenk sich nicht täusche, dafür stehe ich nicht, gewagt bleibt es immer, doch ich bestätige diese Wahl."

Als Regensburger Bürgermeister der Jahre 1836–1848 hat sich Thon-Dittmer mit bemerkenswerter Energie, wenn auch nicht stets mit Erfolg, den finanziellen, wirtschaftlichen, sozialen und konfessionellen Problemen einer Stadt gewidmet, die seit dem Ende des Alten Reiches und dem Ende des Immerwährenden Reichstags ziemlich heruntergewirtschaftet war. Seine Bemühungen zielten auf die Sanierung des städtischen Haushalts, Belebung der Wirtschaft durch Industrieansiedlung, Modernisierung der städtischen Infrastruktur und Neuorganisation des städtischen Armen- und Fürsorgewesens. Ein erster Höhepunkt seiner Amtszeit war die Durchsetzung von Armensteuern zur Sanierung der Armenkasse – wir befinden uns in den Jahren des sogenannten Pauperismus, einer Massenarmut infolge starker Bevölkerungsvermehrung bei gleichzeitig unentwickelter Industrialisierung. Thon-Dittmers zweite Hauptleistung war, unter dem Eindruck einer Choleraepidemie in München, die Kanalisierung der Innenstadt als wesentlicher Beitrag zur Verbesserung der hygienischen Verhältnisse – immer noch gehörte Regensburg ja zu den Orten mit der höchsten Säuglingssterblichkeit (bis zu 40 Prozent) in Bayern. Ohne Ergebnis blieben langjährige Bemühungen des Bürgermeisters um den Anschluß der Stadt an das entstehende bayerische Eisenbahnnetz, insbesondere um eine Eisenbahnverbindung mit Nürnberg; König Ludwig I. setzte zu sehr auf den Ludwig-Donau-Main-Kanal.

Einen zweiten politischen Wirkungskreis eröffnete sich Thon-Dittmer, als er 1839 in den bayerischen Landtag gewählt wurde, dem er eine Legislaturperiode, bis 1845, angehörte. Wenngleich er im Grunde gemäßigte Positionen vertrat, wurde er in diesen Jahren doch zum anerkannten Sprecher der Liberalen in der Zweiten Kammer, „le membre le plus marquant de l'opposition liberale", wie der französische Gesandte nach Paris berichtete. In dieser Stellung geriet er wiederholt in scharfe Auseinandersetzungen mit dem leitenden Minister Karl von Abel über Fragen der ‚Preßfreiheit' und des parlamentarischen Budgetrechts. Gleichzeitig figurierte er als Vorkämpfer der protestantischen Opposition gegen das sogenannte System Abel, gegen die Betonung und Überspannung eines strikt katholisch-konservativen Standpunktes in der bayerischen Innenpolitik; als „gescheut, aber excentrisch. Stockprotestant" hat ihn daher der österreichische Gesandte charakterisiert.

Es war diese Oppositionsrolle Thon-Dittmers in den vielbeachteten bayerischen Verfassungskämpfen des Vormärz, die Ludwig I. veranlaßte, im Jahre 1845, als Thon-Dittmer erneut in den Landtag gewählt worden war, diesem die königliche Genehmigung zur Annahme des Mandats zu verweigern, wie sie damals für Staats- und Kommunalbeamte notwendig war. Um so erstaunlicher scheint es, daß der König dann wenige Jahre später, im März 1848, zu Beginn der Revolution, den Regensburger Bürgermeister nach München holte und ihm dort am 7. März das Innenministerium übertrug, womit die Position des leitenden Ministers, heute Ministerpräsidenten, verbunden war. Gewiß hat Ludwig I. damals auch unter dem Druck der öffentlichen Meinung gehandelt, wie sie etwa in dem großen liberalen Blatt Süddeutschlands, der „Augsburger Allgemeinen Zeitung" zum Ausdruck kam. Aber die Wahl des Königs war auch durchaus in der politischen Situation und in der gemäßigt-liberalen Position Thon-Dittmers begründet: Zur Bewältigung der Staatskrise war ein demonstrativer Akt notwendig, der die Reformbereitschaft des Königs zum Ausdruck brachte. So sollte sich der neue leitende Minister durch Liberalität auszeichnen und hierdurch das Vertrauen der Reformen fordernden Bevölkerung genießen. Gleichzeitig aber sollte er so gemäßigt und königstreu sein, daß er das bestehende monarchisch-konstitutionelle System vollkommen akzeptierte. Ein solcher Mann war in den Augen des Königs Thon-Dittmer, der populäre Führer der gemäßigt-liberalen Landtagsopposition.

Als Ludwig I. wenige Tage später doch dem Thron entsagte, behielt sein Nachfolger König Maximilian II. das Ministerium Thon-Dittmer bei. Es wurde zu einem Reformministerium und hat in den folgenden Monaten eine Reihe zentraler Reformgesetze ausgearbeitet und dem sogenannten Reformlandtag zur Beratung und Verabschiedung vorgelegt. Hier fanden sich grundlegende Verfassungsänderungen, wie sie Thon-Dittmer seit langem vorgeschwebt hatten. Ich nenne die parlamentarische Gesetzesinitiative, Ministerverantwortlichkeit, Ausgestaltung der ‚Preßfreiheit', Justizreform durch Öffentlichkeit und Mündlichkeit der Rechtsprechung und Einrichtung von Schwurgerichten, ein neues Landtagswahlrecht und nicht zuletzt die Grundentlastung und Bauernbefreiung, die man als „das größte soziale Werk des 19. Jahrhunderts in Bayern" (Doeberl) bezeichnet hat. Diese Reformen haben größte verfassungsrechtliche, politische und ökonomische Bedeutung bis zum Ende der Monarchie im Jahre 1918 erlangt.

Dennoch wurde Thon-Dittmer am 14. November 1848, also nach nur acht Monaten, aus seinem Ministeramt entlassen. Die Veranlassung war, abgekürzt formuliert, daß es ihm schließlich nicht gelungen ist, zwischen dem prinzipiell doch reformunwilligen Maximilian II. und dessen unverantwortlichen Beratern auf der einen Seite und der eine viel weitergehende Reform fordernden liberalen Bewegung der Revolutionsmonate einen mehrheitlich akzeptierten Kurs zu steuern. Er wurde gewissermaßen zwischen zwei Mühlsteinen zerrieben, wie es dem gemäßigten Liberalismus zwischen Revolution und Reaktion in Deutschland überhaupt ergangen ist. Doch spielten gewiß auch persönliche Momente eine Rolle, mangelnde Härte und Durchsetzungskraft. Wie im einzelnen das Verhältnis zwischen objektiven und subjektiven Gegebenheiten war, ist schwer zu entscheiden. Thon-Dittmer hat dann kein neues politisches Amt mehr übernommen, am 14. März 1853 ist er in München verstorben. Auch wenn er nicht zur ersten Garnitur der bayerischen Politiker des 19. Jahrhunderts zu zählen ist, so hat er doch kraft seiner integren Persönlichkeit, seiner hohen Zielsetzungen und mancher Erfolge als Bürgermeister, Parlamentarier und Minister in schwieriger Zeit eine Stellung eingenommen, die in der Geschichte Regensburgs und Bayerns nicht übersehen werden kann.

Hans Kaletsch

Joseph Dahlem – Pfarrer und Altertumsfreund (1826–1900)

Pfarrer Dahlem bildet mit Hugo Graf von Walderdorff (1828–1918) und Georg Steinmetz (1850–1945) gleichsam das Triumvirat, dem die Begründung der systematischen
Römerforschung in Regensburg zu danken ist. Die drei Altertumsfreunde und -forscher
vertreten die denkmalpflegerische Epoche des ‚Historischen Vereins von Oberpfalz und
Regensburg‘; danach nahm der Staat die Denkmalpflege in die Hand.

Joseph Dahlem wurde am 20. Dezember 1826 in Mainaschaff (bei Aschaffenburg)
geboren. Nach Besuch des bischöflichen Seminars, wo er die Matura ablegte, studierte er
Theologie im Würzburger Klerikalseminar und empfing dort im Juli 1849 die Priesterweihe. Erste praktische Seelsorgtätigkeit führte ihn in die Pfarrei Sulzbach am Main;
als Hilfsgeistlicher versah er besonders die Filiale Ebersbach. Sodann wurde er Stifts-
vikar in Aschaffenburg, 1864 Stadtpfarrer in Schweinfurt. Nach gut drei Jahren ließ er
sich 1867 wegen schlechten Gesundheitszustandes (er kränkelte ständig) pensionieren,
im 41. Lebensjahr.

Über die erste Lebenshälfte des nunmehr ‚freiresignierten Pfarrers‘ ist wenig bekannt,
in der zweiten wuchs er zu einem überregional bekannten Altertumsforscher heran, der
sich große Verdienste um die Aufdeckung und Konservierung des römischen Regensburg erwerben sollte.

Warum sich Dahlem gerade in Regensburg niederließ, ist unbekannt. Er war – nach
damaligem Sprachgebrauch – ‚historisch-anthropologisch‘ interessiert. Wo und wie er
sich das für einen Theologen ganz ungewöhnliche althistorisch-archäologische Rüstzeug
erwarb, wäre der Nachforschung wert! In Regensburg wurde er alsbald Mitglied des
‚Historischen Vereins von Oberpfalz und Regensburg‘, der, 1830 gegründet, getreu dem
Auftrag König Ludwigs I. von 1827 zwecks Hebung des Nationalbewußtseins der
Denkmalpflege verpflichtet war. Dahlem gewinnt in Regensburg rasch das Vertrauen des
Vereinsvorstandes, der ihn bald mit verantwortungsvollen Aufgaben betraut.

Die Anfänge der Archäologie in Regensburg

Die Industrialisierung hatte im 19. Jahrhundert in Regensburg zögerlich eingesetzt.
Heute wird dies als glückliches Geschick betrachtet, da auf diese Weise die Zerstörung
des mittelalterlichen Stadtbilds verhindert wurde; die Zeitgenossen dürften darüber
anders gedacht haben.

Motor der wirtschaftlichen Entwicklung waren die Eisenbahnanschlüsse. 1870–73
war die private Eisenbahn-Baugesellschaft der sogenannten ‚Ostbahn‘ (für die Strecke

Regensburg–Neumarkt/Opf.–Nürnberg) tätig. Gleichzeitig nahm 1871 auch die staatliche ,Donauthalbahn' (für den Bahnanschluß nach Ingolstadt und Augsburg) die Arbeit
in Regensburg auf, die Planierungsarbeiten für die neue Trasse begannen im Westen des
heutigen Bahnhofsgebietes. Man wußte, daß die Erdarbeiten in ein römisches Gräberfeld
hineinschneiden würden.

Für den Historischen Verein erwirkte 1872 dessen damaliger Vorsitzender Hugo Graf
von Walderdorff bei den Behörden in München die Erlaubnis, die Bauarbeiten der
Staatsbahn laufend archäologisch zu überwachen, Fundstücke zu bergen und mit ihnen
eine Sammlung anzulegen. Die Überwachung der Arbeiten war daher nur im Bauareal
der ,Donauthalbahn', also im Nordteil des heutigen Bahnkörpers, möglich; für das
südlich anschließende Areal der privaten Ostbahn wurde die anfangs erteilte Erlaubnis
zur Fundbergung wieder entzogen, weil die Ostbahn-Gesellschaft ehrgeizigerweise eine
eigene Römersammlung in ihrem Direktionsgebäude plante (die wenigen zusammen-
gebrachten Exponate sind später restlos verlorengegangen).

Zur archäologischen Überwachung der Bahnarbeiten bedurfte es einer sachkundigen
Persönlichkeit, die auch ständig auf dem Baugelände anwesend sein konnte. Vorstand und
Mitglieder des Vereinsausschusses des Historischen Vereins kamen hierfür nicht in Frage,
sie waren „durch Berufsgeschäfte so sehr in Anspruch genommen, daß sie nur ihre kurz
bemessene Freizeit auf dem Arbeitsplatze zubringen konnten" (Nachruf 1902). Indessen
hatte „ein glücklicher Zufall … einige Zeit vorher Herrn freiresignierten Pfarrer J. Dahlem nach Regensburg geführt. Gerne erklärte sich derselbe bereit, seine Muße und seine
Kenntnisse dieser Aufgabe zu widmen; seinem unermüdlichen Eifer und seiner Sachkenntniß ist es zu danken, daß recht günstige Resultate erzielt wurden" (Walderdorff).

Vorgesehen war nicht einmal eine Notgrabung mit nötigenfalls kurzzeitiger Sistierung
der Bauarbeiten; vielmehr konnte Dahlem lediglich die bei Planierung der Streckentrasse
jeweils abgehobene Humusschicht untersuchen, d. h. die ans Licht kommenden Funde
feststellen, bergen und archäologisch bestimmen; die begleitende ,archäologische Überwachung' der bahneigenen Bautätigkeit mit allfälligen Eingriffen hatte sich nach den
Zeitvorgaben der Bahn-Bauverwaltung zu richten. Nachgrabungen oder Nachunter-
suchungen zur Kontrolle blieben Dahlem hierbei fast immer versagt.

Am 27. April 1872 wurde man erstmals fündig: Arbeiter gruben Ziegelgräber und
zwei Sarkophage an, Pfarrer Dahlem wurde sofort informiert; in den folgenden zwei
Wochen (bis 8. Mai 1872) nahm er 33 Gräber auf. Eigenhändig grub er sechs Steinsarkophage und vier Ziegelgräber aus, eigene Arbeiter oder sonstige Hilfskräfte standen ihm
nicht zur Verfügung. Eine zweite Arbeitsphase (Ende Mai bis Ende Juli 1872) erbrachte
282 Fundkomplexe.

Die Zielsetzung seiner Arbeit erläutert Dahlem eingangs seiner Fundprotokolle:
„… die einzelnen Beerdigungsstellen der Urnenbegräbnisse zu beschreiben, ist nicht
möglich und auch zwecklos …". Es kam ihm auf eine Übersicht nach den Begräbnisarten
(Brand- oder Körperbestattung) an. Nur für die seiner Meinung nach „erhebbaren
Funde" gab er exemplarisch Beschreibung und Zeichnung. Und als bedeutend in diesem
Sinne galten ihm Terrasigillatascherben, unzerbrochene Töpfe, Metallfunde, Münzen.
Gräber mit minder ,bedeutenden' Scherben wurden übergangen.

Eine solcherart summarische Fundprotokollierung sowie eine unterbliebene Statistik
über die Verteilung der Grabbeigaben auf Brand- und Körperbestattung hat man Dah-

Joseph Dahlem (1826–1900)

lem später als nicht fachgerechtes Arbeiten vorgeworfen; gerechterweise muß man sagen, daß Pfarrer Dahlem, wo er Beschreibungen lieferte, dies sehr exakt tat, z. B.: „eine Urne mit Knochen, gedeckt mit kleinem Hafenboden. Die Urne gut erhalten. Lampe ohne Bezeichnung, zwei Libationsschalen. Diese neben der Urne eigentümlich gelagert, nämlich mit den hohlen Seiten sich deckend aufeinandergestülpt, so lagen sie in der Erde. Ihr Zwischeninhalt war nur Aschenerde, Knochenreste oder sonst fand ich nichts darin. Vielleicht hat man etwas Verwesliches hinein getan, das durch Verwitterung dem Auge entschwand" (zu Grab 737). Dahlems Nachfolger (etwa Steinmetz) sind übrigens bei eigenen Fundaufnahmen keineswegs exakter vorgegangen.

Und man darf entschuldigend daran erinnern, daß etwa zur gleichen Zeit die klassische Archäologie – bei den epochemachenden Ausgrabungen im griechischen Olympia – moderne Ausgrabungsmethoden und -techniken erst zu entwickeln begann, während wiederum Heinrich Schliemann seine weltberühmten Aufdeckungen in Troja und Mykene vielfach noch nach der Art von Raubgräbern anging!

Eine besondere Erschwernis bei der archäologischen Überwachung des ‚Großen Gräberfelds' war, daß man die Planierungsarbeiten an der ‚Donauthalbahn'-Trasse gleichzeitig an mehreren Stellen angefangen hatte und sie in verschiedene Richtung vorantrieb; die einzelnen Baustellen waren oft 200 m voneinander entfernt: Pfarrer Dahlem mußte folglich ständig zwischen drei bis vieren hin- und hereilen. Wie erwähnt, beteiligte sich Dahlem aktiv an der Bergung angegrabener Steinsarkophage, zerbrechlicher Glas- und Terrasigillata-Urnen, von Plattengräbern usw. Brüchige Kleinfunde legte er persönlich mit Pflanzenschäufelchen und Besen frei. Selbst aus dem Südabschnitt der Ostbahn, zu dem ihm der Zutritt verwehrt worden war, konnte er durch Entgegenkommen des Bauunternehmers einige Funde bergen. Ansehnliche Fundstücke verschwanden trotzdem oft (vielleicht zwecks Verdienstaufbesserung der Eisenbahnarbeiter?).

Eine Arbeitspause im Sommer 1872 brach die Bahn am 26. September ab und nahm die Arbeiten verfrüht wieder auf. Dahlem, der in einer Familienangelegenheit (Ordnung des Nachlasses seines verstorbenen Bruders) verreisen mußte, hatte zum Stellvertreter bei der Grabung seinen bisherigen Helfer, den schon betagten Baron von Böhnen bestellt. Von Böhnen ergrub nun bei den Arbeiten westlich der antiken Hauptstraße 200 Gräber, kam aber mit deren plangerechter Erfassung nicht zurecht, wurde vor Aufregung darüber krank; dabei ging wiederum manches Fundstück verloren. Nach Dahlems Rückkehr nach Regensburg am 19. Oktober 1872 wurde bereits nördlich, südlich und z. T. westlich des Böhnenschen Grabungsfeldes weitergearbeitet, was die Untersuchungen sehr erschwerte.

Während der ohne Pause von Oktober 1872 bis Juni 1873 fortgesetzten Arbeiten wurden 242 weitere Gräber und schließlich vom 25. Januar bis Ende Mai 1874 im Bereich des sogenannten Herststadelgartens nochmals 21 Gräber festgestellt. Damit waren Dahlems ‚Grabungen' im Bereich des ‚Großen Gräberfeldes' beendet.

Dahlem hatte nur 1054 Nummern vergeben (Grablegen fortlaufend numeriert in den einzelnen Grabungsbereichen, dazu einige mit Buchstaben bezeichnete aus dem Südabschnitt); dabei waren mit Nummern versehen von den Brandgräbern nur die ‚interessanten' von den Körpergräbern nur etwa jedes achte bis zehnte Grab. Hinzu kam, daß man nirgends tieferliegende Grabstellen freilegen konnte, und schließlich waren weiter östlich (im Bereich des neuen Güterbahnhofs) Grabungen überhaupt nicht möglich. Der wirkliche Umfang der Nekropole ist daher viel größer: Er wird auf mindestens 3000 Brand- und 2000 Körpergräber geschätzt, zusammen 5000–6000 Bestattungen (wahrscheinlich ist auch dies noch viel zu niedrig angesetzt!); nahe den antiken Straßenrändern liegen die älteren Brandgräber und die Fundamente der großen Grabmonumente, westwärts an den Brandgräberbereich anschließend die Körpergräber ...

Dahlems großes Verdienst bleibt, daß er aus dem Bereich des Großen Gräberfeldes in einer eindrucksvollen Rettungsaktion, „soweit dies in eines Mannes Kräften stand, ... mit verständnisvollem Blick und unermüdlicher Sorgfalt" (Steinmetz) vieles geborgen und in einer für seine Zeit vorbildlichen Dokumentation erfaßt hat. Daß angesichts damaliger Grabungstechniken starke Verluste durch unbeabsichtigte Zerstörung nicht erkannter Grablegen eintraten, ist kein Wunder.

Dahlems Grabungsprotokolle dienten ihm später zur Erstellung eines Plans des Großen Gräberfelds mit Verzeichnis der numerierten Gräber mit den in ihnen gefundenen Beigaben, die anderen wurden lediglich durch Striche angedeutet. Die Grabungstätigkeit seiner Nachfolger hat – bis nach dem 2. Weltkrieg – zu keinem neuen Plan oder zur Ergänzung des Dahlemschen geführt. Eine wirklich bedauerliche Unterlassung Dahlems war, daß er die Ergebnisse seiner Ausgrabungen niemals im Zusammenhang publiziert hat.

Neben der Grabungstätigkeit am Großen Gräberfeld war Dahlem 1873 wesentlich beteiligt an der Auffindung der Fragmente der berühmten Lagerinschrift der Legion aus dem Jahr 179. 1885 entdeckte Dahlem außerdem am Kumpfmühler Königsberg die Reste eines Hypokaustgebäudes, das er richtig als ein Kastellbad (im Bereich des dortigen Lagerdorfs) erkannte; dessen Ausgräber (1897/98), Graf v. Walderdorff, vermutete stattdessen einen Sommerkeller (!) der Legionssoldaten. Wie die Sitzungsprotokolle des Historischen Vereins für 1885–87 ausweisen, hat Dahlem über die Erforschung des römischen Kumpfmühl – die Grabungen am sogenannten Behnerkeller – laufend berichtet.

Der Streit um die Porta Praetoria

Die Aufdeckung der Porta Praetoria am 16. Mai 1885 rief anfangs helle Begeisterung hervor. Ein Jubelartikel im Regensburger Morgenblatt zog bereits einen Tag nach der Entdeckung den Vergleich mit der Porta Nigra in Trier; dann aber gab es eine heftige Interessenkollision zwischen der bischöflichen Administration und Mitgliedern des Historischen Vereins, welcher die Porta Praetoria völlig freilegen, restaurieren und zugänglich machen wollte. Der Magistrat der Stadt Regensburg zeigte sich für die Porta Praetoria zahlungswillig – in der Hoffnung auf eine Belebung des Fremdenverkehrs.

Im nächsten Jahr freilich stänkerte schon eine Gruppe von Gemeindebevollmächtigten (= Stadträten), der hohe Magistrat möge sich doch einmal den beklagenswerten Zustand der Behnerkeller-Grabungen ansehen; hier habe man im Vertrauen auf fachmännisches Vorgehen Gelder bewilligt und sehe nun die gesamte Ausgrabung der Witterung preisgegeben! – ein unverhüllter Hieb gegen den Historischen Verein bzw. Pfarrer Dahlems Aufdeckung des Kastellbads.

Aber die Stadtratsmehrheit war wie Ministerium und Bezirksregierung auf seiner Seite. Der Historische Verein bzw. Dahlem erhielt den Rücken gestärkt besonders durch den Besuch des deutschen Kronprinzen (1. September 1885), später auch des Prinzregenten Luitpold (8. Mai 1887), der sich bei der Gelegenheit sehr anerkennend über die Sammlungen in der Ulrichskirche aussprach. Finanzielle Ansprüche der bischöflichen Administration wurden immerhin befriedigt: für den abzureißenden Vorbau der Porta Praetoria (aus dem 17. Jahrhundert) erhielt sie im Tausch einen benachbarten Stadel, der aus Privathand mittels einer staatlichen und bischöflichen Zuwendung (im Verhältnis 3:1) erworben wurde, dafür sollte die bischöfliche Administration die Porta Praetoria zugänglich und instand halten (und hierzu einen jährlichen Zuschuß der Stadt von damals stattlichen 5000 Mark erhalten!). Tatsächlich war der alte Vorbau um die Jahreswende 1886/87 bereits abgebrochen.

Neuer Streitpunkt waren alsbald Art und Umfang der Restaurierung. Denn die Einigungsformel ‚Freilegung der Porta Praetoria‘, die der Ministerialrat (späterer Staatsrat und Regierungspräsident) Dr. Friedrich von Ziegler mit Bischof Ignatius von Senestrey im Dezember 1885 / Februar 1886 ausgehandelt hatte, ließ viel Raum für Interpretationen: Pfarrer Dahlem sah eine Ausgrabung bis zum römischen Laufniveau vor.

Die Bischöfliche Administration verweigerte aber aus rechtlichen, finanziellen und baustatischen Gründen eine (angeblich 2 m tiefe!) Grabung unter das Niveau des damaligen Straßenkörpers. Der Bogen sollte zwar freigelegt, nicht aber sollten Bogen und Tor bis zum römischen Straßenniveau hinunter entblößt werden, der Durchlaß zum Bischofshof sollte auch wieder zugesetzt und mit einer Eisentür verschlossen werden. Als Ersatz für die verworfene Abtiefung wurde für Besichtigungswünsche von Fachleuten eine unterirdische Beobachtungskammer mit Eisendeckel vorgeschlagen (das ‚Dengler-Programm‘ des Domvikars Georg Dengler).

Die vierjährigen Grabenkämpfe zwischen dem Historischen Verein mit Dahlem einerseits und der Bischöflichen Administration andererseits, ersterer lange Zeit unterstützt vom Ministerium und der Regierung der Oberpfalz, der städtische Magistrat eher in der Rolle einer Postvermittlungsstelle, gingen dann 1889 zu Ende; prolongiert haben sie alle Beteiligten, die bischöfliche und die kgl. bayerische Bürokratie und nicht zuletzt der Pfarrer Dahlem selbst – durch die mehr als zögerliche Fertigung des von ihm angeforderten Gutachtens (‚Dahlem-Programm‘), dem er schließlich noch eine Stellungnahme zum Gegengutachten des Domvikars Dengler folgen ließ.

Publizistisch wurde der Schlagabtausch noch bis zum Winter 1889 fortgesetzt. Hatte Domvikar Dengler selbst in seinem Gutachten die Befürchtung geäußert, der im ‚Dahlem-Programm‘ vorgesehene „Graben“ vor der Porta Praetoria würde, „weil nie von der Sonne beschienen, eine stets feuchte Unrathgrube bilden, ein gefährlicher Tummelplatz für Kinder“, so zog dann ein offensichtlich von seiten der Bischöflichen Administration inspirierter Zeitungsartikel (Regensburger Morgenblatt, 19. Oktober 1889) unter Beschwörung eines Horrorszenarios gewaltig vom Leder: Da ist von einem „historischen Wahn“ die Rede, der Bischofshof möge doch „im Interesse der Fort-Existenz seines gewaltigen Baues der Historie ein Ende machen“, schon sieht man beim Eingang zur Porta Praetoria eine „Versitzgrube voll eckelhaften Inhalts“ entstehen und appelliert populistisch an die „ganze Nachbarschaft“, sie müsse „protestiren gegen die künstliche Anlage eines Typhusherdes. Haben wir noch nicht genug an den übelriechenden Kanälen?!“

Aufschlußreicherweise bezieht sich der Artikelverfasser auf „Forscher von Ruf“ die „für die Arbeiten an dem römischen Thore nur den Beifall des Kopfschüttelns gehabt und das Bedenken ausgesprochen“ haben, „daß das Thor vor lauter Forschung noch ganz zugrunde gehen möchte. Andere äußerten den Wunsch, daß das Thor erst in 100 Jahren hätte entdeckt werden sollen!"

Dahlem ist – immer wieder durch Krankheit behindert – zu schwach, seine Position durchzusetzen, zumal er sich im Historischen Verein in eine Minderheitsposition gedrängt sieht. Gehässige Anwürfe wie der, er halte sich für den einzigen Kenner der römischen Alterthümer in Regensburg und wolle allein bestimmen, was mit antiken Bauten in Regensburg zu geschehen habe, bleiben nicht wirkungslos.

Gewiß beruhte der Plan Dahlems, Tor samt Turm bis zum römischen Laufniveau freizulegen, auf der Idealvorstellung, das originale Aussehen wiedergewinnen zu können, und ebenso gewiß war er denkmalpflegerisch grundsätzlich geboten; der erforderliche Straßenumbau hätte jedoch verkehrstechnisch hinderlich und ästhetisch unbefriedigend ausfallen müssen. Und womöglich wäre wirklich (entsprechend dem Gutachten des Landbauamts), angesichts ungenügender Kenntnis des Bauuntergrunds und gemessen an damaligen konstruktiven Möglichkeiten, eine Gefahr für die Mauern von Porta und Bischofshof entstanden. Waren auch Dahlems Gegenspieler primär von finanziellem Interesse (nicht absehbare Folgekosten) geleitet, bei ihren übrigen Bedenken wird man ihnen ganz unrecht nicht geben können.

Die endgültige Lösung der Streitfrage ist bekanntlich ein Kompromiß aus beiden Programmen geworden: Denglers ‚Beobachtungskammer‘ wurde eingerichtet, aber mit einem seitlich versetzten Zugang, die Toröffnung der Porta Praetoria wurde nicht wieder vermauert, vielmehr ein Durchgang von der Schwibbögen-Straße zum Bischofshof geschaffen, mittels einer Treppe, wie es der Dahlemsche Plan vorsah, jedoch einer innerhalb des Bauwerks. Das römische Mauerwerk des Ostturms der Porta ist dann schließlich 1910 durch Abnahme des Verputzes freigelegt worden – all dies ergab das heute vertraute Bild.

Die Ordensverleihung

1887 wurde Pfarrer Dahlem eine besondere Ehrung zuteil, die Verleihung des Michaelsordens (Ritterkreuz I. Klasse des kgl. Verdienstordens vom Hl. Michael). Wie das kgl. Staatsministerium hierzu schrieb, geschah die Ordensverleihung „wegen der hervorragenden Verdienste des Pfarrers Dahlem um die anthropologische Sammlung in Regensburg und damit um die historisch-ethnologische Wissenschaft überhaupt". Die Nomenklatur mag für den heutigen Leser seltsam an ‚Völkerkunde‘ o. ä. anklingen und etwas sachfern erscheinen; doch waren damals ‚Althistorie‘ und ‚Provinzialarchäologie‘ als Bezeichnung der einschlägigen Fachdisziplinen noch kaum geläufig.

Die hohe Ehrung – dem damaligen Senior der Regensburger Römerforschung wohl zu seinem 60. Geburtstag zugedacht – fiel mitten in den Kampf um die Konservierung der Porta Praetoria hinein: wiewohl sie anfangs die Position Dahlems und des Historischen Vereins zu stärken vermochte, hat sie doch die Gegner nicht verstummen lassen; unumstritten war Dahlems Tätigkeit in Regensburg niemals, selbst innerhalb des Vereins gab es immer wieder Spannungen …

Graf von Walderdorff, selber hochverdient als Historiker, Chronist und Ausgräber, Verfasser der bekannten Darstellung ‚Regensburg in seiner Vergangenheit und Gegenwart', als Vorsitzender des Historischen Vereins 1868–82 und wiederum 1905–18 amtierend, der seinerzeit – wie erwähnt – Dahlems Grabungstätigkeit im ‚Großen Gräberfeld' als „glücklichen Zufall" bezeichnet und ihm „unermüdlichen Eifer und Sachkenntniß" bescheinigt hatte, bildete sich später eine weit weniger positive Meinung über Dahlems Wirken für die hiesige Römerforschung: die Grabungsprotokolle Dahlems seien nicht glaubwürdig, meinte er, ohne sie bis dahin zu Gesicht bekommen zu haben; sein diesbezüglicher Brief an den postumen ‚Bearbeiter' des Dahlemschen Materials, den Regensburger Gymnasiallehrer H. Lamprecht, ist nicht erhalten, wohl aber dessen gegen Walderdorffs Verdikt Verwahrung einlegende Antwort. Lamprecht hat sich freilich trotzdem dazu bestimmen lassen, die zuvor anerkennende Erwähnung Dahlems (1904) später so gut wie ganz zu eliminieren (1906). Graf Walderdorff besaß nun einmal ein cholerisches Temperament, wovon gelegentlich die Sitzungsprotokolle zeugen. Sachlich ist sein Vorwurf gegen Dahlem ungerecht.

Dahlem als Kustos der Sammlungen des Historischen Vereins

Die sichere Unterbringung des Fundmaterials aus dem Großen Gräberfeld während der Bergungsarbeiten war schwierig gewesen; manche Stücke wurden aus der Baubaracke gestohlen. Dann wurden die Funde beim Historischen Verein im Thon-Dittmer-Haus deponiert und 1881 in das neu eröffnete Museum in der St.-Ulrich-Kirche überführt (sie blieben dort bis in den 2. Weltkrieg hinein und befinden sich bekanntlich heute im Historischen Museum am Dachauplatz).

Den Bedürfnissen einer Schausammlung zuliebe löste Dahlem die Grabinventare vielfach auf und ordnete das Material nach Sachgruppen oder auch nach Herkunft; immerhin blieb das Fundensemble des jeweiligen Grabes leicht rekonstruierbar, da er alle Kleinfunde auf Kartons befestigte, die er mit allen nötigen Angaben (ähnlich akribisch wie in den Ausgrabungsprotokollen) beschriftete.

Im gleichen Jahre, 1881, veröffentlichte Dahlem einen kleinen Führer durch „Das Mittelalterlich-Römische Lapidarium und die Vorgeschichtlich-Römische Sammlung zu St. Ulrich in Regensburg". Der (in geringer Auflage erschienenen) Schrift gab er einen Plan einmal des römischen Regensburg sowie besonders einen Plan des Großen Gräberfeldes bei. Letzterer war mit topographischen Erklärungen und einem kurzen Auszug aus Dahlems Fundregister versehen, bot also zu jedem mit Nummer aufscheinenden Grab eine stichwortartige Erwähnung der erhaltenen Funde. Randnotizen gaben Datierung und Zeitabfolge der Grablegungen an: Die in Ost-West-Richtung fortschreitende Belegung stellte er kartographisch als eine Staffelung von Längsstreifen dar, deren jeden er aufgrund der Fundmünzen nach einem bestimmten römischen Kaiser zeitlich fixierte, am Straßenrand Marc Aurel, ganz im Westen Kaiser Honorius (393–423, der Sohn Theodosius' d. Gr.). Weitere Publikationen aufgrund seiner Grabungsprotokolle hat Dahlem, wie gesagt, nicht vorgelegt.

Die gesamten Unterlagen wurden nach seinen Tod von seiner Schwester dem Historischen Verein übergeben, in dessen Auftrag Heinrich Lamprecht den erwähnten Fundbericht veröffentlichte. Erst in jüngerer Zeit dienten dann Dahlems Materialien als Grundlage für vor- und frühgeschichtliche Dissertationen.

Dahlems Leistungen für die denkmalpflegerischen Belange des Historischen Vereins waren vorbildlich; dementsprechend fällt das moderne fachmännische Urteil überaus wohlwollend aus: „Das volle Maß seiner mühevollen und peinlich genauen Kleinarbeit läßt sich erst ganz aus seinem Nachlaß und den Ortsakten des Vereins ablesen. Nicht allein die Bergung und Beschreibung der Gräber aus der großen römischen Nekropole ist hauptsächlich sein Verdienst, auch die sorgsame Betreuung aller eingelieferten Funde, die nie vor und nach ihm eine so gründliche Ordnung und Signierung erfahren haben" (Torbrügge).

Bald nach der Überführung der Fundsammlung nach St. Ulrich kam es freilich zu einem ernsten Konflikt mit dem Historischen Verein, in dessen Folge Dahlem die Einstellung seiner freiwilligen Tätigkeit für den Verein und seinen Austritt aus dem Vereinsausschuß erklärte. Er behielt sich nur studienhalber „jederzeit freien Eintritt in die von mir in zwölfjährigen Mühen geschaffene praehistorisch-römische Sammlung vor, in welche ich ohnehin einige hundert Mark gesteckt habe" (für die damalige Zeit kein ganz geringer Betrag!). Grund für sein Vorgehen war ein Zusammenstoß mit dem neuen Vorsitzenden, dem Fürstlich Thurn und Taxisschen Archivrat Dr. C. Will, von dem sich Dahlem bei Vereinswahlen „raffinirt-brüsque" behandelt fühlte. Diesen Vorwurf nahm er auch im anschließenden Briefwechsel nicht zurück; im Interesse von Verein und Sammlung fand er sich aber zur Wiederaufnahme seiner Tätigkeit bereit. Gemäß einem undatierten Briefentwurf suchte damals auch der Historische Verein zu beschwichtigen und die Wirkung gewisser Zeitungsinserate, von denen Dahlem sich attackiert fühlte, zu zerstreuen. Das Schreiben enthält die Bitte, mit der Ordnung der Sammlungen fortzufahren, ferner eine Anerkennung für geleistete Arbeit und schließt mit Genesungswünschen.

Der Historische Verein sprach freilich nicht mit einer Stimme. Aber gerechterweise ist einzuräumen, daß die immer wieder auftretenden Erkrankungen Dahlems, die oft eine wochen- und monatelange Abwesenheit von seiner Kustodentätigkeit zur Folge hatten, sowie überhaupt seine zunehmende mimosenhafte Empfindlichkeit sich als immer lästiger für den Verein erwiesen. Das zeigte sich deutlich auch während der mehrjährigen Auseinandersetzung um die Porta Praetoria.

Zu einem Eklat kam es im Juli 1888, als ein Bediensteter des Historischen Vereins bei Dahlem erschien und ihm den Schlüssel zur St.-Ulrichs-Kirche abforderte. Dahlem, der laut seinem Protestbrief vom 18. Juli 1888 an die Vorstandschaft von der mit dieser Maßnahme gegebenen einschneidenden „Veränderung meiner Stellung zu den Sammlungen" (in der Ulrichskirche) nicht vorinformiert war, fordert Aufklärung durch Überlassung des Sitzungsprotokolls (er hatte offenbar wieder nicht teilgenommen) oder anderweitige Kundgabe des Sachverhalts.

Das Procedere war zweifellos tölpelhaft, seine Ausführung wird man schwerlich dem Vereinsvorstand anlasten können. Der Verein hatte gewiß nicht eine gezielte Kränkung Dahlems im Sinne; nach dem Protokoll der Ausschußsitzung vom 14. Juli 1888 wollte er vielmehr „dem Kustos Pfarrer Dahlem … wegen dessen öfter Monate langen Abwesenheit bzw. leider auch oft eintretenden Krankheit" im Lycealprofessor Sepp einen Helfer zur Seite stellen.

Später scheint sich dann das Verhältnis zu Dr. Will wieder entspannt zu haben. Aus den Jahren 1892–93 sind mehrere zwar formelle, aber sehr höfliche Schreiben erhalten, die von Dahlem Gutachten über den Wert von Altertümern erbitten, welche dem Vereinsvorstand von privaten Anbietern zum Ankauf vorgelegt wurden.

Dahlem ist jedenfalls in dieser Zeit (wieder) ,Conservator der Sammlung'. Als solcher kann er 1893 ein vielleicht gutgemeintes, in der Ausführung jedoch bizarres Projekt des Vorstandsvorsitzenden verhindern: Dieser plante (aus welchen Gründen auch immer), die in der Ulrichskirche ausgestellten Grabsteine wieder „an ihre Ursprungsstelle" zurückzuversetzen. Dahlems Einspruch ist vereinsrechtlich wie konservatorisch gut begründet: Statutengemäß könne nur ein Vereinsausschuß dergleichen beschließen und praktisch sei eine solche Maßnahme undurchführbar und sinnlos, „wenn nicht jeder Stein zu seiner alten Grabstelle käme! und das gäbe erst recht eine heillose Geschichte". Offensichtlich hielt der damalige Vorstandsvorsitzende mit seinem Vorhaben weite Distanz von denkmalpflegerischer Sachkenntnis und ließ wohl auch altertumskund-liches Desinteresse erkennen.

Schon vor seinem offiziellen Abschied vom Amt (1895) hatte Dahlem seine Tätigkeit als Konservator weitgehend eingestellt. Einen Teil seiner Funde, seine Fundprotokolle und weitere den Sammlungen gehörende Objekte, die er zu Studienzwecken entnommen hatte, behielt er schlicht bei sich zu Hause. Dies war ihm jedoch infolge seiner in den letzten Jahren in Schüben zunehmenden Vergeßlichkeit (Symptom einer schweren Gehirnerkrankung) nicht bewußt.

So beantwortete er z. B. eine Anfrage des Vorstandsvorsitzenden Dr. Will nach dem Verbleib eines römischen Wachstäfelchens, das Prof. Zangermeister in Heidelberg zur Entzifferung erhalten habe und das nunmehr fehle, sowie eine Frage nach dem Verbleib des Stempelsteins des römischen Augenarztes mit der freundlich gegebenen Auskunft (5. Oktober 1895): Das Wachstäfelchen sei gewiß von jemand anderem ohne sein Wissen nach Heidelberg ausgeliehen worden, und der Augenarztstempel befinde sich hoffent-lich in der Obhut des anderen (= neuen) Konservators Prof. Steinmetz zwecks Reinigung und besserer Herrichtung … Man sieht, solch ein recht ,privater' Umgang mit den im Vereinsbesitz befindlichen Monumenten machte die Vorteile der staatlichen Denkmal-pflege mit ihren strengen Regularien durchaus evident.

Im Jahre 1895 mußte Dahlem sein Amt als Konservator niederlegen. Er stand im 69. Lebensjahr. Seit seiner Pensionierung als Pfarrer hatte er 28 Jahre lang – fast eine Generation lang –, trotz zunehmender Behinderung durch sein tragisches Leiden, seiner Begabung und seinen Neigungen, der Liebe zum Altertum folgen können.

Das Ende

Anfang des Jahres 1898 teilte der Vorstand des Historischen Vereins dem fast schon drei Jahre vom Amte zurückgezogen lebenden Dahlem den Beschluß der General-versammlung mit, ihn in die Reihe der Ehrenmitglieder aufzunehmen. Ob der Adressat die Verleihung der Ehrenmitgliedschaft noch hat zur Kenntnis nehmen können, bleibt fraglich; er lebte damals bereits in fast ständiger geistiger Umnachtung. Am 1. Dezember 1900 erlöste ihn der Tod, drei Wochen vor Vollendung seines 74. Lebensjahres.

Ein im Besitz des Museums Regensburg befindliches Photo [Abb.] zeigt ihn in seinen mittleren Jahren: im schwarzen, pelzverbrämten Mantel eine für einen Geistlichen seines

Standes unerwartet elegante Erscheinung; ein beobachtender, zwar freundlich wirkender, aber auch Distanz heischender Blick, der hohe Intelligenz, aber auch einen hochsensiblen, verletzlichen Charakter verrät. Aus seiner labilen psychischen Konstitution hat Dahlem gelegentlich gar kein Hehl gemacht: So schrieb er etwa auf die wiederholte Anmahnung seines Gutachtens (zur Porta Praetoria) am 8. Dezember 1887 an den Stadtmagistrat) ungeniert, erst habe er „Unlust zur Sache gegenüber der direkten Desavouirung" von seiten der bischöflichen Administration empfunden, und nachher sei er dann fast sieben Wochen krank gelegen – pure Insolenz oder nur hypochondrische Schrulle? Jedenfalls eine harte Geduldsprobe für den wohlmeinendsten Vereinsvorstand!

Er war wohl mitunter auch antriebsschwach und konfliktscheu, vielleicht nicht nur infolge seines unheilbaren Leidens, sondern auch infolge der Zurücksetzungen, die ihm robuster, als er es war, gebaute Zeitgenossen, nahe- wie fernstehende, mit Lust an Rivalität und Intrige, bereiteten, so daß er zwar die Ernte einfahren konnte, ihre Nutzbarmachung jedoch anderen überlassen mußte. Seine bizarre Aufführung in den letzten Jahren hat sein Ansehen im Historischen Verein und darüber hinaus in der wissenschaftlichen Öffentlichkeit beschädigt; seine früheren Leistungen gerieten hierdurch für manchen Mitforscher in Mißkredit. Gerechtigkeit haben seine Zeitgenossen ihm nicht in verdientem Maße gezollt (er machte es ihnen auch nicht leicht!). Erst 100 Jahre nach seinem Wirken fanden sich kompetente Fachleute bereit, Dahlems Leistung als erster exakter Ausgräber im römischen Regensburg, als fleißiger und sorgsamer Sammler von Altertümern und Kustos der vorgeschichtlichen und römischen Sammlungen des Historischen Vereins vorbehaltlos anzuerkennen, welche einen Großteil der antiken Exponate des heutigen Regensburger Museums am Dachauplatz darstellen.

Egon Johannes Greipl

Dr. Carl Gerster und Dr. Raimund Gerster – biographische Bemerkungen zu einer Regensburger Familie (1813–1892 und 1866–1953)

In der berühmten Historischen Wurstküche an der Steinernen Brücke zu Regensburg hängen einige alte, sehr verblichene Fotografien. Sie zeigen Mitglieder der Regensburger Faschingsgesellschaft Narragonia, und auf manchem Foto sind zwei angesehene, inzwischen verstorbene Regensburger Bürger zu entdecken: Der Notar Honor Gerster und der Versicherungskaufmann Severin Gerster.

Die Familie Gerster ist aber nicht nur mit der Gründung und Entwicklung einer Faschingsgesellschaft verknüpft, sondern durch zwei ihrer Mitglieder, die Ärzte Dr. Carl Gerster und dessen Sohn Dr. Raimund Gerster, allgemein mit dem politischen und gesellschaftlichen Leben Regensburgs. (Wolfgang) Carl Gerster wurde am 24. April 1813 im unterfränkischen Miltenberg am Main geboren. Sein Vater, der Apotheker Franz Carl Gerster, stammte aus Mainz und hatte 1810 die Miltenberger Stadtapotheke übernommen. 1821 wechselte er auf die Fürstlich-Löwensteinische Hofapotheke im nahegelegenen Kleinheubach. Verheiratet war Franz Carl Gerster mit der Mainzer Baumeisterstochter Gertrudis Streiter.

1831 bestand der Sohn, Carl Gerster, die Abiturprüfung am Aschaffenburger Gymnasium. Sein philosophisches Grundstudium am dortigen Lyzeum endete nach zwei Jahren jäh durch Relegierung wegen einiger Raufhändel und verdächtiger politischer Gesinnung. Auch die Universität Heidelberg wollte ihn aus denselben Gründen nicht lange behalten. Schließlich landete Carl Gerster nach kurzen Aufenthalten in Erlangen und Würzburg 1835 an der Universität München und promovierte dort am 13. August 1836 zum Doktor der Medizin.

In den folgenden Jahren übte er seine ärztliche Tätigkeit an Münchener Krankenhäusern und in seiner kleinen Miltenberger Praxis aus. 1840 reiste er nach Wien, wo er sich in der Augenheilkunde und der Geburtshilfe weiterbildete. 1841 eröffnete Carl Gerster in Kleinheubach eine Praxis und wurde Hofarzt beim Fürsten Löwenstein. Zusammen mit diesem Fürsten reiste er 1846 nach Wien und gewann Interesse an der homöopathischen Heilmethode, wie sie Christian Friedrich Samuel Hahnemann mit seinem „Organon der Heilkunst" seit 1810 entwickelt hatte.

In die Münchener Studienjahre fällt eine Initiative Gersters, die ihre Tradition bis heute fortgeführt hat. Er gründete eine schlagende studentische Verbindung, ein Corps mit dem Namen Franconia. Derartige Korporationen gab es in Deutschland seit dem ausgehenden 18. Jahrhundert. Die Franconia orientierte sich am Vorbild der Rhenania Heidelberg, der

Dr. Carl Gerster (1813–1892)

Gerster und andere Gründungsmitglieder der Franconia zuvor angehört hatten. 1875 trat
die Franconia dem sogenannten Kösener Senioren Convent (KSC) bei. Die Münchener
Franconia gilt im übrigen als eine der ältesten Waffenverbindungen in Bayern.

Eine zentrale Rolle spielte Carl Gerster in der deutschen Sängerbewegung, die ja
mit Politik mindestens ebensoviel zu tun hatte wie mit Musik. 1847 wirkte er bei der
Vorbereitung des Regensburger Sängerfestes mit, einer Veranstaltung, die – was die
äußeren Umstände wie Programm, Festarchitektur oder Häuserschmuck anbelangt – auf
einem Qualitätsniveau sich bewegte, von dem wir heute bei städtischen Festen nur
träumen können.

1861 leitete Gerster das Große Deutsche Sängerfest in Nürnberg, 1862 wurde er
Gründungspräsident des Fränkischen Sängerbundes und Mitglied des Gesamtausschus-
ses im Deutschen Sängerbund. Wie die Sammlung der Festabzeichen in seinem Nachlaß
zeigt, war er als Gast und Redner auf unzähligen Sängerfesten in Süddeutschland und in
der Schweiz präsent. Auf dem Ulmer Sängerfest von 1850 trugen die begeisterten Zuhörer den „Demosthenes der Sängerbewegung", wie man ihn nannte, im Triumphzug
durch die Menge. Eine polizeiliche Ermahnung war die Folge und das Verbot, in Ulm
nochmals als Redner aufzutreten und die Leute aufzupeitschen. Andernfalls werde man
ihn den bayerischen Behörden als Unruhestifter übergeben.

1846, im Alter von 33 Jahren, ließ sich Carl Gerster als praktischer Arzt in Regensburg
nieder, wo er mit Ausnahme eines weiteren Aufenthalts im oberösterreichischen Steyr
(1856/57) und in Nürnberg (1858–1861) bis zu seinem Tode blieb. 1852 heiratete er eine
Regensburger Anwaltstochter, Marie Thoma. Vier Söhne und zwei Töchter gingen aus
dieser Verbindung hervor. Die Familie wechselte mehrfach die Wohnung. Vom Arnulfsplatz zog sie in die Obere Bachgasse, dann in die Rote-Hahnen-Gasse, schließlich in das
1868 käuflich erworbene Anwesen Ecke Rote-Hahnen-Gasse und Hinter der Grieb.

Carl Gerster war der einzige Homöopath in Regensburg und hatte gegen seine ärztlichen Zunftgenossen zunächst einen schweren Stand. Die Aufnahme in den ärztlichen
Leseverein wurde ihm verwehrt, und wegen der etwas unkonventionellen Art, für seine
Kunst zu werben, mußte er sich von der Regierung rügen lassen. Seine Heilerfolge,
insbesondere bei psychischen Krankheiten, sollen beachtlich gewesen sein. Eine deutliche Tendenz zum damals in Mode gekommenen Magnetismus und Spiritismus ist
nicht zu verkennen, wie seine drei Publikationen zeigen: „Was ist Homöopathie",
Regensburg 1848, dann „Das Universum und dessen Geheimnisse oder die Natur, dargestellt in ihrer wechselseitigen Anziehung, und die geheimsten Wirkungen ihrer Kraft.
Eine Anleitung und Erklärung des Tischklopfens und der Geister-Manifestationen,
nebst Mitteilungen aus der Geisterwelt", Leipzig 1854, und schließlich „Odisch-magne-
tische (hypnotische) Heilwirkungen. Ungläubigen zur Belehrung und Kranken zum
Heile", Regensburg 1889.

In einer Polemik vom 3. Oktober 1848 schreibt das „Regensburger Tagblatt", daß
Carl Gerster die Lorbeeren, die er auf dem Gebiete der Homöopathie nicht zu erringen
vermocht habe, auf dem Felde der Politik zu pflücken suche. In der Tat war das Profil
seiner Persönlichkeit maßgeblich durch politische Tätigkeit geprägt. Carl Gerster stand
auf der liberalen Seite, die sich, was Regensburg betrifft, erstmals 1832 in der Form eines
politischen Clubs konstituiert hatte und seit 1838 im „Regensburger Tagblatt" ihr
Presseorgan hatte.

1848/49, insbesondere im Zusammenhang mit den Wahlen zur Nationalversammlung, gewannen auch in Regenburg liberale Forderungen immer mehr an Boden. Die wichtigsten Stichworte waren Nationalstaat, Pressefreiheit, Versammlungsfreiheit. Zur Zusammenstellung der Wahlmännerlisten traten die Liberalen in den schon erwähnten Clubs zusammen, die sich nach den Wirtshäusern benannten, in denen sie tagten: Lammclub, Glockenclub. Carl Gerster führte den Lammclub an, der eine radikalere, sehr demokratisch geprägte Richtung vertrat. Beide Clubs stellten jedoch eine gemeinsame Wahlmännerliste auf.

Im Herbst 1848 verfestigten sich die ideologischen Strömungen zu politischen Vereinen. Gerster rief am 8. September den „Volksverein in Regensburg und Stadtamhof" ins Leben und konnte spontan 200 Mitglieder aufnehmen. Die gemäßigte liberale Richtung tat sich wenig später im „Verein für deutsche Einheit und gesetzliche Freiheit" mit etwa 500 Mitgliedern, vorwiegend aus dem Handwerkermilieu, zusammen. Gerster und seine Anhänger unterwanderten diese konkurrierende Gruppierung systematisch und lösten im Januar 1849 den eigenen „Volksverein" auf. Man muß hier in Betracht ziehen, daß Regensburg um 1850 etwa 25 000 Einwohner zählte, von denen nur eine Minderheit, nämlich etwa 1000 Männer, das kommunale Wahlrecht besaß. In den Mitgliederzahlen des Gersterschen Vereins drückt sich vor diesem Hintergrund doch eine ganz beachtliche Politisierung der Regensburger Bürgerschaft aus, die allerdings nach 1850 in der Folge der repressiven staatlichen Politik nachließ.

Carl Gerster steht also ganz am Anfang der politischen Organisation der Regensburger Bevölkerung und muß als ihr wesentlicher Motor bezeichnet werden. In den Jahren 1848/49 trat er auf unzähligen politischen Veranstaltungen – nicht nur in Regensburg, sondern in der ganzen Region auf. Der „Volksbote" vom 1. Mai 1849 bezeichnete ihn als „Irrwisch", der überall auf Versammlungen sein Unwesen treibe.

Wie häufig in begeisterten Zeiten, war die Grenze zwischen dem Seriösen und dem Unseriösen, dem politischen Ernst und der unfreiwilligen Lächerlichkeit fließend. Auch Carl Gerster machte auf diesem Felde seine Erfahrungen. Am 21. August 1848 nämlich wurde eine Deputation der Wiener Freikorps, die sich auf der Durchreise nach München befand, beim Tegernheimer Keller, einem beliebten Ausflugsziel, mit Liedern und Ansprachen begrüßt. Gerster hielt eine zündende Festansprache. Er predigte „um die offen entfaltete Feldstandarte Freiheit und Brüderlichkeit", war der „Löwe des Tages" und wurde noch einige Zeit danach „in Versen und Prosa gefeiert".

Die Wiener wollten dem Münchener Bürger-, Studenten- und Künstlerfreikorps eine schwarz-rot-goldene Fahne überbringen. Die Aktion stand jedoch von Anfang an unter einem unglücklichen Stern. So war das Dampfschiff mit den Österreichern oberhalb von Straubing auf Grund gelaufen, und die Leute eilten zu Fuß und mit dem Wagen über die Walhalla nach Tegernheim. In München stellte sich schließlich heraus, daß der Anführer der Gruppe nicht Dr. Lornée hieß und aus Wien stammte, sondern sich Erlmayer schrieb, in München aufgewachsen war und als berüchtigter Dieb polizeilich gesucht wurde. Nach seiner Verhaftung verließ die Deputation, erheblich leiser, als sie gekommen war, die Landeshauptstadt und das Königreich.

Wer den Schaden hat, braucht für den Spott nicht zu sorgen. So ging es auch Carl Gerster, der enttäuscht schrieb: „Wer ist nicht schon in seinem Leben belogen, getäuscht und betrogen worden? Soll man deswegen für immer allen guten Glauben und alles Vertrauen auf die Menschen verlieren? Es wäre dieses gewiß zu traurig und würde dem Leben selbst allen Reiz nehmen."

Von der ultramontanen Seite her wurde Carl Gerster in diesen, sogar in Regensburg heißen Revolutionsjahren hart attackiert, gelegentlich öffentlich und so deutlich unter der Gürtellinie, wie es ein heutiger Lokaljournalist nicht wagen würde. Politisches Abenteurertum warf man ihm vor; jeden Biertisch habe er zur Redekanzel gemacht, und als „socialistischer Apostel" das Proletariat mit fulminanten Reden und falschen Versprechungen hinter sich geschart.

Carl Gersters Rednertalent muß in der Tat beachtlich gewesen sein. Den „Demosthenes der Sängerbewegung" hieß man ihn, wie schon erwähnt, und „Gerster, für an Kreuzer a Red" war ein stehender Ausdruck in Regensburg. Es müssen hunderte von Ansprachen gewesen sein, die er in seinem Leben gehalten hat.

Im Zentrum von Gersters Reden stand der nationalstaatliche Gedanke, jedoch, jedenfalls bis 1870, nicht in der Form eines preußischen Kaiserreiches. 1860 noch war er ein entschiedener Gegner Bismarcks, der ihm als ein Erzreaktionär galt. Erst nach dem deutsch-französischen Krieg wichen die antipreußischen Vorbehalte zugunsten milder Begeisterung für das neue Reich.

So sprach er am 30. August 1885, schon zweiundsiebzigjährig, beim Besuch des deutschen Kronprinzen nachts bei der Königlichen Villa, von Bord eines illuminierten Donaudampfers aus, zu einer vieltausendköpfigen Menge. Er zog seine alten Register, appellierte an den Einheitswillen der Deutschen und an die Waffenbrüderschaft zwischen den Häusern Hohenzollern und Wittelsbach.

Diese Töne, wie überhaupt der ganze Prinzenbesuch, waren dem bayerischen Patrioten und Redakteur des vielgelesenen „Bayerischen Vaterland" in München, Johann Baptist Sigl, seinerseits schillernde Figur, Preußenfresser und Liberalenhasser, ein Greuel. In beißendem Spott schrieb er in seinem viel gelesenen Blatt: „... und die Rede des guten alten Dr. Gerster, der von allen Regensburgern jedenfalls am lautesten schreien kann, daher ein Patent darauf hat, hier alle liberalen Festreden zu halten – nun ja, er hat allerlei Zeugs geredet, richtiger geschrien, und wenn sich einer den Spaß machte, eine Sammlung Gersterscher Reden zu veranstalten, Wen und Was er schon hat angerednet und hoch leben ließ: da käme ein kostbares Sammelsurium heraus. Stimmlich war die Rede brillant. Zuschauer hatten sich gewiß an die zwölf Tausend eingefunden, gar viele vom damischen Geschlechte, und während Gersters Rede ließen sich einige störrische Kinder nur zu deutlich vernehmen. Die Beleuchtung des Schiffes war sehr schön, einige Hundert Fackeln am Ufer entlang, ein paar beleuchtete Häuser usw. gewährten einen prächtigen Anblick; gesungen und geblasen wurde auch hübsch, und was die Hauptsache war, das Zuschauen und Zuhören hat nichts gekostet, als hie und da Püffe in die Rippen und Tritte auf die Hühneraugen."

Dr. Carl Gerster starb am 30. Januar 1892 in Regensburg und wurde auf dem heute aufgelassenen Friedhof im Stadtpark begraben. Nach dem Urteil seines ältesten Sohnes Karl war er „durch und durch ein Mann der Tat und der Überzeugungstreue. Sein eiserner Wille, sein Wissen und Können, verbunden mit vorurteilsfreiem Geist, der ihn von allen rationellen Heilfaktoren geeigneten Gebrauch machen ließ, verschafften ihm ausgezeichnete Erfolge als Arzt, und sein glänzendes Rednertalent war weithin im deutschen Reich bekannt. Daß sein unbeugsames Festhalten an dem als recht und gut Erkannten, und die Rückhaltlosigkeit, mit der er vor Hoch und Nieder seinen Ansichten Ausdruck gab, ihn nach oben aber nicht genehm machten, ist selbstverständlich, sein ganzes äußeres Leben war daher ein schwerer Kampf."

Einer der Söhne von Carl Gerster, Raimund, ist in Regensburg geblieben und ebenfalls eine markante Gestalt der hiesigen bürgerlichen Gesellschaft geworden. Raimund Gerster wurde am 15. Februar 1866 in Regensburg geboren, legte 1886 am Alten Gymnasium das Abitur ab, studierte in München, Erlangen und Berlin Medizin und eröffnete 1891 in Regensburg eine eigene Praxis mit dem Schwerpunkt auf der homöopathischen Heilmethode. 1914 erhielt er den Titel eines Königlichen Sanitätsrates. Während des Ersten Weltkriegs tat er Dienst in verschiedenen Feldlazaretten. Im Gegensatz zu seinem Vater, der ja erstaunlicherweise erst 1870 das Regensburger Bürgerrecht erworben hatte, betätigte sich Raimund Gerster als liberaler Mandatsträger in der Kommunalpolitik. 1908–1914 saß er im Magistratskollegium, 1915–1917 nur mehr als Ersatzmann, rückte jedoch 1917–1919 wieder als ordentliches Mitglied nach.

Seiner lieben Vaterstadt hat er in zweifacher Weise gehuldigt, als Autor eines Festspiels und eines Stadtführers.

1910 waren es hundert Jahre, daß Regensburg zum Königreich Bayern gehörte. Im heutigen Stadtpark fand eine Kreisausstellung für Industrie, Gewerbe- und Landwirtschaft statt. Nach Auffassung Gersters war aber damit der „wesentlichste und wertvollste Schatz meiner Vaterstadt", nämlich die „einzigartige geschichtliche Vergangenheit" zu wenig gewürdigt. So entschloß er sich, das Festspiel „Ratisbona" zu schreiben, das schließlich am 11. Mai 1910 zur Eröffnung der Kreisausstellung im Stadttheater Premiere hatte. Mehr als 300 Personen wirkten mit, die Musik hatte der Militärkapellmeister Ludwig Kleiber geschrieben, und bis zum 18. Juli erlebte das Spiel zehn Aufführungen. Die Finanzierung stellte der Autor durch Spendenaufrufe und Benefizveranstaltungen im Velodrom sicher.

Mit dem Stück verband Gerster einen pädagogischen Zweck: Er wollte die Gleichgültigkeit der breiten Masse gegenüber dem historischen Kapital der Stadt beseitigen, und dies nicht auf dem langwierigen, vielen verschlossenen Weg des Lernens und Lesens, sondern auf ‚poetische' Weise, anschaulich und lebendig.

Der Aufbau des Stücks ist einfach. Ein Vorspiel führt den Zuschauer in den Spitalgarten zu einem studentischen Fest. Der junge Siegwart und seine Kommilitonen huldigen der Stadtgöttin Ratisbona. Siegwart fällt in einen tiefen Schlummer und träumt nun die Geschichte seiner Stadt: Natürlich nicht die komplette Geschichte, sondern acht Szenen von je fünfzehnminütiger Dauer, deren Auswahl und Anlage uns das Geschichtsbild des Autors verraten.

Das erste Bild schildert eine vorgeschichtliche Szene am wilden Donauufer, wo ein Mann und eine Frau sich ihre Liebe erklären. Im zweiten Bild werden römische Soldaten bei der Gründung des Legionslagers Castra Regina gezeigt. Sie erscheinen als gewalttätige Usurpatoren; ihre Herrschaft ist allerdings schon zum Untergang bestimmt. Das dritte Bild, die Taufe des Herzogs Theodo durch den hl. Rupert, stellt Regensburg als christliche Metropole des bayerischen Stammesherzogtums vor. Die vierte Szene zeigt, wie der Wittelsbacher Otto 1180 von Kaiser Friedrich Barbarossa mit dem Herzogtum Bayern belehnt wird. Der Schauplatz Regensburg entspricht allerdings nicht der historischen Wahrheit, da diese Belehnung im thüringischen Altenburg stattgefunden hatte.

Das fünfte Bild führt den Zuschauer in die Werkstatt des Dombaumeisters Wolfgang Roritzer, erzählt von seiner Verwicklung in die politischen Konflikte und von seiner Hinrichtung. Die sechste Szene zeigt die stets beliebte Anekdote von Kaiser Karl V. und der Barbara Blomberg, es folgt siebtens ein Blick in das Treiben auf dem Immerwährenden Reichstag. Das achte und letzte Bild schließlich zeichnet ein grausames Bild von der Eroberung Regensburgs durch Napoleon im Jahre 1809 und endet in einer apotheotischen Szene vor der Walhalla, die Regensburgs Rückkehr zu Bayern im Jahre 1810 feiert.

Das Festspiel weist bestimmte zeitbedingte Grundtendenzen auf, wie nationale Vorbehalte gegen Römer und Franzosen, die Karikatur des in protokollarischen Fragen umständlich tätigen und letztlich unnützen Reichstags und das Herausarbeiten der traditionellen Verbindung der Stadt Regensburg zu Bayern, ist also ein durchaus ‚politisches‘ Stück.

Ebenfalls 1910 schrieb Raimund Gerster den amüsant zu lesenden Stadtführer „Alt- und Jung-Regensburg", der vor allem in seinem letzten Kapitel über „das moderne Regensburg" mit Kanalisation, Schlachthof (1886), Wasserleitung (1876), Kasernenbauten (1909), Gaswerk (1897), Elektrizitätswerk (1900) und Petroleumhafen eine schöne Skizze der Jahrhundertwende in Regensburg sowie des lokalen Selbstbewußtseins entwirft. Ein Beispiel für Gersters Stil und die überraschenden Aspekte des Büchleins: „Auch wurde mit der allerdings Millionen erfordernden, aber in gesundheitlicher Beziehung Millionen werten Schwemmkanalisation begonnen, die methodisch im ganzen Stadtgebiet durchgeführt wird und zwar ein früheres Charakteristikum beseitigt, daß jedes Haus sozusagen sein eigenes ‚G'rüchel‘ hat, aber die ganze Stadt in einen weit besseren Geruch bringt."

Raimund Gerster war wie sein Vater ein gesuchter Redner und Gelegenheitsdichter. Einige Beispiele möchte ich ausführlich zitieren und damit an eine verschwundene Welt der bürgerlichen Feste erinnern.

Zur Aufstellung der Bismarck-Büste in der Walhalla am 18. Oktober 1908 verfaßte Gerster eine Bismarckhymne, die dann vom 1. Chormeister des Regensburger Liederkranzes, Georg Mayer, für Männerchor mit Harfenbegleitung vertont wurde:

> „Den Tempel deutscher Ehren tragt
> Ein Berg am Donaustrom.
> Wer hoch aus deutschen Volke ragt,
> Der wohnt in diesem Dom.
> Es hat des Bauherrn Königshand
> Mit Eichen ihn umsäumt.
> Von deutscher Ehr' der König dort
> Mit den Genossen träumt.
> Walhalls Genossen, hört ihrs nicht?
> Es rauscht im Eichenhain.
> Sieghaft durch Nebelwolken bricht
> Der Sonne goldner Schein.
> Mit wucht'gem Schritt ein Recke naht,
> Ihn rief mein eigen Blut.
> Wo ist in deutschem Land ein Mann
> Ihm gleich an hohem Mut?

Genossen, was ihr selbst ersehnt',
die Norne uns versagt',
Was mir die junge Brust gedehnt' –
Bismarck, Du hast's gewagt:
Ein einig' Volk, ein einig' Reich,
Die Tat ist riesengross.
Bismarck, das war Jung Siegfrieds Streich,
Heil Dir, Walhallgenoss!"

Gerster war Organisator des „Burentages" 1902, einer Wohltätigkeitsveranstaltung
vor dem Hintergrund der Kolonialbewegung, und der nationalen Schillerfeier 1905,
wobei auf der bisherigen „Kuhwiese" im Westen der Stadt eine „Schillerlinde" gepflanzt
und die Wiese selbst zu der „Schillerwiese" wurde, als die wir sie heute kennen. Zur
dieser Schillerfeier erschien auf dem Programmzettel eine „Jubelhymne":

„Steigt empor ihr Jubellieder
Zu des Himmels lichtem Dom
Strömt befruchtend auf uns nieder
Wie ein reicher Segensstrom!
Deutsches Volk, der Besten einer,
Den Dein Mutterschoß gebar,
Der Dein Herzblut hat getrunken,
Ist entrückt uns hundert Jahr.
Für das Recht hat er gesungen,
Für der ganzen Menschheit Recht,
Kühn hat er das Schwert geschwungen,
Nur der Wahrheit treuer Knecht.
Herrlich rauschten seine Lieder
Deutsches Volk, das war Dein Sohn,
Der in Menschen Brust und Herzen
Dir gebaut den schönsten Thron.
Freiheit seine stolze Säule,
Menschlichkeit sein weites Dach,
Recht jedwedem, der da wandelt,
Jedem Unrecht Hohn und Schmach,
So hast Schiller, du gesungen,
So lebst du in unserm Herz.
Uns'res Dankes Fluten quellen
Zu dir heute himmelwärts."

Mehr skurril war das Gedicht, daß Gerster anläßlich der Eröffnung der Bahnlinie
Regensburg–Falkenstein am 21. Dezember 1913 bei der dortigen Festtafel vortrug:

„Es leuchtet der Markt Falkenstein
In der Geschichte Glorienschein,
Und ward gerühmt seit alter Zeit
In deutschen Landen weit und breit.

Vom Bremberger bei Falkenstein
Sang man manch' süßes Liedelein
Doch dieses eine war nicht brav,
Was antat ihm ein schlimmer Graf.
Weil einst sein Lied und Saitenspiel
Den edlen Frauen wohl gefiel,
Legt man ihn flugs auf einen Tisch,
Schneidt' ihn in Stück wie ein' Fisch,
Reißt ihm das Herzen aus dem Leib
Und setzt es vor dem Edelweib …"

Am 23. April 1953 ist Raimund Gerster verstorben. Mit ihm sei, wie der Tages-Anzeiger in seinem Nachruf dann schrieb, der letzte ehrenamtliche Magistratsrat seiner Zeit ins Grab gesunken. Er war ein Bürger, dessen Bildung, Heimatliebe und Gemeinsinn unbeschadet seiner – heute eher kritisch zu betrachtenden – politischen Auffassungen ein Beispiel sein kann.

Hannsjörg Bergmann

Georg Heim – der „Bauerndoktor" (1865–1938)

Was hat Georg Heim, der 1,92 Meter große, wortgewaltige Mann mit dem struppigen Schnurrbart, der mit 32 Jahren von der bayerischen Landbevölkerung den Beinamen „Bauerndoktor" erhielt und den Ludwig Thoma wegen seines kraftvoll-derben, geraden und humorvollen Wesens fälschlicherweise für einen typischen Altbayern hielt, mit Regensburg zu tun? Geboren wurde Heim am 24. April 1865 schließlich in Unterfranken, in Aschaffenburg; auf einem kleinen Platz vor der tausendjährigen Stiftskirche inmitten der romantischen Altstadt stand sein Elternhaus, das im Zweiten Weltkrieg restlos zerstört wurde. Und gestorben ist er 1938 in Würzburg. Er war das jüngste von sechs Kindern. Seine Mutter Sophia, geborene Keßler, die aus dem schwäbischen Riedlingen stammte, war bei der Geburt bereits 42, der Vater, Karl Heim, fast 50. Dieser hatte den Besuch des Gymnasiums nach dem frühen Tod seines Vaters abbrechen müssen und war Posamentensticker geworden. Die Begeisterung des Vaters für Geschichte, der ständige Geldmangel durch die seit Einführung der Gewerbefreiheit 1868 spürbare Konkurrenz industriell hergestellter Borten und Litzen und die katholische Erziehung durch die Mutter – ein Bruder Georgs wurde Geistlicher – prägten Heim lebenslang. Nach dem Besuch der Volksschule (1871–1875) und der Lateinschule (1875–1878) in Aschaffenburg schickte ihn sein Vater nach etlichen Lausbubenstreichen nach Würzburg, wo er (nach vorübergehender Rückkehr nach Aschaffenburg und erneutem Wechsel nach Würzburg) 1883 das Abitur ablegte.

Bereits als Schüler verdiente sich Georg Heim durch den Verkauf seiner Schulhefte und das Schreiben von Aufsätzen nebenbei Geld: „Eine Einleitung kostete immer fünfzig Pfennig." 1883 trat er als Freiwilliger dem Königlich Bayerischen 9. Infanterieregiment bei, dem er bis 1885 angehörte, und am 4. November 1885 begann er in Würzburg zu studieren. Er wollte Realschullehrer für Englisch und Französisch werden, studierte jedoch daneben auch Geschichte, Literaturgeschichte, Kunstgeschichte und Pädagogik. Um an den Veranstaltungen der schlagenden Studentenverbindung „Adelphia" teilnehmen zu können, erteilte er Nachhilfestunden in Latein, Griechisch, Französisch, Algebra und Geometrie. Dann trafen ihn kurz nacheinander zwei schwere Schicksalsschläge: Am 17. März 1886 starb, siebzigjährig, sein Vater und am 14. Februar 1887, im Alter von 65 Jahren, seine Mutter. Nach dem Tod des Vaters wechselte Heim zum Wintersemester 1886/87 an die Ludwig-Maximilians-Universität in München. Zur Finanzierung des Studiums genügten nun Nachhilfestunden nicht mehr, deshalb suchte und fand er nach und nach immer besser bezahlte Studentenjobs. Zunächst schrieb er für Professor Pott vom Polytechnikum, der zugleich Generalsekretär des deutschen Hopfenbauvereins war, Hopfenberichte. Dann verfaßte er für die Presse Artikel über die Entwicklung auf dem englischen Wollmarkt. Schließlich gab er in seiner Privatwohnung die neue Fachzeitschrift „Das Goldland" heraus, die über die Goldminenindustrie und die Dianantenfelder in Südafrika informierte. Der Verleger zahlte ihm dafür im Monat 250 Goldmark; dazu kamen Einnahmen für Wirtschaftsartikel, die Heim für andere Zeitungen und Zeitschriften verfaßte. Mit diesen Einkünften konnte er ein recht flottes Studentenleben führen; auf dem Paukboden galt er als „vorzüglicher Schläger". Für das große Arbeitspensum, das er täglich absolvierte, reagierte er sich mit derben Studentenstreichen ab, derentwegen er fünfmal vor dem Studentenrichter stand, ohne allerdings jemals bestraft zu werden. Nach insgesamt sechs Semestern, d. h. zum frühestmöglichen Zeitpunkt, legte er in München das Staatsexamen für Französisch und ein Jahr danach für Englisch ab. Damit war im Oktober 1889 die Zeit der Ausbildung für Georg Heim vorbei: Er konnte an einer Realschule unterrichten.

Die folgende Lebensphase von 1889 bis 1897 könnte man ironisch die Zeit der Sammlung nennen; weniger der inneren Einkehr Heims als der Sammlung von Erfahrungen mit dem bayerischen Kultusministerium und der Sammlung seiner bäuerlichen Truppen, die künftig den politischen Rückhalt für den „Bauerngeneral" oder „Wallenstein" Georg Heim bilden sollten. Zunächst begann er am 31. Oktober 1889 als Aushilfslehrer für Englisch an der Kreisrealschule München zu unterrichten. Schon zwei Wochen danach, am 16. November 1889, heiratete er. Seine protestantisch erzogene Frau Rosa, geboren am 1. Januar 1866, also knapp ein Jahr jünger als Heim, konvertierte bei der Heirat zum Katholizismus. Sie gebar insgesamt 16 Kinder, von denen sechs früh starben; sieben Mädchen und drei Buben zog sie auf. 1889 schloß sich Heim, nach kurzer Tätigkeit in der christlichen Arbeiterbewegung, in München der bayerischen Zentrumspartei an. Obwohl er ein Jahr später, am 3. November 1890, an der Realschule Freising eine feste Anstellung als Assistent bekam, verdiente er jetzt weniger als während des Studiums (einschließlich seiner früheren journalistischen Nebentätigkeiten). Deshalb nahm er im Januar 1892 gern das Angebot des Zentrumsführers Dr. Balthasar von Daller an, während seiner Freizeit beim „Freisinger Tagblatt" als Redakteur mitzuarbeiten. Der Leiter der Realschule Freising gab Heim auf Weisung des – damals von Liberalen geleiteten – Kultusministeriums den Rat, sich als Beamter parteipolitisch zurückzuhalten. Trotzdem besuchte Heim am 19. Februar 1892 in Freising die Generalversammlung des katholischen Kasinos, auf der er mit deutlichen Worten Kritik an der unzureichenden Besoldung der Lehrer übte. Seine Rede und die Mitarbeit beim „Freisinger Tagblatt" wurden von seiten des Kultusministeriums als Verletzung der Dienstpflichten gewertet und mit einem Disziplinarverweis sowie einer Strafversetzung ab 21. September 1892 von Freising nach Wunsiedel geahndet.

Es gelang Heim nicht, diese Versetzung rückgängig zu machen, obwohl er alles versuchte. Doch wer geglaubt hatte, ihn dadurch politisch kaltstellen und von seinen Verbindungen zum Zentrum abschneiden zu können, kannte ihn schlecht. In einer für ihn typischen Trotzreaktion vervielfachte er nun seine Aktivitäten. Neben dem Sprachunterricht in Französisch an der Realschule Wunsiedel verfaßte er für den ihm aus Würzburg bekannten Nationalökonomen Dr. Gustav Ruhland einen Aufsatz über die Goldproduktion Südafrikas. Als Honorar hierfür ließ er sich von der Volkswirtschaftlichen Gesellschaft in Berlin die dreihundert Pflichtexemplare geben, mit denen er die (bereits fertig gedruckte) Arbeit bei Professor Lujo Brentano gleichzeitig als Dissertation ein-

Georg Heim (1865–1938)

reichen konnte. Brentano nahm die Arbeit an, und so wurde der Neuphilologe Heim im Juli 1893 zum Doktor oec. publ. promoviert. Wenige Wochen darauf erfuhr er durch den Pfarrer von Waldershof bei Wunsiedel, mit dem er befreundet war und den er öfter besuchte, daß die Bauern des Fichtelgebirges für ihren sehr guten Hafer nur etwa zwei Drittel des Preises erhielten, den z. B. die Getreideschranne in Regensburg zahlte. Heim mischte sich sofort ein und propagierte in der Tagespresse die Gründung von Getreideabsatzgenossenschaften. Seiner Redegabe gelang es, die Bauern zu überzeugen: Am 7. Dezember 1893 wurde in Mitterteich der erste Darlehenskassenverein gegründet, auf den bis Dezember 1894 weitere in Ebnath, Pullenreuth, Hiesau und Fuchsmühl folgten, und am 23. Dezember 1894 schlossen sich ihre Vertreter auf Einladung Heims zur „Fichtelgebirgs-Verkaufsgenossenschaft" zusammen. Damit war die Grundlage für Heims Lebenswerk gelegt. Dieser propagierte weiterhin unermüdlich, vor allem an Sonntagen und während der Schulferien, den Gedanken der genossenschaftlichen Selbsthilfe unter Ausschaltung des Zwischenhandels.

Neue bäuerliche Truppen liefen Heim zu, als er sich in den „Aufstand" der Bauern von Fuchsmühl im Steinwald einschaltete, die am 29. Oktober 1894 in den Wäldern des Freiherrn von Zoller, einem Kronlehen, Bäume fällten, um für ihre alten Holzrechte zu kämpfen. Als etwa 150 Fuchsmühler Bauern wegen Holzfrevels und Landfriedensbruchs in Weiden der Prozeß gemacht wurde, kümmerte sich Heim um einen Verteidiger, sammelte Geldspenden und erledigte Schriftliches. Er konnte daraufhin am 12. Dezember 1894 den bereits erwähnten Darlehenskassenverein Fuchsmühl gründen. Außerdem folgten am 3. März 1895 400 Bauern seiner Einladung zur Gründungsversammlung eines Bauernvereins nach Fuchsmühl. Daraus ging der „Oberpfälzische christliche Bauernverein" hervor, der am 12. März 1895 in Weiden aus der Taufe gehoben wurde. Die Fichtelgebirgsgenossenschaft erzielte 1895 ihre ersten geschäftlichen Erfolge und erweiterte ihr Verbreitungsgebiet durch acht neugegründete Darlehenskassenvereine. Das Kultusministerium verfolgte Heims Aktivitäten mit Argwohn. Es gewährte ihm zwar im August 1895 nach langem Hin und Her eine dreimonatige Studienreise zur Erforschung der landwirtschaftlichen Verhältnisse in Deutschland, Österreich-Ungarn, Frankreich und Holland. Doch als er 1896 allein im ersten Vierteljahr in der nördlichen Oberpfalz weitere 26 Raiffeisenvereine mit rund 2100 Mitgliedern gründete und bei den Bauern immer populärer wurde, versetzte man ihn ab 1. April 1896 erneut, dieses Mal an die Realschule Ansbach. Wiederum trat jedoch das Gegenteil der erhofften Wirkung ein: Heim wurde nicht von seiner Genossenschaft getrennt, sondern einfach deren Sitz von Wunsiedel nach Ansbach verlegt. Von hier aus verkaufte er telefonisch oder brieflich weiterhin Erzeugnisse des Fichtelgebirges und organisierte die Eröffnung des ersten Lagerhauses der Fichtelgebirgsgenossenschaft am 26. September 1897 in Mitterteich. Als im gleichen Jahr der Zentrumsabgeordnete Lehner starb, der im Landtag den Wahlkreis Kemnath und im Reichstag den Wahlkreis Neustadt an der Waldnaab vertreten hatte, zeigte sich, daß die Nordoberpfälzer ihren „Bauerndoktor" – der Name tauchte im Juli 1897 zum ersten Mal in der Presse auf – nicht vergessen hatten. Heim wurde als Kandidat des Zentrums für die Ersatzwahlen zum Landtag und Reichstag nominiert, fuhr auf seiner dreiwöchigen Wahlreise im August und September 1897 mit dem Fahrrad in die kleinsten Dörfer und hielt insgesamt 36 Wahlversammlungen ab. Am 7. September 1897 wurde er in den Landtag und am 14. September 1897 in den

Reichstag gewählt. Beiden Parlamenten gehörte er bis 1912 an; außerdem wurde er 1898 in den Gemeinderat Ansbach gewählt.

Landtag und Reichstag boten Heim jetzt ein zusätzliches Podium, um seine politischen und wirtschaftlichen Vorstellungen publik zu machen und seine bäuerlichen Truppen hinter sich zu versammeln. Er war ein glänzender, polemisch und demagogisch begabter Redner, der nie ein Blatt vor den Mund nahm und möglichst den drastischsten Ausdruck, das kräftigste Bild wählte. Schon bei seiner Jungfernrede im Landtag am 8. Oktober 1897 trat er selbstbewußt, witzig, schlagfertig und angriffslustig auf. Derber Humor, originelle Denk- und Ausdrucksweise, Direktheit und Offenheit waren seine Stärken. Dagegen nahm er auf Empfindlichkeiten bei Gegnern wie Freunden wenig Rücksicht, diplomatische Zurückhaltung oder Höflichkeit um der bloßen Wahrung der Form willen lehnte er ab. Bei Bauernversammlungen hatte Heim stets volle Säle. Den Bauern gefiel es, daß da ein ‚Gstudierter‘ redete wie sie und daß sie mit ihm wie mit ihresgleichen reden konnten. Wenn dieser ‚Volkstribun‘ sprach, den großen, breitschultrigen Körper über das Rednerpult gebeugt, wenn er seine Zuhörer mit funkelnden Augen durch die Brillengläser beobachtete, ab und zu über den struppigen Schnurrbart strich und seine Worte mit weit ausholenden Gesten untermalte, lauschten alle fasziniert. Auch im Parlament – die freie Rede war Vorschrift – benützte Heim nur kleine Zettel mit ein paar Zahlen und Namen und sprach kaum anders als vor den Bauern im Wirtshaus; der Hauptunterschied bestand vielleicht darin, daß er im Landtag oder Reichstag nicht nach jedem Redeabschnitt schnupfte. Unvergessen blieben 1902 seine Kritik als Abgeordneter (und zugleich ja auch Lehrer) an Maßnahmen des Kultusministers und sein Stolz auf seine finanzielle Unabhängigkeit: „Ich habe es schon einmal dem Kultusminister gesagt, ich brauche den Staatsschnuller nicht; ich gehe, wenn es nicht anders geht, zum Sedlmayr und tue Fässer schwenken.“ Immer wieder verzeichnen die Parlamentsprotokolle „Heiterkeit“, wenn Heim sprach, und gern packte er im Interesse der Bauern auch heiße Eisen wie die Jagdleidenschaft des Adels an: „Warum sind die Wildsauen im Spessart so gehegt, warum müssen die Arbeiter zwei Stunden außen herumgehen, um das edle Schwein nicht in seiner Siesta zu stören?“ Heim war im Landtag nicht nur ein gefürchteter Zwischenrufer, sondern provozierte durch seine gesalzenen Reden auch häufige Ordnungsrufe. Als sich 1898 der Kammerpräsident Johann Baptist von Walter weigerte, seinen Zentrumskollegen Heim zur Ordnung zu rufen, wurde er von Liberalen und Bauernbündlern gestürzt.

Wegen seines offenen und groben Auftretens hatte Heim von Beginn seiner Zugehörigkeit zum Landtag an immer wieder Krach mit der eigenen Fraktion. Er galt bald als Führer des bäuerlich-kleinbürgerlichen Zentrumsflügels mit christlich-sozialen, ja sogar gewissen demokratischen Tendenzen und guten Kontakten zum niederen katholischen Klerus. Heims Hauptgegner war der Passauer Domkapitular Dr. Franz Seraph Pichler, der den ständisch-altkonservativen Parteiflügel mit Rückhalt beim Adel und den katholischen Prälaten führte. Der größte Erfolg Heims gegen Pichler und bezeichnend für seine taktische Wendigkeit war das Wahlbündnis mit der SPD, zu dem er die Zentrumsfraktion vor der Landtagswahl 1905 überredete, um gegen den Widerstand und auf Kosten der Liberalen ein neues Landtagswahlgesetz durchzusetzen.

So kräftig Heim oft austeilte, so empfindlich reagierte er doch selbst, wenn er sich in seiner Ehre verletzt glaubte. Um sich vor Verleumdungen zu schützen, strengte er insgesamt siebzig große Prozesse und über dreihundert Klagen an. Gegen eine Beleidigung, die besonders lange an ihm haften blieb, konnte er jedoch keine Klage erheben: Jenes im April 1905 veröffentlichte Wort des späteren Reichskanzlers Graf Hertling vom „Hausknecht", der zwar in einer großen Wirtschaft gebraucht werde, aber nicht den Herrn spielen oder den Ton angeben dürfe. Heim bezog dieses Wort ebenso auf sich wie seine Gegner, vor allem im Bayerischen Bauernbund, die es noch nach Jahrzehnten genüßlich zitierten. Im Sommer 1906 rächte er sich und ließ das Gerücht ausstreuen, er verhandle mit dem Bauernbundführer Anton Memminger über einen Zusammenschluß seines Bauernvereins, der bäuerlichen Massenbasis des Zentrums, mit dem Bayerischen Bauernbund, einer liberalen Bauernpartei; dadurch sollte Druck auf den Pichler-Flügel ausgeübt werden. Dieser stellte im Gegenzug für die Landtagswahl 1907 in Heims Wahlkreis Kemnath und im Wahlkreis Bamberg-Land, wo ein Verbündeter Heims antrat, Gegenkandidaten aus den Reihen der Anhänger Pichlers auf. Heim siegte zwar in Kemnath mühelos. Die Niederlage seines Schützlings in Bamberg-Land und die Erkenntnis, politisch immer mehr Einfluß innerhalb der eigenen Partei zu verlieren, führten jedoch zu einem körperlichen Zusammenbruch. Das sollte sich noch einige Male wiederholen. Heims gesamte Tätigkeit glich gewaltigen Kraftakten, die – mit zunehmendem Alter häufiger – von Krankheiten, Kuren und Sanatoriumsaufenthalten unterbrochen wurden. Von der Arbeit im Landtag zog sich Heim ab 1907 innerlich ebenso zurück wie etwas später von seiner Tätigkeit im Reichstag, wo er bei der Mehrheit der Zentrumsfraktion auf ähnliche Widerstände stieß wie in Bayern. Er ergriff nur dann gelegentlich noch das Wort, wenn ihn ein Problem besonders interessierte.

Dafür wandte er sich nun wieder verstärkt seinen bäuerlichen Anhängern und vor allem der Genossenschaftsorganisation zu. Am 4./5. Oktober 1898 hatten sich im Beisein Heims und weiterer prominenter Zentrumspolitiker die sieben rechtsrheinischen Kreisvereine (heute Landesbezirke) des Bauernvereins zum „Bayerischen Christlichen Bauernverein" mit zunächst 40 000 Mitgliedern zusammengeschlossen; ihre Zahl vergrößerte sich bis 1906 auf 100 000. Das war in der Folge die Hausmacht Heims und die organisatorische Machtbasis des bayerischen Zentrums (später der Bayerischen Volkspartei) auf dem Land. Heim hatte in Ingolstadt mit Erfolg auch für die Errichtung einer Genossenschaftszentrale des Bauernvereins geworben. Ihr vorläufiger Sitz war seit 1899, ebenso wie seit 1896 die Geschäftsstelle der Fichtelgebirgsgenossenschaft, Heims Privatwohnung in Ansbach. Seit dem 3. Januar 1901 war sie als „Landwirtschaftliche Zentralgenossenschaft des Bayerischen Bauernvereins für Ein- und Verkauf e.G.m.b.H." im Vereinsregister Ansbach eingetragen. Da in Heims Organisation nur die Genossenschaftsanteile verzinst, aber keine Dividende ausbezahlt wurde, sammelten sich schnell hohe Reserven an. Das Unternehmen wuchs auch räumlich; schließlich wurden acht Zimmer in Heims Wohnhaus in der Feuchtwanger Straße für Bürozwecke verwendet. Trotzdem hatten die 24 Mitarbeiter, die Heim inzwischen beschäftigte, unter unerträglicher Raumnot zu leiden; deshalb sollte ein eigenes Genossenschaftshaus gebaut werden. Heim wollte jedoch dazu in eine andere Stadt übersiedeln, in deren Umkreis es mehr Bauernvereinsmitglieder und mehr Raiffeisenkassen gab, mit denen die Zentralgenossenschaft zusammenarbeiten konnte, als in der Ansbacher Gegend.

Als zum 1. Juni 1906 Heims Antrag auf Pensionierung wegen Dienstuntauglichkeit, ausdrücklich beschränkt auf seine Tätigkeit als Realschullehrer, stattgegeben wurde, war

er endlich unabhängig und konnte einen geeigneteren Standort für die Zentralgenossenschaft suchen. Ein besonders günstiges Grundstücksangebot der Stadt Regensburg gab
den Ausschlag dafür, daß Heims Lebenswerk hier vollendet wurde. Im Hochsommer
1906 wurde mit dem Bau von Genossenschaftsgebäuden an der Straubinger und der
Weißenburgstraße begonnen, Ende 1907 zogen die Mitarbeiter von Ansbach nach
Regensburg um, und am 3. Juli 1907 wurde der Geschäftsbetrieb aufgenommen. Dieser
erweiterte sich ständig; immer neue Häuser wurden errichtet (bis 1912 vierzehn Gebäude mit einem großen Lagerhaus), die Zahl der Beschäftigten stieg bis 1913 auf 265 Personen an. Der Jahresumsatz lag vor 1914 bei 30 bis 40 Millionen Mark.

Während sich Heim in die Politik und die politische Publizistik nur in Intervallen einschaltete und lediglich in Einzelfragen die Weichen in seinem Sinn zu stellen suchte,
sonst aber lieber im Hintergrund agierte und das politische Tagesgeschäft anderen überließ, widmete er sich der Leitung der Zentralgenossenschaft wie einem Hobby. Hier
herrschte er königlich, verlangte eiserne Disziplin und Korrektheit bis ins kleinste Detail
und kritisierte Fehler der Mitarbeiter mit beißendem Spott, so daß diese stets aufatmeten,
wenn er einmal einige Tage wegfahren mußte. Für die Leitung der Genossenschaft hatte
er vor seiner Pensionierung 1906 kein Gehalt bezogen. Danach bekam er jährlich 12 000
Mark, davon jeweils eine Hälfte als Gehalt, die andere für Spesen. Etwa ebensoviel
brachten ihm seine Presseartikel ein; dazu kamen Einkünfte aus der Tätigkeit als Aufsichtsrat bei verschiedenen Unternehmen. Heim war der vielleicht geschäftlich erfolg-
reichste politische Romantiker Deutschlands; als solcher paßte er gut zum alten Regensburg vor dem Ersten Weltkrieg. Das Besondere an seiner Zentralgenossenschaft war, daß
ein Teil der Gewinne, die sie machte, in einen Fonds floß, aus dem bäuerliche Bildungs-
und Sozialeinrichtungen finanziert wurden. Das sollte zur Erhaltung einer christlich und
bäuerlich geprägten Sozialmentalität beitragen, wie sie Heim als Ideal vor Augen hatte.
Er knüpfte dabei an die agrarische Tradition der Benediktinerklöster an und gründete
von 1904 bis 1921 sechs landwirtschaftliche Winterschulen in ländlich gelegenen
Klöstern, eröffnete am 5. November 1907 die Fortbildungskurse der Regensburger
„Bauernuniversität", an denen bis 1932 insgesamt 2069 erwachsene Bauernsöhne teil-
nahmen, schuf von 1908 bis 1920 in Frauenklöstern auf dem Land acht Haushaltungs-
schulen für Bauernmädchen und gründete – gegen den Widerstand Pichlers – 1909 den
„Verein katholischer ländlicher Dienstboten". Während diese Einrichtungen auch der
Landflucht entgegenwirken sollten, diente die 1908 geschaffene Anstalt zur „Krüppel-
fürsorge für behinderte Kinder rein karitativen Zwecken. Die Zentralgenossenschaft des
Bayerischen Bauernvereins in Regensburg mit ihrer charakteristischen Verbindung von
bäuerlichem Selbsthilfegedanken und christlichem Idealismus wurde das Lebenswerk
Georg Heims. Bei aller Bewunderung für seine Leistung haftet ihren Einrichtungen aus
heutiger Sicht und im Vergleich mit modernen sozialstaatlichen Einrichtungen doch der
Geruch des Hausbackenen und des Almosenwesens an.

Obwohl sich Heim, der bis 1912 in Landtag und Reichstag gewählt worden war,
bereits 1911 – angeblich wegen Krankheit, die jedoch Pichler hieß – aus der Politik
zurückzog und bis 1919 nicht wieder für ein Mandat kandidierte, stand er als Genossen-
schaftsdirektor und Vorsitzender des Bayerischen Bauernvereins (1910 bis 1913) vor
1914 auf dem Höhepunkt seines Wirkens für die Bauern. Er handelte dabei nach dem
Motto „Alles für die Bauern, aber nichts durch die Bauern"; das unterschied den

Bauernverein von der Partei des Bayerischen Bauernbunds, in der die Bauern selbst den Ton angaben. Künftig machte er, der Gefolgschaftstreue seiner bäuerlichen Anhänger sicher, mehr und mehr Politik mit ihnen. Seinem inneren Wesen nach blieb er ein Anhänger vorindustrieller Lebensverhältnisse und ein überzeugter Monarchist. Eine geläuterte, von Adelsprivilegien und groben sozialen Ungerechtigkeiten gereinigte Monarchie hätte seinen Vorstellungen am ehesten entsprochen. Diese innere Bindung an die Monarchie wurde – auch wenn Heim auf Titel generell nicht viel gab – noch gefestigt, als König Ludwig III. ihm 1916 den Titel „Geheimer Landesökonomierat" verlieh, den er eigens für ihn geschaffen hatte. Die gesellschaftlichen Grundlagen dieser Welt der Monarchie wurden jedoch durch den Ersten Weltkrieg endgültig zerstört, und wenn Heim jemals politisch blind war, dann darin, daß er trotz böser Vorahnungen dieser Entwicklung nicht nur keinen Widerstand entgegensetzte, sondern sich sogar indirekt an ihr beteiligte. Sein öffentliches Auftreten bekam während des Krieges widersprüchliche Züge. Er wollte als Berater der Regierung wirken und mit seiner Genossenschaft die Lebensmittelversorgung sichern helfen, aber man traute ihm nicht ganz, weil seine Agitation mit Kritik an Regierungsmaßnahmen verbunden war. Andererseits kämpfte er nicht nur für die Bauern, sondern warb unter ihnen dafür, Kriegsanleihen zu zeichnen und ermahnte sie, ihrer Ablieferungspflicht während der Zwangsbewirtschaftung nachzukommen. Die Erfüllung der „nationalen Pflicht" im Krieg mag Heim, der selbst gedient hatte und in dessen Regensburger „Bauernuniversität" die vorherige Ableistung der Militärpflicht für Taugliche Teilnahmebedingung war, als Selbstverständlichkeit erschienen sein. Doch in diesem Punkt war auch er, der sonst oft so weitblickend und unangepaßt auftrat, ein Mitläufer.

Man kann die Rolle und politische Haltung Heims nach dem Ersten Weltkrieg nicht verstehen, wenn man nicht berücksichtigt, daß durch Niederlage, Revolution und Republik eine neue Welt entstand, die ihm innerlich fremd war. Er wurde zum universalen Außenseiter, der sich mit keinem Teil dieser Welt ganz einließ, sondern sie wie Donnergrollen aus einer besseren Vergangenheit an „Wahrheit" und „Gerechtigkeit" erinnerte. Nicht politischer Ehrgeiz, sondern die äußeren Umstände riefen ihn 1918 in die politische Arena zurück. Durch die Gründung der Bayerischen Volkspartei, gemeinsam mit Sebastian Schlittenbauer, am 12. November 1918 im Bibliothekssaal der Zentralgenossenschaft in Regensburg stellte er der Revolutionsregierung Kurt Eisners eine christlich-überkonfessionelle, extrem föderalistische, revolutions- und sozialismusfeindliche bürgerliche Sammlungspartei entgegen, für die er 1919 in die Nationalversammlung und 1920 (bis Mai 1924) in den Reichstag gewählt wurde. Aber er übernahm nie den Parteivorsitz, sondern überwachte die BVP von außen wie ein Kontrolleur, der gelegentlich nach dem Rechten sieht und bei Bedarf eingreift. Heims Gegnerschaft gegen jede Form der „bolschewistischen" Gewaltherrschaft wurde durch den lange nachwirkenden Tod Heinrich Osels bestärkt, eines seiner wenigen engen Freunde, der am 21. Februar 1919 bei den Tumulten nach der Ermordung Kurt Eisners durch einen wild um sich schießenden Spartakisten tödlich getroffen worden war.

Eine Außenseiterrolle nahm Heim in der von ihm gegründeten BVP auch mit seinen ‚außenpolitischen' Überlegungen für den Fall ein, daß in Berlin der „Bolschewismus" siegen sollte. Er wurde dafür zwar zu Unrecht des Separatismus verdächtigt. Aber aufgrund seines extremen Föderalismus' enthielt er sich in der Nationalversammlung bei der Abstimmung über den Versailler Vertrag der Stimme und votierte gegen die Weimarer Verfassung, während alle anderen Mitglieder der BVP-Fraktion in beiden Punkten zustimmten. Aus Protest gegen den zentralistischen Kurs des Reichsfinanzministers Matthias Erzberger (Zentrum) trat er aus der Zentrumspartei aus. Im Januar 1920 zwang er schließlich mit der Drohung, den Zusammenschluß des Bayerischen Bauernvereins und des Bayerischen Bauernbunds herbeizuführen und der BVP dadurch ihre bäuerliche Wählerbasis zu entziehen, seine bei ihrer Zustimmung zum Friedensvertrag und zur Verfassung „wortbrüchig" gewordenen Fraktionskollegen, die Arbeitsgemeinschaft von BVP und Zentrum im Reichstag aufzukündigen. Die Tage des Kapp-Putsches im März 1920 hätten Heims große Stunde werden können, als er nach dem Rücktritt der sozialdemokratisch geführten Regierung Hoffmann gedrängt wurde, das Amt des Ministerpräsidenten zu übernehmen. Doch er ließ sich, vor allem von den Rechtskreisen um Dietrich Eckart, nicht drängen, sondern schlug einen Beamten, Ritter Gustav von Kahr, vor. Heim spielte lieber die Rolle des „ungekrönten Königs der Bayern", der im Hintergrund die Fäden der Politik in der Hand hält und die wahre Macht besitzt. Er lehnte zwar jede gewaltsame Wiedereinführung der Monarchie ab, gründete jedoch 1924 den Bayerischen Heimat- und Königsbund, um diese Traditionslinie für alle Fälle am Leben zu erhalten. Diese Rolle im Hintergrund bewahrte Heim größtmögliche Freiheit, und er war sich wohl auch bewußt, daß der Freistaat Bayern nicht so leicht zu regieren war wie die Zentralgenossenschaft in Regensburg. Außerdem stellte sein schlechter Gesundheitszustand die kontinuierliche Ausübung eines Amtes in Frage; er erblindete fast völlig und mußte sich mehreren Augenstaroperationen unterziehen. Aber es entsprach auch seinem Temperament, lieber mit einzelnen Donnerschlägen die politische Lage zu verändern. So brachte er bei der Wahl des Reichspräsidenten 1925 die Kandidatur des Protestanten Hindenburg ins Gespräch, dessen verläßlichere antisozialistische Haltung in der BVP den Ausschlag gegen den integren Katholiken Marx gab. Obgleich Heim die Rolle einer nur punktuell in die Politik eingreifenden Ein-Mann-Opposition gefiel, traf es ihn doch, daß er 1925 als Vorsitzender der bayerischen Landesbauernkammer, deren Präsident er seit 1920 gewesen war, nicht wiedergewählt wurde. Auch in die Struktur der Zentralgenossenschaft, die durch die Inflation in Finanzschwierigkeiten geraten war, mußte er 1925 noch einmal reorganisierend eingreifen. Daraus ging die „Genossenschaftliche Warenzentrale des Bayerischen Bauernvereins" (GEWA), eine Vorläuferin der Baywa, hervor.

Seitdem der Landtag 1924 Heinrich Held (BVP) [s. S. 299ff.], dem der unberechenbare Heim immer etwas dämonisch und unheimlich erschien, zum Ministerpräsidenten gewählt hatte, hatte der „Bauerndoktor" seinen Einfluß auf die bayerische Regierung verloren, denn Held ließ sich von Heim nicht wie die vorherigen Beamtenkabinette leiten. 1927 legte Heim dann alle seine Parteiämter nieder, förderte jedoch unter dem Eindruck der einsetzenden wirtschaftlichen und politischen Krise am 20. November 1927 in seinem Haus in Regensburg die Wiederannäherung von BVP und Zentrum. Die drohende Nazidiktatur rief den großen Außenseiter der bayerischen Politik dann 1932 ein letztes Mal auf den Plan. Er führte einen publizistischen Kreuzzug gegen „Hakenkreuz und Sowjetstern", befürwortete erfolglos gegen den Widerstand Helds eine Koalition von BVP und SPD und konnte seine Partei auch nicht für eine konservative Änderung des Wahlrechts zugunsten der über Vierzigjährigen, der Familienväter und der

Haus- und Grundbesitzer gewinnen. Als die BVP schließlich bei seiner ultima ratio, durch Wiedereinführung der Monarchie die Machtübernahme Hitlers in Bayern zu verhindern, zögerte und abwartete, trat er aus der Partei, die er 1918 gegründet hatte, aus, ohne dies der Öffentlichkeit bekanntzugeben. 1933 mußte Heim alle seine Ämter niederlegen, u. a. den Vorsitz im Vorstand der Zentralgenossenschaft und im Aufsichtsrat der GEWA. Er verkaufte sein schönes Haus mit Park in Dießen am Ammersee und zog nach Würzburg, wo er am 17. August 1938 einsam und desillusioniert starb.

Georg Heim war ein Original mit schwer zu zügelndem Temperament (das verrät u. a. seine unregelmäßige Handschrift), eine urwüchsige Kraftnatur, die auch für seine Freunde anstrengend war und die zarteren Seiten ihres Charakters selten offen zeigte. Er war Politiker, Diplomat, Redner, Volksmann, Wirtschaftsführer, Journalist und Organisator. Noch breiter und dazu voller Kontraste war die Palette seiner Wesenszüge und Verhaltensweisen: Krachender Humor, Volkstümlichkeit, Begabung für Demagogie und Polemik, Brutalität, Grobschlächtigkeit, Pfiffigkeit, Verschlagenheit, Machthunger, Freude am Intrigieren, Menschenverachtung; aber auch Empfindsamkeit, Menschenfreundlichkeit, schlichte Frömmigkeit, Beredsamkeit, geistige Beweglichkeit, Charme und Witz zeichneten ihn aus. Eine solche Figur, der sich Ludwig Thoma geistesverwandt fühlte, gehörte innerlich nicht der modernen Massengesellschaft an, sondern der Zeit des Honoratiorentums, der Ehrenhändel und Duelle. Vielleicht können sich Naturen wie Heim nur in großen Übergangsepochen entwickeln und ihren Part spielen, in denen – frei nach Bertolt Brecht – die Gesellschaft schlecht organisiert ist.

Friedrich Hartmannsgruber

Heinrich Held – Verleger, Politiker, Ministerpräsident (1868–1938)

Heinrich Held, mit dessen Wirken die bayerische Geschichte der Zwischenkriegszeit untrennbar verbunden ist, wurde am 6. Juni 1868 als sechstes und letztes Kind eines Kapellmeisters, Landwirts und Kaufmanns in Erbach im Taunus geboren. Die Familie lebte in bescheidenem Wohlstand. Die Konzertreisen des Vaters, an denen schon der achtjährige Heinrich mit der Violine teilnahm, brachten eine gewisse Weltläufigkeit und geistige Offenheit ins Haus, jedoch auf der Grundlage einer tiefen katholischen Gläubigkeit. Von seinem Vater hatte er außer der musikalischen Begabung eine sensible Natur und einen wachen Gerechtigkeitssinn ererbt, von der Mutter den Anspruch tätigen Christentums und ein reges Gespür für die sozialen Nöte der Zeit. Die Familie führte regelmäßig Armenspeisungen durch.

Nach dreijährigem Besuch des Konservatoriums in Wiesbaden (der Vater hätte ihn gern als Berufsmusiker gesehen) wechselte Heinrich mit 17 Jahren auf das Humanistische Gymnasium nach Straßburg über, wo ein älterer Bruder als Gymnasiallehrer wirkte. Nach dem Abitur 1890 studierte er von 1892 bis 1896 in Straßburg und Marburg Jura, Nationalökonomie und Geschichte. Er wollte Richter werden, gab dieses Vorhaben aber wegen der damals sehr schlechten Aussichten in dieser Laufbahn auf und wechselte 1896 ohne Abschluß als Redakteur zum „Pfälzer Boten" in Heidelberg. Bereits während seiner Straßburger Studentenzeit war er gelegentlich journalistisch hervorgetreten. 1892 hatte er sich dem „Volksverein für das katholische Deutschland" angeschlossen, der drei Jahre zuvor mit der Absicht gegründet worden war, die katholisch-sozialen Aktivitäten und Interessen zu bündeln und den katholischen Volksteil aus seiner relativen gesellschaftlichen Benachteiligung („Inferiorität") herauszulösen. 1893 war er auch der Zentrumspartei beigetreten. Beides war nicht untypisch für einen politisch sensibilisierten Katholiken der damaligen Zeit und resultierte im wesentlichen aus der auch für den jungen Held bestimmenden Kulturkampferfahrung. Die 1871 aufgebrochene und erst ab Mitte der achtziger Jahre langsam abklingende Auseinandersetzung des liberalen Staates mit der katholischen Kirche, die in Preußen mit besonderer Härte als Kampf sowohl gegen die kirchliche Autonomie und Verkündigungsfreiheit wie gegen den politischen Katholizismus geführt wurde, hatte Held in seiner persönlichen Lebenswelt als „Unsumme von Bedrückung, Vergewaltigung, Gewissensnot und Erbitterung" erfahren. An der Universität begegnete er einem Klima der Diskriminierung; Katholiken galten wegen Befangenheit im Dogma als unfähig zu „voraussetzungslosem" wissenschaftlichen Denken und waren unter Studenten wie Professoren stark unterrepräsentiert. Umge-

kehrt verschloß sich der katholische Volksteil der säkularisierten und fortschrittsgläubi-
gen nationalen Kultur und blieb lange auch innerlich distanziert vom kleindeutschen,
preußisch-protestantischen Nationalstaat. Für Held kam weiter hinzu, daß seine
Heimat, das Herzogtum Nassau, 1866 von Preußen annektiert worden war. Durchaus
ohne Anbiederung bekannte er gegenüber seinen bayerischen Wählern später: „Ich bin
in einer Umgebung aufgewachsen, die dem eigentlichen Preußentum nicht freundlicher
gesinnt war, als es die Bayern sind." Aus dieser Erfahrung fand er zu einem entschiedenen Föderalismus, der ihm das adäquate Korrelat gegen das preußische Übergewicht im
Reich und die der deutschen Tradition gemäße Form staatlicher Ordnung zu sein schien.

Zum 1. Mai 1899 holte Josef Habbel, der Verleger des „Regensburger Morgenblattes",
Held als dessen Chefredakteur nach Regensburg. Der gebürtige Westfale Habbel hatte
das Blatt 1883 von Pustet erworben und es zusammen mit der (1894 verselbständigten)
Lokalbeilage „Regensburger Anzeiger" zum Hauptorgan der oberpfälzischen Zentrumspartei ausgebaut. 1906 wurde Held – seit 1901 auch Schwiegersohn Habbels – Mitinhaber des Zeitungsverlags, 1910 ließ er das „Morgenblatt" im „Anzeiger" aufgehen.
Dieser rückte schnell unter die führenden Tageszeitungen Bayerns auf und wurde nach
1918, als Sprachrohr des Parteiführers und dann des Ministerpräsidenten, das Hauptorgan der Bayerischen Volkspartei.

In Regensburg schaltete sich Held sofort in den Kommunalwahlkampf des Jahres
1899 ein. Er fand eine Situation vor, die sein politisches Talent äußerst stimulierte. Von
den zu dieser Zeit etwa 44 000 Einwohnern Regensburgs waren 35 000 Katholiken,
gleichwohl herrschte im Gemeindekollegium und im Magistrat uneingeschränkt der
liberale und protestantische Einfluß. Die katholische Majorität war in den städtischen
Gremien nur mit wenigen „Rathauskatholiken" vertreten, die der Zentrumspartei
fernstanden und deshalb von katholisch-konservativer Seite nicht als Repräsentanten
akzeptiert wurden. Aus der reichsstädtischen Zeit hatte sich eine an Zahl geringe, aber
wirtschaftlich und politisch tonangebende protestantische Führungsschicht erhalten; für
die Katholiken dagegen blieb bis in unser Jahrhundert herein ein ausgesprochen klein-
bürgerliches Sozialprofil kennzeichnend. Bis 1803 war ihnen das Bürgerrecht vorenthal-
ten gewesen, und auch während des ganzen 19. Jahrhunderts wurde es nur sehr zurückhaltend und gegen Zahlung einer absichtlich hoch angesetzten Gebühr verliehen. Die
Zahl der Bürgerrechtsinhaber, die allein kommunalwahlberechtigt waren, hielt also mit
dem raschen Tempo des Bevölkerungswachstums und -zuzugs, welches das numerische
Übergewicht der Katholiken nur noch verstärkte, nicht Schritt; die Geschicke der Stadt
lagen in den Händen eines schließlich verschwindend kleinen Prozentsatzes (1896: 3%)
von Vollbürgern, und zwar überwiegend protestantischen Bekenntnisses und liberaler
Parteirichtung. Als Symbolfigur für diese Konstellation galt der 35 Jahre lang, von 1868
bis 1903, amtierende rechtskundige Bürgermeister Oskar von Stobaeus.

Held nun war keinesfalls bereit zu akzeptieren, „daß eine Handvoll Liberaler uns 35 000
Katholiken unter ihrer Fuchtel hält, das Rathaus zur Geschäftsstelle der liberalen Partei
macht", und gründete gleich 1899 einen „Bürgerrechtsverein", welcher Zentrumsanhänger
durch finanzielle Beihilfen zum Erwerb des Bürgerrechts animierte. Die Gegner verfuhren
genauso, und die Zahl der Bürgerrechtsinhaber stieg bis zur Wahl um über das Doppelte.
Jedoch konnte das Zentrum wegen des absoluten Mehrheitswahlrechts in dieser und auch
in den Wahlen von 1902 und 1905 keinen Kandidaten durchbringen. Sofort nach seinem

Heinrich Held (1868–1938)

Einzug in den Landtag initiierte Held deshalb eine Gemeindewahlreform, die 1908 mit der Einführung der Verhältniswahl in den größeren Gemeinden Bayerns zum Erfolg führte. Held selbst hätte das Kommunalwahlrecht am liebsten völlig vom Bürgerrecht abgekoppelt, jedoch befürchteten seine Zentrumskollegen davon zu große Vorteile für die Sozialdemokratie. Bei den Ersatzwahlen von 1908 eroberte das Regensburger Zentrum die Hälfte der neu zu besetzenden 12 Sitze, auch Held zog in das Gemeindekollegium ein und gehörte ihm bis zu seiner Wahl zum Ministerpräsidenten 1924 an.

Einen zweiten Schwerpunkt der Regensburger Jahre Heinrich Helds bildete die Förderung der christlichen Gewerkschaften. Sogleich 1899 trat er in den von Habbel kurz zuvor gegründeten Verein „Arbeiterschutz" ein, im Jahr darauf wählte man ihn bereits zum Ehrenvorsitzenden. Die Frage lautete für ihn einfach, „ob die sozialistischen Ideen unsere ganze Arbeiterschaft beherrschen sollen oder nicht". Von daher fand er innerhalb der katholisch-sozialen Bewegung, die sich zu jener Zeit im Übergang von den älteren Arbeiter- und Gesellenvereinen unter geistlichem Patronat zur selbständigen Organisation der Arbeiterinteressen befand, ganz eindeutig zur Unterstützung der neuen interkonfessionellen christlichen Gewerkschaften. Deren Ziel war nicht eine nivellierte Gesellschaft sozialistischer Couleur, sondern eine nach Berufsständen gegliederte, organische Sozialordnung; der Arbeiter sollte sich nicht als Proletarier fühlen, sondern als konstitutiver Teil der Gesellschaft mit eigenen Rechten – mit Rechten allerdings, die notfalls erstritten werden mußten. Held verteidigte die Koalitionsfreiheit und das Streikrecht konsequent, auch gegen den Bischof als Arbeitgeber und gegen warnende Stimmen aus dem eigenen Lager, denen die politische Emanzipation des Arbeiters nicht geheuer war. Im Jahr 1900 vertrat er streikende Regensburger Holzarbeiter gegenüber den Unternehmern und initiierte die Gründung eines Verbands der Post- und Telegraphenarbeiter, 1906 ernannte ihn der Bayerische Eisenbahnerverband wegen hervorragender Verdienste um die Besserstellung des unteren Bahnpersonals zum Ehrenmitglied. Seinem sozialpolitischen Engagement war es wesentlich zuzuschreiben, daß die Regensburger Sozialdemokratie bei weitem nicht den erhofften Anklang fand. – Ähnlich aktiv, aber weniger erfolgreich war Held bei dem Versuch, für die bayerische Zentrumspartei eine effizientere Organisationsform durchzusetzen. Das Zentrum war zu dieser Zeit noch eine behäbige Honoratiorenpartei, die außerhalb des Landtags lediglich vor den Wahlen hervortrat und sich ansonsten ganz auf das katholische Vereinswesen stützte. Held schwebte nun aus seinen Erfahrungen im Elsaß und der Pfalz eine systematisch durchgegliederte Funktionspartei mit eigener Mitgliedschaft, eigenen Ortsvereinen und hauptamtlichen Sekretären vor, welche die immer schärfere Konkurrenz durch Sozialdemokratie und Bauernbund würde bestehen können. Als Vorsitzender einer Statutenkommission erarbeitete er 1907/08 ein entsprechendes Organisationsmodell für die oberpfälzische Zentrumspartei, das in Bayern vorbildhaft wurde, jedoch bei der verbreiteten Abneigung altkonservativer Parteikreise gegen jede Formalisierung und Professionalisierung der Politik vor dem Ersten Weltkrieg kaum mehr zum Tragen kam.

Angesichts des Rufes, der Heinrich Held als wortgewandtem Chefredakteur, praktischem Sozialpolitiker und geschicktem Organisator weit über die Regensburger Stadtgrenzen hinaus vorauseilte, war es nur eine Frage der Zeit, wann ihm ein Landtagsmandat angetragen würde; mit energischen jungen Talenten war das bayerische Zentrum nicht eben überreich gesegnet. Vor der Neuwahl 1907 wurde Held im Wahlkreis

Burglengenfeld-Schwandorf-Parsberg als Kandidat nominiert, wie er glaubhaft versicherte, ohne sein Wissen und Zutun. Die Wahlkampagne wuchs sich zu einem internen Schlagabtausch aus, da der agrarische und aristokratische Zentrumsflügel den „Parteiintellektuellen" und „Preußen" Held mit einem Nebenkandidaten befehdete; den Hintergrund bildete der in jenen Jahren besonders heftige Richtungskampf zwischen der staatskonservativen, gegen die liberale Regierung nur gemäßigt oppositionell auftretenden Mehrheit der Landtagsfraktion und dem demokratischen, für Verfassungsreformen eintretenden und auch Wahlbündnisse mit der SPD nicht scheuenden Flügel um Georg Heim [s. S. 289ff.]. Held wurde dem letzteren Flügel zugerechnet, er gewann die Wahl überlegen. Die parlamentarische Arena betrat er mit der ausgesprochenen Absicht, die Rechte der Abgeordnetenkammer gegen das Ministerium, das deren katholisch-konservative Mehrheit jahrzehntelang mißachtet hatte, durchzusetzen und auszubauen. Auch die Kammer der Reichsräte, das großbürgerlich-aristokratische bayerische Oberhaus, sollte seiner Auffassung nach eine „Blutauffrischung" erfahren, um wirklich alle Stände zu repräsentieren. Derart tiefgreifende Verfassungsänderungen verwarf jedoch die Mehrheit der Zentrumsfraktion unter Berufung auf die Unzulässigkeit grundlegender Neuerungen während der Dauer der Regentschaft in Bayern (Prinzregent Luitpold verwaltete von 1886 bis zu seinem Tod 1912 lediglich das Königtum für den geisteskranken König Otto). So kam Held in den ersten Jahren seiner Landtagszugehörigkeit aus seinem Selbstverständnis als katholischer „Volksmann" wiederholt in Konflikt mit den Fraktionsgenossen, operierte bei sachlicher Schärfe aber taktisch flexibler als Heim und brach nicht unnötig Brücken ab.

In den Jahren 1911/12 deutete sich jedoch in seinen Auffassungen ein Wandel an, ausgehend von einer Änderung der innenpolitischen Konstellation in Bayern: Liberale und Sozialdemokraten hatten sich über Gemeinsamkeiten in der Kultur- und Verfassungspolitik zunehmend angenähert, im Landtagswahlkampf des Jahres 1912 stand das Zentrum allein dem „Rotblock", einer Allianz aus SPD, Liberalismus und Bauernbund, gegenüber. Held gewann aus alledem die Gewißheit, daß es in Bayern nunmehr um die Monarchie selbst, um den Erhalt der christlich-konservativen Grundlagen des Staates gehe. Zudem söhnte ihn die Berufung des führenden Zentrumspolitikers Georg von Hertling zum Ministerpräsidenten 1912 mit dem bayerischen Regierungssystem aus. Die für Held vordem so bezeichnende sozialreformerische, politisch vorwärtsdrängende Komponente wurde überlagert von immer häufigeren appellativen Beschwörungen des Gottesgnadentums, die Ablehnung von Sozialdemokratie und Liberalismus verhärtete sich zu einer nachgerade dogmatischen Starrheit. Eine Frucht dieser staatskonservativen Wende war seine Wahl zum Fraktionsvorsitzenden im Februar 1914.

Als im August der Weltkrieg ausbrach, den er wie die meisten Deutschen seiner Generation als gewaltiges nationales Ereignis erlebte, übernahm Held wieder die Leitung des „Regensburger Anzeigers". Als Journalist unterstützte er in der Kriegszieldiskussion namentlich den Anspruch Bayerns auf Elsaß-Lothringen und geriet schließlich in unlösbaren Gegensatz zur Deutschen Zentrumspartei, seit diese unter Führung von Matthias Erzberger im Juli 1917 die Friedensresolution des Reichstags unterstützt hatte und die Allianz von SPD und Linksliberalen suchte. Held dagegen gab sich entschlossen, „bis zur Erreichung der Friedensbereitschaft bei unseren Feinden durchzuhalten", noch Ende September 1918 sah er „militärisch kein[en] Grund zur Verzagtheit" und stemmte sich gegen Verfassungsreformen im Reich. Von der Parlamentarisierung befürchtete er nicht nur eine Auslieferung des monarchischen Staates an revolutionäre Mehrheiten, sondern auch eine unerträgliche Stärkung der Zentralgewalt, die sich bereits in der kriegsbedingten Zentralisation der Verwaltung und der Wirtschaft angekündigt hatte, einen Unitarisierungsdruck, dem die Bundesstaaten nicht würden standhalten können.

Daß dann die Revolution am 7. November 1918 ausgerechnet die bayerische Monarchie als erstes Opfer wie ein Kartenhaus zusammenstürzen ließ, war Held unfaßlich, öffnete ihm aber doch die Augen für die Brüchigkeit der alten Ordnung und leitete eine desillusionierte Neubesinnung ein. Maßgeblich für sein Wirken in der Weimarer Republik wurde die Haltung, daß er sich, ohne überzeugter Demokrat zu werden, als Legitimist „auf den Boden der geschichtlich gewordenen Tatsachen" stellte. An der Gründung der Bayerischen Volkspartei (BVP) in Regensburg selbst unbeteiligt, befürwortete er aus Abneigung gegen den Erzberger-Kurs doch die Abspaltung von der Zentrumspartei, hielt gleichwohl die Tür zur Zusammenarbeit offen. Im Januar 1919 wurde er mit der höchsten Stimmenzahl der BVP-Abgeordneten in den Landtag wiedergewählt. Er gehörte dem Bamberger Verfassungsausschuß an und vertrat die dort formulierte, an die Weimarer Reichsverfassung angelehnte neue Landesverfassung auch gegen Kritiker aus der eigenen Partei als tragfähigen Kompromiß. In den folgenden Jahren bis 1924, während deren die BVP als stärkste Landtagsfraktion keine Neigung verspürte, die schwere Erblast von Krieg und Revolution zu tragen, sondern die Regierungsverantwortung lieber parlamentarisch geduldeten Beamtenministerien überließ, wuchs Held durch Befähigung und Integrationsgabe in die Rolle des „leitenden Parlamentariers" hinein. Es waren die Jahre, in denen das Wort von der „Ordnungszelle Bayern" umging, von der aus die Revolution im Reich liquidiert werden sollte. Dieses Ziel vernebelte die Grenzen zum Radikalismus völkischer Gruppierungen, räumte den paramilitärischen „Einwohnerwehren" ein unkontrollierbares Gewicht ein und beschwor schließlich einen existenzbedrohenden Konflikt mit dem Reich herauf. Erst der Hitlerputsch vom November 1923 belehrte auch Held, wie hart am Abgrund Bayern stand, wie sehr „aus der Ordnungszelle Bayern eine Unordnungszelle ersten Ranges geworden" war. Im Februar 1924 erzwang er den Rücktritt des „Generalstaatskommissars" Gustav von Kahr. Nach der Landtagswahl vom April 1924, welche die BVP als stärkste Partei bestätigt hatte, stellte er sich, zögernd zwar, selbst als Regierungschef zur Verfügung.

Mit der Wahl Helds zum Ministerpräsidenten am 24. Mai 1924 verband sich quer durch alle Lager die Hoffnung auf eine Beruhigung der politischen Verhältnisse; der rechtsradikale Völkische Block erkannte in ihm den „beste[n] Mann, über den unsere Gegner verfügen". Held bildete eine Koalition aus BVP, Deutschnationaler Volkspartei (DNVP) und Bayerischem Bauern- und Mittelstandsbund. Die fast neun Jahre seiner Regierung, bis zur gewaltsamen Absetzung im März 1933, zeichneten sich im Innern aus durch Stabilität und Kontinuität, durch allmähliche wirtschaftliche Konsolidierung, aber auch durch eine inflexible Koalitionspolitik, die das Land ab 1930 parlamentarisch in eine Sackgasse führte. Nach außen hin war sie gekennzeichnet durch eine überaus kämpferische Geltendmachung der bayerischen Staatlichkeit, vom Ringen um die föderalistische Revision der Weimarer Verfassung.

Die Republik hatte die Bundesstaaten, die einst das Bismarckreich konstituiert und es durch Matrikularbeiträge finanziert hatten, zu abhängigen Ländern und Kostgängern des

Reichs herabgestuft – eine unausweichliche Konsequenz der immensen Reparationsverpflichtungen und der Kriegsschuldenlast, aber auch ein Zustand, mit dem sich Bayern bis 1933 nicht abfinden mochte. Zur Regierungszeit Helds entzündete sich die Auseinandersetzung hauptsächlich am Problem des Finanzausgleichs. Die 1925 vom Reichstag verabschiedete Regelung senkte die Zuweisungen an Länder und Gemeinden und traf das steuerarme Bayern hart. Held bezeichnete den Finanzausgleich im November 1926 vor dem Landtag als „Kampf auf Leben und Tod für die Länder", den er „bis zur äußersten Konsequenz" zu führen gedenke. Das Problem war Gegenstand mehrerer Denkschriften an die Reichsregierung sowie zahlreicher Besprechungen Helds mit seinen Amtskollegen und in der Reichskanzlei, es beschäftigte 1928–30 auch die zur Neuordnung der Gesetzgebungs- und Verwaltungskompetenzen („Reichsreform") einberufene Länderkonferenz. Jedoch war Bayern kein Erfolg beschieden. Im Gegenteil verschärften die Brüningschen Notverordnungen ab 1930 die Spannungen noch, indem sie unter dem Zwang zu radikalen Einsparungen tief in die Verwaltungsautonomie der Länder eingriffen.

Eine Variante des Anspruchs auf ungeschmälerte Teilhabe an der Souveränität des Reichs war auch die Weigerung Helds, in der Außenpolitik „den stummen Hund zu spielen und nur der Apporteur der Reichsregierung" zu sein. Seine bedeutendste fortwirkende Leistung war 1924/25 die parlamentarische Durchsetzung des Konkordats mit dem Heiligen Stuhl und der entsprechenden Staatsverträge mit der evangelischen Landeskirche, bis heute ein Unterpfand der bayerischen Kulturhoheit. Auf dem Feld der eigentlichen Außenpolitik agierte er dagegen weniger glücklich. Den Locarnovertrag bekämpfte er als Anerkennung von Versailles, den Völkerbund als Instrument zur Vereitelung deutscher Rechtsansprüche. Als im Frühjahr 1930 im Reichstag mit dem Young-Plan die endgültige Regelung der Reparationsfrage zur Entscheidung anstand, schwor Held persönlich – im offenen Gegensatz zur Zentrumspartei – die Berliner BVP-Fraktion auf die Ablehnung der Gesetze ein, wohl wissend, daß dies den Sturz der Koalition unter dem sozialdemokratischen Reichskanzler Hermann Müller nach sich ziehen würde. Er wurde so mitverantwortlich für das Scheitern des letzten parlamentarisch mehrheitsfähigen Kabinetts der Weimarer Republik. Schon in den Jahren zuvor hatte er nichts unversucht gelassen, auch im Reich nach bayerischem Muster eine Mitte-Rechts-Koalition anzubahnen, mit dem erklärten Ziel, die in seinen Augen revolutionäre und staatspolitisch unzuverlässige SPD von der Regierung fernzuhalten. Hier klaffte ein unüberbrückbarer Dissens zur Zentrumspartei, die ja zusammen mit SPD und Linksliberalismus die Republik aus der Taufe gehoben hatte und sich auch später als Mittelgelenk aller denkbarer Koalitionen begriff. Den grotesken Höhepunkt dieser Spannungen markierte die Reichspräsidentenwahl 1925: Dem Zentrumsmann Wilhelm Marx stellte die BVP in der Person Helds einen eigenen Zählkandidaten gegenüber, für die Stichwahl empfahl sie statt des katholischen Demokraten Marx, weil dieser auch von der SPD unterstützt wurde, den protestantischen Monarchisten Hindenburg. Der enttäuschende Ausgang der Kraftprobe (auf Held waren reichsweit nur 1 Million Stimmen entfallen) ließ die BVP anschließend wieder die Nähe des Zentrums suchen; es blieb aber ein schwieriges Verhältnis. In der auf das Notverordnungsrecht gestützten Regierung Brüning sah dann Held (und nicht nur er) eine Chance, den ungeliebten Parlamentarismus auf Dauer durch ein autoritäres Präsidialsystem abzulösen. Die NSDAP hielt er niemals für koalitionsfähig.

Die Verdienste Heinrich Helds für die bayerische Landespolitik lagen zunächst in der Schaffung stabiler innerer Verhältnisse. Dem verfassungsfeindlichen Treiben radikaler Gruppierungen wurde der Boden entzogen. Die mittleren Jahre der Republik waren gekennzeichnet durch einen bescheidenen wirtschaftlichen Aufschwung, den der Staat im Rahmen seiner begrenzten Möglichkeiten förderte. Bereits 1921 war Held führend beteiligt gewesen an der Gründung der „Rhein-Main-Donau AG"; von der aktiven Einschaltung in den südosteuropäischen Handel erhoffte er für Bayern eine Schlüsselstellung auf dem Balkan und den Durchbruch zum Handels- und Industriestaat. Ein systematischer Ausbau der Wasserkraft („weiße Kohle") schuf die im rohstoffarmen Bayern bisher fehlende Energiegrundlage für eine zügigere Technisierung. Wissenschaft und Technik wurden durch gezielte Förderung auf hohem Niveau zu halten gesucht, die Hochschulen durch eine kluge Berufungspolitik ergänzt. Die wenigen Jahre bis zum Einbruch der Wirtschaftskrise reichten freilich nicht aus, um die drängenden Strukturprobleme zu beheben und die Wirtschaft dauerhaft zu sanieren. Durch die Zusammenlegung der Regierungsbezirke Niederbayern und Oberpfalz, Mittel- und Oberfranken sollten agrarisch und industriell durchmischte, leistungsfähige Planungsregionen entstehen. Auf solche und andere Weise straffte Held die Staatsverwaltung; Bayern gehörte unter seiner Ägide zu den am billigsten verwalteten deutschen Ländern.

Auch unter dem Aspekt der Landesentwicklung erwies sich die Fernhaltung der Sozialdemokratie von der Regierung als nachteilig, es fehlte das notwendige Pendant zur bäuerlich-mittelständisch geprägten BVP. An der Koalition mit Bauernbund und DNVP aber hielt Held wie an einem Dogma fest. Nach der Landtagsneuwahl von 1928 erkaufte er sich die weitere Mitarbeit der Bündler durch Eingliederung des Sozialministeriums in das von ihnen geführte Landwirtschaftsministerium; der Arbeiterflügel der BVP, der eine große Koalition mit der SPD befürwortet hatte, warf ihm vor, er habe damit seine „ganze soziale Vergangenheit aufgegeben". Als im Juli 1930 der Bauernbund dennoch die Zusammenarbeit aufkündigte, demissionierte das Kabinett Held, blieb aber weiter geschäftsführend im Amt. In der Landtagswahl vom April 1932 rettete die BVP nur eine hauchdünne Mehrheit vor der NSDAP. Zusammen mit der SPD hätte sie über eine knappe Mehrheit der Sitze verfügt. Gegen Fritz Schäffer, der als Parteivorsitzender (seit 1929) ein schwarz-rotes Bündnis anriet, setzte sich der amtierende Ministerpräsident durch: In der unüberschaubaren Situation nach dem Sturz Brünings war der Partei wenig an langwierigen Koalitionsverhandlungen gelegen, um so mehr, als die geschäftsführende Regierung Held weiterhin auf die Tolerierung durch SPD und Bauernbund rechnen konnte.

In dieser labilen Lage befand sich Bayern, als Hitler am 30. Januar 1933 die Macht übernahm. Das Beispiel Preußens vor Augen, dessen geschäftsführende Regierung im Juli 1932 durch Papen staatsstreichartig abgesetzt worden war, befürchtete Held bereits Anfang Februar die Gleichschaltung der Länder durch nationalsozialistische Reichskommissare. Den Plan Schäffers, in einer verzweifelten Flucht nach vorne den Wittelsbacher Kronprinzen Rupprecht zum Generalstaatskommissar zu ernennen und die Monarchie auszurufen, lehnte er gleichwohl ab: Der zur Weimarer Demokratie nie über ein Verhältnis distanzierter Loyalität hinausgelangt war, klammerte sich jetzt an sie, wollte nicht „in das Zwielicht der Illegalität" geraten. Die Mittel legaler Opposition aber verfingen hier nicht mehr. Noch nach der Reichstagswahl vom 5. März 1933, in welcher die NSDAP die BVP um 16 Prozentpunkte überflügelt hatte, leitete Held hastige

Schritte zur Bildung einer parlamentarischen Regierung ein. Am Abend des 9. März mußte er über die Pressestelle der Reichsregierung von der Einsetzung des Generals Franz von Epp zum Reichskommissar in Bayern erfahren. Telegraphische Rechtsverwahrungen an Hindenburg und Hitler verpufften wirkungslos. Von Lugano aus, wohin er mit seiner Familie ausgewichen war, übertrug Held am 15. März – noch immer die Form wahrend – die Amtsgeschäfte des bayerischen Ministerpräsidenten „aus Krankheitsgründen" an seine „verfassungsmäßigen Vertreter".

Die letzten Jahre verlebte Heinrich Held völlig zurückgezogen in Regensburg, vielfältigen Schikanen der neuen Machthaber ausgesetzt. Mitte 1933 brachte er wegen akuter Erkrankung über zwei im Monate Krankenhaus zu; sein Sohn Heinz wurde, weil er den Aufenthaltsort seines Vaters nicht anzugeben wußte, derweil für drei Wochen ins KZ Dachau gesteckt; seine Frau Marie erlitt bei einer nächtlichen Hausdurchsuchung einen Schlaganfall. Ohne Pension oder Abfindung aus dem Amt geschieden, mußte Held mitansehen, wie die ihm verbliebene einzige Existenzgrundlage, sein „Regensburger Anzeiger", durch Zensur, Entzug von Anzeigen, Einschüchterung von Abonnenten und mehrmonatige Druckverbote schließlich Anfang 1936 zur Aufgabe gezwungen wurde. Das Verlagsrecht entzog man ihm mit der Begründung, der Verleger habe als Ministerpräsident „im Kampfe gegen den Nationalsozialismus an vorderster Stelle" gestanden. Im März 1938 noch lehnte Heinrich Held ein durch den amerikanischen Generalkonsul in München überbrachtes Asylangebot Präsident Roosevelts dankend ab, am 4. August 1938 verstarb er. Man trug ihn auf dem Regensburger Unteren katholischen Friedhof zu Grabe, ohne jedes öffentliche Aufheben, aber doch unter großer Anteilnahme der Bevölkerung. Die Gestapo entfernte von seinem Grab sogar die weißblauen Kranzschleifen, obwohl es sich nicht um eine politische Demonstration, sondern lediglich um die Hausfarben des Bayerischen Lloyd gehandelt hatte.

Werner Chrobak

Eustachius Kugler – Ordensprovinzial und Erbauer des Regensburger Krankenhauses der Barmherzigen Brüder (1867–1946)

Mit Frater Eustachius Kugler wird eine Persönlichkeit vorgestellt, die zwar nicht in Regensburg geboren ist, aber in Regensburg gewirkt hat und hier gestorben ist. Kuglers bleibendes Verdienst ist es, in Regensburg während der Weimarer Republik ein modernes Krankenhaus erbaut zu haben, zu Zeiten, als die angehende Großstadt selbst finanziell nicht dazu in der Lage war, eine derartig fortschrittliche Lösung in der damals völlig unzureichenden Krankenhausversorgung der Stadt herbeizuführen. Wie es zu der Entscheidung des Ordens der Barmherzigen Brüder kam, das Krankenhaus in Regensburg zu bauen, welche Voraussetzungen Kugler vorfand, welche Unterstützung bzw. Widerstände er dabei erfuhr, das soll hier kurz nachgezeichnet werden.

Josef Kugler – so sein bürgerlicher Name vor Ordenseintritt – stammte aus bäuerlich-ärmlichen Verhältnissen der Oberpfalz. Er wurde am 15. Januar 1867 in Neuhaus im Regental geboren. Das Dörfchen gehört zur Pfarrei Nittenau, somit zum Bistum Regensburg. Der Vater war der Hufschmied und Kleinlandwirt Michael Kugler, die Mutter die Häuslerstochter Anna Maria Kugler, geb. Schuster. Josef war das jüngste von einem halben Dutzend Kindern. Bereits mit sieben Jahren wurde er Halbwaise, der Vater starb 1874. Nach Besuch der Volksschule in Nittenau begann Josef 1881 eine Bauschlosserlehre in München, wo sein ältester Bruder Franz 1874 bei der Post eine Anstellung gefunden hatte. Auf der Baustelle traf ihn allerdings ein bitterer Schicksalsschlag, die genaueren Umstände lassen sich heute nicht mehr nachvollziehen: Wohl wegen einer Hänselei eines Gesellen stürzte Kugler vom Gerüst und erlitt einen offenen Bruch am Fuß. Die schlecht verheilende Wunde verhinderte eine Weiterbeschäftigung auf dem Bau, doch scheint Kugler seine Schlosserlehre in München noch erfolgreich abgeschlossen zu haben. Als Folge des Unfalls blieb ein lebenslanges leichtes Hinken.

Zunächst wurde Kugler im sozialen Netz der Familie aufgefangen. Im November 1885 holte ihn seine mit einem Landwirt verheiratete Schwester Margarethe Spitzer nach Reichenbach. Dort machte er sich im landwirtschaftlichen Anwesen, so gut es ging, nützlich. Seine als Schlosserlehrling erworbenen Kenntnisse konnte er dann etwa ein Jahr später wieder anwenden, als er Arbeit – ebenfalls in Reichenbach – beim Schmied Josef Reichenberger fand. Dieser war mit Kuglers zweiter Schwester Katharina verheiratet.

1890/91 lernte Kugler den Orden der Barmherzigen Brüder kennen, als der ortsansässige Handwerker Reichenberger einen Auftrag zur Einrichtung des ehemaligen Klosters Reichenbach zur Pflegeeinrichtung für Behinderte erhielt: Josef Kugler arbeitete mit an

Eustachius Kugler (1867–1946)

der Fertigung von Fenstergittern, Türen, Toren und an der Verlegung einer Wasserleitung. Diese Begegnung mit dem Krankenpflegeorden wurde entscheidend für Kuglers
zukünftiges Leben: Die fürsorgliche Behandlung seines kranken Fußes durch den
Reichenbacher Subprior Frater Eligius Neumeier, die endlich zum Verheilen der offenen
Wunde führte, trug sicherlich zu Kuglers Entscheidung bei, sich dem Orden der Barmherzigen Brüder anzuschließen.

Am 1. Januar 1893, kurz vor seinem 26. Geburtstag, trat Josef Kugler in Reichenbach
als Kandidat in den Orden der Barmherzigen Brüder ein. Nach fünfjähriger Ausbil-
dungs- und Noviziatszeit legte er am 30. Oktober 1898 in Reichenbach die ewigen
Gelübde ab. Bemerkenswert am Rande ist, daß er – der spätere Provinzial – bei der ersten
Abstimmung zur Aufnahme ins Noviziat durch die Brüder in Bad Wörishofen abgelehnt
wurde. Erst eine zweite Abstimmung auf Geheiß des damaligen Provinzials Cajetan
Pflügl ebnete ihm den Weg.

Von Reichenbach aus wurde Frater Eustachius zunächst – ab 1899 – in der Pflegeanstalt Gremsdorf in Mittelfranken, 1902 in der Gefängniskrankenpflege in Kaisheim in
Schwaben eingesetzt. 1905 übertrug ihm das Provinzkapitel erste Leitungsverantwor-
tung als Prior in der Behindertenpflegeanstalt Straubing. Nach knapp neunjähriger erfolgreicher Amtsführung wurde er 1914 als Prior nach Gremsdorf gerufen, um der dortigen
Pflegeanstalt neue organisatorische und spirituelle Impulse zu geben. Die 1922 erfolgte
Bestellung zum Prior des Konvents St. Wolfgang in Neuburg an der Donau war zugleich
mit dem Würdetitel „Metropolitanprior" verbunden, da Neuburg die älteste Niederlassung der Barmherzigen Brüder in Bayern – gegründet 1622 – war.

Eustachius Kuglers überzeugende Persönlichkeit, seine vorbildliche Diensteinstellung
und Bescheidenheit einerseits – er war sich nicht zu gut, auch als Prior in der „Unreinen-
abteilung" den Schmutz wegzuräumen – sowie seine organisatorischen Fähigkeiten
andererseits bewogen das Provinzkapitel im Juni 1925, ihn zum Provinzial der Bayerischen Ordensprovinz zu wählen. Nunmehr trug der einstige Schlosserlehrling mit der
einfachen Volksschulbildung die Verantwortung für 16 Institutionen. Und er fügte eine
weitere hinzu, das Regensburger Krankenhaus. Dabei handelte es sich um das größte
Bauprojekt der Barmherzigen Brüder seit ihrer Ansiedlung in Bayern.

Mit dem Gedanken eines Krankenhausbaus in Regensburg trug sich die Provinzleitung
der Barmherzigen Brüder in Bayern bereits seit 1921. Eustachius Kuglers Leistung aber
war es, die Verwirklichung des Vorhabens unmittelbar nach seinem Amtsantritt als Provinzial energisch anzugehen und in kürzester Zeit – von 1925 bis 1930 – zu realisieren.

Das Krankenhauswesen der Stadt Regensburg zu Beginn der 1920er Jahre war veraltet
und unzureichend. Es existierten zwei konfessionelle Stiftungskrankenhäuser, das Domkapitelsche Krankenhaus in der ehemaligen Deutschordenskommende am Ägidienplatz
und das Evangelische Krankenhaus am Emmeramsplatz. Sie verfügten 1921 zusammen
über 168 Betten. 1922 erhielt das Domkapitelsche Krankenhaus die neue Bezeichnung
„Katholisches Krankenhaus Regensburg". Zum Gebäude am Ägidienplatz wurde von
der Stadt Regensburg das vormalige Garnisonslazarett in der Greflingerstraße auf
zwanzig Jahre hinzugemietet (zusätzliche Bettenkapazität einschließlich Baracken: 160).
Leitung und Verwaltung des „Katholischen Krankenhauses" übten Domkapitel und
Stadtgemeinde von da an gemeinsam aus. Das Ganze trug jedoch einen sehr behelfsmäßi-
gen Charakter, die Forderung nach einem modernen Neubau blieb weiter im Raum.

Anläufe zur Erbauung eines städtischen – nichtkonfessionellen – Krankenhauses wurden seit der Jahrhundertwende mehrfach unternommen. 1913 erwog Oberbürgermeister Dr. Otto Geßler den Plan eines Krankenhausneubaus, da aus der Stiftung des 1897 verstorbenen Grafen Ernst von Dörnberg hierfür ein bestimmter Betrag zur Verfügung stand. Die hohen Bau- und noch mehr die Folgekosten schreckten Geßler letztendlich aber ab. Ebenso wies Oberbürgermeister Josef Bleyer 1920 die Forderung nach einem städtischen Krankenhaus im Stadtrat wegen Finanzmittelknappheit zurück. Oberbürgermeister Dr. Otto Hipp – seit 1920 im Amt – hielt zunächst an der Idee eines städtischen Krankenhauses fest. Er begegnete noch im September 1925 ersten Angeboten seitens des Ordens der Barmherzigen Brüder mit dem Hinweis, daß die Kommune selbst den Bau eines größeren städtischen Krankenhauses beabsichtige. Doch das fehlende Geld in den städtischen Kassen bewog Hipp zu einem Umdenken, er überließ die Realisierung des Mehrmillionenprojekts den Barmherzigen Brüdern.

Die ersten Kontakte zwischen der Stadt Regensburg und dem Orden waren über den Generaldirektor der Ligabank, Dr. Johann Baptist Kurz, im September/Oktober 1925 geknüpft worden. Noch im Oktober 1925 kam es zu einem ersten Gespräch zwischen Oberbürgermeister Hipp und Provinzial Eustachius Kugler. Auf Drängen Hipps legte Kugler am 22. November 1925 einen offiziellen Antrag zum Bau eines Männerkrankenhauses vor. Wichtig ist die Feststellung, daß der Orden der Barmherzigen Brüder zunächst nur an die Errichtung eines Männerkrankenhauses dachte und die Errichtung eines Frauenkrankenhauses durch einen Frauenorden vorgesehen war. In der Anfangsphase wurde ein Ankauf und Umbau des ehemaligen Benediktinerklosters Prüfening oder auch des ehemaligen Minoritenklosters erwogen, als Standort für einen Neubau auch der Dörnbergpark ins Auge gefaßt. Als geeignetstes Gelände, das auch Platz für zukünftige Erweiterungen bot, kristallisierte sich jedoch bald ein Gebiet am westlichen Stadtrand an der Prüfeningerstraße heraus. Schon in den Vorgesprächen im Oktober 1925 hatte man darin Übereinstimmung erzielt, daß der Orden das Krankenhaus vollständig finanzieren würde, wenn die Stadt den Grund kostenlos zur Verfügung stellte. Im Mai 1926 übermittelte Oberbürgermeister Hipp erste Planskizzen des Neubaugebiets an Provinzial Kugler.

Nach einem neuerlichen Besuch Kuglers bei Hipp teilte der Oberbürgermeister den Fraktionsvorsitzenden des Regensburger Stadtrats am 6. Oktober 1926 den bis dahin erreichten Verhandlungsstand mit: Errichtung eines modernen Krankenhauses für männliche Kranke vollständig auf eigene Kosten durch den Orden der Barmherzigen Brüder unter der Voraussetzung, daß die Stadt den dazu benötigten Grund und Boden kostenlos zur Verfügung stellt, ferner die Ausarbeitung der Pläne, Bauleitung und Bauaufsicht kostenlos übernimmt. Die Fraktionsvorsitzenden Georg Siegfried (BVP), Karl Esser (SPD) und Karl Staudinger (Nationalliberale Partei) äußerten – so ein Aktenvermerk Hipps vom 6. Oktober 1926 – „rückhaltlos ihre volle Befriedigung über ein derartiges Projekt", das bisherige Katholische Krankenhaus sollte sinnvoller- und kostensparenderweise als Frauenabteilung, Entbindungsanstalt und Säuglingsheim Verwendung finden. Am 6. Oktober 1926 wurde auch mit Weihbischof Hierl als Verwaltungsrat des Domkapitels in Krankenhausangelegenheiten Rücksprache gehalten und volles Einverständnis in dem Sinne erzielt, daß die Bestrebungen der Barmherzigen Brüder unbedingt von der Stadt zu unterstützen seien. Eine vom Oberbürgermeister vorgeschlagene Besichtigung des Krankenhauses der Barmherzigen Brüder in Straubing wurde noch im Oktober 1926 unter Beteiligung der Vertreter sämtlicher Fraktionen des Regensburger Stadtrats durchgeführt.

Der Zufall wollte es, daß der renommierte Landesbaurat Albert Boßlet im Herbst
1926 eine Kur in dem von den Barmherzigen Brüdern betreuten Sebastianeum in Bad
Wörishofen absolvierte. Provinzial Kugler konnte diesen Münchener ‚Stararchitekten‘
für den Krankenhausneubau in Regensburg gewinnen und vermittelte im Februar 1927
eine Besprechung mit dem Regensburger Oberbürgermeister. Fünf Monate später, im
Juli 1927, legte Boßlet ein Konzept und Modell für das Regensburger Männerkranken-
haus vor, das aufgrund eingehender Studien moderner Krankenhäuser des In- und Aus-
lands, unter zusätzlicher spezieller Sachberatung des Chefarztes des Würzburger Julius-
spitals, Dr. Bundschuh, entstanden war. Boßlet erläuterte am 7. Juli 1927 in Regensburg
in Anwesenheit von Vertretern der drei großen Stadtratsfraktionen seinen Entwurf.
Unter dem Datum des 6. Juli 1927 konkretisierte der Orden der Barmherzigen Brüder
seine Vorstellungen über den Krankenhausbau in Regensburg in einem Vereinbarungs-
entwurf, adressiert an den Stadtrat Regensburg. Dieser Entwurf wurde am 1. August
1927 im Hauptausschuß des Regensburger Stadtrats bekanntgegeben, mit dem aus-
drücklichen Hinweis, daß diese Vereinbarung nach Form wie Inhalt noch Abänderungen
erfahren werde. Dieser an sich noch geheime Entwurf wurde aber der Presse zugespielt
und am 5. August 1927 inhaltlich in der „Volkswacht", dem sozialdemokratischen
Organ, veröffentlicht. Daraufhin artikulierte sich von verschiedenen Seiten grundsätz-
licher – und zu diesem Zeitpunkt auch überraschender – Widerstand gegen das Krankenhausprojekt der Barmherzigen Brüder in Regensburg.

Gegen eine befürchtete ‚Monopolstellung‘ der Barmherzigen Brüder meldete nicht nur
die Ärzteschaft Regensburs Bedenken an, in noch viel stärkerem Maße liefen die Sozialdemokratische Partei Regensburgs unter der Führung ihres Fraktionsvorsitzenden Esser
und die Deutsche Demokratische Partei unter ihrem Fraktionsvorsitzenden Staudinger
dagegen Sturm. Sozialdemokraten und Liberale wandten sich nunmehr prinzipiell gegen
ein Krankenhaus in konfessioneller Trägerschaft, sie wollten ein weltanschaulich neu-
trales städtisches Krankenhaus. Diese Forderung wurde erhoben trotz der schriftlichen
Zusicherung der Barmherzigen Brüder, daß die Aufnahme der Kranken ohne Ansehen
der Religion, des Standes, des Ranges und der örtlichen Herkunft erfolgen werde.

Die entscheidende Stadtratssitzung fand am 10. August 1927 statt. Für den Bau des
Männerkrankenhauses durch die Barmherzigen Brüder plädierten Oberbürgermeister
Hipp und, als Referent der Vorlage, Bürgermeister Herrmann. Den Antrag unterstützte
die größte Fraktion im Stadtrat, die Bayerische Volkspartei, die Vertretung der Katholisch-Konservativen. Oberbürgermeister Hipp verlieh seiner Verwunderung darüber
Ausdruck, daß die Fraktionsvorsitzenden der Sozialdemokratischen Partei und der
Liberalen Partei nunmehr dem Projekt Widerstand entgegenbrächten, nachdem sie bei
seiner Bekanntgabe im Oktober 1926 rückhaltlos ihre volle Befriedigung geäußert
hätten, bei der Besichtigung des Krankenhauses der Barmherzigen Brüder in Straubing
keine Bedenken angemeldet hätten und bei den Stadtratsbeschlüssen über die Grund-
stückserwerbungen für den Bauplatz des Krankenhauses der Barmherzigen Brüder am
13. April, 18. Mai und 22. Juni 1927 jeweils einstimmig zugestimmt hätten. Der Vorwurf,
das Krankenhausprojekt der Barmherzigen Brüder sei „im Schoße der höheren Draht-
zieher der Bayerischen Volkspartei lange sorgfältig behütet worden", sei daher zurück-
zuweisen. Entscheidendes Argument für die Abstimmung aber wurde das Finanzargu-
ment: Die Stadt hätte einfach nicht die Finanzmittel, um in absehbarer Zeit ein eigenes

Zentralkrankenhaus zu bauen. Der Antrag zum Bau des Männerkrankenhauses durch die Barmherzigen Brüder wurde schließlich mit 17 gegen 14 Stimmen angenommen.

Am 12. August 1927 wurde der Vertrag zwischen der Stadtgemeinde Regensburg, vertreten durch den Stadtrat Regensburg, und dem Orden der Barmherzigen Brüder in Bayern unterzeichnet. Zugesicherte Hauptleistung der Barmherzigen Brüder war die Errichtung und Betreibung eines Krankenhauses für männliche Kranke mit 200–250 Betten, der Baubeginn wurde noch für das Jahr 1927 festgelegt. Die von den Barmherzigen Brüdern geforderte Nichtbegünstigung von anderen Trägern seitens der Stadt wurde als Bestandteil des Vertrags zugestanden, jedenfalls solange, wie dieses Krankenhaus den Bedürfnissen genüge. Neu hinzugenommen wurde der Passus über die Einsetzung eines Schiedsgerichts für den Streitfall, ob das Krankenhaus der Barmherzigen Brüder den Bedürfnissen genüge oder nicht.

Noch im November 1927 begannen rund 200 Bauarbeiter mit dem Grundaushub für den Männerbau. In der erstaunlich kurzen Zeit von nur rund eineinhalb Jahren wurde der moderne Bau samt Krankenhauskirche St. Pius hochgezogen und eingerichtet. Am 19. Juni 1929 fand die feierliche Eröffnung statt.

Parallel zu dem sich abzeichnenden Projekt der Erbauung des Männerkrankenhauses durch den Orden der Barmherzigen Brüder suchte die Stadt Regensburg seit Mai 1927 einen Bauträger für ein Frauenkrankenhaus. Die Mallersdorfer Schwestern erklärten sich zur Errichtung eines 250 Betten bietenden Krankenhauses mit Eröffnungstermin im Sommer 1929 bereit. Da es sich zugleich um ein Ausbildungskrankenhaus für diesen Orden handeln sollte, machten die Mallersdorfer Schwestern die Angliederung einer kleinen Männerabteilung –10 bis 20 Betten – zur Bedingung. Dies aber lehnte Provinzial Eustachius Kugler von den Barmherzigen Brüdern gegenüber Bürgermeister Herrmann am 24. September 1927 kategorisch ab, da er befürchtete, sein Krankenhaus nicht voll belegen zu können.

Um jeglicher Konkurrenz den Boden zu entziehen, entschloß sich der Orden der Barmherzigen Brüder, auch das Frauenkrankenhaus zu errichten. Ermuntert wurde Provinzial Kugler hierzu im Mai 1928 durch Generalprokurator P. Narzissus Durchschein in Rom. Im Mai 1928 auch gewann Eustachius Kugler den Orden der Barmherzigen Schwestern als Betreuungspersonal für das zukünftige Frauenkrankenhaus.

Als das Angebot der Barmherzigen Brüder zur Errichtung des Frauenkrankenhauses am 5. Dezember 1928 dem Regensburger Stadtrat vorgelegt wurde, entzündeten sich dieselben Emotionen wie ein Jahr zuvor bei der Abstimmung über den Männerbau. Die Sozialdemokratische Stadtratsfraktion forderte erneut die Errichtung eines städtischen Krankenhauses, die Fraktion der Deutschen Demokratischen Partei bestritt rundweg die Notwendigkeit eines Frauenkrankenhauses. Schließlich aber wurde auch dieses Projekt mit 17 gegen 15 Stimmen angenommen. Am 7./20. Dezember 1928 folgte die Vertragsunterzeichnung zwischen der Stadt Regensburg und dem Orden der Barmherzigen Brüder. Auch für diesen Bau zeichnete der Architekt Boßlet verantwortlich, so daß die Gesamtanlage des Krankenhauses der Barmherzigen Brüder dieselbe Handschrift trug: Es entstand eine großzügig konzipierte Anlage im Stil des Weimarer und Dessauer Bauhauses, eines der wenigen Beispiele dieser Art, die die Oberpfalz besitzt. Baubeginn des Frauenkrankenhauses war im Mai 1929, Bauvollendung im Dezember 1930.

Die Finanzierung der beiden Krankenhäuser in Regensburg bedeutete auch für den Orden der Barmherzigen Brüder eine äußerste Kraftanstrengung. Sie war aber auch eine

ganz persönliche Meisterleistung des Provinzials Eustachius Kugler. Er, der ehemalige
Schlosserlehrling, erwies sich als wagemutiger, weitsichtiger Provinzoberer mit erstaun-
lichem Finanzfachverstand. Der ursprünglich veranschlagte Baupreis verdoppelte sich
im Verlauf der Erstellung von zuerst vier Millionen Reichsmark auf zum Schluß exakt
8 366 000 RM. Die damals eingebrachte Leistung der Stadt Regensburg bemißt sich
gegenüber den sehr hohen Baukosten als relativ gering: Sie stellte die beiden mit
Strom, Gas, Wasser und Kanalisation erschlossenen Baugrundstücke (Männerkranken-
haus 13,82 Tagwerk, Frauenkrankenhaus 13,68 Tagwerk) von zusammen 27,5 Tagwerk
zur Verfügung und übernahm die örtliche Bauleitung. Geldwertmäßig veranschlagt,
betrug der Grundstückswert 186 506 RM, die Dienstleistung 27 400 RM, insgesamt also
213 906 RM, was 2,6 Prozent der Gesamtkosten entspricht.

Welch gewaltige Investitionssumme die 8 366 000 RM für den Krankenhausbau der
Barmherzigen Brüder in Regensburg bedeuteten, macht auch ein Blick auf den Jahresetat
der Stadt Regensburg in diesen Jahren deutlich: Der Haushaltsplan der Stadt Regensburg
wies für das Rechnungsjahr 1929/30 insgesamt die Summe von 9 305 000 RM Ein-
nahmen/Ausgaben aus. Im vorausgehenden Rechnungsjahr 1927/28 hatte die Stadt
8 154 954,35 RM Einnahmen erzielt, d.h., die Gesamtkosten des Krankenhauses der
Barmherzigen Brüder überstiegen den Jahres-Einnahmenetat der Stadt Regensburg des
Jahres 1927/28! Im Klartext: Die Stadt Regensburg hätte sich den Bau dieses modernen
Krankenhauses zu dieser Zeit selbst nie leisten können.

Kuglers erfolgreiches Finanzierungskonzept bestand wesentlich auch darin, daß er die
einzelnen Häuser der bayerischen Ordensprovinz alle zur Schuldentilgung heranzog:
Jedes Haus hatte 10 Prozent der jährlichen Einnahmen an das Provinzialat für den
Regensburger Krankenhausneubau abzuführen. Von Skeptikern aus den eigenen Reihen
hinsichtlich des Risikos der Schuldenlast angesprochen, entgegnete der Provinzial nur:
„Das habe ich mit meinem Herrgott schon abgemacht. Da fehlt gar nichts."

Es zeigte sich im nachhinein auch als eine glückliche Fügung, daß Kugler die Finanzierung nicht über eine ausländische, sondern über eine bayerische Bank abwickelte. So
liefen die Versuche der Nationalsozialisten, der Bayerischen Ordensprovinz der
Barmherzigen Brüder Devisenvergehen nachzuweisen, ins Leere.

Innerhalb der bayerischen Ordensprovinz war das Regensburger Krankenhaus mit
250 Betten im Männerbau und 200 Betten im Frauenbau die größte Einrichtung. So war
es letztendlich auch konsequent, daß Kugler 1934 den Provinzialatssitz von Neuburg an
der Donau hierher nach Regensburg verlegte. Kugler verbrachte die Jahre ab 1934 bis zu
seinem Tod am 10. Juni 1946 in Regensburg. Von Regensburg aus steuerte Kugler auch
den Orden durch die schwierige Zeit des Nationalsozialismus. Hier hatte er 1937 rund
30 Verhöre durch die Gestapo durchzustehen, die ihn an den Rand des körperlichen und
geistigen Zusammenbruchs brachten. Doch er konnte dem Orden den allergrößten Teil
seiner Häuser bewahren, so auch das Regensburger Krankenhaus.

Es war keine Übertreibung, als Oberbürgermeister Hipp bei der Eröffnung 1929 feststellte: „Die Stadt Regensburg darf stolz darauf sein, eines der schönsten und bestausge-
statteten Krankenhäuser Deutschlands erhalten zu haben." Tatsächlich hatte der Orden
hier ein für die damalige Zeit architektonisch hochmodernes und medizinisch optimal
ausgestattetes Krankenhaus verwirklicht. Dies durchgesetzt und verwirklicht zu haben,
war ein ganz persönliches Verdienst des damaligen Provinzials Eustachius Kugler.

Thomas Zirnbauer

Georg Britting –
Dichter zwischen Dämonie und Donau
(1891–1964)

„Der Dichter Georg Britting wurde am 17. Februar 1891 hier im ehemaligen Hause C125 geboren" – eher der Zufall führt den Spaziergänger zu der Steintafel am Haus Alte-Mang-Gasse 3, einem ruhigen Winkel der an Winkeln so reichen Regensburger Altstadt. Das Gebäude, das dem Besucher seine Neorenaissance-Fassade darbietet, ist nicht jenes, in dem Maria Britting, geb. Peither, Gattin des Josef Britting, am 17. Februar 1891 einen Sohn zur Welt brachte: Josef Georg Britting. Das Geburtshaus steht nicht mehr, es wurde 1895 zusammen mit angrenzenden mittelalterlichen Häusern abgerissen – Regensburg machte sich auf ins 20. Jahrhundert. Doch zu jener Zeit war die Familie ohnehin schon umgezogen. Mehrmals mußte die Familie Britting die Wohnung wechseln in den nächsten Jahren – Ursache waren meist berufliche und persönliche Schwierigkeiten des Vaters.

Der Sohn selbst verließ die Königliche Kreisoberrealschule (damals im Thon-Dittmer-Palais) frühzeitig – mit 18 Jahren – nach einer wenig erfolgreichen Schulzeit. Mögen sich bei anderen Schriftstellern jener Zeit die Eindrücke der Kindheit vor allem in Schulgeschichten niederschlagen, Brittings Kindheitsgeschichten spielen nicht im Klassenzimmer, sondern in der „Kleinen Welt am Strom". So lautet der Titel von Brittings erfolgreichstem Buch, einer erstmals 1933 erschienenen Zusammenstellung von acht Gedichten und sieben Erzählungen, die allesamt eine geographische Mitte haben: die alte Donaustadt Regensburg, die sich ausdehnt um den Strom, der breit herfließt „wie ein großer, silberner Fisch", und um den „große[n] gotische[n] Dom, mit zwei Türmen, grauen Steintürmen, von den Domdohlen umlärmt". Eine behäbige bayerische Stadt mit ländlichem Flair. „Die Militärmusik spielte am Sonntag, am Domplatz, geputzt die Städter gingen auf und ab, in wehenden, weißen und gelben Kleidern die Mädchen […]", auch gibt es „jeden Mittwoch in der Wahlenstraße Spanferkelmarkt": „Die Käufer packten das Tier bei einem Fuß und hoben es hoch, daß es laut aufschrie und den prallen, runden Leib hin und her warf, und mindestens fünfzehn hob man auf und beschaute sie, bis man sich zum Kauf von einem entschloß, so daß es an den Markttagen ziemlich laut herging in der Wahlenstraße. Es roch auch ganz besonders in der Straße und auch noch in den Nebenstraßen an diesen Mittwochvormittagen, gut eigentlich, so nach Stall und Stroh, und recht gesund." Eine katholische Stadt, übertürmt von der „Bischofsmütze" des Doms. Sinn für Anarchie wie Religiosität spricht aus dem Bericht von der „lästerlichen Tat", die „wir zwei Fünfzehnjährigen" eine Woche lang täglich begehen: Sie blasen in der kleinen Domkapelle immer wieder das Ewige Licht aus. Nachdem sie sich von

einem Mann ertappt glauben, „löschte [Hans] das Lämpchen noch einmal. Aber das war
das letzte Mal, daß wir es taten." Mit den Liedzeilen „Schön ist die Jugend, | Sie kommt
nicht mehr." endet die Geschichte.

Die „Rückkehr in die Kindheit" (Bode), die der längst nicht mehr in Regensburg
lebende Britting in diesen Gedichten und Geschichten vollzieht, ist dennoch kein Rückzug ins Idyll, kein Werk der Verklärung. Die Kindheit und die Stadt in diesen Texten sind
gefährdet, überschattet, unterhöhlt von einer stillen Dämonie. Der „geliebte Strom" und
die Altwässer, die sich „stundenweit der Donau entlang" ziehen, sind Hort einer magischen Bedrohlichkeit. „Das sind grünschwarze Tümpel, von Weiden überhangen, von
Wasserjungfern übersurrt, das heißt: wie Tümpel und kleine Weiher, und auch große
Weiher, ist es anzusehen, und es ist doch nur Donauwasser, durch Steindämme abgeson-
dert vom großen, grünen Strom, Altwasser, wie man es in der Gegend nennt. […] Die
Weiden schlucken den Wind, der draußen über dem Strom immer geht. Und aus dem
Schlamm steigt ein Geruch wie Fäulnis und Kot und Tod."

Die pittoreske Spitzwegerei der Straßenszenen wird durch die existentiellen Situatio-
nen, die Britting unmittelbar am Wasser spielen läßt, fast zur bröckelnden Fassade: So
sieht der betrogene Ehemann in der Erzählung „Hochwasser" die Chance zur Rache am
Liebhaber der Frau gekommen, wenn der hochwasserführende Strom „[m]it patschen-
den Händen" über die Ufer schlägt, und er erst nach einem erzwungenen Geständnis
und einer gespenstisch anmutenden Szene den Rivalen „bedrängt von Wut und Scham"
denn doch nicht ertrinken läßt. Der Leser wird auch zum angewidert-faszinierten
Zeugen des „Fischfrevels an der Donau" gemacht: Den Vater, der „eine Zeitlang Angler,
sogar leidenschaftlicher Angler" war, nachahmend, zieht der Knabe heimlich zum Fisch-
zug aus. Doch als es den glücklich gefangenen und zuckenden Fisch zu töten gilt, verfällt
das Kind in einen panikartigen Blutrausch: „Da tötete ich ihn, wie die Tiere, die ich schon
je getötet hatte, die Spinnen und die Käfer: die hatte ich zertreten! Ich zog meine Schuhe
an, sprang auf den Fisch und sah ganz geradeaus dabei, sah nicht auf meine Füße hin,
rutschte, trat wieder zu, drückte und stampfte, hämmerte mit den Absätzen, zerquetsch-
te und zermalmte ihn, bis ein schmutziges, blutverklebtes, unförmiges, geschupptes
Stück Fischfleisch auf den Steinen lag." Die intensivste dieser Regensburger Erzählungen
hat längst Eingang in die Lesebücher gefunden: „Brudermord im Altwasser", nicht die
Hinschlachtung eines Fisches, sondern die quälend kühl erzählte Geschichte vom
Zutodekommen eines Jungen beim wilden Spiel mit den älteren Brüdern.

Das literarische Denkmal, das Britting seiner Heimatstadt gesetzt hat, ist kein strah-
lendes. Doch er ließ die kleine Welt am Strom weit und groß werden, indem er sie zum
Schauplatz menschlicher Extremsituationen machte.

Schon die schriftstellerischen Anfänge Georg Brittings sind Zeugnisse dieser Fähigkeit, sensibel, kritisch und distanziert mit den eigenen Wurzeln umzugehen. Ab 1911
kann der zwanzigjährige Britting eigene Texte veröffentlichen. Bis 1913 erscheinen in
den als liberal geltenden „Regensburger Neuesten Nachrichten" zahlreiche Buchbespre-
chungen, Feuilletonistisches, Theaterkritiken, zunächst im Rahmen eines Volontariats.
1911 entsteht hier eine Reihe „Regensburger Bilderbögen", kleiner Impressionen
berühmter Regensburger Sehenswürdigkeiten: Haidplatz, Steinerne Brücke, Römer-
turm, Dom und andere Wahrzeichen werden mit Gespür für Effekte inszeniert, zu Sym-
bolen verdichtet. So steht die Steinerne Brücke, „eine seltene Vereinigung von Kraft und

Georg Britting (1891–1964)

Anmut", in der Brandung der Zeit: „Mit wilder, ungebändigter Kraft wirft sich der
Strom gegen die eisenbewehrten Pfeiler und bohrt sich, ein Winkelried, die spitzigen
Lanzen der Brücke in den Leib. Und es nützt doch nichts. Aber der Trotzkopf in seinem
jugendlichen Ungestüm läßt nicht ab; brausend und schäumend stürmen seine Wellen-
rosse gegen die festen Steinquadern, um immer doch kläglich zu zerschellen."

Zu Anfang desselben Jahres konnte Britting auch erstmals eines seiner Gedichte
gedruckt lesen. Das katholische Unterhaltungsblatt „Der deutsche Hausschatz", das der
Regensburger Pustet-Verlag herausgab, hatte das Gedicht „Winter" eingerückt. Auch in
anderen der damals zahlreichen und auflagenstarken Volksbildungszeitschriften konnte
Britting seine Gedichte unterbringen. Der größte Erfolg des angehenden Schriftstellers
war allerdings die Uraufführung eines an Schnitzler geschulten Zyklus' von Einaktern
mit dem Titel „An der Schwelle" am 27. März 1913 auf der Bühne des Regensburger
Stadttheaters. Die (verschollenen) Stücke erfuhren geteilte Aufnahme. Der Rezensent
des katholischen „Regensburger Anzeigers" gestand dem jungen Autor „immerhin gute
Begabung" zu, nahm aber an der „Erotik" Anstoß, während der Theaterkritiker der
„Regensburger Neuesten Nachrichten", vermutlich ein Freund Brittings, möglicherweise sogar er selbst, unter anderem „eine Fülle von Geistreicheleien und geschmack-
vollen Bildern und […] kleine Bosheiten gegen das schwache Geschlecht" hervorhebt.
„Er erzielte mit seinem Einakterzyklus einen überaus warmen, unbestrittenen Erfolg,
der ihm wohl Ansporn sein wird, auf der beschrittenen Bahn in stetiger Vervollkommnung weiterzuwandeln." heißt es weiter. Als Britting wenige Wochen später Regensburg
Richtung Süden verläßt, tut er dies nicht, um sich nach diesem ermutigenden Erfolg in
das literarische Leben Münchens zu stürzen, sondern um in Weihenstephan an der
Königlich Bayerischen Akademie für Landwirtschaft und Brauerei zu studieren, und
auch als er im darauffolgenden Semester in die bayerische Metropole wechselt, ist die
Fortsetzung des Studiums und nicht die einer Schriftstellerlaufbahn die Ursache.

Im August 1914 rauschte es gewaltig im deutscheichenen Blätterwald. Viele Autoren,
auch Thomas Mann, Robert Musil, Hermann Hesse und Alfred Kerr, verfaßten Hymnen
der Begeisterung, Kriegsgesänge und vaterländische Artikel, die manchem von ihnen
später peinlich waren, und auch der dreiundzwanzigjährige Georg Britting griff zur
Feder – allerdings nur, um sich freiwillig zum Waffendienst zu melden, wenige Tage nach
offiziellem Kriegsbeginn, am 10. August. Fast auf den Tag genau vier Jahre später kehrt
Britting, inzwischen Leutnant und mehrfach ausgezeichnet, unter anderem mit dem
Eisernen Kreuz I. Klasse, über Fürth nach Regensburg zurück: Nach seiner zweiten
schweren Verwundung wird er von der Westfront in das Reservelazarett Regensburg
eingeliefert, das er vier Monate später wieder verlassen darf. Ende 1918 nimmt er an
Aktionen des Regensburger Arbeiter- und Soldatenrats teil, angeblich auch an der Besetzung der Redaktionsräume des katholischen „Regensburger Anzeigers", mit dem er
schon vor dem Krieg eine Fehde geführt hatte, und wird nun bis 1921 in Regensburg
bleiben, zunächst bei den Eltern in der Engelburgergasse wohnend.

Er hat das Schreiben nicht verlernt in den vier Kriegsjahren. In vaterlandstreuen, auflagenstarken Unterhaltungs- und Kriegspropagandazeitschriften, überwiegend in der
„Liller Kriegszeitung", im „Wieland" und in der „Kriegszeitung der Meggendorfer
Blätter", veröffentlichte er regelmäßig Gedichte und Erzählungen, die sich, in einer
kantigen Sprache gehalten, durch die letztlich harmonisierende Aufarbeitung des Sol-

datenlebens der Erbauungsliteratur nähern. Doch aus dem Krieg brachte Britting neben einem steifen rechten Arm auch die Begegnung mit dem Expressionismus mit. Sie wird auf 1916/17 datiert und steht am Beginn einer schriftstellerischen Neuorientierung. In den folgenden Jahren wird der Spätexpressionismus im Werk Brittings die sichtbarsten Spuren in der Gründung der Zeitschrift „Die Sichel" (1919–1921) und in seinem ersten Prosaband „Der verlachte Hiob" von 1921 hinterlassen.

Seit seinem Weggang aus Regensburg 1913 war Britting kaum mehr journalistisch tätig gewesen. 1919 knüpfte er als Theaterkritiker der Regensburger sozialdemokratischen Tageszeitung, der „Neuen Donaupost", an die Vorkriegszeit an. Doch er hatte noch andere, ehrgeizigere Pläne. Gemeinsam mit dem sechs Jahre älteren Josef Achmann, einem Maler und Graphiker, der später Mitglied der Münchner „Neuen Sezession" wurde, gab er „Die Sichel" heraus. Die „Monatsschrift für neue Dichtung und Graphik" erschien zwischen Juli 1919 und Dezember 1921: in den ersten beiden Jahren insgesamt 17 sehr unterschiedlich starke Hefte und zum Abschluß, als 3. Jahrgang, ein Interimsjahrbuch. Das Bild der Sichel ist sehr vieldeutig und verweist in der Hauptsache auf die angestrebte Verbindung von bäuerlich-regionalen Wurzeln mit einer künstlerischen Avantgarde, deren Früchte geerntet werden sollten. Die beiden Herausgeber standen wie der Untertitel für das Programm: eine moderne Zeitschrift zu schaffen, in der bildnerische und schreibende Kunst gleichberechtigt ihren Platz finden. Den beiden Freunden gelang ein Achtungserfolg, finanziell stand das Projekt auf tönernen Füßen. Ihre gemeinsame Wohnung war zugleich das Redaktionsbüro, Adresse: Am Königshof 2, das sogenannte „Achmannhaus". Über diese Wohngemeinschaft berichtet Britting in einem von mehreren Artikeln, die er über und für Achmann schrieb: „Wenn wir nachts um zwei oder auch um drei Uhr durch die brave, schlafende Stadt in unsere zwei Dachstuben am Königshof zurückkehren, setzt Achmann sich noch an den Tisch, raucht eine Zigarette und legt eine Holzplatte bereit. Dann knirscht auch schon der Stichel im Holz und fliegen schon die Späne. […] Die beiden Zimmer, in denen wir leben, sind klein und niedrig. O, wir beklagen uns nicht! Die Wände sind bedeckt mit Achmanns Bildern und Schnitten und Zeichnungen. Einen Ofen haben wir, der wärmt. […] Und wir haben eine Kaffeemaschine. Es ist uns schon schlecht gegangen, aber es ist uns noch nie so schlecht gegangen, daß sie uns nicht den schwarzen, schwerduftenden Saft gegeben hätte, den wir bis zur Verzückung lieben." Es lag wohl an den fehlenden Verbindungen der beiden Neueinsteiger und dem etwas inselartigen Dasein, das eine expressionistische Zeitschrift im sich gerade von der Revolution erholenden Regensburg führte, daß der „Sichel" keine Kontinuität und nur wenige Leser vergönnt waren. Es konnte kein fester Mitarbeiterstab organisiert werden, Format, Umfang, Ausstattung und Erscheinungsweise wechselten mehrmals. Ein Großteil der Seiten war mit Lyrik gefüllt, wobei aber Britting mit eigenen Beiträgen sehr zurückhaltend war; er selbst war stilistisch noch recht unentschlossen. Der Ton erinnert in manchem an Georg Heym, auch Rimbaud und sogar Rilkesches drängt sich bisweilen noch durch. Bedeutende Autoren der Gegenwart lieferten Beiträge, so unter anderem Oskar Maria Graf, Mynona, Theodor Däubler und der heute vergessene Rudolf Pannwitz, der am stärksten vertreten war. Britting selbst arbeitete an mehreren expressionistischen Zeitschriften mit, so bei der „Roten Erde", dem „Sturmreiter" (beide Hamburg) und dem „Silbernen Spiegel" aus Dresden. Ein Kuriosum ist, daß er 1920 mehrmals einen Gedichtband mit dem Titel „Der Verbannte in der Kugel" und den Erzähl-

band „Blutvergiftung" angekündigt, aber nie geschrieben hat. Ebenfalls in der Planung
stecken blieb die Veröffentlichung einer Reihe expressionistischer Bücher im Verlag der
„Sichel". Es fehlte das Geld.

Alles in allem kam Brittings Wende zum Expressionismus spät, vielleicht zu spät,
wenn man bedenkt, daß die Hochzeit dieser Bewegung um 1913 angesetzt wird. Die
Texte des Endzwanzigers haben so eher experimentellen Charakter, sind Teil einer Über-
gangsphase, die der eigenen Standortbestimmung diente und mit dem Umzug nach
München im Mai 1921 zu einer Neuorientierung führte. Mit der Organisation eines
„Sichel"-Abends, bei dem Achmanns Frau, die Schauspielerin Magda Lena von Perfall,
Gedichte und Prosatexte Brittings vorliest, knüpft er zwar noch einmal an seine Regensburger Epoche an, doch wendet er sich von seinen expressionistischen Anfängen, seiner
„wilden Zeit von 1918 bis 1923", bald ab. Aus diesen Tagen stammt jedoch sein Sinn
für Farbeffekte, für holzschnittartige Beschreibungen, die expressive Farbigkeit der
Tableaus, die er entwirft – sie werden auch sein späteres Werk noch bestimmen, wenn
auch in gemilderter Form. Eine für den Expressionismus typische Vorliebe für mythisch-
historische Figuren voll gebrochenen Pathos', wie er sie im „Verlachten Hiob" mit der
Titelfigur selbst, mit dem ebenfalls biblischen Kain, dem literarischen Don Quichotte
und der in eine dunkle, barock-mittelalterliche Balkanvorzeit versetzten Erzählung „Jor
auf der Flucht" beweist, wirkt noch in dem zehn Jahre später publizierten Roman
„Lebenslauf eines dicken Mannes, der Hamlet hieß" nach.

Neben Prosa und Lyrik entstanden in den Zwanzigern aber auch Dramen, vornehmlich „Komödien" genannte Stücke: „Das Storchennest", „Das Herz. Ein Tanz auf dem
Seil in einem Akt", „Paula und Bianka", „Die Stubenfliege" und „Die Provinzler". Sie
wurden sogar zum Teil – mit mäßigem Erfolg – aufgeführt; und irgendwann zwischen
1928 und 1936 zog Britting einen Schlußstrich unter sein dramatisches Schaffen, wie er
1958 Dietrich Bode schreibt: „Ich hatte vier bis fünf bis sechs Theaterstücke geschrieben.
Als sie mir nicht mehr gefielen, warf ich sie eines Abends in die Isar, in meiner Zentral-
heizung konnte ich sie ja nicht verbrennen." Ein weiterer dichterischer Versuch aus
Brittings Regensburger Nachkriegszeit ist noch zu erwähnen: das Stummfilmdrehbuch
„Dr. Usnochs Duell mit dem Verhüllten". Eine abenteuerlich-phantastische Geschichte
um Archäologen, ägyptische Mumien und Seelenwanderung, die er gemeinsam mit Josef
Michtl verfaßte. Das handwerklich durchaus geschickte Drehbuch wurde nie umgesetzt
und erst 1991 in dem Band „Expressionismus in Regensburg" veröffentlicht.

Als der soeben dreißig gewordene Britting 1921 nach München zieht, mag er auf
bessere Publikationsbedingungen hoffen. Doch wird dem Einakter „Storchennest", der
1922 im Hamburger Verlag Adolf Harms erscheint, erst fünf Jahre später ein weiteres
Buch folgen: der Prosaband „Michael und das Fräulein". Britting ist in diesen fünf Jahren
nicht untätig gewesen, auch nicht, zumindest nicht gänzlich, den Reizen der immer noch
lebendigen Künstlerszene der bayerischen Landeshauptstadt erlegen. Er konnte in
mehreren Zeitungen und Zeitschriften regelmäßig Gedichte und Prosa plazieren; die
Liste kann sich sehen lassen: „Simplicissimus", „Frankfurter Zeitung", „Magdeburgi-
sche Zeitung", „Vossische Zeitung", „Berliner Börsen-Courier", „Der Tag", „Berliner
Illustrirte Zeitung", „Jugend". „Michael und das Fräulein" versammelt denn auch
Erzählungen, die zuvor schon, zum Teil in voneinander abweichenden Fassungen, in
diesen Organen erschienen waren und die sich bis auf wenige Ausnahmen in den Prosa-

bänden der dreißiger Jahre wiederfinden. Nicht Faulheit des Autors oder ein ökonomischer Recycling-Gedanke sind die Gründe hierfür, sondern eine nie gänzlich zur Ruhe kommende Unzufriedenheit mit dem eigenen Werk, Mißtrauen in die eigene Sprache, die eigenen Worte. Immer wieder werden die eigenen Texte überarbeitet, mitunter bleibt nur mehr ein Handlungsgerippe identisch, während sich Stil und Sprache völlig gewandelt haben. Was Britting in den zwanziger Jahren an seinen Texten nachbessert, sind der Tendenz nach meist stärkere Prägnanz und höhere Detailgenauigkeit, mit denen „ein Beschneiden besonders hochgetriebener Bilder" (Bode) einhergeht. Speiste sich der expressionistische Gestus noch vor allem aus einer Kraßheit der Bilder und einer etwas vordergründigen Abgründigkeit, so nimmt jetzt der wohldosierte Einsatz von kräftigen Akzenten in einer harmonischeren Komposition zu. Zugleich versucht er, nach dem Vorbild des niederbayerischen Schriftstellers und Mitglieds des Münchner Kabaretts der „Elf Scharfrichter", Heinrich Lautensack, dessen Werk er um 1920 entdeckte, eine noch innigere Vereinigung von expressionistischen Elementen und regionaler Identität zu erzielen, womit er unwillkürlich Teil der zeitgenössischen Diskussion zwischen der (Berliner) Großstadtliteratur und den Stimmen aus der literarischen ‚Provinz' wurde.

Diese Neuorientierung steht in Verbindung mit einem sich erweiternden Münchner Freundes- und Bekanntenkreis, zu dem Maler und Schriftsteller gehören, wie Fritz Knöller, Karl Wolfskehl, Hans Carossa, Gottfried Kölwel, Paul Alverdes, Eugen Roth, Ernst Penzoldt. 1924 wird Britting Mitglied der eher konservativen Schriftstellervereinigung „Die Argonauten". 1926 unternimmt er gemeinsam mit dem Maler Hans Lasser eine Reise durch Oberitalien, von der er für die „Frankfurter Zeitung" Reiseberichte mitbringt, die Lasser durch Zeichnungen bereichert. Eine weitere Reise durch den Balkan vier Jahre später wird ebenfalls Quell reicher literarischer Produktion. Im selben Jahr, 1930, erscheint Brittings erster Gedichtband, der schlicht „Gedichte" betitelt und ein Zeichen dafür ist, wo der Autor selbst in Zukunft seinen Schwerpunkt setzen will. Das positive Echo auf das Buch (bei zähem Verkauf), der mit 3000 Mark dotierte Preis der „Berliner Illustrirten Zeitung" zwei Jahre zuvor für eine Novelle und ein ein- oder zweijähriges Stipendium des Berliner Ullstein-Verlages sind Belege der Aufmerksamkeit, die Britting seit Ende der Zwanziger auch überregional erregte. Nun konnte sich Britting in der literarischen Öffentlichkeit etablieren.

In seinem Schaffen nahm seit den Zwanzigern die Naturlyrik immer breiteren Raum ein. Für sie wird er hauptsächlich berühmt und gerühmt werden. Sie prägt noch heute das Britting-Bild. Der (natürlich) an Wedekind und Brecht gemahnende Moritatenton, in dem in Baalscher Gelassenheit von der Beseitigung der lästig gewordenen Ehefrau und Tabakladenbesitzerin berichtet wird, wird sich bald verlieren: „[...] Ich konnte keine Liebe brauchen | Und war zu jeder Tat bereit. || Statt Zigaretten lauter Küsse! | Ich hab' sie schleunig umgebracht | Mit Hilfe zweier Flintenschüsse, | Und rauchend mich davongemacht." (Moritat) Mit seinem Interesse an Naturlyrik war der Autor nicht allein. Viele junge Schriftsteller wie Günter Eich, Horst Lange, Peter Huchel, Hermann Kasack, die zum Großteil der Zeitschrift „Die Kolonne" (1929–32) nahestanden, wandten sich der Naturdichtung zu, die bis in die sechziger Jahre die deutsche Lyrik beherrschen sollte. Diese Tendenz war Teil einer immer stärker werdenden konservativen Strömung am Ende der Weimarer Republik, die eine „reine", eine unpolitische Kunst propagierte und aus elitärem Dünkel heraus mit dem Finger auf ‚linke' Autoren zeigte. Nach rechts hin war man, wenn man auch die Nationalsozialisten im ganzen für Barbaren hielt, wesentlich großzügiger und nützte ganz gern die Publikationsmöglichkeiten auch in „völkisch" orientierten Organen. Diese Autoren wollten, wie auch Britting, keine „Heimatdichter" oder Parteidichter sein, waren es auch nicht, und waren mitunter noch nach 1945 der Überzeugung, sie seien mit ihrer unpolitischen Haltung auch wirklich unpolitisch gewesen. Für Britting, der für sich selbst gerne das Ideal der unpolitischen Dichter-Existenz in Anspruch nahm, waren die dreißiger und frühen vierziger Jahre die Zeit seiner intensivsten Publikationstätigkeit, seiner größten Erfolge. Auch er war einer der vielen, die nach 1933 nicht glaubten, in eine Situation gekommen zu sein, in der sie sich irgendwie hätten entscheiden müssen. So war dieses Jahr, das für die bedeutendsten deutschen Schriftsteller und Schriftstellerinnen zu einem Schicksalsjahr wurde und in Werk und Leben der meisten von ihnen einen nicht mehr zu kittenden Riß hinterließ, für Britting gerade das Jahr, in dem sein erfolgreichstes Buch (die bereits beschriebene „Kleine Welt am Strom") im Münchner Langen-Müller Verlag erschien, das innerhalb von zehn Jahren sechs weitere Auflagen erleben sollte, zuletzt in einer Feldpostausgabe. Die Rezension in Will Vespers „Nationalsozialistischen Monatsheften" hatte dem Buch offenbar nicht geschadet: „Die Stoffe […] haben ebenso wie sein ‚Hamlet' alle etwas perverses: […]." (Heft 4/1933)

Brittings „Lebenslauf eines dicken Mannes, der Hamlet hieß" war im Jahr zuvor, im Frühjahr 1932, ebenfalls bei Langen-Müller in einer Auflage von 5000 Exemplaren gedruckt worden, nachdem sechs Verlage abgelehnt hatten. Das Buch ist eines der Hauptwerke Brittings und ein bedeutender Beitrag zur deutschen Romanliteratur, nimmt sich im restlichen Verlagsprogramm jedoch etwas sonderbar aus. Der Verlag, der dem deutschnationalen „Deutschen Handlungsgehilfen-Verband" gehörte, der damals weltweit größten Gewerkschaft kaufmännischer Angestellter, eröffnete gerade eine Offensive auf dem Buchmarkt und erhob den Anspruch, Vertreter der neuen völkisch-national gesinnten Dichtergeneration zu sein. Daß Britting ausgerechnet mit seinem Roman in dieses Programm aufgenommen wird, hat wohl mit der Strategie des Verlags zu tun, sich nicht durch eine allzu offene nationalistische Tendenz und völlige Vernachlässigung literarischer Maßstäbe den Zugang zu einem anspruchsvolleren Publikum selbst zu versperren. In jedem Fall ist Britting damit Langen-Müllerscher Hausautor.

Die ersten Pläne zu seinem Roman reichen ins Jahr 1925 zurück, das erste Kapitel „Das Landhaus" erschien damals als Novelle in einer Anthologie. Ursprüngliche Keimzelle des Romans ist die Textstelle, die wohl erstmals Goethe aus dem Shakespeareschen „Hamlet" herausgezupft hat und in der Hamlets Mutter, die Königin von Dänemark, über ihren im Duell arg ins Schnaufen geratenen Sohn sagt: „Er ist fett und kurz von Atem …" Dies wird im Brittingschen Titel aufgegriffen und zieht sich wie ein roter Faden durch den Text, sei es, daß Hamlet seinen Stiefvater unter den Tisch frißt oder selbst bei nichtendenwollenden Treppengebirgen schwer ins Schwitzen gerät. Britting spielt hier mit einem der großen Mythen des Abendlandes, witzig, ironisch und hochliterarisch. Er hat Hamlet und den übrigen Figuren aus dem großen Vorbild eine neue Biographie verpaßt und sie aus kahlen Schloßgemäuern in eine unheimlich-lebendige Landschaft versetzt. So fremd wie dem König Hamlet seine Umwelt ist, so distanziert umreißt der Autor in acht in sich geschlossenen Kapiteln, die entscheidenden Epochen im Leben Hamlets entsprechen, mitunter skizzenhaft, dann wieder detailgenau, grotesk-verzerrend, expressiv-farbig oder nüchtern-kühl den Prozeß einer zunehmenden Entfremdung, der für Hamlet und seinen Sohn (aus der Beziehung zu Ophelia) im Kloster endet. Die kunstvolle Sprache und die geschickte Regie im Wechsel von Nah- und Fernsicht, Raffen und Verharren machen den Charme und die Originalität des Romans aus. Die Reaktionen waren erstaunlich positiv, auch wenn das Werk häufig als „humoristisch" charakterisiert wurde, was zu kurz greift und Brittings Hamlet-Interpretation harmloser macht, als sie ist. Britting hat zwar noch einen Roman geplant, ihn aber nie fertiggestellt. Seine Domäne blieb die Lyrik.

Seit den dreißiger Jahren veröffentlicht nicht nur Britting selbst mehr, sondern es wird auch über ihn immer öfter geschrieben. Zahlreiche Würdigungen, Erwähnungen in Literaturgeschichten und Abhandlungen über die deutsche Gegenwartsliteratur befördern seinen Bekanntheitsgrad. Er wird allgemein als ein Vertreter (süd-)deutscher neuerer Literatur verstanden. Immer wieder hebt man seine Zugehörigkeit zu der Dichtergeneration, die den ersten Weltkrieg an der Front erlebte, hervor – eine Schublade, die Britting selbst stets gerne geöffnet hat. So heißt es auch in Meyers Lexikon von 1937 über ihn: „eigenwilliger Lyriker (auch Kriegserlebnis)", wobei das Etikett „eigenwillig" in diesem Zusammenhang ein Stirnrunzeln enthalten mag. Ebenso häufig werden in Rezensionen und Porträts Begriffe wie „Ursprünglichkeit", „bayerisches Barock", „volkshaft" stereotyp wiederholt. 1936 wird ihm der Münchner Dichterpreis verliehen: „Sein Werk, geboren aus tiefer Naturverbundenheit und geformt durch das erschütternde Erlebnis des Krieges, bringe nicht nur ein glanzvolles dichterisches Wiederaufleben bayerischen Barocks, sondern wachse darüber hinaus zu einer Schicksalsdichtung von harmonischer Prägung, die von dem Wissen um Leben und Tod getragen und von einem echt deutschen Humor durchleuchtet sei." (Völkischer Beobachter, 8. April 1938)

Vor allem eine Zeitschrift hält den Schriftsteller im literarischen Bewußtsein gegenwärtig und ermöglicht ihm durch regelmäßige Abdrucke ein bescheidenes, aber unabhängiges Auskommen: „Das innere Reich. Zeitschrift für Dichtung, Kunst und deutsches Leben", die im Langen-Müller Verlag von 1934 bis 1944 erscheint und von Brittings Freund Paul Alverdes zusammen mit Karl Benno von Mechow herausgegeben wird. In einem programmatischen Editorial schreibt das Herausgeberduo: „Entgegen der Meinung einer verzweifelten, sogenannten ‚Geistigkeit', die sich innerlich schon längst, äußerlich nun auch durch die Auswanderung von der Volksseele gelöst hat, sprechen wir getrost hier vom ‚Inneren Reich', und nennen eine neue Zeitschrift, die der deutschen Dichtung und der deutschen Kunst dienen will, nach diesem Wort." Brittings erster Beitrag in diesem ersten Heft vom April 1934 paßt nicht so recht zu der markigtrotzig verkündeten Aufbruchsparole, die auf die folgenden Hefte einstimmen soll: das Gedicht „März" (später unter dem Titel „Unruhiger Tag"), eine Naturimpression, die nichts von aufbrechendem Frühling, sondern vielmehr eine kalt-abweisende Stimmung vermittelt. Britting hat sich um die kulturpolitische Marschrichtung der Zeitschrift offenbar nicht sehr gekümmert, für ihn zählte die Möglichkeit, etwas veröffentlichen zu können (übrigens vor allem bereits in den Zwanzigern Entstandenes). Was er hier unterbringen kann, geht gemeinsam mit älteren und andernorts gedruckten Werken in die in relativ rascher Folge erscheinenden drei Lyrikbände „Der irdische Tag" (1935), „Rabe, Roß und Hahn" (1939) und „Lob des Weines" (1944 / erweitert 1950) und die Erzählbände „Das treue Eheweib" (1934), „Der bekränzte Weiher" (1937), „Das gerettete Bild" (1938), „Der Schneckenweg" (1941) ein.

1945 ist ebensowenig ein Einschnitt in Brittings Werk wie das Jahr 1933. Er muß sich keinem Entnazifizierungsverfahren unterziehen, heiratet 1946 die Schauspielerin Ingeborg Fröhlich und kann an die gesammelte Publikation dessen gehen, was zum Teil in den vergangenen Jahren bereits vereinzelt erschienen war: zunächst, 1947, der Gedichtband „Die Begegnung", über den er am 15. April 1944 an seinen Brieffreund Georg Jung schreibt: „Ein Zyklus von 60 Sonetten, eine Art von Totentanz, wie zeitgemäß! soll, *nach dem Krieg,* wenn da noch Bücher erscheinen, als eigener Band erscheinen." Letztendlich vereint der Band 70 „Todsonette". Die strenge Form ist Indiz einer neuerlichen (und letzten) literarischen Entwicklung Brittings, die bereits in den späten dreißiger Jahren einsetzt und zu einer intensiven und fruchtbaren Auseinandersetzung mit zahlreichen, selbst den schwierigsten antiken Vers- und Strophenmaßen führt. Der Zug klassizistischer Formstrenge nimmt zu in seinem Werk, auch wenn er am 18. März 1946 in einem Brief schreibt: „Ich freu mich wahrhaftig drauf, mich wieder in freieren Formen bewegen zu können. Es war, das Sonettieren, von allem andern abgesehen, eine gute Schule, denke ich." Der Sonettband erscheint, wie auch der anläßlich Brittings sechzigstem Geburtstag schnell zusammengestellte Lyrikband „Unter hohen Bäumen" (1951) in seinem neuem Verlag, der Nymphenburger Verlagsbuchhandlung, nachdem der Langen-Müller Verlag wegen seiner Rolle im Dritten Reich vorerst keine Publikationsgenehmigung erhalten hat. Erstmals betätigt er sich auch als Herausgeber, erst einer zweibändigen Auswahl aus Eduard Mörikes Werk, dann einer Anthologie „Lyrik des Abendlandes", für den neugegründeten Carl Hanser Verlag. Britting wurde eine der Stützen der konservativen Münchner Nachkriegskulturpolitik, die übergangslos an die großen zwanziger Jahre anknüpfen wollte, als sich in Münchens Kulturszene noch einiges bewegte, bevor es zur „Hauptstadt der Bewegung" verkam. Dem Mitglied der „Bayerischen Akademie der Schönen Künste" Georg Britting wird in den nächsten Jahren manche offizielle Ehre zuteil: Vom Bonner Auswärtigen Amt wird der Sechzigjährige 1951 als einer der Repräsentanten deutscher Kultur zu einem „Rencontre Européenne de Pésie" im belgischen Seebad Knokke eingeladen, es folgen 1953 der Düsseldorfer Immermann-Preis, 1958 die Aufnahme in die Berliner „Akademie der schönen Künste" (während er die Aufnahme in die Frankfurter „Deutsche Akademie für Sprache und Dichtung" verweigerte), im selben Jahr der Große Preis des Kulturkreises im Bundesverband der deutschen Industrie, 1959 das Große Bundesverdienstkreuz und zwei Jahre später der Bayerische Verdienstorden und der Große Preis von Nordrhein-Westfalen.

Brittings letzte Buchveröffentlichung zu Lebzeiten, sieht man von einer kleinen Werkauswahl im Jahre 1955 ab, wird – elf Jahre vor seinem Tod – 1953 die bereits 1946 entstandene, inzwischen stark erweiterte Erzählung „Afrikanische Elegie" sein. Der Titel weckt vielleicht falsche Erwartungen, denn die „Afrikanische Elegie" spielt in der Regensburger Heimat, die der Autor auch nach seinem Wegzug alle paar Jahre besuchte und der er sich, vor allem als Heimat der Mutter, seit den fünfziger Jahren wieder bewußter näherte; es ist die etwas melancholische Geschichte vom Aufbruch eines Schulfreundes aus den elterlichen Verhältnissen zur sagenumwobenen Fremdenlegion und seine resignierte Heimkehr, die der ironisch-distanzierte, daheimgebliebene Erzähler berichtet. Britting äußert sich über sie in einem Brief vom 17. Mai 1953 (wegen seiner Behinderung im rechten Arm schrieb er Maschinenbriefe oft durchwegs in Kleinbuchstaben): „ich bin gar nicht recht zufrieden damit, sie scheint mir ein bißchen kahl und altersstilig.

der mut zu stilistischem überschwang […] ist mit 60 schwerer aufzubringen als mit dreißig, nicht daß ichs nicht mehr könnte, denke ich, aber so viel wortschwall zu machen, scheint mir heut genierlich. aber es steckt doch viel kraft dahinter, und jugendlicher übermut. trotzdem: ich will schon noch einmal eine kühn strotzende prosa schreiben. helf gott!"

In seinen letzten Lebensjahren verschlechtert sich Brittings Gesundheitszustand zunehmend, nachdem er bereits in der unmittelbaren Nachkriegszeit an einer seltenen Lungenerkrankung, befördert durch unzureichende Ernährung, litt. Georg Britting stirbt am 27. April 1964 an den Folgen eines Herzinfarkts in München, wo er auf dem Neuen Nordfriedhof beigesetzt wird.

1965 erscheint aus dem Nachlaß „Der unverstörte Kalender", ein Gedichtband, den Britting nicht mehr abschließen konnte; enthalten auch „Das weiße Bett". Neben der meisterlichen Beherrschung der antiken alkäischen Strophen zeigt es uns einen Naturlyriker, der mehr sieht als Wald und Wild und Feld.

GEORG BRITTING: DAS WEISSE BETT

Die Spur im Schnee, ich kann sie nicht lesen, wie
Es wohl ein Jäger könnte, ein Bauer auch:
Sie läuft zum Walde hin, der dunkel,
Jenseits des Baches, das Wild verheimlicht.
Das weiße Feld, ein reinliches Linnen, glatt
Gespannt, ein frisch bezogenes Bett, das grad
Die Magd mit flinker Hand gerichtet,
Gilt den Verfolgten nicht sichre Zuflucht.
Der rauhe Wald, das dornige Dickicht, scheint
Den schnöd Gehetzten besserer Aufenthalt:
Aus weißem Bette holn die Jäger,
Holen die Häscher sich gern ihr Opfer.

Lesetips

Biographische Splitter aus der Römerzeit
K. Dietz, Th. Fischer, Die Römer in Regensburg, Regensburg 1996.
A. Faber, Das römische Auxiliarkastell und der Vicus von Regensburg-Kumpfmühl, München 1993.
Th. Fischer, Das Umland des römischen Regensburg, München 1990.
A. Lippold, Regensburg 179 n. Chr. – Die Gründung des Lagers der Legio III Italica, in: D. Albrecht (Hrsg.), Zwei Jahrtausende Regensburg, Regensburg 1979, 21–35.
G. Waldherr, Castra Regina – Regensburg. Vom römischen Legionslager zur bajuwarischen Herzogsstadt, VHVO 131, 1991, 43–56.

Tassilo III.
M. Becher, Eid und Herrschaft. Untersuchungen zum Herrscherethos Karls des Großen, Sigmaringen 1993.
P. Classen, Bayern und die politischen Mächte im Zeitalter Karls des Großen und Tassilos III., in: S. Haider (Hrsg.), Die Anfänge des Klosters Kremsmünster, Linz 1978, 169–188.
W. Kienast, Die fränkische Vasallität, in: P. Herde (Hrsg:), Von den Hausmeiern bis zu Ludwig dem Kind und Karl dem Einfältigen, 1990.
L. Kolmer, Zur Kommendation und Absetzung Tassilos III., Zeitschrift für bayerische Landesgeschichte 43, 1980, 291–327.
W. Störmer, Tassilo III., in: Lexikon des Mittelalters VIII (1996) 485f.
H. Wolfram, Salzburg, Bayern, Österreich. Die Conversio Bagoariorum et Carantanorum und die Quellen in ihrer Zeit, Wien/München 1995.

Arnulf
H. C. Faußner, Zum Regnum Bavariae Herzog Arnulfs, Wien 1984.
K. Reindel, Die bayerischen Luitpoldinger von 893–989. Sammlung und Erläuterung der Quellen, München 1953.
K. Reindel, Herzog Arnulf und das Regnum Bavariae, Zeitschrift für bayerische Landesgeschichte 17, 1954, 187–252.
K. Reindel, Ein neues Gedicht zum Tode Herzog Arnulfs von Bayern, Zeitschrift für bayerische Landesgeschichte 20, 1957, 153–160.
A. Schmid, Das Bild des Bayernherzogs Arnulf (907–937) in der deutschen Geschichtsschreibung von seinen Zeitgenossen bis zu Wilhelm von Giesebrecht, Kallmünz 1976.
A. Schmid, Die Herrschergräber in St. Emmeram zu Regensburg, Deutsches Archiv 32, 1976, 333–369.
F. Tyroller, Zu den Säkularisationen des Herzogs Arnulf, Studien und Mitteilungen zur Geschichte des Benediktinerordens 65, 1953/54, 303–312.
G. Wolf, Das sogenannte „Gegenkönigtum" Arnulfs von Bayern 919, Mitteilungen des Instituts für österreichische Geschichtsforschung 91, 1983, 375–400.

Arnold von St. Emmeram

D. Hiley (Hrsg.), Historia Sancti Emmerammi Arnoldi Vohburgensis circa 1030, Ottawa 1996.

D. Hiley, Musik im mittelalterlichen Regensburg, in: M. Angerer, H. Wanderwitz (Hrsg.), Regensburg im Mittelalter, I. Beiträge zur Stadtgeschichte vom frühen Mittelalter bis zum Beginn der Neuzeit, Regensburg 1995, 311–322.

K. Langosch, Arnold von St. Emmeram, in: Die deutsche Literatur des Mittelalters. Verfasserlexikon ²I (1978) 464–470.

F. A. Stein, Das ältere Offizium des hl. Wolfgang in der Handschrift Clm 14872 aus St. Emmeram zu Regensburg in der Bayerischen Staatsbibliothek München, in: F. A. Stein (Hrsg.), Festschrift Ferdinand Haberl zum 70. Geburtstag. Sacerdos et Cantus Gregoriani Magister, Regensburg 1977, 279–302.

F. A. Stein, Liturgische Musikhandschriften aus St. Emmeram zu Regensburg in der Bayerischen Staatsbibliothek München – Ein Überblick, in: Regensburger Beiträge zur Musikwissenschaft I, Regensburg 1976, 269–308.

Historia Sancti Emmerammi. Das Regensburger Emmerams-Offizium/The Regensburg Office in Honour of St. Emmeram, Schola Hungarica, dir. Janka Szendrei u. László Dobszay (Calig CAL 50 983). [CD-Einspielung 1996]

Wilhelm von Hirsau

A. Gerl, Trigonometrisch-astronomisches Rechnen kurz vor Copernicus, Stuttgart 1989.

Universität Regensburg (Hrsg.), Gelehrtes Regensburg – Stadt der Wissenschaft. Stätten der Forschung im Wandel der Zeit, Regensburg 1995, bes. 40–42.

J. Wiesenbach, Wilhelm von Hirsau. Astrolab und Astronomie im 11. Jahrhundert, Forschungen und Berichte der Archäologie des Mittelalters, Landesdenkmalamt Baden-Württemberg, Stuttgart 1991.

Herbordus

H.-E. Paulus, Die Steinerne Brücke, Regensburg 1993.

W. Volkert, Die Brücke von Regensburg, ihr Siegel und ihr Wappen, Architectura 1994, 259–279.

W. Volkert, Die Steinerne Brücke in Regensburg, Die Oberpfalz 85,2, 1997, 65–91.

Rabbi Jehuda he-chasid

T. Alexander-Frizer, The Pious Sinner. Ethics and Aesthetics in the Medieval Hasidic Narrative, Tübingen 1991.

Ch. Daxelmüller, Rabbi Juda he-chasid von Regensburg, in: Universität Regensburg (Hrsg.), Gelehrtes Regensburg – Stadt der Wissenschaft. Stätten der Forschung im Wandel der Zeit, Regensburg 1995, 105–118.

D. Joseph, Rabbi Juda the Pious and Caesarius of Heisterbach. Common Motifs in their Stories, in: J. Heinemann, D. Noy (Hrsg.), Studies in Aggadah and Folk-Literature, Jerusalem 1971, 18–27.

Albertus Magnus

P. Mai, Urkunden Bischof Alberts II. von Regensburg (1260–1262), VHVO 107, 1967, 7–45 [Zitat S. 39].

H. Ch. Scheeben, Albertus Magnus, Köln 1980.

G. Schwaiger, Der heilige Albertus Magnus, in: G. Schwaiger, P. Mai (Hrsg.), Regensburger Bistumspatrone, München/Zürich 1988, 107–123.

G. Schwaiger, P. Mai (Hrsg.), Albertus Magnus. Bischof von Regensburg und Kirchenlehrer. Gedenkschrift zum 700. Todestag, Regensburg 1980 (Separatdruck aus: Beiträge zur Geschichte des Bistums Regensburg 14, 1980).

J. A. Weisheipl, Albert der Große – Leben und Werke, in: M. Entrich (Hrsg.), Albertus Magnus – Sein Leben und seine Bedeutung, Graz/Wien/Köln 1982 [Zitat S. 38].

Berthold von Regensburg

F. Pfeiffer, J. Strobl (Hrsg.), Berthold von Regensburg. Vollständige Ausgabe seiner deutschen Predigten, Berlin 1965 [zitiert: PS].

W. Roecke, Berthold von Regensburg: Leben und Werk, in: P. Morsbach (Hrsg.), Ratisbona sacra. Das Bistum Regensburg im Mittelalter (Ausstellungskatalog), München/Zürich 1989, 270–273.

G. Schwaiger, Der selige Bruder Berthold von Regensburg (gestorben 13./14. Dezember 1972), in: G. Schwaiger (Hrsg.), Bavaria sancta. Zeugen christlichen Glaubens in Bayern II, Regensburg 1971, 163–171.

P. Segl, Berthold von Regensburg und die Ketzer seiner Zeit, in: B. Callies u. a. (Hrsg.), Regensburg und Bayern im Mittelalter, Regensburg 1987, 115–129.

G. Steer, David von Augsburg und Berthold von Regensburg: Schöpfer der volkssprachigen franziskanischen Traktat- und Predigtliteratur, in: A. Weber (Hrsg.), Handbuch der Literatur in Bayern. Vom Frühmittelalter bis zur Gegenwart, Regensburg 1987, 99–110.

Wilhelm und Matthäus Runtinger

F. Bastian, Das Runtingerbuch 1382–1407 und verwandtes Material zum Regensburger-südostdeutschen Handel und Münzwesen, 3 Bde., Regensburg 1935–1944.

W. Eikenberg, Das Handelshaus der Runtinger zu Regensburg. Ein Spiegel süddeutschen Rechts-, Handels- und Wirtschaftslebens im ausgehenden 14. Jahrhundert, Göttingen 1976.

Konrad von Megenberg

G. Hayer, Konrad von Megenberg, in: P. Morsbach (Hrsg.) Ratisbona Sacra. Das Bistum Regensburg im Mittelalter (Ausstellungskatalog), München/Zürich 1989, 167–171.

H. Ibach, Leben und Schriften des Konrad von Megenberg, Berlin 1938.

S. Krüger, Konrad von Megenberg, in: G. Pfeiffer (Hrsg.), Fränkische Lebensbilder. Neue Folge der Lebensläufe aus Franken II, Würzburg 1968, 83–103.

S. Krüger, Konrad von Megenberg, Monastik, Stuttgart 1992.

G. Steer, Konrad von Megenberg, in: Die deutsche Literatur des Mittelalters. Verfasserlexikon ²V (1985) 221–236.

M. Weber, Konrad von Megenberg (1309–1374), Domherr in Regensburg, in: Beiträge zur Geschichte des Bistums Regensburg 23/24, 1989/90, 206–215.

Andreas von Regensburg

F. Fuchs, Bildung und Wissenschaft in Regensburg. Neue Forschungen und Texte aus St. Mang in Stadtamhof, Sigmaringen 1989, bes. 31ff.

P. Johanek, Andreas von Regensburg, in: Die deutsche Literatur des Mittelalters. Verfasserlexikon ²I (1978) 341–348.

G. Leidinger (Hrsg.), Andreas von Regensburg, Sämtliche Werke, München 1903.

C. Märtl, Zur Biographie des bayerischen Geschichtsschreibers Andreas von Regensburg, in: B. Callies u.a. (Hrsg.) Regensburg und Bayern im Mittelalter, Regensburg 1987, 33–56.

J. Schneider, Neue Aspekte zu Auftrag, Strategie und Erfolg einer zweisprachigen Dynastiegeschichte des 15. Jahrhunderts: Die ‚Bayerische Chronik' des Andreas von Regensburg lateinisch und deutsch, in: R. Sprandel (Hrsg.), Zweisprachige Geschichtsschreibung im spätmittelalterlichen Deutschland, Wiesbaden 1993, 129–172.

Thomas Pirckheimer

A. Reimann, Die älteren Pirckheimer. Geschichte eines Nürnberger Patriziergeschlechtes im Zeitalter des Frühhumanismus (bis 1501), hrsg. von Hans Rupprich, Leipzig 1944, 60–103.

D. Rödel, Pirckheimer, in: Lexikon des Mittelalters VI (1993) 2173.

A. Sottili, Nürnberger Studenten an italienischen Renaissance-Universitäten mit besonderer Berücksichtigung der Universität Pavia, in: V. Kapp, F.-R. Hausmann (Hrsg.), Nürnberg und Italien. Begegnungen, Einflüsse und Ideen, Tübingen 1991, 49–103.

C. Märtl, „pos verstockt weyber"? Der Streit um die Lebensform der Regensburger Damenstifte im ausgehenden 15. Jahrhundert, in: L. Kolmer, P. Segl (Hrsg.), Regensburg, Bayern und Europa. Festschrift für Kurt Reindel zum 70. Geburtstag, Regensburg 1995, 365–405.

Johannes Aventinus

Kgl. Akademie der Wissenschaften (Hrsg.), Johannes Turmair's genannt Aventinus Sämmtliche Werke, 6 Bde., München 1881–1908.

K. Bosl (Hrsg.), Aventin und die Geschichte, Zeitschrift für bayerische Landesgeschichte 40 (1977) Sonderheft 2 und 3.

E. Dünninger, Johannes Aventinus. Leben und Werk des bayerischen Geschichtsschreibers, Rosenheim 1977.

G.-H. Sitzmann (Hrsg.), Aventinus und seine Zeit (1477–1534), Abensberg 1977.

Albrecht Altdorfer

D. Henrich (Hrsg.), Albrecht Altdorfer und seine Zeit, Regensburg 1981.

G. Goldberg, Albrecht Altdorfer. Meister von Landschaft, Raum, Licht, München/Zürich 1988.

H. Mielke, Albrecht Altdorfer. Zeichnungen, Deckfarbenmalerei, Druckgraphik, Berlin 1988.

Johannes Hiltner

G. Kuhr, Hiltner (Hilner), Johannes, in: Neue Deutsche Biographie IX (1972) 165.

G. Schlichting, Dr. Johann Hiltner, der Reformator der Reichsstadt Regensburg, VHVO 120, 1980, 455–473 [Zitat S. 456].

M. Simon (Hrsg.), Die evangelischen Kirchenordnungen des XVI. Jahrhunderts, Bd. 13: Bayern, 3. Teil: Altbayern, Tübingen 1966 [Zitate S. 372].

L. Theobald, Die Reformationsgeschichte der Reichsstadt Regensburg, 2 Bde., München 1936–1951 [Zitate Bd. I, S. 264; Bd. II, S. 18].

H. Weigelt, Nürnberg, in: Theologische Realenzyklopädie XXIV (1994) 698–707 [Zitat S. 702].

Nikolaus Gallus

R. Dollinger, Der Beitrag der Kirche von Regensburg zur Konkordienformel von 1577, Zeitschrift für bayerische Kirchengeschichte 32, 1963, 133–154.

M. Lommer (Hrsg.), Paul Hirschbeck, 1509–1545. Humanist und Theologe im Spannungsfeld der Glaubenskämpfe, Amberg 1995.

G. Schlichting, Die Annahme der Konkordienformel in Regensburg. Eine Reichsstadt ringt um ihr Bekenntnis, VHVO 117, 1977, 69–103.

G. Simon, Nikolaus Gallus (1516–1570), in: Theologische Realenzyklopädie XII (1984) 21–23.

H. Voit, Nikolaus Gallus. Ein Beitrag zur Reformationsgeschichte der nachlutherischen Zeit, Neustadt a. d. Aisch 1977.

Matthias Flacius Illyricus

P. F. Barton, Matthias Flacius Illyricus, in: Gestalten der Kirchengeschichte, VI 2: Die Reformationszeit, Stuttgart ²1994, 277–293 [Zitat S. 290].

J. Baur, Flacius – Radikale Theologie, in: Matthias Flacius Illyricus 1575–1975, Regensburg 1975, 37–50.

O. K. Olson, Matthias Flacius Illyricus, in: Theologische Realenzyklopädie XI (1983) 206–214 [Zitat S. 211].

G. Simon, Nikolaus Gallus, in: Theologische Realenzyklopädie XII (1984) 21–23 [Zitat S. 22].

E. Wedel, Matthias Flacius Illyricus, ein bedeutender kroatischer Humanist, in: Matthias Flacius Illyricus 1575–1975, Regensburg 1975, 23–36.

Johannes Kepler

W. Boll, Kepler-Gedächtnis-Haus, Regensburg ²1967.

W. Gerlach, M. List, Johannes Kepler, München ³1987.

B. Meyer, Johannes Kepler in Regensburg, Regensburg 1981.

Albert Ernst Graf von Wartenberg

J. Dendorfer, Weihbischof Wartenberg und das römerzeitliche Regensburg oder: Die Apostel in Regensburg, in: G. Waldherr (Hrsg.), 500 Jahre auf den Spuren der Römer (Ausstellungskatalog), Regensburg 1994, 87–95.

J. Dendorfer, S. Wolf, Albert Ernst von Wartenbergs Bericht über die Ausgrabungen im Domherrenhof (1688) (Transkription), in: ebenda 7–83.

A. Ebner, Die ältesten Denkmale des Christenthums in Regensburg, VHVO 45, 1893, 155–179.

G. Schwaiger, Kardinal Franz Wilhelm von Wartenberg als Bischof von Regensburg (1649–1661), München 1954.

G. Schwaiger, Römische Briefe des Regensburger Weihbischofs Sebastian Denich (1654–55), Zeitschrift für Kirchengeschichte 73, 1962, 299–326.

R. Zirngibl, Geschichte der Probstey Hainspach, München 1802.

Johann Ludwig Prasch und Susanna Elisabeth Prasch

K. Dachs, Leben und Dichtung des Johann Ludwig Prasch (1637–1690). Mit einer Darstellung seiner Poetik, VHVO 98, 1957, 5–219.

J. Dünninger, Johann Ludwig Prasch und sein Glossarium Bavaricum von 1689, Bayerisches Jahrbuch für Volkskunde 1954, 185–190.

E. Dünninger, Johann Ludwig Prasch und sein „Glossarium Bavaricum“. Sprachwissenschaft und Mundartkenntnis in Regensburg während des 17. Jahrhunderts, Regensburger Almanach 1990, 96–102.

H. J. Höller, Bürger als Gelehrte: das Ehepaar Prasch, in: Universität Regensburg (Hrsg.), Gelehrtes Regensburg – Stadt der Wissenschaft. Stätten der Forschung im Wandel der Zeit, Regensburg 1995, 142–146.

Jakob Christian Schaeffer

O. Fürnrohr, Schäffer und Grimm, zwei bedeutende Regensburger Familien des 18. Jahrhunderts, VHVO 103, 1963, 375–381.

P. Ilg, Geschichte der Botanik in Regensburg. 200 Jahre Regensburgische Botanische Gesellschaft 1790–1990, Regensburg 1990.

G. Pfluger, H. Scholz, K. Weinacht, Jacob Christian Schaeffer – Superintendent – Naturforscher – Erfinder, Regensburg 1993.

Friedrich Melchior Reichsfreiherr von Grimm

Louise d'Epinay, Correspondance avec Ferdinando Galiani, 4 Bde., Paris 1992–1996.

U. Kölving, J. Cariat (Hrsg.), Inventaire de la Correspondance littéraire de Grimm et Meister, Oxford 1984, 225–227.

E. Neubauer, Das geistig-kulturelle Leben der Reichsstadt Regensburg (1750–1806), München 1977.

E. Schérer, Melchior Grimm, Paris 1887.

Kaspar Graf von Sternberg

K. M. Färber, Domkapitular Graf Kaspar von Sternberg und sein Wirken für Regensburg, VHVO 124, 1984, 395–420.

H. Nesther, Kaspar Graf von Sternberg, Regensburg 1921.

H. Reidel, Die Villenbauten Emanuel Joseph von Herigoyens in Regensburg, VHVO 118, 1978, 87–136.

H. Schindler, Kaspar Graf von Sternberg, in: ders. (Hrsg.), Bayern für Liebhaber. Barock und Aufklärung, München 1972, 257–274.

K. v. Sternberg, Leben des Grafen Kaspar von Sternberg von ihm selbst geschrieben, hrsg. v. F. Palacky, Prag 1868.

K. v. Sternberg, Materialien zu meiner Biographie, hrsg. v. W. Helekal, Prag 1909.

Christian Gottlieb Gumpelzhaimer

Ch. L. Boesner, Lebensskizze des großherzoglich mecklenburgisch-schwerinschen Geheimen Legationsrates Christian Gottlieb Gumpelzhaimer, VHVO 17, 1856, 2–23 (mit Bibliographie).

Ch. G. Gumpelzhaimer, Regensburg's Geschichte, Sagen Und Merkwürdigkeiten von den ältesten bis auf die neuesten Zeiten, in einem Abriß aus den besten Chroniken, Geschichtsbüchern und Urkunden-Sammlungen dargestellt, 4 Bde., Regensburg 1830–1838; Nachdruck im Auszug. Regensburg 1976; vollständiger Nachdruck: Regensburg 1984.

H. Holland, Christian Gottlieb Gumpelzhaimer, in: Allgemeine Deutsche Biographie X (1879) 120.

R. Reiser, Christian Gottlieb Gumpelzhaimer, in: Karl Bosl (Hrsg.), Bayerische Biographie I, Regensburg 1983, 285.

A. Schmid, Historischer Atlas von Bayern: Altbayern 60: Regensburg. Reichsstadt – Fürstbischof – Reichsstifte – Herzogshof, München 1995.

F. Schöppl, Christian Gottlieb Gumpelzhaimer als großherzoglich mecklenburg-schwerinscher Geheimer Legationsrat, Regensburg 1911.

E. Wimmer, Zur Geschichte und Genealogie der Familie Gumpelzhaimer, Ostbairische Grenzmarken 15, 1926, 200f.

Bernhard Stark

K. Bosl, Aus den Anfängen moderner staatlicher Denkmals- und Kulturpflege in Bayern. Die Denkmäler Regensburgs, in: J. Werner (Hrsg.), Aus Bayerns Frühzeit. Friedrich Wagner zum 75. Geburtstag, München 1962, 1–43, bes. 14 ff.

Bayerische Akademie der Wissenschaften (Hrsg.), Geist und Gestalt, Ergänzungsband 1, München ²1984; Ergänzungsband 2, München 1970.

A. Kraus, P. Roman Zirngibl von St. Emmeram zu Regensburg, ein Historiker der Alten Akademie (1740–1816), Studien und Mitteilungen zur Geschichte des Benediktinerordens und seiner Zweige 67, 1956, 121f.

A. Kraus, Briefe Roman Zirngibls von St. Emmeram in Regensburg, VHVO 103–105, 1963–1965, Register.

A. Kraus, Die historische Forschung an der Churbayerischen Akademie der Wissenschaften 1759–1806, München 1959.

S. Steding, Bernhard Stark, in: G. Waldherr (Hrsg.), 500 Jahre auf den Spuren der Römer. Geschichte der Erforschung des römerzeitlichen Regensburg (Ausstellungskatalog), Regensburg 1994, 21–25.

Ludwig Wirschinger

K. O. Frhr. von Aretin, Zeitgenössische Betrachtungen über den Landtag von 1827/28, in: A. Kraus (Hrsg.), Land und Reich, Stamm und Nation. Festgabe für Max Spindler zum 90. Geburtstag III, München 1984, 37–57.

D. Götschmann, Das bayerische Innenministerium 1825–1864. Organisation und Funktion, Beamtenschaft und politischer Einfluß einer Zentralbehörde in der konstitutionellen Monarchie, Göttingen 1993, bes. 318–322.

H. Gollwitzer, Ludwig I. von Bayern. Eine politische Biographie, München 1986.

H. Gollwitzer, Ein Staatsmann des Vormärz: Karl von Abel 1788–1859, München 1993.

W. Schärl, Die Zusammensetzung der bayerischen Beamtenschaft von 1806 bis 1918, Kallmünz 1955, Nr. 73.

Eduard von Schenk

D. Albrecht, Regensburg im Wandel, Studien zur Geschichte der Stadt im 19. und 20. Jahrhundert, Regensburg 1984, 109–122.

D. Albrecht, Eduard von Schenk (1788–1841), zum 200. Geburtstag des ersten Regierungspräsidenten der Oberpfalz, Regensburger Almanach 1988, 139–144.

E. Emmerig, 150 Jahre Regierungsbezirke in Bayern, Bayerische Verwaltungsblätter 1988, 65–70

E. Emmerig, Verwaltungs- und Sozialstruktur der Oberpfalz 1838–1972, in: ders., Kulturlandschaft Oberpfalz, Kallmünz 1989, 158–177.

M. Spindler, Briefwechsel zwischen Ludwig I. von Bayern und Eduard von Schenk 1823–1841, München 1930.

M. Spindler, Handbuch der bayerischen Geschichte IV, 1: Das neue Bayern 1800–1970, München 1979, 105–158.

Carl Proske

P. Mai (Hrsg.), Musica Divina, Katalog der Ausstellung zum 400. Todesjahr von Giovanni Pierluigi da Palestrina und Orlando di Lasso und zum 200. Geburtsjahr von Carl Proske in der Bischöflichen Zentralbibliothek Regensburg vom 4. November 1994 bis 3. Februar 1995, Regensburg 1994.

Bischöfliche Zentralbibliothek Regensburg, Thematischer Katalog der Musikhandschriften, Sammlung Proske, beschrieben von Gertraut Haberkamp, mit einer Geschichte der Proskeschen Musiksammlung von August Scharnagl, Vorwort von Paul Mai, 3 Bde., München 1989–1990.

B. Janz, Das editorische Werk Carl Proskes und die Anfänge der kirchenmusikalischen Reformbewegung, in: W. Kirsch (Hrsg.), Palestrina und die Idee der klassischen Vokalpolyphonie im 19. Jahrhundert, Regensburg 1989, 149–169.

Theresia von Jesu Gerhardinger

Bayerisches Provinzialat der Armen Schulschwestern (Hrsg.), Maria Theresia von Jesu Gerhardinger, Briefe, 13 Bde., München 1979.

Bayerisches Provinzialat der Armen Schulschwestern (Hrsg.), M. Theresia von Jesu Gerhardinger. Eine Frau läßt ihren Lebensweg von Gott bestimmen, München 1984.

M. Alicia Blattenberger, Die Schifferstochter von Regensburg. Karolina Gerhardinger – Mutter Theresia von Jesu, St. Ottilien 1985.

Ch. Feldmann, Eine Frau mit Courage: eine neue Selige aus Regensburg: Theresia Gerhardinger, Regensburger Almanach 1986, 177–186.

M. Liobgid Ziegler, Mutter Theresia von Jesu Gerhardinger, Gründerin der Armen Schulschwestern v. U. L. Fr., 1797–1879, Ihr Leben und ihr Werk, München 1950.

Apollonia Diepenbrock

B. Angerer, Barbara Popp – eine Regensburger Malerin der Romantik, Regenburger Almanach 26, 1993, 29–34.

U. Finken, Apollonia Diepenbrock (1799–1880): Ein Leben für die Armen, in: W. Becker, W. Chrobak (Hrsg.), Staat, Kultur, Politik – Beiträge zur Geschichte Bayerns und des Katholizismus. Festschrift zum 65. Geburtstag von D. Albrecht, Kallmünz 1992, 237–247.

B. Gajek, Clemens Brentano: Porträt eines romantischen Dichters, in: H.-W. Eroms, B. Gajek, H. Kolb (Hrsg.), Studia Linguistica et Philologica. Festschrift für K. Matzel zum 60. Geburtstag, Heidelberg 1984, 71–86.

S. Plank, Apollonia Diepenbrock (1799–1880), in: Georg Schwaiger (Hrsg.), Lebensbilder aus der Geschichte des Bistums Regensburg (= Beiträge zur Geschichte des Bistums Regensburg 23/24) II, Regensburg 1989, 644–656.

Gottlieb Freiherr von Thon-Dittmer

D. Albrecht, König Ludwig I. und Gottlieb Frhr. von Thon-Dittmer. Eine neue Quelle zum Verhalten des Königs in der Revolution von 1848, in: A. Kraus (Hrsg.), Land und Reich, Stamm und Nation. Festgabe für Max Spindler zum 90. Geburtstag III, München 1984, 59–73.

U. Finken, Gottlieb Freiherr von Thon-Dittmer 1802–1853, Kallmünz 1990.

D. Götschmann, Das bayerische Innenministerium 1825–1864, Göttingen 1993.

Joseph Dahlem

[Anonym], Joseph Dahlem, freiresignierter Pfarrer. † Dez. 1900, VHVO 54, 1902, 353–357 [Zitat S. 354].

K. Dietz, Th. Fischer, Regensburg zur Römerzeit, Regensburg 1979, bes. 23–26.

H. Lamprecht, Der große römische Friedhof in Regensburg mit Besprechung seiner Gefäße und Fibeln, VHVO 58, 1906, 1–88.

S. von Schnurbein, Das römische Gräberfeld von Regensburg, Kallmünz 1977.

G. Steinmetz, Führer durch die Sammlungen des historischen Vereins im Oberpfälzischen Kreismuseum zu St. Ulrich in Regensburg, Kallmünz ⁶1931 (1.–2. Aufl. von Dahlem) [Zitat S. 27f.].

G. Waldherr (Hrsg.), 500 Jahre auf den Spuren der Römer. Geschichte der Erforschung des römerzeitlichen Regensburg (Ausstellungskatalog), Regensburg 1994, bes. 29–45.

Carl und Raimund Gerster

Ausstellungskatalog zur Ausstellung „Dr. Carl Gerster (1813–1892). Leben und Wirken", konzipiert von F. Brusniak, Miltenberg 1992.

E. Benner, Die Schillerfeier 1905, in: K. Möseneder (Hrsg.), Feste in Regensburg, Regensburg 1986, 553–558.

W. Chrobak, Politische Parteien, Verbände und Vereine in Regensburg 1869–1914, VHVO 119, 1979, 137–224; 120, 1980, 211–384; 121, 1981, 183–284.

R. Gerster, Ratisbona. Historisch-poetisches Spiel in 8 dramatischen Szenen und einem Vorspiel, Regensburg 1910.

R. Gerster, Alt- und Jung-Regensburg nach K. Küsser, Regensburg ²1910.

R. Micus, Das Sängerfest 1847, in: K. Möseneder (Hrsg.), Feste in Regensburg, Regensburg 1986, 480–488.

Georg Heim

H. Renner, Georg Heim. Der Bauerndoktor. Lebensbild eines „ungekrönten Königs", München/Bonn/Wien 1960.

Heinrich Held

F. Hartmannsgruber, Heinrich Held (1868–1938), in: Georg Schwaiger (Hrsg.), Lebensbilder aus der Geschichte des Bistums Regensburg (= Beiträge zur Geschichte des Bistums Regensburg 23/24) II, Regensburg1989, 942–954.

R. Keßler, Heinrich Held als Parlamentarier. Eine Teilbiographie 1868–1924, Berlin 1971.

K. Schönhoven, Die Bayerische Volkspartei 1924–1932, Düsseldorf 1972.

K. Schönhoven, Zwischen Anpassung und Ausschaltung. Die Bayerische Volkspartei in der Endphase der Weimarer Republik 1932/33, Historische Zeitschrift 224, 1977, 340–378.

Eustachius Kugler

W. Chrobak, Eustachius Kugler. Barmherziger Bruder, Handwerker, Ordensoberer, Beter, München 1996.

A. Dirmeier, Das Krankenhaus und seine Stadt. Gründerjahre, Kriegs- und Nachkriegszeit, in: Krankenhaus der Barmherzigen Brüder in Regensburg (Hrsg.), Menschen für Ihre Gesundheit. Das neue Zentralgebäude. Festschrift 1995, München 1995, 14–31, 117–119.

A. Eßer, Frater Eustachius Kugler. Barmherziger Bruder im Dienst an Kranken und behinderten Menschen, München 1993.

Chr. Feldmann, Ordensmann und Menschenfreund. Frater Eustachius Kugler. Ein Leben für die Kranken als Barmherziger Bruder, Regensburg 1996.

Krankenhausbauten der Barmherzigen Brüder in Regensburg. Festschrift aus Anlaß der Eröffnungsfeier am 10. Juni 1929, Regensburg 1929.

Georg Britting

D. Bode, Georg Britting. Geschichte seines Werkes, Stuttgart 1962.

K. Dachs u. a. (Hrsg.), Georg Britting. Der Dichter und sein Werk, München 1967.

B. Gajek, W. Schmitz (Hrsg.), Georg Britting (1891–1964). Vorträge des Regensburger Kolloquiums 1991, Frankfurt am Main etc. 1993.

W. Schmitz (Hrsg.), Georg Britting, Sämtliche Werke, 5 Bde., München/Leipzig 1987–1996.

Nachweis der Abbildungen

Bayerische Staatsbibliothek München
Clm 14870, fol. 13 verso: S. 37.

Bayerisches Hauptstaatsarchiv München
Reichsstadt Regensburg Urk. 377 von 1329 III 14: S. 59. *Kurbayern Urk. 11497 von 1342 III, 16*: S.90.

Bischöfliches Zentralarchiv Regensburg
S. 96, 233, 253.

Landbauamt Regensburg
Dominikanerkirche: *Albert als Bischof von Regensburg, Gemälde von Joseph Altheimer, 1896*: S. 71.

Mittelbayerische Zeitung, Archiv
S. 149, 301, 309

Moosburger, Uwe
S. 29, 243.

Museen der Stadt Regensburg
S. 13, 45, 111, 121, 127, 133, 163, 173, 177, 183, 189, 201, 227, 265.

Österreichische Nationalbibliothek, Wien
Cod. 2829: S. 81

Parma, Bibliotheca Palatina
Ms. Heb. Parm 3280 (de Rossi num.1133): S. 61

Presse- und Informationsstelle der Stadt Regensburg
S. 271.

Privat: S. 281

Schuldt-Britting, Ingeborg
S. 317

Süddeutscher Verlag
S. 291